CLICK

손에 잡히는 컴퓨터 활용

홍현술 지음

파워포인트 & 엑셀

INTRODUCTION TO POWERPOINT & EXCEL

도서출판 동화기술

머리말

정보화 사회에서의 컴퓨터 활용 능력은 업무처리의 능률화에 매우 중요한 요인 중의 하나입니다. 많은 사람들이 학교와 직장 등에서 대부분의 업무처리를 윈도우즈에서 한글 워드프로세스, 프레젠테이션, 스프레드시트를 사용하고 있습니다. 이를 위하여 대부분의 교육기관에서는 윈도우즈, 한글 워드프로세스, 프레젠테이션, 스프레드시트의 교육을 실시하고 있습니다. 하지만 이러한 교육은 명확한 학습목표의 부재와 단순한 기능 나열의 형태로 구성된 교재들로 인해서 교수 학습 활동이 효과적으로 이루어지지 못하고 있습니다.

이 책은 관공서나 회사 등에서 업무처리에 많이 이용하고 있는 프레젠테이션과 스프레드시트를 학습할 수 있도록 마이크로소프사에서 개발한 파워포인트와 엑셀의 기능과 활용 방법들을 쉽게 배울 수 있도록 구성하였습니다. 파워포인트나 엑셀을 처음 공부하는 분이나 이들에 접한 경험이 있다 해도 초보자 수준의 독자를 위한 기본서입니다. 이 책은 제1부에 파워포인트 2010과 제2부에 엑셀 2010에 기반 하여 구성하였고, 따라서 프레젠테이션과 스프레드시트를 사용하기 위한 필수 기능의 소개뿐만 아니라 그러한 기능들을 활용하여 프로젝트를 실습할 수 있도록 구성하였습니다.

이 책의 내용은 각 장 마다 다음과 같이 구성되어 있습니다.

첫 번째 단계는 각 단원에 대한 개요와 참고사항 등을 간단히 설명하고, [학습 목표]를 통하여 학습을 실시한 결과 습득하게 될 기능들을 명확히 제시하며, 이를 달성하기 위하여 실시하게 될 실습 프로젝트 주제를 나열합니다.

두 번째 단계는 [준비 학습] 단계로 각 단원에서 알아야 할 명칭, 기능, 설명 등 기초적이고 중심이 되는 내용을 정확하고 간결한 문장으로 설명하고 있어서 실습 프로젝트를 실시하기 전에 미리 알아야할 기본 지식을 정리합니다.

세 번째 단계는 [실습 프로젝트] 단계입니다. 단순한 기능만을 습득하는 것이 아니고 사용자들이 실제 업무에 활용되도록 실습 따라 하기를 준비했습니다. 실습 진행과정은 학습할 기능들을 시작 단계부터 구체적이고 자세하게 초보자들도 쉽게 따라할 수 있도록 그림과 설명문을 단계적으로 제시하고 있습니다. 실습 문제를 충실히 따라하다 보면 종국에는 어떠한 상황에서 활용할 수 있는지를 이해하게 되고, 실제적인 업무에서 어떻게 각 기능들을 적용해야 할지를 확실히 알게 됩니다.

네 번째 단계는 [실력점검] 단계입니다. 각 단원에서 학습했던 내용들을 마무리하고 스스로의 실력을 평가 및 향상시켜 볼 수 있는 실력 점검 문제를 제시했습니다.

이 책을 내기까지 협조해주신 도서 출판 동화기술 대표님과 관계자 여러분들에게 감사의 인사를 드립니다. 또한 독자분들께도 감사를 드리며 많은 관심과 성원을 부탁드립니다.

저자 홍현술

참고 사항 실습 따라하기에 필요한 준비/완성 파일 다운로드

이 책에 수록된 실습 프로젝트를 따라하시거나 또는 실력점검 문제 풀기를 위하여 도서출판 동화기술의 홈페이지(http://www.donghwapub.co.kr) 자료실에 준비 파일과 완성된 문서 파일이 보관되어 있으니 내려 받아 학습에 참고하시기 바랍니다.

차례

PART 1 PowerPoint

CHAPTER 01 파워포인트 입문 및 텍스트 입력하기 16

[준비학습]

1. 파워포인트 실행과 기본 화면 구성 17
2. 슬라이드 다루기 20
3. 텍스트 다루기 21
4. 단축 글쇠를 이용한 단락 조정 및 개체 다루기 24

[실습 구성]

실습 1-1 파워포인트 프로그램 실행과 기본 문서 작성 및 저장하기 25
실습 1-2 텍스트 슬라이드 작성 및 슬라이드 이동, 복사, 삭제하기 31
실습 1-3 특수 문자를 삽입하고 글머리 기호 변경하기 37
실습 1-4 텍스트 서식을 변경하고 단락 수준 변경하기 43

실력 점검 문제 48

CHAPTER 02 도형을 삽입하고 효과 지정하기 50

[준비학습]

1. 슬라이드에 도형 그리기 51
2. 개체 틀과 도형 다루기 51
3. 도형 다루기 서식 지정과 배경 서식 지정 52
4. 점 편집을 이용한 도형 모양 변경하기 54

[실습 구성]
실습 2-1 다섯 가지 도형을 삽입하고 이동, 복사, 삭제하기 57
실습 2-2 선 그리기와 다양한 스타일의 서식 변경하기 63
실습 2-3 도형 채우기와 윤곽선 지정하기 68
실습 2-4 도형의 그라데이션 편집하기와 도형 순서 변경하기 72
실습 2-5 도형에 텍스트를 입력하고 입체효과 주기와 맞춤 정렬하기 80

실력 점검 문제 91

CHAPTER 03 WordArt, 클립아트, 디자인테마 이용하기 96

[준비학습]
1. WordArt를 적용한 텍스트 꾸미기 97
2. 클립아트 검색하여 삽입하기 98
3. 디자인 테마 적용하기 98

[실습 구성]
실습 3-1 제목 슬라이드에 WordArt 효과주기와 배경그림 채우기 100
실습 3-2 빠른 WordArt 스타일로 제목 꾸미기 104
실습 3-3 텍스트와 이미지를 이용한 타이포그래피 작성하기 108
실습 3-4 클립아트와 디자인테마를 활용한 슬라이드 만들기 115

실력 점검 문제 119

CHAPTER 04 표와 차트, SmartArt를 이용한 그래픽 다루기 122

[준비학습]
1. 표 작성하기 123
2. 차트 작성하기 124
3. SmartArt 작성하기 127

[실습 구성]
실습 4-1 표를 삽입하고 표 스타일과 입체효과 주기 131
실습 4-2 도형을 이용한 표 게시판 만들기 138
실습 4-3 막대 차트를 이용하여 사원별 실적 슬라이드 만들기 145
실습 4-4 3차원 원형 차트를 이용하여 연도별 인원 슬라이드 만들기 149

실습 4-5 이미지와 주기형 SmartArt를 활용한 슬라이드 만들기 153
실습 4-6 계층구조형 SmartArt를 활용한 조직도 만들기 160

실력 점검 문제 166

CHAPTER 05 화면 전환, 슬라이드 쇼 설정과 문서 인쇄하기 170

[준비학습]

1. 화면 전환 효과 적용하기 171
2. 슬라이드 쇼 실행하기 172
3. 하이퍼링크 연결하기 172
4. 슬라이드 인쇄하기 174

[실습 구성]

실습 5-1 슬라이드마다 화면 전환 효과 지정하기 176
실습 5-2 슬라이드 쇼를 설정하고 쇼 진행하기 180
실습 5-3 목차 슬라이드를 삽입하고 하이퍼링크 연결하기 185
실습 5-4 문서 인쇄 및 유인물 배포하기 195

실력 점검 문제 198

CHAPTER 06 개체에 애니메이션 효과주기 200

[준비학습]

1. 애니메이션 효과 지정하기 201
2. 애니메이션 효과 조정하기 202

[실습 구성]

실습 6-1 텍스트에 애니메이션 효과 지정하기 204
실습 6-2 도형에 애니메이션 효과 지정하기 208
실습 6-3 이미지에 애니메이션 효과 지정하기 212
실습 6-4 막대형 차트에 애니메이션 효과 지정하기 219
실습 6-5 3차원 원형 차트에 애니메이션 효과 지정하기 223

실력 점검 문제 228

CHAPTER 07 사진 앨범 만들기 232

[준비학습]

1. 사진 앨범 만들기 233
2. 화면 캡처하여 슬라이드에 삽입하기 234

[실습 구성]

실습 7-1 사진 앨범 메뉴를 이용한 간편 사진첩 만들기 236
실습 7-2 하이퍼링크로 원본 사진 연결하기 241
실습 7-3 하이퍼링크로 앨범 사진에 메모 달기 246
실습 7-4 액자 위에 진열된 사진 모음 만들기 253
실습 7-5 스크린 샷을 이용한 그림 슬라이드 만들기 261

실력 점검 문제 267

CHAPTER 08 동영상 이용과 배경음악 효과 270

[준비학습]

1. 비디오 삽입하기 271
2. 비디오 서식 및 포스터 틀 지정하기 273
3. 원하는 구간에서 비디오 실행하기 274
4. 오디오 삽입하기 275

[실습 구성]

실습 8-1 동영상 삽입하고 비디오 스타일 지정하기 277
실습 8-2 비디오 영상의 조정과 지정된 구간에서 동영상 실행하기 281
실습 8-3 영상 비디오에 비디오 트리밍 설정하기 285
실습 8-4 슬라이드에 배경음악 삽입하기 287
실습 8-5 자동 실행 애니메이션 슬라이드에 배경음악 삽입하기 290
실습 8-6 화면 전환효과 슬라이드에 배경음악 삽입하기 293

실력 점검 문제 295

CHAPTER 09 슬라이드 마스터 작성하기 298

[준비학습]

1. 슬라이드 마스터 편집 299

[실습 구성]

실습 9-1 슬라이드 마스터에 테마 적용하기 301

실습 9-2 슬라이드 마스터의 테마 수정 및 본문 영역 편집하기 304

실습 9-3 슬라이드 마스터의 제목 마스터 레이아웃 편집하기 309

실습 9-4 슬라이드 마스터의 바닥글 편집하기 313

실력 점검 문제 318

PART 2 Excel

CHAPTER 01 엑셀 시작과 행/열 및 시트 편집하기 322

[준비학습]

1. 엑셀 화면의 기본 구성과 실행 323
2. 데이터 수정 및 행/열 편집 325
3. 시트 편집 327

[실습 구성]

실습 1-1 엑셀 실행하고 문서 작성하기 328

실습 1-2 문서 열기하고 행/열과 시트 편집하기 331

실력 점검 문제 336

CHAPTER 02 데이터 입력과 데이터 자동 채우기 338

[준비학습]

1. 숫자, 텍스트, 특수 문자 입력 339
2. 자동 채우기 데이터 입력 341
3. 연속 데이터 입력 343

[실습 구성]

실습 2-1 텍스트, 날짜, 시간, 한자, 특수 기호로 구성된 문서 작성하기 345
실습 2-2 연속 데이터 자동 채우기와 사용자 지정 목록 데이터 입력하기 349

실력 점검 문제 353

CHAPTER 03 셀 서식 지정, 셀 스타일 적용과 표 서식 지정하기 354

[준비학습]

1. [홈] 탭의 데이터 서식 지정 355
2. [표시 형식]의 범주 357
3. 사용자 지정 표시 형식 358
4. 셀 서식 작업 360
5. 표 서식 작업 361

[실습 구성]

실습 3-1 셀 서식과 표시 형식을 지정한 판매일지 작성하기 364
실습 3-2 셀 스타일과 표 서식을 지정한 시간표 작성하기 369

실력 점검 문제 372

CHAPTER 04 수식 계산과 참조의 활용 374

[준비학습]

1. 수식의 구성 375
2. 연산자의 종류 375
3. 수식의 오류값 377
4. 수식 이동과 복사 377
5. 참조의 사용 378

[실습 구성]

실습 4-1 수식을 입력하여 지점별 재고현황 작성하기 380
실습 4-2 수식을 입력하여 제품 코드별 판매현황 작성하기 383

실력 점검 문제 386

CHAPTER 05 자동합계와 함수의 활용 388

[준비학습]

1. 자동합계 목록과 계산 389
2. 함수의 구성과 입력 방법 390
3. 조건식 사용 392
4. 자주 사용되는 함수의 종류 393

[실습 구성]

실습 5-1 자동합계를 이용한 평가점수표 작성하기 401
실습 5-2 논리 함수와 찾기/참조 함수를 이용한 사원평가 문서 작성하기 405
실습 5-3 주민번호와 텍스트 함수, 논리 함수, 날짜 함수를 이용한 개인 정보 입력하기 410

실력 점검 문제 414

CHAPTER 06 차트 작성하기 416

[준비학습]

1. 차트의 구성 요소 417
2. 차트 삽입과 삭제 417
3. 차트 리본 메뉴 418
4. 차트 종류 420
5. 차트 데이터의 범위 수정 421
6. 혼합형 차트 작성하기 422

[실습 구성]

실습 6-1 성적표를 가로 막대형 차트로 작성하기 424
실습 6-2 차트 종류를 변경하여 혼합형 차트를 작성하고 보조 축 생성하기 428

실력 점검 문제 434

CHAPTER 07 데이터베이스 관리하기 436

[준비학습]

1. 데이터베이스 구성과 작성 규칙 437
2. 정렬 438
3. 자동 필터 441
4. 고급 필터 444
5. 부분합 446
6. 피벗 테이블 447

[실습 구성]

실습 7-1 정렬 대화상자에서 다중 기준을 적용한 데이터 정렬하기 451
실습 7-2 자동 필터 기능을 이용한 사용자 지정 레코드 선별하기 453
실습 7-3 고급 필터 기능을 이용한 레코드 선별하기 456
실습 7-4 부분합을 이용한 판매사원의 판매실적 계산하기 458
실습 7-5 피벗 테이블 작성 및 레이아웃 편집하기 462

실력 점검 문제 467

CHAPTER 08 그래픽 효과를 추가한 문서 작성 470

[준비학습]

1. 그래픽 개체의 삽입 방법 471
2. 그래픽 개체 관련 리본 메뉴 472
3. 스파크라인 474
4. 조건부 서식 475

[실습 구성]

실습 8-1 WordArt, 클립아트, 텍스트상자를 활용한 안내문 작성하기 478
실습 8-2 SmartArt를 활용한 문서 작성하기 485
실습 8-3 스파크라인을 활용한 성적 추이 분석 490
실습 8-4 조건부 서식을 활용한 그래프 표시 성적표 작성 493

실력 점검 문제 496

HAPTER 09 기타 기능과 문서 인쇄하기 500

[준비학습]

1. 데이터 유효성 검사 501
2. 하이퍼링크 504
3. 테마 506
4. 문서 인쇄 508

[실습 구성]

실습 9-1 데이터 유효성 검사를 이용하여 데이터 입력하기 511

실습 9-2 테마 지정하고 문서 인쇄하기 516

실력 점검 문제 520

INDEX 523

PART 1

PowerPoint

CHAPTER 01

파워포인트 입문 및 텍스트 입력하기

파워포인트를 활용하려면 파워포인트 프로그램의 기본 사용법을 알아야 합니다. 즉, 프로그램 시작을 구동하고, 편집할 슬라이드로 이동하고, 슬라이드를 작성하고, 문서를 저장하고, 파워포인트를 종료하는 방법 등입니다.

파워포인트 문서 작성에서 처음 시작은 텍스트를 입력하는 것입니다. 파워포인트에서 텍스트를 입력하려면 개체 틀이나 텍스트 상자 등이 필요하고, 이렇게 입력된 텍스트는 서식을 변경하여 다양한 모양으로 표현할 수 있습니다.

학습 목표

- 파워포인트를 실행하고 프로그램 초기 화면의 구성요소를 구분할 수 있습니다.
- 파워포인트의 기본 문서를 작성하고 저장할 수 있습니다.
- 슬라이드를 이동, 복사, 삭제할 수 있습니다.
- 개체 틀에 텍스트를 입력하거나 텍스트 상자를 삽입하여 텍스트를 입력할 수 있습니다.
- 텍스트로 작성된 내용에 한자(漢字) 및 특수 문자를 입력하고 글머리 기호를 변경할 수 있습니다.
- 텍스트 서식을 변경하고 문단의 단락 수준을 변경할 수 있습니다.

실습구성

준비학습

실습 1-1　파워포인트 프로그램 실행과 기본 문서 작성 및 저장하기

실습 1-2　텍스트 슬라이드 작성 및 슬라이드 이동, 복사, 삭제하기

실습 1-3　특수 문자를 삽입하고 글머리 기호 변경하기

실습 1-4　텍스트 서식을 변경하고 단락 수준 변경하기

실력 점검 문제

준비학습

1. 파워포인트 실행과 기본 화면 구성

(1) 파워포인트 실행하기

컴퓨터 바탕화면의 [시작] 단추를 클릭하고 계속 이어서 [모든 프로그램] → [Microsoft Office] → [Microsoft Office PowerPoint 2010]을 클릭합니다.

(2) 기본 화면 구성

파워포인트를 실행하면 처음 화면이 아이콘 및 도구, 메뉴 등 여러 가지 요소들로 구성됩니다.

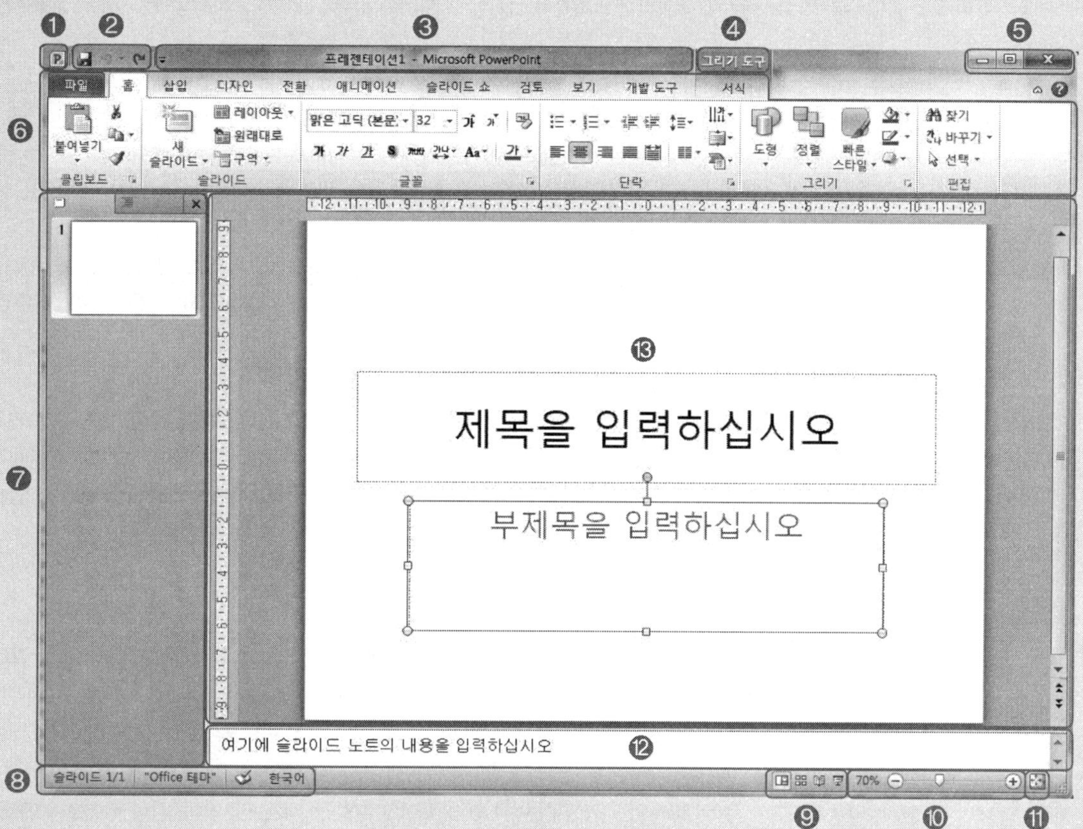

❶ **창 조절 메뉴** : [창 조절 메뉴]를 클릭하면 파워포인트 창을 조절할 수 있는 메뉴[이전 크기로(R), 이동(M), 크기 조정(S), 최소화(N), 최대화(X), 닫기(C)] 가 나타나고 더블클릭하면 파워포인트가 종료됩니다.

❷ **빠른 실행 도구 모음** : 기본적으로 [저장], [실행 취소], [다시 실행] 아이콘 등이 제공되며, [빠른 실행 도구 모음 사용자 지정]을 클릭하여 사용자가 자주 사용하는 아이콘을 빠른 실행 도구 모음에 추가 및 구성할 수 있습니다.

❸ **제목 표시줄** : 현재 작업 중인 프레젠테이션의 파일 이름이 나타납니다. 저장하지 않은 통합 문서는 기본적으로 프레젠테이션1, 프레젠테이션2, 프레젠테이션3, … 순으로 나타나며 프레젠테이션 문서를 저장하면 저장된 파일 이름이 표시됩니다.

❹ **상황별 탭** : 슬라이드에 개체를 삽입하면 삽입한 개체에 따라 각기 다른 서식을 적용할 수 있도록 [그리기 도구], [그림 도구], [표 도구], [차트 도구], [SmartArt 도구] 등의 상황별 탭이 제목 표시줄에 추가로 나타납니다.

❺ **창 조절 단추** : 현재 작업 중인 프레젠테이션 창을 조절하는 [최소화/최대화] 단추와 [화면 복원], [닫기] 등의 단추입니다. [창 조절 단추] 바로 아래에는 [리본 메뉴 최소화/리본 메뉴 확장] 단추와 [도움말] 단추가 있습니다. [리본 메뉴 최소화]를 클릭하면 리본 메뉴가 탭만 표시되고 [리본 메뉴 확장]으로 변경되며, [리본 메뉴 확장]을 클릭하면 리본 메뉴의 탭과 그룹이 모두 표시되고 [리본 메뉴 최소화]로 변경됩니다. [도움말] 단추는 파워포인트를 이용하다가 궁금한 기능이 생기거나 문제가 발생했을 때 클릭하여 'PowerPoint 도움말' 창을 열 수 있습니다.

❻ **리본 메뉴** : 슬라이드를 작성할 때 필요한 다양한 기능들을 모아 두는 곳으로, 각 탭을 클릭하면 관련 기능을 실행할 수 있는 명령 단추들을 그룹별로 분류하여 정리되어 있습니다. 예를 들면, [홈] 탭은 [클립보드], [슬라이드], [글꼴], [단락], [그리기], [편집] 등의 그룹으로 분류되어 있고 각 그룹 안에 다양한 기능의 명령 아이콘들이 포함 되어 있습니다. 또한 각 그룹의 오른쪽 구석 [추가 옵션] 단추를 누르면 각 그룹에 해당하는 대화상자를 표시하여, 작업하고 있는 개체에 대한 서식이나 효과 등을 좀 더 구체적이고 상세하게 적용할 수 있습니다.

❼ **개요 및 슬라이드 창** : 프레젠테이션 문서 안의 모든 슬라이드가 순서대로 표시됩니다. [슬라이드] 탭은 슬라이드가 작은 그림으로 표시 되며, [개요] 탭은 각 슬라이드에 입력한 제목 및 내용을 텍스트로 볼 수 있습니다. [개요] 탭에서는 텍스트를 직접 입력할 수도 있습니다.

❽ **상태 표시줄** : 현재 작업 중인 슬라이드의 번호와 슬라이드에 적용한 디자인 테마 파일 이름, 사용하는 언어 등 슬라이드 상태에 대한 일반적인 정보가 표시됩니다.

❾ **화면 보기 단추** : [기본 보기], [여러 슬라이드 보기], [읽기용 보기], [슬라이드 쇼 보기] 등으로 화면을 빠르게 이동할 수 있습니다. [기본 보기] 화면은 텍스트 입력 및 개체를 삽입하여 슬라이드를 작성 할 수 있는 기본 화면으로 [개요 및 슬라이드] 창, [슬라이드] 창, [슬라이드 노트] 창 등을 표시합니다. [여러 슬라이드 보기] 화면은 프레젠테이션 파일 안의 모든 슬라이드를 화면에 순서대로 표시합니다. [읽기용 보기] 화면은 현재 창 크기에서 쉽게 검토할 수 있도록 간단한 컨트롤만 포함된 보기 화면입니다. [슬라이드 쇼 보기] 화면은 현재 슬라이드부터 화면 전체에 표시하는 슬라이드 쇼를 실행할 수 있습니다.

❿ **확대/축소 비율 및 슬라이더** : 슬라이드 창의 확대/축소 비율을 퍼센트(%)로 표시하며, 클릭하여 [확대/축소] 대화상자에서 배율을 지정할 수 있습니다. 확대/축소의 플러스(+)나 마이너스(−) 단추를 클릭하면 10% 단위로 슬라이드 크기를 조절할 수 있고, 이동막대인 슬라이더를 좌/우로 이동시켜도 슬라이드 크기를 조절할 수 있습니다.

⓫ **슬라이드 창 맞춤 단추** : 현재 작업 중인 창의 크기에 맞게 슬라이드 창의 크기를 맞출 수 있습니다.

⓬ **슬라이드 노트 창** : 슬라이드 내용에 부연하고자 하는 설명을 입력하는 영역입니다. 이곳에 입력한 내용은 유인물 형태로 인쇄할 수 있습니다.

⓭ **슬라이드 창** : 실제로 슬라이드를 편집 작업하는 영역으로 텍스트를 입력하거나 도형, 그림, 표, 차트, 동영상 등의 개체를 삽입할 수 있습니다.

(3) 파워포인트 문서 저장하기 및 다른 이름으로 문서 저장하기

파워포인트 문서를 저장하려면, [파일] 탭 → [저장] 메뉴를 클릭하고, [다른이름으로 저장] 대화상자가 나타나면 문서를 저장할 위치를 확인하고 [파일 이름]을 입력한 후 [저장] 단추를 클릭합니다. 파워포인트 2010에서 문서를 저장하면 확장자가 '.pptx'인 문서로 저장됩니다.

또한, 기존 문서의 내용을 보존한 상태에서 다른 파일 이름으로 문서를 하나 더 만들려면 [파일] 탭 → [다른 이름으로 저장]을 클릭하여 저장합니다.

때로는 파워포인트 파일(.pptx)이 아닌 문서 형식을 바꾸어 PDF 파일이나 또는 JPEG 파일 등 다른 형식의 문서로 저장할 수도 있습니다. [다른 이름으로 저장] 대화 상자에서 [파일 형식]의 목록 단추를 누르고 원하는 파일 형식을 선택한 후 저장하면 됩니다. 다음의 오른쪽 그림은 파워포인트 2010에서 생성할 수 있는 다양한 유형의 파일 형식을 보입니다.

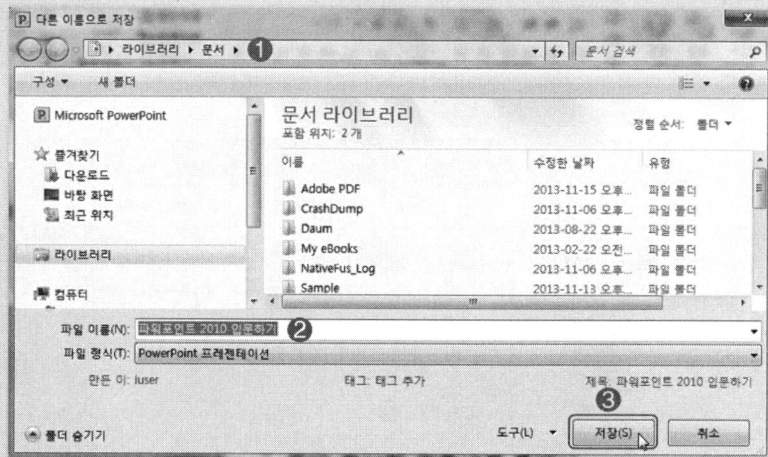

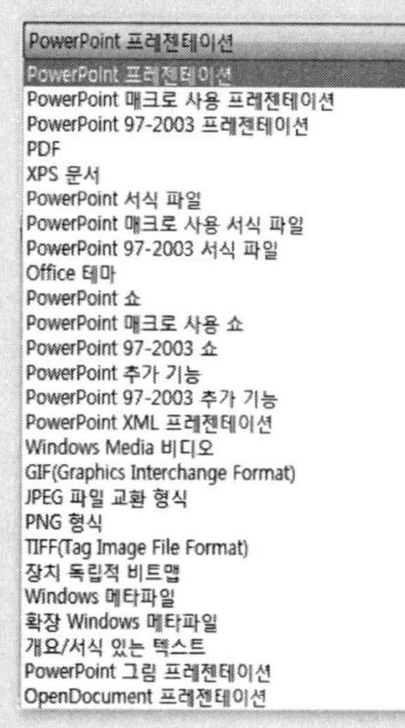

(4) 파워포인트 종료하기

[파일] 탭 → [끝내기]를 클릭하거나, 파워포인트 창 조절 단추에서 [닫기] 단추를 클릭합니다.

(5) 문서 열기와 새로운 문서 만들기

기존의 파워포인트 문서를 열기 하려면, [파일] 탭 → [열기]를 클릭하고 [열기] 대화상자를 표시합니다. [열기] 대화상자에서 지정된 위치와 파일을 선택한 다음 [열기] 단추를 클릭합니다.

[파일] 탭 → [새로 만들기] → [새 프레젠테이션] → [만들기]를 클릭하면 기존문서를 그대로 둔 상태에서 새로운 문서를 만들 수 있습니다.

(6) 백스테이지 화면

[파일] 탭을 클릭하면 슬라이드 창이 아닌 다른 화면으로 나타나는데, 이 화면을 '백스테이지(Backstage)'라 합니다. '백스테이지'는 파워포인트 문서의 숨겨진 메타데이터와 개인 정보 등을 표시합니다. 포함된 메뉴에는 [저장], [다른 이름으로 저장], [열기], [닫기], [정보], [최근에 사용한 항목], [새로 만들기], [도움말], [옵션], [끝내기] 등이 있습니다.

[파일] 메뉴에서 [옵션]을 클릭하면 [PowerPoint 옵션] 대화상자가 나타나고 [일반], [언어교정], [저장], [한글 입력 체계], [언어], [고급], [리본 사용자 지정], [빠른 실행 도구 모음], [추가 기능], [보안 관리] 등의 내용을 설정할 수 있습니다.

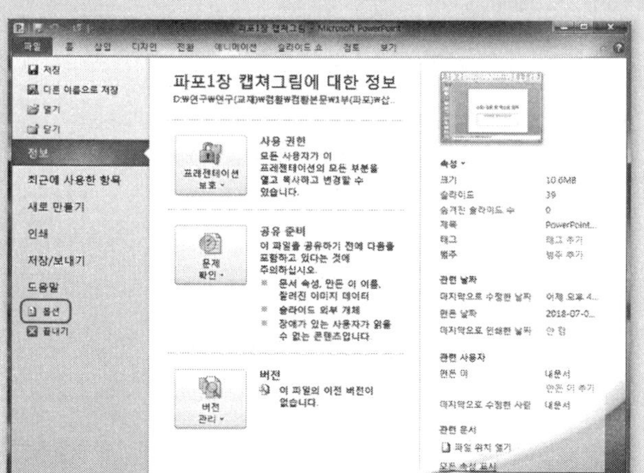

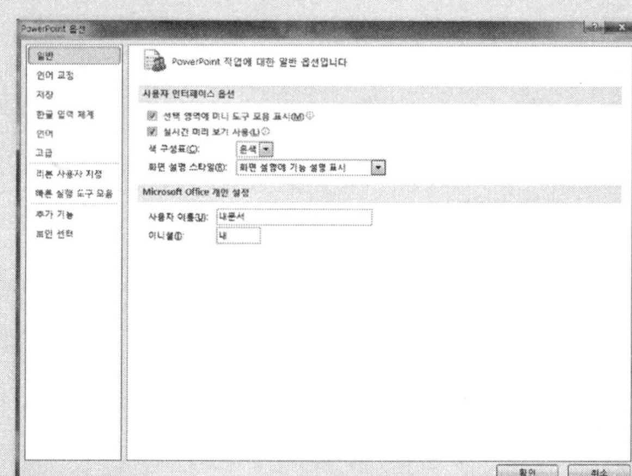

2. 슬라이드 다루기

(1) 새 슬라이드 삽입하기

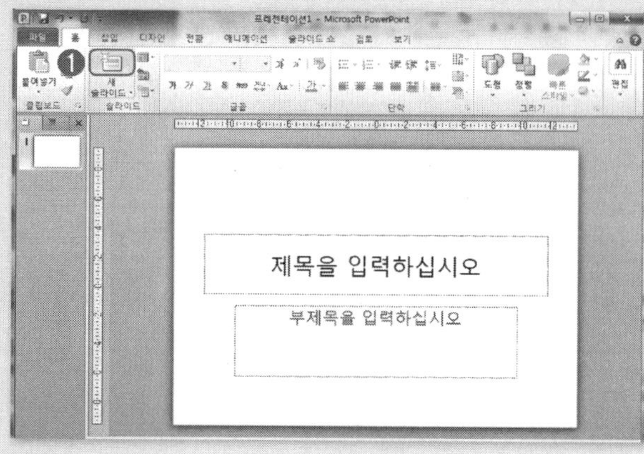

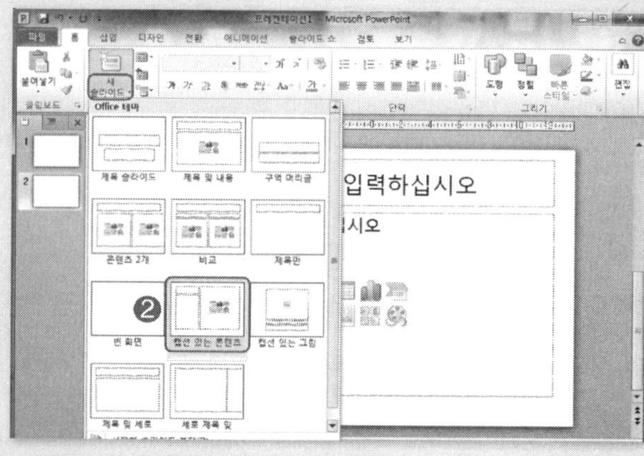

❶ [홈] 탭 → [슬라이드] 그룹 → [새 슬라이드] 명령 단추의 윗부분을 클릭하면 새 슬라이드가 삽입됩니다.

❷ [홈] 탭 → [슬라이드] 그룹 → [새 슬라이드] 명령 단추의 아랫부분을 클릭하면 원하는 형태의 레이아웃을 선택하여 삽입할 수 있습니다. 여기에서는 '캡션 있는 콘텐츠'를 선택했습니다.

(2) 기존 슬라이드의 레이아웃 바꾸기

슬라이드 레이아웃은 슬라이드 안에서 제목 및 본문 개체 틀의 위치와 서식 등을 미리 지정해 놓은 것을 의미합니다.

파워포인트 레이아웃에는 텍스트, 표, 차트, 스마트아트, 그림, 클립아트, 미디어 등을 입력할 수 있는 여러 형태의 개체 틀을 포함하고 있습니다.

슬라이드 레이아웃의 변경을 위해서는 리본 메뉴의 [홈] 탭 → [슬라이드] 그룹 → [레이아웃]을 클릭하면 여러 형태의 레이아웃 목록이 보이는데, 이 중에서 원하는 형태를 선택하여 슬라이드 레이아웃을 변경할 수 있습니다.

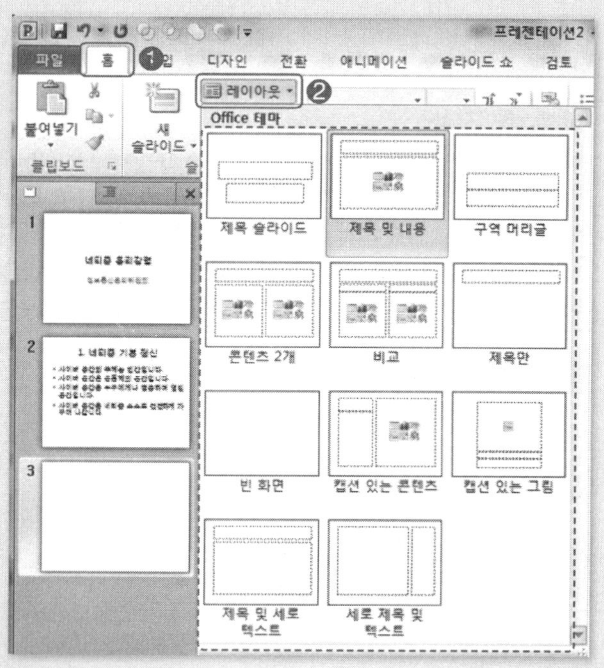

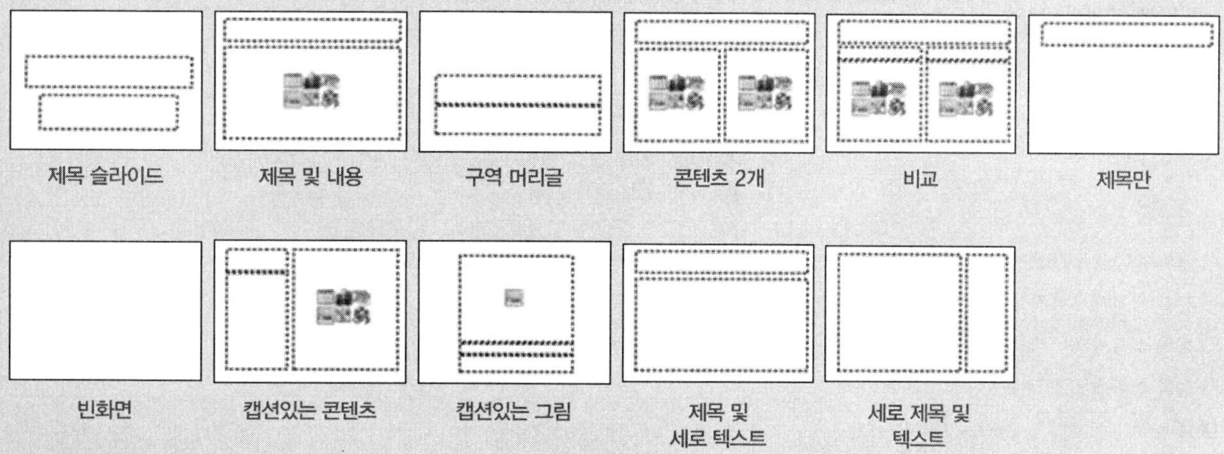

(3) 슬라이드 복사, 이동, 삭제하기

❶ **슬라이드 복사** : '슬라이드' 탭에서 복사할 슬라이드를 선택하고 [홈] 탭 → [클립보드] 그룹 → [복사]를 클릭합니다.(단축키 Ctrl + C) '슬라이드' 탭에서 삽입될 슬라이드의 위치를 클릭해서 커서를 올려놓고, [홈] 탭 → [클립보드] 그룹 → [붙여넣기] 명령 단추의 윗부분을 클릭하면 슬라이드를 복사할 수 있습니다.(단축키 Ctrl + V)

❷ **슬라이드 이동** : '슬라이드' 탭에서 이동시킬 슬라이드를 선택하고 원하는 위치로 드래그해서 슬라이드를 직접 이동할 수 있습니다.

❸ **슬라이드 삭제** : '슬라이드' 탭에서 삭제할 슬라이드를 선택하고 마우스 오른쪽 단추를 클릭하여 바로가기 메뉴에서 '슬라이드 삭제'를 선택하면 슬라이드를 삭제할 수 있습니다.

3. 텍스트 다루기

(1) [글꼴] 그룹의 구성

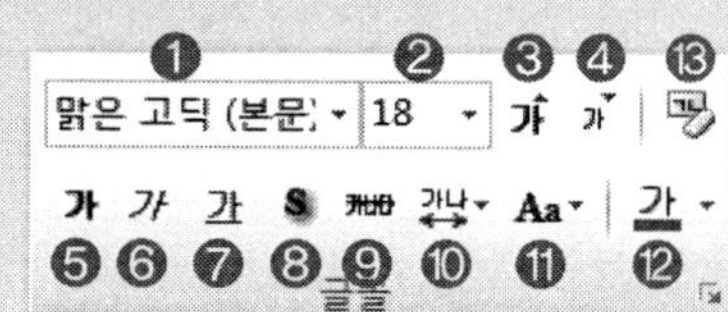

❶ **글꼴** : 글꼴이름을 변경합니다.

❷ **글꼴 크기** : 글꼴 크기를 변경합니다.

❸ **글꼴 크기 크게** : 글꼴 크기를 크게 합니다.

❹ **글꼴 크기 작게** : 글꼴 크기를 작게 합니다.

❺ **굵게** : 선택한 텍스트를 굵게 표시합니다.

❻ **기울임꼴** : 선택한 텍스트를 기울임꼴로 표시합니다.

❼ **밑줄** : 선택한 텍스트에 밑줄을 표시합니다.

❽ **텍스트 그림자** : 선택한 텍스트 뒤에 그림자를 추가하여 슬라이드에서 강조할 수 있습니다.

❾ **취소선** : 선택한 텍스트의 중간을 지나는 선을 표시합니다.

❿ **문자 간격** : 문자 간격을 조정합니다.

⓫ **대/소문자 바꾸기** : 텍스트를 대문자, 소문자 또는 기타 일반 대/소문자로 변경합니다.

⓬ **글꼴 색** : 텍스트 색을 변경합니다.

⓭ **모든 서식 지우기** : 일반 텍스트만 남겨두고 선택 영역의 모든 서식을 지웁니다.

(2) [단락] 그룹의 구성

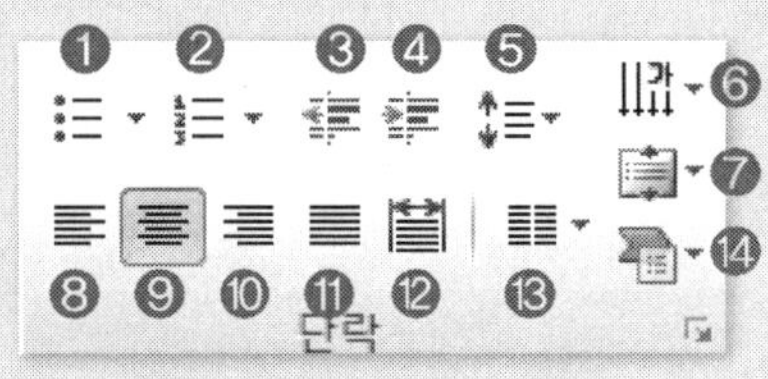

❶ **글머리 기호** : 글머리 기호 목록을 시작합니다. 다른 글머리 기호 목록을 선택하려면 드롭다운 단추를 클릭합니다.
❷ **번호 매기기** : 번호 매기기 목록을 시작합니다. 다른 번호 매기기 서식을 선택하려면 드롭다운 단추를 클릭합니다.
❸ **목록 수준 줄임** : 들여쓰기 수준을 낮춥니다.
❹ **목록 수준 높임** : 들여쓰기 수준을 높입니다.
❺ **줄 간격** : 사용할 줄 간격을 지정합니다.
❻ **텍스트 방향** : 텍스트를 세로로 쓰거나 세워 쓰거나 원하는 방향으로 회전합니다.
❼ **텍스트 맞춤** : 텍스트 상자 내에서 텍스트가 정렬되는 방법을 변경합니다.
❽ **텍스트 왼쪽 맞춤** : 텍스트 상자나 개체 틀의 텍스트를 왼쪽 맞춤으로 정렬합니다.
❾ **가운데 맞춤** : 텍스트 상자나 개체 틀의 텍스트를 가운데 맞춤으로 정렬합니다.
❿ **텍스트 오른쪽 맞춤** : 텍스트 상자나 개체 틀의 텍스트를 오른쪽 맞춤으로 정렬합니다.
⓫ **양쪽 맞춤** : 텍스트 상자나 개체 틀의 텍스트를 양쪽 맞춤으로 정렬합니다.
⓬ **균등 분할** : 텍스트 사이에 공백을 삽입하여 왼쪽과 오른쪽 여백에 단락을 맞춥니다.
⓭ **단** : 텍스트 상자나 개체 틀의 텍스트를 둘 이상의 열로 나눕니다.
⓮ **SmartArt 그래픽으로 변환** : 정보를 시각적으로 변환하려면 텍스트 개체를 선택하고 SmartArt 그래픽으로 변환합니다.

(3) 특수 문자 입력하기

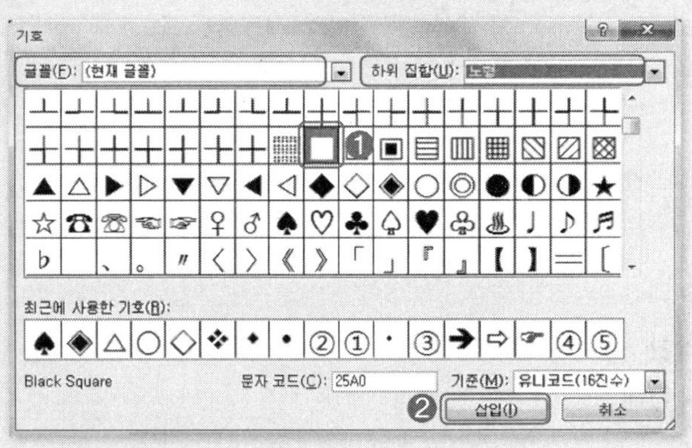

❶ **기호 이용하기** : 텍스트 편집 상태에서 특수 문자를 입력하기 위한 위치를 클릭하여 커서를 올려놓고, [삽입] 탭 → [기호] 그룹 → [기호] 명령 단추를 클릭합니다.

[기호] 대화상자가 열리면 '글꼴'에서는 '(현재 글꼴)', '하위 집합'에서는 '도형'을 선택하고 목록에서 입력할 기호를 선택한 후 [삽입]을 클릭합니다.

❷ **한글 자음 + [한자] 글쇠 이용하기** : 한글 자음(ㄱ~ㅎ)과 [한자] 글쇠를 눌러 특수 문자를 입력하는 방법도 있습니다. 예를 들면, '도형/일반 기호'를 삽입하기 위해 텍스트 편집 상태에서 특수 문자를 입력하기 위한 위치를 클릭하여 커서를 올려놓고 한글 자음 'ㅁ'을 입력한 후 키보드에서 [한자] 글쇠를 누릅니다.

그러면 다음 그림과 같은 특수 문자 목록이 표시되는데 입력할 기호를 선택합니다.

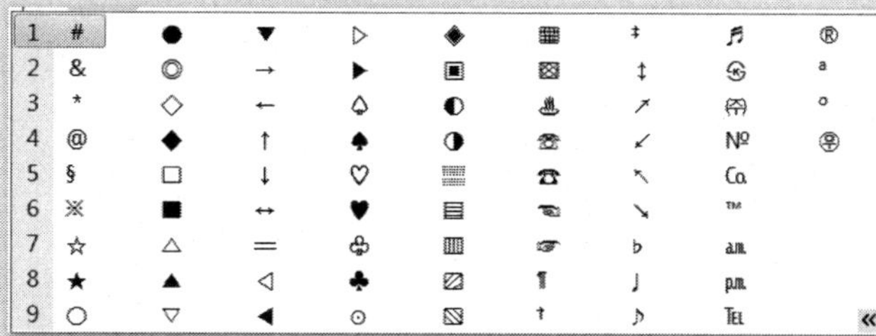

한글 자음별로 입력할 수 있는 기호 또는 특수글자는 다음과 같이 분류되어 있습니다.

자음	기호	등록된 기호	자음	기호	등록된 기호
ㄱ	기술 기호	! ' , … ‖ ＼	ㅊ	분수, 첨자	½ ¾ ^{1} ^{n} $_{2}$ $_{4}$
ㄴ	괄호 기호	《》【】「」{ }	ㅋ	한글 현대 자모	ㄱ ㄾ ㄷ ㅘ ㅝ ㅞ
ㄷ	수학 기호	± ≠ ≤ ♀ ∫ ∋	ㅌ	한글 고어 자모	ㅥ ㅪ ㅭ ㅸ ㆇ ㆌ
ㄹ	단위 기호	㎉ Hz ㎢ ㎲ kW Ω	ㅍ	로마 문자	A G V h m p q
ㅁ	도형/일반 기호	● □ ▲ ♡ ♣ ☜	ㅎ	그리스 문자	Γ Θ Π α β λ π σ
ㅂ	괘선 그리기	┬┘ ┼┴┼┼	ㄲ	발음 기호	Æ Ħ Ø Ŋ æ ß ŋ
ㅅ	원/괄호 한글	㉶ ㉹ ㈃ ㈕ ㈛	ㄸ	일본 히라가나	あ が な ぴ ね れ
ㅇ	원/괄호 영문, 숫자	ⓕ ⓨ ③ ⒭ ⒂	ㅃ	일본 가타카나	カ ザ ラ チ ヅ ポ
ㅈ	숫자, 로마 숫자	4 9 ⅶ Ⅸ Ⅻ	ㅆ	러시아 문자	Б Д Ж Й Ю Я ф

(4) 텍스트 상자를 이용하여 텍스트 입력하기

정형화된 슬라이드의 개체 틀 안에 텍스트 입력은 정해진 위치에 텍스트를 입력하는 방법입니다. 그런데 임의의 원하는 위치에 텍스트를 입력하려면 텍스트 상자를 사용하며, 리본 메뉴에서는 [삽입] 탭 → [텍스트] 그룹 → [텍스트 상자]를 클릭합니다.

다음은 텍스트 상자를 이용한 텍스트를 입력하는 절차입니다.

❶ [삽입] 탭 → [텍스트] 그룹 → [텍스트 상자] → [가로 텍스트 상자]를 클릭합니다.

또는 세로방향 입력을 위해서는 [세로 텍스트 상자]를 클릭할 수도 있습니다.

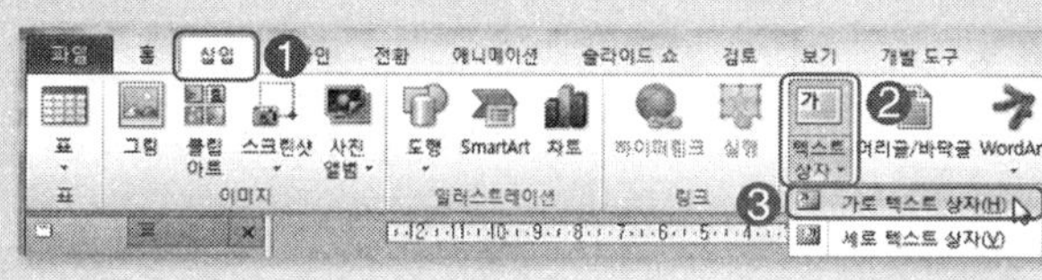

❷ 슬라이드 영역 안에서 클릭하거나 드래그하여 텍스트를 입력합니다.

클릭하여 입력하면 내용에 따라 개체 틀이 자동으로 늘어나고, 드래그하여 입력하면 드래그한 만큼 가로(또는 세로) 길이가 고정되고 초과하는 내용은 세로(또는 가로) 방향으로 크기가 늘어납니다.

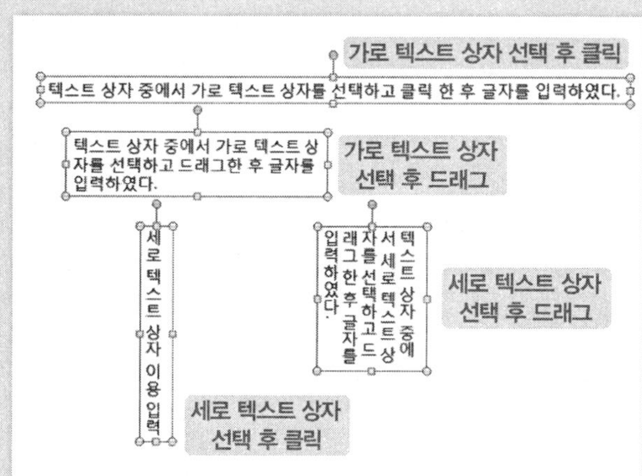

4. 단축 글쇠를 이용한 단락 조정 및 개체 다루기

(1) 텍스트 상자에서 단락 및 줄 바꾸기

❶ Enter : 단락을 구분하기 위한 것으로 텍스트를 입력 후 Enter 를 누르면 같은 수준의 다음 줄로 이동하여 글머리 기호가 생성됩니다.

❷ Shift + Enter : Shift + Enter 를 누르면 같은 수준의 단락 안에서 한 줄 아래로 이동하고 글머리 기호는 생성되지 않습니다.

❸ Ctrl + Enter : Ctrl + Enter 를 누르면 새 슬라이드가 삽입되고 새 슬라이드 위치로 이동합니다.

(2) 단축 글쇠를 이용한 개체 복사 방법

파워포인트에서 슬라이드 등 모든 개체의 복사 방법은 리본 메뉴의 [홈] 탭의 [클립보드] 그룹에서 [복사]와 [붙여넣기] 명령 단추를 클릭하여 작업할 수도 있지만, 개체를 선택하고 단축 글쇠 Ctrl + C 글쇠를 눌러 복사한 다음 Ctrl + V 글쇠를 눌러 붙여넣기를 하면 개체의 복사하기가 간편하게 실행됩니다. 또한 더욱 간편한 Ctrl + D 글쇠를 이용하는 방법도 있습니다.

❶ Ctrl + C : 개체를 선택하여 복사하기

❷ Ctrl + V : 복사한 개체를 붙여넣기

❸ Ctrl + D : 개체를 복제하기. Ctrl + C 의 복사하기 기능과 Ctrl + V 의 붙여넣기 기능을 한 번에 해결 할 수 있는 방법으로, 어떤 개체를 선택한 후 Ctrl + D 를 누르면 복사하여 바로 붙여넣기가 됩니다.

(3) 글쇠를 이용한 목록 수준 조정

❶ 목록 수준 늘림 : 리본 메뉴의 [홈] 탭 → [단락] 그룹 → [목록 수준 늘림]을 클릭하거나 Tab 글쇠를 누릅니다.

❷ 목록 수준 줄임 : 리본 메뉴의 [홈] 탭 → [단락] 그룹 → [목록 수준 줄임]을 클릭하거나 Shift + Tab 글쇠를 누릅니다.

실습 1-1

Introduction to PowerPoint

파워포인트 프로그램 실행과 기본 문서 작성 및 저장하기

01. 컴퓨터 바탕 화면의 왼쪽 하단에서 [시작] 단추 → [모든 프로그램] → [Microsoft Office] → [Microsoft PowerPoint 2010]을 클릭하여 실행합니다.

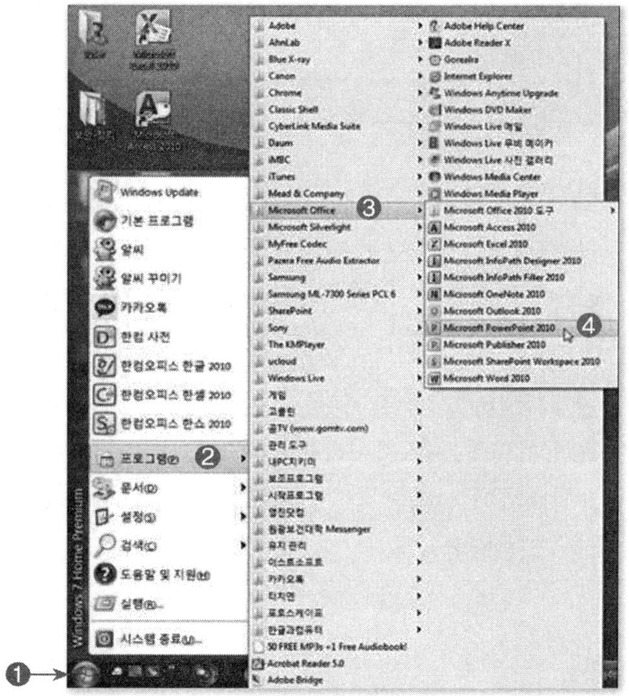

02. 파워포인트 시작 화면에서 '제목 슬라이드'의 개체 틀 내부 '제목을 입력하십시오' 부분을 클릭한 후 '파워포인트 2010 입문하기' 라고 제목을 입력합니다.

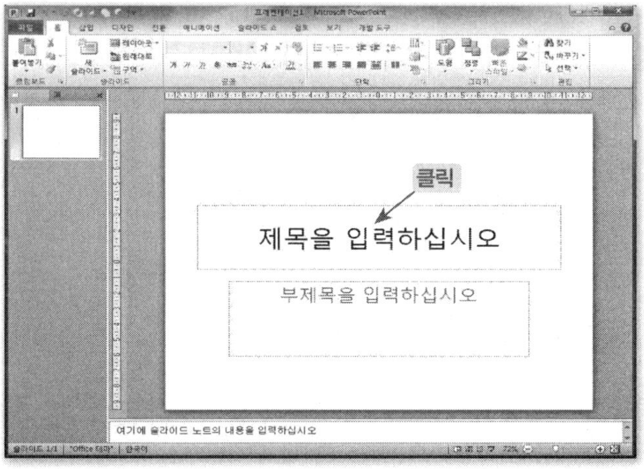

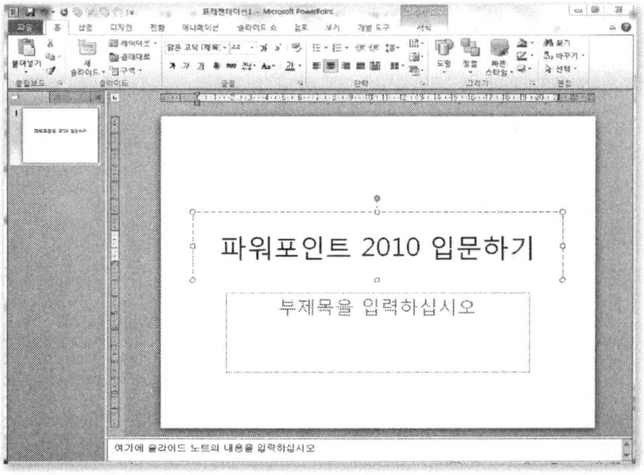

03. 개체 틀 내부 '부제목을 입력하십시오' 부분을 클릭한 후 '프레젠테이션 동호회' 라고 부제목 내용을 입력합니다. 텍스트 입력이 끝나고 개체 틀 바깥 부분을 클릭하면 입력이 종료되고, 개체 틀 모양은 사라집니다.

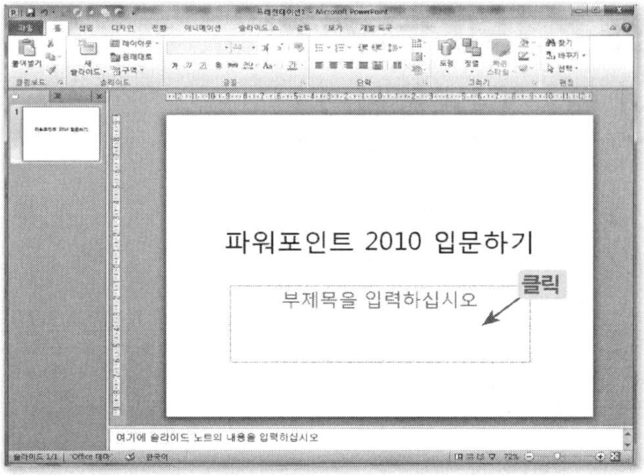

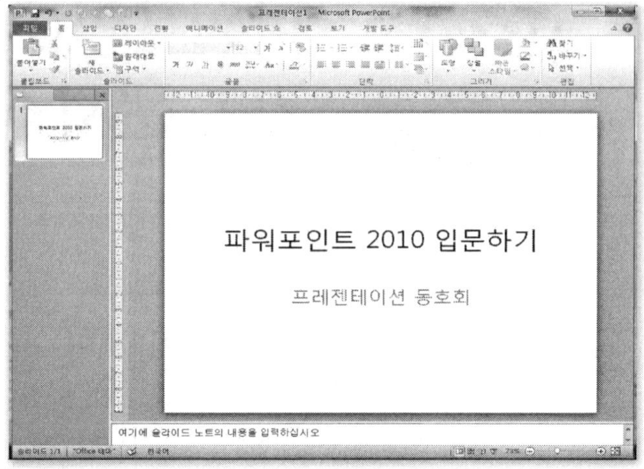

04. 새 슬라이드를 삽입하기 위하여, [홈] 탭 → [슬라이드] 그룹 → [새 슬라이드]의 드롭다운 단추를 클릭합니다. 목록에서 [제목 및 내용]을 클릭합니다.

[홈] 탭 → [슬라이드] 그룹 → [새 슬라이드]의 윗부분을 클릭하면 새 슬라이드가 삽입되고, [새 슬라이드]의 아랫부분을 클릭하면 원하는 형태의 레이아웃을 선택하여 삽입할 수 있습니다. 여기서는 '제목 및 내용'을 선택합니다.

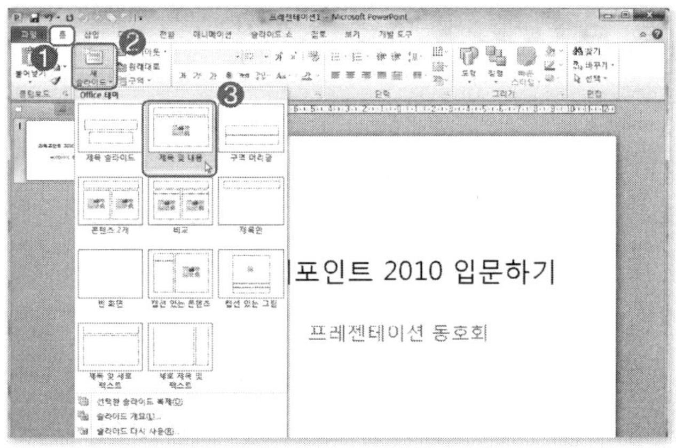

05. 두 번째 슬라이드가 삽입되면, 개체 틀 내부 '제목을 입력하십시오' 부분을 클릭한 후 다음의 오른쪽과 같이 '프레젠테이션 문서 작성 및 저장' 이라고 입력합니다.

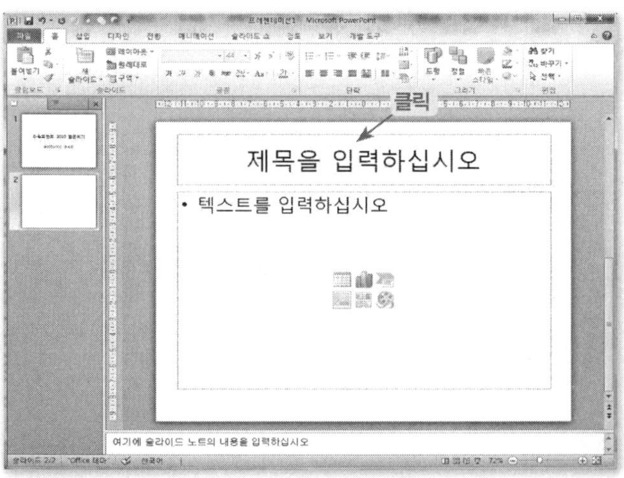

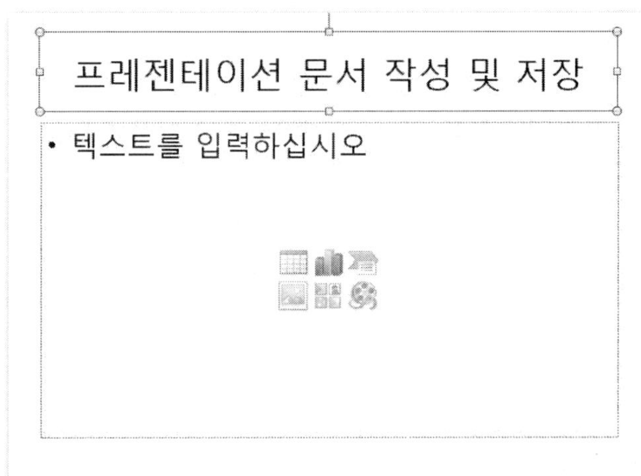

06. 개체 틀 내부 '텍스트를 입력하십시오' 부분을 클릭한 후 다음의 오른쪽과 같이 내용을 입력합니다.

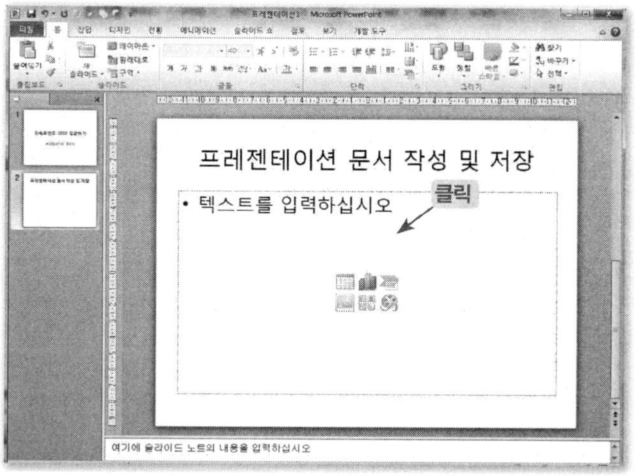

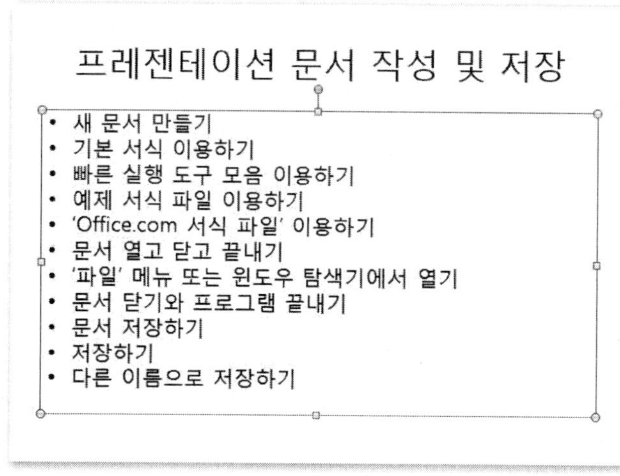

07. 작성한 문서를 저장하기 위하여, [파일] 탭 → [저장]을 클릭합니다.

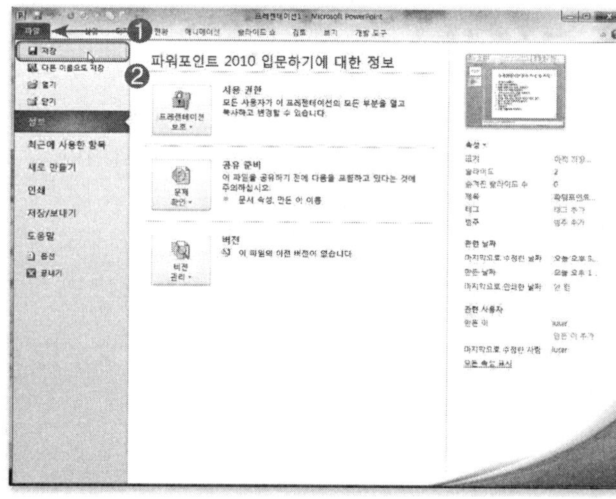

08. [다른 이름으로 저장] 대화상자가 나타나면, 문서를 저장할 위치를 확인하고 파일 이름을 입력('파워포인트 2010 입문하기')한 후 [저장] 단추를 클릭합니다.

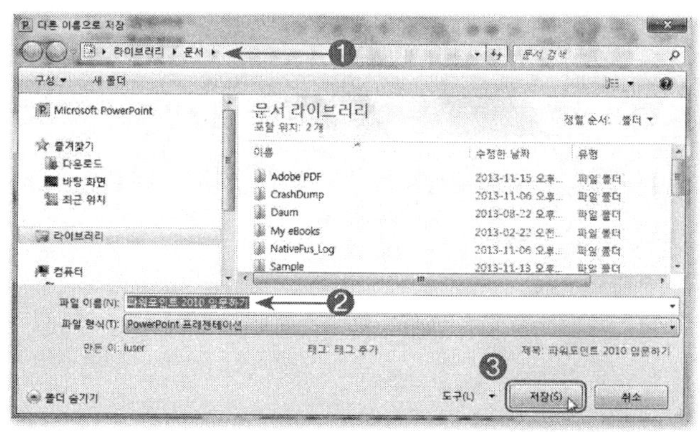

참고 파워포인트 2010으로 작성하여 저장된 문서는 확장자가 '.pptx'인 파일 형식입니다.

문서가 저장되면 오른쪽 그림과 같이 제목 표시줄에 저장된 파일 이름 '파워포인트 2010 입문하기'가 표시됩니다.

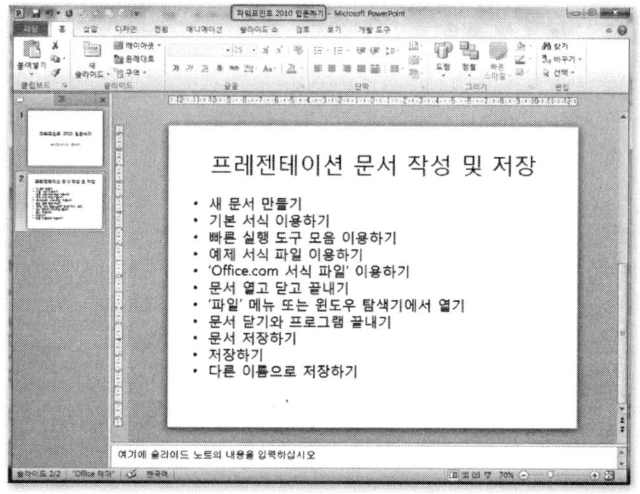

09. [파일] 탭 → [끝내기]를 클릭하거나, 제목 표시줄의 오른쪽 상단 구석에 있는 [닫기] 단추를 클릭하여 파워포인트 2010 프로그램을 종료합니다.

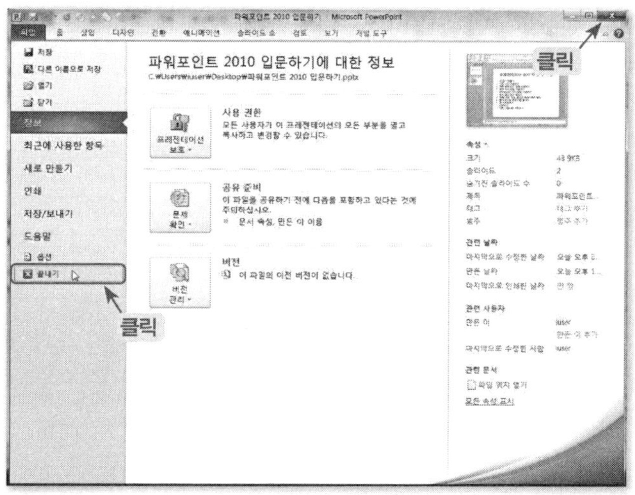

10. 이미 작성하여 저장된 문서를 불러오기 위하여 파워포인트 2010 프로그램을 다시 실행합니다.

[파일] 탭 → [열기]를 클릭하면 [열기] 대화상자가 나타납니다.

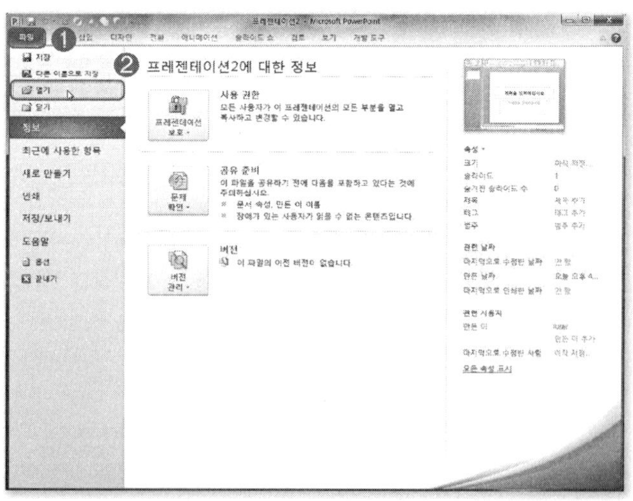

11. [열기] 대화상자에서 문서가 저장된 위치를 확인하고 불러오기 위한 파일('파워포인트 2010 입문하기.pptx')을 선택한 후 [열기] 단추를 클릭합니다.

그러면 작성하였던 문서를 불러와서 다시 볼 수가 있습니다.

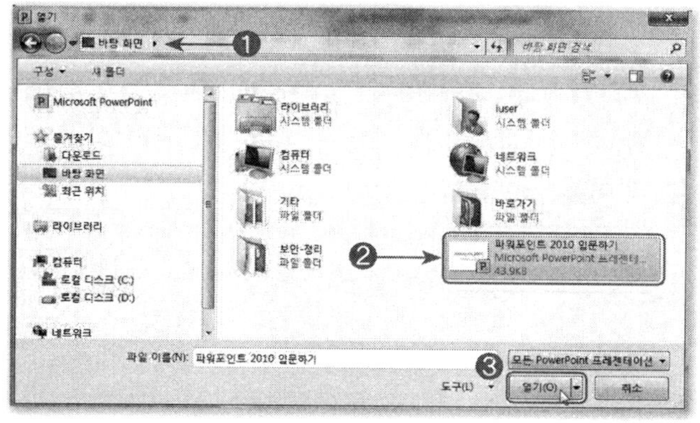

12. 이전에 작성하였던 '파워포인트 2010 입문하기'와 똑같은 문서를 다른 이름의 문서로 만들기 위해서, [파일] 탭 → [다른 이름으로 저장]을 클릭합니다.

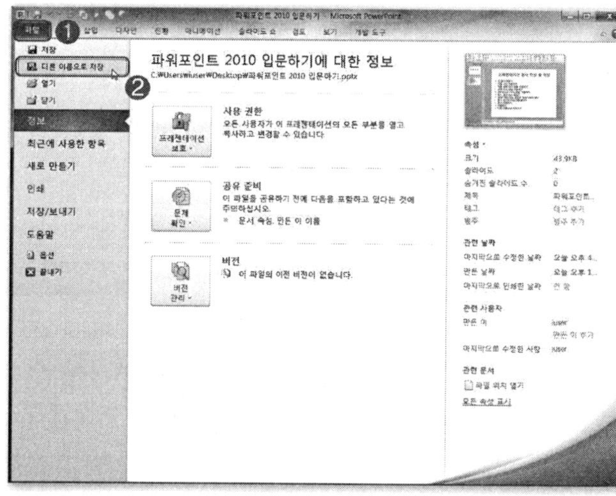

13. [다른 이름으로 저장] 대화상자가 나타나면 저장 위치 및 파일 이름, 형식 등을 지정하여 저장합니다.

여기서는 저장 위치와 형식은 그대로 두고 파일 이름만 '파워포인트 2010 기본실습'으로 입력합니다. 그러면 같은 내용이지만 다른 이름의 '파워포인트 2010 기본실습' 문서가 새로 생성됨을 확인 할 수 있습니다.

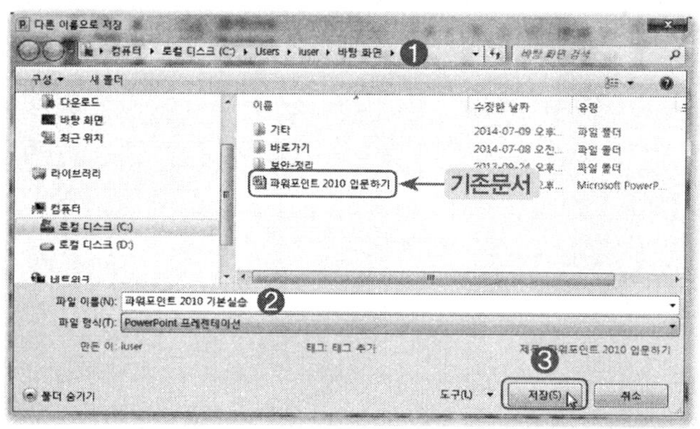

14. [파일] 탭 → [닫기]를 클릭합니다. 변경한 내용을 저장할 것인지 묻는 메시지 창이 열리면 [저장], 또는 [저장 안함]을 클릭합니다.

파워포인트 프로그램 실행은 진행시키고 작업하고 있는 문서만 [닫기]하면 다음의 오른쪽 화면과 같이 회색 바탕에 아무 것도 표시되지 않습니다.

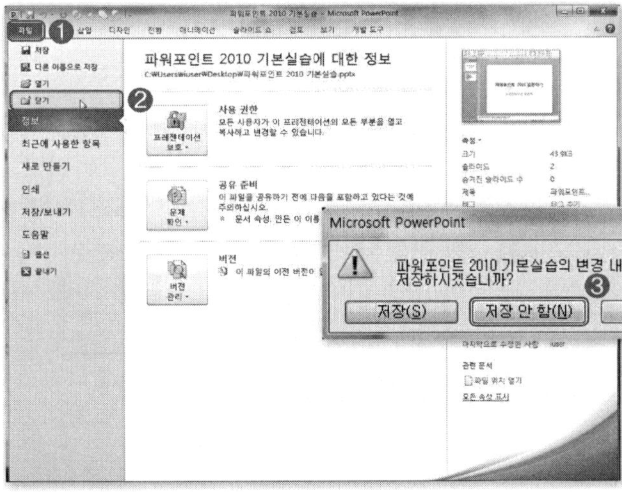

15. 파워포인트 문서의 작업 중 새로운 문서를 추가로 작성하기 위해서는, [파일] 탭 → [새로 만들기] → [새 프레젠테이션] → [만들기]를 클릭합니다.

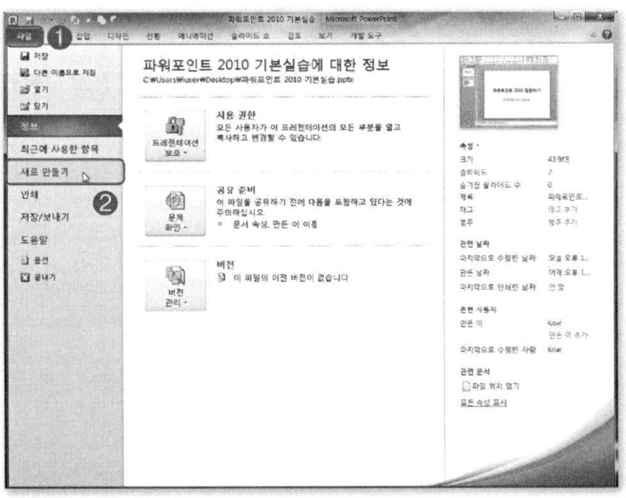

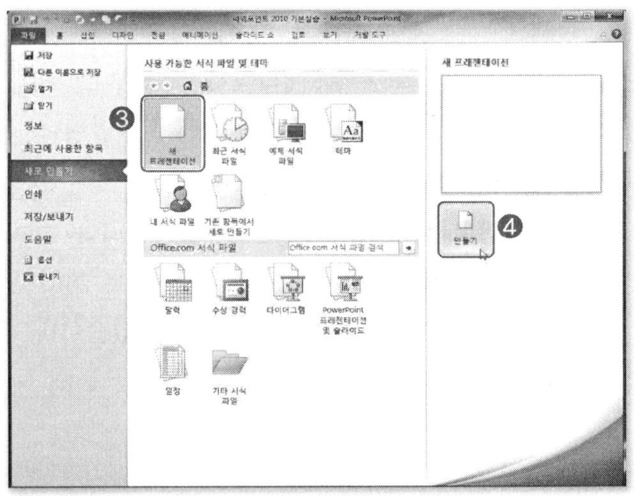

실습 1-2 텍스트 슬라이드 작성 및 슬라이드 이동, 복사, 삭제하기

텍스트 삽입, 슬라이드 이동, 슬라이드 복사, 슬라이드 삭제 등의 작업을 진행하면서 오른쪽 그림과 같이 4개의 슬라이드로 구성된 문서를 작성해 봅니다.

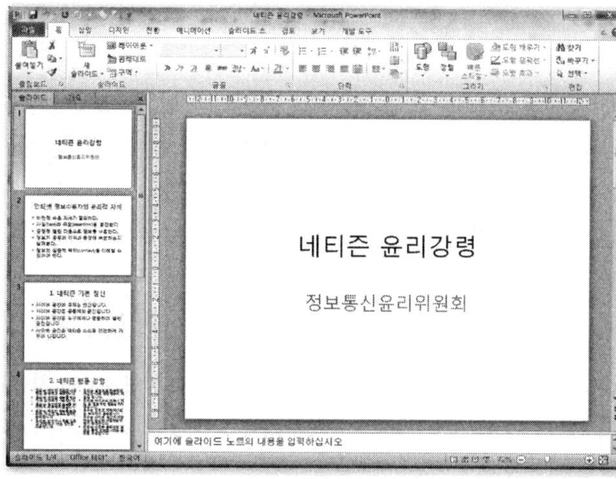

01. 새 프레젠테이션을 작성하기 위하여, [파일] 탭 → [새로 만들기] → [새 프레젠테이션] → [만들기]를 클릭합니다.

새 슬라이드(제목 슬라이드)가 나타나면 다음의 오른쪽 그림과 같이 제목과 부제목을 입력합니다.

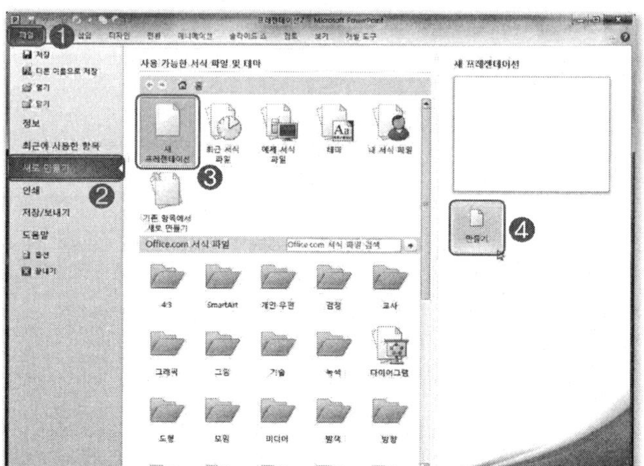

02. 두 번째 슬라이드를 삽입하기 위하여, [홈] 탭 → [슬라이드] 그룹 → [새 슬라이드] 목록 단추 → [제목 및 내용]을 클릭합니다. 다음의 오른쪽 그림과 같이 제목과 내용을 입력합니다.

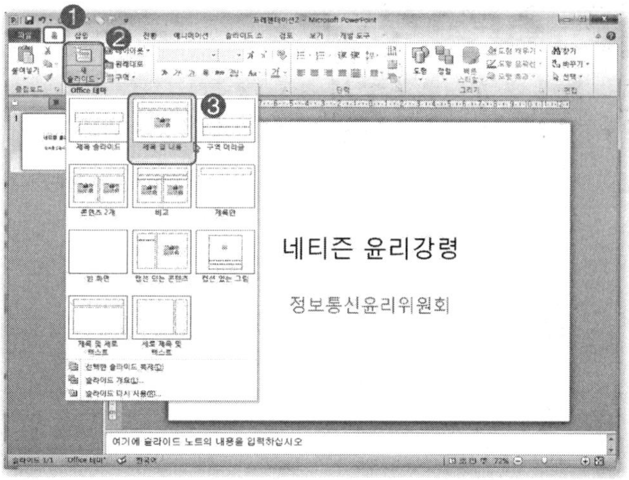

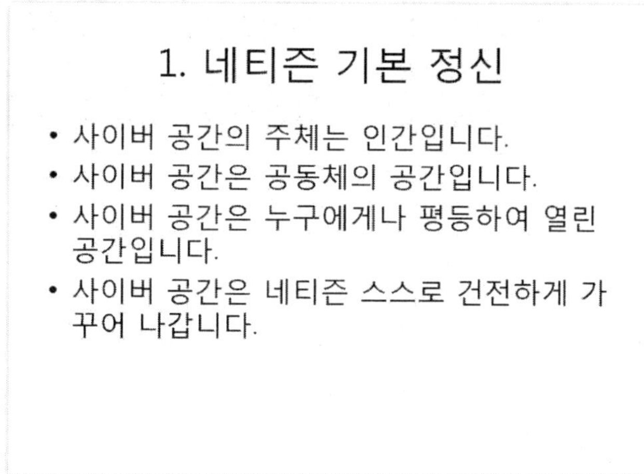

03. 세 번째 슬라이드를 삽입하기 위하여, [홈] 탭 → [슬라이드] 그룹 → [새 슬라이드]의 윗부분을 클릭하여 '제목 및 내용' 슬라이드를 삽입합니다.

추가된 (제목 및 내용) 슬라이드의 레이아웃을 변경하기 위해서, [홈] 탭 → [슬라이드] 그룹 → [레이아웃] → [콘텐츠 2개]를 클릭합니다.

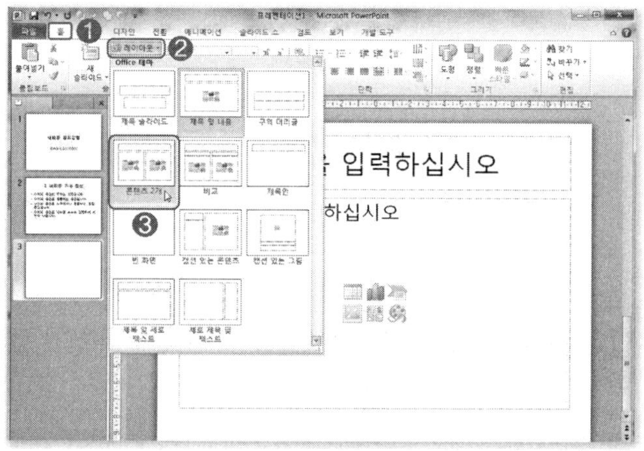

04. 슬라이드 레이아웃(콘텐츠 2개)로 변경되면 제목과 텍스트 부분을 차례로 클릭하여 다음의 오른쪽 그림과 같이 내용을 입력합니다.

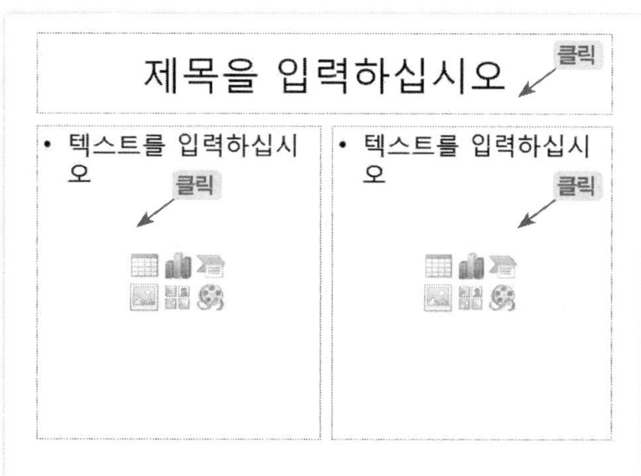

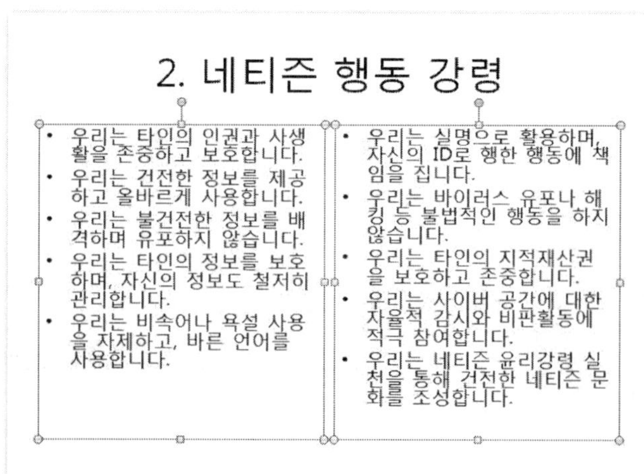

05. 각 슬라이드에 입력된 텍스트 내용을 한 번에 확인하려면 [개요 및 슬라이드] 작업 창의 [개요] 탭을 클릭합니다.

그러면 모든 슬라이드에 입력되었던 제목과 내용 등이 [개요] 창에 텍스트로 표시됩니다.

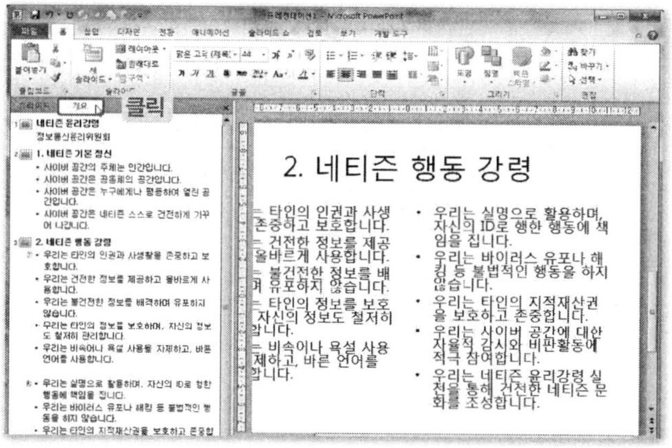

06. 네 번째 슬라이드를 삽입하기 위하여, [홈] 탭 → [슬라이드] 그룹 → [새 슬라이드] → [제목 및 내용]을 클릭합니다.

07. 이번에는 [개요 및 슬라이드] 창의 [개요] 탭에서 텍스트를 입력하기 위하여, [개요] 탭의 맨 아래에 4 [새 슬라이드]가 나타나면, 바로 뒤를 클릭한 후 '인터넷 정보수용자의 윤리적 자세'를 입력합니다.

'4 **인터넷 정보수용자의 윤리적 자세**' 가 표시되면, Ctrl + Enter 를 눌러 내용 개체 단락으로 이동합니다. 내용 개체에 커서가 위치하면 '비판적 수용 자세가 필요하다.'를 입력하고 Enter 를 누릅니다. 같은 방법으로 나머지 4개의 내용도 반복하여 입력합니다.

'인터넷 정보수용자의 윤리적 자세' 슬라이드의 내용은 다음과 같습니다.

- 비판적 수용 자세가 필요하다.
- 긍정적 열린 마음으로 정보를 수용한다.
- 정보의 심층적 맥락(context)을 이해할 수 있어야 한다.
- 사실(fact)과 주장(assertion)을 분간한다.
- 정보가 공공의 이익과 목적에 부합하는지 살펴본다.

그림에서 보는 바와 같이 [개요] 탭의 창에서 입력한 내용은 화면 오른쪽의 슬라이드 창에도 같은 내용이 표시됩니다.

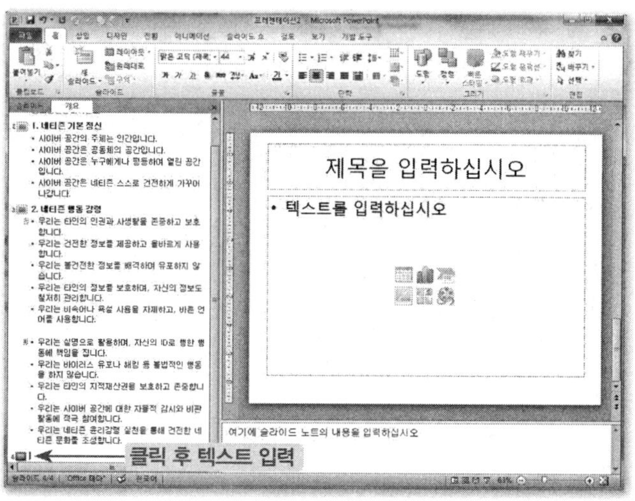

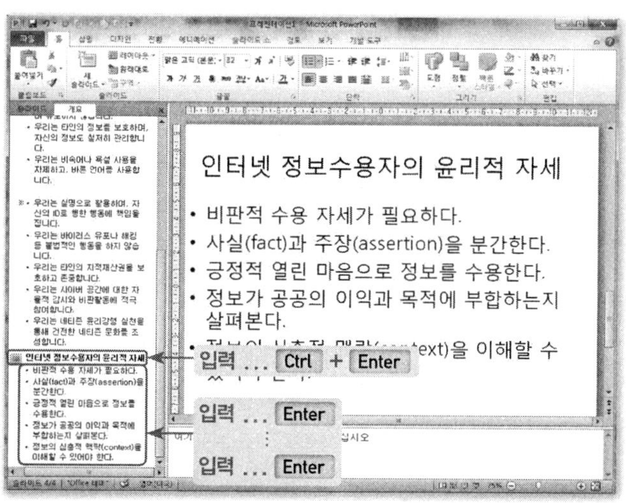

08. 화면에 현재 프레젠테이션 문서에 있는 모든 슬라이드를 펼쳐보기 위하여, 리본 메뉴에서 [보기] 탭 → [프레젠테이션 보기] 그룹 → [여러 슬라이드]를 클릭하거나, 또는 화면 오른쪽 아래에 있는 ▦ [여러 슬라이드] 아이콘을 클릭합니다.

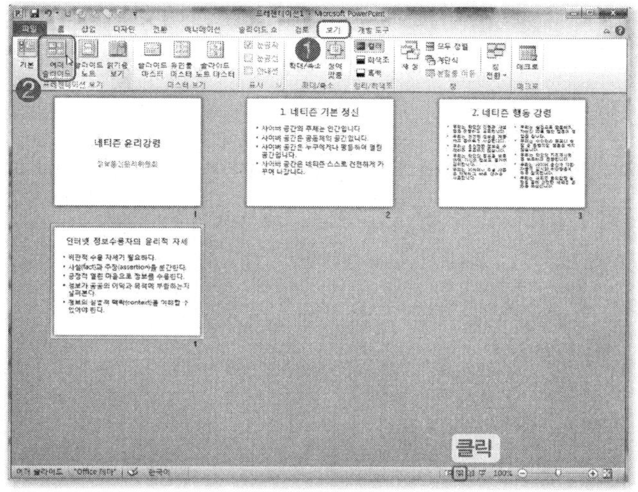

09. 모든 슬라이드가 표시된 화면에서 네 번째 슬라이드를 두 번째 슬라이드 위치로 이동하기 위하여, 네 번째의 '인터넷 정보수용자의 윤리적 자세' 슬라이드를 클릭하여 선택한 후 첫 번째와 두 번째 슬라이드 사이로 드래그 합니다.

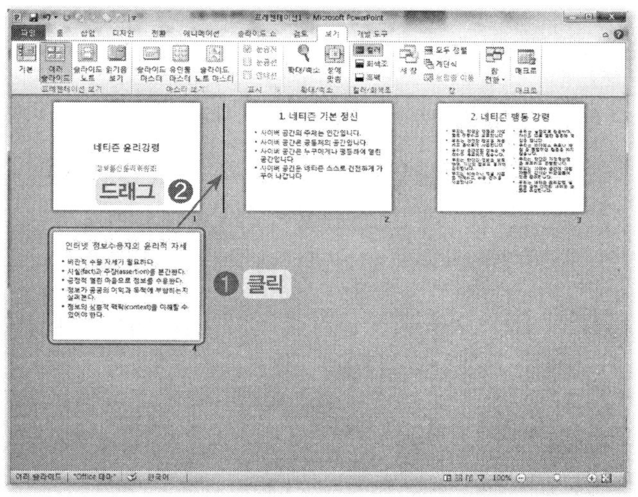

10. 세 번째 슬라이드를 복사하기 위하여, 세 번째 '1. 네티즌 기본 정신' 슬라이드를 클릭하여 선택하고 [홈] 탭 → [클립보드] 그룹 → [복사]를 클릭합니다.

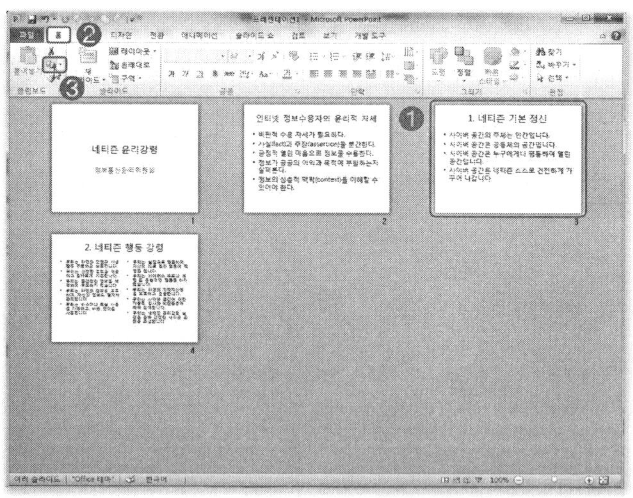

11. 복사한 슬라이드를 붙여넣기 위하여, 마지막 슬라이드 끝을 클릭 한 후 [홈] 탭 → [클립보드] 그룹 → [붙여넣기]를 클릭합니다.

그러면 '1. 네티즌 기본 정신' 슬라이드가 하나 더 생성되었고 따라서 전체 5개의 슬라이드가 화면에 표시됩니다.

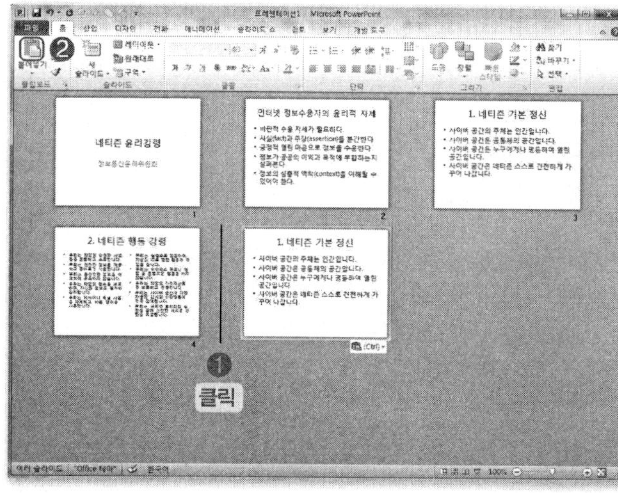

12. 다섯 번째 슬라이드를 삭제하기 위하여, 삭제할 슬라이드를 선택하고 마우스 오른쪽 단추를 클릭하여 바로가기 메뉴에서 [슬라이드 삭제]를 클릭합니다.

또는 삭제할 슬라이드를 클릭하고 컴퓨터 글자판에서 Delete 글쇠를 눌러도 슬라이드 삭제가 가능합니다.

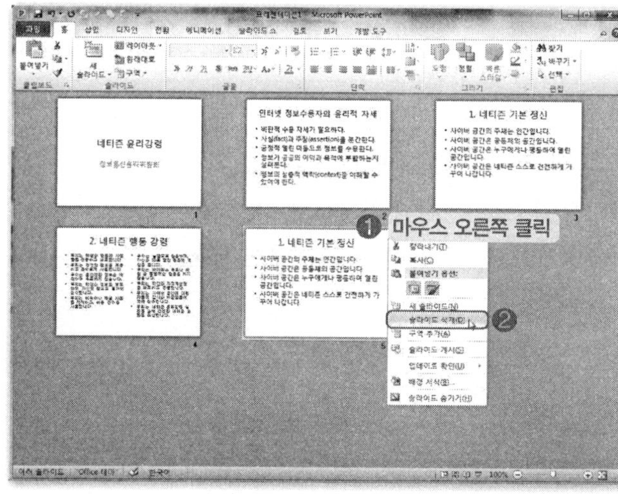

13. 선택한 슬라이드가 삭제되면 화면의 오른쪽 아래에서 [기본 슬라이드 보기] 단추(▣)를 클릭하여 기본 화면으로 전환합니다.

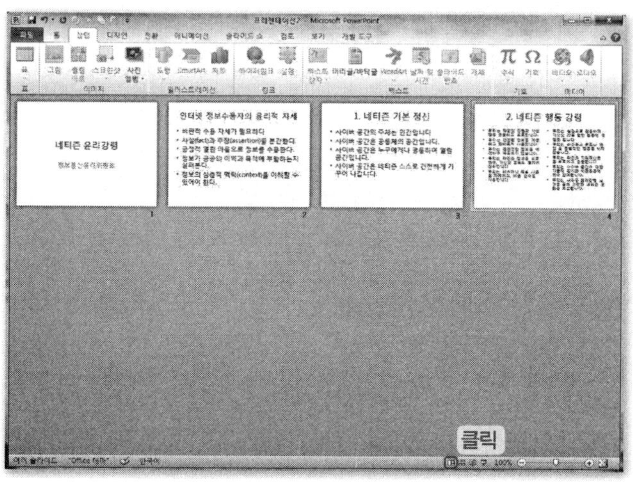

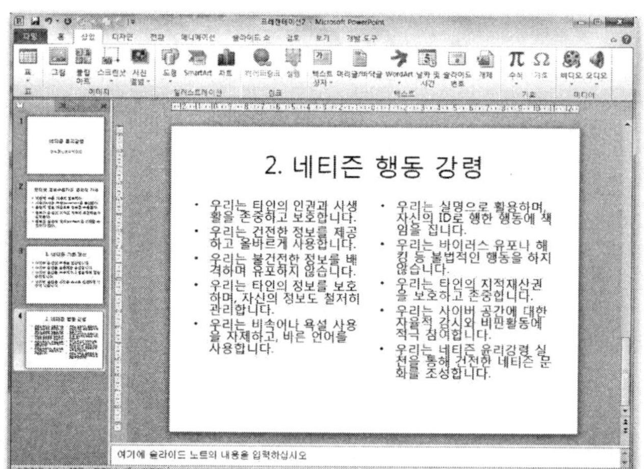

14. 완성된 슬라이드를 [파일] 탭 → [저장] 단추를 눌러 [다른 이름으로 저장] 대화상자가 표시되면 문서 저장 위치를 확인하고 [파일 이름]을 '네티즌 윤리강령'이라 입력한 후 [저장] 단추를 클릭합니다.

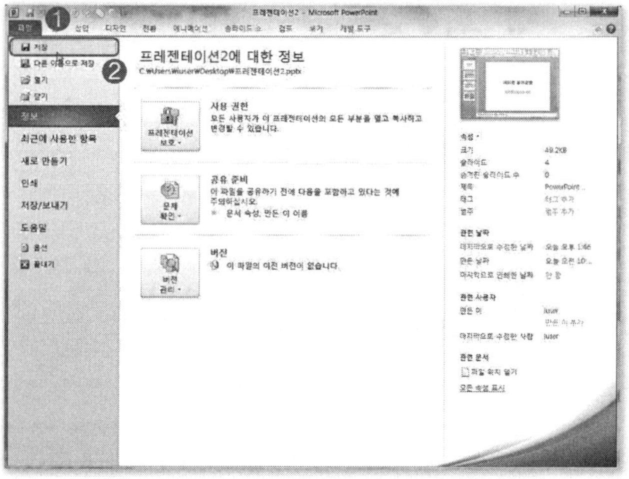

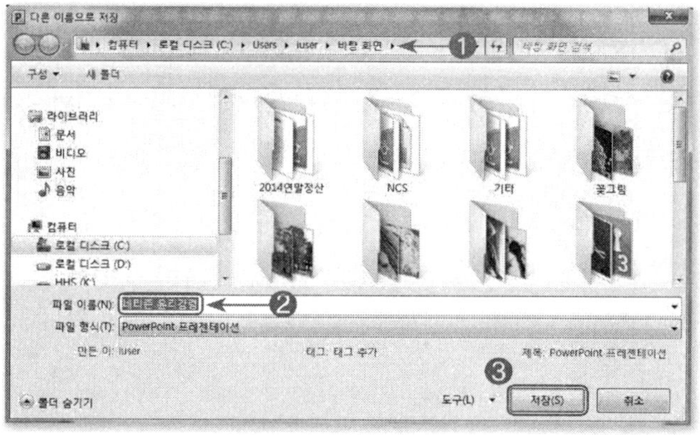

15. 문서가 저장되면 [파일] 탭 → [닫기]를 클릭하여 작업중인 문서를 닫기 하거나, 또는 [파일] 탭 → [끝내기]를 클릭하여 파워포인트 프로그램을 종료합니다.

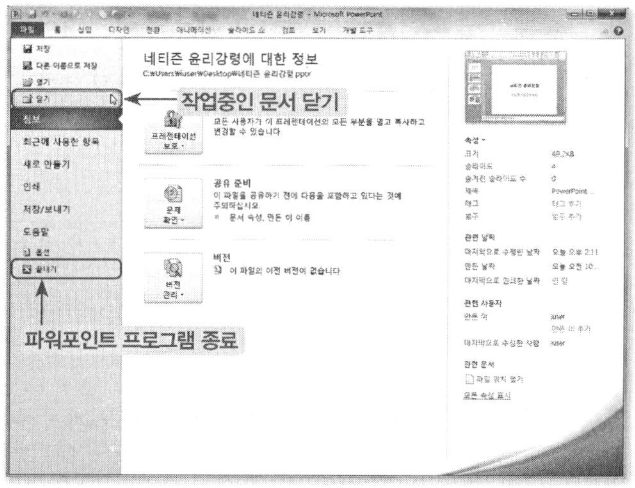

실습

I n t r o d u c t i o n t o P o w e r P o i n t

1-3 특수 문자를 삽입하고 글머리 기호 변경하기

01. 새 슬라이드(제목 및 내용)에 오른쪽 그림과 같이 입력합니다.

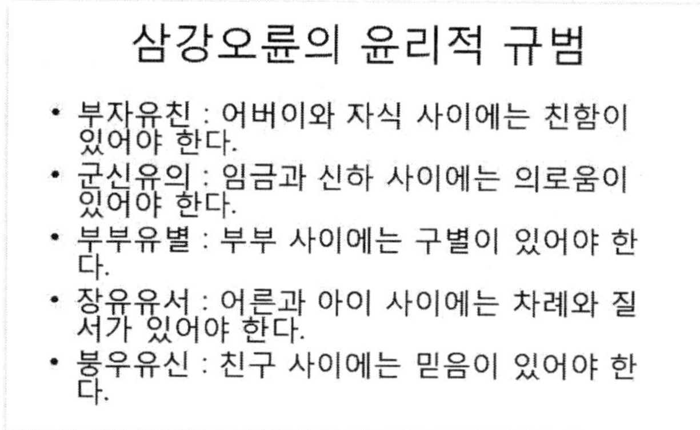

02. [개요 및 슬라이드] 창의 [슬라이드] 탭에서 방금 작성한 1번 슬라이드를 클릭하고 Ctrl + C를 눌러 복사하기를 합니다.

[슬라이드] 탭에서 1번 슬라이드 아래의 붙여넣기 위치를 클릭한 후 Ctrl + V를 눌러 붙여넣기를 합니다.

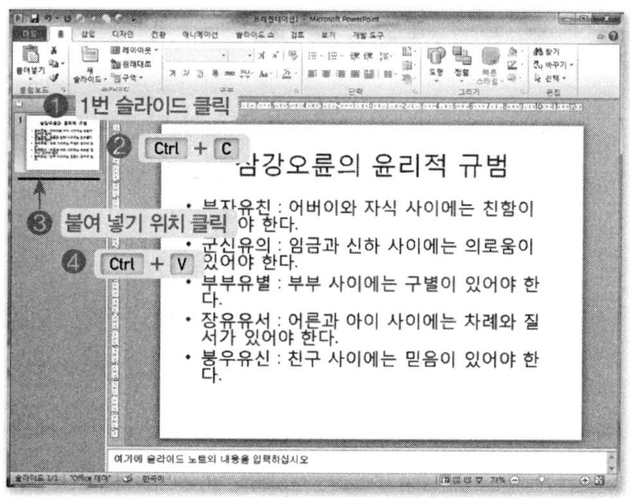

그러면 1번 슬라이드와 같은 내용의 2번 슬라이드가 생성됩니다.

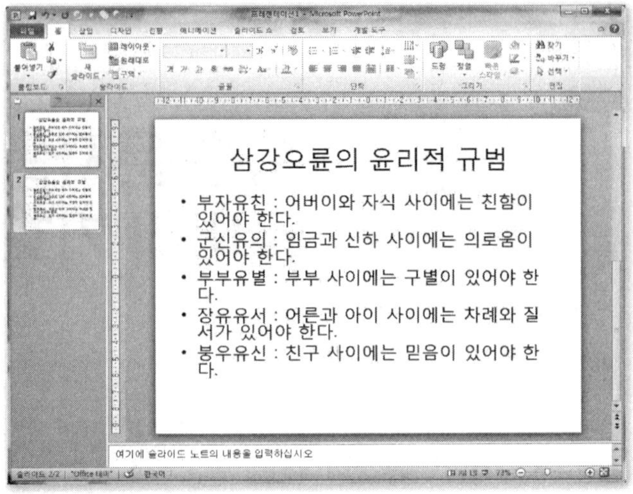

참고 [슬라이드] 탭에서 임의의 슬라이드를 선택하고 Delete 글쇠를 누르면 선택된 슬라이드를 삭제할 수 있습니다.

03. 한자(漢字)를 삽입하기 위하여, 먼저 2번 슬라이드의 작업창에서 오른쪽 그림의 밑줄 표시한 부분과 같이 한자로 변환 표기할 단어들을 괄호 안에 한글로 입력합니다.

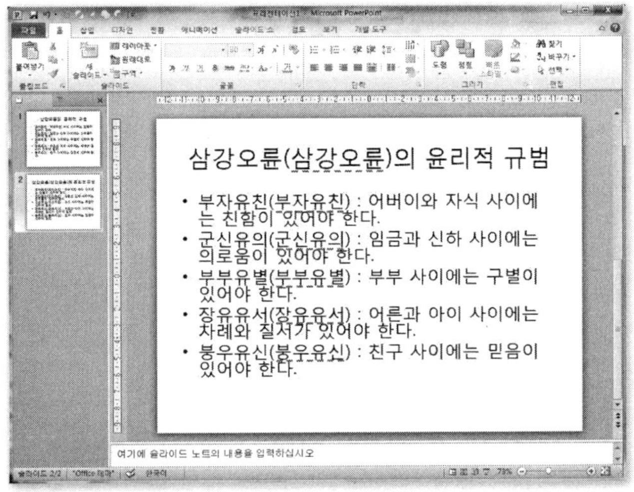

04. "(삼강오륜)" 단어의 왼쪽괄호와 "삼"자 사이에 커서를 위치시키거나, 또는 괄호안의 '삼강오륜' 단어를 드래그해서 선택하고 [검토] 탭 → [언어] 그룹 → [한글/한자 변환]을 클릭합니다.

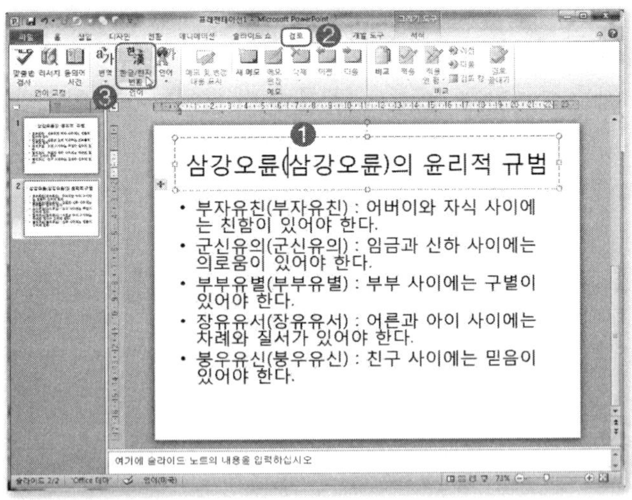

05. [한글/한자 변환] 대화상자가 나타나면 [한자 선택](三綱五倫) 및 [입력 형태](漢字)를 지정하고 [변환]을 클릭합니다.

만약 [한자 선택]에서 한자어 단어가 표시되지 않는다면 한자어 한 글자, 한 글자씩 한자 변환을 해 나가야 합니다.

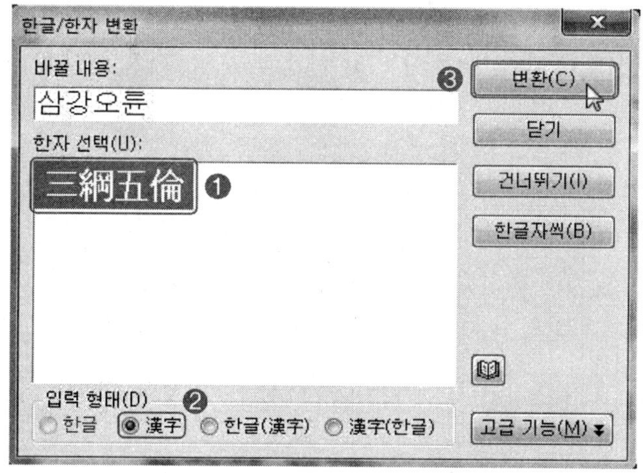

06. "(삼강오륜)" 단어가 "(三綱五倫)"으로 변경되었습니다. 같은 방법으로 나머지 텍스트도 "부자유친(父子有親)", "군신유의(君臣有義)", "부부유별(夫婦有別)", "장유유서(長幼有序)", "붕우유신(朋友有信)" 등 한자로 변환합니다.

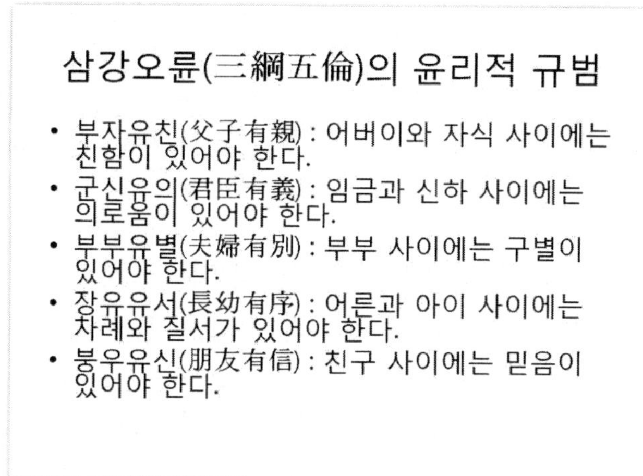

07. 이번에는 특수 기호를 입력해 보기로 합니다.

먼저 [개요 및 슬라이드] 창에서 [슬라이드] 탭의 1번 슬라이드를 클릭합니다.

작업창의 제목 앞("삼"자 앞)을 클릭하여 커서를 위치시키고 [삽입] 탭 → [기호] 그룹 → [기호]를 클릭합니다.

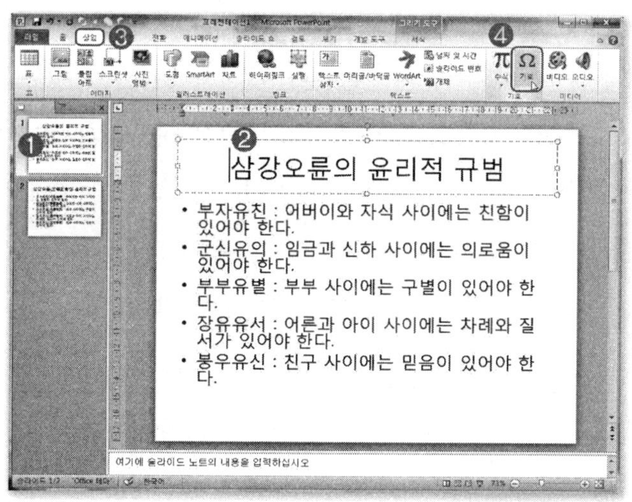

08. [기호] 대화상자가 나타나면 [글꼴]:(맑은 고딕)과 [하위 집합]:(도형)을 지정한 후 삽입할 모양의 기호를 선택합니다. 여기서는 ▶ 기호를 선택한 다음 [삽입] 단추를 클릭하고 [닫기] 단추를 클릭합니다.

09. 그러면 다음과 같이 제목 앞에 ▶기호가 삽입됩니다. 같은 방법으로 제목 뒤("범"자 뒤)를 클릭하고 [삽입] 탭 → [기호] 그룹 → [기호]의 대화상자를 열어◀기호를 삽입합니다.

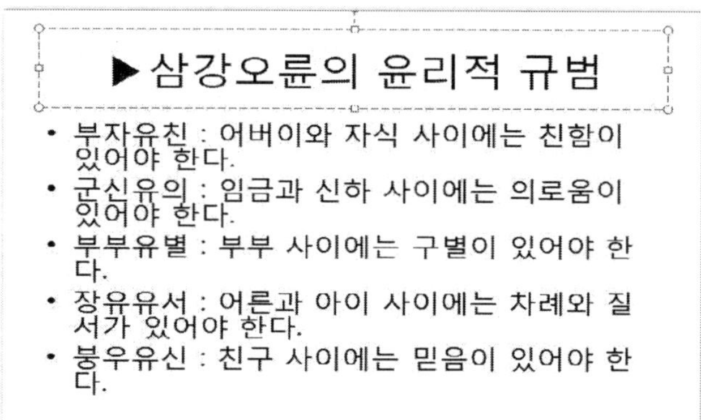

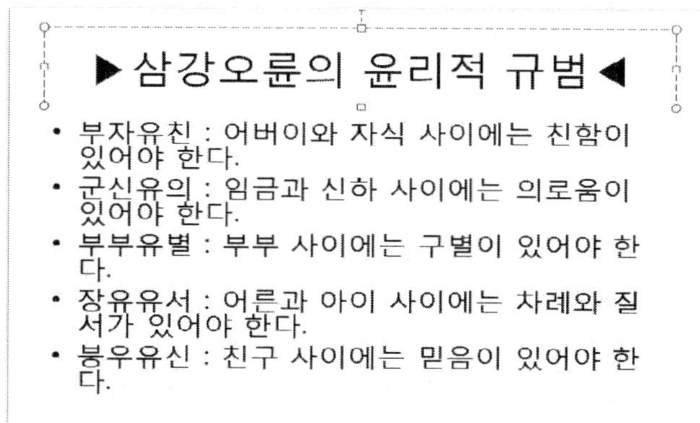

10. 글머리 기호를 변경하기 위하여 내용 부분 전체를 드래그하여 블록을 지정하고 [홈] 탭 → [단락] 그룹 → [글머리 기호] → [화살표 글머리 기호]를 선택하여 글머리 기호를 ➢로 변경합니다.

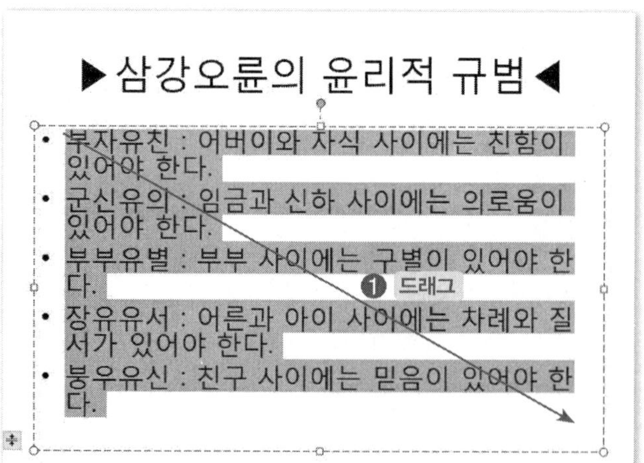

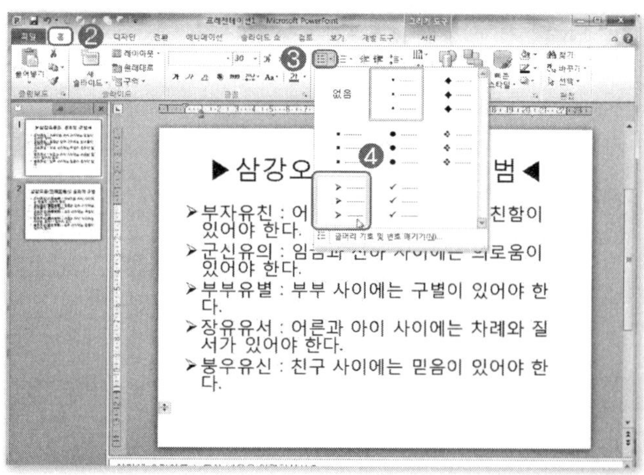

11. 이번에는 그림 형식의 글머리 기호를 삽입해 봅니다.

먼저 2번 슬라이드의 작업창을 열고 내용 부분을 드래그하여 블록을 지정합니다.

[홈] 탭 → [단락] 그룹 → [글머리 기호] → [글머리 기호 및 번호 매기기]를 클릭합니다.

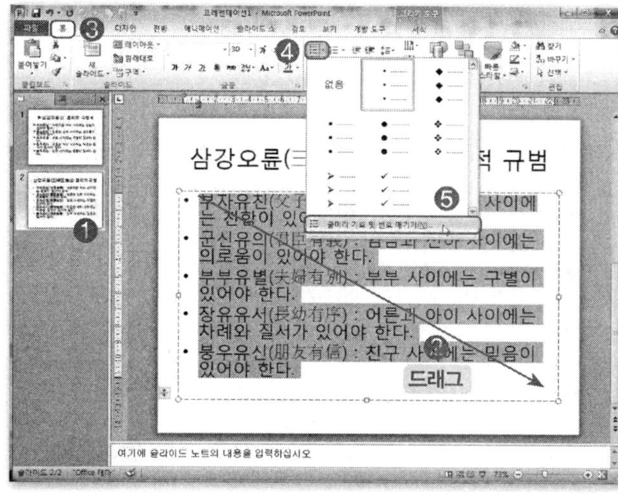

12. [글머리 기호 및 번호 매기기] 대화상자의 [글머리 기호] 탭에서 [그림]을 클릭합니다. [그림 글머리 기호] 대화상자가 나타나면 목록에서 원하는 모양의 글머리 기호를 선택하고 [확인]을 클릭합니다.

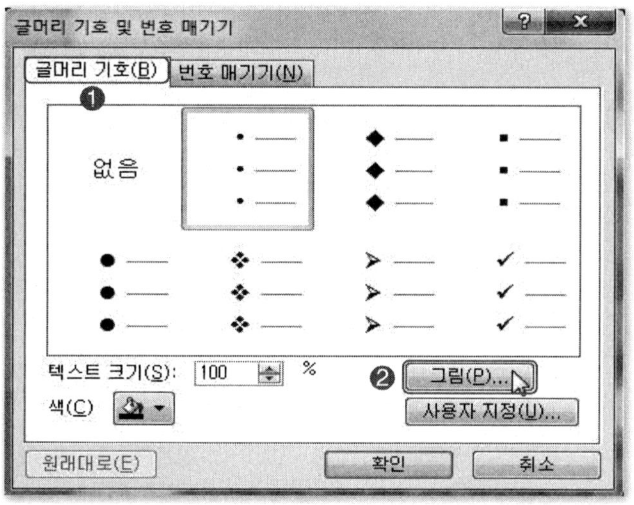

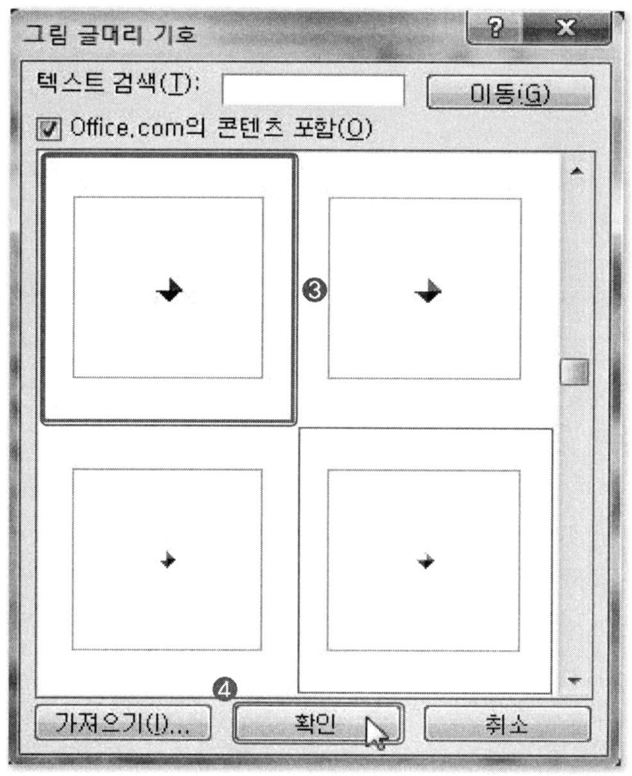

13. 그러면 다음의 왼쪽 그림과 같이 글머리 기호가 선택된 그림으로 바뀌게 됩니다.

만약, 글머리 기호 대신에 알파벳 문자 순서나 또는 숫자를 이용한 일련번호 매기기를 원한다면, 이전 단계의 [글머리 기호 및 번호 매기기] 대화상자의 [번호 매기기] 탭에서 원하는 형태의 일련번호를 선택한 후 [확인] 단추를 클릭하면 됩니다.

다음의 오른쪽 그림은 글머리 기호를 원숫자 표기로 변경한 결과입니다.

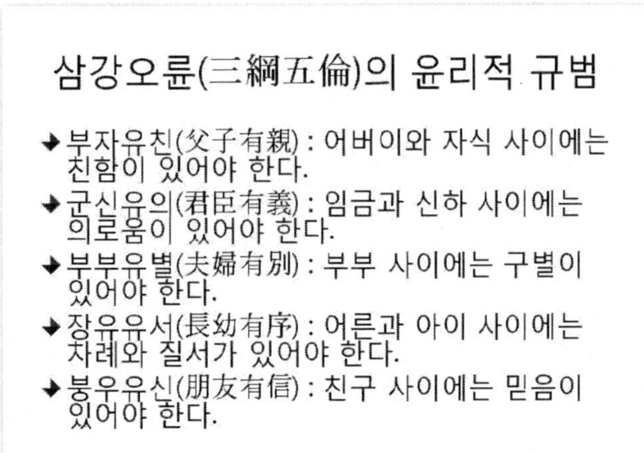

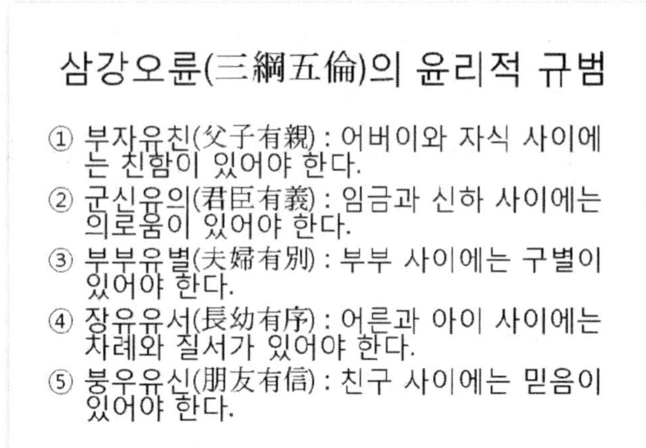

14. 완성된 슬라이드를 [파일] 탭 → [저장]을 클릭하여 '삼강오륜의 윤리적 규범'이란 이름으로 저장합니다.

실습 1-4

텍스트 서식을 변경하고 단락 수준 변경하기

01. 새 슬라이드(제목 및 내용)를 열고 오른쪽 그림과 같이 슬라이드를 작성합니다.

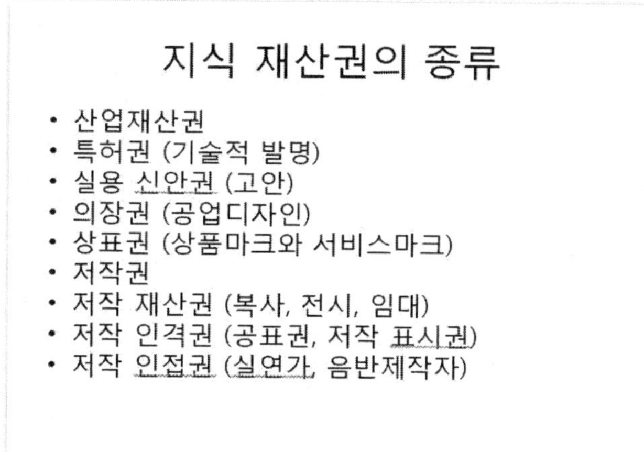

02. 제목의 글자 모양을 변경하기 위하여, '지식 재산권의 종류'를 드래그하여 범위를 지정한 후 [홈] 탭 → [글꼴] 그룹 → [글꼴] 목록 → [HY 견고딕]을 클릭합니다.

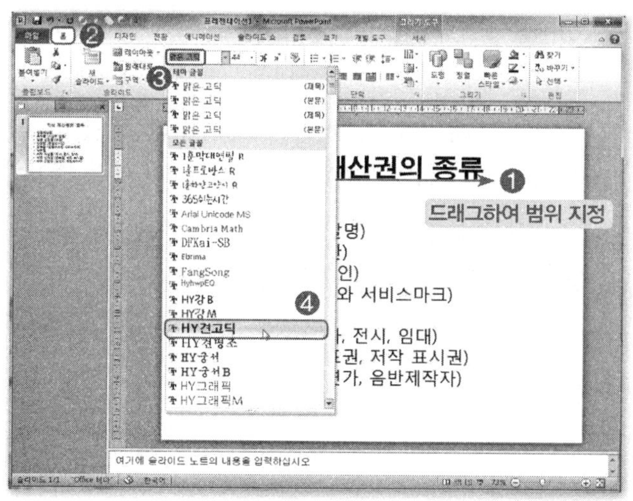

03. 글꼴 크기를 변경하기 위하여, 제목의 범위가 지정된 상태에서 [홈] 탭 → [글꼴] 그룹 → [글꼴 크기] 목록 단추를 클릭하고 글꼴크기 목록에서 '54'를 선택하거나 또는 직접 입력합니다.

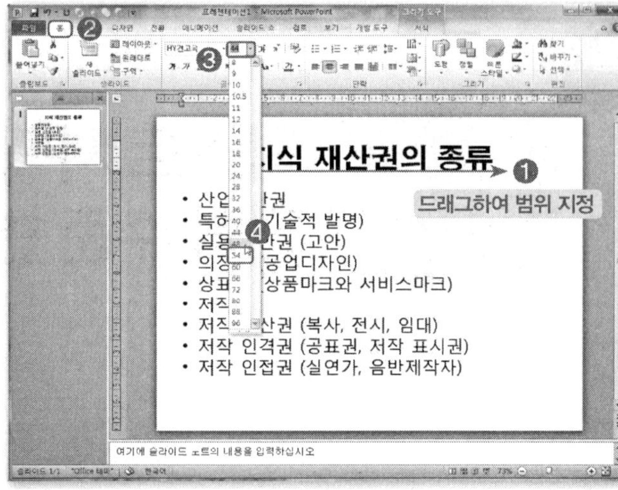

04. 제목의 글꼴 색을 변경하기 위하여, 드래그하여 범위가 지정된 상태에서 [홈] 탭 → [글꼴] 그룹 → [글꼴 색] 목록을 클릭하고 원하는 색을 선택합니다. 여기에서는 [표준색] '빨강'을 선택합니다.

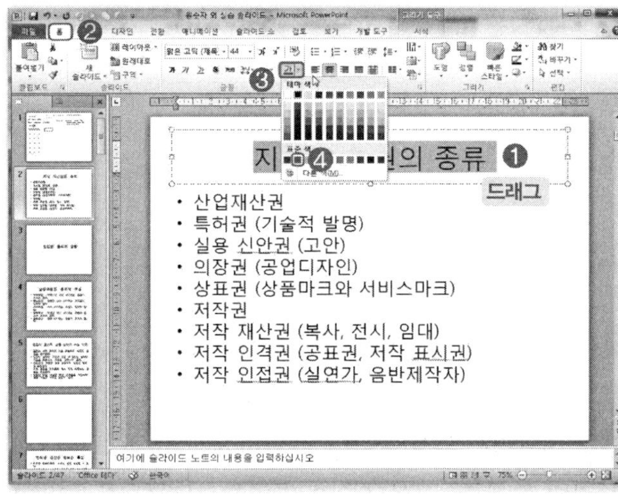

05. 텍스트에 그림자 효과를 나타내기 위하여, 범위가 지정된 상태에서 [홈] 탭 → [글꼴] 그룹 → [텍스트 그림자]를 클릭합니다. 슬라이드 제목에 그림자 효과가 지정됩니다.

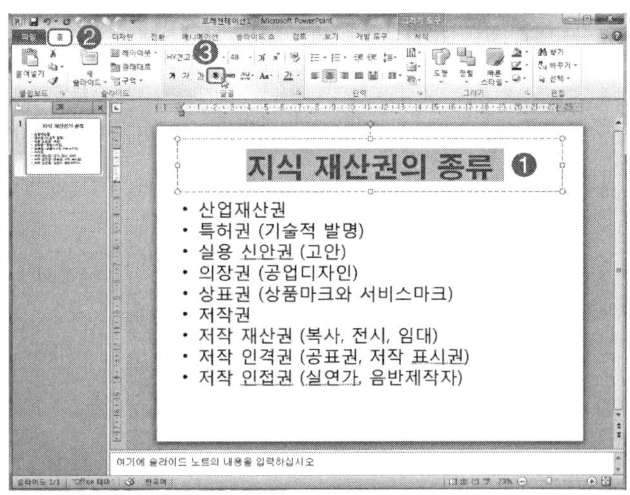

06. 단락수준을 변경하기 위하여, 슬라이드의 내용에서 2~5 단락을 마우스로 드래그하여 범위를 지정하고 [홈] 탭 → [단락] 그룹 → [목록 수준 늘림]을 클릭합니다.

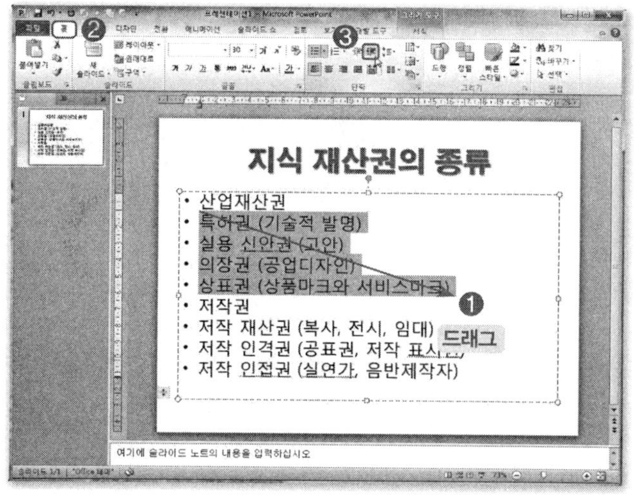

그러면 2~5 단락이 오른쪽으로 한 칸 들여쓰기가 되면서 텍스트 크기가 한 단계 작은 크기로 변경되며, 글머리 기호가 '–'로 바뀌게 됩니다.

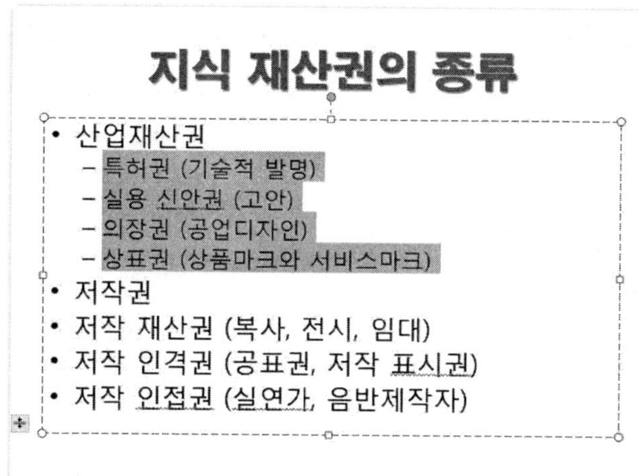

07. 슬라이드 내용의 7~9 단락도 드래그하여 선택한 후 같은 방법으로 [홈] 탭 → [단락] 그룹 → [목록 수준 늘림]을 클릭하여 목록 수준을 늘려 오른쪽으로 한 칸 들여쓰기 모양으로 변경하고 글머리 기호도 '–'로 변경합니다.

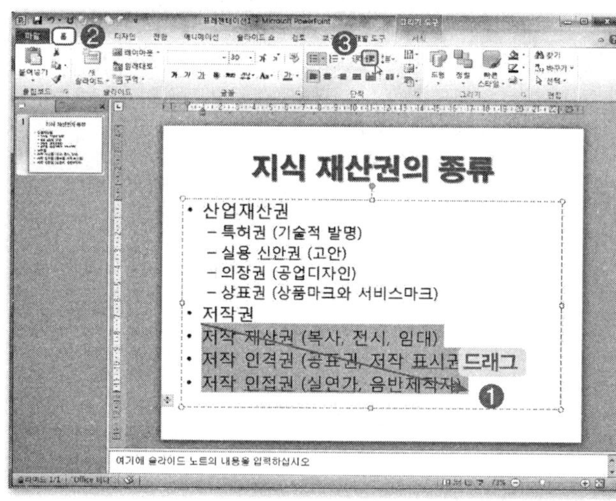

오른쪽 그림은 2~5 단락과 7~9 단락의 목록 수준을 늘린 결과입니다.

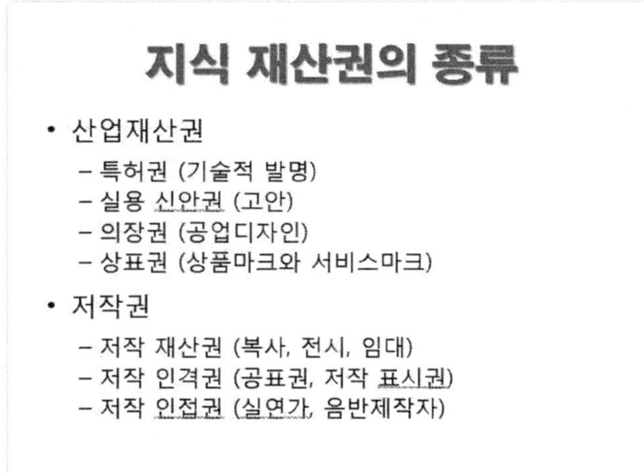

08. 1번 단락과 6번 단락의 앞, 뒤 줄 간격을 조정하기 위하여, 1번 단락을 드래그하여 선택하고 Ctrl 글쇠를 누른 다음 6번 단락도 드래그 하여 2개의 단락을 동시에 선택합니다.

[홈] 탭 → [단락] 그룹의 [추가 옵션] 단추를 클릭합니다.

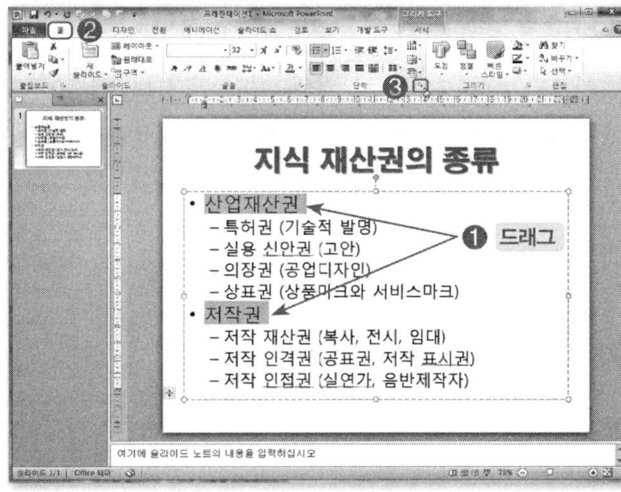

09. [단락] 대화상자가 나타나면 [들여쓰기 및 간격] 탭에서 단락 앞을 '20pt'로, 단락 뒤를 '10pt'로 값을 지정하고 [확인]을 클릭합니다.

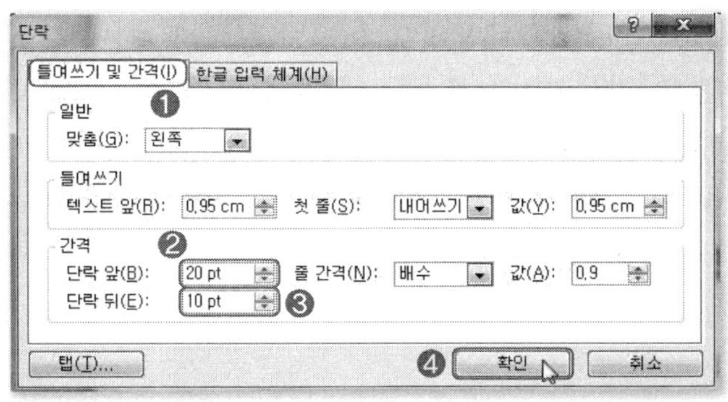

오른쪽 그림은 1번과 6번 단락의 앞과 뒤의 줄 간격을 지정한 후의 변경된 모양을 보여줍니다.

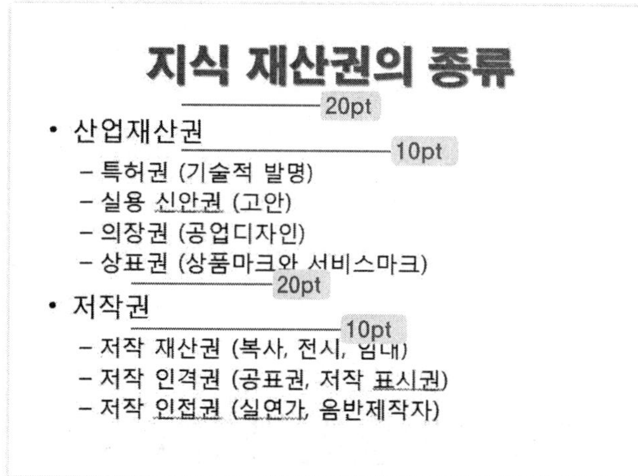

10. 오른쪽 그림과 같이 각 단락의 글머리 기호를 변경하기 위하여, 먼저 1단락과 6단락을 Ctrl 글쇠와 마우스 드래그를 이용하여 동시에 선택한 후 [홈] 탭 → [단락] 그룹 → [글머리 기호] → [글머리 기호 및 번호 매기기]를 클릭합니다.

[글머리 기호 및 번호 매기기] 대화상자가 표시되면 [글머리 기호] 탭 → [그림]을 클릭합니다.

[그림 글머리 기호] 대화상자가 표시되면 그림 글머리 기호(●)를 선택한 후 [확인]을 클릭합니다.

같은 방법으로 2~5 단락과 7~9 단락을 Ctrl 글쇠와 마우스 드래그를 이용하여 모두 선택한 후 그림 글머리 기호(◈)를 선택하여 글머리 기호를 변경합니다.

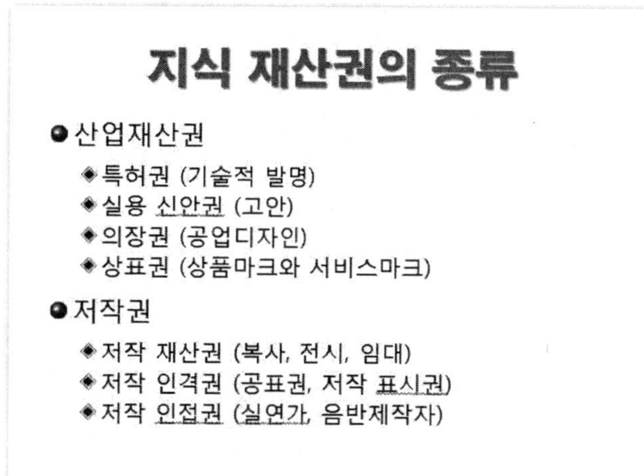

11. 완성한 슬라이드를 [파일] 탭 → [저장]을 클릭하고 '지식 재산권의 종류'란 이름의 문서로 저장합니다.

실력 점검 문제

[문제 1-1] 아래 조건에 따라 다음과 같은 슬라이드를 작성하시오.

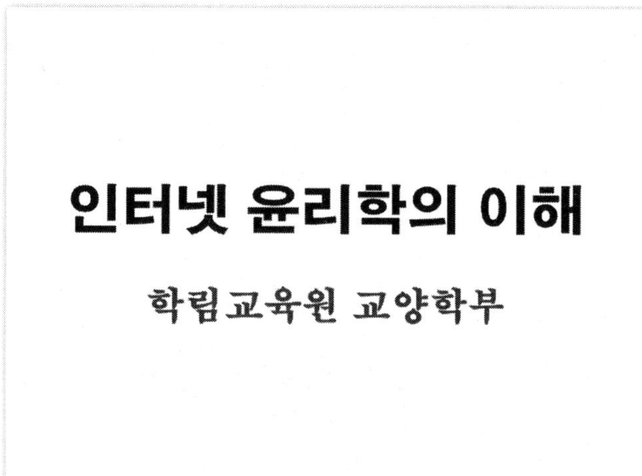

〈슬라이드 #1〉

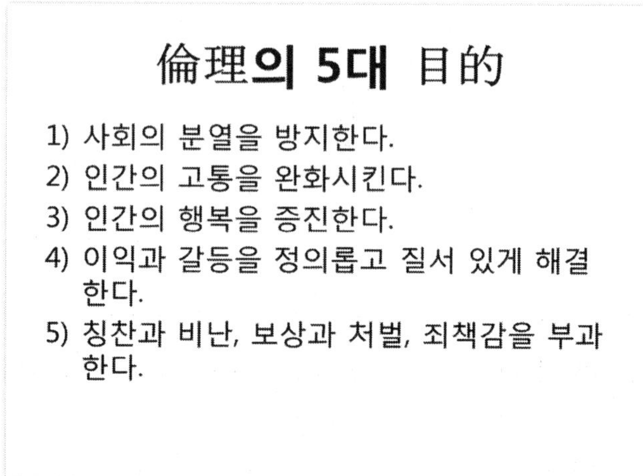

〈슬라이드 #2〉

[작성 조건]

1. 슬라이드 #1

- **제목 서식 : 글꼴(HY견고딕), 크기(60)**
- **부제목 서식 : 글꼴(HY견명조), 크기(44), 표준색(파랑)**

2. 슬라이드 #2

- **제목 서식 : 글꼴(맑은 고딕), 크기(54), 굵게, 한자삽입(윤리 – 倫理, 목적 – 目的)**
- **내용 서식 : 글머리 번호 매기기 – 반 소괄호 번호 부여 ' 1),2),3) .... '**

[문제 1-2] 아래 조건에 따라 다음과 같은 슬라이드를 작성하시오.

<슬라이드 #1>

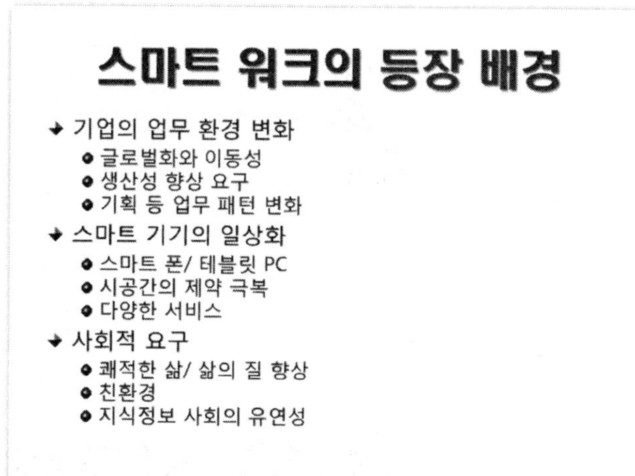

<슬라이드 #2>

[작성 조건]

1. 슬라이드 #1

- **제목 서식 : 글꼴(HY헤드라인M), 크기(66), 테마색(자주, 강조 4, 25% 더 어둡게), 굵게, 그림자**

2. 슬라이드 #2

- **제목 서식 : 글꼴(HY헤드라인M), 크기(48), 테마색(빨강, 강조 2, 25% 더 어둡게), 그림자**
- **내용 서식(1단, 5단, 9단) : 글꼴(맑은 고딕), 표준색(진한파랑), 그림 글머리기호(로마네스크 웹 글머리기호), 단락 간격(단락 앞 - 12pt, 단락 뒤 - 5pt)**
- **내용 서식(2~4단, 6~8단, 10~12단) : 글꼴(맑은 고딕), 테마색(빨강, 강조 2, 50% 더 어둡게), 단락 목록 수준 늘림, 그림 글머리기호(웹 글머리기호 철판무늬)**

CHAPTER 02

도형을 삽입하고 효과 지정하기

텍스트만을 이용하여 슬라이드를 제작하는 것 보다 도형을 작성하고 해당 도형에 다양한 효과를 적용하면 훨씬 더 시각적으로 돋보이는 슬라이드를 완성할 수 있습니다.

파워포인트에서는 여러 가지 모양의 기본 도형을 제공하고 있습니다. 슬라이드 문서에 기본 도형 틀을 그대로 이용할 수도 있지만, 점 편집을 이용하여 도형에 변형을 시키면 다양한 형태의 색다른 도형이 작성되어 슬라이드 꾸밈에 효과적으로 활용할 수 있습니다.

학습 목표

- 도형을 삽입하고 이동, 복사, 삭제할 수 있습니다.
- 선을 드래그하고 서식을 변경할 수 있습니다.
- 도형에 색, 질감, 그라데이션 등의 채우기를 할 수 있고, 윤곽선 서식을 변경할 수 있습니다.
- 그라데이션의 중지점을 이용하여 그라데이션 패턴을 편집할 수 있습니다.
- 도형들의 순서 정렬과 맞춤 정렬을 지정하여 도형을 재배치 할 수 있습니다.
- 도형에 텍스트를 입력하고 도형을 입체적으로 변경할 수 있습니다.
- 점 편집을 이용하여 도형의 모양을 변경할 수 있습니다.

실습구성

준비학습

실습 2-1　다섯 가지 도형을 삽입하고 이동, 복사, 삭제하기

실습 2-2　선 그리기와 다양한 스타일의 서식 변경하기

실습 2-3　도형 채우기와 윤곽선 지정하기

실습 2-4　도형의 그라데이션 편집하기와 도형 순서 변경하기

실습 2-5　도형에 텍스트를 입력하고 입체효과 주기와 맞춤 정렬하기

실력 점검 문제

준비학습

1. 슬라이드에 도형 그리기

(1) 도형 그리기

[홈] 탭 → [그리기] 그룹 → [도형] 명령 단추를 클릭하고, 도형 목록에서 원하는 도형을 선택한 후 슬라이드에 대각선 방향으로 드래그해서 도형을 그립니다.

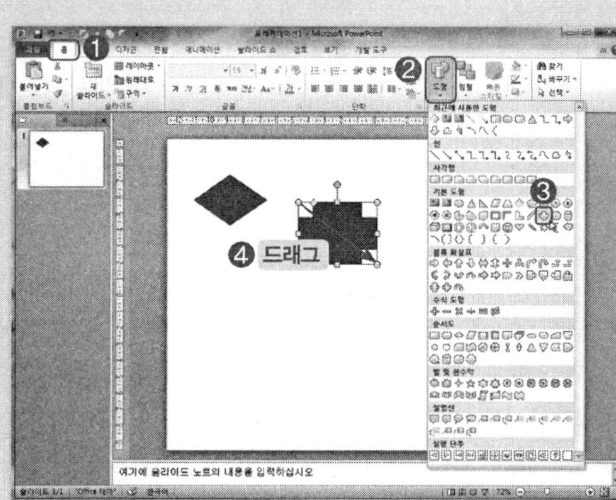

(2) 도형 그리기에서 글쇠 이용

❶ Shift + 드래그 : 가로(너비)와 세로(높이)의 크기가 동일한 도형을 그릴 수 있습니다. Shift 글쇠를 누른 채 드래그하여 도형을 그리면 정사각형, 정원, 정육면체 등 가로(너비) 대 세로(높이)의 크기 비율이 1대 1인 정방형 도형을 그릴 수 있습니다. 또한, 선이나 화살표 등의 도형을 그릴 때 Shift 글쇠를 누르고 도형 그리기를 하면 각도가 45도 간격으로 그릴 수 있습니다.

❷ Ctrl + 드래그 : Ctrl 글쇠를 누른 채 드래그 하여 도형을 그리면 마우스 포인터(도형의 중심점)를 기준하여 바깥쪽으로 도형이 그려집니다.

❸ Shift + Ctrl + 드래그 : Shift 글쇠와 Ctrl 글쇠를 동시에 누른 채 드래그 하여 도형을 그리면 마우스 포인터(도형의 중심점)를 중심으로 가로(너비), 세로(높이)의 크기가 동일한 정방형 도형을 그릴 수 있습니다.

2. 개체 틀과 도형 다루기

(1) 도형의 개체 틀

파워포인트에서 임의의 개체를 선택하려면 개체를 클릭하거나 또는 개체의 범위를 마우스로 드래그 하면 됩니다. 개체가 선택되면 개체의 주변에 사각형 모양의 개체 틀이 나타납니다. 개체 틀은 도형의 크기를 조절하거나 도형의 회전 각도를 변경시킬 수 있습니다.

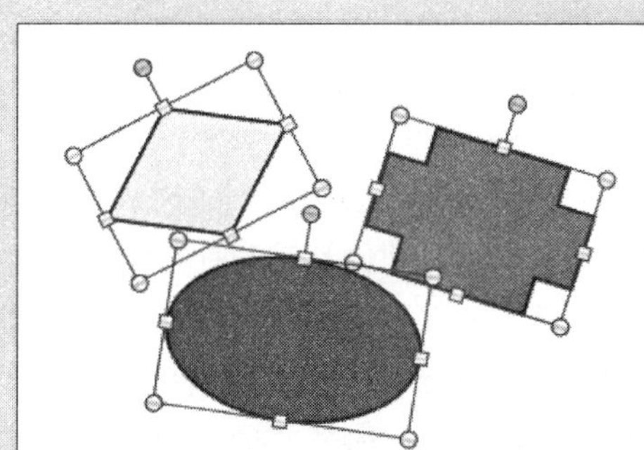

개체 틀은 네 모서리에 작은 원(◯)과 그 사이마다 작은 정사각형(□)으로 크기 조정 핸들이 있습니다. 모서리 원 모양 핸들은 사선으로 드래그 하여 도형을 확대 또는 축소할 수 있고, 작은 정사각형 핸들은 수직 또는 수평 방향으로 확대 또는 축소할 수 있습니다.

또한, 개체 틀의 위쪽 중심 바깥쪽에는 녹색 원 모양(●)의 핸들이 있는데 이것은 회전하고자 하는 방향으로 드래그 하여 도형을 회전시킬 수 있습니다.

Shift 글쇠를 누른 채 대각선 크기 조정 핸들(◯)을 드래그 하면 가로(너비)와 세로(높이)의 비율을 유지하면서 크기를 조절할 수 있습니다. 또한, Ctrl 글쇠를 누른 채 대각선 크기 조정 핸들을 드래그 하면 도형의 중심을 고정한 채 도형의 크기를 조절할 수 있습니다.

(2) 도형의 모양 바꾸기

도형의 개체 틀에서 흰색 점 모양의 크기 조정 핸들(◯)에 마우스 포인터를 올려놓고 마우스 포인터의 모양이 (⤢ ⤡)양방향 화살표로 바뀌면 드래그해서 도형의 크기를 확대하거나 축소할 수 있습니다.

또한 녹색 원 모양의 회전 핸들(●)에 마우스 포인터를 올려놓고 시계 방향이나 시계 반대방향으로 돌리면 마우스 포인터의 모양이 으로 변하면서 회전됩니다.

노란색 마름모 모양의 모양 조정 핸들(◇)에 마우스 포인터를 올려놓고 드래그 하면 좀 더 다양하게 모양을 조정할 수 있습니다. 도형에 따라 타원이나 직사각형과 같이 모양 조정 핸들이 없거나, 블록 화살표와 같이 모양 조정 핸들이 두 개 이상인 경우도 있습니다.

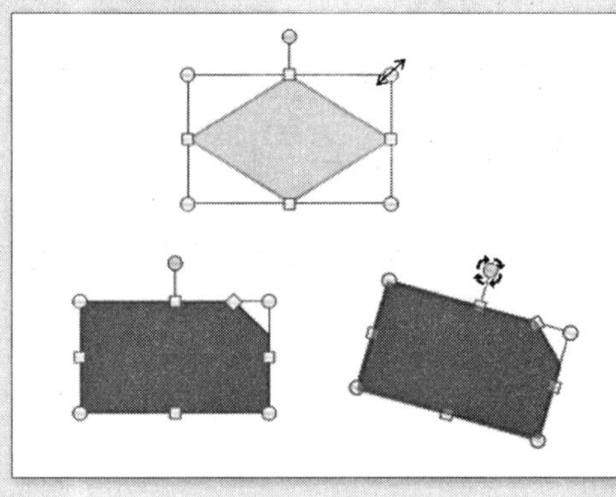

(3) 글쇠를 이용한 도형의 이동, 복사, 삭제 및 여러 도형의 선택

❶ **도형의 수직 또는 수평 이동** : 도형을 클릭하고 Shift 글쇠를 누른 채 수직 또는 수평 방향으로 마우스를 드래그 합니다.

❷ **도형의 복사** : 도형을 클릭하고 Ctrl 글쇠를 누른 채 원하는 위치로 마우스를 드래그 합니다.

❸ **도형의 삭제** : 도형을 클릭하고 Delete 글쇠를 누릅니다.

❹ **여러 도형을 선택** : Shift 글쇠 또는 Ctrl 글쇠를 누르고 선택하고자 하는 도형을 순서대로 클릭합니다.

❺ **이전 작업의 취소** : 단축 글쇠 Ctrl + Z 를 눌러 실행한 작업을 취소하고 원래의 상태로 되돌아옵니다.

3. 도형 다루기 서식 지정과 배경 서식 지정

(1) [그리기 도구] 상황 탭 → [서식] 탭의 구성

[그리기 도구/서식] 탭은 도형을 선택했을 때 표시되며, 도형 스타일 및 WordArt 스타일 등을 편집할 수 있는 명령 아이콘들이 모여 있습니다.

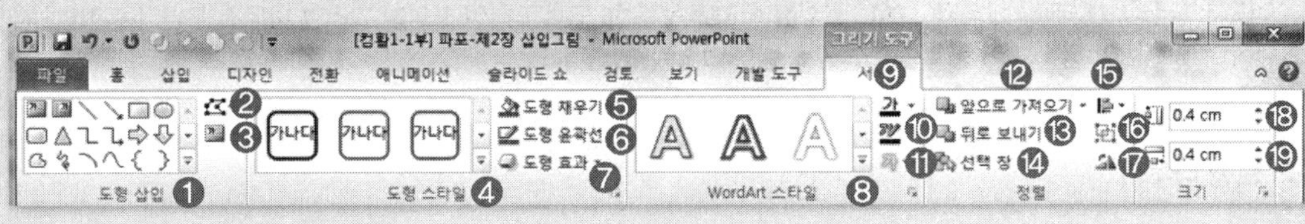

❶ **도형 자세히** : 기본으로 제공되는 도형이나 선 등을 선택하여 삽입합니다.

❷ 도형 편집 : 도형 모양 변경, 점 편집, 연결선 바꾸기 등을 지정합니다.

❸ 텍스트 상자 : 가로 또는 세로 텍스트 상자를 그립니다.

❹ 도형스타일 자세히 : 도형이나 선 등에 빠른 스타일을 지정합니다.

❺ 도형 채우기 : 도형에 단색, 그라데이션, 그림 또는 질감 등을 채웁니다.

❻ 도형 윤곽선 : 도형의 윤곽선의 색, 두께 및 선 스타일을 변경합니다.

❼ 도형 효과 : 도형에 그림자, 네온, 반사, 입체 효과 또는 3차원 회전 효과를 지정합니다.

❽ WordArt 스타일 자세히 : 텍스트에 빠른 WordArt 스타일을 지정합니다.

❾ 텍스트 채우기 : 텍스트에 단색, 그라데이션, 그림 또는 질감을 채웁니다.

❿ 텍스트 윤곽선 : 텍스트의 윤곽선 색, 두께 및 선 스타일을 변경합니다.

⓫ 텍스트 효과 : 텍스트에 그림자, 네온, 반사, 입체 효과, 3차원 회전 효과를 지정합니다.

⓬ 앞으로 가져오기 : 선택한 개체를 맨 앞으로 또는 앞으로 가져옵니다.

⓭ 뒤로 보내기 : 선택한 개체를 맨 뒤로 또는 뒤로 보냅니다.

⓮ 선택 창 : [선택 및 표시] 창을 표시합니다.

⑮ 맞춤 : 선택한 개체를 맞춤 방법(왼쪽, 가운데, 오른쪽, 위쪽, 중간, 아래쪽, 가로/세로 간격을 동일하게 조정 등)에 따라 지정합니다.

⑯ 그룹 : 개체를 그룹으로 지정하거나 그룹을 해제합니다.

⑰ 회전 : 선택한 개체를 회전시키거나 수직/수평 대칭시킵니다.

⑱ 도형 높이 : 도형이나 그림의 높이를 수정합니다.

⑲ 도형 너비 : 도형이나 그림의 너비를 수정합니다.

(2) [도형 서식] 대화상자의 적용

[도형 서식] 대화상자에는 도형에 여러 가지 효과를 동시에 적용할 때 편리하며, [그리기 도구/서식] 탭 → [도형 스타일] 그룹의 [추가 옵션] 단추를 클릭하거나, [홈] 탭 → [그리기] 그룹의 [추가 옵션] 단추를 클릭하면 [도형 서식] 대화상자가 표시됩니다.

[도형 서식] 대화상자에서는 선, 도형, 그림, 텍스트 상자 등에 동시에 다양한 효과를 지정할 뿐 아니라 사용자가 임의로 값을 부여하여 더 세부적이고 섬세한 효과를 지정할 수 있습니다.

메뉴 범주에는 채우기, 선 색, 선 스타일, 그림자, 반사, 네온 및 부드러운 가장자리, 3차원 서식, 3차원 회전, 그림 수정, 그림 색, 꾸밈 효과, 자르기, 크기, 위치, 텍스트 상자, 대체 텍스트 등이 있습니다.

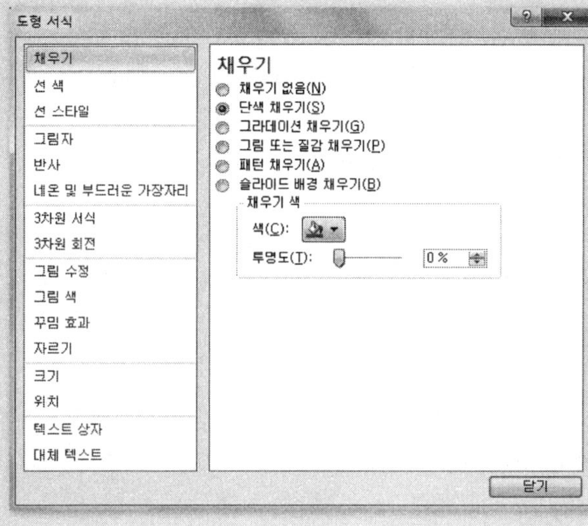

(3) [배경 서식] 대화상자와 채우기 적용 단추

슬라이드 배경에 서식을 지정하려면 [배경 서식] 대화상자를 이용하며, 메뉴 범주에는 채우기, 그림 수정, 그림 색, 꾸밈 효과 등이 있습니다. 배경에 채우기 한 후 작업을 종료하려면 [배경 서식] 대화상자의 하단에 단추를 클릭합니다.

[배경 원래대로], [닫기], [모두 적용] 3종류의 단추가 있는데 배경색 적용의 구분을 해줍니다.

❶ **[배경 원래대로]** : 슬라이드 배경 화면에 배경색을 적용시키지 않고 원래의 배경 화면으로 환원시켜 줍니다.

❷ **[닫기]** : 현재 작업하는 1개의 슬라이드에만 지정된 배경색이 적용됩니다.

❸ **[모두 적용]** : 여러 개의 슬라이드로 구성되어 있는 문서에서 모든 슬라이드에 지정된 배경색이 적용됩니다.

4. 점 편집을 이용한 도형 모양 변경하기

(1) 점 추가 및 편집 유형

점 편집을 이용해서 도형의 모양을 변형시키기 위해, 도형을 선택하고 [그리기 도구/서식] 탭 → [도형 삽입] 그룹 → [도형 편집] → [점 편집]을 클릭합니다. 그러면 도형의 모서리마다 검정색의 작은 정사각형의 점들이 표시되며 점을 편집할 수 있는 상태로 변경이 됩니다.

- **점 추가** : 점을 추가하기 위해서는 도형의 윤곽선과 정확하게 일치된 위치(-✢- 표시됨)에서 바로가기 메뉴의 '점 추가'를 클릭합니다. 새로운 점이 추가되면 추가된 점을 중심으로 두 개의 방향선(파랑색)과 각 방향선의 끝에 방향점(흰색 작은 정사각형)이 나타납니다.
- **점 편집을 이용한 도형 변경** : 도형을 변형시키려면 점 편집 상태에서 점을 이동시키거나 또는 방향점을 이동하고 방향선의 각도와 길이를 조정하여 기존의 직선 도형을 곡선으로 변형시킬 수 있습니다.
- **점 삭제** : 점을 삭제하려면 삭제할 점을 선택하고 바로가기 메뉴에서 '점 삭제'를 클릭합니다.

❶ 점 추가(바로 가기 메뉴 이용)

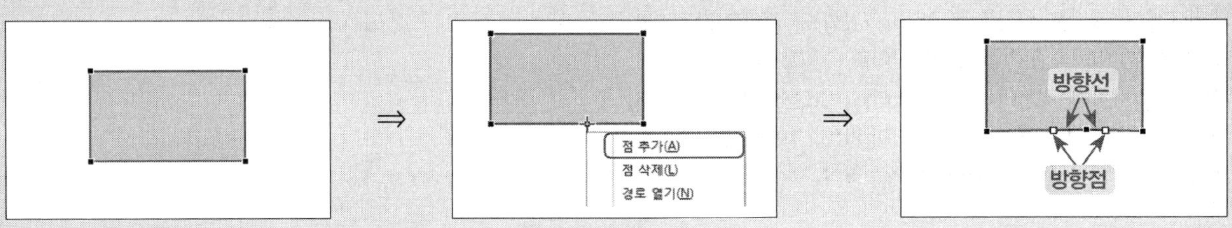

❷ 점 이동(✥ 상태에서 드래그)

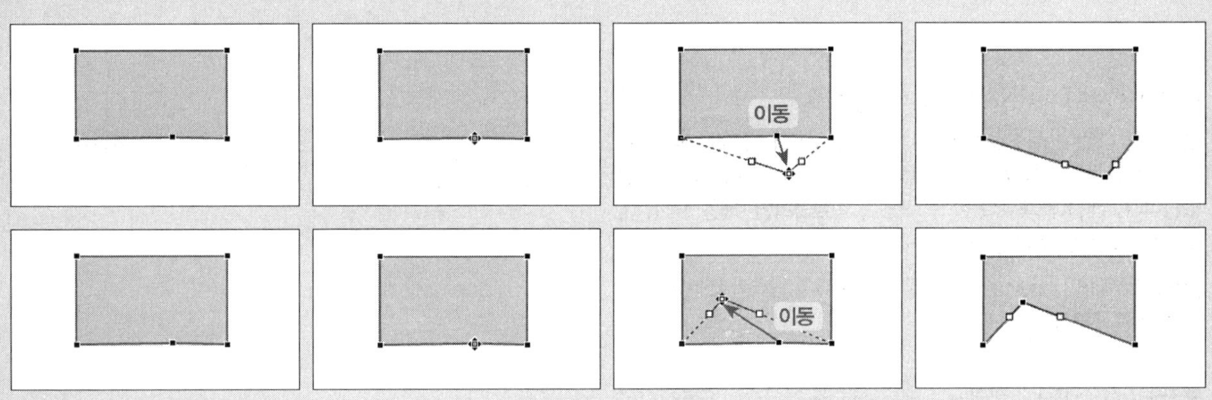

❸ 방향점 및 방향선 드래그(곡선 만들기)

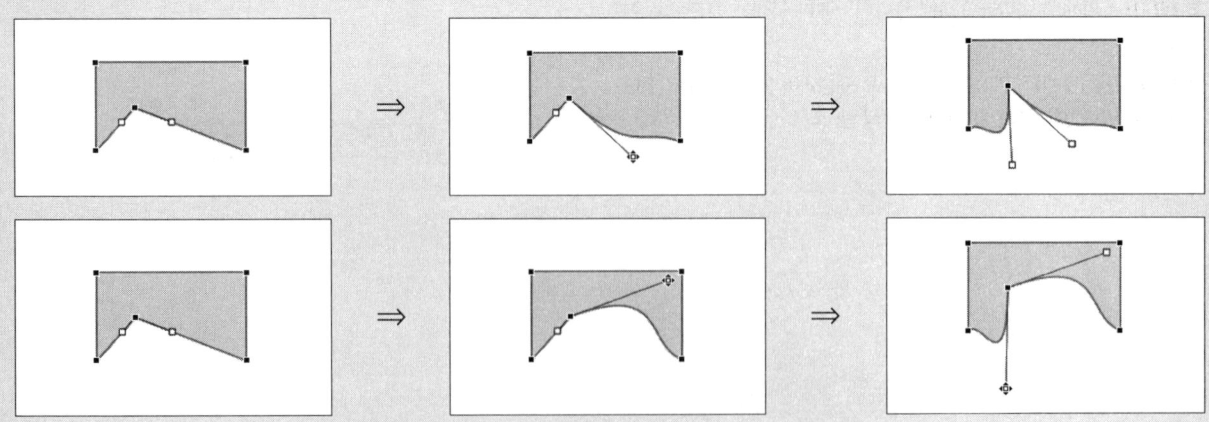

❹ **점 삭제**(바로 가기 메뉴 이용)

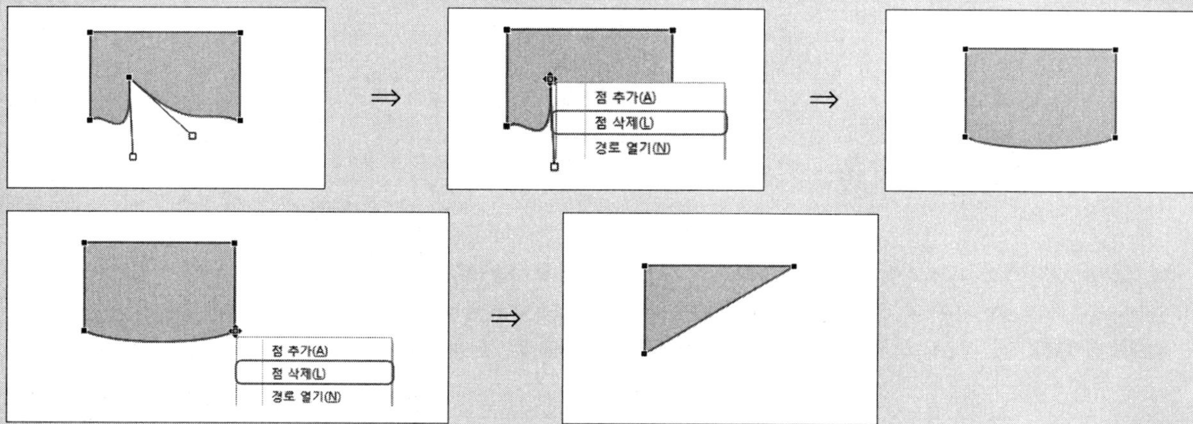

(2) 포인트가 5인 별 모양을 이용하여 크기 배율이 다른 7개의 꽃 모양 만들기

❶ 별 도형의 바깥 쪽 5개의 모서리에 생성되는 10개의 방향점(흰색 정사각형)을 각각 드래그 하여 다음과 같은 순서대로 둥근 꽃잎 모양을 만들어 나갑니다.(여기에서는 [도형 채우기] → [표준색] → '노랑', [도형 윤곽선] → [표준색] → '녹색'을 선택합니다.)

참고로 도형의 모양 변경을 좀 더 세밀하게 작업을 하려면, 개체를 크게 보이도록 슬라이드 화면을 확대시키고 리본 메뉴의 [보기] 탭 → [표시] 그룹 → [눈금선]을 체크 표시하여 슬라이드 바탕에 눈금선과 비교하여 크기나 드래그 거리를 조정하는 것이 편리합니다.

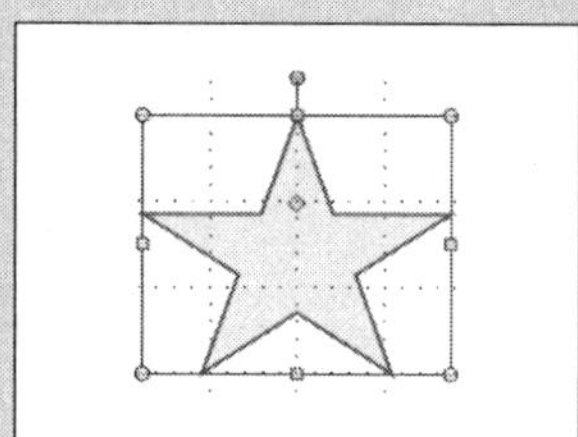
① 단계

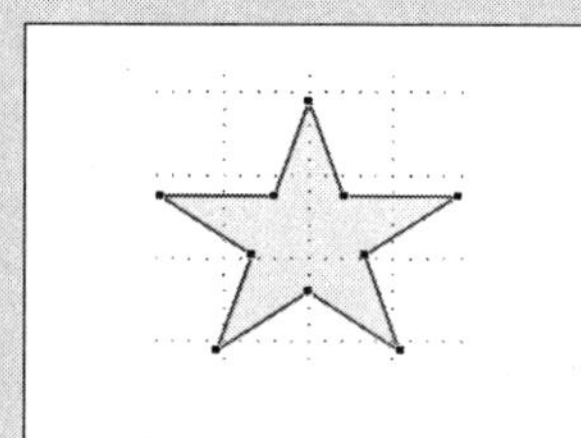
② 단계

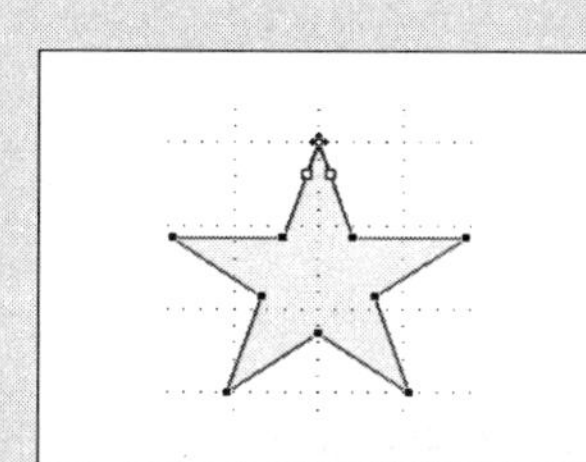
③ 단계

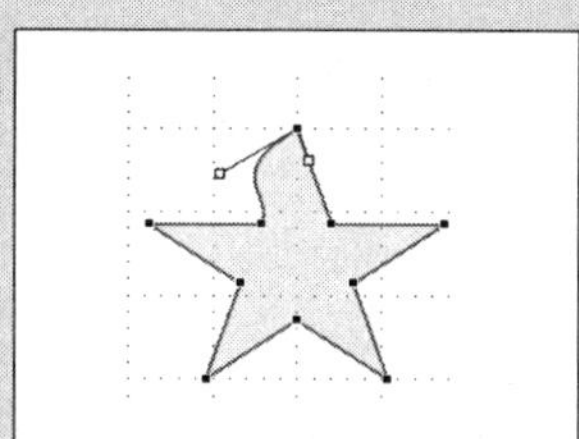
④ 단계

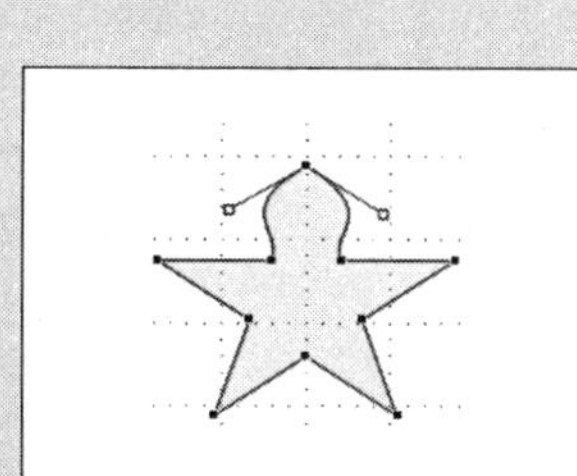
⑤ 단계

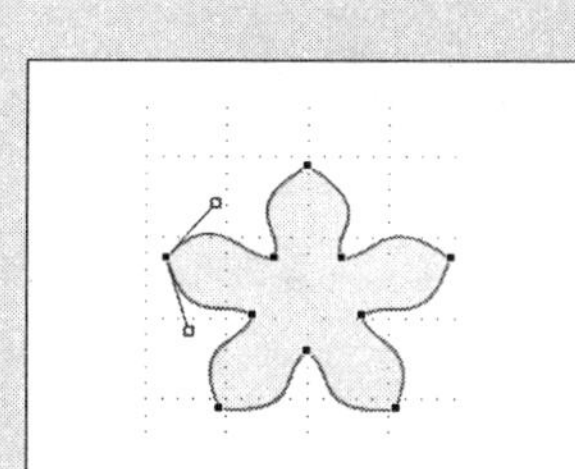
⑥ 단계

❷ 만들어진 꽃잎 도형의 안쪽 5개의 점들(별 도형의 안쪽 편집 점)을 도형의 중심 쪽으로 드래그 하여 꽃잎 너비가 좀 더 얇은 모양의 꽃잎을 만듭니다.(꽃-1)

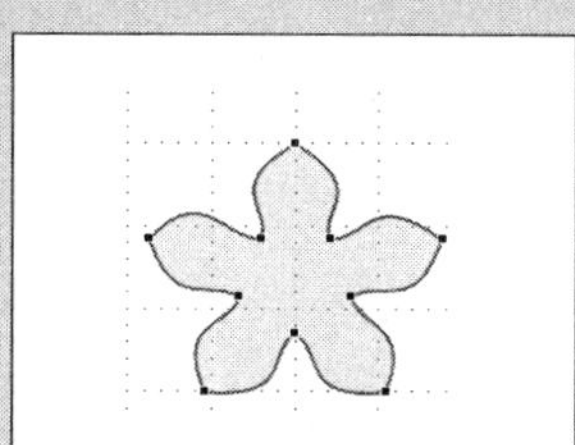
① 단계

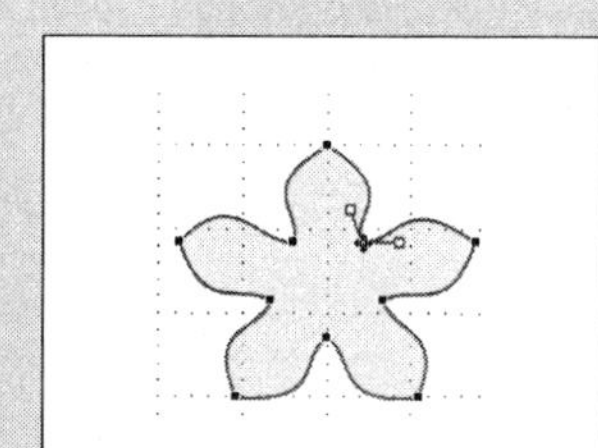
② 단계

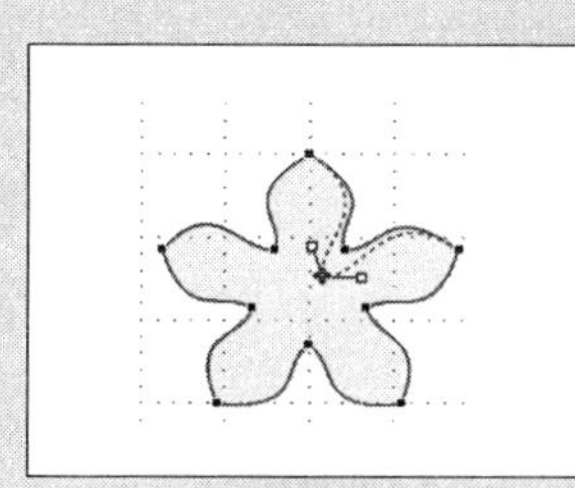
③ 단계

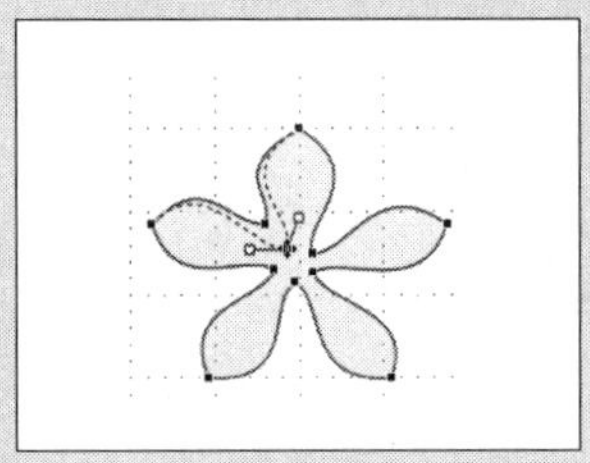

④ 단계

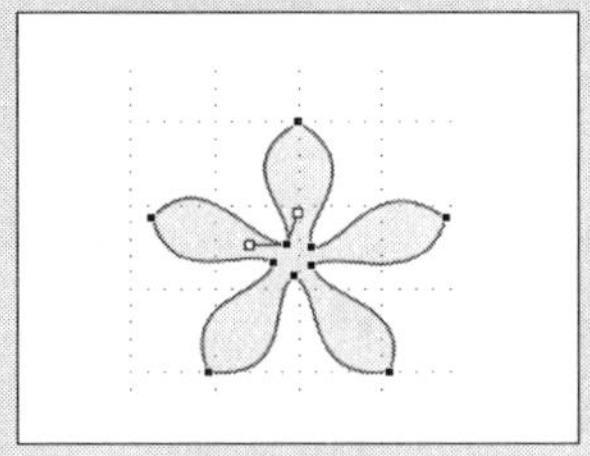

⑤ 단계

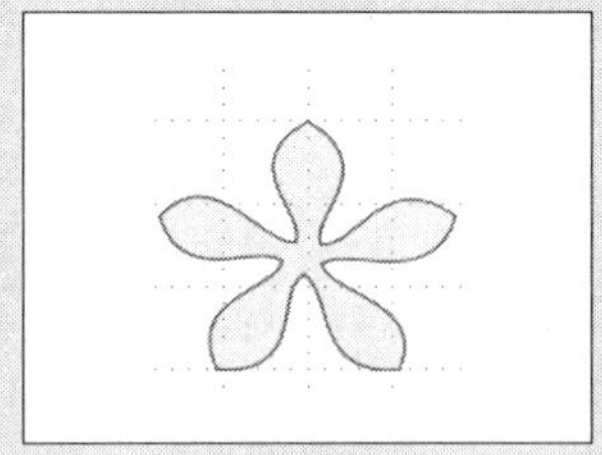

⑥ 단계

꽃 모양(꽃-1)이 완성되면 [보기] 탭 → [표시] 그룹 → [눈금선]의 체크 표시를 해제하여 슬라이드 바탕에서 눈금선을 사라지게 합니다.

❸ 완성된 꽃을 선택하고 Ctrl + D 를 눌러 복제하여 새로 생성된 꽃 모양의 크기 배율을 조정하여 다른 크기의 꽃을 만듭니다. 이와 같은 과정을 반복하여 다음과 같이 6개의 꽃 모양을 추가로 만들면 모두 7개의 꽃이 완성 됩니다.

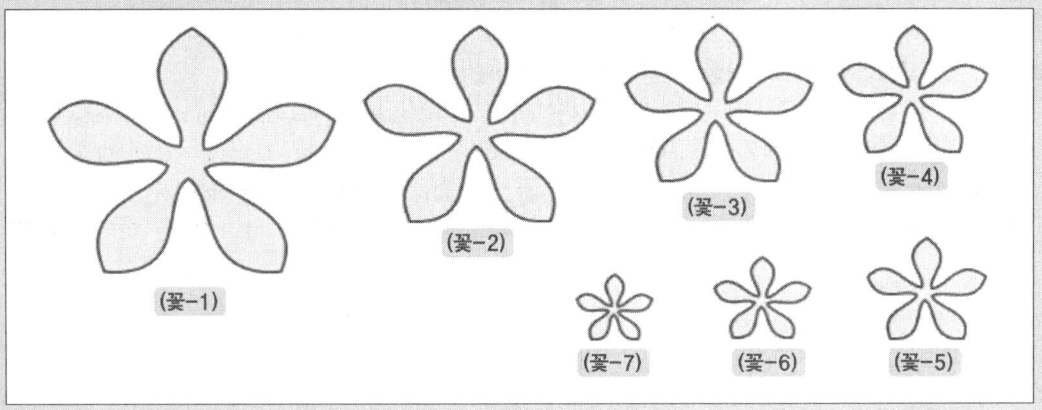

꽃 모양의 크기 조정을 위해서, [바로 가기] 메뉴에서 [크기 및 위치]를 클릭하여 [도형 서식] 대화 상자를 표시합니다.

[도형 서식] 대화 상자에서 [크기] → [배율] → [가로 세로 비율 고정]에 체크 표시를 하고 배율의 [높이]와 [너비]를 각각 '80%'로 지정합니다.

이와 같은 방법으로 각각의 꽃 크기를 점차 20%씩 축소해 나갑니다.

(꽃-1) 크기 : 도형 너비×높이(7cm×6cm)
(꽃-2) 크기 : (꽃-1)의 80% 배율
(꽃-3) 크기 : (꽃-2)의 80% 배율
(꽃-4) 크기 : (꽃-3)의 80% 배율
(꽃-5) 크기 : (꽃-4)의 80% 배율
(꽃-6) 크기 : (꽃-5)의 80% 배율
(꽃-7) 크기 : (꽃-6)의 80% 배율

실습

2-1 다섯 가지 도형을 삽입하고 이동, 복사, 삭제하기

01. 파워포인트의 새 슬라이드(빈 화면)를 준비하고 다이아몬드 도형을 삽입하기 위하여, [홈] 탭 → [그리기] 그룹 → [도형] → [기본 도형] → [다이아몬드]를 클릭하고 슬라이드에 오른쪽 그림과 같이 드래그 합니다.

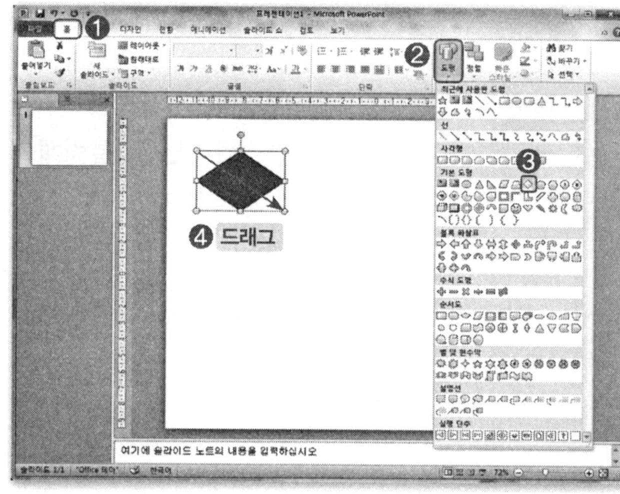

02. 같은 방법으로 십자형 도형을 삽입하기 위하여, [홈] 탭 → [그리기] 그룹 → [도형] → [기본 도형] → [십자형]을 클릭하고 슬라이드에 드래그 합니다.

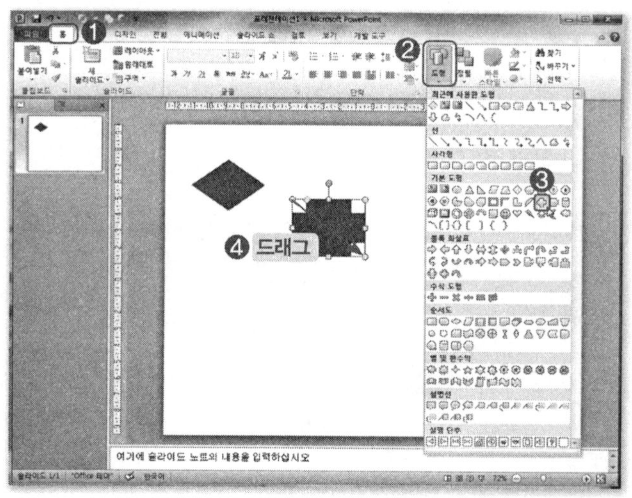

03. 모서리가 둥근 정사각형을 삽입하기 위하여, [홈] 탭 → [그리기] 그룹 → [도형] → [사각형] → [모서리가 둥근 직사각형]을 클릭하고 슬라이드에 Shift 글쇠를 누른 채 드래그 합니다.

Shift 글쇠를 누른 채 드래그하면, 가로(너비)와 세로(높이)의 길이가 동일한 정방형의 도형이 그려집니다.

04. 타원을 삽입하기 위하여, [홈] 탭 → [그리기] 그룹 → [도형] → [기본 도형] → [타원]을 클릭하고 슬라이드에 Ctrl 글쇠를 누른 채 드래그 합니다.

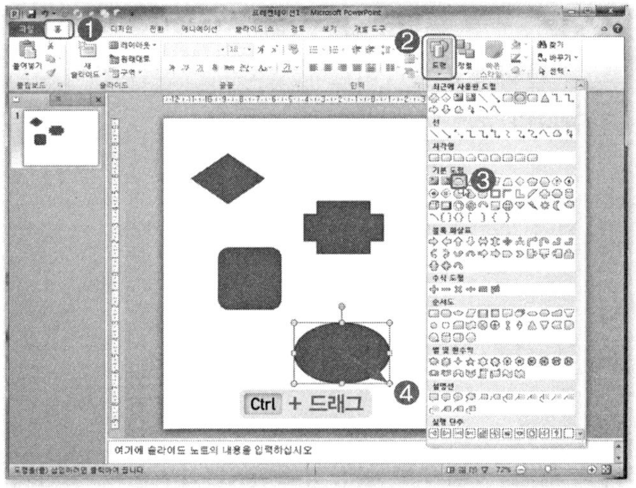

Ctrl 글쇠를 누른 채 드래그하면, 마우스 포인터를 중심으로 도형이 그려집니다.

05. 도형의 위치를 이동하기 위하여, 그려진 도형 중에서 '다이아몬드'를 클릭하고 원하는 방향으로 드래그하여 이동합니다.

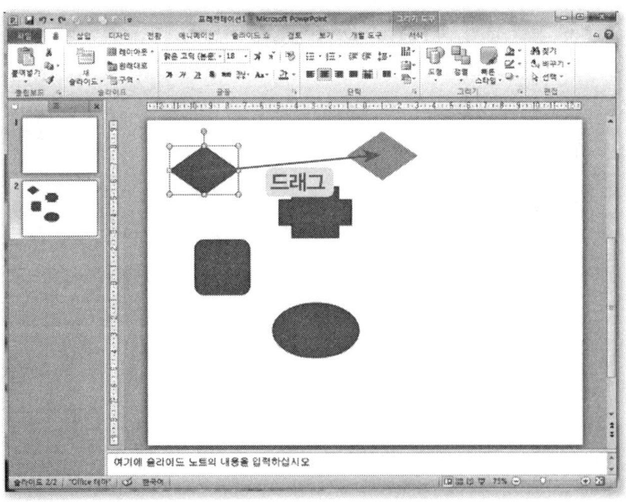

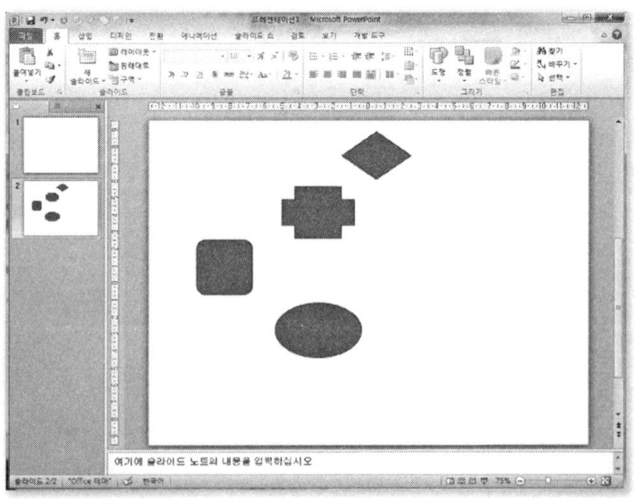

도형을 이동시키는 또 다른 방법으로 도형을 선택한 후 컴퓨터 글자판의 방향 글쇠(↑, ↓, →, ←)를 이용할 수 있습니다. 참고로 개체의 위치를 미세하게 이동하려면 개체를 클릭한 후 Ctrl 글쇠를 누른 채 방향 글쇠를 누르면 위치를 조금씩 이동시킬 수 있습니다.(Ctrl + ↑, Ctrl + ↓, Ctrl + →, Ctrl + ←)

06. 도형을 복사하기 위하여, 그려진 도형 중에서 '십자형'을 클릭하고 Ctrl 글쇠를 누른 채 원하는 위치로 드래그 합니다. 그러면 같은 모양의 도형이 복제되어 하나 더 생성됩니다.

Ctrl 글쇠를 누른 채 드래그하면, 복사의 일반적인 방법인 개체 선택, Ctrl + C, Ctrl + V의 복사과정을 한 번에 처리하는 방법입니다.

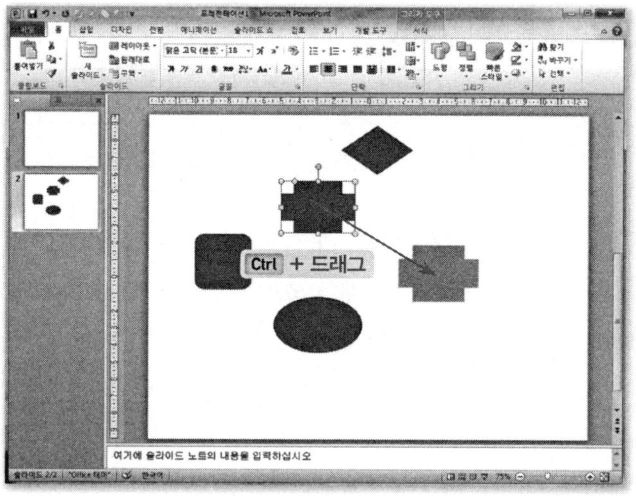

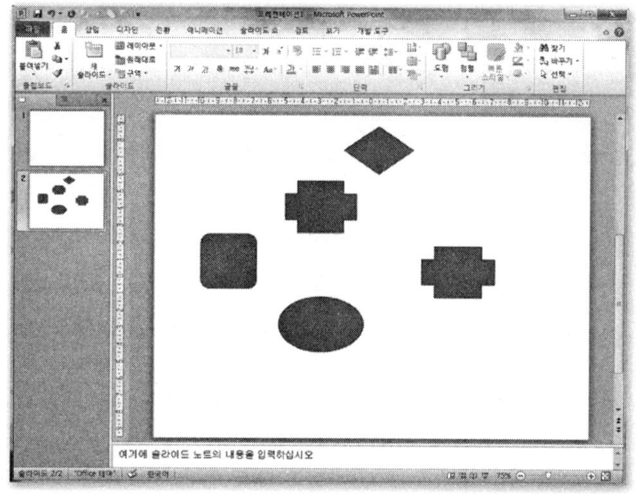

07. 도형을 수직으로 이동하기 위하여, 그려진 도형 중에서 '모서리가 둥근 정사각형'을 클릭하고 Shift 글쇠를 누른 채 아래 방향으로 드래그 하여 수직 이동합니다.

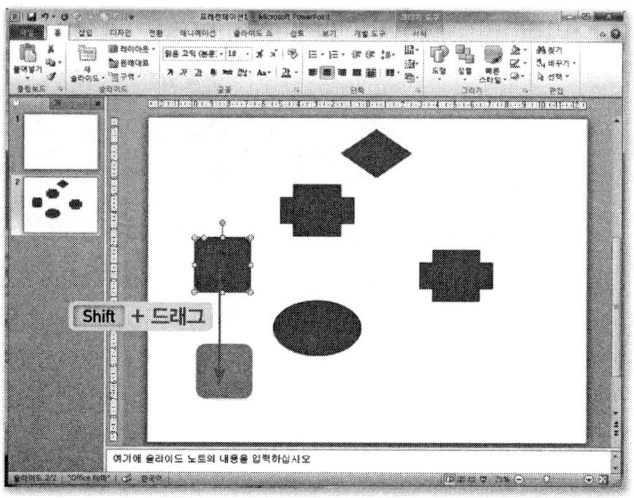

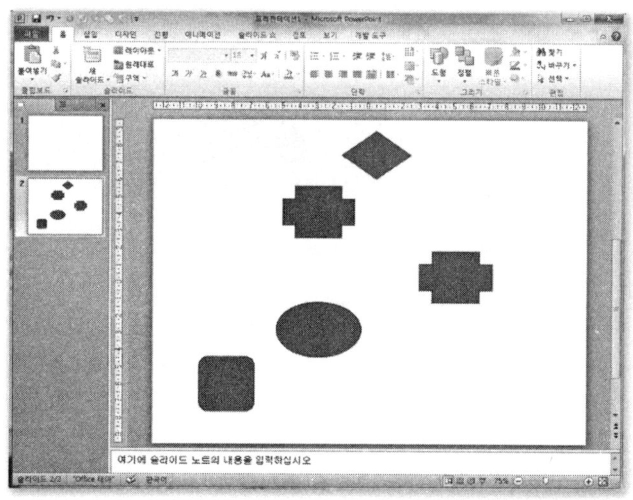

08. 도형을 수평으로 이동하기 위하여, 그려진 도형 중에서 '타원'을 클릭하고 Shift 글쇠를 누른 채 오른쪽 방향으로 드래그 하여 수평 이동합니다.

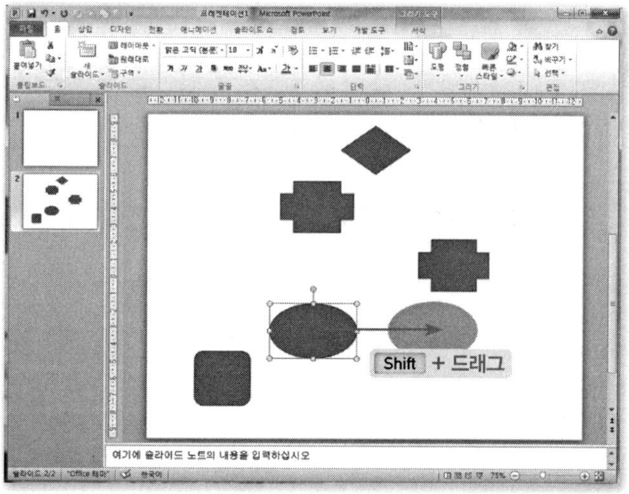

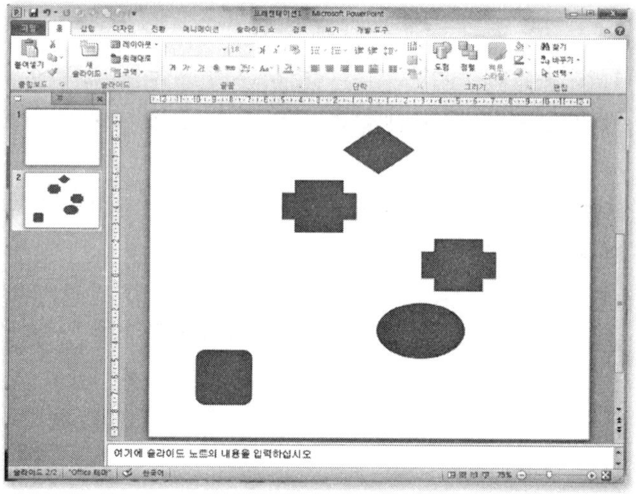

09. 도형의 모양을 조절하기 위하여, 그려진 도형에서 위쪽 '십자형'을 클릭하고 개체 틀의 왼쪽 위에 노란색 마름모꼴 모양의 조정 핸들(◇)을 클릭합니다. 모양 조정 핸들을 오른쪽으로 드래그 하여 십자형 도형의 모양을 변경합니다. 사방의 십자모양이 드래그한 길이만큼 좁아진 모양으로 변경 되었습니다.

반대로 노란색 마름모꼴의 모양 조정 핸들을 반대 방향인 왼쪽으로 드래그하면, 십자모양이 더 넓고, 굵어진 모양으로 변경될 것입니다.

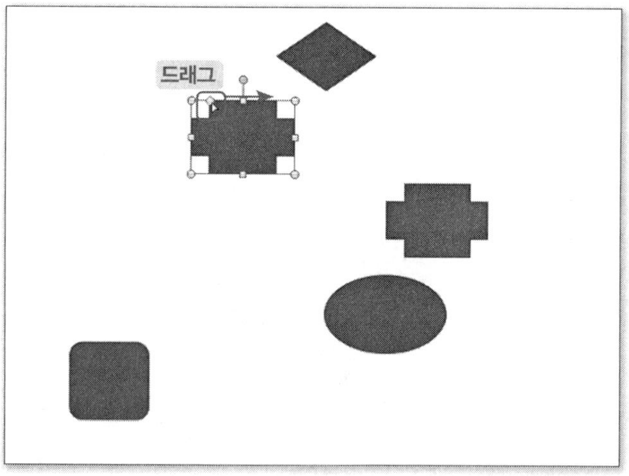

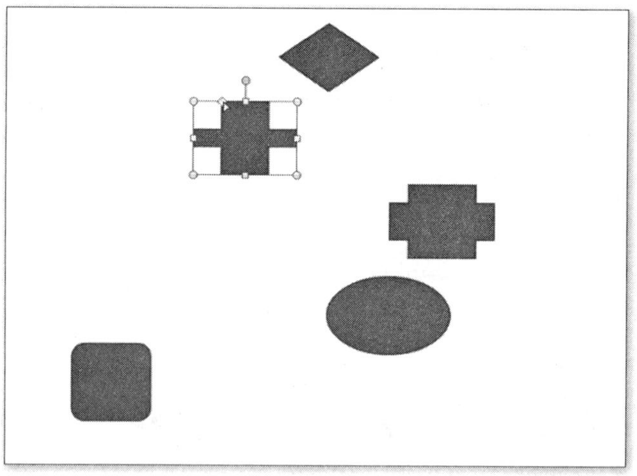

10. 도형의 크기를 확대 변경하기 위하여, 그려진 도형에서 '타원'을 클릭하고 개체 틀의 오른쪽 아래 모서리의 크기 조정 핸들을 오른쪽 아래 대각선 방향으로 드래그 하여 도형의 크기를 확대 변경합니다.

반대로 개체 틀의 오른쪽 아래 모서리의 크기 조정 핸들을 왼쪽 위의 대각선 방향으로 드래그하면 도형의 크기는 점점 축소 변경됩니다.

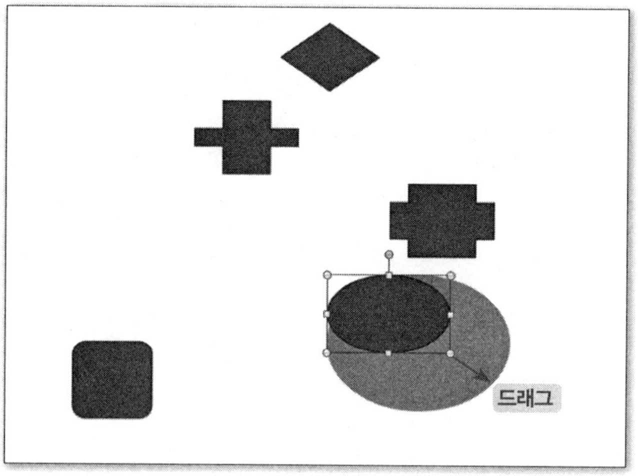

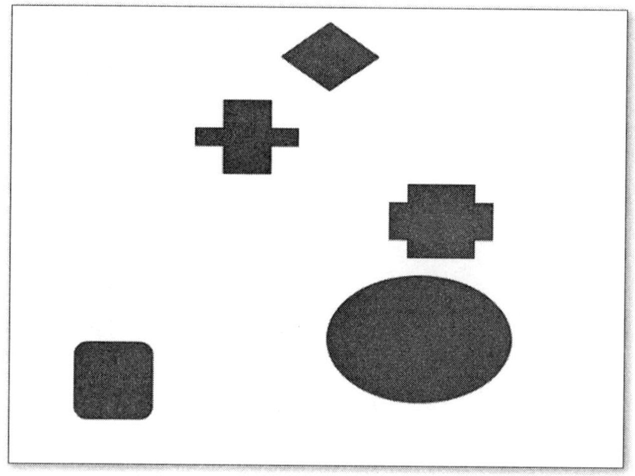

원모양뿐만 아니라 나머지 마름모 도형, 십자 도형, 모서리 둥근 정사각형 도형들도 각각 크기 조정 핸들을 드래그 하여 도형의 크기를 확대 또는 축소시켜 봅니다.

11. 도형을 회전시키기 위하여, 그려진 도형에서 오른쪽 '십자형'을 클릭합니다. 도형의 위쪽에 녹색 원으로 된 회전 핸들이 나타나면 클릭한 후 시계 반대방향으로 드래그 하여 도형을 회전시킵니다.

도형 개체를 선택하고 회전 조정 핸들위에 마우스를 올리면 마우스 포커스가 다음의 왼쪽 그림과 같은 모양(◉)으로 변화되고, 마우스를 눌러 회전시키고자 하는 방향으로 드래그를 하면 마우스 포커스가 다음의 오른쪽 그림과 같은 모양(◉)으로 변화됩니다.

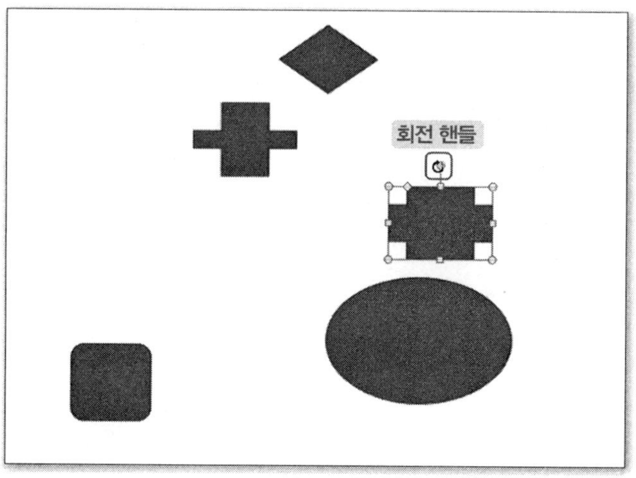

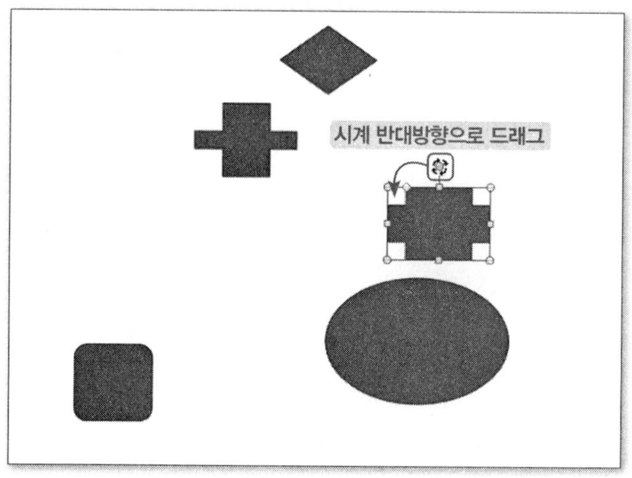

오른쪽 그림은 십자형 도형 개체를 선택하고 회전 핸들을 이용하여 시계 반대방향으로 회전시킨 결과입니다.

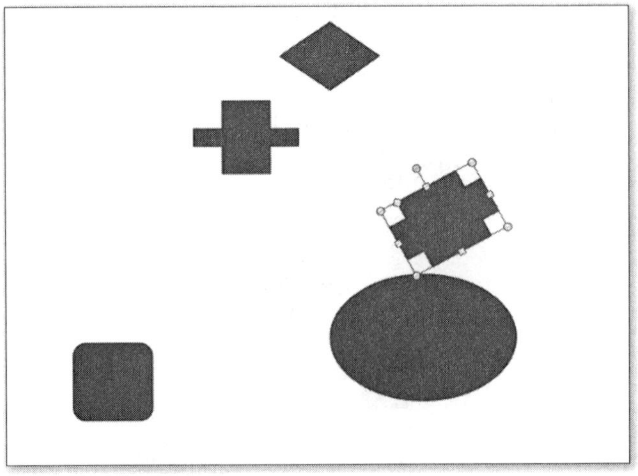

12. 완성한 슬라이드를 [파일] 탭 → [저장]을 클릭하고 '도형 그리기와 편집'이란 이름의 문서로 저장합니다.

실습

I n t r o d u c t i o n t o P o w e r P o i n t

2-2 선 그리기와 다양한 스타일의 서식 변경하기

01. 앞서의 [실습 2-1] 문서에 계속하여, 두 번째 슬라이드(빈 화면)를 삽입합니다.

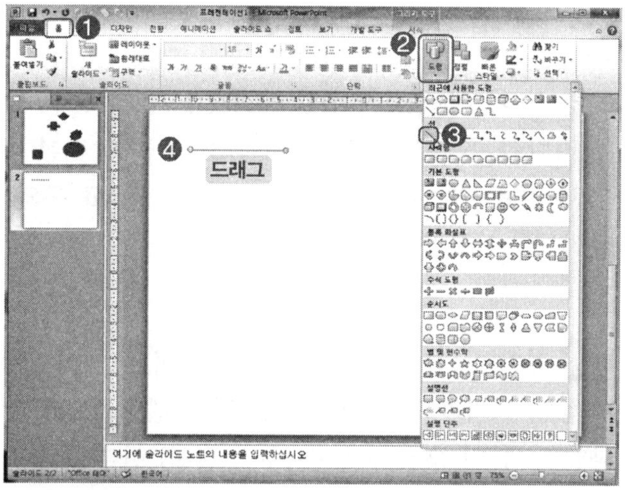

직선을 삽입하기 위하여, [홈] 탭 → [그리기] 그룹 → [도형] → [선] → [선]을 클릭한 후 오른쪽 그림과 같이 슬라이드에 드래그 합니다.

02. 화살표를 삽입하기 위하여, [홈] 탭 → [그리기] 그룹 → [도형] → [선] → [화살표]를 클릭한 후 슬라이드에 Shift 글쇠를 누른 채 드래그 합니다.

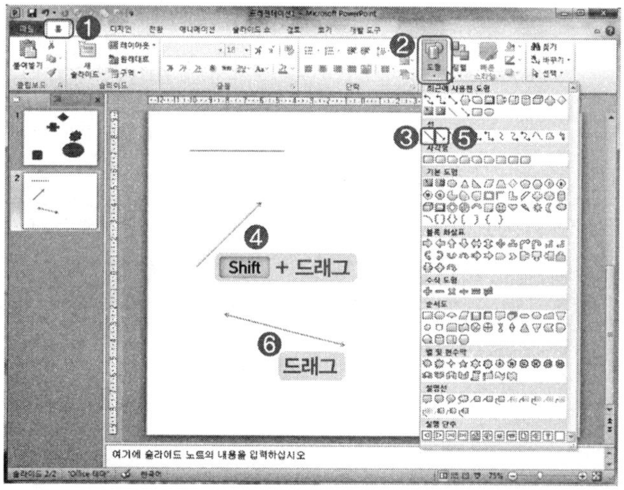

Shift 글쇠를 이용하면 화살표 선의 각도를 45도 방향으로 표시할 수 있습니다.

양방향 화살표를 삽입하기 위하여, [홈] 탭 → [그리기] 그룹 → [도형] → [선] → [양방향 화살표]를 클릭한 후 드래그 합니다.

03. 직선의 색을 변경하기 위하여, 슬라이드의 '직선'을 클릭하고 [그리기 도구/서식] 탭 → [도형 스타일] 그룹 → [도형 윤곽선] → [표준색]에서 '빨강'을 선택합니다.

직선의 두께를 변경하기 위하여, '직선'을 선택한 상태로 [그리기 도구/서식] 탭 → [도형 스타일] 그룹 → [도형 윤곽선] → [두께] 에서 '1½pt'를 선택합니다.

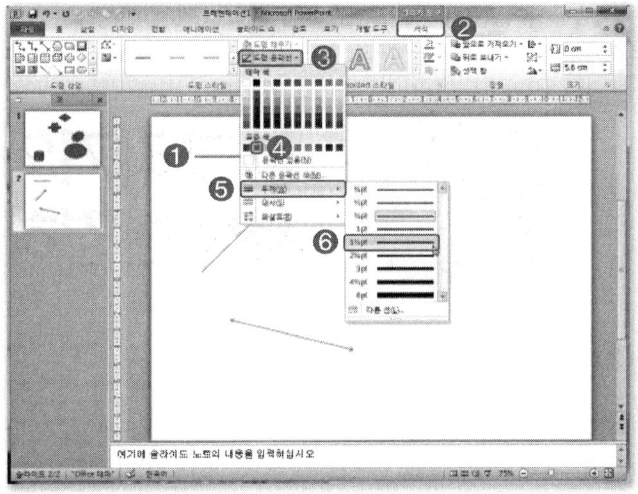

선의 서식을 변경하기 위한 방법은 [그리기 도구/서식] 탭 → [도형 스타일] 그룹에서 뿐만 아니라 [홈] 탭 → [그리기] 그룹에서도 가능합니다. 예를 들면, 리본 메뉴의 [홈] 탭 → [그리기] 그룹 → [도형 윤곽선]의 드롭다운 단추(▭▾)를 클릭하여도 색, 윤곽선, 화살표 등의 서식 변경을 위한 메뉴들이 표시되는데 이 중 해당 항목을 선택하면 서식 변경이 가능합니다.

04. 직선의 스타일을 변경하기 위하여, 슬라이드의 '직선'을 클릭하고 [그리기 도구/서식] 탭 → [도형 스타일] 그룹의 오른쪽 끝에 [추가 옵션] 단추를 클릭하여 [도형 서식] 대화상자를 표시합니다.

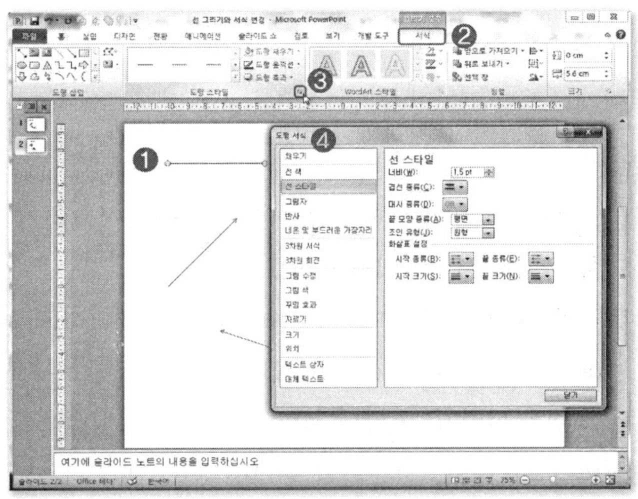

05. [도형 서식] 대화상자가 나타나면 [선 스타일] 범주에서 다음과 같이 [화살표 설정]의 [끝 종류]는 '날카로운 화살표'를 선택하고, [끝 크기]는 '오른쪽 화살표9'를 선택한 후 [닫기]를 클릭합니다.

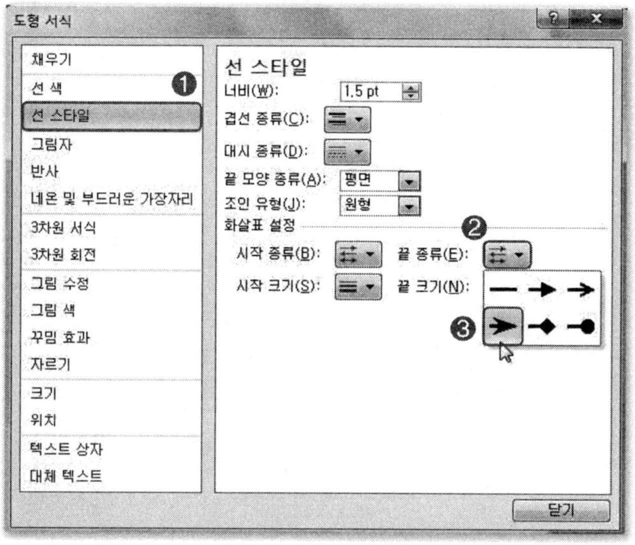

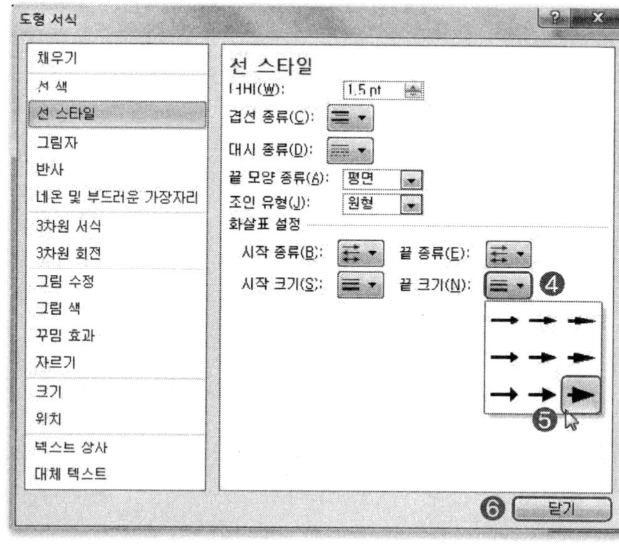

직선 스타일 변경 후 결과 :

06. 화살표의 색을 변경하기 위해서, 슬라이드의 '화살표'를 클릭하고 [그리기 도구/서식] 탭 → [도형 스타일] 그룹 → [도형 윤곽선] → [표준색]에서 '녹색'을 선택합니다.

화살표의 두께를 변경하기 위하여, [그리기 도구/서식] 탭 → [도형 스타일] 그룹 → [도형 윤곽선] → [두께] 에서 '3pt'를 선택합니다.

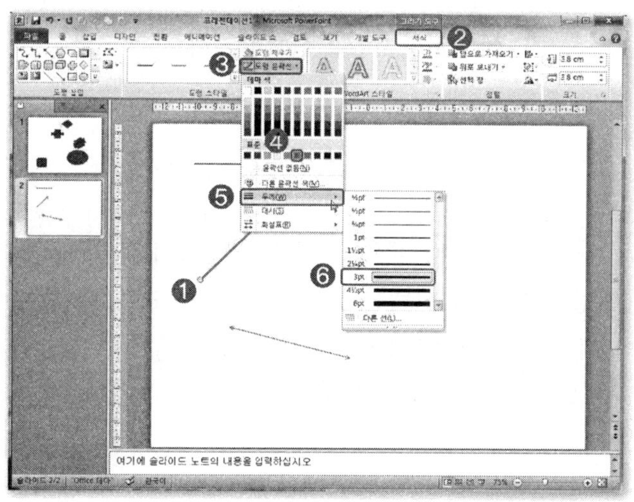

07. 화살표의 선 모양을 변경하기 위하여, 슬라이드의 '화살표'를 클릭하고 [그리기 도구/서식] 탭 → [도형 스타일] 그룹 → [도형 윤곽선] → [대시]에서 '파선-점선'을 선택합니다.

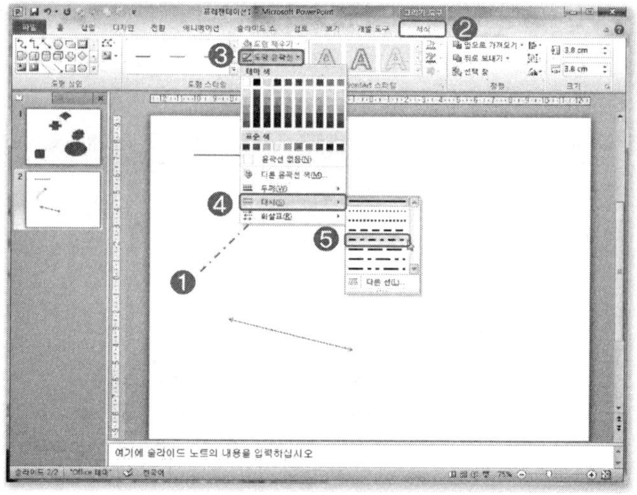

화살표 서식 변경 후 결과 :

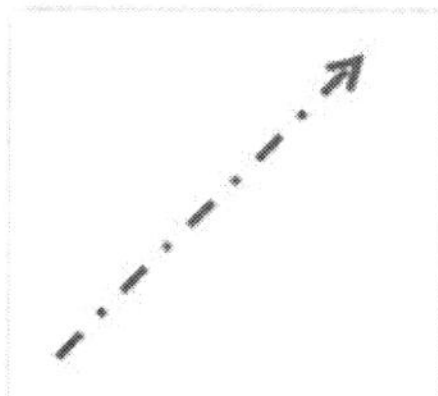

08. 양방향 화살표의 색을 변경하기 위하여, '양방향 화살표'를 클릭하고 [그리기 도구/서식] 탭 → [도형 스타일] 그룹 → [도형 윤곽선] → [표준색]에서 '파랑'을 선택합니다.

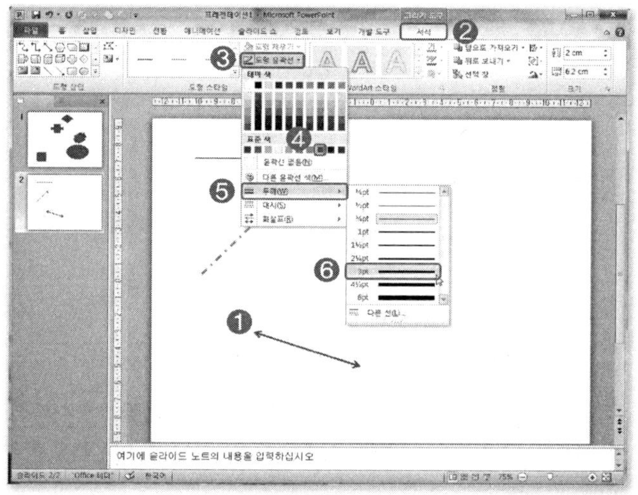

양방향 화살표의 두께를 변경하기 위하여, [그리기 도구/서식] 탭 → [도형 스타일] 그룹 → [도형 윤곽선] → [두께] 에서 '3pt'를 선택합니다.

09. 양방향 화살표의 모양을 변경하기 위하여, '양방향 화살표'를 선택한 상태로 [그리기 도구/서식] 탭 → [도형 스타일] 그룹 → [도형 윤곽선] → [대시]에서 '둥근 점선'을 선택합니다.

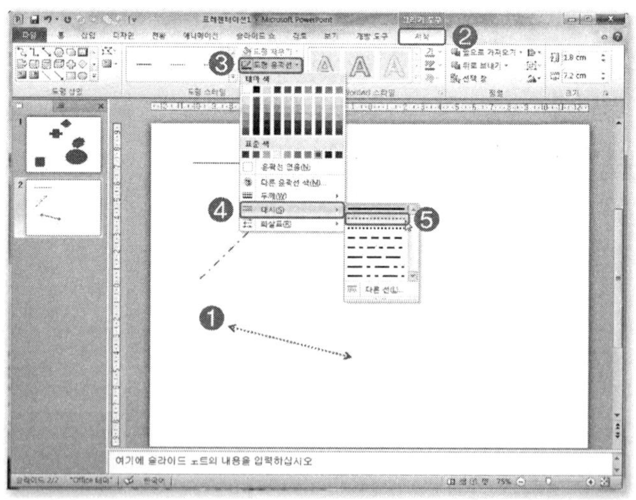

10. 양방향 화살표 스타일을 변경하기 위하여, '양방향 화살표'를 선택한 상태로 [그리기 도구/서식] 탭 → [도형 스타일] 그룹 → [도형 윤곽선] → [화살표]에서 '화살표 스타일 9'를 선택합니다.

양방향 화살표 스타일 변경 후 결과 :

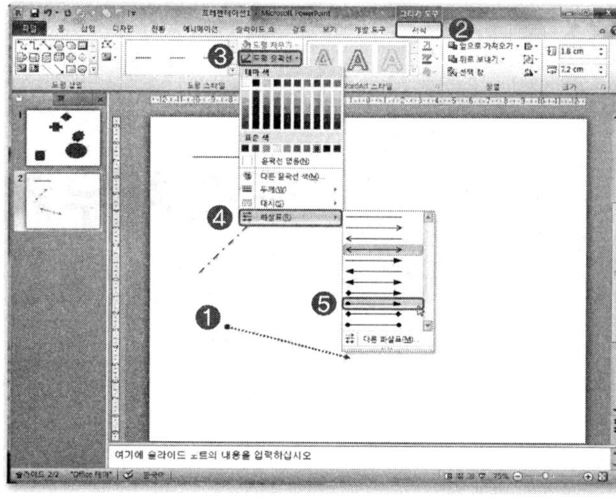

11. 완성한 슬라이드를 [파일] 탭 → [저장]을 클릭하고 '선 그리기와 서식 변경'이란 이름의 문서로 저장합니다.

실습

2-3 도형 채우기와 윤곽선 지정하기

01. 파워포인트 프로그램을 실행하고 새 슬라이드(빈 화면)을 준비합니다.

[홈] 탭 → [그리기] 그룹 → [도형]에서 직사각형, 타원, 평행사변형을 각각 선택하고 슬라이드에 드래그하여 오른쪽 그림과 같이 직사각형, 정원(Shift 글쇠 사용), 평행사변형을 완성합니다.

02. 도형의 채우기 색을 바꾸기 위하여, 직사각형을 클릭하고 [홈] 탭 → [그리기] 그룹 → [도형 채우기] → [표준색]에서 '주황'을 선택합니다.

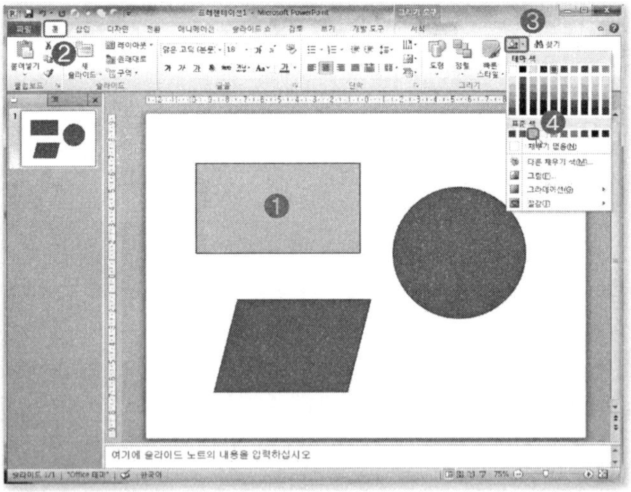

03. 도형의 윤곽선 색을 바꾸기 위하여, 직사각형을 클릭하고 [홈] 탭 → [그리기] 그룹 → [도형 윤곽선] → [표준색]에서 '녹색'을 선택합니다.

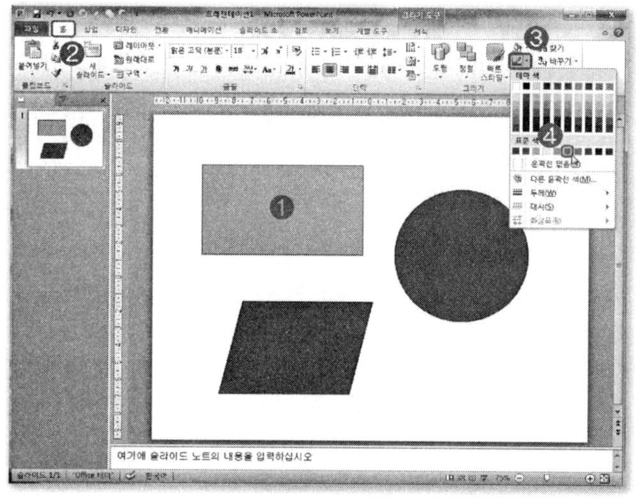

04. 도형의 윤곽선 두께를 바꾸기 위하여, 직사각형을 클릭한 상태에서 [홈] 탭 → [그리기] 그룹 → [도형 윤곽선] → [두께]에서 '6pt'를 선택합니다.

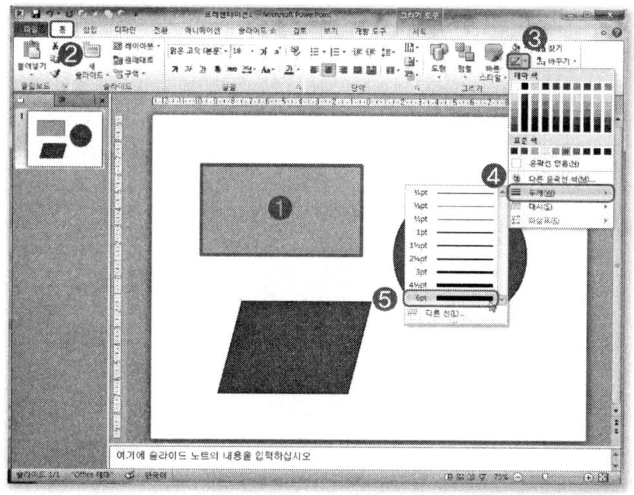

05. 도형에 질감을 채우기 위하여, 평행사변형을 클릭하고 [홈] 탭 → [그리기] 그룹 → [도형 채우기] → [질감]에서 '물고기 화석'을 선택합니다.

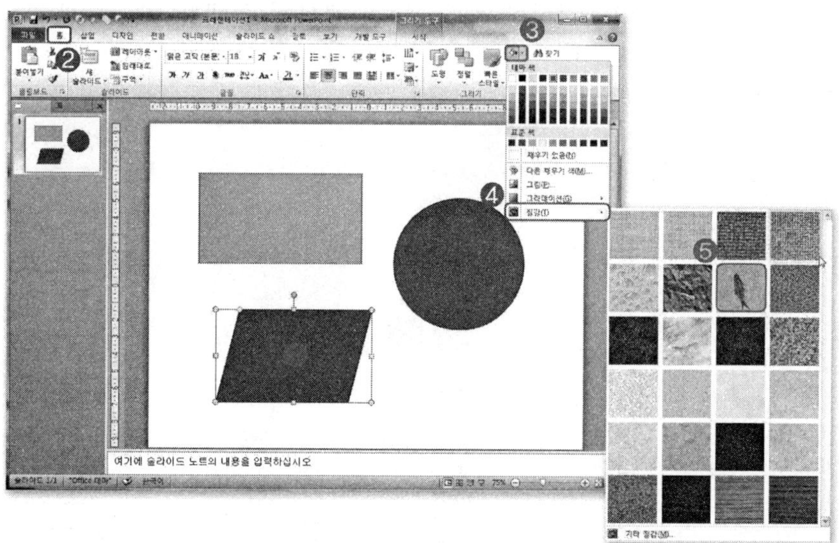

06. 도형에 윤곽선을 없애고 그라데이션을 지정하기 위하여, 먼저 원형 도형을 선택하고 [홈] 탭 → [그리기] 그룹 → [도형 윤곽선] → [윤곽선 없음]을 클릭합니다.

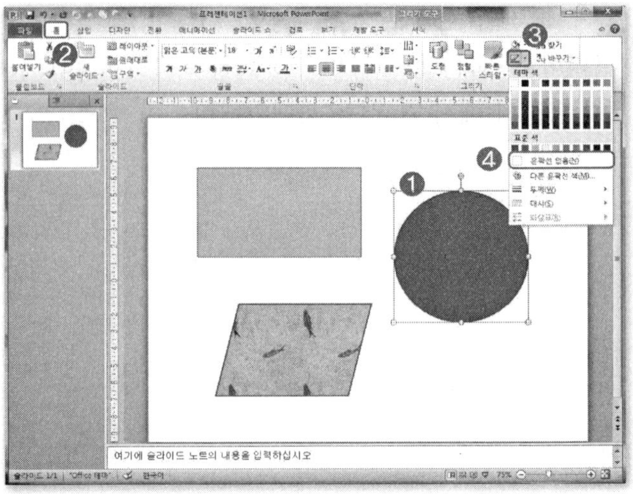

07. [홈] 탭 → [그리기] 그룹에서 [추가 옵션] 단추를 클릭하여 [도형 서식] 대화상자를 표시합니다.

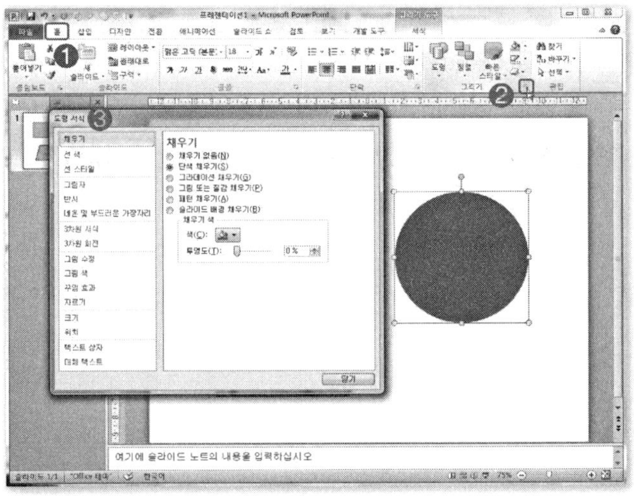

08. [도형 서식] 대화상자가 나타나면 [채우기] 범주에서 [그라데이션 채우기] → [기본 설정 색]에서 '황동'을, [종류]에서 '방사형'을, [방향]에서 '가운데에서'를 선택합니다. 설정이 모두 지정되면 [닫기] 단추를 클릭합니다.

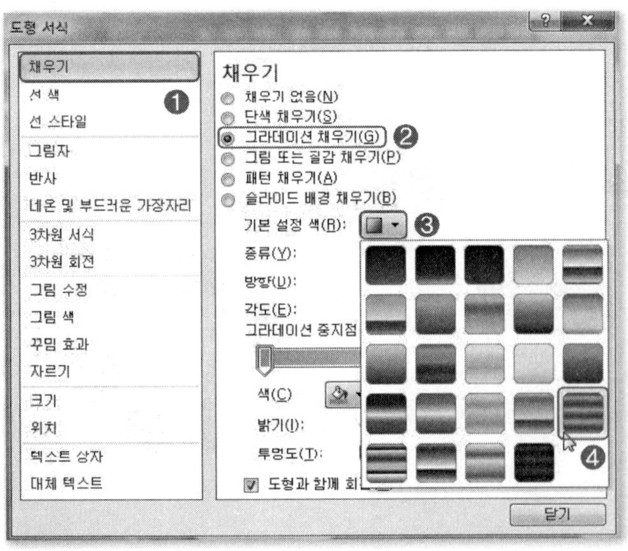

도형 채우기와 윤곽선의 서식 지정 결과 슬라이드의 모양은 오른쪽 그림과 같이 변경됩니다.

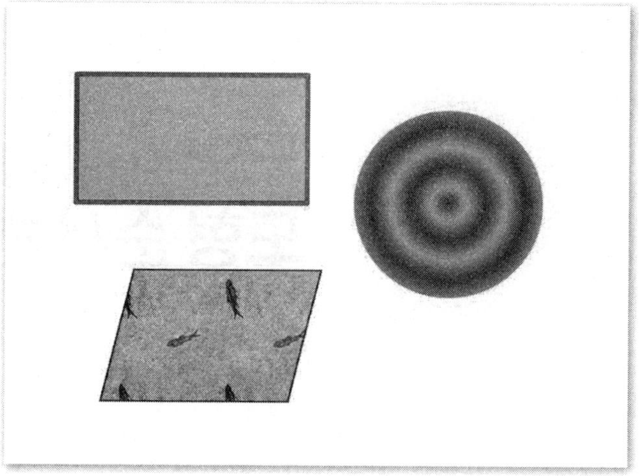

09. 완성한 슬라이드를 [파일] 탭 → [저장]을 클릭하고 '도형 채우기와 윤곽선'이란 이름의 문서로 저장합니다.

실습 2-4

도형의 그라데이션 편집하기와 도형 순서 변경하기

01. 새로 시작한 슬라이드(빈 화면)를 삽입하고 [홈] 탭 → [그리기] 그룹 → [도형]에서 오른쪽 그림과 같은 4가지 유형의 도형을 각각 선택하여 드래그 합니다. 그려질 [도형] 목록은 다음과 같이 선택합니다.

- [도형] → [사각형] → [직사각형]
- [도형] → [블록 화살표] → [오른쪽 화살표]
- [도형] → [별 및 현수막] → [포인트가 6개인 별]
- [도형] → [기본 도형] → [원형]

02. 슬라이드에서 사각형을 클릭하고 [홈] 탭 → [그리기] 그룹에서 [추가 옵션] 단추를 클릭하여 [도형 서식] 대화상자를 표시합니다.

[도형 서식] 대화상자가 나타나면 '직사각형'에 그라데이션을 채우기 위해서, [채우기] → [그라데이션 채우기] → [기본 설정 색] 목록에서 '불'을 선택합니다.

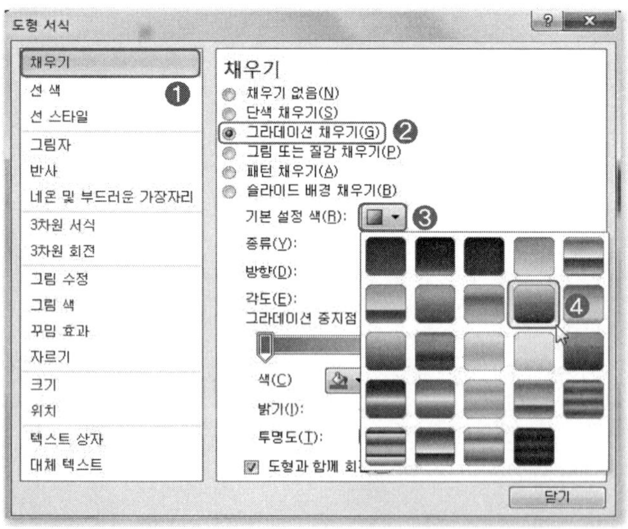

그라데이션 채우기 '불'을 선택한 후 결과는 아래 그림과 같습니다.

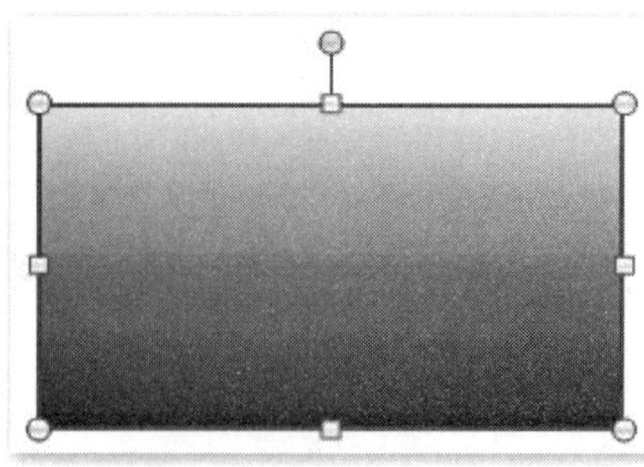

선택된 그라데이션 무늬를 그라데이션 색 편집(중지점 추가, 중지점 삭제, 중지점 이동, 중지점 색 변경)을 이용하여 색 패턴을 변경시켜 봅니다.

03. 그라데이션 '불'이 설정된 기본 색에 변화를 주기 위하여, 먼저 [배경 서식] 대화상자의 [채우기] → [그라데이션 채우기] → [그라데이션 중지점]에서 왼쪽부터 두 번째 중지점을 클릭하고 드래그하여 왼쪽으로 조금 이동 합니다. 왼쪽으로 이동한 중지점이 선택된 상태로 [색] 목록 → [표준색]에서 '녹색'을 선택합니다.

중지점을 클릭하여 선택하면 중지점의 테두리가 굵게 표시됩니다.

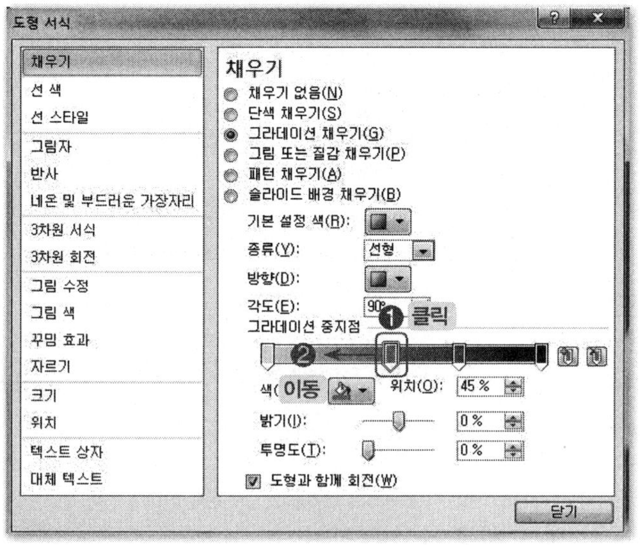

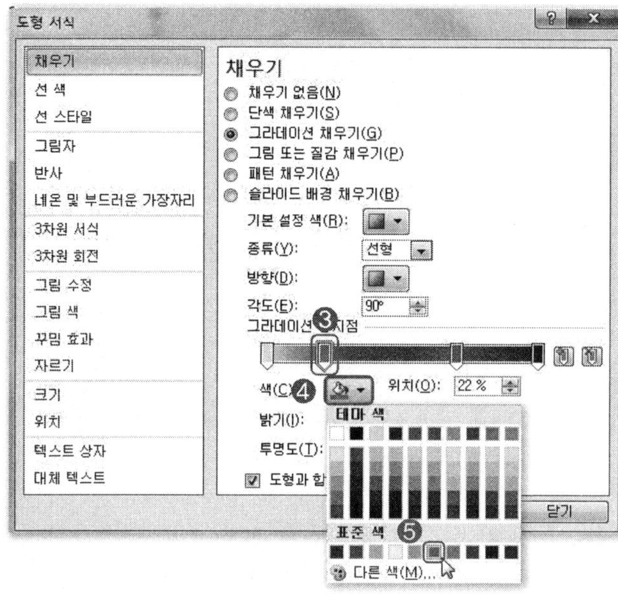

04. 중지점을 추가하기 위하여, [그라데이션 중지점]에서 '그라데이션 색 편집 막대' 오른쪽에 [그라데이션 중지점 추가] 단추(▯)를 클릭하면 새로운 중지점이 생성 됩니다.(세 번째 중지점)

생성된 중지점의 색을 변경하기 위하여, 추가된 중지점이 선택된 상태에서 [색] 단추 → [표준색]에서 '연한 파랑'을 선택합니다.

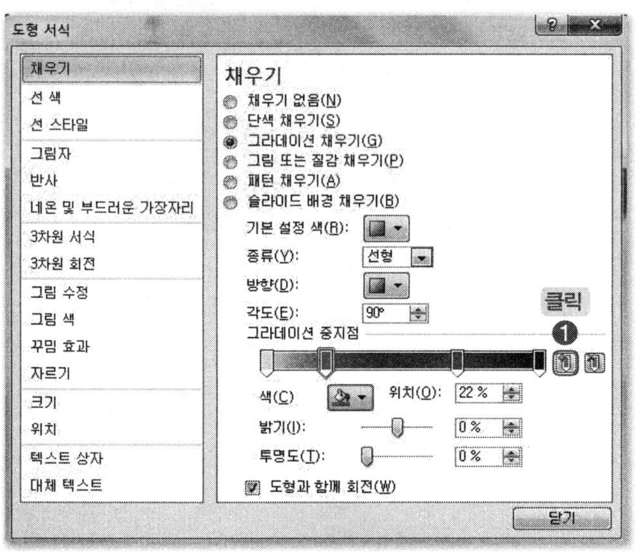

05. 중지점을 제거하기 위하여, 왼쪽부터 네 번째 중지점을 클릭하고 '그라데이션 색 편집 막대' 오른쪽에 [그라데이션 중지점 제거] 단추( )를 클릭하면 선택된 중지점은 제거 됩니다.

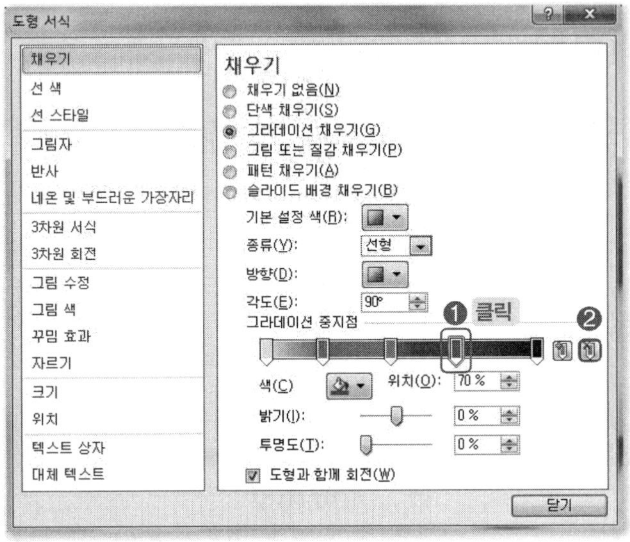

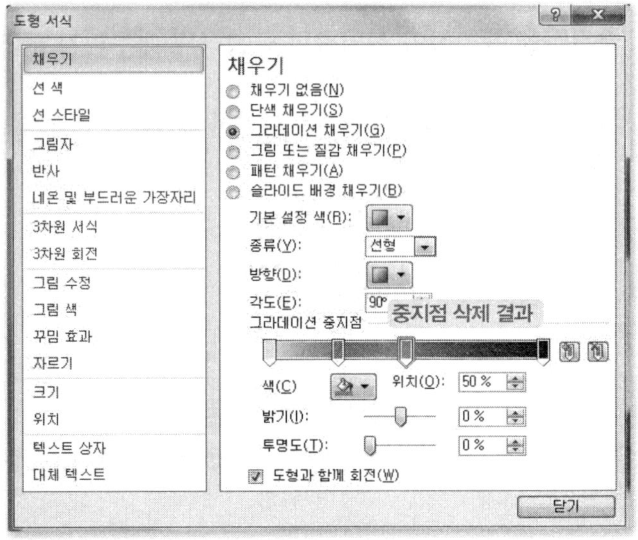

06. 오른쪽 마지막 중지점을 클릭하고 [색] 목록 → [표준색] 에서 '주황'을 선택하여 중지점 색을 변경합니다. 그라데이션 편집이 완성되면 편집 작업을 종료하기 위하여, [도형 서식] 대화상자의 [닫기]를 클릭하고 대화상자를 닫습니다.

그라데이션 편집 결과 직사각형의 채우기 색이 다음 오른쪽 그림과 같이 변경되어 표시됩니다.

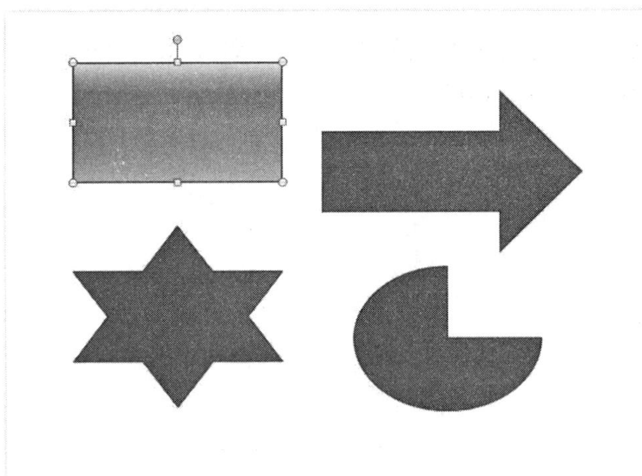

07. '블록 화살표'에 그림을 채우기 위하여, 화살표를 선택하고 [홈] 탭 → [그리기] 그룹 → [도형 채우기] → [그림]을 클릭합니다.

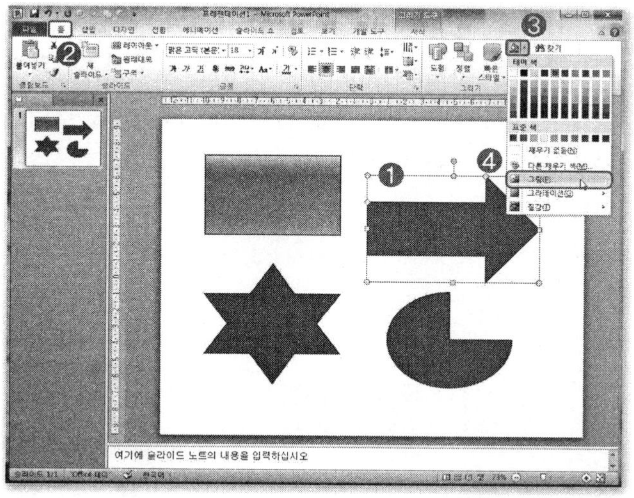

08. [그림 삽입] 대화상자가 나타나면 그림 파일의 보관 위치를 확인하고 '튤립'을 선택한 후 [삽입]을 클릭합니다.

09. '별' 도형에 질감을 채우기 위하여, [홈] 탭 → [그리기] 그룹 → [도형 채우기] → [질감]을 클릭하고 질감 목록에서 '작은 물방울'을 선택합니다.

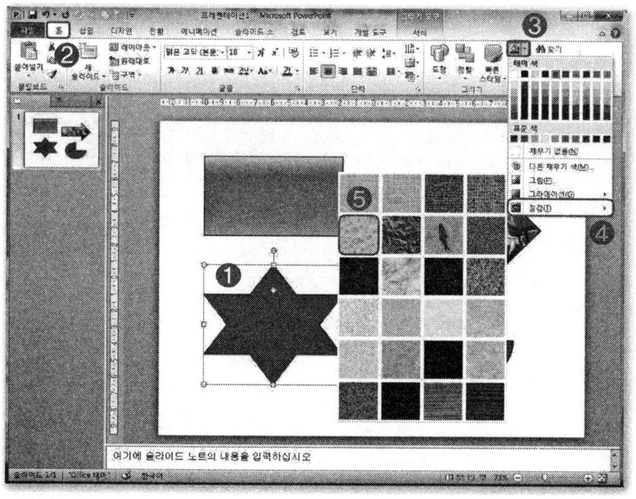

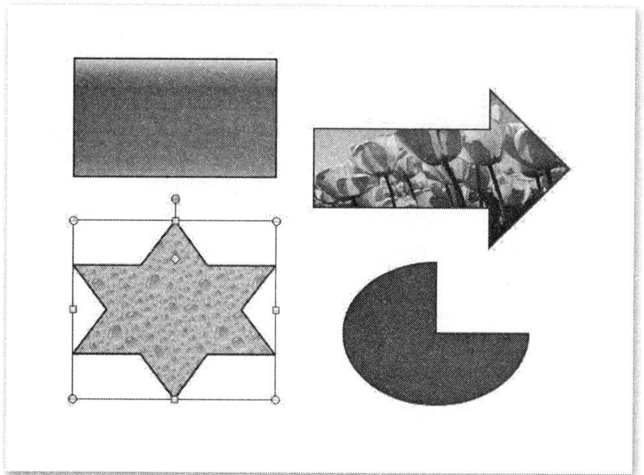

10. '원형' 도형의 채우기 색을 임의의 다른 색으로 변경하기 위하여, 원형 도형을 선택한 후 [홈] 탭 → [그리기] 그룹 → [도형 채우기] → [다른 채우기 색]을 클릭합니다. [색] 대화상자가 나타나면 [사용자 지정] 탭의 [색] 보드에서 원하는 색을 클릭하고 [확인]을 클릭합니다.

여기에서 선택한 색은 빨강(R):26, 녹색(G):216, 파랑(B):242인 모델입니다.

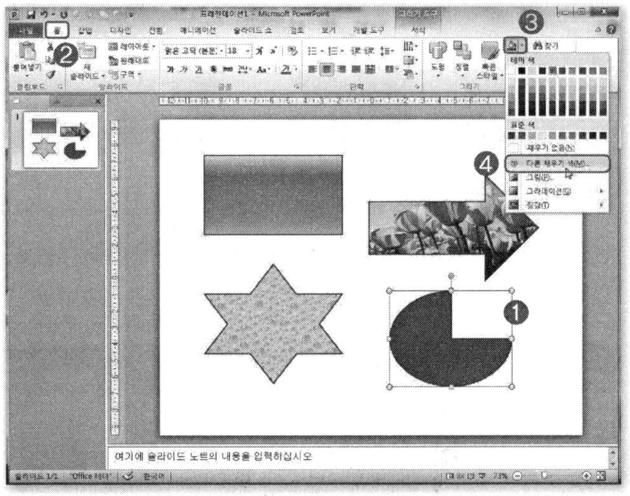

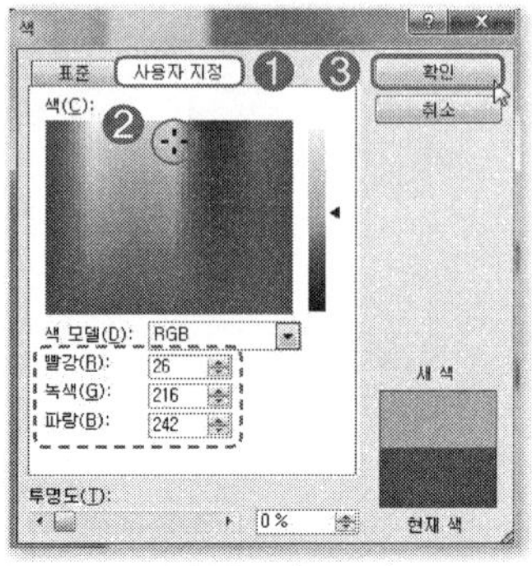

11. 모든 도형의 윤곽선의 두께를 동일하게 지정하기 위하여, 모든 도형을 드래그하여 (Shift 글쇠 또는 Ctrl 글쇠를 이용하여 순차로 클릭할 수도 있습니다.) 모든 도형을 선택합니다.

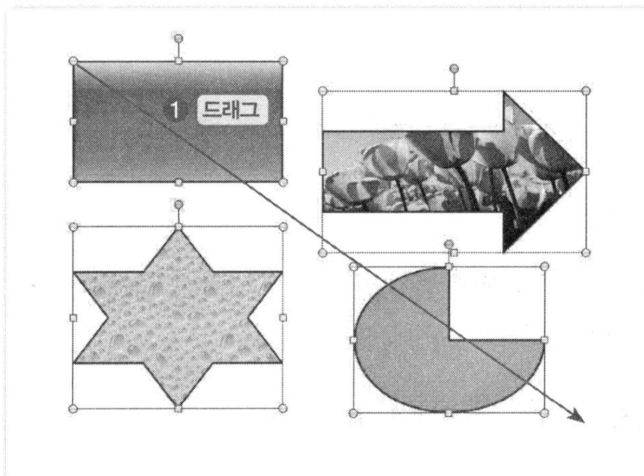

12. 계속해서 [홈] 탭 → [그리기] 그룹 → [도형 윤곽선] → [두께]에서 '6pt'를 선택합니다.

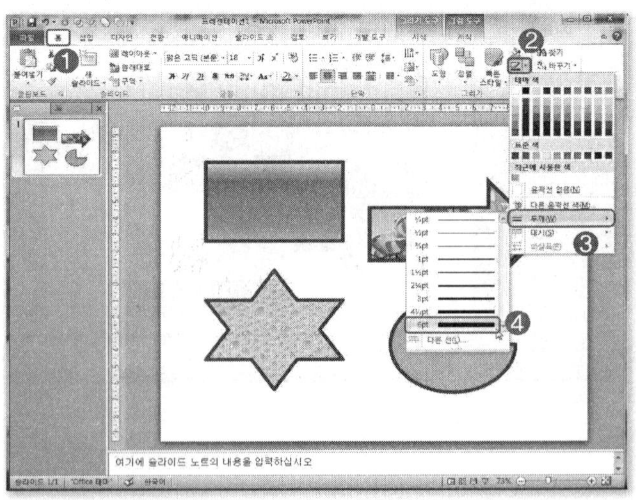

13. 겹쳐있는 도형들의 겹친 순서를 다른 슬라이드 화면에서 변경해 보기 위하여, 먼저 완성된 1번 슬라이드를 복제하기로 합니다.

[개요 및 슬라이드] 창에서 1번 슬라이드를 클릭한 후 Ctrl + D 글쇠를 누르면 같은 모양의 2번 슬라이드가 작성됩니다.

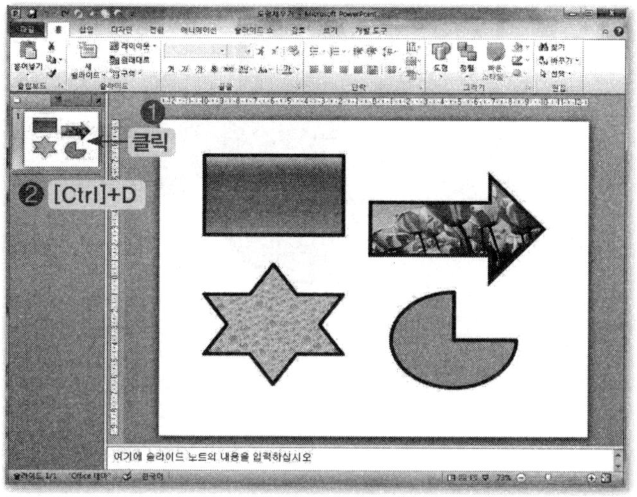

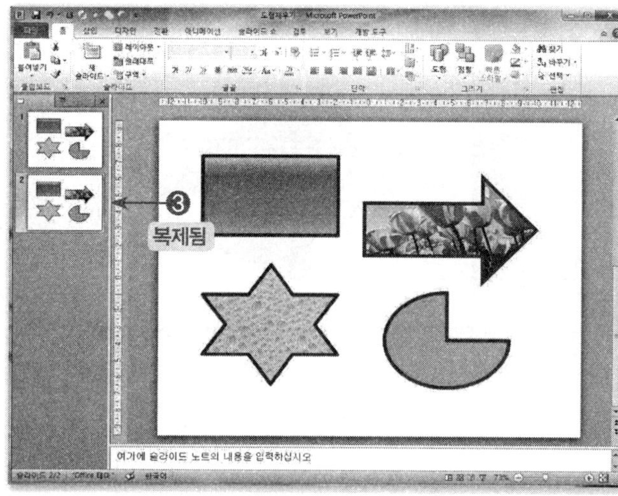

14. 2번 슬라이드 도형을 클릭하여 각각 화면의 중심으로 적당히 이동시켜 도형끼리 겹치도록 위치를 변경합니다. 그러면 처음 도형을 그릴 때 순서대로 맨 뒤부터 시작해서 ① '직사각형', ② '블록 화살표', ③ '별', ④ '원형' 순으로 겹쳐지게 됩니다. 즉, 최근에 그려진 도형일수록 맨 앞에 위치합니다.

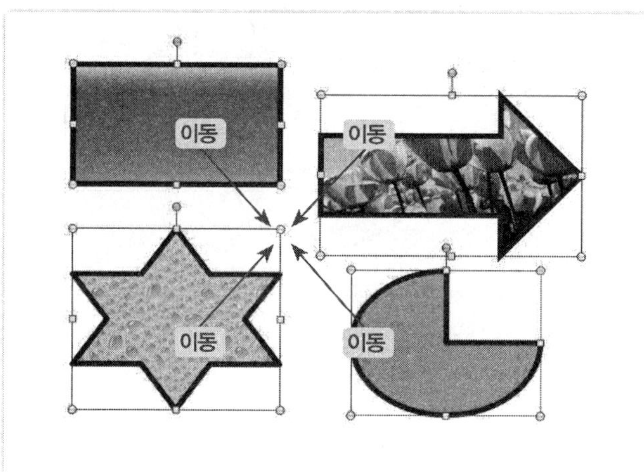

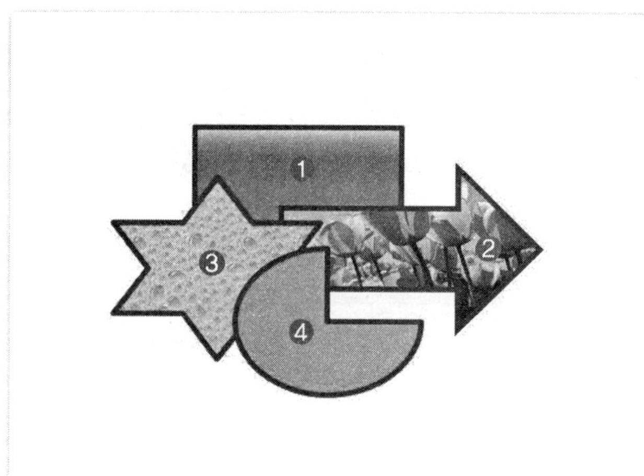

15. 슬라이드에서 원형 도형을 뒤로 보내기 위하여, 원형을 클릭하고 [홈] 탭 → [그리기] 그룹 → [정렬] → [개체 순서] → [뒤로 보내기]를 클릭합니다. 그러면 '원형'의 순서는 ③번이 됩니다.

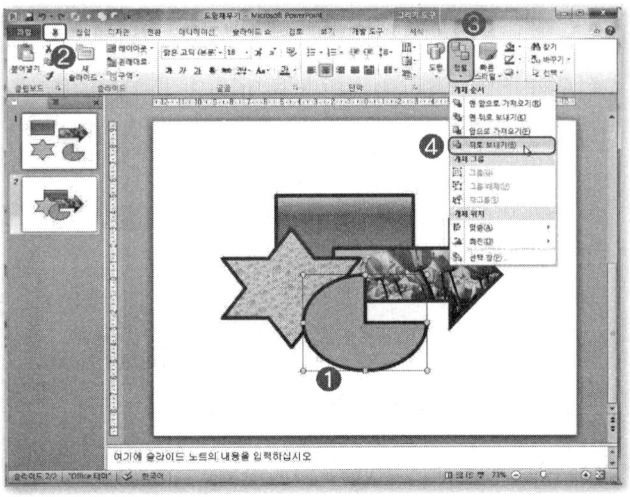

16. 직사각형을 앞으로 가져오기 위하여, 직사각형을 클릭하고 [홈] 탭 → [그리기] 그룹 → [정렬] → [개체 순서] → [앞으로 가져오기]를 클릭합니다. 그러면 '직사각형'의 순서는 ②번이 됩니다.

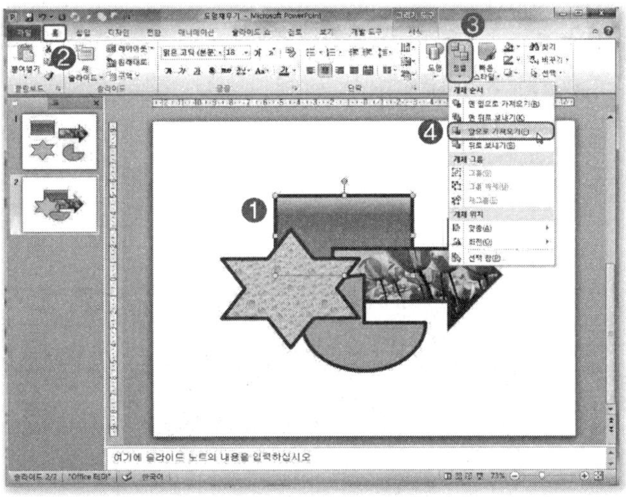

17. 별 도형을 맨 뒤로 보내기 위하여, 별 도형을 클릭하고 [홈] 탭 → [그리기] 그룹 → [정렬] → [개체 순서] → [맨 뒤로 보내기]를 클릭합니다. 그러면 별 도형의 순서는 ①번이 됩니다.

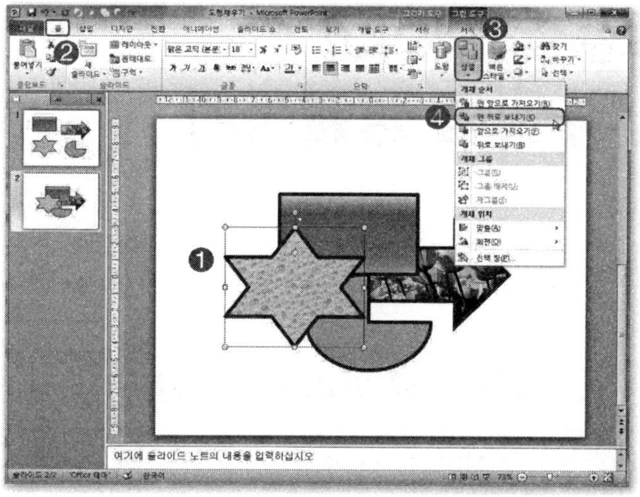

18. 다시 '블록 화살표'를 맨 앞으로 가져오기 위하여, 블록 화살표를 클릭하고 [홈] 탭 → [그리기] 그룹 → [정렬] → [개체 순서] → [맨 앞으로 가져오기]를 클릭합니다.

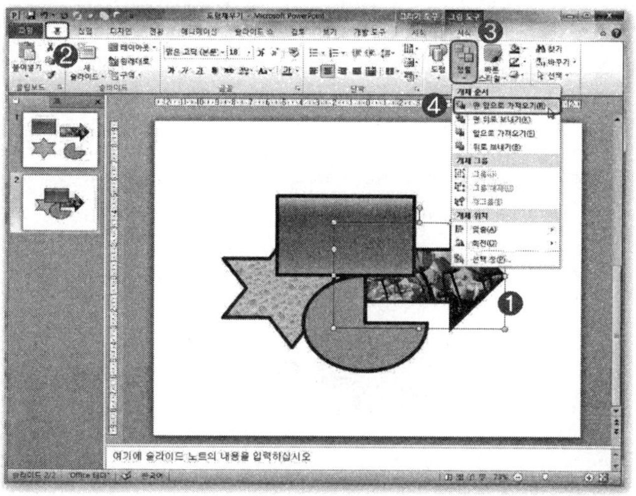

도형의 정렬 순서를 변경한 결과는 슬라이드 바탕부터 시작해서 ① '별', ② '직사각형', ③ '원형', ④ '블록 화살표' 순으로 변경되었습니다.

19. 완성한 슬라이드를 [파일] 탭 → [저장]을 클릭하고 '도형 채우기와 순서 변경'이란 이름의 문서로 저장합니다.

실습

Introduction to PowerPoint

2-5 도형에 텍스트를 입력하고 입체효과 주기와 맞춤 정렬하기

도형에 입체효과를 주고 텍스트를 입력하며 도형의 정렬을 맞추어 오른쪽 그림과 같은 슬라이드를 만들어 봅니다.

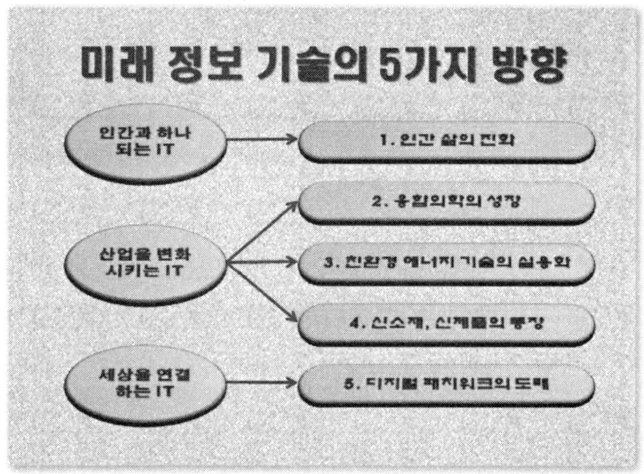

01. 새로 시작한 슬라이드(빈 화면)를 준비합니다. 타원을 삽입하고 색을 채우기 위하여, [홈] 탭 → [그리기] 그룹 → [도형] → [기본 도형]에서 '타원'을 선택하여 드래그 한 후 [홈] 탭 → [그리기] 그룹 → [도형 채우기] → [표준색]에서 '연한 녹색'을 선택합니다.

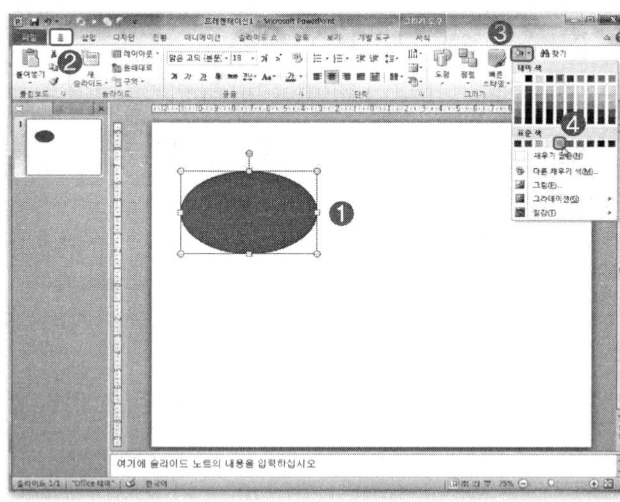

02. 타원의 크기를 조정하기 위하여, 타원을 클릭한 상태에서 [그리기 도구/서식] 탭 → [크기] 그룹 → [높이] 4cm, [너비] 6.5cm로 지정합니다.

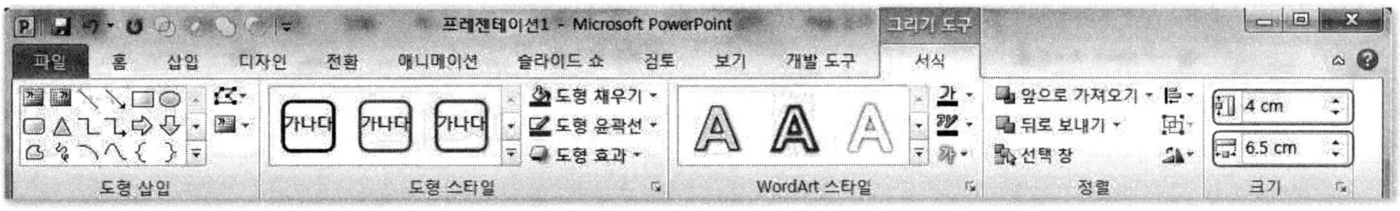

03. 작성된 타원을 클릭하고 [홈] 탭 → [그리기] 그룹의 [추가 옵션] 단추를 클릭하여 [도형서식] 대화상자를 표시합니다.

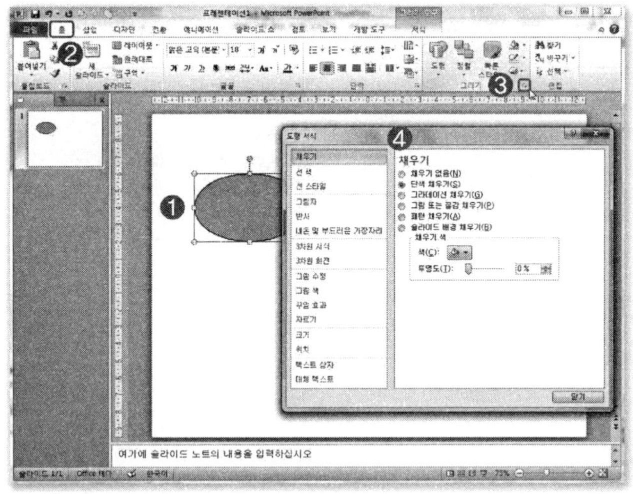

04. 도형에 입체효과를 지정하기 위하여, 다음의 왼쪽 그림과 같이 [도형 서식] 대화상자에서 [3차원 회전] → [미리 설정] → [원근감]에서 '원근감(보통의 경사)'를 클릭합니다.

다음의 오른쪽 그림과 같이 [도형 서식] 대화상자에서 [3차원 서식] → [입체 효과]의 [위쪽/너비]와 [위쪽/높이]를 '6pt'로 지정합니다. [3차원 서식] → [깊이] → [깊이]를 '2pt'로 지정합니다.

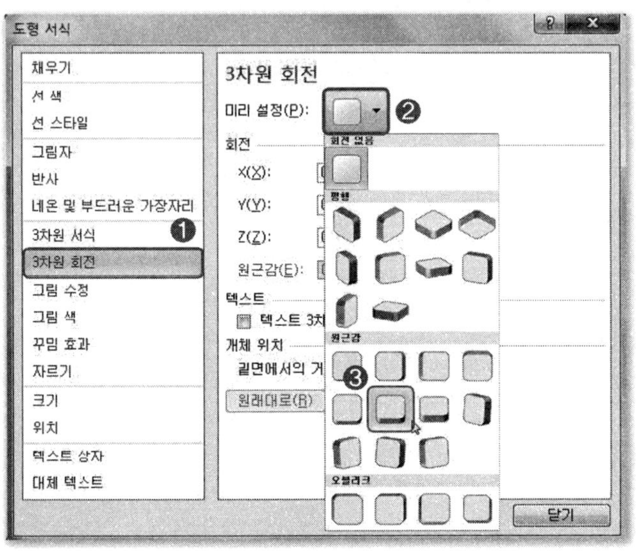

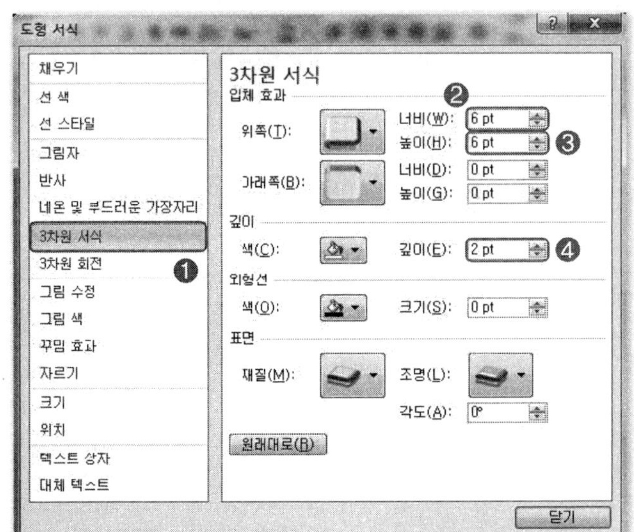

05. 다음의 왼쪽 그림과 같이 [도형 서식] 대화상자에서 [3차원 서식] → [표면] → [재질] → [표준]의 '부드러운 무광택'을 지정합니다.

다음의 오른쪽 그림과 같이 [3차원 서식] → [표면] → [조명] → [보통]의 '부드럽게'를 지정합니다.

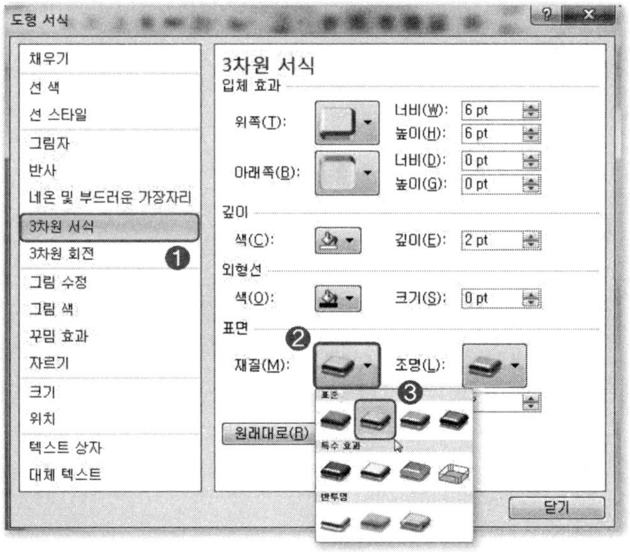

06. 입체 효과의 지정이 끝났으면 [도형 서식]의 [닫기]를 클릭하여 대화상자를 닫습니다. 그러면 다음의 오른쪽 그림과 같이 타원이 입체감 있는 도형으로 수정이 됩니다.

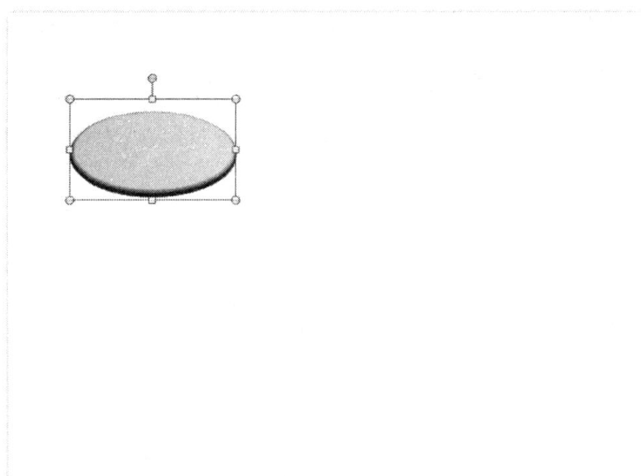

07. 이번에는 모서리가 둥근 직사각형을 삽입하기 위하여, [홈] 탭 → [그리기] 그룹 → [도형] → [사각형]에서 '모서리가 둥근 직사각형'을 선택하여 드래그 합니다. 모서리 둥근 직사각형의 모서리를 좀 더 둥글게 하기 위하여, 사각형 개체 틀의 노란색 마름모꼴의 모양 조정 핸들(◇)을 클릭하고 오른쪽으로 조금 드래그 하여 다음의 오른쪽 그림과 같이 모서리가 둥근 직사각형으로 변경합니다.

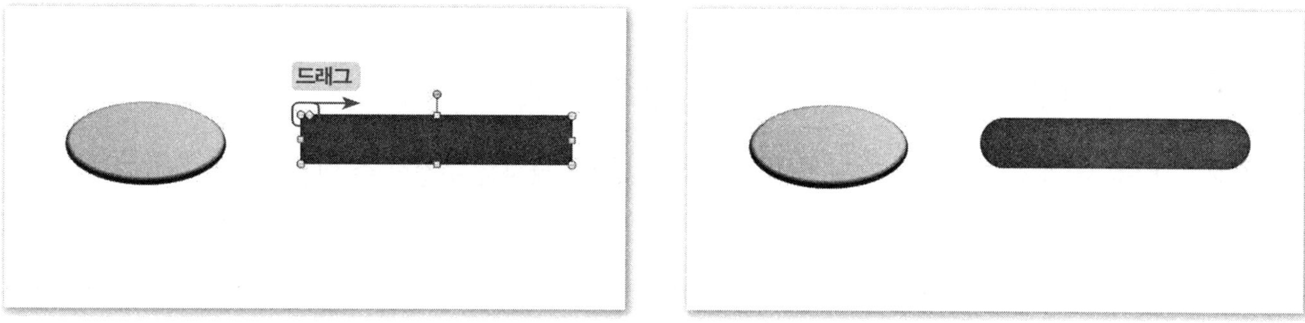

08. 모서리가 둥글게 된 직사각형의 채우기 색을 변경하기 위하여, 도형을 클릭하고 [홈] 탭 → [그리기] 그룹 → [도형 채우기] → [표준색]에서 '주황'을 선택하여 채우기 합니다.

09. 모서리가 둥근 직사각형의 크기를 조정하기 위하여, 모서리 둥근 직사각형을 클릭한 상태로 [그리기 도구/서식] 탭 → [크기] 그룹 → [높이] 2cm, [너비] 12cm로 지정합니다.

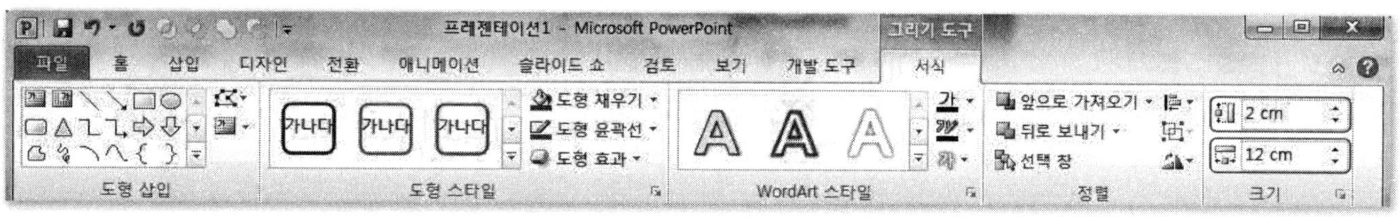

10. 모서리가 둥근 직사각형에 입체효과를 주기 위하여, 앞서 타원의 입체효과를 지정하는 것과 같은 방법으로 [도형 서식] 대화상자를 표시하고 오른쪽 그림과 같은 모서리가 둥근 직사각형의 세부 항목을 설정합니다.

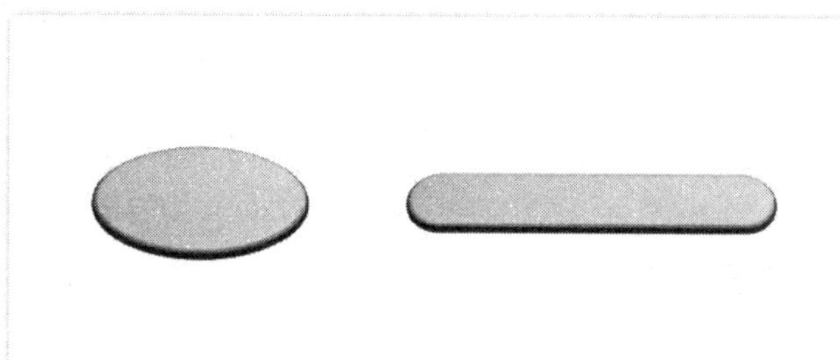

[도형 서식] 대화상자에서 모서리 둥근 직사각형의 입체효과 설정 :

- [3차원 회전] → [미리 설정] → [원근감]에서 '원근감(보통의 경사)'를 지정
- [3차원 서식] → [입체 효과] → [위쪽/너비]를 '6pt'로 지정
- [3차원 서식] → [입체 효과] → [위쪽/높이]를 '6pt'로 지정
- [3차원 서식] → [깊이] → [깊이]를 '2pt'로 지정
- [3차원 서식] → [표면] → [재질] → [표준]의 '부드러운 무광택'을 지정
- [3차원 서식] → [표면] → [조명] → [보통]의 '부드럽게'를 지정

11. 도형에 텍스트를 입력하기 위하여, 완성된 입체 타원을 클릭하고 '인간과 하나 되는 IT'를 입력합니다.

입력된 글꼴의 서식을 지정하기 위하여, 타원을 클릭한 후 [홈] 탭 → [글꼴] 그룹에서 다음과 같이 지정합니다.

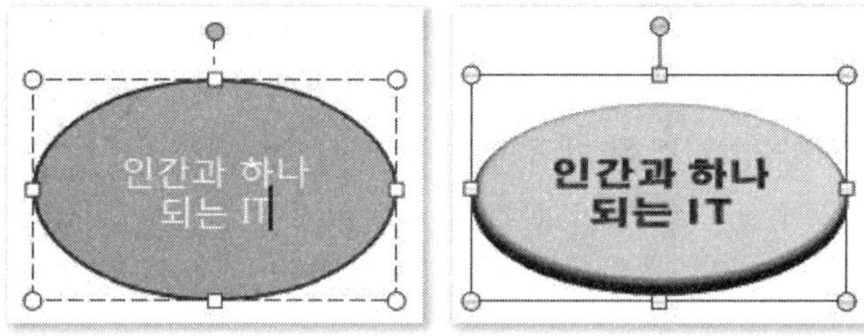

• [글꼴] → 'HY견고딕', [글꼴 크기] → 20pt, [굵게], [글꼴 색] → '자주'를 지정

만약 입력된 텍스트에 오/탈자가 있으면 도형을 더블 클릭하고 글자를 수정할 수 있습니다.

12. 같은 방법으로 모서리가 둥근 직사각형에 텍스트를 입력하기 위하여, 모서리 둥근 직사각형을 클릭한 후 '1. 인간 삶의 진화'를 입력합니다. 글꼴 서식은 다음과 같이 지정합니다.

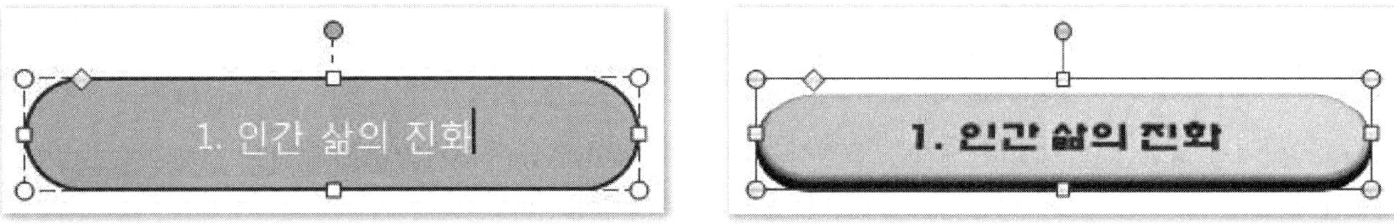

[홈] 탭 → [글꼴] 그룹에서
• [글꼴] → 'HY태백 B', [글꼴 크기] → 20pt, [굵게], [글꼴 색] → '자주'를 지정

13. 타원 도형을 두 개를 복제하기 위하여, 타원을 클릭하고 Ctrl + D 글쇠를 2회 누릅니다.

마찬가지로 모서리가 둥근 직사각형을 네 개를 복제하기 위하여, 모서리 둥근 직사각형을 클릭하고 Ctrl + D 글쇠를 4회 누릅니다.

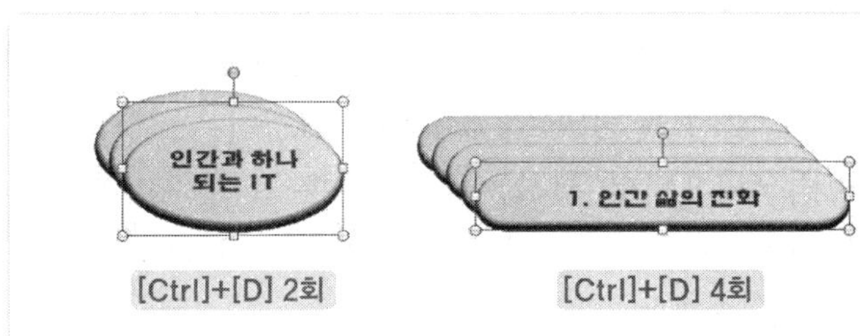

14. 각각의 도형을 슬라이드의 좌, 우 또는 위, 아래 균형을 맞추고 도형 사이의 간격 조정 등 적절한 배치를 용이하게 하기 위하여, [보기] 탭 → [표시] 그룹 → [눈금선]에 체크 표시를 합니다.

그러면 슬라이드 작업 바탕에 격자 모양의 눈금선이 표시됩니다.

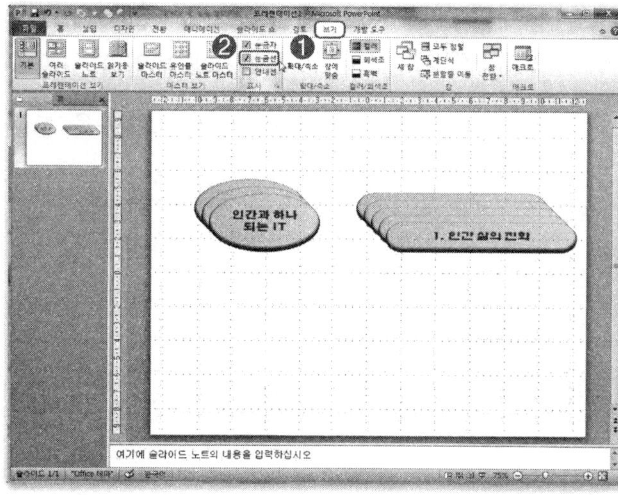

15. 슬라이드의 위쪽에 제목을 입력할 여백을 남기고, 다음의 왼쪽 그림과 같이 타원 도형과 모서리 둥근 직사각형 도형 각각을 위치 이동하여 대강 배치하고, 다음의 오른쪽 그림과 같이 각각의 도형에 표시될 텍스트 내용을 수정 입력합니다.

내용의 수정 입력은 각 개체의 가운데를 클릭하면 텍스트 편집 상태로 전환되어 수정할 수 있습니다.

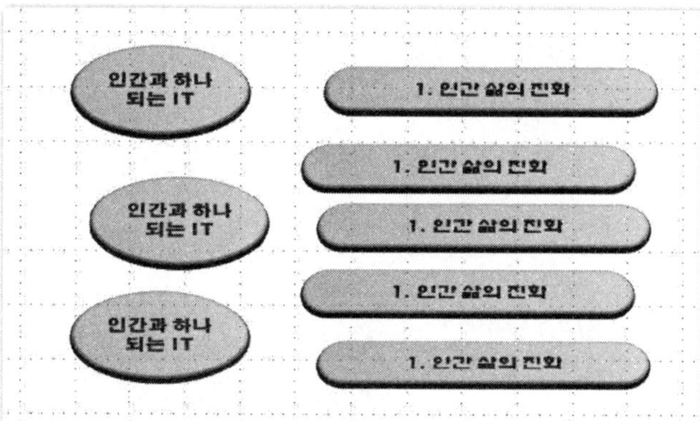

〈 같은 내용의 타원과 둥근 직사각형 〉

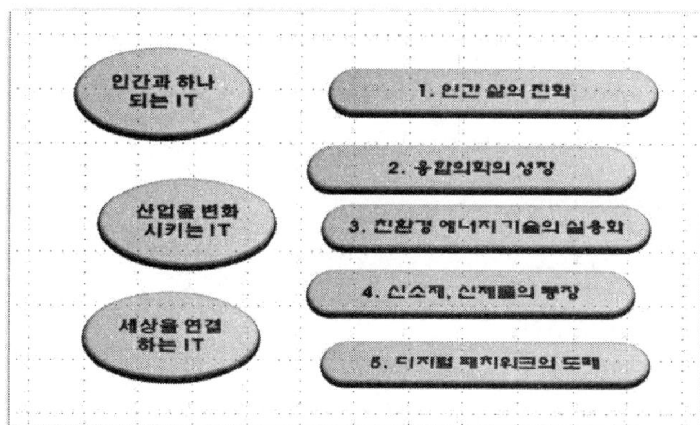

〈 텍스트 변경 후 타원과 둥근 직사각형 〉

타원과 둥근 모서리 직사각형에 입력될 내용은 다음과 같습니다.

타원 도형의 내용 :

'인간과 하나되는 IT', '산업을 변화시키는 IT', '세상을 연결하는 IT'

둥근 모서리 직사각형의 내용 :

'1. 인간 삶의 진화', '2. 융합의학의 성장', '3. 친환경 에너지 기술의 실용화', '4. 신소재, 신제품의 등장', '5. 디지털 패치워크의 도래'

16. 모서리가 둥근 직사각형 오른쪽 맞춤 정렬을 위하여, 5개의 모서리 둥근 직사각형을 모두 선택하고 [홈] 탭 → [그리기] 그룹 → [정렬] → [개체 위치] → [맞춤] → [오른쪽 맞춤]을 클릭합니다.

그러면 모서리 둥근 직사각형 모두가 오른쪽을 기준하여 정렬이 됩니다.

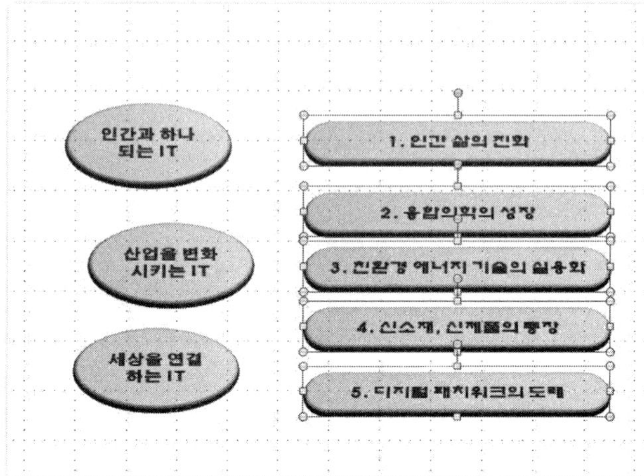

17. 모서리가 둥근 직사각형들의 세로 간격을 일정하게 맞추기 위하여, 5개의 모서리 둥근 직사각형을 모두 선택하고 [홈] 탭 → [그리기] 그룹 → [정렬] → [개체 위치] → [맞춤] → [세로 간격을 동일하게]를 클릭합니다. 그러면 모서리 둥근 직사각형 사이의 세로 간격들이 일정하게 조정됩니다.

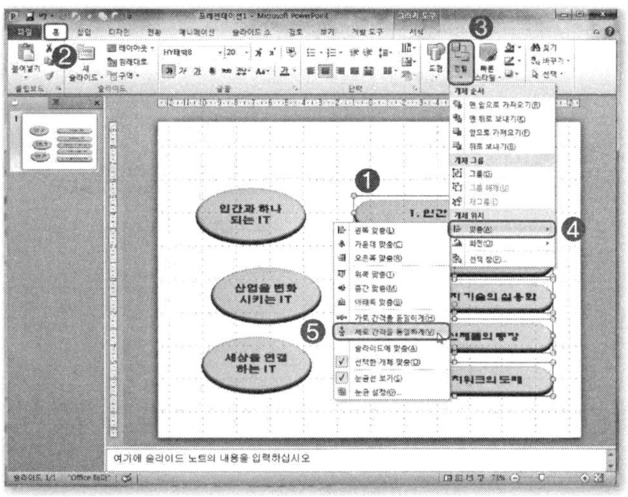

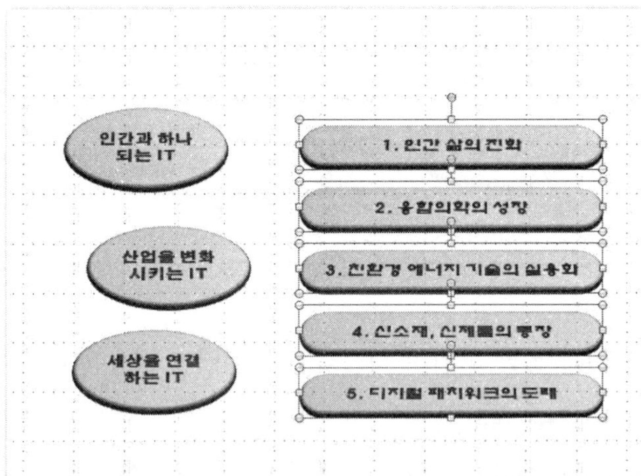

18. 타원 도형들의 왼쪽 맞춤 정렬을 위하여, 3개의 타원 도형 모두를 선택하고 [홈] 탭 → [그리기] 그룹 → [정렬] → [개체 위치] → [맞춤] → [왼쪽 맞춤]을 클릭합니다. 그러면 타원 도형 모두가 왼쪽을 기준하여 정렬이 됩니다.

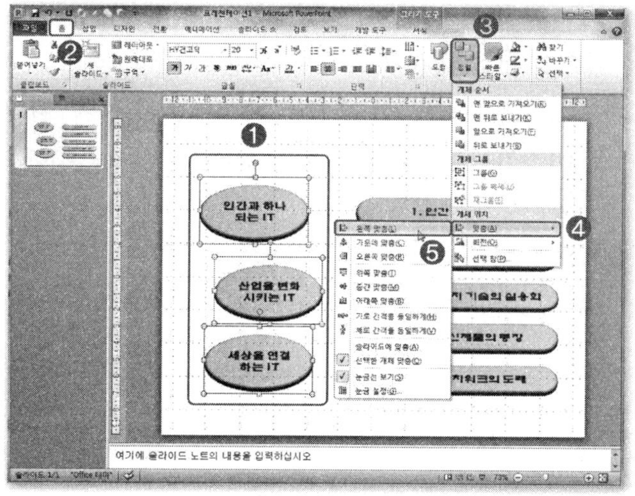

그리고 '인간과 하나 되는 IT' 개체는 '1. 인간 삶의 진화' 개체와 수평을 이루고, '산업을 변화시키는 IT' 개체는 '3. 친환경 에너지 기술의 실용화' 개체와 수평을 이루며, '세상을 연결하는 IT' 개체는 '5. 디지털 패치워크의 도래' 개체와 수평을 이루도록 상하로 조금씩 이동하여 재배치합니다.

개체의 섬세한 이동은 Ctrl + [방향 글쇠]를 이용합니다.

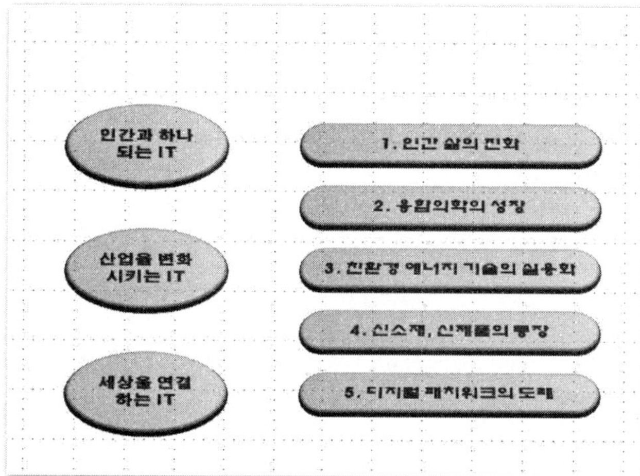

19. 타원 도형과 모서리 둥근 직사각형을 연결하는 화살표를 삽입하기 위하여, [홈] 탭 → [그리기] 그룹 → [도형] → [선]에서 '화살표'를 선택하여 오른쪽 그림과 같이 개체 사이에 드래그 합니다.

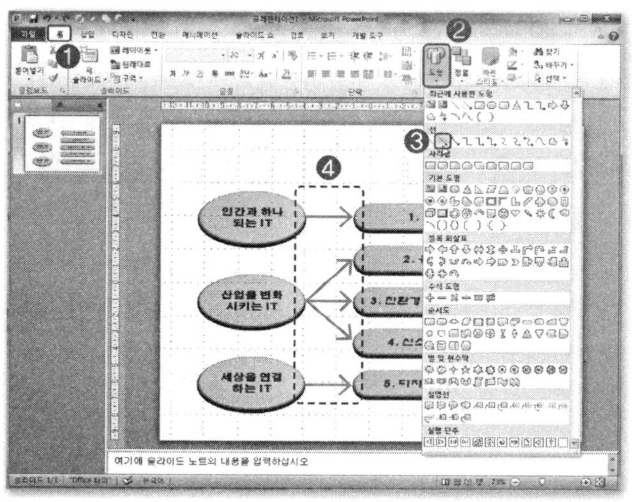

20. 화살표의 색깔과 굵기를 지정하기 위하여, 슬라이드의 모든 화살표 개체를 선택하고 [홈] 탭 → [그리기] 그룹 → [도형 윤곽선] → [표준색]에서 '빨강'을 지정합니다. 그리고 [도형 윤곽선] → [두께]에서 '3pt'를 지정합니다.

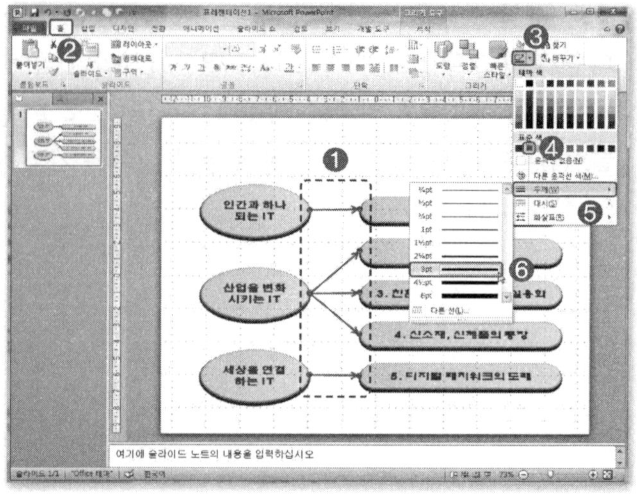

21. 슬라이드에 모든 도형들이 완성되었기 때문에 눈금선을 감추기 위하여, [보기] 탭 → [표시] 그룹 → [눈금선]의 체크 표시를 해제합니다.

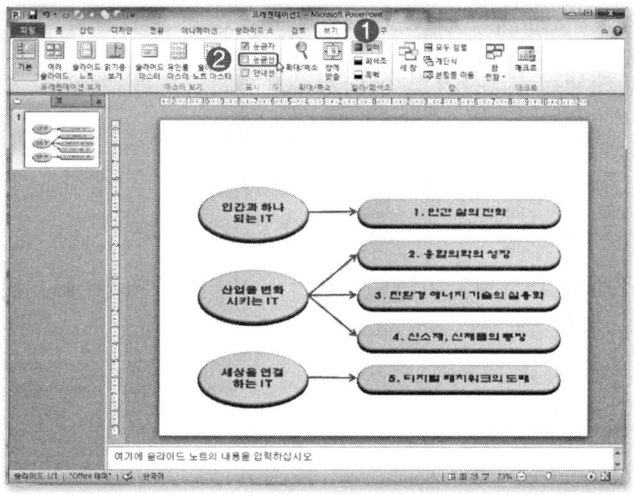

22. 그려진 모든 개체를 하나의 그룹으로 묶기 위하여, 슬라이드의 모든 개체를 선택하고 [홈] 탭 → [그리기] 그룹 → [정렬] → [개체 그룹] → [그룹]을 클릭합니다.

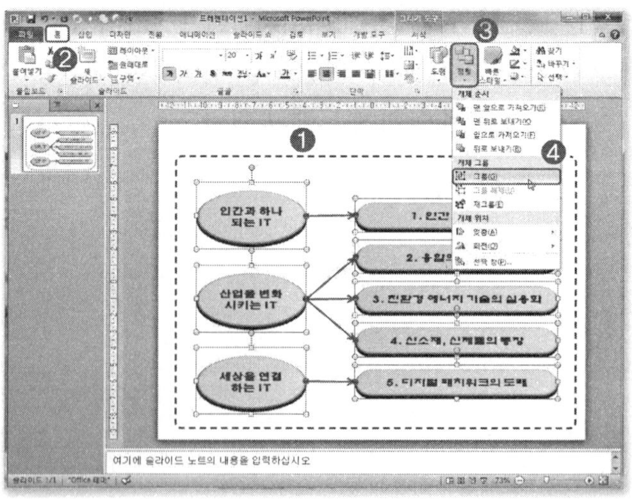

23. 슬라이드 제목을 표시하기 위하여, [홈] 탭 → [슬라이드] 그룹 → [레이아웃] → [제목만]을 클릭하여 현재의 '빈 화면'에서 '제목만'으로 레이아웃을 변경합니다.

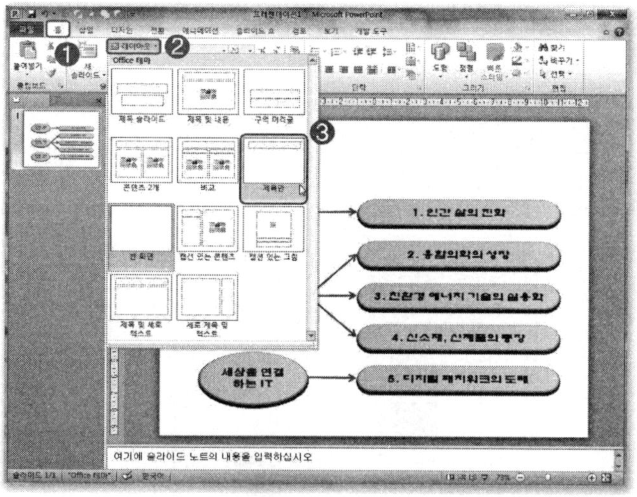

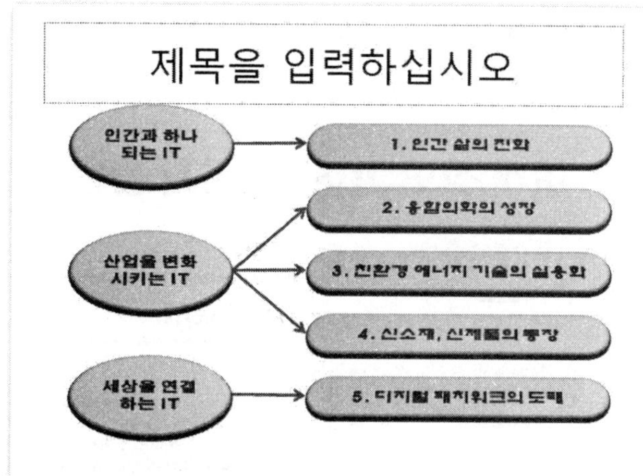

24. '제목을 입력하십시오'를 클릭하여 슬라이드 제목을 '미래 정보 기술의 5가지 방향' 이라 입력하고 [홈] 탭 → [글꼴] 그룹에서 다음과 같이 서식을 지정합니다.

- [글꼴] → 'HY헤드라인M'
- [글꼴 크기] → '44'
- [굵게]
- [텍스트 그림자]
- [글꼴 색] → '파랑'을 지정

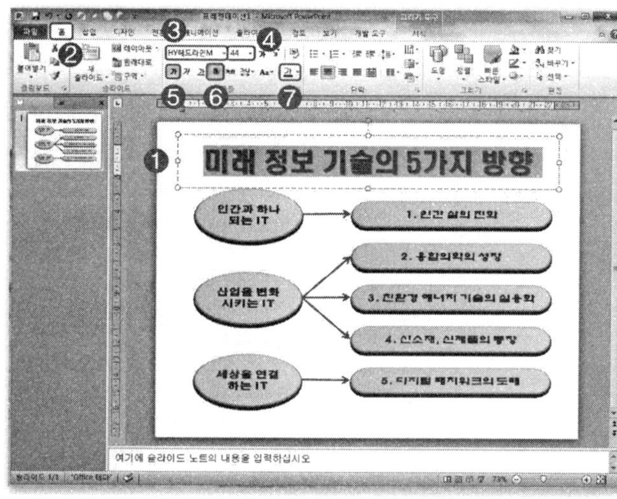

25. 슬라이드에 배경 색을 삽입하기 위하여, 바탕 화면에서 마우스 오른쪽 단추를 클릭하고 단축 메뉴가 표시되면 [배경 서식]을 클릭합니다.

[배경 서식] 대화상자가 나타나면 [채우기] → [그림 또는 질감 채우기] → [질감]에서 '신문 용지'를 지정하고 대화상자의 [닫기]를 클릭합니다.

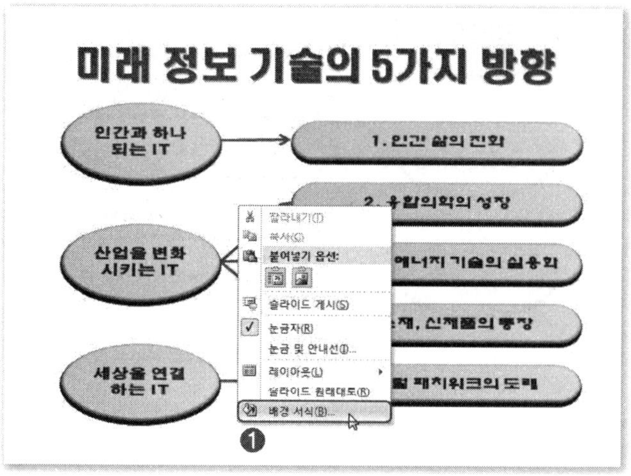

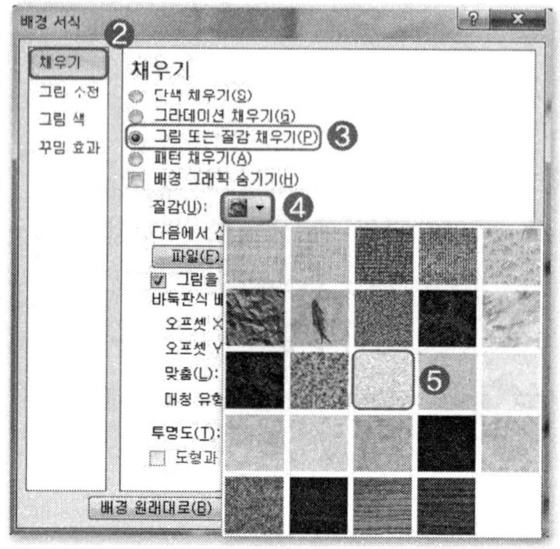

26. 완성한 슬라이드를 [파일] 탭 → [저장]을 클릭하고 '미래 정보 기술의 5가지 방향'이란 이름의 문서로 저장합니다.

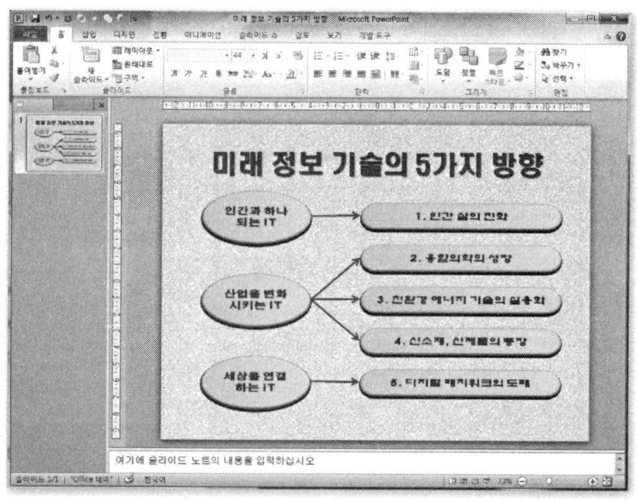

실력 점검 문제

[문제 2-1] 아래 조건에 따라 다음과 같은 슬라이드를 작성하시오.

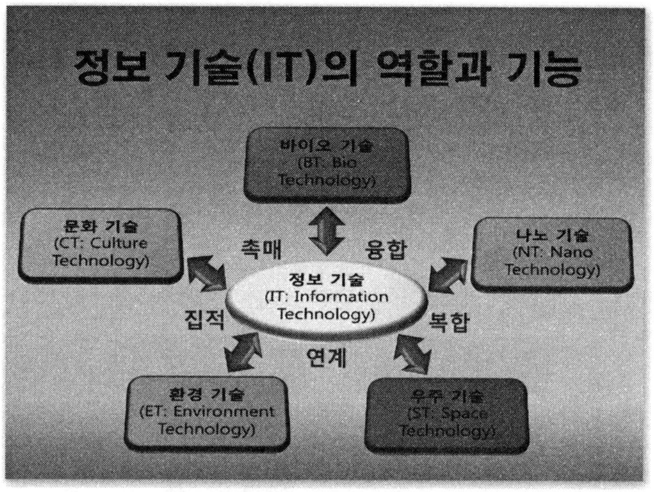

[작성 조건]

1. 슬라이드 레이아웃 : 제목만

- **제목 서식 : 글꼴(HY견고딕), 크기(44), 표준색(검정)**

2. 삽입 도형 : 타원, 모서리가 둥근 직사각형, 블록 화살표(왼쪽/오른쪽 화살표), 텍스트 상자

3. 타원 서식 : 크기(너비×높이 → 8×4cm), 윤곽선 없음, 채우기(표준색 → 노랑)

- **도형 서식 : 3차원 회전(미리설정 → 원근감 보통의 경사), 3차원 서식(입체효과 → 위쪽 너비/높이(10pt), 아래쪽 너비/높이(10pt))**
- **텍스트 : '정보 기술(IT: Information Technology)', 글꼴(맑은 고딕), 크기(20), 표준색(검정), 굵게('정보 기술')**

4. 모서리가 둥근 직사각형 서식 : 크기(너비×높이 → 6.3×3.5cm), 윤곽선(기본색, 4½ 두께)

- **텍스트 및 채우기 :**

❶ '바이오 기술(BT: Bio Technology)' : 테마색(빨강, 강조 2, 25% 더 어둡게), 글꼴(맑은 고딕), 크기(20), 표준색(검정), 굵게('바이오 기술')

❷ '나노 기술(NT: Nano Technology)' : 테마색(바다색, 강조 5, 25% 더 어둡게), 글꼴(맑은 고딕), 크기(20), 표준색(검정), 굵게('나노 기술')

❸ '우주 기술(ST: Space Technology)' : 테마색(황갈색, 배경 2, 75% 더 어둡게), 글꼴(맑은 고딕), 크기(20), 표준색(검정), 굵게('우주 기술')

❹ '환경 기술(ET: Environment Technology)' : 테마색(주황, 강조 6, 25% 더 어둡게), 글꼴(맑은 고딕), 크기(20), 표준색(검정), 굵게('환경 기술')

❺ '문화 기술(CT: Culture Technology)' : 테마색(황록색, 강조 3, 25% 더 어둡게), 글꼴(맑은 고딕), 크기(20), 표준색(검정), 굵게('문화 기술')

- **도형 서식 : 3차원 회전(미리설정 → 원근감 보통의 경사), 3차원 서식(입체효과 → 위쪽 너비/높이(6pt), 아래쪽 너비/높이(6pt))**

5. 블록 화살표 서식 : 크기(너비×높이: 2×1.5cm), 윤곽선 없음, 테마색(흰색, 배경 1, 50% 더 어둡게)

- **도형 서식 : 3차원 서식(입체효과 → 위쪽 너비/높이(6pt), 아래쪽 너비/높이(6pt))**

6. 텍스트 상자 서식 : 텍스트 내용('융합', '복합', '연계', '집적', '촉매'), 글꼴(맑은 고딕), 크기(24), 표준색(자주)

7. 배경 서식 : 그라데이션 채우기 기본(안개)

[문제 2-2] 아래 조건에 따라 슬라이드에 다음과 같은 그림(남과 여)을 완성하시오.

[작성 조건]

1. 슬라이드 레이아웃 : 빈 화면

2. 남자를 구성하는 도형의 서식 :

❶ 남자 머리

- **타원 2개 : (너비×높이) → 1.3×2cm, 1×2cm**
- **채우기 색 : 검정**
- **윤곽선 색 : 테마색 → 진한 파랑 텍스트 2**
- **윤곽선 두께 : 3pt**

❷ 남자 얼굴

- 모서리 둥근 정사각형 1개 : (너비×높이) → 2.5×2.5cm
- 채우기 색 : 빨강 강조 2, 80% 더 밝게
- 윤곽선 색 : 테마색 → 진한 파랑 텍스트 2
- 윤곽선 두께 : 3pt

❸ 남자 몸통

- 모서리 둥근 직사각형 1개 : (너비×높이) 3×6cm
- 채우기 색 : 표준색 → 파랑
- 윤곽선 없음

❹ 남자 팔

- 모서리 둥근 직사각형 2개 : (너비×높이) → 1×4.5cm
- 채우기 색 : 표준색 → 파랑
- 윤곽선 없음

❺ 남자 다리

- 모서리 둥근 직사각형 2개 : (너비×높이) → 1.1×5cm
- 채우기 색 : 표준색 → 파랑
- 윤곽선 없음

❻ 남자 모형이 완성되면 구성 요소인 각각의 도형들을 하나로 묶어 그룹화 시킨다.

3. 여자를 구성하는 도형의 서식 :

❶ 여자 머리

- 점 편집된 타원 1개 : (너비×높이) → 3.6×2.2cm
- 채우기 색 : 검정
- 윤곽선 색 : 테마색 → 진한 파랑 텍스트 2
- 윤곽선 두께 : 3pt

❷ 여자 얼굴

- 정원 1개 : (너비×높이) → 2.5×2.5cm
- 채우기 색 : 테마색 → 빨강 강조 2, 80% 더 밝게
- 윤곽선 색 : 진한 파랑 텍스트 2
- 윤곽선 두께 : 3pt

❸ 여자 몸통

- **모서리 둥근 직사각형 1개 : (너비×높이) → 3×4cm**
- **채우기 색 : 표준색 → 진한 빨강**
- **윤곽선 없음**

❹ 여자 팔

- **모서리 둥근 직사각형 2개 : (너비×높이) → 1×4.5cm**
- **채우기 색 : 표준색 → 진한 빨강**
- **윤곽선 없음**

❺ 여자 치마

- **사다리꼴 1개 : (너비×높이) → 4.5×3.5cm**
- **채우기 색 : 표준색 → 진한 빨강**
- **윤곽선 없음**

❻ 여자 다리

- **모서리 둥근 직사각형 2개 : (너비×높이) → 1.1×4cm**
- **채우기 색 : 표준색 진한 빨강**
- **윤곽선 없음**

❼ 여자 모형이 완성되면 구성 요소인 각각의 도형들을 하나로 묶어 그룹화 시킨다.

4. 배경 서식 : 그라데이션 채우기 기본(황금색), 종류(방사형), 방향(가운데에서)

Memo

CHAPTER 03

WordArt, 클립아트, 디자인테마 이용하기

WordArt 스타일은 여러 가지 색이나 효과가 적용된 스타일 목록에서 원하는 스타일을 선택하여 빠르고 효과적인 텍스트로 부각시킬 수 있는 기능입니다.

클립아트는 마이크로소프트사에서 제공하는 미디어 파일입니다. 클립아트를 이용하면 쉽게 그림을 검색하고 삽입할 수 있습니다.

디자인 테마는 슬라이드의 배경, 색상 구성, 글꼴 서식, 글머리 기호 등을 하나의 테마로 묶어서 디자인을 적용하는 기능입니다. 또한 원하는 테마를 지정한 후에도 테마 색, 테마 글꼴, 테마 효과 등을 추가로 적용하여 다양하고 시각적으로 더 강조된 디자인 테마로 변경시킬 수 있습니다.

학습 목표

- 텍스트에 WordArt 효과를 줄 수 있습니다.
- 그림을 삽입하고 투명도 조절과 꾸밈효과를 줄 수 있습니다.
- 개체 틀의 크기를 조절하고 도형 스타일 효과를 줄 수 있습니다.
- 텍스트 효과와 이미지를 조합하여 타이포그래피를 디자인 할 수 있습니다.
- 디자인 테마를 적용하고 클립아트를 검색하여 삽입할 수 있습니다.

실습구성

준비학습

실습 3-1 제목 슬라이드에 WordArt 효과주기와 배경그림 채우기

실습 3-2 빠른 WordArt 스타일로 제목 꾸미기

실습 3-3 텍스트와 이미지를 이용한 타이포그래피 작성하기

실습 3-4 클립아트와 디자인테마를 활용한 슬라이드 만들기

실력 점검 문제

준비학습

1. WordArt를 적용한 텍스트 꾸미기

(1) 빠른 WordArt 스타일 지정하기

❶ 슬라이드 바탕화면에 텍스트를 입력합니다.

❷ 작성된 텍스트를 선택하고 [그리기 도구/서식] 탭 → [WordArt 스타일] 그룹 → '자세히' 단추를 클릭하여 WordArt 스타일 목록을 표시합니다.

❸ 오른쪽 그림에서 보이는 바와 같이 '선택한 텍스트에 적용' 또는 '도형의 모든 텍스트에 적용' 목록에서 원하는 WordArt 스타일을 선택합니다.

■ **WordArt 스타일 목록**

❶ 선택한 텍스트에 적용 : 일부 텍스트를 드래그 지정하여 해당되는 범위의 텍스트에만 스타일을 적용합니다.

❷ 도형의 모든 텍스트에 적용 : 선택한 개체 틀의 모든 텍스트에 스타일을 적용합니다.

(2) 텍스트 효과 적용하기

빠른 WordArt 스타일을 적용한 후, 추가로 텍스트에 다른 색을 채우거나 또는 그림자, 반사, 네온 등의 다양한 효과를 표현할 수 있습니다.

❶ 텍스트 채우기 : 단색, 그라데이션, 그림 또는 질감으로 텍스트를 채웁니다.

❷ 텍스트 윤곽선 : 텍스트 윤곽선의 색, 두께 및 선 스타일을 지정합니다.

❸ 텍스트 효과 : 텍스트에 그림자, 네온, 반사, 또는 3차원 회전과 같은 시각효과를 적용합니다.

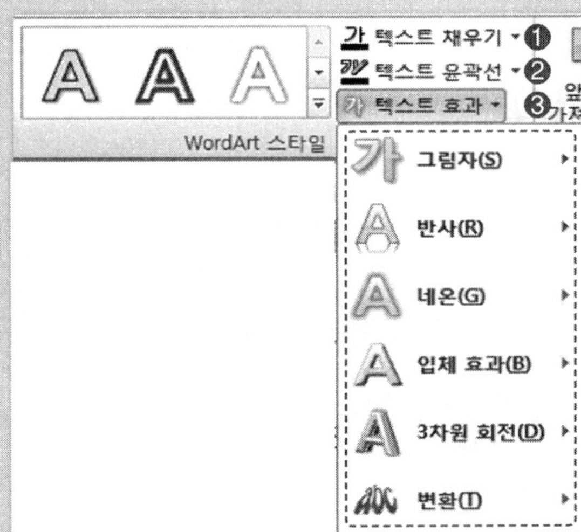

2. 클립아트 검색하여 삽입하기

클립아트는 마이크로소프트사에서 제공하는 미디어 파일을 의미합니다. 파워포인트에서 [클립아트] 작업창을 열면 그림, 사진, 비디오, 오디오 파일 등이 준비되어 있고 그 중에서 원하는 개체를 선택하여 작업 슬라이드에 삽입할 수 있습니다. 반드시 'Office.com 콘텐츠 포함'(또는 'Bing 콘텐츠 포함')에 ☑체크표시가 되어야 합니다.

❶ [삽입] 탭 → [이미지] 그룹 → [클립아트] 명령 단추를 클릭합니다.

❷ 화면의 오른쪽에 '클립아트' 작업창이 열리면 '검색 대상'에 검색하고자 하는 콘텐츠의 주제(예를 들면, '스마트폰')를 입력합니다.

❸ 만약 필요한 사진을 찾고자 한다면, '검색할 형식'의 목록 단추에서 '사진'에 체크표시(☑)한 후 [이동] 단추를 클릭합니다.

❹ 관련 클립아트가 검색되면 해당 이미지를 선택하여 슬라이드에 삽입합니다.

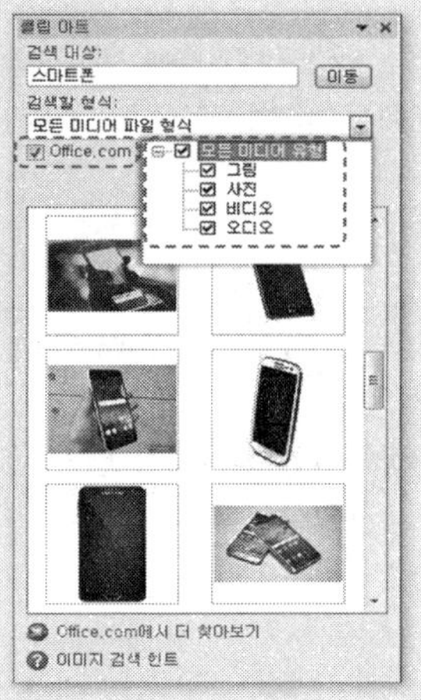

3. 디자인 테마 적용하기

(1) 디자인 테마와 테마색 지정하기

❶ [디자인] 탭 → [테마] 그룹 → '자세히' 단추를 클릭하고,

❷ 디자인 테마 목록에서 원하는 테마를 선택합니다. 다음의 왼쪽 그림은 테마 '보자기'를 선택합니다.

❸ [디자인] 탭 → [테마] 그룹 → [색] 명령 목록에서 원하는 테마색을 지정합니다. 다음의 오른쪽 그림은 테마색 '기류'를 선택하였습니다.

디자인 테마 메뉴에는 실시간 미리 보기 기능을 제공하므로 마우스 포인터를 올려놓기만 해도 테마가 적용된 모습을 쉽게 확인할 수 있습니다.

(2) 테마 글꼴 바꾸고 테마 효과 지정하기

❶ [디자인] 탭 → [테마] 그룹 → [글꼴] 명령 목록에서 원하는 테마 글꼴을 선택합니다. 다음의 왼쪽 그림은 테마 글꼴 '가을'을 선택한 결과입니다.

❷ [디자인] 탭 → [테마] 그룹 → [효과] 명령 목록에서 원하는 테마 효과를 선택합니다. 다음의 오른쪽 그림은 테마 효과 '모듈'을 선택한 결과입니다.

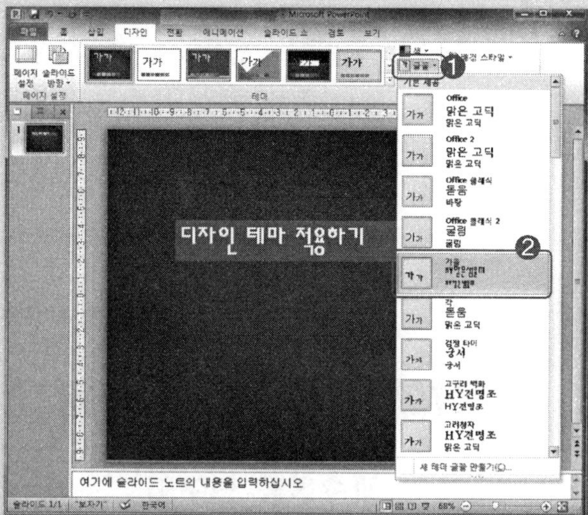

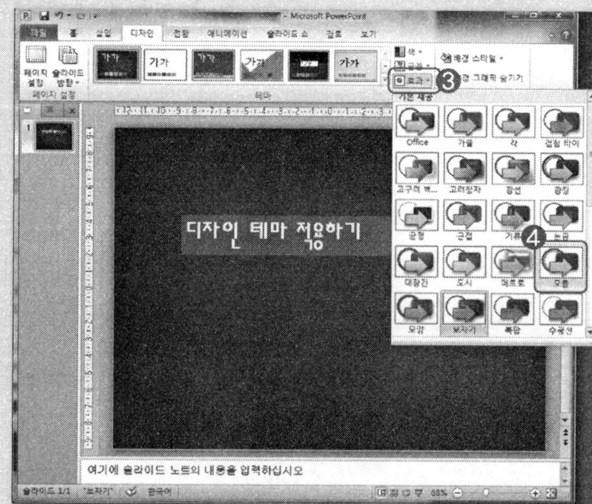

파워포인트에서 디자인 테마를 지정할 때 주의할 사항이 있습니다. 테마의 유형에 따라 슬라이드에 표시된 개체의 색상, 위치, 효과 등 구성 요소의 디자인에 변화가 생깁니다. 따라서 개별적으로 개체의 색상, 위치 이동, 기타 효과 등을 지정하기 전에 먼저 디자인 테마를 선택해서 적용해야 합니다.

실습 3-1

제목 슬라이드에 WordArt 효과주기와 배경그림 채우기

01. 파워포인트의 새 슬라이드(제목 슬라이드)를 준비하고 오른쪽 그림과 같이 슬라이드를 작성합니다.

[홈] 탭 → [글꼴] 그룹에서 다음과 같이 글꼴 서식을 지정합니다.

- 제목 : '창의적 교수법의 응용', 글꼴(휴먼둥근헤드라인), 글꼴 크기(48)
- 부제목 : '교수활동 연구회', 글꼴(휴먼둥근헤드라인), 글꼴 크기(36)

02. 제목 텍스트를 꾸미기 위해, 제목 텍스트를 선택하고 [그리기 도구/서식] 탭 → [WordArt 스타일] 그룹 의 '자세히' 단추를 클릭합니다.

스타일 목록이 표시되면 [선택한 텍스트에 적용]에서 '그라데이션 채우기 – 파랑, 강조 1, 윤곽선 – 흰색, 네온 – 강조 2'를 선택합니다.

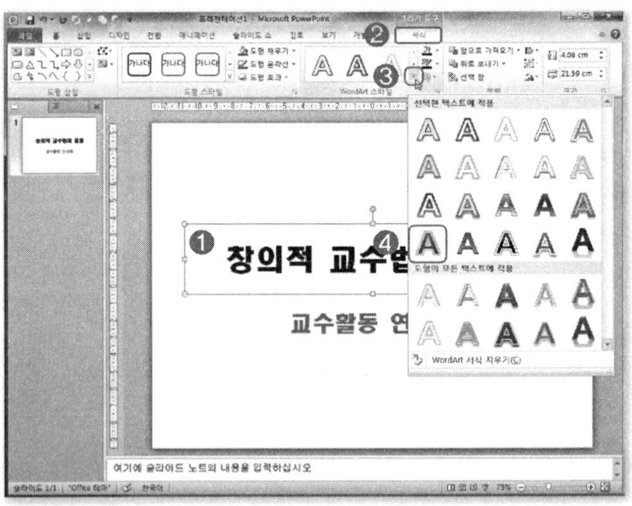

03. 부제목의 색을 변경하기 위하여, 부제목 개체를 선택하고 [그리기 도구/서식] 탭 → [WordArt 스타일] 그룹 → [텍스트 채우기] → [테마색]에서 '바다색, 강조 5, 50% 더 어둡게'를 선택합니다.

04. 부제목에 반사 효과를 주기 위하여, 부제목을 선택한 상태에서 [그리기 도구/서식] 탭 → [WordArt 스타일] 그룹 → [텍스트 효과] → [반사] → [반사 변형]에서 '근접 반사, 8pt 오프셋'을 선택합니다.

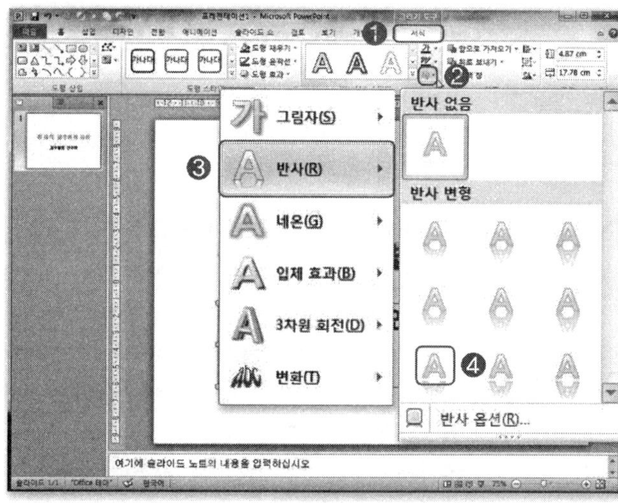

부제목에 반사 효과를 준 결과는 오른쪽 그림과 같습니다.

05. 슬라이드 배경에 그림을 삽입하기 위해서, 슬라이드에서 마우스 오른쪽 단추를 클릭하여 바로 가기 메뉴의 [배경 서식]을 클릭합니다.

[배경 서식] 대화상자가 나타나면 [채우기] → [그림 또는 질감 채우기] → [파일] 단추를 클릭합니다.

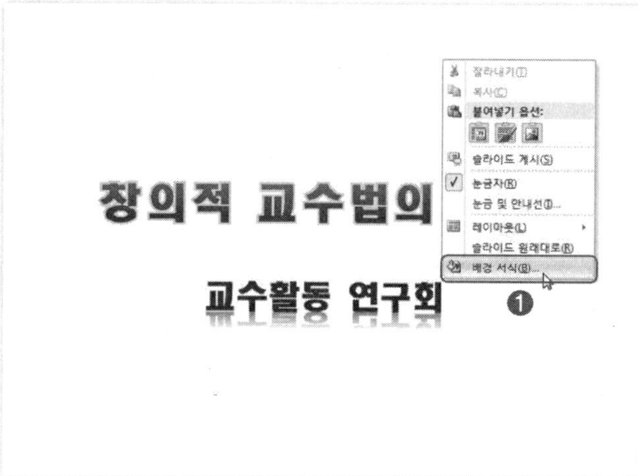

06. [그림 삽입] 대화상자가 나타나면 그림이 저장된 위치와 원하는 그림('국화') 파일을 선택하고 [삽입] 단추를 클릭합니다. 그러면 슬라이드에 불러온 그림이 채워집니다.

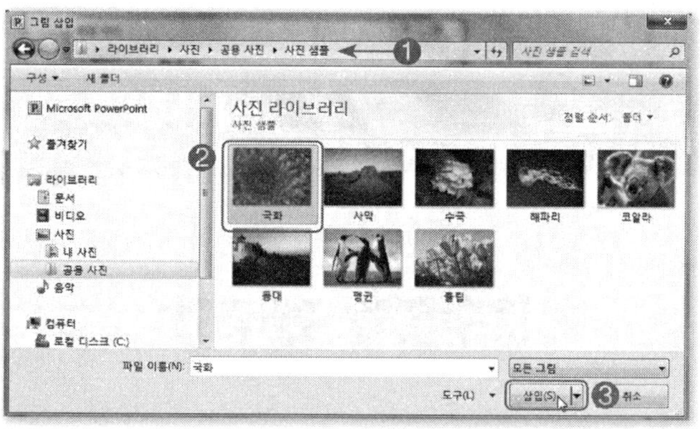

07. 배경 그림의 색채 때문에 제목 텍스트가 뚜렷하게 표시되지 않을 때는 그림의 투명도를 조정하면 됩니다. 배경 그림의 투명도를 조정하기 위하여, [배경 서식] 대화상자에서 [채우기] → [투명도]의 슬라이더를 드래그하거나 직접 입력하여 '60%'로 조절합니다.

참고 투명도

'투명도'는 해당 색깔의 투명한 정도를 나타내고, 수치 값이 클수록 점점 투명해집니다. 따라서 배경 그림에 투명도를 100% 적용하면 완전 투명 상태가 되고 앞에 있는 텍스트가 뚜렷하게 잘 보이게 됩니다.

08. 또한 배경 그림에 꾸밈 효과를 주기 위해서, [배경 서식]의 대화상자에서 [꾸밈 효과] → [꾸밈 효과]의 드롭다운 단추를 눌러 목록에서 '플라스틱 워프'를 선택하고 [배경 서식] 대화상자의 [닫기] 단추를 클릭합니다.

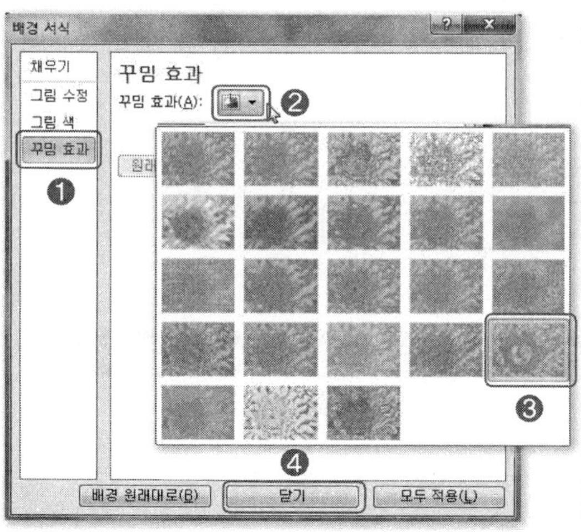

09. 완성한 슬라이드를 [파일] 탭 → [저장]을 클릭하고 '창의적 교수법의 응용'이란 이름의 문서로 저장합니다.

실습

3-2 빠른 WordArt 스타일로 제목 꾸미기

01. 파워포인트의 새 슬라이드(제목 슬라이드)를 준비하고 오른쪽 그림과 같이 슬라이드를 작성합니다.

[홈] 탭 → [글꼴] 그룹에서 다음과 같이 글꼴 서식을 지정합니다.

- 제목 : '평생교육원 수강생 모집안내', 글꼴(휴먼둥근헤드라인), 글꼴 크기(50)
- 부제목 : '현담 평생교육원', 글꼴(HY헤드라인M), 글꼴 크기(36)

02. 텍스트 상자에 텍스트를 삽입하기 위하여, [삽입] 탭 → [텍스트] 그룹 → [텍스트 상자] → [가로 텍스트 상자]를 클릭합니다.

슬라이드 화면 왼쪽 위 부분을 클릭 또는 드래그하여 텍스트 상자를 삽입한 후 '2015년 (전기)'를 입력합니다. 글꼴(HY헤드라인M)과 글꼴 크기(36)를 지정합니다.

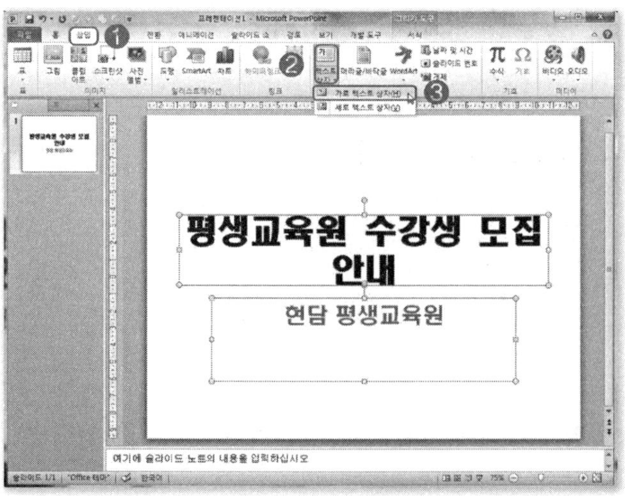

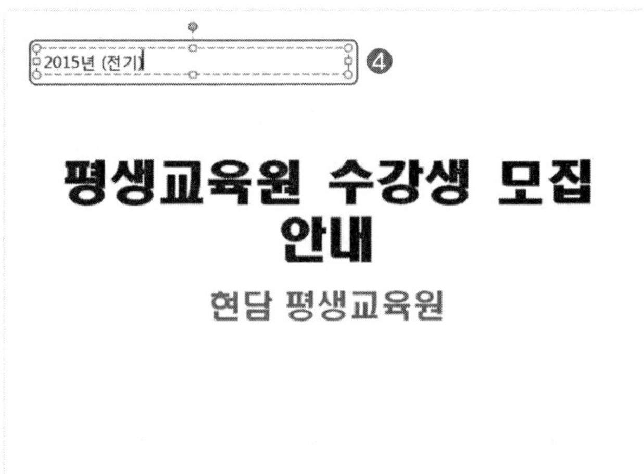

03. 제목, 부제목, 추가된 텍스트 상자의 내용에서 각 개체 틀과 내부 텍스트가 잘 조화가 되도록 개체 틀의 상/하, 좌/우 조절점을 드래그 하여 크기를 확대 또는 축소 조절합니다.

슬라이드의 좌/우를 기준하여 제목은 중앙에, 부제목은 오른쪽 아래에, 추가된 텍스트 상자는 왼쪽 위에 배치하도록 각각 이동합니다.

제목, 부제목, 추가된 텍스트 상자의 내용이 개체 틀의 가로방향에서 가운데에 위치하도록 하기 위해서, 모든 개체를 선택하고 [홈] 탭 → [단락] 그룹 → [가운데 맞춤]을 클릭합니다.

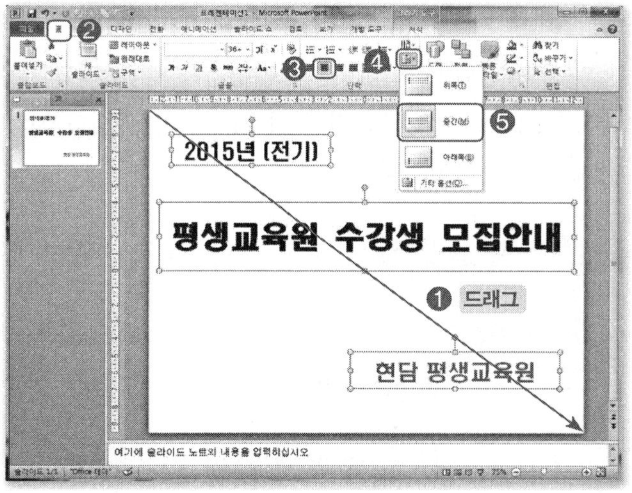

모든 개체의 내용이 개체 틀의 세로방향에서 중간에 위치하기 위해서, 모든 개체를 선택하고 [홈] 탭 → [단락] 그룹 → [텍스트 맞춤] → [중간]을 클릭합니다.

04. 텍스트의 개체 틀에 빠르게 도형 효과를 주기 위하여, 먼저 제목의 개체를 선택하고 [그리기 도구/서식] 탭 → [도형 스타일] 그룹의 '자세히' 단추를 클릭합니다.

도형 스타일 목록에서 '미세효과 – 바다색, 강조 5'를 선택합니다.

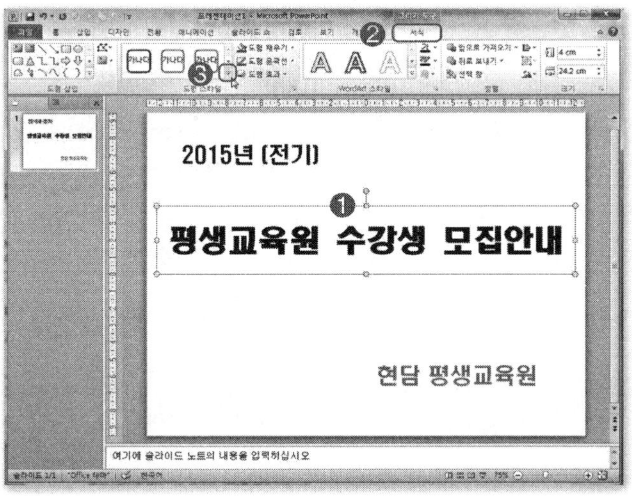

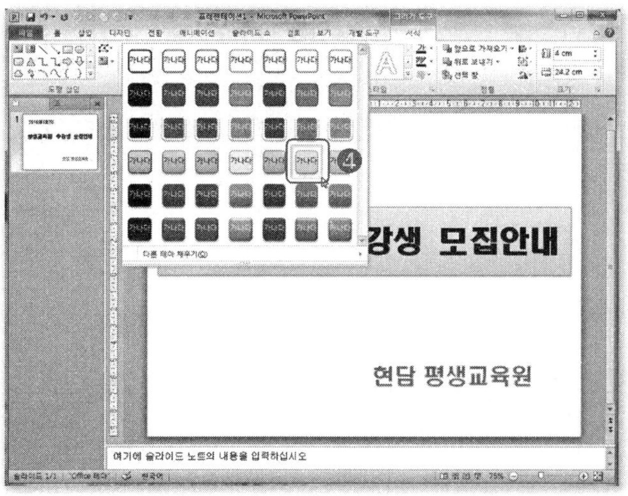

05. 같은 방법으로 부제목과 추가된 텍스트 상자 내용에도 도형 스타일 목록에서 다음과 같이 스타일을 지정합니다.

- 부제목 : 강한효과 – 황록색, 강조 3
- 추가된 텍스트 상자 : 미세효과 – 황록색, 강조 3

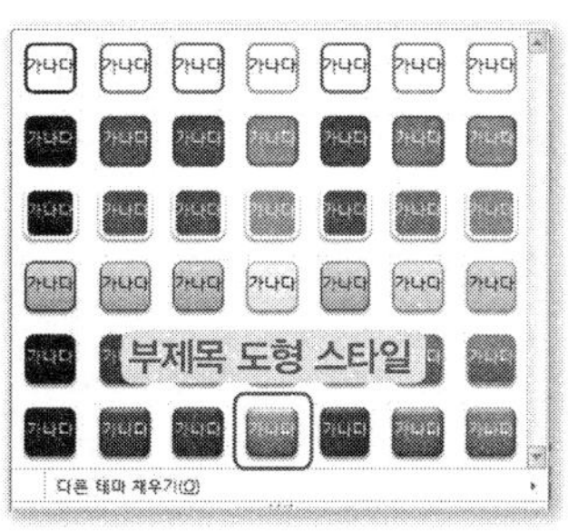

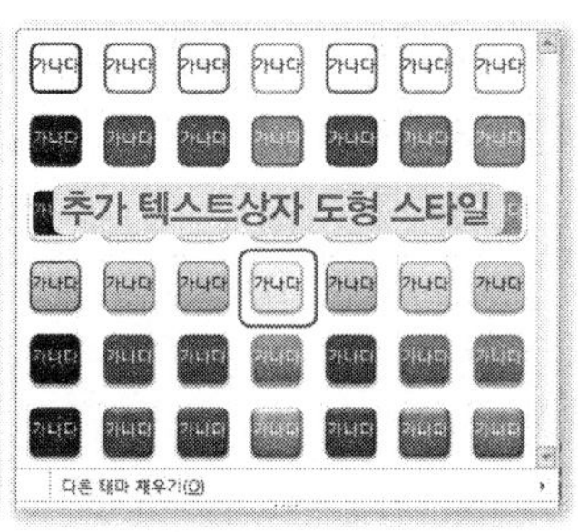

06. 제목에 입력된 각각의 글자에 WordArt 스타일 효과를 적용하기 위하여, 제목에서 마우스로 드래그하여 '평생교육원'을 선택하고 [그리기 도구/서식] 탭 → [WordArt 스타일] 그룹의 '자세히' 단추를 클릭합니다.

WordArt 스타일의 [선택한 텍스트에 적용] 목록에서 '그라데이션 채우기 – 파랑, 강조 1, 윤곽선 – 흰색, 네온 – 강조 2'를 선택합니다.

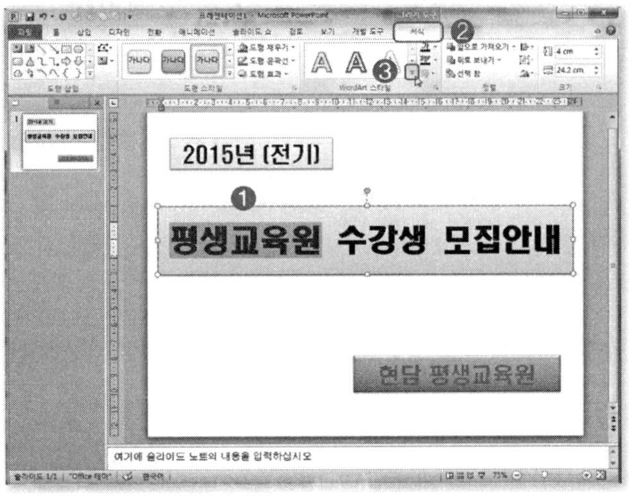

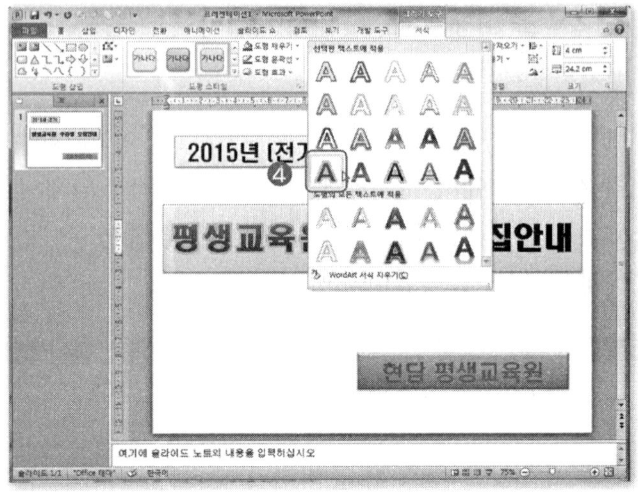

07. 같은 방법으로 '수강생'과 '모집안내' 텍스트에도 WordArt 스타일의 [선택한 텍스트에 적용] 목록에서 다음과 같이 지정합니다.

- '수강생' : 채우기-황록색, 강조 3, 윤곽선-텍스트 2
- '모집안내' : 채우기-주황, 강조 6, 그라데이션 윤곽선-강조 6

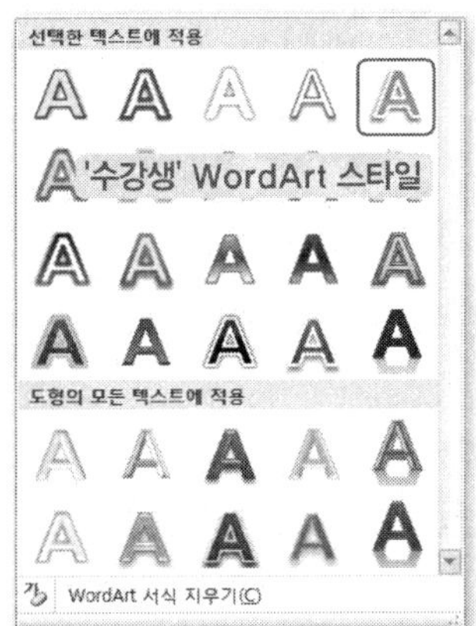

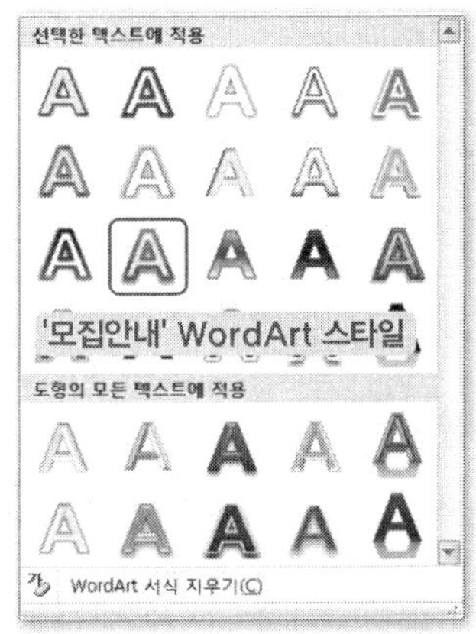

08. 부제목의 텍스트에 WordArt 스타일 효과를 적용하기 위하여, 개체를 선택하고 [그리기 도구/서식] 탭 → [WordArt 스타일] 그룹의 '자세히' 단추를 클릭합니다.

WordArt 스타일의 [도형의 모든 텍스트에 적용] 목록에서 '채우기 – 빨강, 강조 2, 무광택 입체'를 선택합니다.

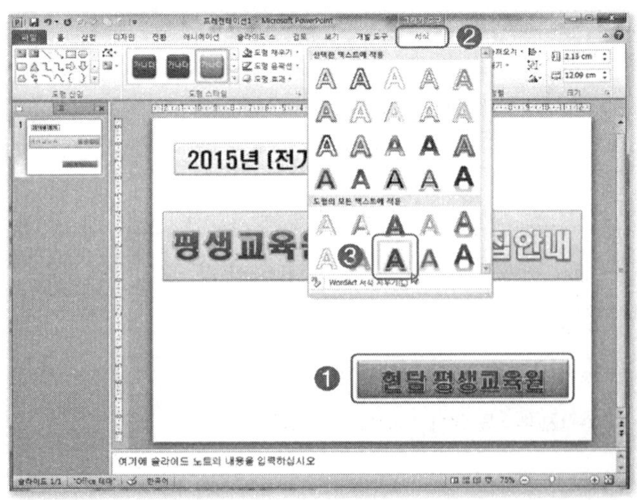

09. 같은 방법으로 추가된 텍스트 상자 '2015년 (전기)' 텍스트에도 WordArt 스타일의 [도형의 모든 텍스트에 적용] 목록에서 오른쪽 그림과 같이 '채우기 - 빨강, 강조 2, 부드러운 무광택 입체'를 지정합니다.

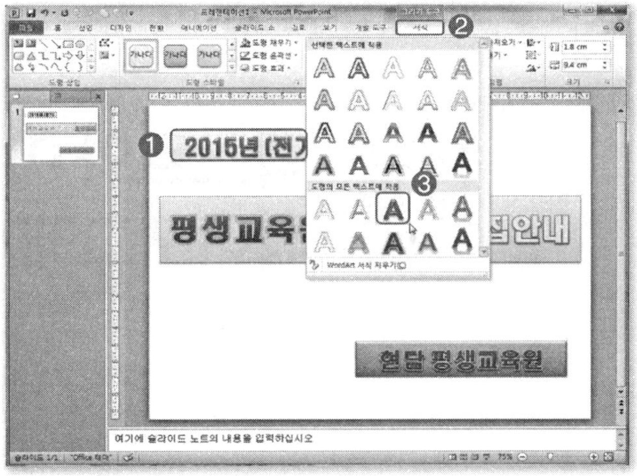

10. 배경에 질감을 채우기 위해서, 슬라이드 바탕에서 마우스 오른쪽 단추를 클릭하여 바로가기 메뉴를 띄우고 [배경 서식]을 클릭합니다.

[배경 서식] 대화상자가 나타나면 [채우기] → [그림 또는 질감 채우기] → [질감]목록에서 '녹색 대리석'을 선택하고 [배경 서식]의 [닫기] 단추를 클릭합니다.

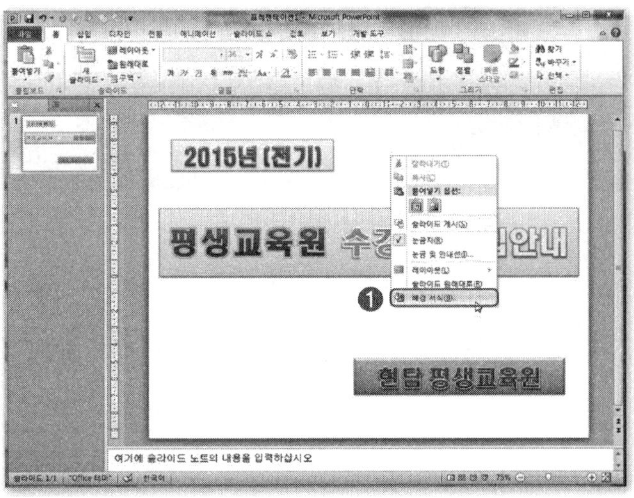

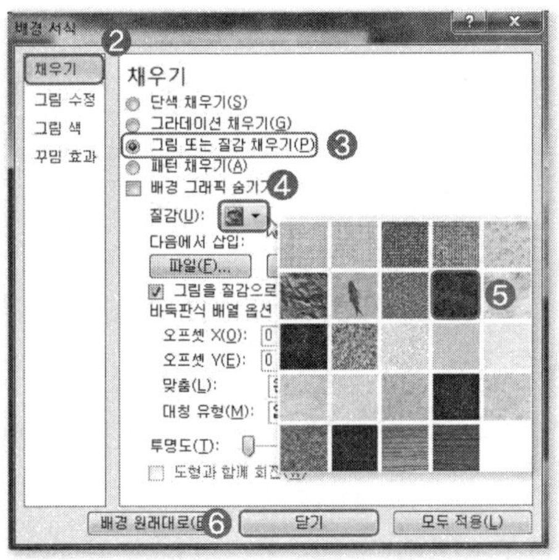

11. 완성한 슬라이드를 [파일] 탭 → [저장]을 클릭하고 '평생교육원 수강생 모집안내'란 이름의 문서로 저장합니다.

실습 3-3 텍스트와 이미지를 이용한 타이포그래피 작성하기

오른쪽 그림과 같이 텍스트와 이미지를 이용하여 타이포그래피 효과를 나타내는 슬라이드를 만들어 봅니다.

참고 타이포그래피

타이포그래피는 문자 배열, 문자 디자인과 문자 상형을 수정하는 기술과 예술의 2차원적 표현을 말합니다. 요즘에는 사진까지도 첨가하여 구성적인 그래픽 디자인 전체를 가리키는 용어로도 쓰입니다.

01. 파워포인트의 새 슬라이드(빈 화면)를 준비하고 배경 화면을 채우기 위해서, 슬라이드 바탕에서 마우스 오른쪽 단추를 누르고 바로가기 메뉴가 표시되면 [배경 서식]을 클릭합니다.

[배경 서식] 대화상자가 나타나면 [채우기] → [그라데이션 채우기] → [기본 설정]을 클릭하고 목록에서 '안개'를 선택 합니다.

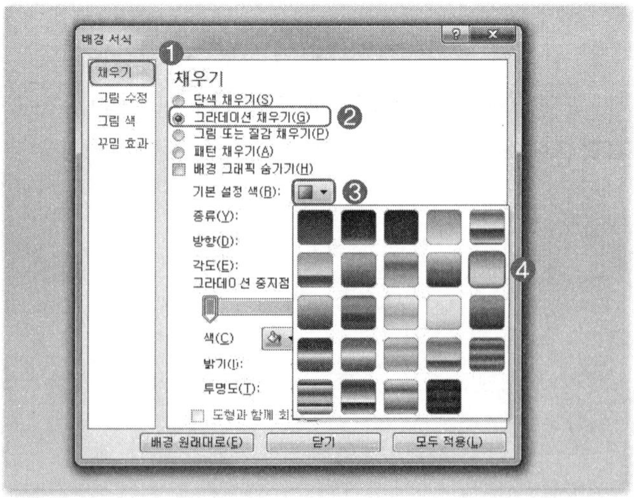

채워진 그라데이션 배경에 투명효과를 주기 위해서, [배경 서식] 대화 상자의 [투명도]에서 슬라이더를 드래그 하거나 직접 입력하여 투명도 값을 '50%'를 지정하고 [닫기] 단추를 클릭합니다.

02. 알파벳 대문자 'S'자를 삽입하기 위하여, [삽입] 탭 → [텍스트] 그룹 → [텍스트 상자] → [가로 텍스트 상자]를 선택하고 슬라이드 바탕을 클릭합니다.

삽입된 텍스트 상자에 'S'자를 입력하고 [홈] 탭 → [글꼴] 그룹에서 글꼴(HY강B)과 글꼴 크기(480)를 지정합니다.

03. 텍스트에 효과를 주기 위해서, 'S' 개체를 선택하고 [그리기 도구/서식] 탭 → [WordArt 스타일] 그룹에서 [추가 옵션] 단추를 클릭하여 [텍스트 효과 서식] 대화상자를 표시합니다.

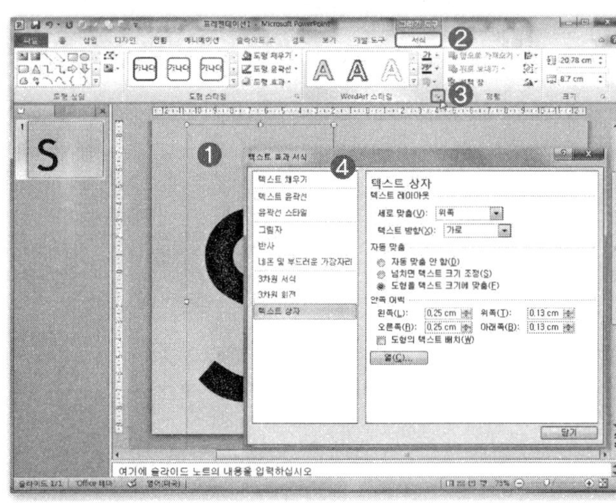

[텍스트 효과 서식] 대화상자가 나타나면 텍스트에 색과 투명도 효과를 주기 위해서, [텍스트 채우기] → [단색 채우기] → [채우기 색] → [색] → [표준색]에서 '자주'를 선택합니다. '자주'색에 대한 투명도를 '50%'로 지정합니다.

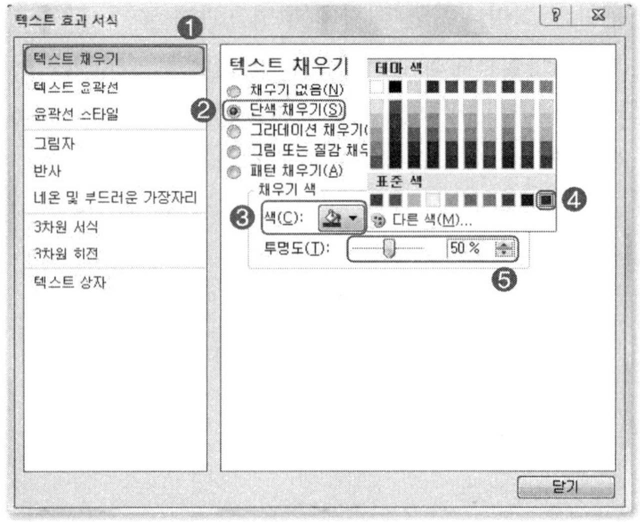

04. 텍스트 윤곽선에 효과를 주기 위해서, [텍스트 효과 서식] 대화상자에서 [텍스트 윤곽선] → [실선] → [색] → [테마색] 목록에서 '흰색, 배경 1'을 선택합니다.

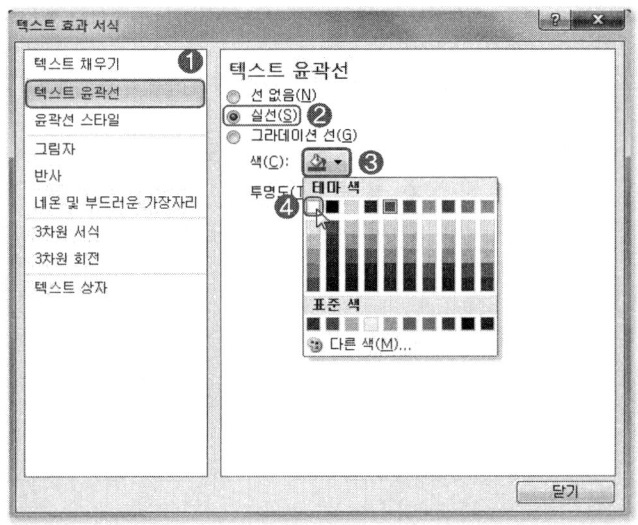

텍스트 윤곽선 굵기를 변경하기 위해서, [텍스트 효과 서식] 대화상자에서 [윤곽선 스타일] → [너비]를 '2pt'로 지정합니다.

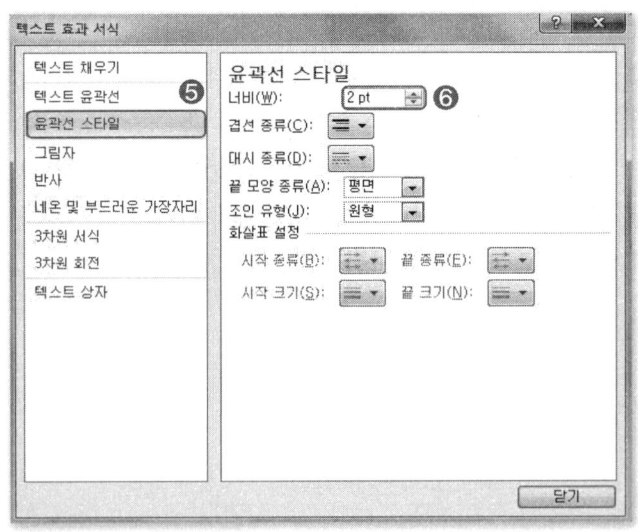

05. 텍스트에 그림자를 주어 입체효과를 내기 위해서, [텍스트 효과 서식] 대화상자에서 [그림자] → [미리 설정] → [바깥 쪽] 목록에서 '오프셋 대각선 왼쪽 위'를 선택하고 대화상자 [닫기]를 클릭합니다.

06. 알파벳 소문자 'mart'를 표시하기 위해서, [삽입] 탭 → [텍스트] 그룹 → [텍스트 상자] → [가로 텍스트 상자]를 선택하고 슬라이드 바탕을 클릭합니다.

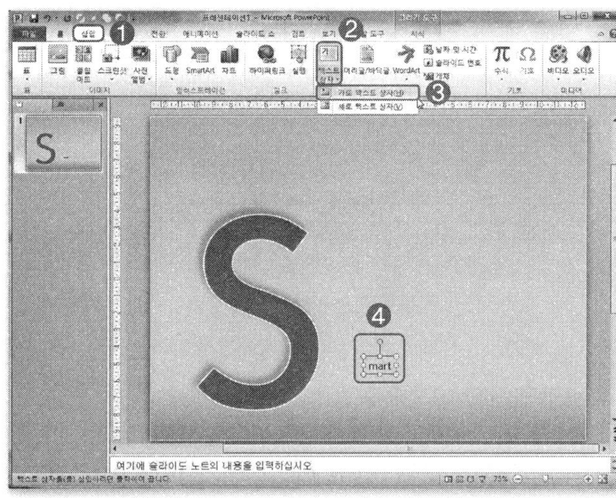

삽입된 텍스트 상자에 'mart'자를 입력하고 [홈] 탭 → [글꼴] 그룹에서 글꼴(HY강B)과 글꼴 크기(200)를 지정합니다.

07. 'S' 텍스트에 효과 주기와 같은 방법으로 [그리기 도구/서식] 탭 → [WordArt] 그룹에서 [추가 옵션] 단추를 눌러 [텍스트 효과 서식] 대화상자를 열고 오른쪽 그림과 같이 'mart' 글자에도 텍스트 채우기, 윤곽선 효과, 그림자 효과 등의 서식을 지정합니다.

- [텍스트 채우기] → [단색 채우기] → [색] → [표준색] → '자주', 투명도 → 50%
- [텍스트 윤곽선] → [실선] → [색] → [테마 색] → '흰색, 배경 1'
- [윤곽선 스타일] → [너비] → '2pt'
- [그림자] → [미리 설정] → [바깥 쪽] → '오프셋 대각선 왼쪽 위'

08. 'S' 개체에 그림을 덧붙여서 타이포그래피 효과를 보이기 위해서, [삽입] 탭 → [이미지] 그룹 → [그림]을 클릭하고 '그림 삽입' 대화상자를 표시합니다.

[그림 삽입] 대화상자가 나타나면 '소녀1' 그림 파일의 저장 위치를 확인하고 해당 그림 파일을 선택한 후 [삽입]을 클릭합니다.

09. 다음과 같이 'S' 글자 위에 걸터앉아 있는 모습을 연출하기 위하여 그림의 위치를 이동합니다.

모든 개체들이 조화롭게 배치가 잘 되었다면 'S', 'mart', '소녀1' 개체 모두를 선택하고 [홈] 탭 → [그리기] 그룹 → [정렬] → [개체 그룹] → [그룹]을 클릭한 후 하나의 개체로 그룹화합니다.

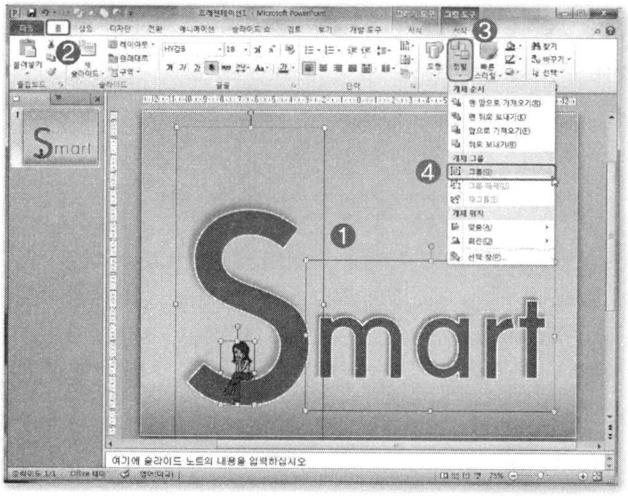

오른쪽 그림은 3가지의 개체를 하나로 그룹화한 결과입니다.

10. 슬라이드에 제목을 표시하기 위해서, [홈] 탭 → [슬라이드] 그룹 → [레이아웃] 목록에서 '제목만'을 선택합니다.

'제목을 입력하십시오'를 클릭하고 다음 그림과 같이 '학술 연구 동아리'라고 내용을 입력합니다. [홈] 탭 → [글꼴] 그룹에서 글꼴(양재참숯체B)과 글꼴 크기(60)의 텍스트 서식을 지정합니다.

11. 슬라이드 제목에 다양한 텍스트 효과를 주기 위해서 제목 개체를 선택하고 다음과 같이 지정합니다.

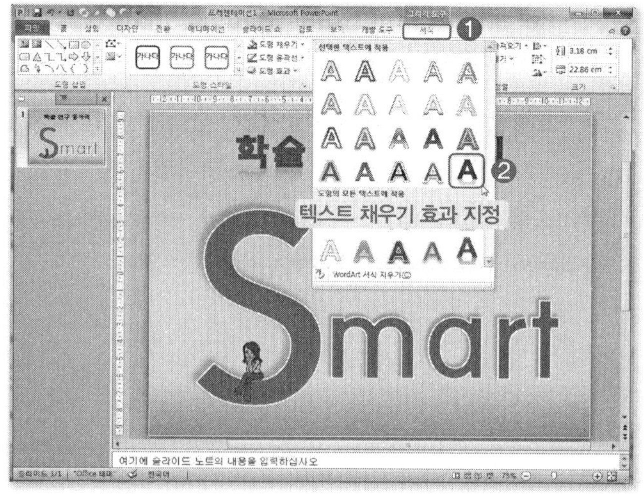

- 색 채우기 및 반사 효과 : [그리기 도구/서식] 탭 → [WordArt 스타일] 그룹에서 '자세히' 단추를 클릭. WordArt 스타일 목록에서 '그라데이션 채우기-자주, 강조 4, 반사'를 선택.
- 윤곽선 색 주기 : [그리기 도구/서식] 탭 → [WordArt 스타일] 그룹 → [윤곽선] → [테마색] → '흰색, 배경 1'을 선택.
- 윤곽선 두께 변경하기 : [그리기 도구/서식] 탭 → [WordArt 스타일] 그룹 → [윤곽선] → [두께] → '1½ pt'를 선택.

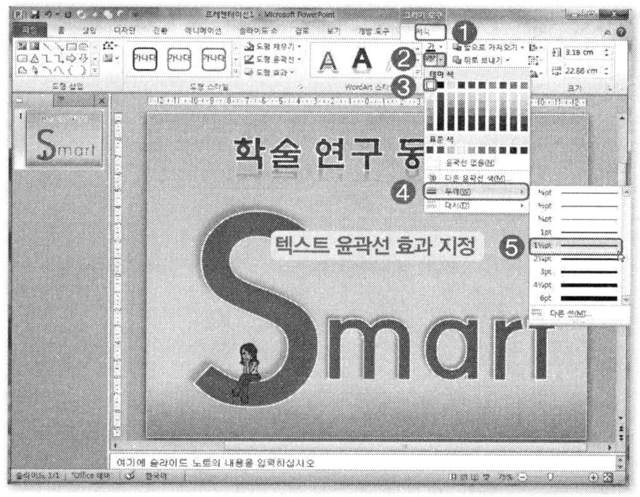

12. 완성한 슬라이드를 [파일] 탭 → [저장]을 클릭하고 '학술 연구 동아리'란 이름의 문서로 저장합니다.

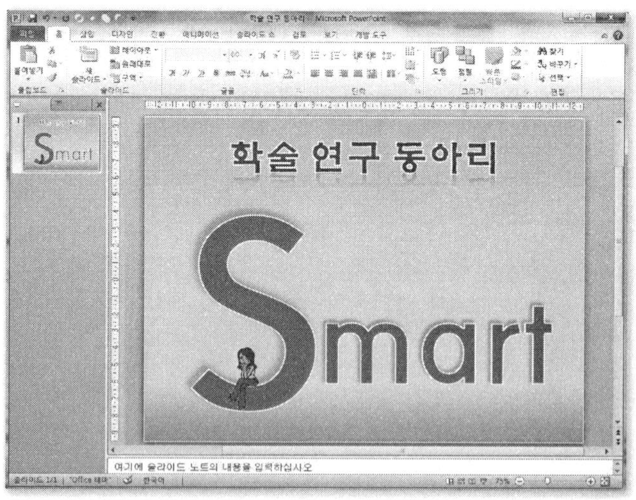

I n t r o d u c t i o n t o P o w e r P o i n t

실습

3-4 클립아트와 디자인테마를 활용한 슬라이드 만들기

오른쪽 그림과 같이 클립아트와 디자인 테마로 꾸며진 슬라이드를 만들어 봅니다.

01. 새 슬라이드(제목만)에 오른쪽 그림과 같이 '(주) 미소 무역 해외 지사'를 입력합니다.

• 글꼴(맑은 고딕), 글꼴 크기(54), 굵게, 글꼴 색(검정, 텍스트1)

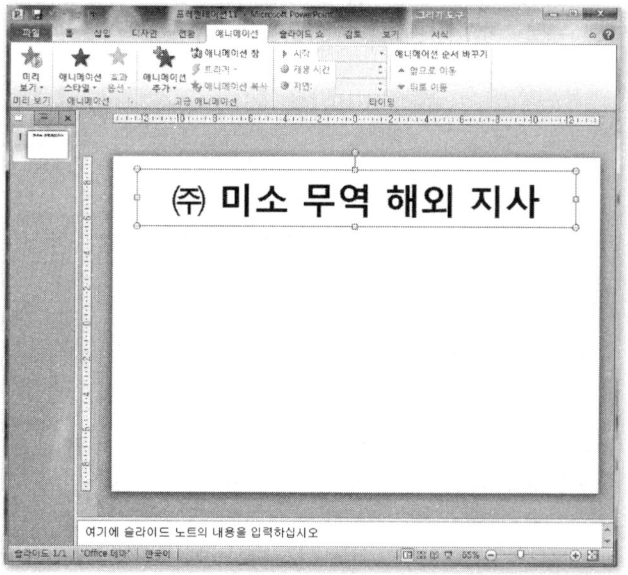

02. 디자인 테마를 삽입하기 위해서, [디자인] 탭 → [테마] 그룹의 '자세히' 목록 단추를 누르고, 테마 목록에서 '트랙'을 선택합니다.

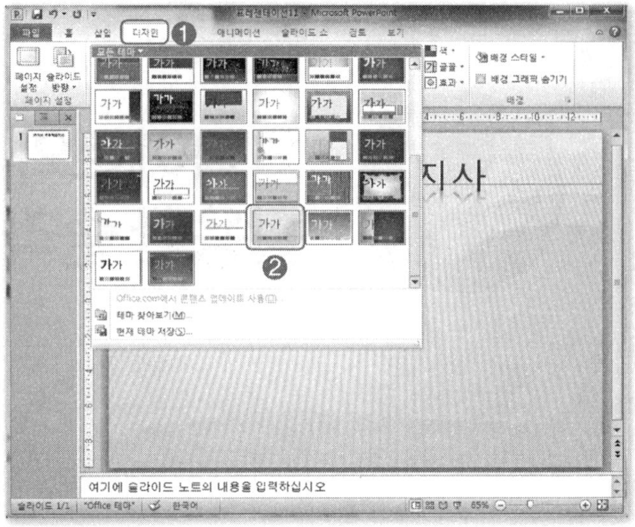

03. 슬라이드에 클립 아트 '세계 지도'를 삽입하기 위해서, [삽입] 탭 → [이미지] 그룹 → [클립 아트] 명령 단추를 클릭하여 슬라이드 화면 오른쪽에 [클립 아트] 작업창을 표시합니다.

[클립 아트] 작업창에서 [검색대상]을 '세계 지도'를 입력한 후 [이동] 단추를 클릭하면 잠시 후 '세계 지도'와 관련된 다양한 이미지가 펼쳐집니다.

오른쪽 그림과 같은 검정색의 '세계 지도' 이미지를 선택하여 슬라이드 화면에 삽입합니다.

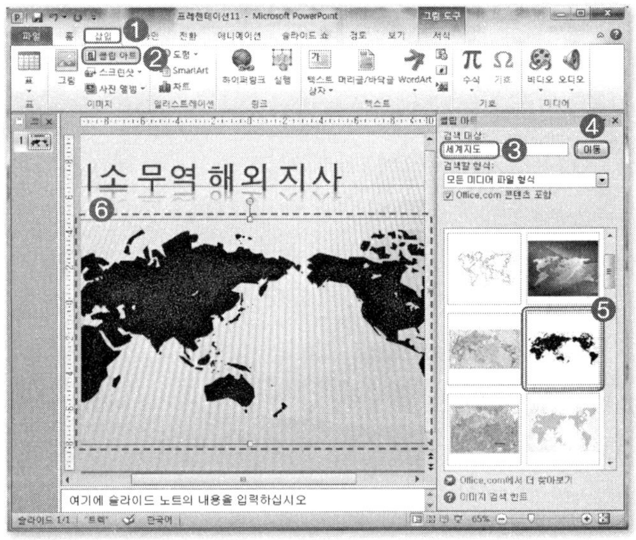

04. 삽입된 '세계 지도' 이미지를 크기와 위치를 조정하여 슬라이드 화면 크기에 맞춥니다.

삽입된 검정색 '세계 지도'의 색을 변경하기 위하여, 이미지를 선택한 상태에서 [그림 도구/서식] 탭 → [조정] 그룹 → [색] 목록 단추를 클릭하여 [다시 칠하기] 목록에서 [주황, 밝은 강조색1]을 선택합니다.

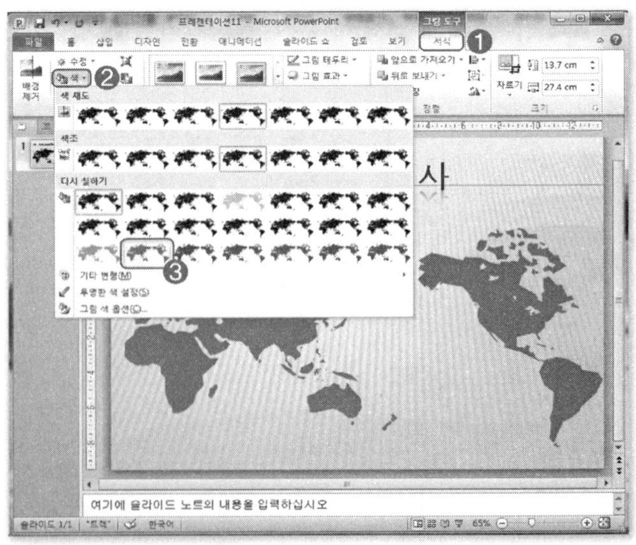

05. 지금 부터는 세계 지도 그림 위에 8개국의 국기를 클립 아트로 삽입해 봅니다.

먼저 '태극기'를 삽입하기 위하여 [삽입] 탭 → [이미지] 그룹 → [클립아트]를 클릭하여 슬라이드 화면 오른쪽에 [클립 아트] 작업창을 표시합니다.

[클립 아트] 작업창에서 [검색 대상]을 '대한민국 국기'라 입력하고 [이동] 단추를 클릭합니다.

잠시 후에 여러 개의 이미지가 나타나면 원하는 이미지를 선택하여 슬라이드 화면에 삽입합니다.

06. 같은 방법으로 다음과 같은 나머지 7개국의 국기도 [클립 아트] 삽입 기능을 이용하여 슬라이드 화면에 삽입합니다.

〈중국〉 〈인도〉 〈이집트〉 〈남아프리카공화국〉 〈오스트레일리아〉 〈미국〉 〈브라질〉

07. 클립아트 크기가 각기 다른 8개국의 국기의 이미지 크기를 일정하게 맞추기 위하여, 슬라이드 화면에 입력된 8개국의 국기를 모두 선택한 후 [그림 도구/서식] 탭 → [크기] 그룹의 추가 옵션 단추를 클릭한 후 [그림 서식] 대화 상자를 표시합니다.

[그림 서식] 대화 상자에서 [크기] 메뉴의 오른쪽 창에서 [배율] → [가로 세로 비율 고정]과 [배율] → [원래 크기에 비례하여] 항목의 체크 표시(☑)를 해제(☐)하고, [크기 및 회전] → [높이]에 '1.5cm', [크기 및 회전] → [너비]에 '2cm'를 입력한 후 [닫기] 단추를 클릭합니다.

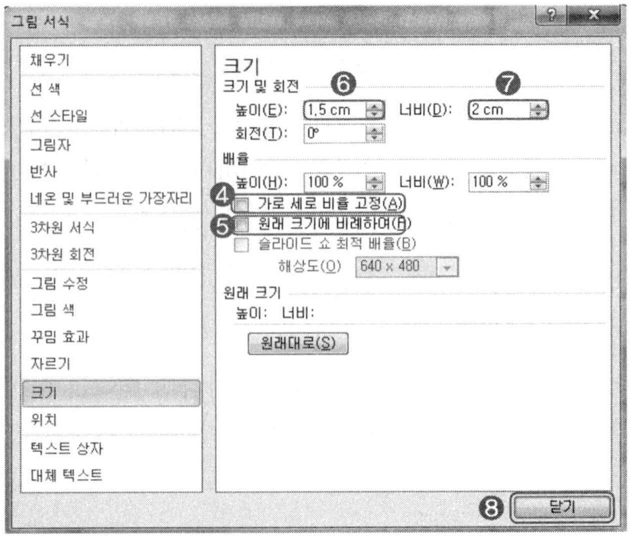

08. 크기가 일정해진 8개국의 국기 이미지를 오른쪽 그림과 같이 세계 지도의 각 나라의 위치에 적당하게 배치합니다.

09. 완성한 슬라이드를 [파일] 탭 → [저장]을 클릭하고 '미소무역 해외지사'란 이름의 문서로 저장합니다.

실력 점검 문제

[문제 3-1] 아래 조건에 따라 다음과 같은 슬라이드를 작성하시오.

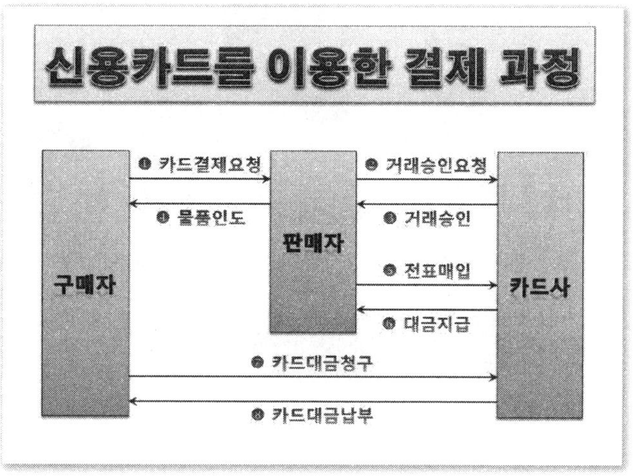

[작성 조건]

1. 슬라이드 레이아웃 : 제목만

2. 제목 서식 :
   - **텍스트 내용 : '신용카드를 이용한 결제 과정'**
   - **글꼴(HY견고딕), 크기(48)**
   - **텍스트 효과 : [WordArt 스타일] → [도형의 모든 텍스트에 적용] → '채우기-빨강, 강조 2, 무광택 입체'**
   - **도형 효과 : [도형 스타일] → '미세효과-황록색, 강조 3'**

3. 직사각형 3개 서식 :
   - **도형 크기 : 너비×높이 → (3.5×11cm), (3.5×7.5cm), (3.5×11cm)**
   - **텍스트 내용 : '구매자', '판매자', '카드사'**
   - **글꼴 : 맑은 고딕, 크기(24)**
   - **텍스트 효과 : [WordArt 스타일] → [선택한 텍스트에 적용] → '그라데이션 채우기-자주, 강조 4, 반사'**
   - **도형 효과 : [도형 스타일] → '미세효과-빨강, 강조 2'**

4. 화살표 서식 :
   - **도형 효과 : [도형 스타일] → [도형 윤곽선] → [표준색] → '진한 빨강', [두께] → '2¼/4pt'**

5. 화살표 설명 텍스트 상자 서식 :
   - **텍스트 내용 : '❶ 카드결제요청', '❷ 거래승인요청', '❸ 거래승인', '❹ 물품인도', '❺ 전표매입', '❻ 대금지급', '❼ 카드대금청구', '❽ 카드대금납부'**
   - **텍스트 효과 : [WordArt 스타일] → [선택한 텍스트에 적용] → '그라데이션 채우기-주황, 강조 6, 안쪽 그림자'**

[문제 3-2] '스마트 시대' 프레젠테이션 문서를 열고 각 항목의 주제에 적당한 클립아트 8개를 삽입 한 후 아래의 조건에 맞는 슬라이드를 작성하시오.

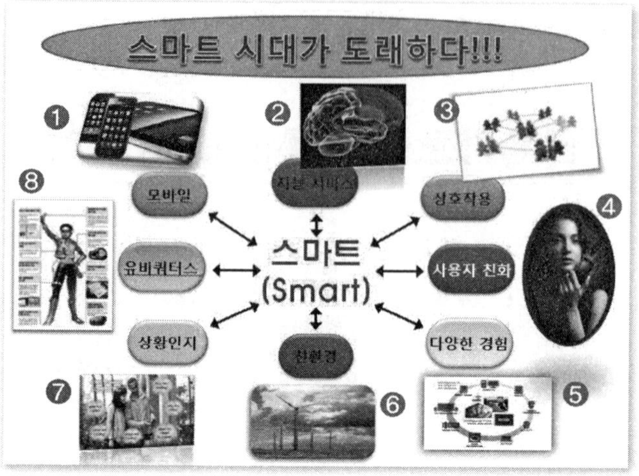

[작성 조건]

1. 슬라이드 레이아웃 : 빈 화면

2. 텍스트 상자 서식 :

- **텍스트 내용 : '스마트 시대가 도래하다!!!', 글꼴 크기(36)**
- **도형 스타일 : '색 채우기 - 주황, 강조 6'**
- **도형 변경 : [도형 삽입] → [도형 편집] → [도형 모양 변경] → [기본 도형] → '타원'**
- **WordArt 효과 : [WordArt 스타일] → [도형의 모든 텍스트에 적용] → '채우기-빨강, 강조 2, 무광택 입체'**
- **텍스트 색 변경 : [WordArt 스타일] → [텍스트 채우기] → '파랑'(R:0,G:0,B:255)**

3. 클립아트 이미지 삽입 및 그림 스타일 서식 :

- **각 주제에 적당한 이미지를 삽입하고, 각 이미지에 적용할 그림 스타일은 다음과 같이 지정한다.**

❶ 클립아트 검색 대상(모바일) : 입체 원근감
❷ 클립아트 검색 대상(지능 서비스) : 반사형 원근감(오른쪽)
❸ 클립아트 검색 대상(상호작용) : 회전(흰색)
❹ 클립아트 검색 대상(사용자 친화) : 입체 타원, 검정
❺ 클립아트 검색 대상(다양한 경험) : 사각형 가운데 그림자
❻ 클립아트 검색 대상(친환경) : 입체 직사각형
❼ 클립아트 검색 대상(상황인지) : 반사형 원근감(오른쪽)
❽ 클립아트 검색 대상(유비쿼터스) : 단순형 프레임, 흰색

Memo

CHAPTER 04

표와 차트, SmartArt를 이용한 그래픽 다루기

표(Table)는 텍스트로만 설정하기에는 어려운 내용을 일목요연하게 정리해서 보여줄 때 유용합니다. 표를 이용하면 짧은 시간 동안 청중에게 더욱 명확하고 확실하게 메시지를 전달할 수 있습니다.

프레젠테이션에서 숫자로 제시되는 데이터는 차트를 이용해서 비주얼하게 표현하면 청중에게 좀 더 명확하게 핵심 내용을 전달할 수 있습니다.

차트 중에서 막대형 차트는 여러 종류의 데이터를 비교하는데 용이하고, 선형 차트(꺾은선 그래프 등)는 일정 기간에 걸친 추이를 표시하기에 용이하며, 원형 차트는 전체에 대한 각 항목의 비율을 표시하는데 용이할 수 있습니다.

또한 슬라이드에 다이어그램이나 조직도를 삽입할 때 SmartArt를 이용하면 도형의 크기나 위치, 모양 등을 쉽게 도식화 할 수 있습니다. SmartArt의 스타일, 색 변경 등을 적용하면 간단한 방법으로 감각 있는 그래픽 효과를 나타낼 수 있습니다.

학습 목표

- 표를 삽입하고 셀에 텍스트를 입력하며 셀 병합과 셀 분할을 할 수 있습니다.
- 표 스타일 선택과 테두리를 지정하고 표에 효과를 지정할 수 있습니다.
- 차트 삽입을 위한 엑셀 프로그램과의 연동 작업을 실행할 수 있습니다.
- 차트에 디자인과 레이아웃을 설정하고 스타일을 변경할 수 있습니다.
- SmartArt의 유형을 이해하고 그 범주에서 주제에 맞는 목록을 선택할 수 있습니다.
- SmartArt에 색상과 입체효과를 지정하여 스타일을 변경할 수 있습니다.

실습구성

준비학습
실습 4-1 표를 삽입하고 표 스타일과 입체효과 주기
실습 4-2 도형을 이용한 표 게시판 만들기
실습 4-3 막대 차트를 이용하여 사원별 실적 슬라이드 만들기
실습 4-4 3차원 원형 차트를 이용하여 연도별 인원 슬라이드 만들기
실습 4-5 이미지와 주기형 SmartArt를 활용한 슬라이드 만들기
실습 4-6 계층구조형 SmartArt를 활용한 조직도 만들기
실력 점검 문제

준비학습

1. 표 작성하기

(1) 표 삽입

슬라이드 바탕에 표를 삽입하기 위해서, [삽입] 탭 → [표] 그룹 → [표 삽입] 행/열판이나 [표 삽입] 명령 단추를 클릭한 후 원하는 행/열 개수에 맞는 셀을 삽입합니다.

표가 삽입되면 리본 메뉴에 [표 도구] 상황 탭이 나타납니다.

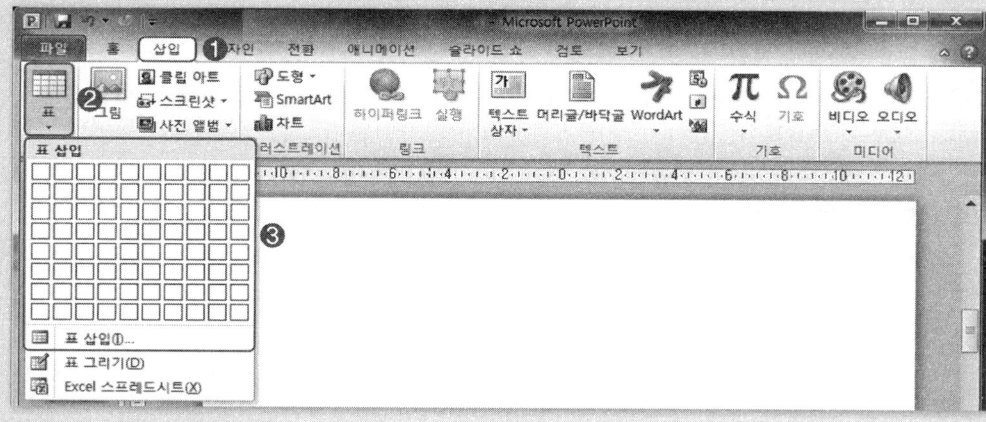

(2) [표 도구] 상황 탭의 [디자인] 탭 구성

슬라이드 화면의 표를 선택하면 리본 메뉴에 [표 도구] 상황탭이 표시됩니다. [표 도구/디자인] 탭은 4 종류의 그룹으로 구성됩니다.

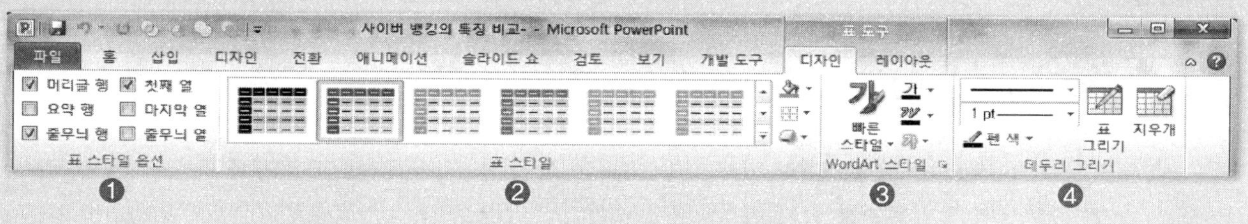

❶ [표 스타일 옵션] 그룹 : 표의 머리글 행, 요약 행, 줄무늬 행, 첫째 열, 마지막 열, 줄무늬 열 등에서 선택한 부분에 서식을 설정하거나 해제합니다.

❷ [표 스타일] 그룹 : 표의 스타일을 빠르게 적용하거나, 셀의 색상과 셀의 테두리 유형을 지정하거나, 표에 그림자, 입체, 3차원 등 특별한 효과를 지정합니다.

❸ [WordArt 스타일] 그룹 : 표에 들어가는 텍스트의 WordArt 스타일을 설정하거나, 텍스트의 색상과 윤곽선을 설정하거나, 텍스트에 그림자, 네온, 반사 또는 3차원 회전과 같은 시각 효과를 적용합니다.

❹ [테두리 그리기] 그룹 : 표의 테두리 선 스타일을 설정하거나, 선 두께와 선의 색을 설정합니다. [표 그리기]는 표의 테두리를 그리거나 셀을 분할할 때 사용하고, [표 지우기]는 표의 테두리를 지우거나 셀을 병합할 때 사용합니다.

(3) [표 도구] 상황 탭의 [레이아웃] 탭 구성

[표 도구/레이아웃] 탭은 7 종류의 그룹으로 구성됩니다.

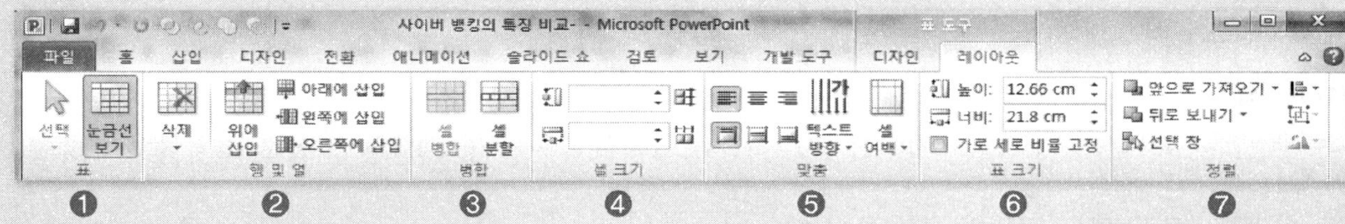

❶ [표] 그룹 : 마우스 커서가 위치해 있는 행/열 또는 표 전체를 선택하거나, 표 내부의 눈금선을 표시하거나 또는 숨기거나, 표에서 선택한 행/열을 삭제합니다.

❷ [행 및 열] 그룹 : 선택한 행 바로 위/아래에 선택한 행만큼의 새 행을 삽입 또는 삭제합니다. 또는 선택한 열 바로 왼쪽/오른쪽에 선택한 열만큼의 새 열을 삽입 또는 삭제합니다.

❸ [병합] 그룹 : 선택한 두 개 이상의 셀을 하나로 합치거나, 선택한 하나 이상의 셀을 여러 개의 셀로 나눕니다.

❹ [셀 크기] 그룹 : 선택한 행/열의 높이/너비를 지정하거나, 선택한 행/열의 높이/너비를 동일하게 지정합니다.

❺ [맞춤] : 셀 안의 텍스트를 왼쪽/가운데/오른쪽 기준으로 정렬하거나, 위쪽/세로 가운데/아래쪽 기준으로 정렬하거나, 텍스트의 입력 방향을 지정하거나, 선택한 셀 안의 여백을 지정합니다.

❻ [표 크기] 그룹 : 표 전체의 높이/너비를 지정하고 가로/세로 비율을 고정하여 비율대로 축소/확대할 수 있습니다.

❼ [정렬] 그룹 : 맨 앞으로/앞으로 가져오기, 맨 뒤로/뒤로 보내기, 맞춤, 그룹 지정/그룹 해제, 회전 등을 지정할 수 있습니다.

2. 차트 작성하기

(1) 차트 삽입

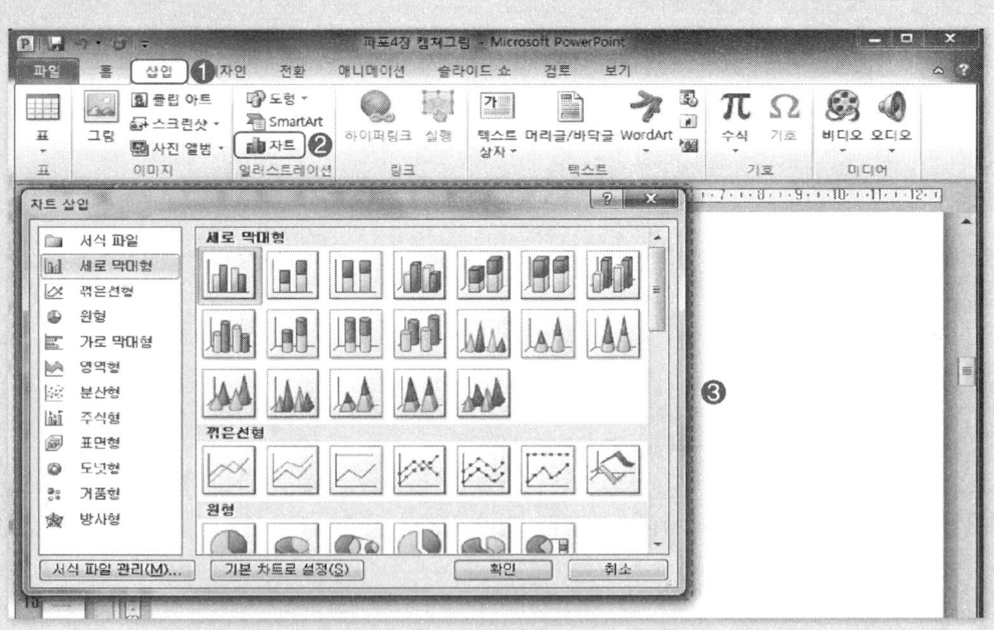

❶ 슬라이드 바탕에 차트를 삽입하기 위해서, [삽입] 탭 → [일러스트레이션] 그룹 → [차트] 명령 단추를 클릭하면 [차트 삽입] 대화상자가 표시됩니다.

❷ [차트 삽입] 대화상자에서 주어진 데이터의 특성을 잘 표시할 수 있는 범주의 차트 유형을 선택하고 [확인] 단추를 클릭합니다.

❸ [차트 삽입] 대화상자의 [확인] 단추를 클릭하면 다음과 같이 컴퓨터 화면이 세로로 양분되어 왼쪽은 파워포인트 슬라이드 편집 화면으로 선택된 차트가 보이고, 오른쪽 화면은 차트 작성을 위한 데이터 입력 창이 엑셀 화면으로 표시됩니다.

엑셀 창은 데이터를 입력할 수 있고, 데이터를 수정할 때마다 데이터 값에 따라 화면 왼쪽의 파워포인트의 슬라이드 차트 모양이 변경됩니다. 엑셀 창에 모든 데이터가 입력되면 종료 단추를 눌러 엑셀 창을 닫습니다.

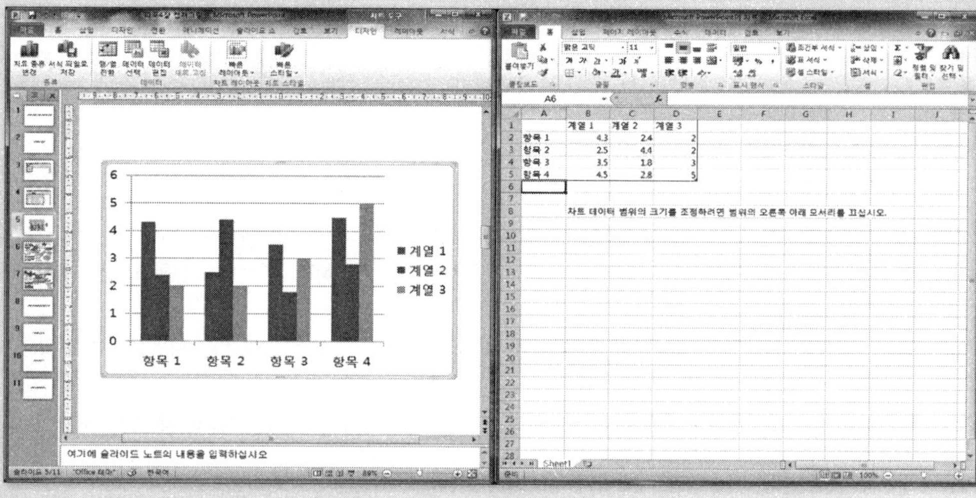

(2) [차트 삽입] 대화상자에서 차트의 범주

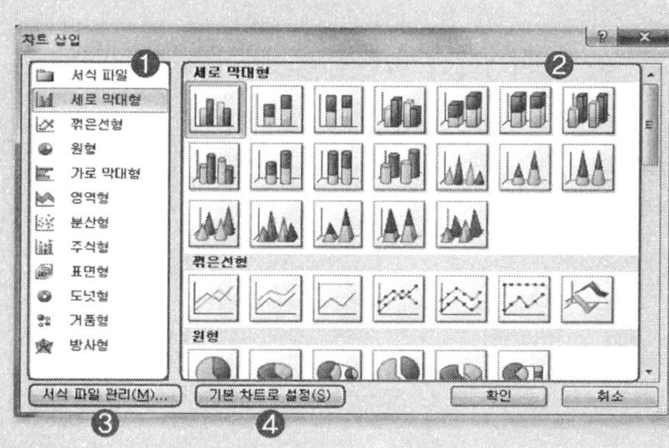

❶ 차트 종류 : 세로막대형, 꺾은선형, 원형 등 11종류의 다양한 차트유형을 선택합니다.

❷ 차트 레이아웃 : 차트 종류에 따른 세부적인 레이아웃을 선택합니다.

❸ 서식 파일 관리 : 차트에 서식을 지정하여 따로 저장해 두고 저장한 서식을 다시 사용할 수 있습니다.

❹ 기본 차트로 설정 : 차트를 삽입하면 항상 지정한 차트의 종류로 삽입되도록 설정합니다.

(3) 차트의 구성 요소

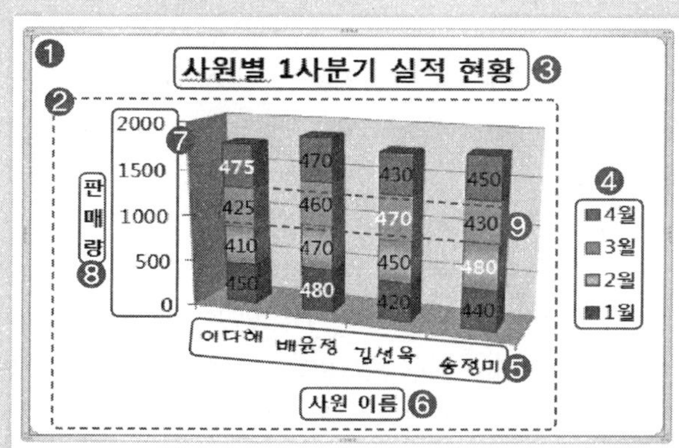

❶ 차트 영역 : 차트의 모든 요소를 포함하며, 차트 요소는 차트 영역, 그림 영역, 차트 제목, 범례 등이 포함됩니다.

❷ 그림 영역 : 실제 그래프가 그려지는 영역으로 가로/세로 축 및 축 제목 등이 포함됩니다.

❸ 차트 제목 : 차트 제목을 표시합니다

❹ 범례 : 데이터 계열을 구분하는 색과 이름을 표시합니다.

❺ 가로 축 : 데이터 계열의 이름을 표시하는 축입니다.

❻ 가로 축 제목 : 가로 축의 제목을 표시합니다.

❼ 세로 축 : 데이터 계열의 값을 표시하는 축입니다.

❽ 세로 축 제목 : 세로 축의 제목을 표시합니다.

❾ 데이터 계열 : 관련 데이터 요소의 집합으로 수치 데이터를 나타내는 가로 막대, 세로 막대, 꺾은 선 등으로 표시됩니다.

(4) [차트 도구] 상황 탭의 [디자인] 탭 구성

슬라이드 화면의 차트를 선택하면 리본 메뉴에 [차트 도구] 상황탭이 표시됩니다. [차트 도구/디자인] 탭은 4 종류의 그룹으로 구성됩니다.

❶ [종류] 그룹 : 작성한 차트의 종류를 다른 종류로 변경하거나, 차트의 서식과 레이아웃을 서식 파일로 저장합니다.

❷ [데이터] 그룹 : 데이터의 행과 열을 바꾸거나, 차트에 포함된 데이터의 범위를 변경하며, 차트를 구성하고 있는 데이터의 편집화면으로 이동하거나 차트를 새로 고칩니다.

❸ [차트 레이아웃] 그룹 : 차트 레이아웃의 '자세히' 단추를 클릭하여 차트의 전체 레이아웃을 표시하며, 목록에서 다른 형태의 레이아웃으로 변경할 수 있습니다.

❹ [차트 스타일] 그룹 : 차트 스타일 '자세히' 단추를 클릭하여 다양한 패턴의 차트 스타일 목록을 표시하며, 다른 차트 스타일로 변경할 수 있습니다.

(5) [차트 도구] 상황 탭의 [레이아웃] 탭 구성

[차트 도구/레이아웃] 탭은 6 종류의 그룹으로 구성됩니다.

❶ [현재 선택 영역] 그룹 :

- 차트 영역 : 차트 요소를 선택합니다.
- 선택 영역 서식 : 선택한 서식과 관련된 대화상자를 표시합니다.
- 스타일에 맞게 다시 설정 : 사용자 지정 서식을 지우고 차트 전체 표시 스타일로 바꿉니다.

❷ [삽입] 그룹 : 그림 또는 기본으로 제공하는 도형을 삽입하거나 텍스트 상자를 입력합니다.

❸ [레이블] 그룹 :

- 차트 제목 : 차트 제목을 추가, 제거 또는 위치를 바꿉니다.
- 축 제목 : 가로, 세로 축 제목을 추가, 제거 또는 제목의 방향을 바꿉니다.
- 범례 : 차트 범례를 추가, 제거 또는 위치를 바꿉니다.
- 데이터 레이블 : 데이터 레이블을 추가, 제거 또는 위치를 바꿉니다.
- 데이터 표 : 차트에 데이터 표를 추가합니다.

❹ [축] 그룹 :

- 축 : 각 축의 서식과 레이아웃을 변경합니다.
- 눈금선 : 차트 눈금선을 설정하거나 해제합니다.

❺ [배경] 그룹 :

- 그림 영역 : 그림 영역을 설정하거나 해제합니다.
- 차트 옆면 : 차트 옆면의 서식을 지정합니다.
- 차트 밑면 : 차트 밑면의 서식을 지정합니다.
- 3차원 회전 : 차트의 3차원 시점을 변경(X, Y, Z, 원근 값 등 지정)합니다.

❻ [분석] 그룹 :

- 추세선 : 차트에 추세선을 추가합니다.
- 선 : 차트에 하강선이나 최고/최저값 연결선을 표현합니다.
- 양선/음선 : 차트에 양선/음선을 추가합니다.
- 오차 막대 : 차트에 오류 표시줄을 선택합니다.

3. SmartArt 작성하기

(1) SmartArt 삽입

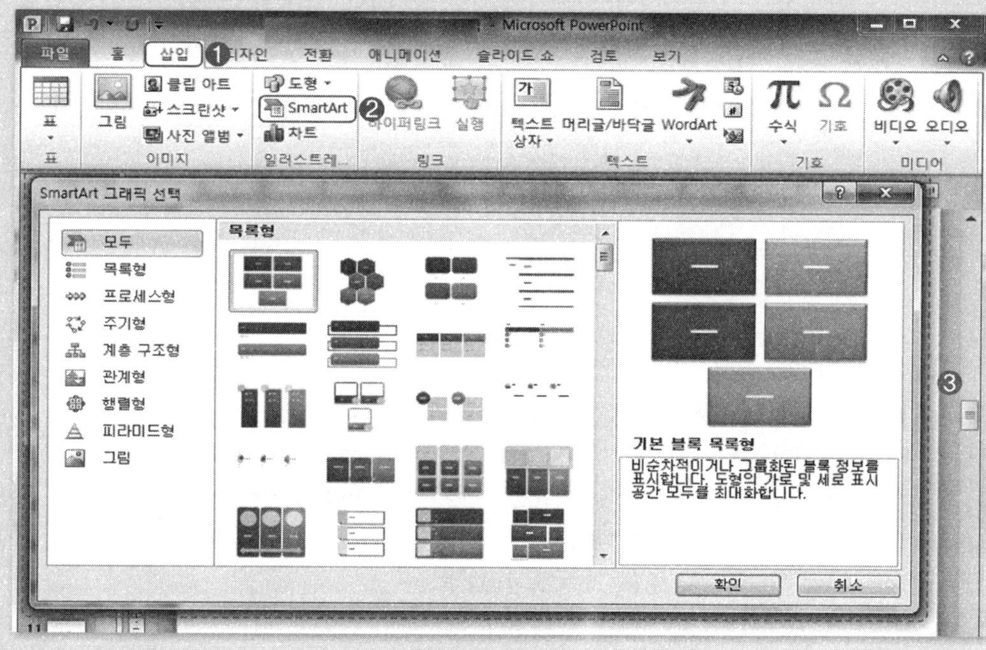

❶ 슬라이드에 SmartArt를 삽입하기 위해서, [삽입] 탭 → [일러스트레이션] 그룹 → [SmartArt] 명령 단추를 클릭하면 [SmartArt 그래픽 선택] 대화상자가 표시됩니다.

❷ [SmartArt 그래픽 선택] 대화상자에서 원하는 범주의 원하는 그래픽을 선택하고 [확인] 단추를 클릭합니다.

❸ SmartArt 그래픽이 삽입되면 왼쪽의 텍스트 창을 통하여 텍스트를 입력할 수 있거나, 또는 오른쪽의 그래픽 도형에 텍스트를 직접 입력할 수 있습니다.

(2) [SmartArt 그래픽 선택] 대화 상자의 구성

[SmartArt 그래픽 선택] 대화 상자에는 왼쪽은 SmartArt 그래픽의 10개의 범주를 구분하고, 가운데는 각 범주마다 SmartArt 레이아웃 목록이 표시되며, 오른쪽은 선택된 그래픽의 이름과 주요 기능 및 특징에 대한 설명문이 표시되는 미리보기 창이 표시됩니다. SmartArt 그래픽은 모두 221가지의 목록을 제공합니다.

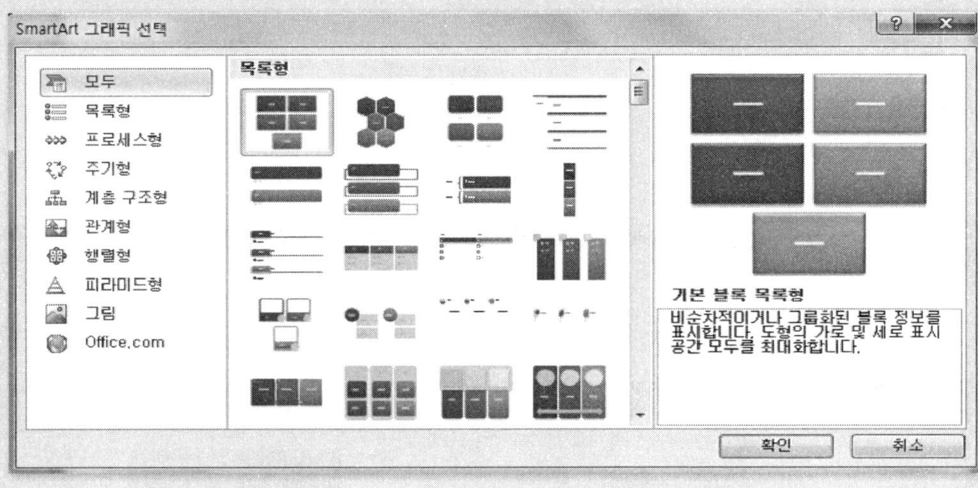

❶ 목록형 : 비순차적으로 구분되어 있는 내용을 나타내거나 그룹화된 정보를 표시할 때 사용합니다.

❷ 프로세스형 : 작업이나 프로세스 또는 워크플로의 진행 방향을 순차적 단계로 표시할 때 사용합니다.

❸ 주기형 : 서로 유기적으로 연결된 요소들이 연속적으로 영향을 주거나 일정 주기로 작업이 진행되는 경우에 사용합니다.

❹ 계층 구조형 : 한 조직에서의 직위 관계나 지휘, 명령 계통 따위 등의 계층 관계를 보여줄 때 사용합니다.

❺ 관계형 : 상호 관련성이 있는 정보를 나타낼 때 사용합니다.

❻ 행렬형 : 사분면에서 전체에 대한 구성 요소의 관계를 나타낼 때 사용합니다.

❼ 피라미드형 : 특정 구조 및 체제에서 각 요소의 비율을 상위부터 하위까지 단계적으로 보여줄 때 사용합니다.

❽ 그림 : 그래픽 내부에 텍스트 뿐만 아니라 이미지도 포함 시킬 수 있습니다.

(3) 텍스트를 SmartArt로 변경하기

처음부터 SmartArt를 이용하여 내용을 입력하는 것이 아니라 기존에 입력한 텍스트를 SmartArt로 변경하여 시각적으로 표현할 수도 있습니다.

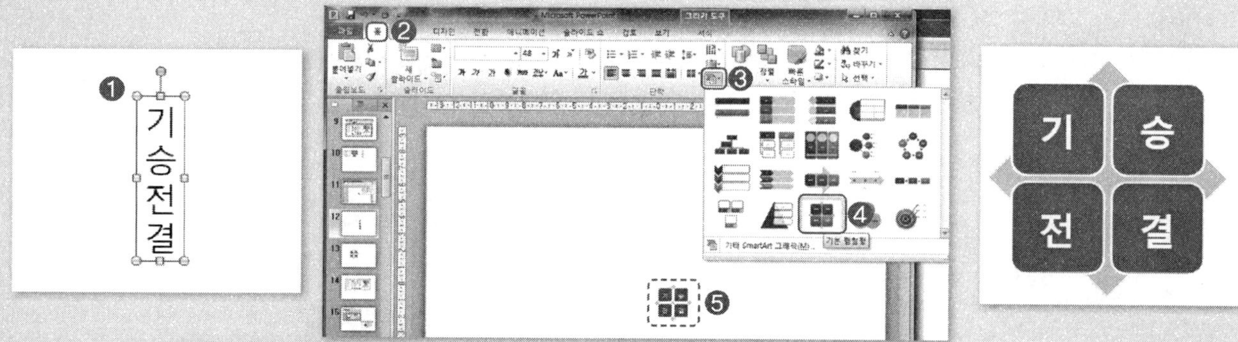

❶ 빈 슬라이드에 텍스트를 삽입합니다.

❷ SmartArt로 변환을 위해서 해당 텍스트 개체를 클릭하여 선택합니다.

❸ [홈] 탭 → [단락] 그룹 → [SmartArt로 변환]을 클릭합니다. 다양한 SmartArt 레이아웃들이 나타나면 적용할 레이아웃을 선택합니다.

❹ 텍스트 상자가 SmartArt 그래픽으로 변경된 것을 확인할 수 있습니다.

(4) [SmartArt 도구] 상황 탭의 [디자인] 탭 구성

슬라이드 화면의 SmartArt 그래픽 개체를 선택하면 리본 메뉴에 [SmartArt 도구] 상황탭이 표시됩니다. [SmartArt 도구/디자인] 탭은 4 종류의 그룹으로 구성됩니다.

❶ [그래픽 만들기] 그룹 :

- SmartArt 그래픽에 도형을 추가하거나 글머리 기호를 추가합니다.
- SmartArt 그래픽에 텍스트를 빨리 입력할 수 있도록 하는 텍스트 창를 열거나 닫습니다.
- SmartArt 그래픽에 표시되어 선택한 글머리 기호나 또는 도형의 수준을 높이거나 낮춥니다.
- 좌우 전환 : 왼쪽에서 오른쪽으로 또는 오른쪽에서 왼쪽으로 SmartArt 그래픽의 레이아웃을 전환합니다.

❷ [레이아웃] 그룹 :

- SmartArt 그래픽에 적용된 레이아웃을 변경합니다.

❸ [SmartArt 스타일] 그룹 :

- SmartArt 그래픽에 적용한 색 변형을 변경합니다.
- SmartArt 그래픽의 전체 표시 스타일을 선택합니다.

❹ [원래대로] 그룹 :

- SmartArt 그래픽에 변경한 서식을 모두 취소합니다.
- 도형을 이동하거나 크기를 조정하거나 나머지 도형과 별도로 삭제할 수 있도록 SmartArt 그래픽을 도형으로 변환합니다. 도형을 모두 제거하고 텍스트에서 글머리 기호 목록을 만들려면 SmartArt 그래픽을 텍스트로 변환합니다.

(5) SmartArt 그래픽 도형에 그림 삽입하기

❶ [삽입] 탭 → [일러스트레이션] 그룹 → [SmartArt] 명령 단추를 클릭하여 [SmartArt 그래픽 선택] 대화상자를 표시합니다.

❷ [SmartArt 그래픽 선택] 대화상자의 '그림' 범주에서 원하는 SmartArt 그래픽을 선택합니다.

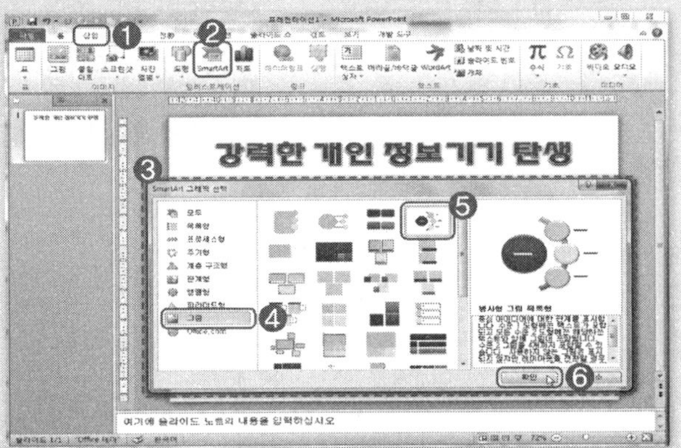

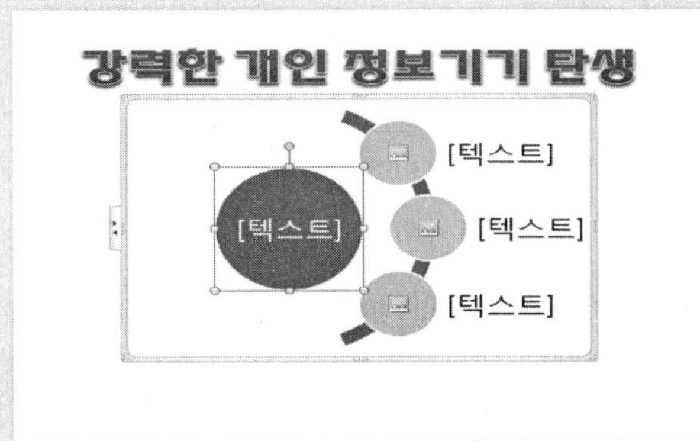

❸ SmartArt의 원형 안에 그림을 삽입하기 위해서, 원형 개체를 클릭하면 [그림 삽입] 대화상자가 표시됩니다. [그림 삽입] 대화상자에서 그림이 저장된 위치를 확인하고 삽입할 이미지 파일을 선택한 후 [삽입] 단추를 클릭합니다.

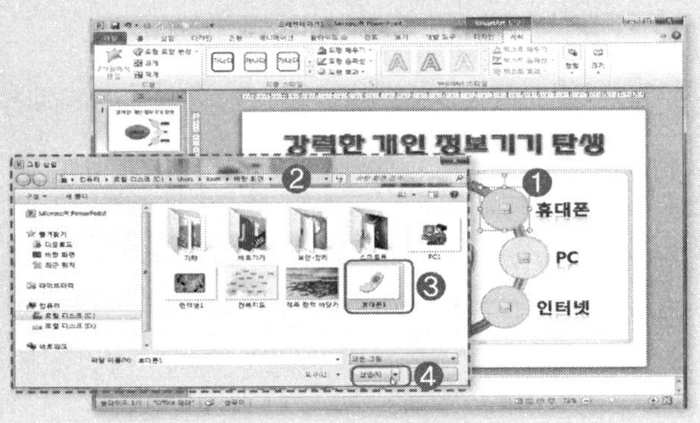

실습 4-1

표를 삽입하고 표 스타일과 입체효과 주기

파워포인트 '표 삽입' 기능을 이용해서 오른쪽 그림과 같은 슬라이드를 작성해 봅니다.

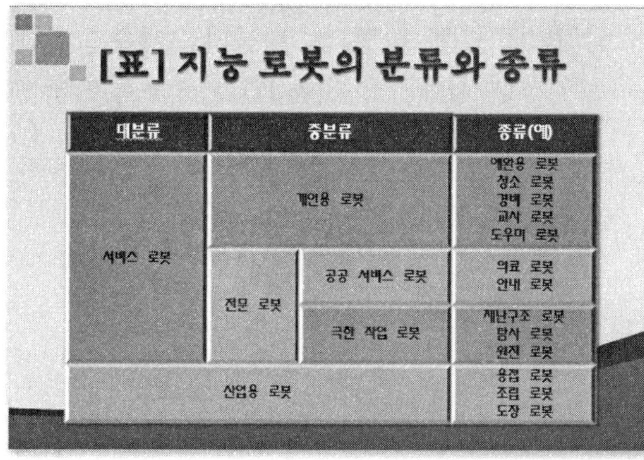

01. 파워포인트의 새 슬라이드(제목만)를 준비합니다.

02. 슬라이드에 테마를 삽입하기 위하여, [디자인] 탭 → [테마] 그룹의 '자세히' 단추를 클릭하고 테마 목록에서 '고려청자'를 선택합니다.

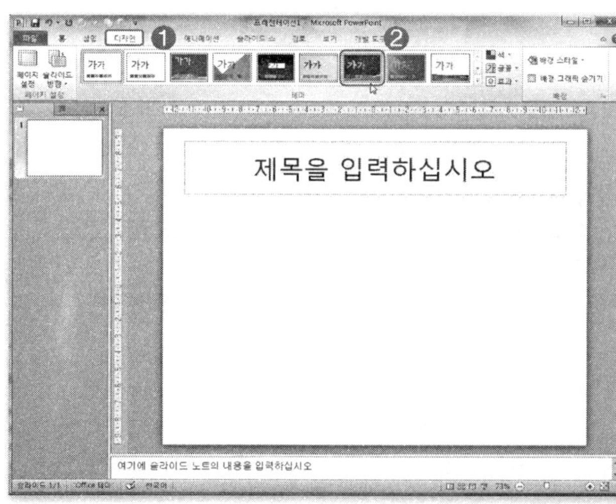

03. 슬라이드 제목에 '[표] 지능 로봇의 분류와 종류'를 입력합니다.

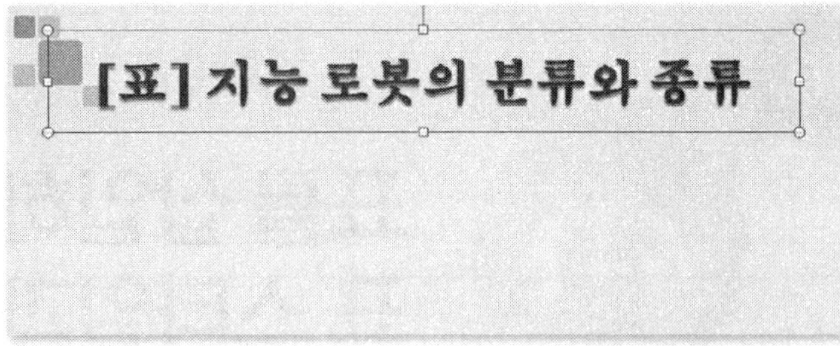

04. 슬라이드에 표를 삽입하기 위해서, [삽입] 탭 → [표 그룹] → [표] → [표 삽입]을 클릭하고 [표 삽입] 대화상자가 나타나면 열 개수(3)와 행 개수(5)를 입력하고 [확인]을 클릭합니다. 그러면 (5행 × 3열)의 표가 삽입됩니다.

표 삽입의 또 다른 방법으로 다음의 오른쪽 그림과 같이, [삽입] 탭 → [표 그룹] → [표] 목록 단추를 누르고 [표 삽입] 테이블에서 (5행 × 3열)이 되도록 드래그한 후 마우스를 놓으면 슬라이드 바탕에 표가 삽입됩니다.

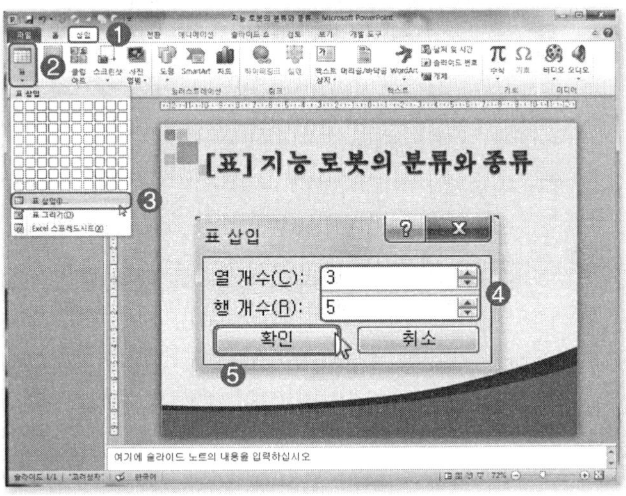

〈 표 삽입 방법 - 1 〉

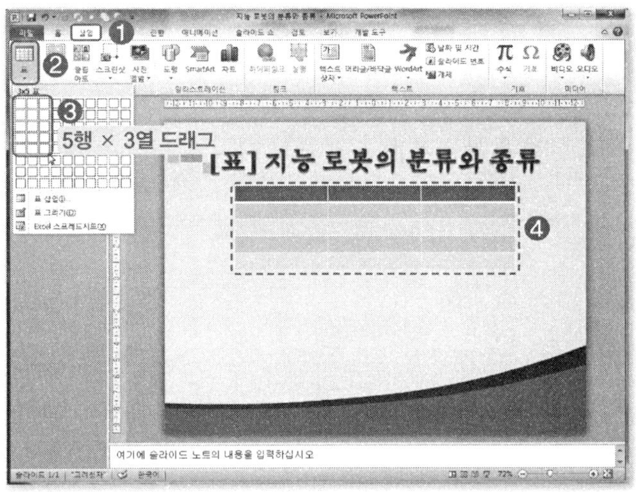

〈 표 삽입 방법 - 2 〉

05. 표가 삽입되면 마우스로 크기 조절점을 드래그하여 표의 크기를 조절합니다.

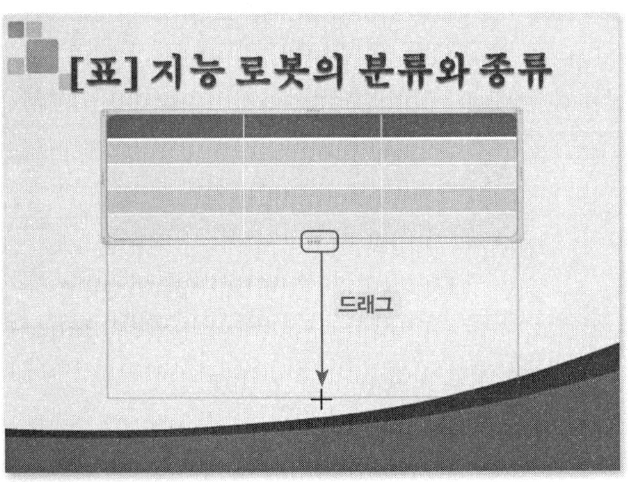

> **참고** **표의 크기 조절**
>
> 표의 테두리에 마우스 포인터를 위치하여 마우스 포인터 모양이 ↕, ↔, ↖, ↗로 바뀌면 드래그하여 크기를 조절할 수 있습니다.

06. 셀을 합치기 위해서, 표의 첫째 열에서 둘째 행부터 넷째 행까지 3개의 셀을 드래그하여 범위를 지정하고 [표 도구/레이아웃] 탭 → [병합] 그룹 → [셀 병합]을 클릭합니다.

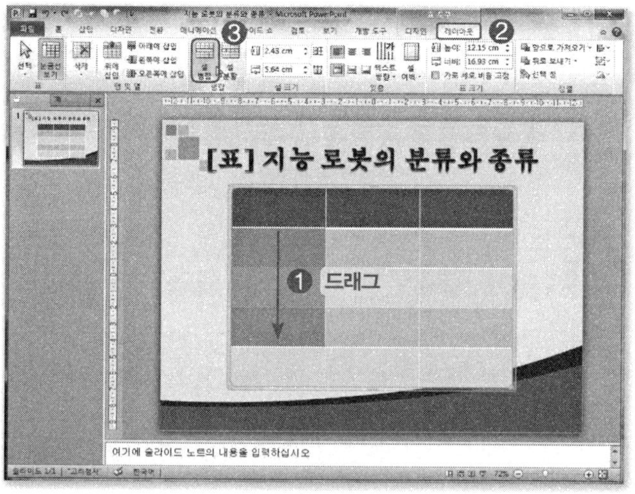

07. 이번에는 셀을 나누기 위해서, 두 번째 열에서 셋째 행과 넷째 행의 2개의 셀을 드래그하여 범위를 지정하고 [표 도구/레이아웃] 탭 → [병합] 그룹 → [셀 분할]을 클릭합니다. 그러면 [셀 분할] 대화상자가 나타나는데 열(2)과 행(1)을 지정하고 [확인] 단추를 클릭합니다.

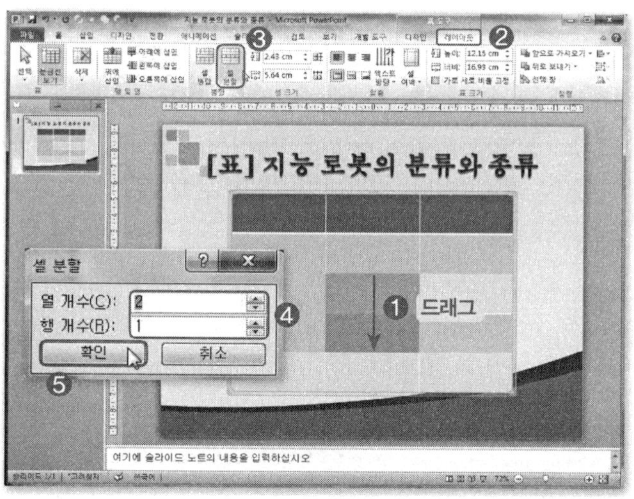

08. 방금 전에 분할되었던 셀 중 왼쪽의 세로 2개의 셀을 병합하기 위해서, 드래그하여 범위를 지정하고 [표 도구/레이아웃] 탭 → [병합] 그룹 → [셀 병합]을 클릭합니다.

오른쪽 그림은 셀 병합 결과입니다.

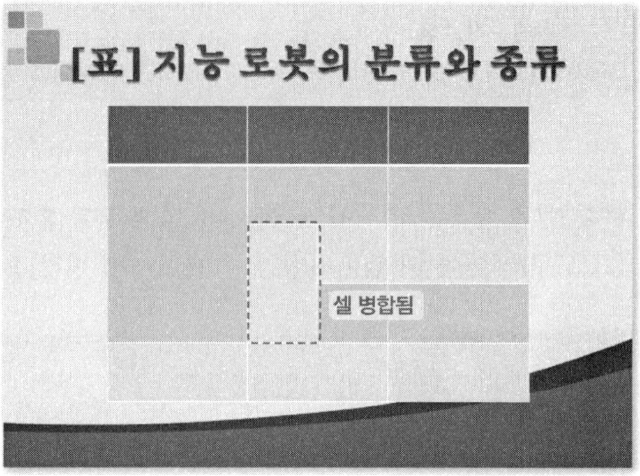

09. 마지막 다섯 번째 행에서 첫 번째 열과 두 번째 열의 2개의 셀을 합치기 위해서, 범위 지정하고 [표 도구/레이아웃] 탭 → [병합] 그룹 → [셀 병합]을 클릭합니다.

오른쪽 그림은 셀 병합 결과입니다.

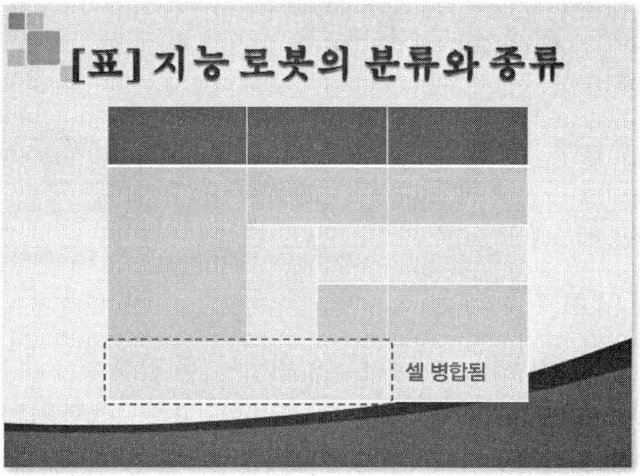

10. 셀의 너비를 조정하기 위해서, 표의 내부 선에 마우스 포인터를 올려놓고 마우스 포인터의 모양이 ✥로 바뀌면 드래그해서 열의 너비를 조절합니다.

또는 오른쪽 그림과 같이 셀을 드래그하여 범위를 지정하고 [표 도구/레이아웃] 탭 → [셀 크기] 그룹 → [표 열 너비]의 길이를 지정합니다.

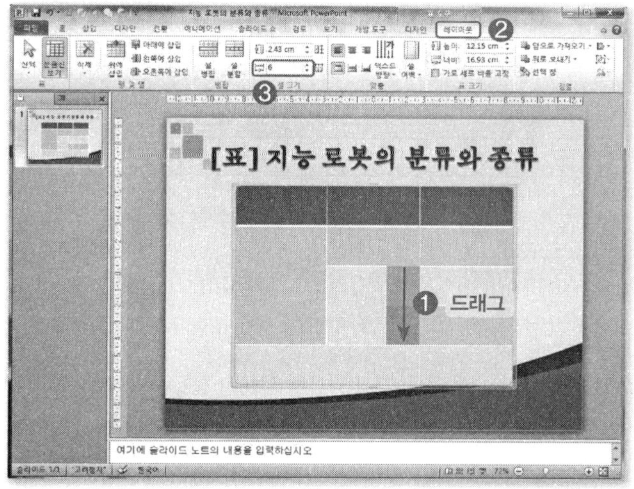

오른쪽 그림은 셀의 너비를 조정하여 넓게 변경한 결과입니다.

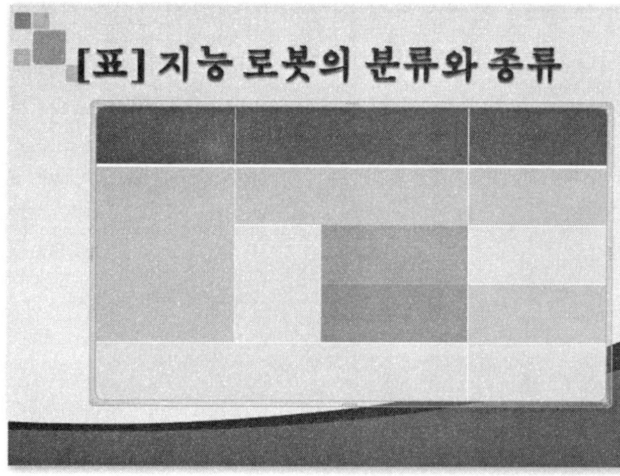

11. 표가 완성되면 각 셀 안에 내용을 입력하고 [표 도구/레이아웃] 탭 → [맞춤] 그룹에서 [가운데 맞춤]과 [세로 가운데 맞춤] 등을 지정합니다.

표의 셀 모양에 따라 텍스트의 길이에 맞게 셀의 너비를 조절하고, 표의 위치도 슬라이드 중앙으로 위치시킵니다.

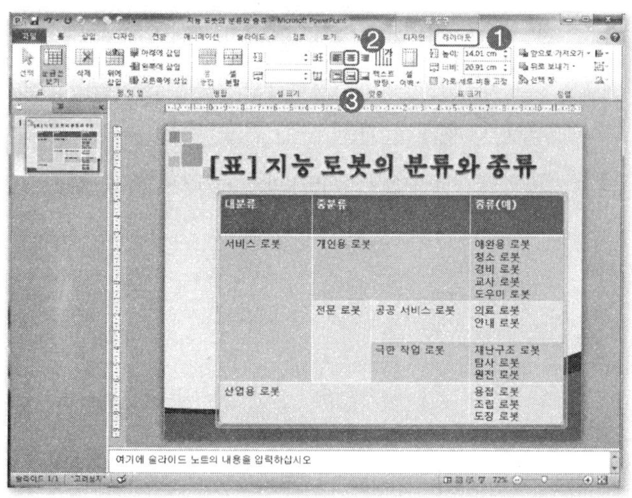

12. 이번에는 작성된 표에 표 스타일을 지정하고 입체효과를 주어 시각적으로 강조된 표로 변경해 봅니다.

표 스타일을 지정하기 위해서, 표를 선택하고 [표 도구/디자인] 탭 → [표 스타일] 그룹의 '자세히' 단추를 클릭한 후 [표 스타일] 목록의 [보통]에서 '보통 스타일 2 - 강조 2'를 선택합니다.

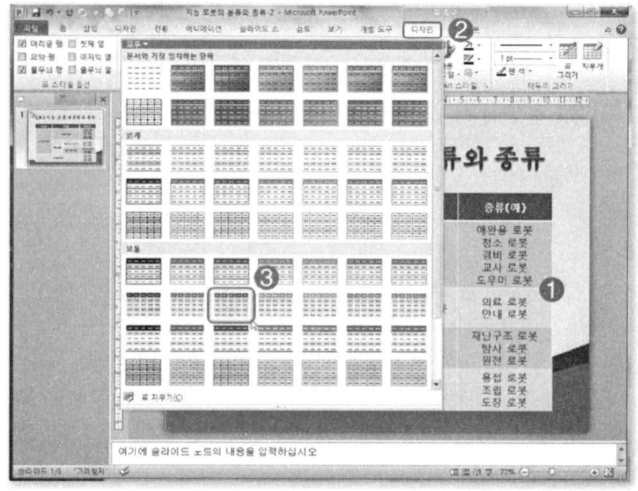

13. 표의 입체효과를 지정하기 위해서, 표를 선택한 상태로 [표 도구/디자인] 탭 → [표 스타일] 그룹 → [효과] → [셀 입체 효과] → [입체 효과]목록에서 '볼록하게'를 선택합니다.

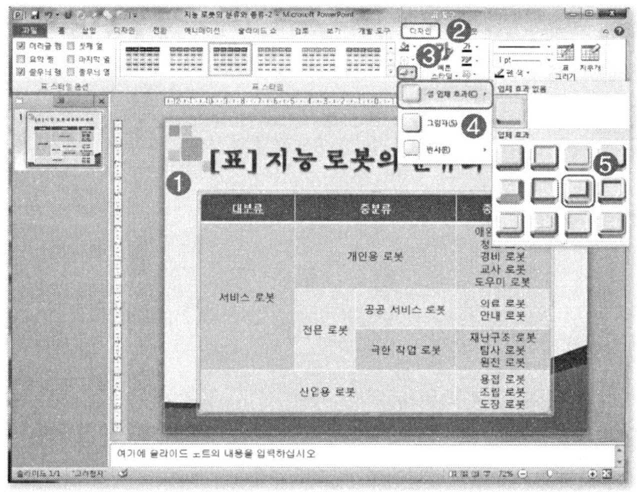

14. 표의 글꼴 서식을 지정하기 위해서, 표를 선택한 상태로 [홈] 탭 → [글꼴] 그룹 → [글꼴] 목록에서 '휴먼 모음 T'를 선택합니다.

글꼴 크기를 행 머리글(20)과 나머지 셀의 텍스트(18)로 지정합니다.

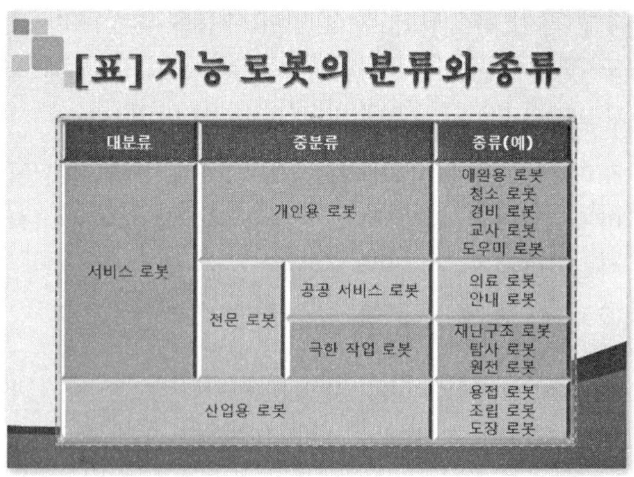

15. 표에 그림자 효과를 주기 위해서, 표를 선택한 상태로 [표 도구/디자인] 탭 → [표 스타일] 그룹 → [효과] → [그림자] → [바깥쪽] 목록에서 '오프셋 대각선 오른쪽 아래'를 선택합니다.

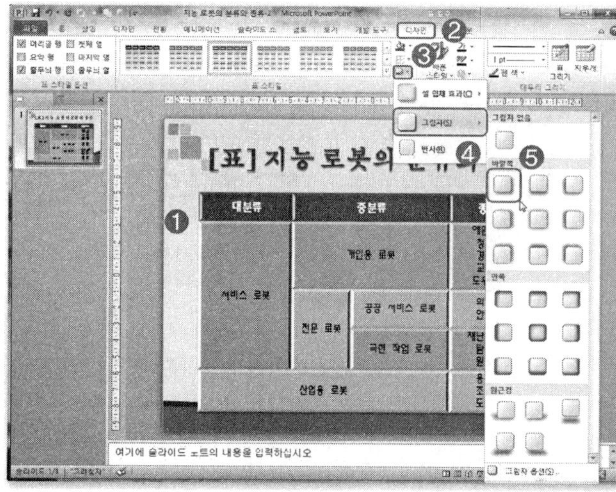

16. [파일] 탭 → [저장]을 클릭하고 '지능 로봇의 분류와 종류'란 이름의 문서로 저장합니다.

[파일] 탭 → [닫기]를 클릭하여 작업을 종료합니다.

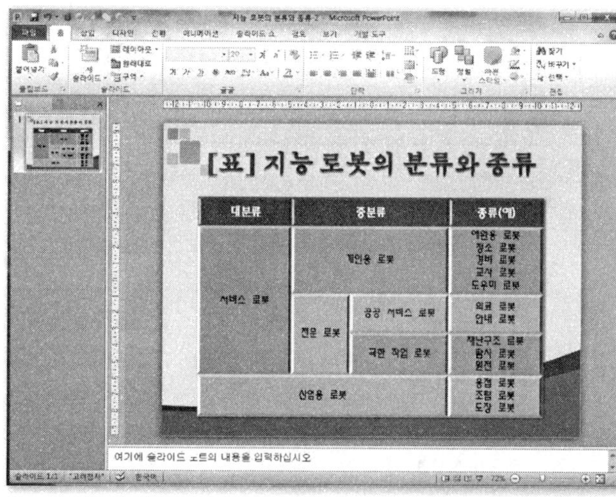

실습

4-2 도형을 이용한 표 게시판 만들기

아래에 작성된 표를 오른쪽 그림과 같은 입체적인 표 게시판 슬라이드로 작성해 봅니다.

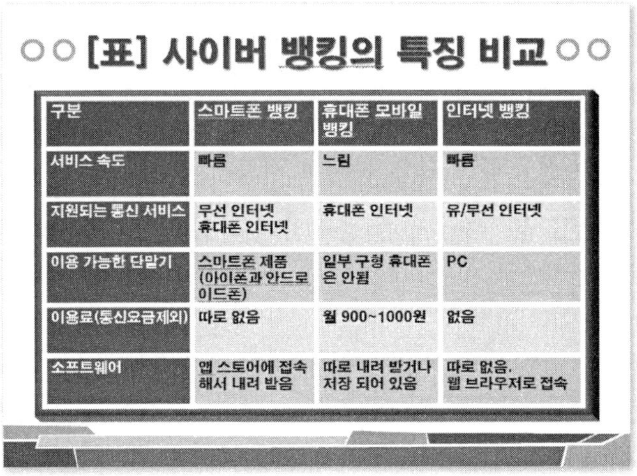

[표] 사이버 뱅킹의 특징 비교

구분	스마트폰 뱅킹	휴대폰 모바일 뱅킹	인터넷 뱅킹
서비스 속도	빠름	느림	빠름
지원되는 통신 서비스	무선 인터넷, 휴대폰 인터넷	휴대폰 인터넷	유/무선 인터넷
이용 가능한 단말기	스마트폰 제품(아이폰과 안드로이드폰)	일부 구형휴대폰은 안됨	PC
이용료(통신요금제외)	따로 없음	월 900~1000원	없음
소프트웨어	앱 스토어에 접속해서 내려 받음	따로 내려 받거나 저장되어 있음	따로 없음. 웹 브라우저로 접속

01. 파워포인트의 새 슬라이드(제목만)를 준비합니다.

슬라이드에 테마를 삽입하기 위하여, [디자인] 탭 → [테마] 그룹의 '자세히' 단추를 클릭합니다.

[테마] 목록의 [Office.com에서] '교육 테마'를 선택합니다.

만약, 테마 목록에 여기에서 지정한 테마가 없으면 적당한 다른 테마를 선택해서 적용합니다.

02. 슬라이드의 제목에 '[표] 사이버 뱅킹의 특징 비교'를 입력합니다.

[파일] 탭 → [저장]을 클릭하고 '사이버 뱅킹의 특징 비교'란 이름의 문서로 저장합니다.

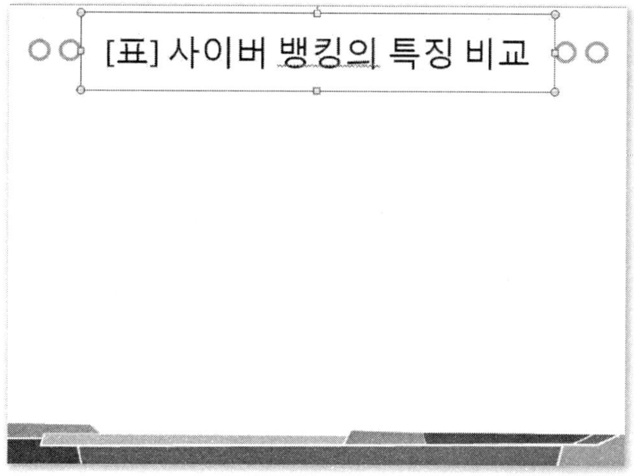

03. 슬라이드에 표를 삽입하기 위해서, [삽입] 탭 → [표 그룹] → [표] 목록 단추를 누르고 [표 삽입] 테이블에서 (6행 × 4열)이 되도록 드래그 하여 선택합니다.

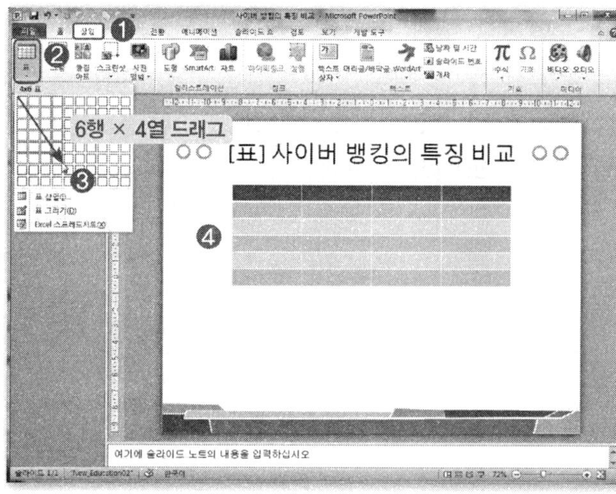

04. 표가 삽입되면 마우스로 크기 조절점을 드래그하여 표의 크기를 조절하고 표를 중앙의 위치에 배치되도록 이동합니다.

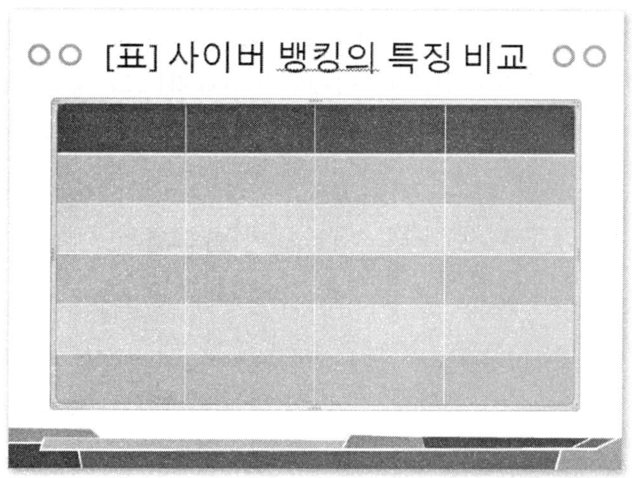

05. 표에 텍스트를 입력하고 글꼴 크기를 머리글 행(18)과 나머지 행(16)으로 구분하여 지정합니다.

표 내부의 셀 테두리 선에 마우스 포인터를 올려놓고 마우스 포인터의 모양이 ⫲ 으로 바뀌면 드래그해서 오른쪽 그림과 같이 텍스트의 길이에 맞게 열의 너비를 조절합니다.

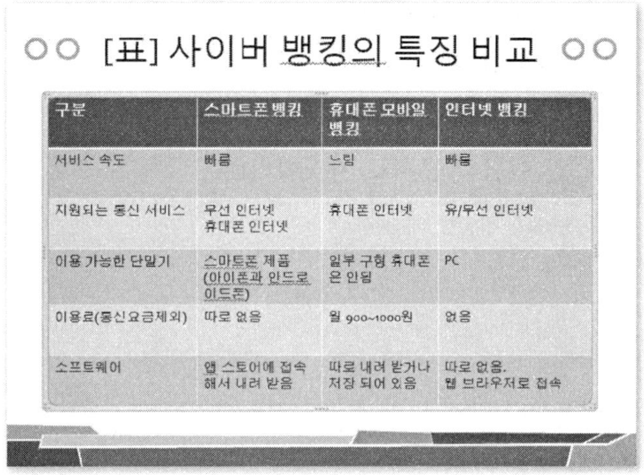

06. 머리글 행과 첫째 열이 강조된 표로 수정하기 위해서, 표를 선택하고 [표 도구/디자인] 탭 → [표 스타일 옵션] 그룹의 [머리글 행], [첫째 열], [줄무늬 행]을 체크 표시해서 선택합니다.

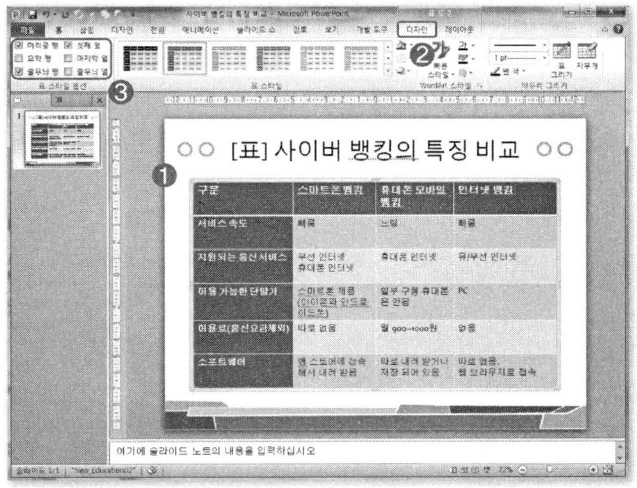

07. 표의 테두리를 변경하기 위해서, 표를 선택하고 [표 도구/디자인] 탭 → [테두리 그리기] 그룹에서 펜 스타일(실선), 펜 두께(6pt), 펜 색(흰색, 배경1) 등을 지정하고,

[표 도구/디자인] 탭 → [표 스타일] 그룹의 [테두리]의 목록 단추를 눌러 '모든 테두리'를 선택합니다.

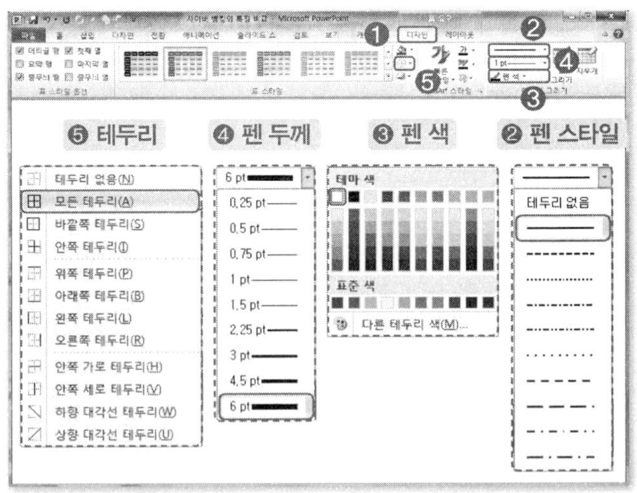

08. 표의 텍스트 글꼴을 지정하기 위해서, 표를 선택하고 [홈] 탭 → [글꼴] 그룹에서 글꼴(HY견고딕)을 지정합니다.

09. 도형을 이용하여 표를 꾸미기 위해서, [삽입] 탭 → [일러스트레이션] 그룹 → [도형] → [사각형] 목록에서 '직사각형'을 클릭합니다.

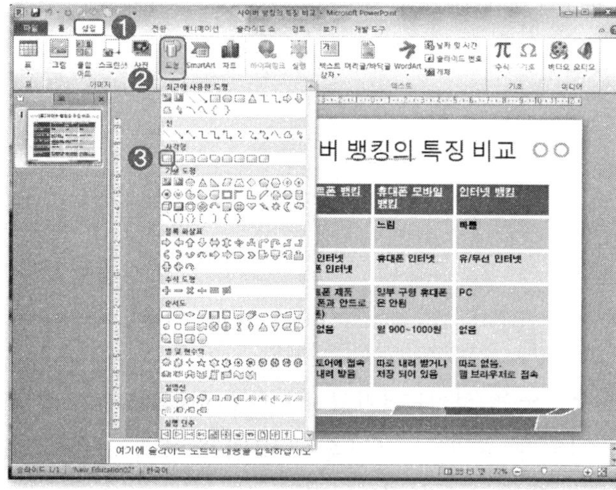

10. 마우스 모양이 '+' 모양으로 바뀌면 표 위에 드래그하여 표 크기보다 약간 더 큰 도형을 작성합니다.

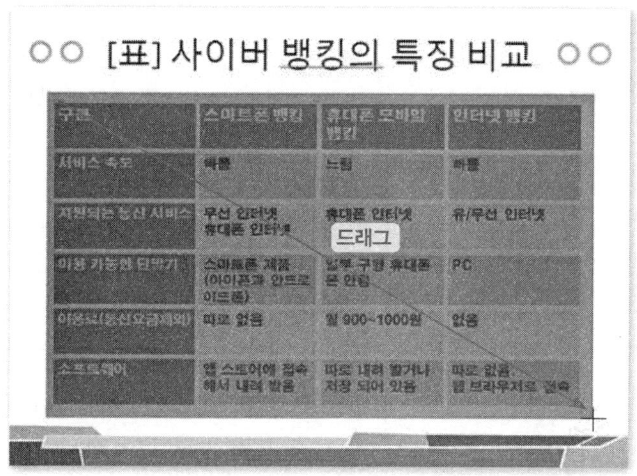

11. 작성한 도형의 테두리를 없애기 위해서, 작성된 도형을 선택하고 [그리기 도구/서식] 탭 → [도형 스타일] 그룹 → [도형 윤곽선] 목록에서 '윤곽선 없음'을 선택합니다.

12. 도형의 서식을 변경하기 위해, 직사각형 도형이 선택된 상태에서 [그리기 도구/서식] 탭 → [도형 스타일] 그룹의 [추가 옵션] 단추를 누르고 [도형 서식] 대화상자를 표시합니다.

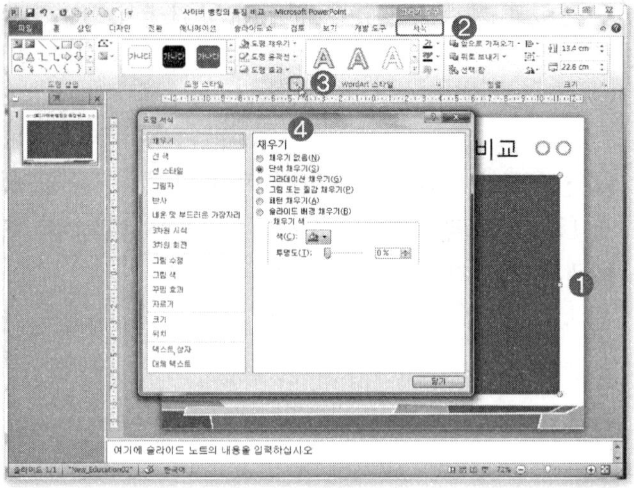

13. [도형 서식] 대화상자가 나타나면 [3차원 서식] → [입체 효과] → [위쪽] → [입체 효과] 목록에서 '둥글게'를 선택하고 [너비]와 [높이]를 각각 '6pt'로 지정합니다. 그리고 [3차원 서식] → [깊이]의 [깊이]를 '30pt'로 지정합니다.

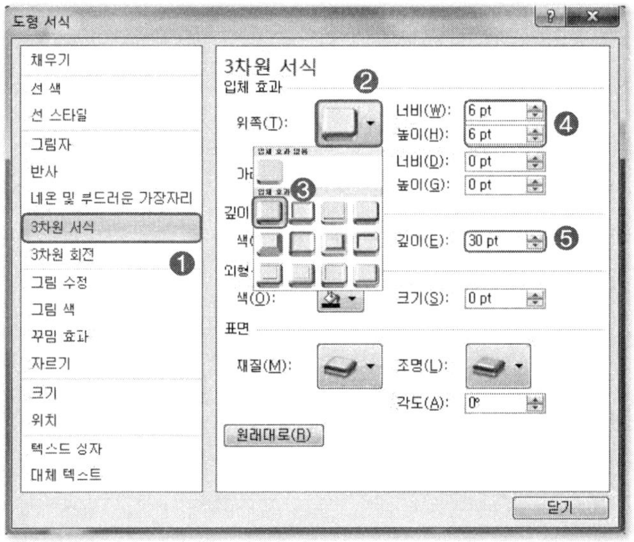

14. 또한 [도형 서식] 대화상자에서 [3차원 회전] → [미리 설정] → [오블리크]목록에서 '오른쪽 아래 오블리크'를 선택한 후 대화상자의 [닫기] 단추를 클릭합니다.

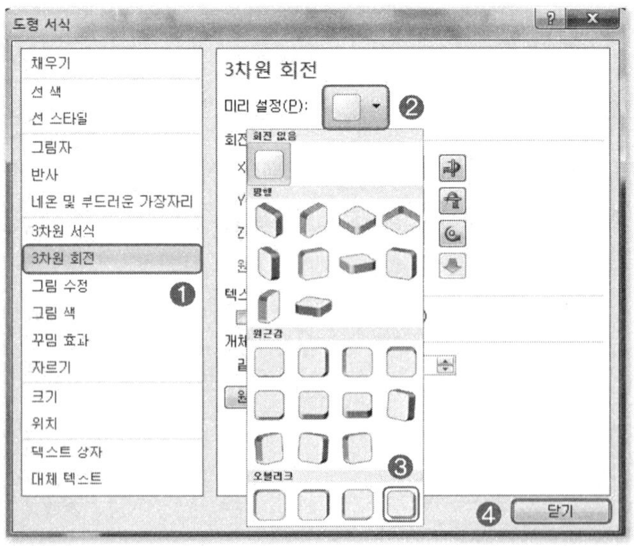

15. 도형 효과가 모두 지정되면 도형에 가려 있는 표를 드러내고 도형을 뒤로 보내기 위해서, [그리기 도구/서식] 탭 → [정렬] 그룹 → [뒤로 보내기] → [맨 뒤로 보내기]를 클릭합니다.

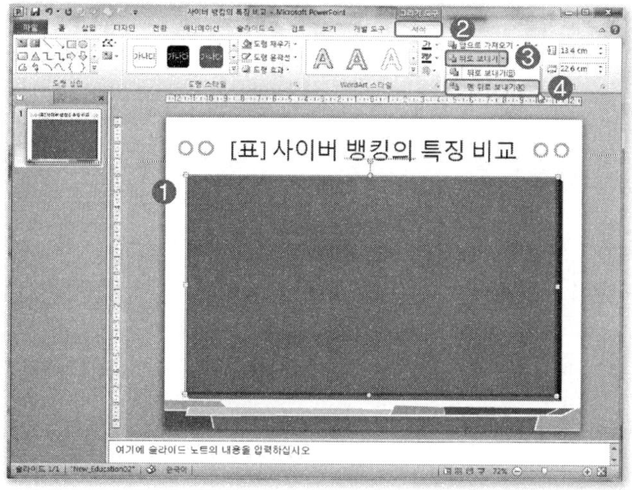

16. 도형 및 표의 크기를 조절하여 게시판 모양의 표를 오른쪽 그림과 같이 완성합니다.

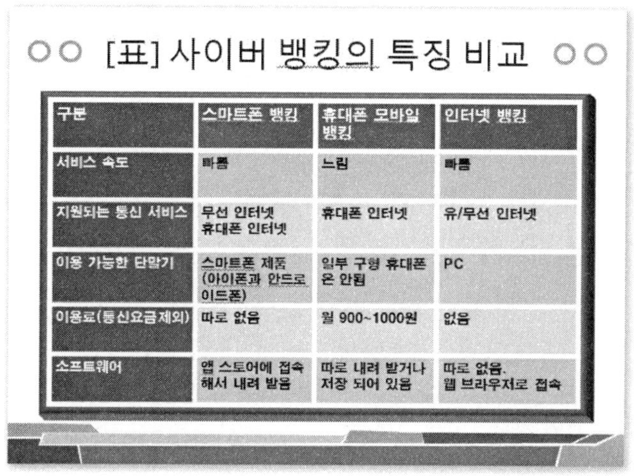

17. 슬라이드 제목의 텍스트 글꼴을 지정하기 위해서, 제목을 선택하고 [홈] 탭 → [글꼴] 그룹에서 글꼴(HY견고딕)을 지정합니다.

글꼴 크기(40), 글꼴 색([테마색] → 진한 빨강)과 텍스트 그림자를 부여합니다.

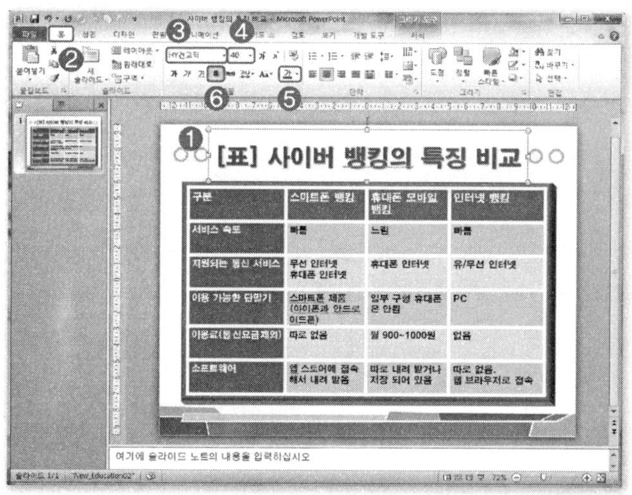

18. 완성한 슬라이드를 저장하고 [파일] 탭 → [닫기]를 클릭하여 작업을 종료합니다.

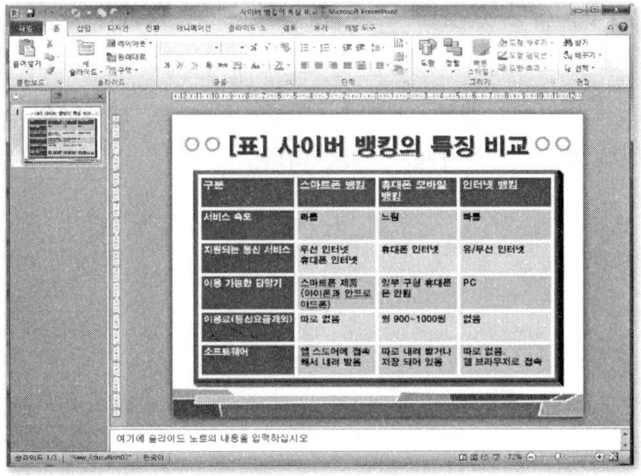

실습

Introduction to PowerPoint

4-3 막대 차트를 이용하여 사원별 실적 슬라이드 만들기

'묶은 세로 막대형' 차트를 삽입하여 오른쪽 그림과 같은 3차원 누적 세로 막대 차트로 표시하는 슬라이드를 작성해 봅니다.

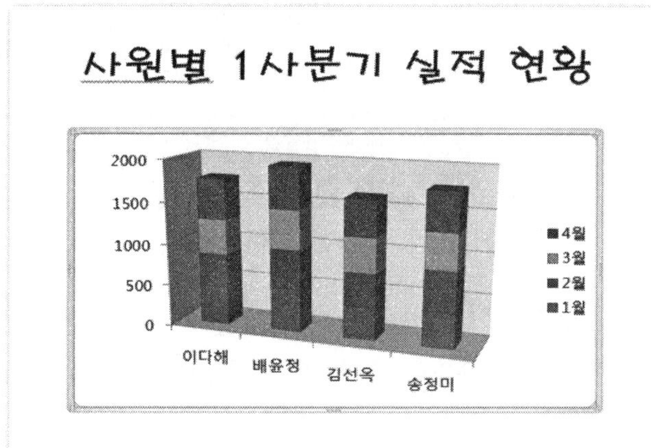

01. 파워포인트의 새 슬라이드(제목 및 내용)를 준비하고 차트를 삽입하기 위해서, 슬라이드 바탕에서 내용 개체 틀의 [차트 삽입]을 클릭합니다. 리본 메뉴에서 [삽입] 탭 → [일러스트레이션] 그룹 → [차트]를 클릭해도 차트를 삽입할 수 있습니다.

[차트 삽입] 대화상자가 나타나면 [세로 막대형] 범주에서 '묶은 세로 막대형'을 선택하고 [확인] 단추를 클릭합니다.

그러면 다음과 같이 컴퓨터 화면이 세로로 양분되어 왼쪽은 파워포인트 슬라이드 편집 화면으로, 오른쪽은 파워포인트 차트 작성을 위한 데이터 입력창인 엑셀 화면으로 표시됩니다.

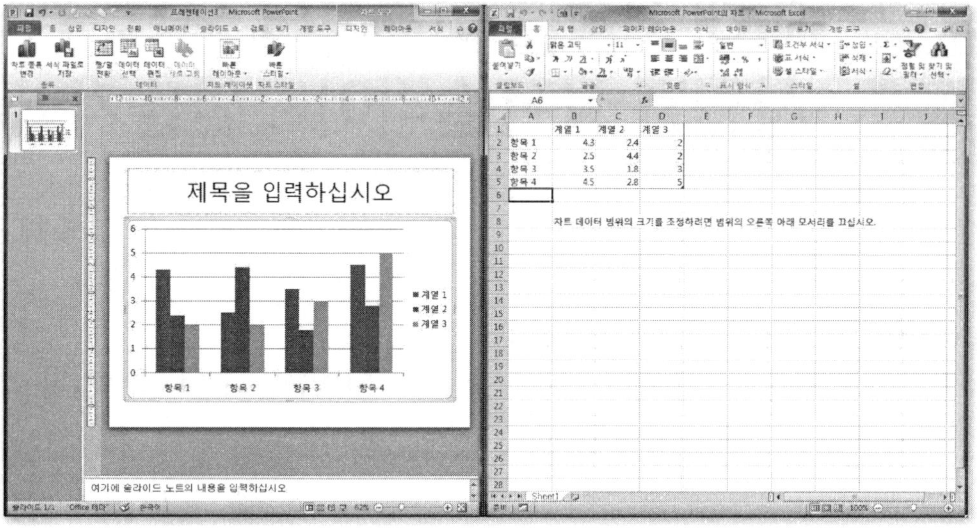

02. 엑셀 창이 화면에 표시되면 입력되어 있는 셀의 내용을 오른쪽 그림과 같이 수정합니다. 데이터를 수정할 때 마다 화면 왼쪽의 파워포인트의 슬라이드 차트 모양이 변경됩니다.

	A	B	C	D	E
1	사원명	1월	2월	3월	4월
2	이다해	450	410	425	475
3	배윤정	510	470	480	490
4	김선옥	390	400	415	430
5	송정미	420	480	430	450
6					

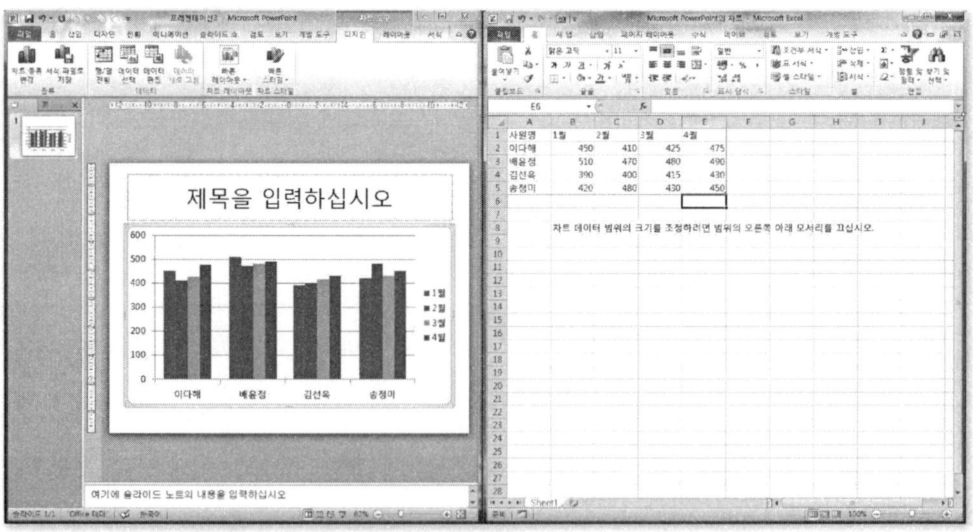

03. 엑셀 창의 오른쪽 상단의 [닫기] 단추를 클릭하여 엑셀 창을 닫습니다. 그러면 슬라이드 바탕에 완성된 차트를 확인할 수 있습니다.

제목을 '사원별 1사분기 실적 현황'이라 입력하고 글꼴(HY엽서M)과 글꼴 크기(48)의 서식을 변경합니다.

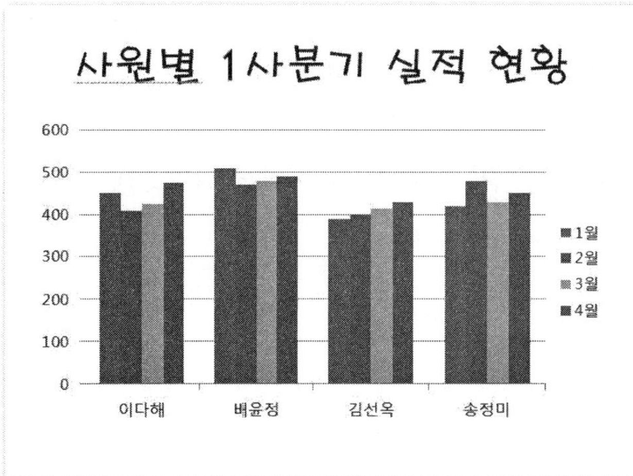

04. 파워포인트 슬라이드 화면의 차트의 테두리에 마우스를 올려놓고 드래그 하여 크기나 위치를 슬라이드에 맞도록 적당하게 조절합니다.

현재의 차트를 '3차원 누적 세로 막대형'으로 변경하기 위해서, 슬라이드의 차트를 선택하고 [차트 도구/디자인] 탭 → [종류] 그룹 → [차트 종류 변경]을 클릭하여 [차트 종류 변경] 대화상자를 표시합니다.

[차트 종류 변경] 대화상자에서 [세로 막대형] → [3차원 누적 세로 막대형] → [확인]을 클릭합니다.

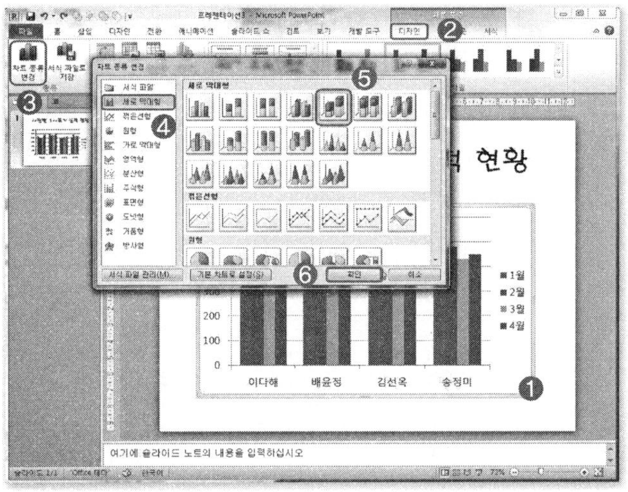

[3차원 누적 세로 막대형]을 선택 후 결과는 오른쪽 그림과 같습니다.

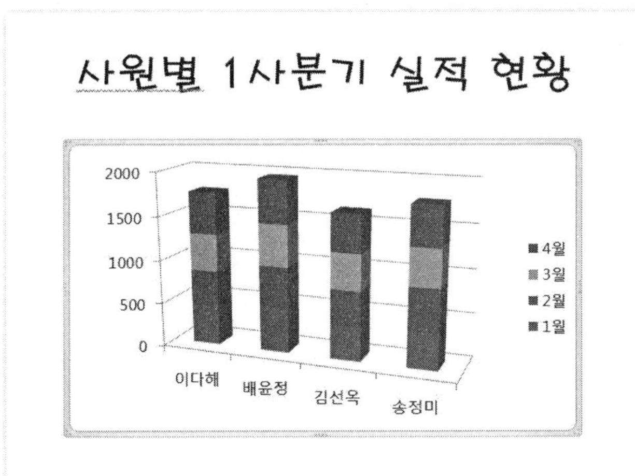

05. 차트 스타일을 변경하기 위해서, [차트 도구/디자인] 탭 → [차트 스타일] 그룹에서 '자세히' 단추를 클릭합니다.

[차트 스타일] 목록이 표시되면 '스타일 34'를 선택합니다.

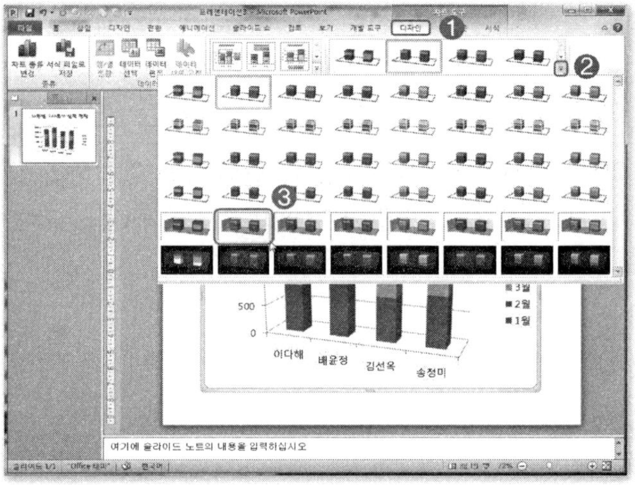

'스타일 34'를 선택 후 결과는 오른쪽 그림과 같습니다.

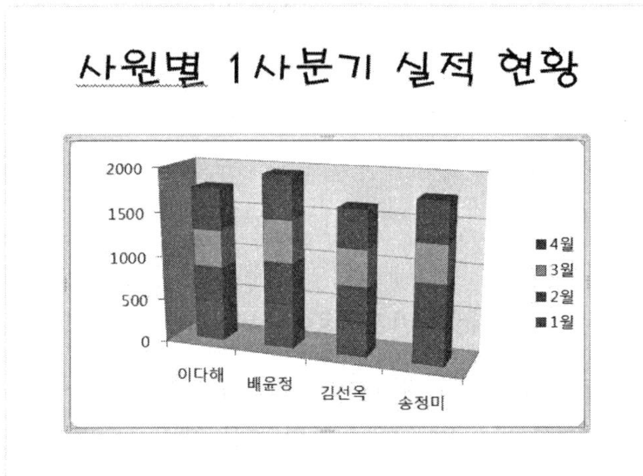

06. 완성한 슬라이드를 [파일] 탭 → [저장]을 클릭하고 '사원별 1사분기 실적 현황'이란 이름의 문서로 저장합니다.

실습 4-4

3차원 원형 차트를 이용하여 연도별 인원 슬라이드 만들기

3차원 원형 차트를 삽입하여 오른쪽 그림과 같은 슬라이드를 작성해 봅니다.

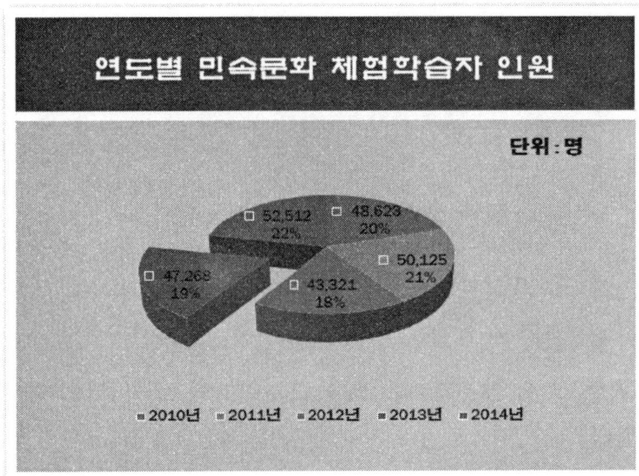

01. 파워포인트의 새 슬라이드(제목 및 내용)를 준비하고 차트를 삽입하기 위해서, 슬라이드 바탕에서 내용 개체 틀의 [차트 삽입]을 클릭합니다.

[차트 삽입] 대화상자가 나타나면 [원형] 범주에서 '3차원 원형'을 선택하고 [확인] 단추를 클릭합니다.

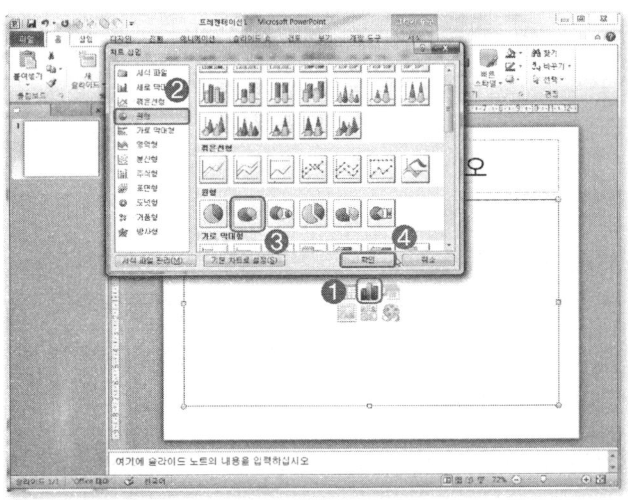

02. 파워포인트 차트 작성을 위한 데이터 입력 엑셀 창이 나타나면 입력되어 있는 셀의 내용을 다음과 같이 수정합니다. 엑셀 창의 [B2:B6]셀의 숫자 데이터에 1000단위마다 콤마(,)를 삽입하기 위해서, 엑셀 창의 [홈] 탭 → [표시 형식] 그룹에서 '쉼표 스타일'을 선택합니다.

데이터 입력이 완료되면 엑셀 창의 오른쪽 상단의 [닫기] 단추를 클릭하여 엑셀 창을 닫습니다.

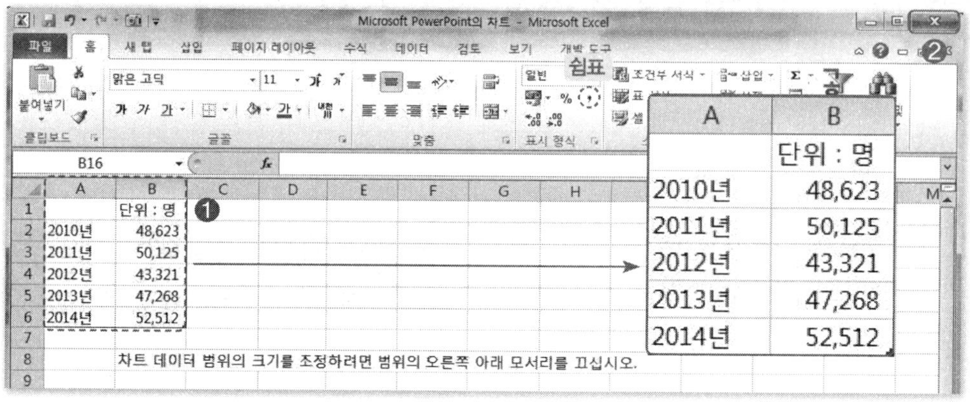

03. 슬라이드 문서에 완성된 차트를 확인하고 제목을 '연도별 민속문화 체험학습자 인원'이라 입력하고 글꼴(휴먼옛체)과 글꼴 크기(40)의 서식을 변경합니다.

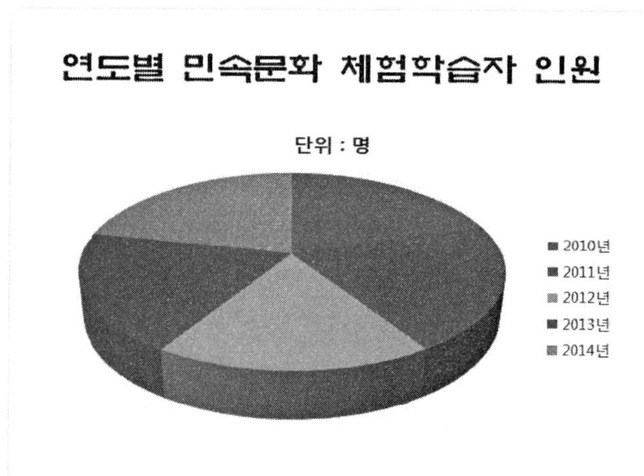

04. 완성된 차트에 차트 스타일을 변경하기 위해서, 차트를 선택한 상태로 [차트 도구/디자인] 탭 → [차트 스타일] 그룹의 '자세히' 단추를 클릭하고 스타일 목록을 표시합니다.

차트 스타일 목록이 표시되면 '스타일 10'을 선택합니다.

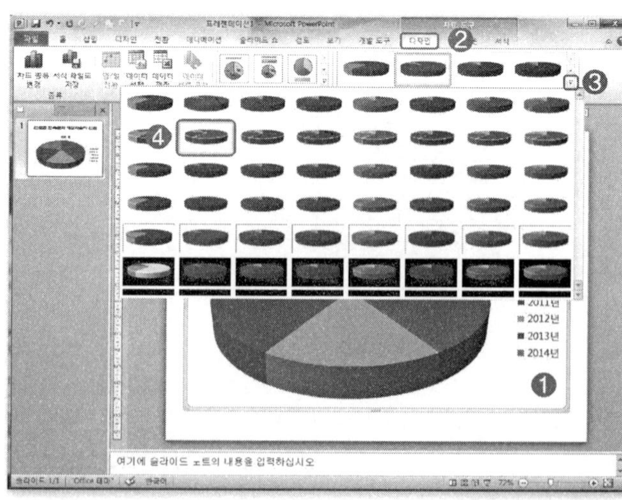

05. 데이터 레이블 서식을 지정하기 위해서, 차트를 선택한 상태에서 [차트 도구/레이아웃] 탭 → [레이블] 그룹 → [데이터 레이블] 목록 단추를 누르고 [기타 데이터 레이블 옵션]을 클릭하여 [데이터 레이블 서식] 대화상자를 표시합니다.

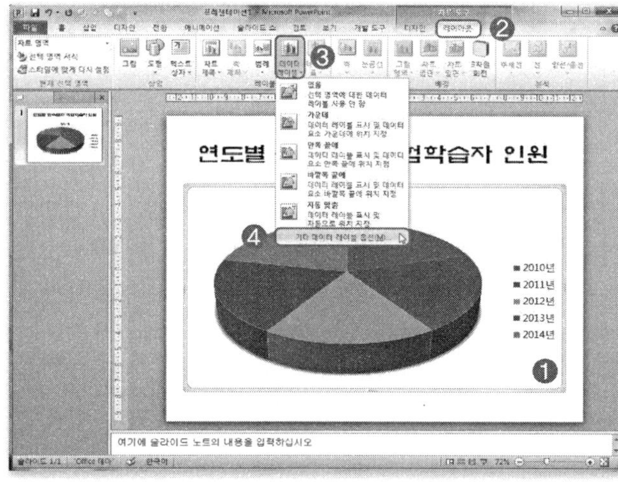

06. [데이터 레이블 서식] 대화상자가 나타나면 [레이블 옵션] 범주의 [레이블 내용] 항목에서 [값]과 [백분율]을 선택하고, [레이블 위치] 항목에서 [안쪽 끝에]를 선택하며, [레이블에 범례 표지 포함] 항목을 체크 표시하고, [구분 기호]는 (줄 바꿈)을 선택한 후 [닫기] 단추를 클릭합니다.

차트 내에 '범례 표지', '값', '백분율'이 표시된 것을 확인할 수 있습니다.

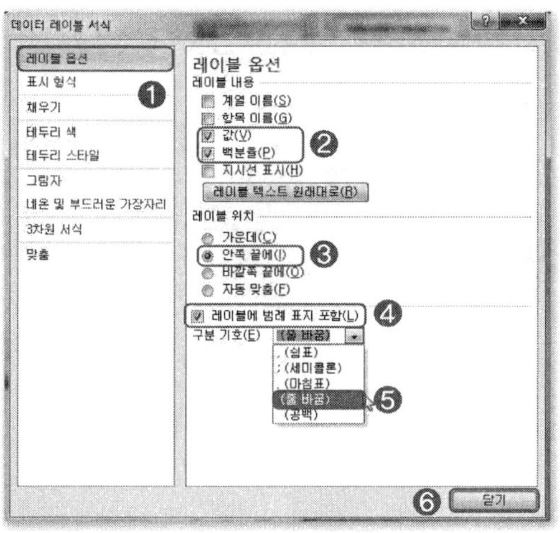

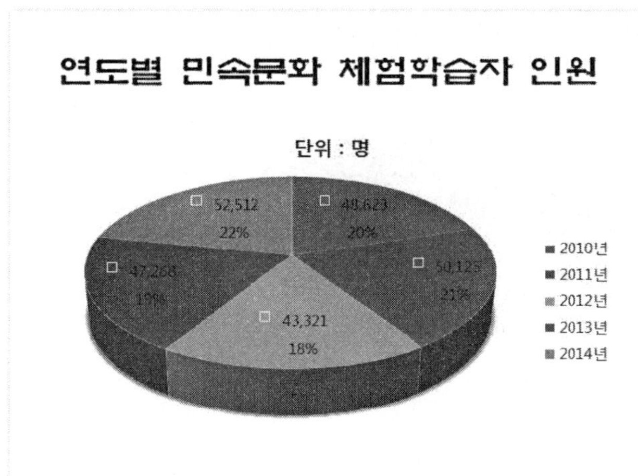

07. 범례의 위치를 슬라이드 아래쪽으로 이동시키기 위해서, [차트 도구/레이아웃] 탭 → [레이블] 그룹 → [범례] 목록 단추를 누르고 '아래쪽에 범례 표시'를 선택합니다.

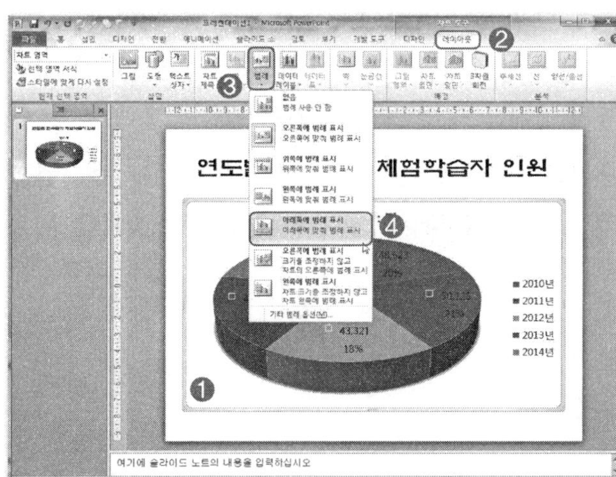

08. 차트의 부제목인 '단위 : 명'을 마우스로 선택한 후 드래그 하여 차트의 오른쪽 위치로 이동합니다.

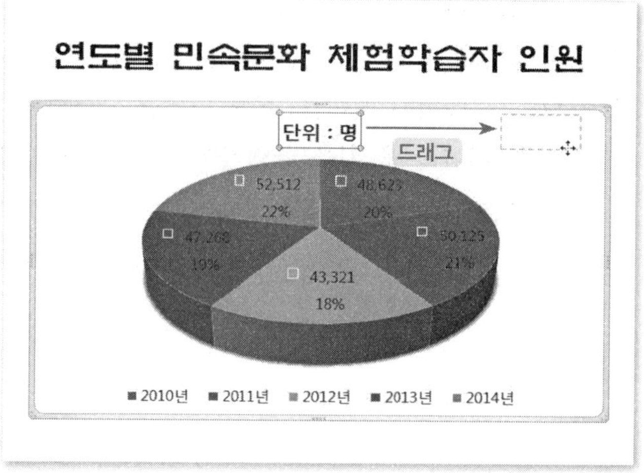

09. 원형 차트 안의 하나의 계열을 분리하여 쪼개진 원형 모양으로 표시하기 위해서, 2013년 계열을 천천히 두 번 클릭한 다음 원 바깥쪽으로 드래그 하여 이동합니다. 선택한 계열이 분리되어 쪼개진 원형 모양으로 변경된 것을 확인할 수 있습니다.

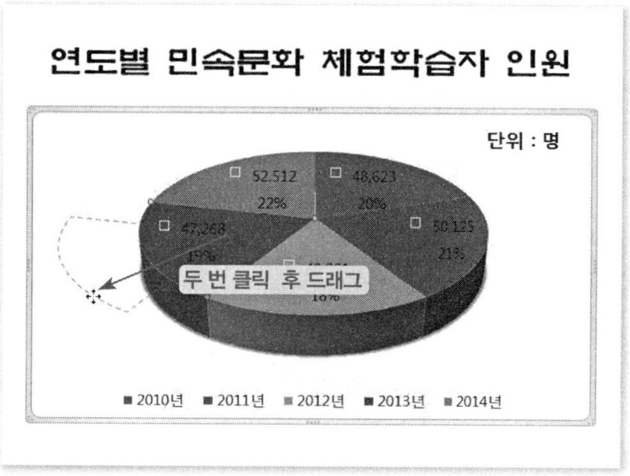

10. 슬라이드 바탕에 테마를 적용하기 위해서, [디자인] 탭 → [테마] 그룹의 '자세히' 단추를 누르고 테마 목록에서 '눈금'을 선택합니다.

완성한 슬라이드를 [파일] 탭 → [저장]을 클릭하고 '연도별 민속문화 체험학습자 인원'이란 이름의 문서로 저장합니다.

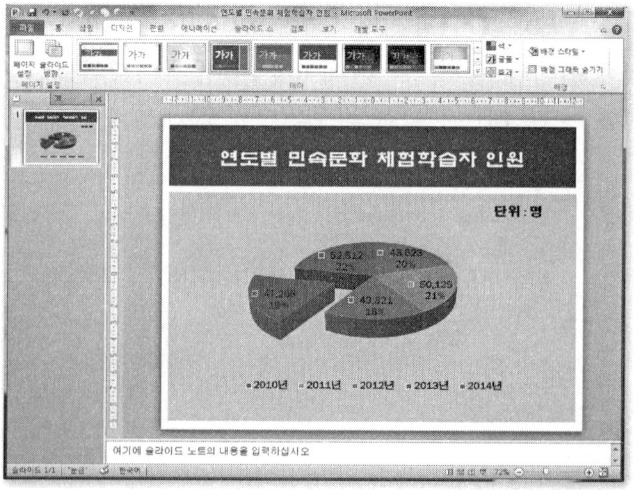

실습 4-5 이미지와 주기형 SmartArt를 활용한 슬라이드 만들기

오른쪽 그림과 같이 '무지향 주기형' SmartArt와 이미지를 삽입하여 표지 슬라이드를 만들어 봅니다.

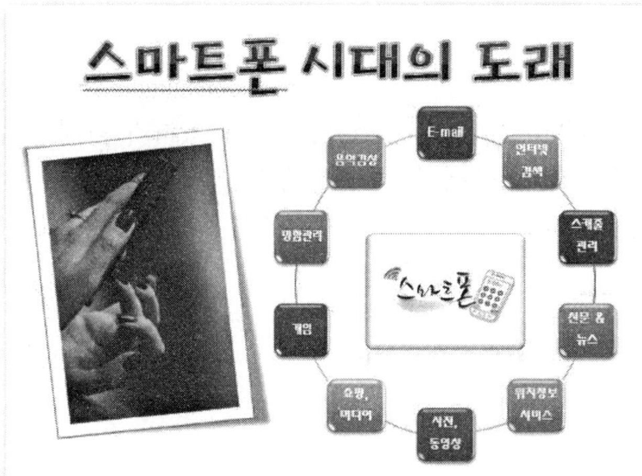

01. 파워포인트의 새 슬라이드(제목만)를 준비하고 제목에 '스마트폰 시대의 도래'를 입력합니다.

[홈] 탭 → [글꼴] 그룹에서 다음과 같이 글꼴(HY엽서M)과 글꼴 크기(66, 굵게)를 지정합니다.

제목에 WordArt 효과를 주기 위해서, [그리기 도구/서식] 탭 → [WordArt 스타일] 그룹 목록에서 '그라데이션 채우기 – 검정, 윤곽선 – 흰색, 바깥쪽 그림자'를 선택합니다.

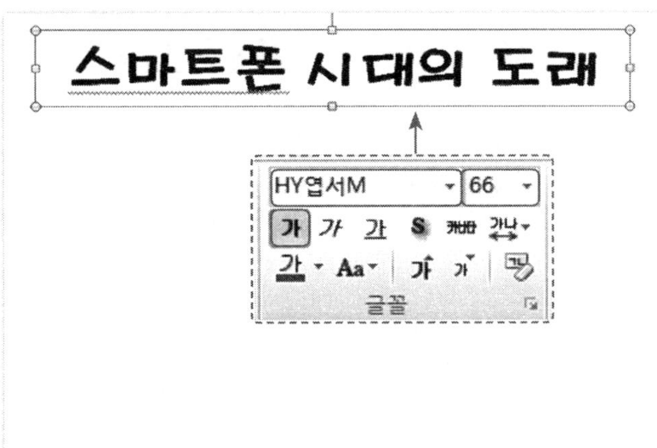

02. 슬라이드에 SmartArt를 삽입하기 위해서, [삽입] 탭 → [일러스트레이션] 그룹 → [SmartArt]를 클릭합니다.

그러면 [SmartArt 그래픽 선택] 대화상자가 표시됩니다.

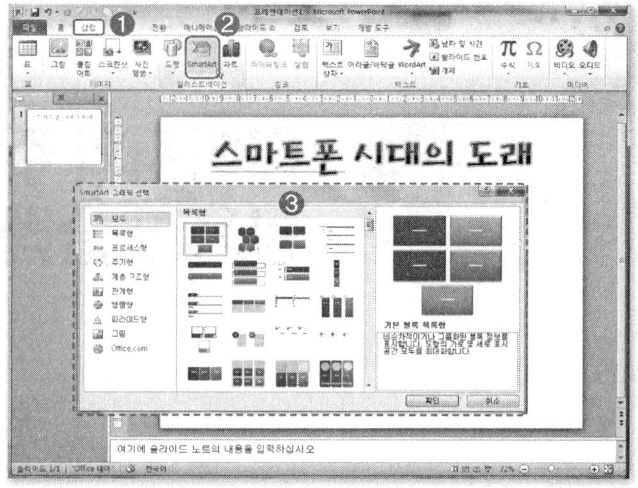

03. [SmartArt 그래픽 선택] 대화상자가 나타나면 [주기형] 범주에서 [무지향 주기형]을 선택하고 [확인] 단추를 클릭합니다.

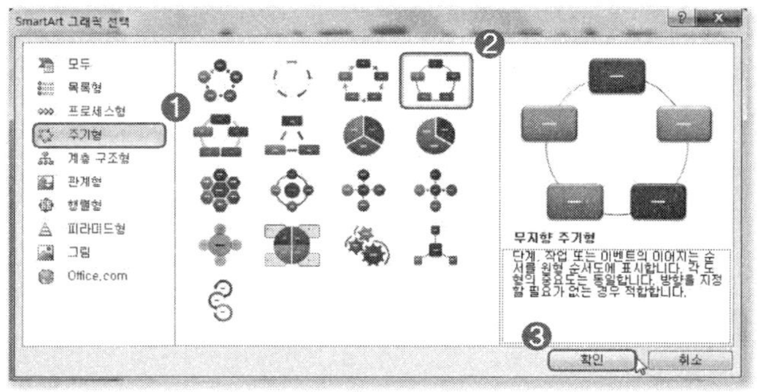

04. [무지향 주기형] SmartArt를 삽입하면 슬라이드의 바탕에 원과 둘레 쪽에 모서리가 둥근 직사각형 도형 5개가 표시됩니다. 도형의 바깥 쪽 회색의 굵은 직사각형 테두리는 SmartArt 개체 틀을 나타내며 이것을 조절하여 SmartArt 그래픽을 전체적으로 확대/축소 및 이동이 가능합니다.

SmartArt 개체 안의 각각의 도형을 클릭하고 시계방향으로 돌아가면서 'E-mail', '인터넷 검색', '스케줄 관리', '신문 & 뉴스', '위치정보 서비스'를 입력합니다.

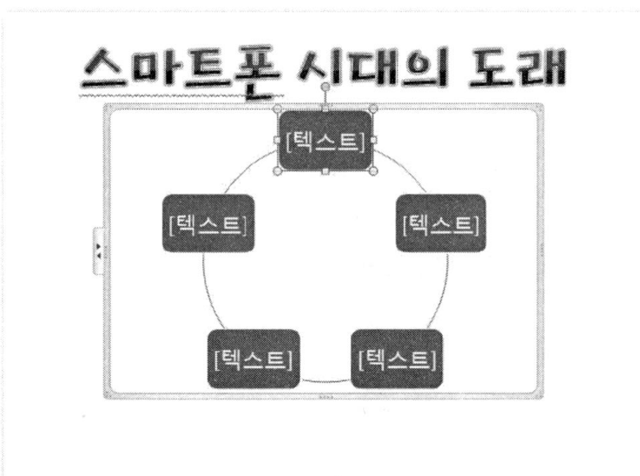

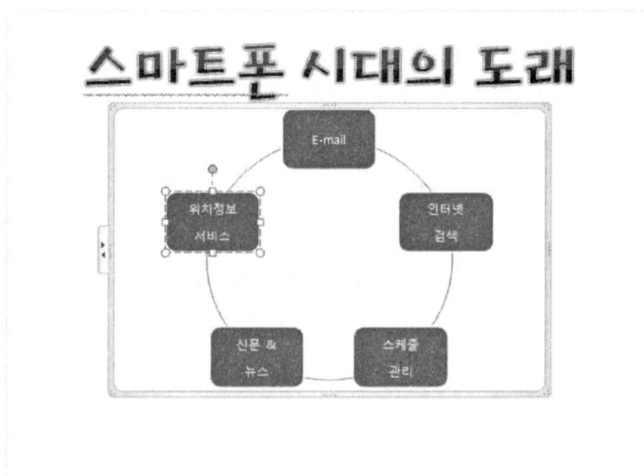

05. 우리가 작성하고자 하는 문서에는 SmartArt 그래픽 내에 모서리가 둥근 사각형의 개수가 10개이므로 5개의 도형을 더 추가해야 합니다. 따라서 5개의 사각형을 추가하기 위하여, 슬라이드의 SmartArt 개체를 선택하고 [SmartArt 도구/디자인] 탭 → [그래픽 만들기] 그룹 → [도형 추가] → [뒤에 도형 추가]를 클릭합니다. 그러면 맨 끝의 5번째 도형 다음 위치로 6번째의 새로운 도형 하나가 추가됩니다.

이와 같이 SmartArt 개체 틀 내부에 더 필요한 도형을 추가할 수도 있지만, 만약 불필요한 도형이 존재하면 해당 도형을 선택하고 [Delete] 글쇠를 눌러 삭제할 수도 있습니다.

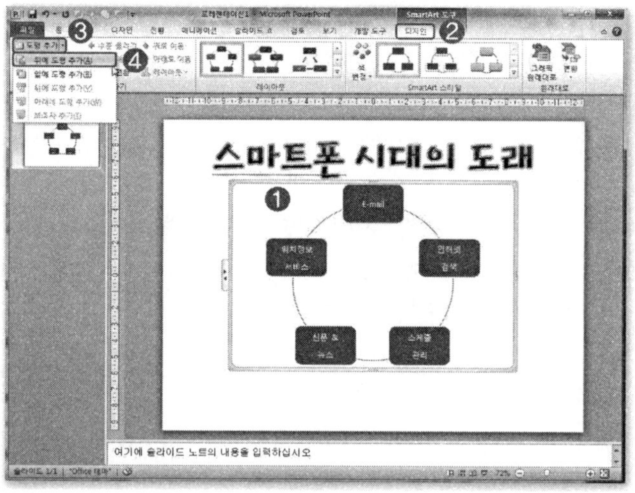

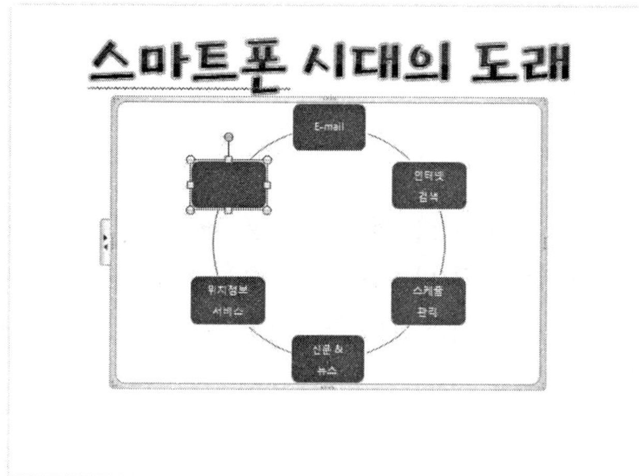

06. 같은 방법으로 나머지 사각형 4개도 추가하기 위하여, [SmartArt 도구/디자인] 탭 → [그래픽 만들기] 그룹 → [도형 추가] → [뒤에 도형 추가]를 4회 더 반복하고 오른쪽 그림과 같이 모두 10개의 둥근 사각형이 표시되도록 작성합니다.

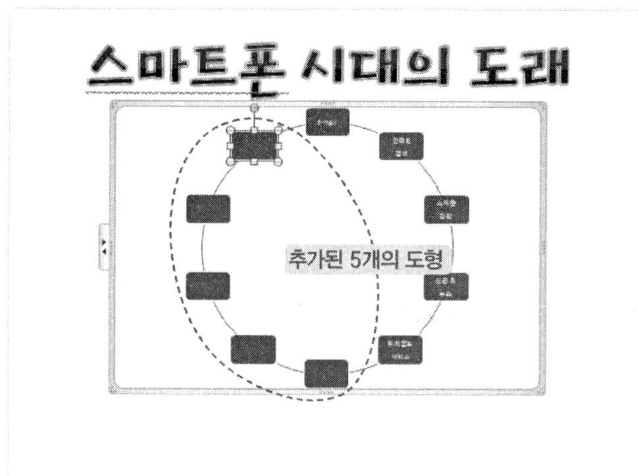

07. SmartArt가 삽입되면 SmartArt 개체 틀의 크기를 조절하고 위치를 슬라이드 화면의 오른쪽 아래 방향으로 이동시킵니다.

새로 추가된 각각의 사각형 도형 안에 6번째 도형부터 시계방향으로 '사진,동영상', '쇼핑,미디어', '게임', '명함관리', '음악감상' 등의 텍스트를 순서대로 입력합니다.

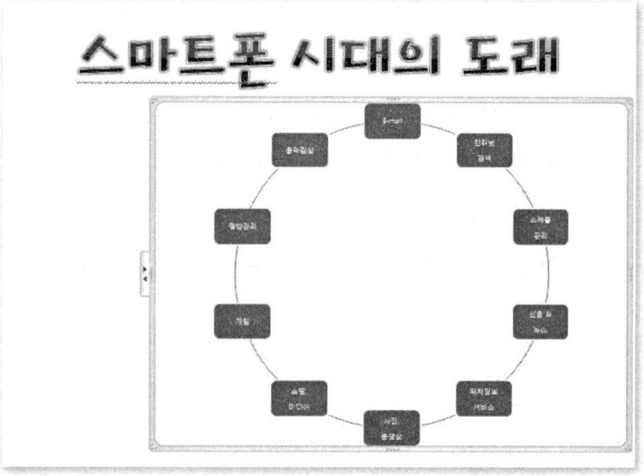

08. SmartArt에 적용한 색을 변경하기 위해서, [SmartArt 도구/디자인] 탭 → [SmartArt 스타일] 그룹 → [색 변경]을 클릭 하고 목록에서 '색상형-강조색'을 선택합니다.

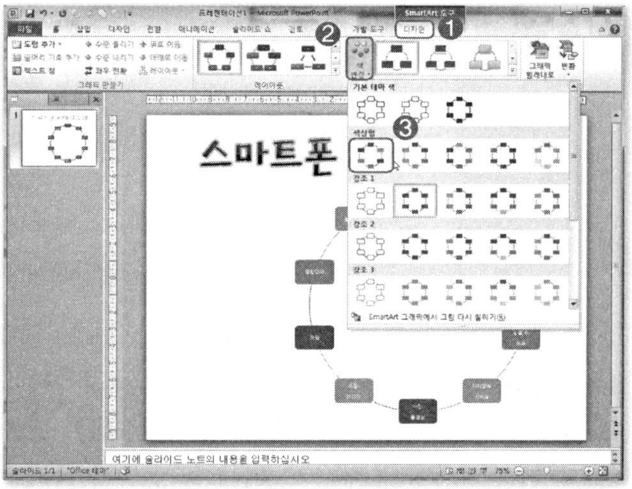

09. SmartArt 스타일을 지정하기 위해서, [SmartArt 도구/디자인] 탭 → [SmartArt 스타일] 그룹의 '자세히' 단추를 클릭하고 목록에서 [3차원] 항목의 '광택처리'를 선택합니다.

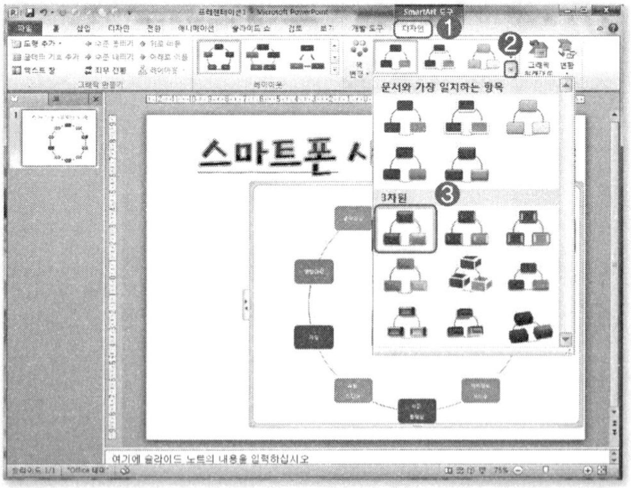

10. SmartArt 텍스트의 서식을 변경하기 위해서, 모서리가 둥근 사각형 도형 모두를 선택하고 [홈] 탭 → [글꼴] 그룹에서 글꼴(휴먼모음T)과 글꼴 크기(14, 굵게)를 지정합니다.

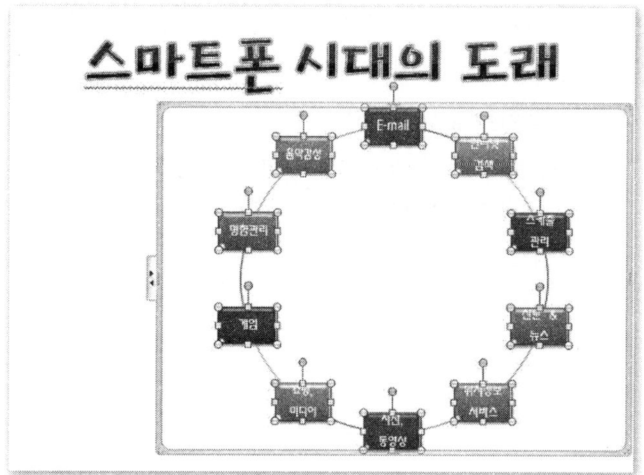

11. 모든 사각형 도형의 세로의 길이를 조금씩 늘리기 위해서, 도형 모두를 선택하고 임의의 도형에서 크기 핸들의 점을 세로 바깥쪽 방향으로 드래그 합니다.

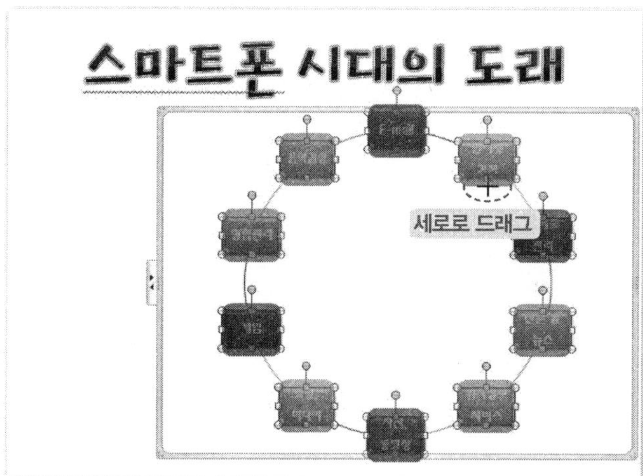

SmartArt 텍스트의 서식을 변경하고 도형의 크기를 조정한 후 결과는 오른쪽 그림과 같습니다.

12. SmartArt의 왼쪽 여백에 그림을 삽입하기 위하여, [삽입] 탭 → [이미지] 그룹 → [그림]을 클릭하여 [그림 삽입] 대화상자가 나타나면 그림이 저장된 위치를 확인하고 '스마트폰1' 이미지 파일을 선택한 후 [삽입] 단추를 클릭합니다.

삽입된 이미지를 크기조절 및 이동을 하여 슬라이드 화면 왼쪽에 배치합니다.

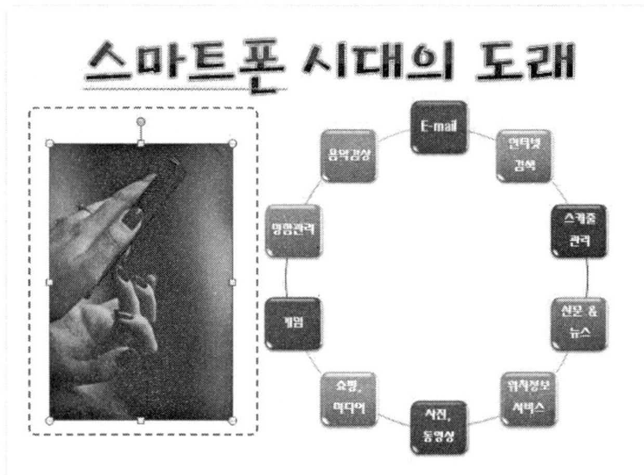

13. 삽입된 이미지에 빠른 그림 효과를 주기 위하여, 슬라이드의 그림을 선택하고 [그림 도구/서식] 탭 → [그림 스타일] 그룹에서 '자세히' 단추를 클릭합니다. 그림 스타일 목록이 표시되면 '회전, 흰색'을 선택합니다.

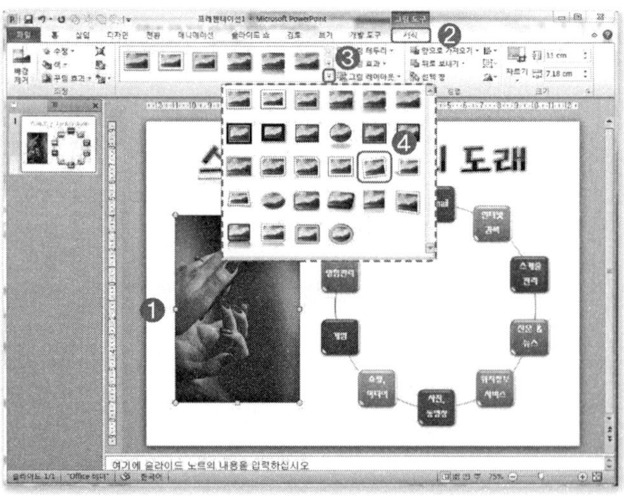

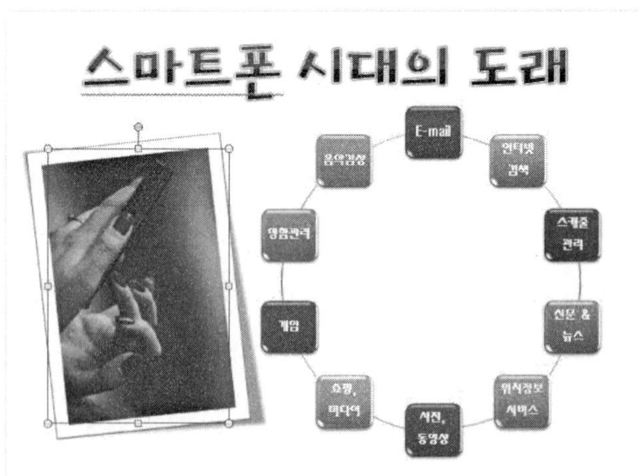

14. 슬라이드 원형의 중심에 또 다른 그림을 삽입하기 위해서, 같은 방법으로 [삽입] 탭 → [이미지] 그룹 → [그림]을 클릭하여 [그림 삽입] 대화상자가 나타나면 그림이 저장된 위치를 확인하고 '스마트폰2' 이미지 파일을 선택한 후 [삽입] 단추를 클릭합니다.

삽입된 이미지를 크기조절 및 이동을 하여 원형의 가운데 중심에 배치합니다.

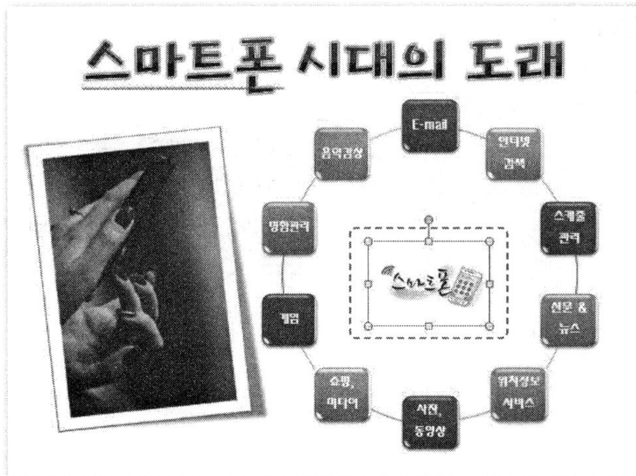

15. 방금 삽입된 이미지에 그림 효과를 주기 위하여, 슬라이드의 그림(스마트폰2)을 선택하고 [그림 도구/서식] 탭 → [그림 스타일] 그룹에서 '자세히' 단추를 클릭합니다.

그림 스타일 목록이 표시되면 '반사형 입체, 흰색'을 선택합니다.

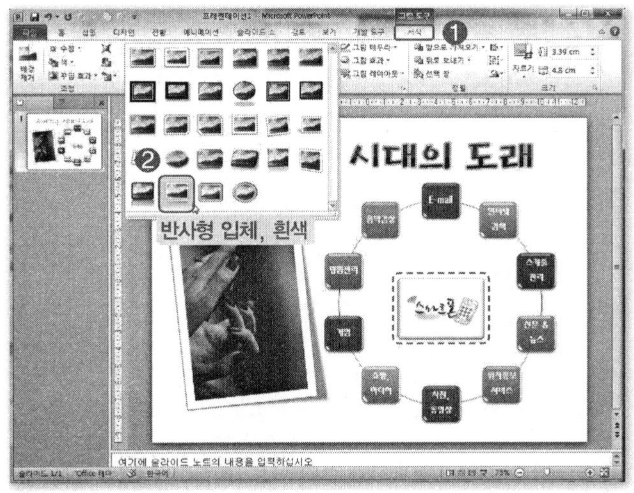

16. 오른쪽 그림과 같이 2개의 이미지와 SmartArt 개체가 조화를 이루도록 크기와 위치를 조정합니다.

슬라이드가 완성되면 [파일] 탭 → [저장]을 클릭하고 '스마트폰 시대의 도래'란 이름의 문서로 저장합니다.

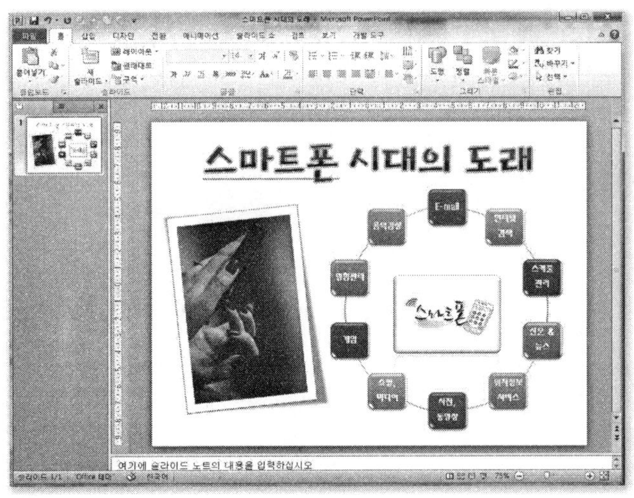

실습 4-6

계층구조형 SmartArt를 활용한 조직도 만들기

'고려청자' 디자인 테마가 적용된 슬라이드에 계층구조를 나타내는 '조직도형' SmartArt를 삽입하여 오른쪽 그림과 같은 슬라이드를 작성해 봅니다.

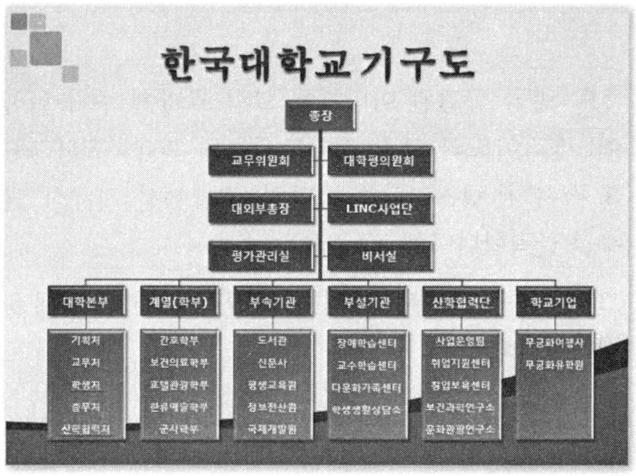

01. 파워포인트의 새 슬라이드(제목만)에 [디자인] 탭 → [테마] 그룹의 '자세히' 단추를 클릭하고 테마 목록에서 '고려청자'를 적용합니다. 슬라이드 제목을 클릭하고 '한국대학교 기구도'를 입력합니다.

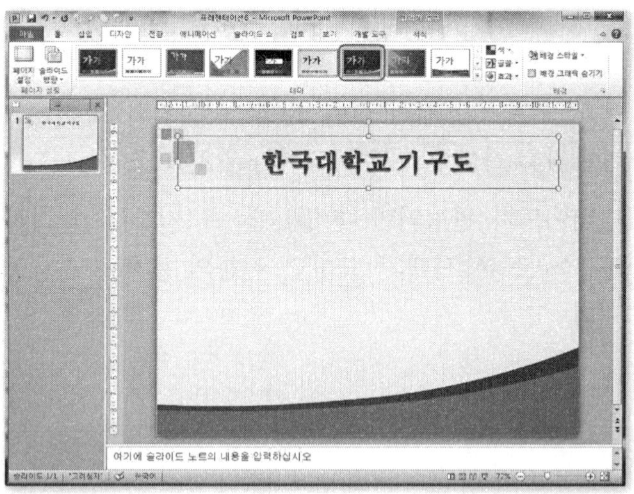

02. SmartArt 그래프를 삽입하기 위해서, [삽입] 탭 → [일러스트레이션] 그룹 → [SmartArt]를 클릭하여 대화상자를 표시합니다.

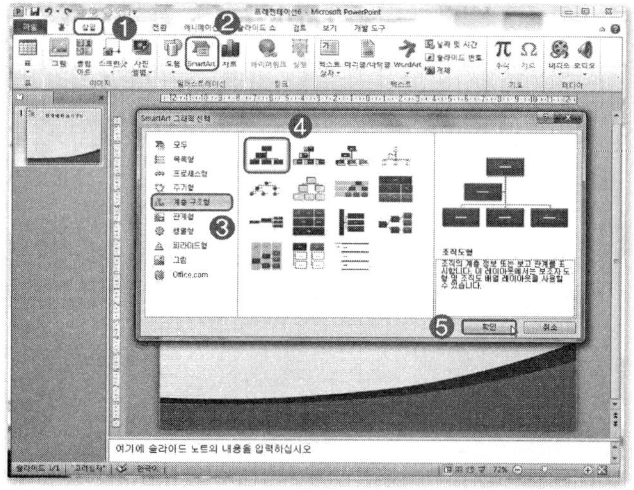

[SmartArt 그래픽 선택] 대화상자가 나타나면 [계층 구조형] 범주의 '조직도형'을 선택하고 [확인] 단추를 클릭합니다. 그러면 다음과 같이 조직도형 모양이 슬라이드에 표시됩니다.

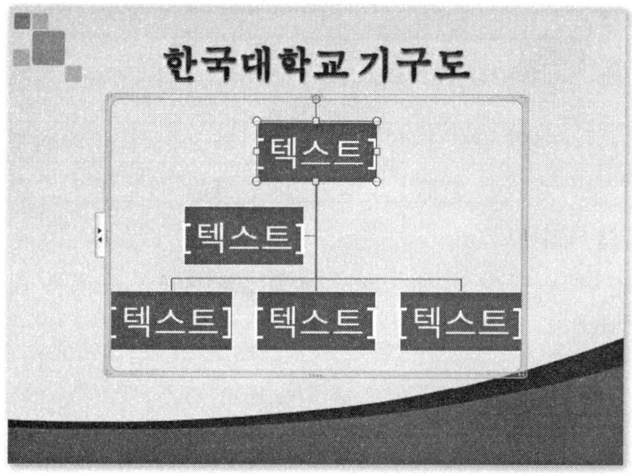

03. 계층도 두 번째 줄에서 대칭모양으로 오른쪽에 도형 하나를 추가하기 위하여, 두 번째 줄의 도형을 선택하고 [SmartArt 도구/디자인] 탭 → [그래픽 만들기] 그룹 → [도형 추가] 목록 단추를 클릭하고 '뒤에 도형 추가'를 선택합니다. 그러면 대칭된 오른쪽에 새로운 도형이 삽입됩니다.

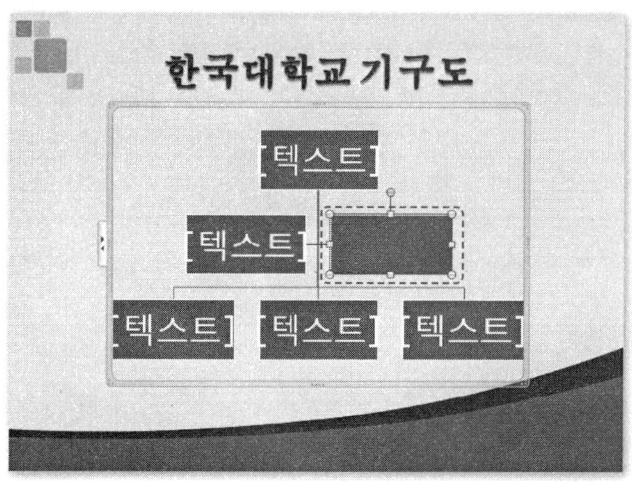

04. 좌우 대칭모양의 도형을 두 쌍 더 추가하기 위해서, 같은 방법으로 방금 전에 삽입된 도형을 선택하고 [SmartArt 도구/디자인] 탭 → [그래픽 만들기] 그룹 → [도형 추가] → [뒤에 도형 추가]를 클릭합니다. 그러면 세 번째 줄의 왼쪽에 도형이 삽입됩니다.

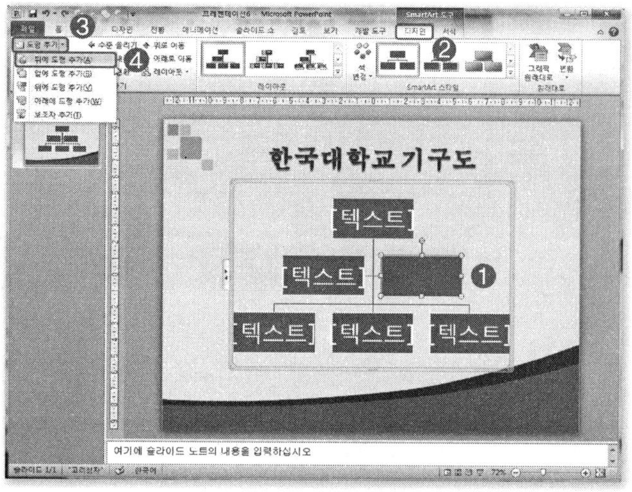

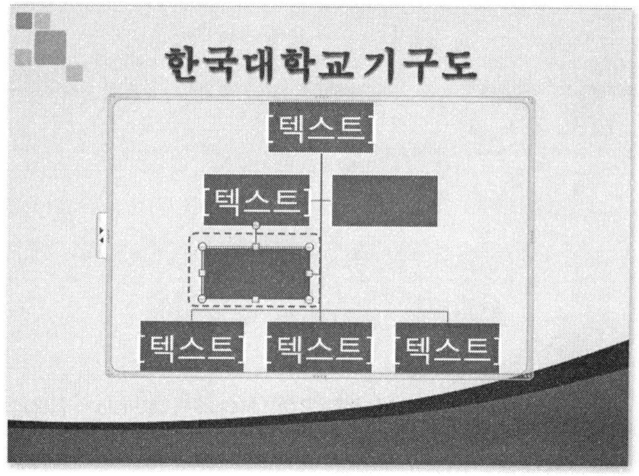

05. 이와 같이 [뒤에 도형 추가]를 3회 더 반복 실행하여 추가된 5개의 도형이 양쪽 균등 배열 모양으로 표시합니다.

이제는 다섯 번째 줄의 오른쪽 끝에 3개의 도형을 더 추가해 봅니다.

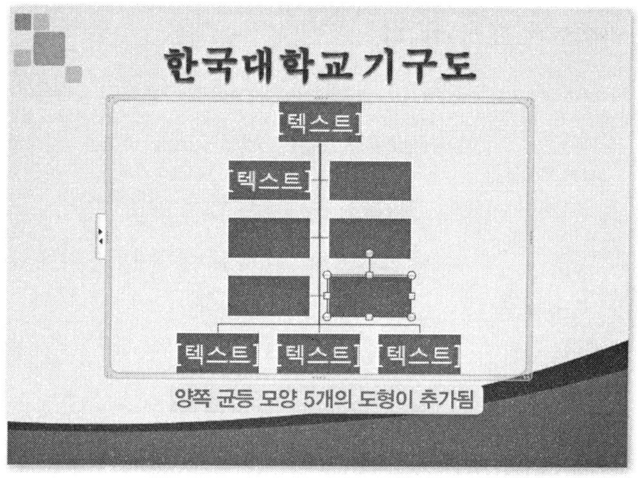

06. 먼저 다섯 번째 줄의 마지막 도형을 선택하고 [SmartArt 도구/디자인] 탭 → [그래픽 만들기] 그룹 → [도형 추가] → [뒤에 도형 추가]를 클릭합니다. 그러면 같은 줄 오른쪽에 1개의 도형이 추가됩니다.

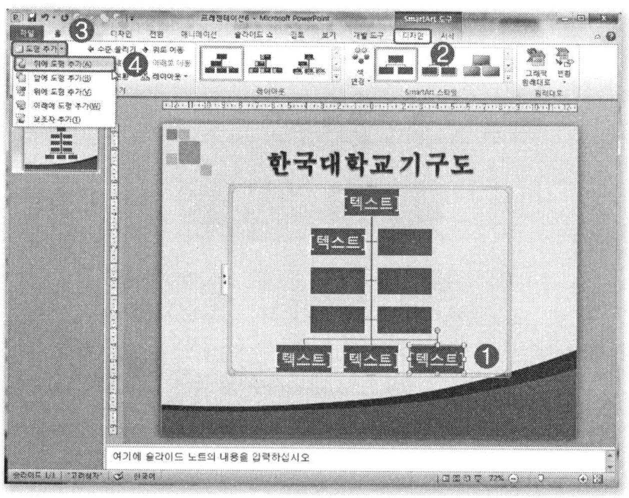

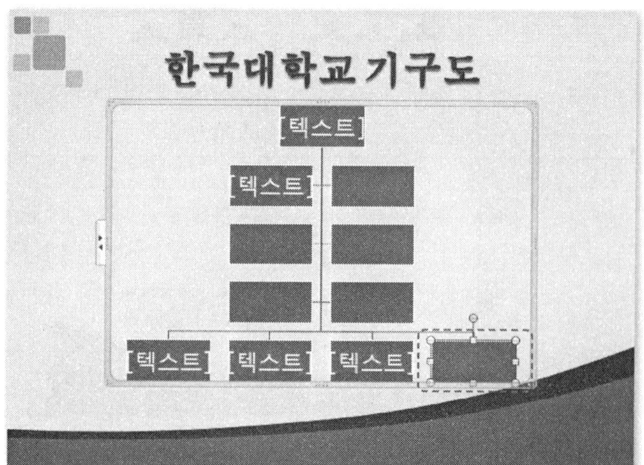

07. 같은 방법으로 마지막 도형을 선택하고 [SmartArt 도구/디자인] 탭 → [그래픽 만들기] 그룹 → [도형 추가] → [뒤에 도형 추가]를 2회 더 반복 실행하여 오른쪽 그림과 같이 모두 3개의 도형이 추가되도록 합니다.

이제는 다섯 번째 줄 각 도형의 아래쪽에 수직으로 연결된 도형을 하나씩 추가하여 모두 6개의 도형을 추가해 봅니다.

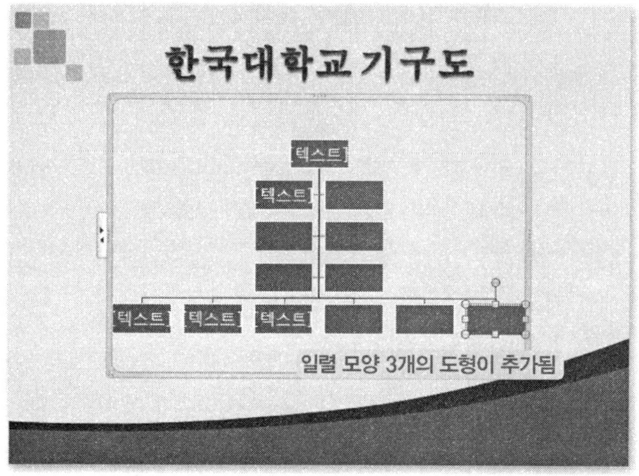

08. 먼저 다섯 번째 줄의 첫 번째 도형을 선택하고 [SmartArt 도구/디자인] 탭 → [그래픽 만들기] 그룹 → [도형 추가] → [아래에 도형 추가]를 클릭합니다. 그러면 다섯 번째 줄의 첫 번째 도형에 연결된 도형이 여섯 번째 줄에 표시됩니다.

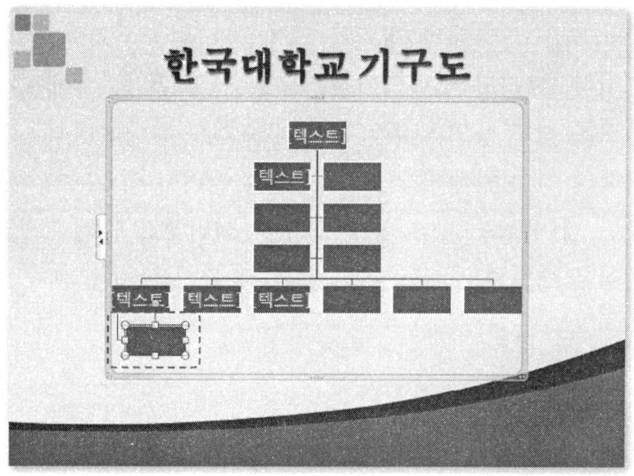

09. 같은 방법으로 다섯 번째 줄의 나머지 각 도형도 선택을 하고 [아래에 도형 추가]를 5회 더 반복 실행합니다.

여섯 번째 줄에 추가된 도형들이 아래/오른쪽 방향으로 어긋나게 연결되어 보이므로 수직으로(표준 형식) 연결되도록 연결 모양을 변경시켜 봅니다.

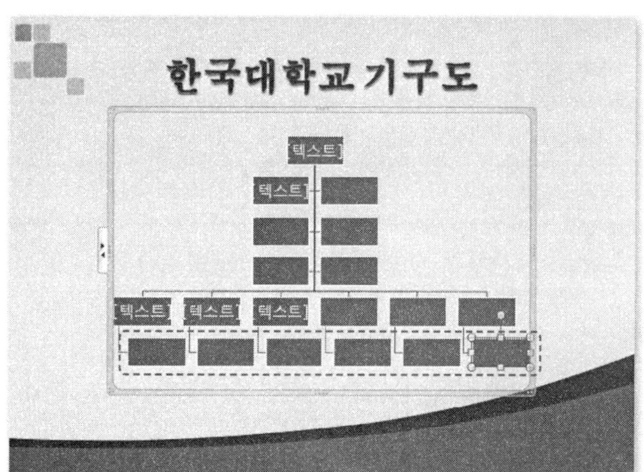

10. 추가된 도형이 5번째 줄의 아래 중심에서 수직으로 연결된 표준 형식으로 표시하기 위해서, 다섯 번째 줄의 6개의 도형을 모두 선택하고 [SmartArt 도구/디자인] 탭 → [그래픽 만들기] 그룹 → [레이아웃] → [표준]을 클릭합니다. 그러면 다음의 오른쪽 그림과 같이 표시됩니다.

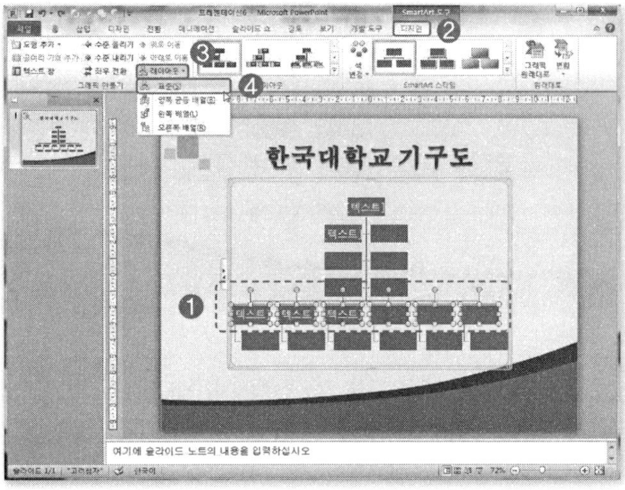

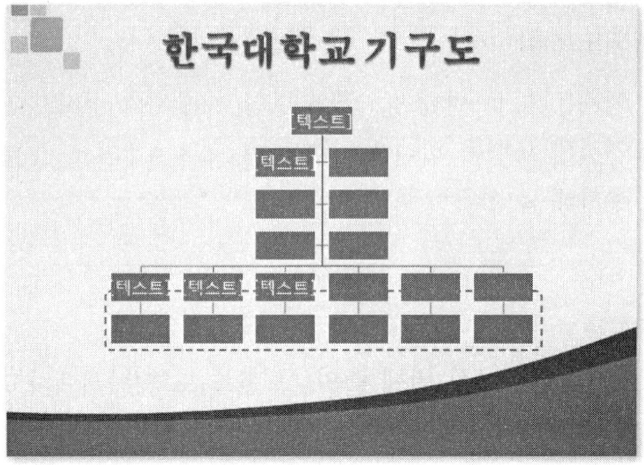

11. 필요한 도형의 수가 모두 추가되었으므로 SmartArt 그래픽 개체의 크기를 조절하여 확대시킵니다. 그리고 입력되어질 텍스트의 폭과 줄 수에 맞도록 각 도형의 너비와 높이의 크기도 확대합니다. 특히 여섯 번째 줄의 각 도형들은 입력될 텍스트가 여러 줄이므로 6개의 도형 모두를 선택하고 크기 조절점을 세로로 드래그하여 높이를 충분히 늘려줍니다.

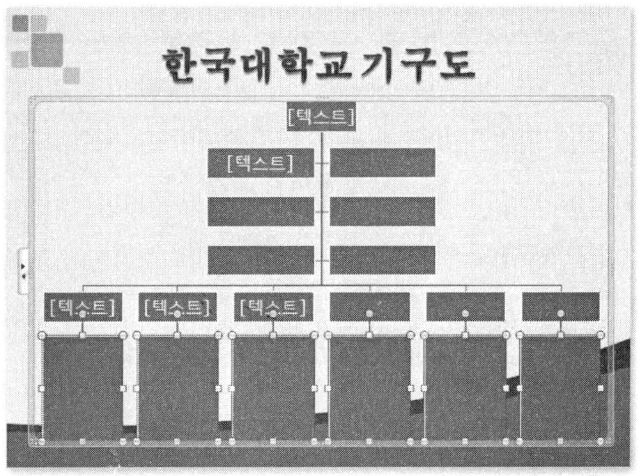

12. 각 도형 안에 다음과 같이 텍스트를 입력하고 조직도에서 첫 번째 줄부터 다섯 번째 줄까지는 글꼴 크기를 14, 마지막 여섯 번째 줄의 글꼴 크기는 12로 지정합니다. 모든 글꼴은 굵게 표시합니다.

- 첫 번째 줄 : '총장'
- 두 번째 줄 : '교무위원회', '대학평의원회'
- 세 번째 줄 : '대외부총장', 'LINC사업단'
- 네 번째 줄 : '평가관리실', '비서실'
- 다섯 번째 줄 : '대학본부', '계열(학부)', '부속기관', '산학협력단', '학교기업'
- 여섯 번째 줄
  ① '기획처', '교무처', '학생처', '총무처', '산학협력처'
  ② '간호학부', '보건의료학부', '호텔관광학부', '한류예술학부', '군사학부'
  ③ '도서관', '신문사', '평생교육원', '정보전산원', '국제개발원'
  ④ '장애학습센터', '교수학습센터', '다문화가족센터', '학생생활상담소'
  ⑤ '사업운영팀', '취업지원센터', '창업보육센터', '보건과학연구소', '문화관광연구소'
  ⑥ '무궁화여행사', '무궁화유학원'

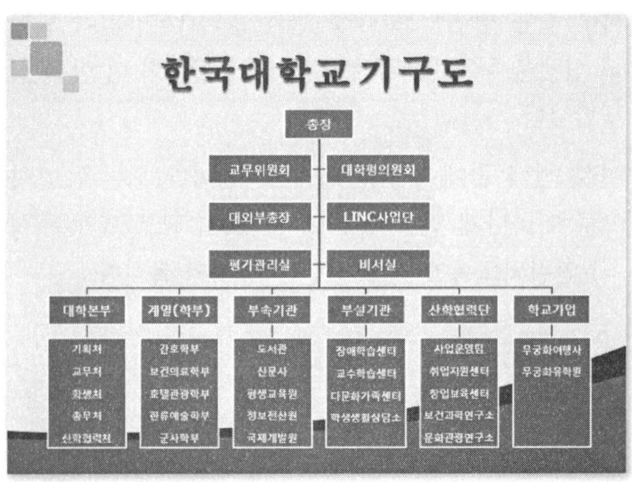

13. SmartArt 개체의 색을 변경하기 위해서, SmartArt 개체를 선택하고 [SmartArt 도구/디자인] 탭 → [SmartArt 스타일] 그룹 → [색 변경] → [색상형] 목록에서 '색상형 – 강조색'을 선택합니다.

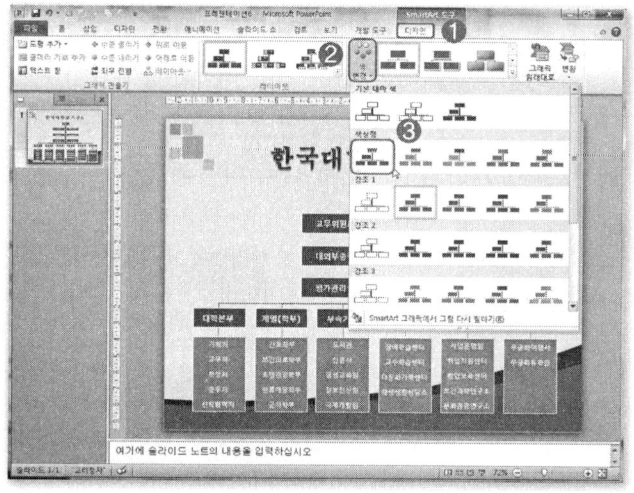

14. SmartArt의 스타일을 변경하기 위해서, [SmartArt 도구/디자인] 탭 → [SmartArt 스타일] 그룹의 '자세히' 단추를 클릭합니다.

[SmartArt 스타일] 목록에서 [3차원] 항목의 '광택처리'를 선택합니다.

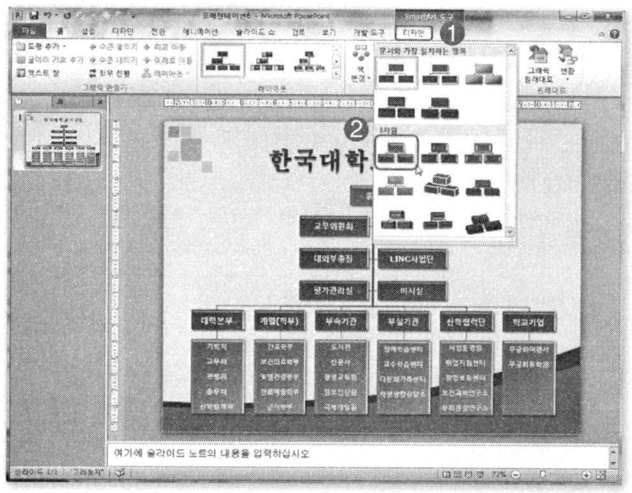

15. 완성한 슬라이드를 [파일] 탭 → [저장]을 클릭하고 '한국대학교 기구도'란 이름의 문서로 저장합니다.

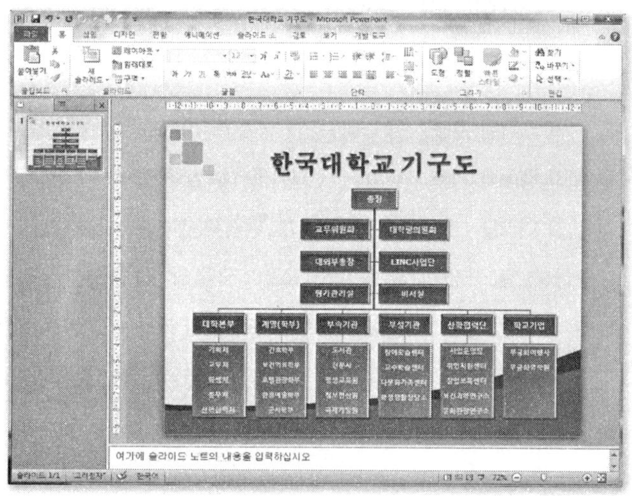

실력 점검 문제

[문제 4-1] 아래 조건에 따라 다음과 같은 표 슬라이드를 작성하시오.

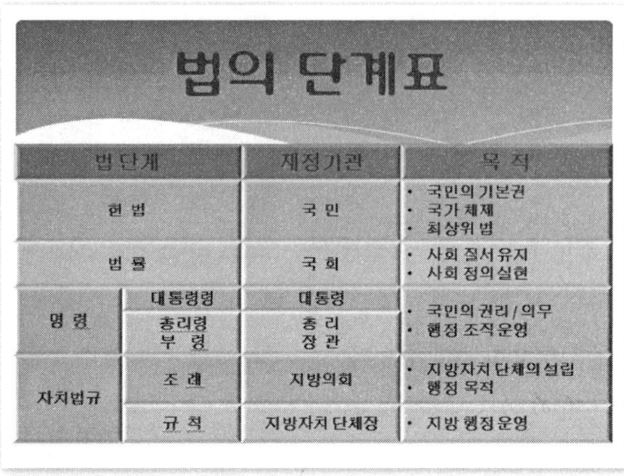

[작성 조건]

1. 슬라이드 레이아웃 : 제목만

2. 테마 서식 : [테마] → '파형'

3. 제목 서식 :

- **텍스트 내용 : '법의 단계표'**
- **글꼴(HY동녘M), 크기(60), 글꼴색(테마색 - 진한 파랑, 텍스트 2, 25% 더 어둡게)**

4. 표 서식 :

- **표 스타일 유형 : [표 스타일] → '보통 스타일 2-강조 1'**
- **표 테두리 : [표 스타일] → [효과] → [셀 입체 효과] → '리블렛'**
- **표 머리글 : 글꼴 크기(24), 굵게, 글꼴색(테마색 - 진한 파랑, 텍스트 2, 25% 더 어둡게), 레이아웃(가운데 맞춤, 세로 가운데 맞춤)**
- **첫째 열('법 단계' 열) 하위의 텍스트 : 글꼴 크기(18), 굵게, 글꼴색(검정), 레이아웃(가운데 맞춤, 세로 가운데 맞춤)**
- **둘째 열('재정기관' 열) 하위의 텍스트 : 글꼴 크기(18), 굵게, 글꼴색(검정), 레이아웃(가운데 맞춤, 세로 가운데 맞춤)**
- **마지막 열('목적' 열) 하위의 텍스트 : 각각의 내용에는 글머리 기호 삽입, 레이아웃(텍스트 왼쪽 맞춤, 세로 가운데 맞춤)**

[문제 4-2] 아래 조건에 따라 다음과 같은 슬라이드를 작성하시오.

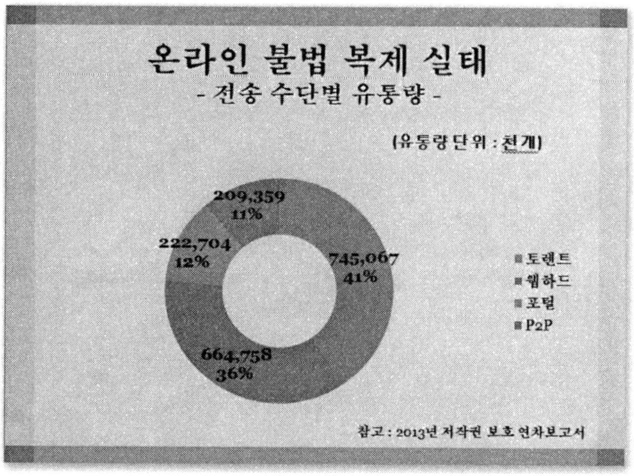

[작성 조건]

1. 슬라이드 레이아웃 : 제목만

2. 테마 서식 : [테마] → '고구려 벽화'

3. 제목 서식 :

- **내용 : '온라인 불법 복제 실태', '– 전송 수단별 유통량 –'**
- **글꼴 크기 : 큰 제목(40), 부 제목(28)**

4. 데이터(엑셀 시트) 내용 :

구분	(유통량 단위: 천개)
토렌트	745,067
웹하드	664,758
포털	222,704
P2P	209,359

5. 차트 서식 :

- **차트 유형 : [차트] → [도넛형] → '도넛형'**
- **차트 레이아웃 : [차트 레이아웃] → '레이아웃 6'**
- **차트 레이블 서식 : [레이블] → [데이터 레이블] → [기타 데이터 레이블 옵션] → [데이터 레이블 서식] → [레이블 옵션] → [레이블 내용] → '값', '백분율'(구분기호: 줄바꿈)**
- **레이블 글꼴 크기(20), 굵게**
- **'(유통량 단위 : 천개)' 서식 : 글꼴(HY강M), 글꼴 크기(20)**

6. 추가된 텍스트 상자 서식 :

- **내용 : '참고 : 2013년 저작권 보호 연차 보고서', 글꼴 크기(16)**

[문제 4-3] 아래 조건에 따라 다음과 같은 슬라이드를 작성하시오.

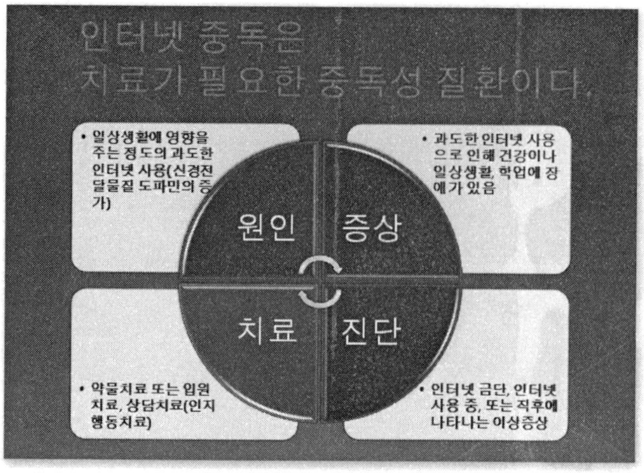

[작성 조건]

1. 슬라이드 레이아웃 : 제목만
2. 제목 서식 :
   - **텍스트 내용 : '인터넷 중독은 치료가 필요한 중독성 질환이다.'**
   - **텍스트 서식 : 글꼴(HY중고딕), 크기(42), 굵게**
3. 테마 서식 : [테마] → '열정'
4. SmartArt 레이아웃 : [SmartArt] → [행렬형] → '주기 행렬형'
5. SmartArt 텍스트 내용 : (왼쪽 위부터 시계 방향 순으로)
   ❶ '원인' : '일상생활에 영향을 주는 정도의 과도한 인터넷 사용(신경전달물질 도파민의 증가)'
   ❷ '증상' : '과도한 인터넷 사용으로 인해 건강이나 일상생활, 학업에 장애가 있음'
   ❸ '진단' : '인터넷 금단, 인터넷 사용 중, 또는 직후에 나타나는 이상 증상'
   ❹ '치료' : '약물치료 또는 입원치료, 상담치료(인지행동 치료)'
6. 텍스트 크기 : '원인/증상/진단/치료' (32), 둥근 직사각형 안의 텍스트(16, 굵게)
7. 둥근 직사각형 안의 텍스트 맞춤 : (왼쪽 위부터 시계 방향 순으로)
   - **왼쪽 위, 오른쪽 위, 오른쪽 아래, 왼쪽 아래**
8. SmartArt 서식 변경 :
   - **색 변경 : [SmartArt 스타일] → [색 변경] → [색상형] → '색상형 범위 - 강조색 4 또는 5'**
   - **스타일 변경 : [SmartArt 스타일] → [3차원] → '만화'**
9. 결과화면 참조하여 위치 및 크기 조절

Memo

CHAPTER 05

화면 전환, 슬라이드 쇼 설정과 문서 인쇄하기

화면 전환 효과란 슬라이드의 장면과 장면사이에서 다음 장으로 넘어갈 때 나타나는 효과를 의미합니다. 화면 전환 효과를 사용하면 보는 사람에게 흥미를 주게 되어 집중할 수 있도록 도와주는 방법입니다. 화면 전환 효과의 종류는 다양하게 많이 있지만, 하나의 문서에서 너무 많은 화면 전환효과를 사용하다 보면 그 효과가 오히려 반감되기 때문에 적당히 사용하는 것이 효과적입니다.

슬라이드 쇼는 슬라이드 쇼의 시작 위치를 지정하거나 슬라이드 쇼에 사용할 설명, 화면의 해상도 등을 설정할 수 있으며 슬라이드 쇼가 진행되는 과정에서도 볼펜, 형광펜 등을 이용하여 진행에 문제가 없도록 많은 기능을 제공합니다.

하이퍼링크는 개체를 클릭했을 때 주로 웹사이트를 연결하는 기능이지만, 파워포인트에서는 다른 문서나 다른 슬라이드로 이동할 경우에 사용합니다. 하이퍼링크를 이용하여 프레젠테이션의 기능을 강화시킬 수 있습니다.

학습 목표

- 슬라이드에 화면 전환 효과를 적용하고 실행할 수 있습니다.
- 슬라이드 쇼를 시작하고, 쇼 진행 중 잉크주석 표시를 할 수 있으며, 쇼를 종료하고 편집화면으로 복귀할 수 있습니다.
- 목차 내용에 하이퍼링크를 적용하여 슬라이드 쇼에서 링크된 슬라이드로 연결하여 진행할 수 있습니다.
- 링크된 슬라이드에 하이퍼링크 기능이 적용된 실행 단추 도형을 삽입하여 링크 이동 전의 기본 슬라이드로 복귀할 수 있습니다.
- 인쇄의 목적에 따라 인쇄에 필요한 슬라이드 범위 지정, 인쇄용지 방향, 머리글/바닥글, 인쇄의 색상, 인쇄 매수 등을 설정하고 문서를 인쇄할 수 있습니다.

실습구성

준비학습
실습 5-1 슬라이드마다 화면 전환 효과 지정하기
실습 5-2 슬라이드 쇼를 설정하고 쇼 진행하기
실습 5-3 목차 슬라이드를 삽입하고 하이퍼링크 연결하기
실습 5-4 문서 인쇄 및 유인물 배포하기
실력 점검 문제

준비학습

1. 화면 전환 효과 적용하기

(1) 슬라이드에 화면 전환 효과 지정

❶ 1번 슬라이드인 상태에서 리본메뉴의 [전환] 탭 → [슬라이드 화면 전환] 그룹에서 '자세히' 단추를 클릭합니다.

❷ '은은한 효과', '화려한 효과', '동적 콘텐츠' 등의 화면 전환 효과 목록이 나타나면 원하는 전환 효과를 선택합니다.

❸ 화면 전환 효과가 지정되면 '개요 및 슬라이드' 창의 '슬라이드' 탭에 슬라이드 번호 아래쪽에 별 모양의 애니메이션 실행 아이콘 단추가 표시됩니다. 애니메이션 실행 아이콘을 클릭하면 전환 효과를 미리보기 할 수 있습니다.

❹ 이와 같은 방법으로 2번 슬라이드부터 나머지 슬라이드까지 화면 전환 효과를 지정합니다.

만약 각 슬라이드 마다 다르게 화면 전환 효과를 지정하지 않고 모든 슬라이드에 같은 전환 효과를 지정하려면, 1번 슬라이드에서 화면 전환 효과를 선택한 후에 [전환] 탭 → [타이밍] 그룹 → [모두 적용]을 선택합니다.

(2) [전환] 탭의 구성

[전환] 탭은 [미리 보기] 그룹, [슬라이드 화면 전환] 그룹, [타이밍] 그룹으로 분류됩니다.

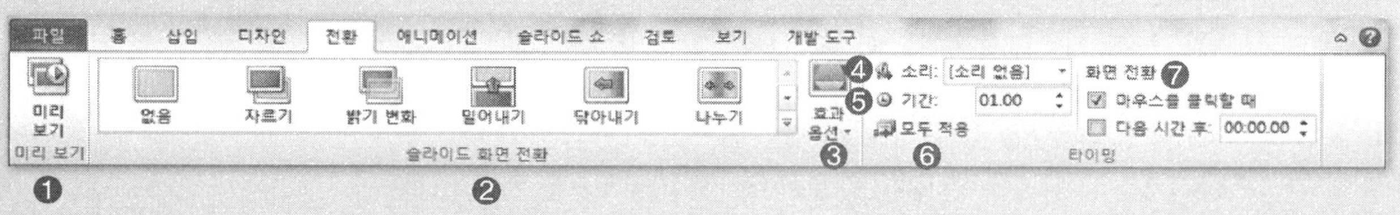

❶ 미리 보기 : 개체에 적용한 애니메이션을 슬라이드 창 내에서 미리 확인 할 수 있습니다.

❷ 슬라이드 화면 전환 효과 : 슬라이드에 적용할 수 있는 화면 전환 효과를 선택할 수 있습니다. '자세히' 단추를 눌러 [화면 전환 효과] 목록이 표시되면 각각의 전환 아이콘 위에 마우스를 올려놓고 간단하게 전환 효과의 미리보기를 적용해 볼 수 있습니다.

❸ 효과 옵션 : 선택한 화면 전환 효과의 세부 사항을 선택할 수 있습니다.

❹ 소리 : 화면 전환할 때 효과음을 적용할 수 있습니다.

❺ 기간 : 화면 전환할 때의 속도를 조절할 수 있습니다.

❻ 모두 적용 : 열려 있는 문서의 모든 슬라이드에 현재 설정한 효과를 적용할 수 있습니다.

❼ 화면 전환 : 화면 전환의 시점을 마우스를 클릭할 때 또는 일정 시간이 지나면 전환되도록 할 것인지를 설정할 수 있습니다.

2. 슬라이드 쇼 실행하기

(1) 슬라이드 쇼 보기

❶ [슬라이드 쇼] 탭 → [슬라이드 쇼 시작] 그룹 → [처음부터] 명령 단추를 클릭하면 1번 슬라이드부터 슬라이드 쇼를 시작할 수 있습니다.

❷ [슬라이드 쇼] 탭 → [슬라이드 쇼 시작] 그룹 → [현재 슬라이드부터] 명령 단추를 클릭하면 현재 슬라이드부터 슬라이드 쇼를 시작할 수 있습니다.

❸ 또한, 파워포인트 기본 화면 오른쪽 아래에는 '기본' 보기 단추 , '여러 슬라이드' 보기 단추 , '읽기용 보기' 단추 , '슬라이드 쇼' 보기 단추 가 있는데, 이 중에서 '슬라이드 쇼' 보기 단추 를 클릭하면 현재 슬라이드부터 슬라이드 쇼가 실행됩니다.

(2) 슬라이드 쇼 종료하기

슬라이드 쇼를 진행 중이거나 또는 슬라이드 쇼를 마지막까지 실행한 후에 Esc 글쇠를 누르면 파워포인트 편집 화면으로 복귀되고 슬라이드 쇼가 종료됩니다.

(3) [슬라이드 쇼] 탭의 구성

[슬라이드 쇼] 탭은 [슬라이드 쇼 시작] 그룹, [설정] 그룹, [모니터] 그룹으로 분류됩니다.

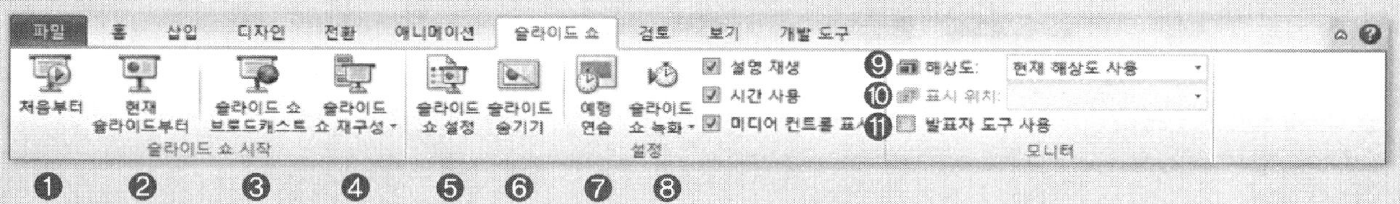

❶ 처음부터 : 슬라이드 쇼를 처음부터 진행합니다.

❷ 현재 슬라이드부터 : 슬라이드 쇼를 현재 선택된 슬라이드부터 진행합니다.

❸ 슬라이드 쇼 브로드캐스트 : 웹브라우저에서 볼 수 있는 원격 시청자들에게 브로드캐스트 할 수 있습니다.

❹ 슬라이드 쇼 재구성 : 사용자 지정 슬라이드 쇼를 만들거나 실행합니다.

❺ 슬라이드 쇼 설정 : [쇼 설정] 대화상자에서 슬라이드 쇼에 관한 세부 설정을 사용합니다.

❻ 슬라이드 숨기기 : 프레젠테이션에서 현재 슬라이드를 숨깁니다.

❼ 예행 연습 : 슬라이드 쇼를 진행하며 각 슬라이드에 소요되는 시간 등을 체크합니다.

❽ 슬라이드 쇼 녹화 : 녹화된 시작 위치를 선택하거나 녹화된 타이밍 및 설명을 지웁니다.

❾ 해상도 : 슬라이드 쇼를 진행할 해상도를 설정합니다.

❿ 표시 위치 : 전체화면 슬라이드 쇼를 표시할 모니터를 선택합니다.

⓫ 발표자 도구 사용 : 연결된 모니터가 2대 이상일 경우 발표자 도구를 사용하고자 할 때 사용합니다.

3. 하이퍼링크 연결하기

하이퍼링크는 개체를 클릭했을 때 주로 웹사이트를 연결하는 기능으로, 파워포인트 문서에서는 다른 문서나 또는 다른 슬라이드로 이동할 경우에 사용할 수 있습니다.

(1) 하이퍼링크 삽입하기

❶ 원하는 개체를 선택하고 [삽입] 탭 → [링크] 그룹 → [하이퍼링크]를 클릭합니다.

❷ [하이퍼링크 삽입] 대화상자가 나타나면 '연결 대상'을 선택합니다.

만약 현재 문서에서 다른 슬라이드로 이동할 경우는 [연결 대상] → [현재 문서]를 선택하고, '이 문서에서 위치 선택'에서 연결될 슬라이드를 선택합니다.

그러면 [하이퍼링크 삽입] 대화상자의 오른쪽에 연결될 '슬라이드 미리 보기'가 표시됩니다.

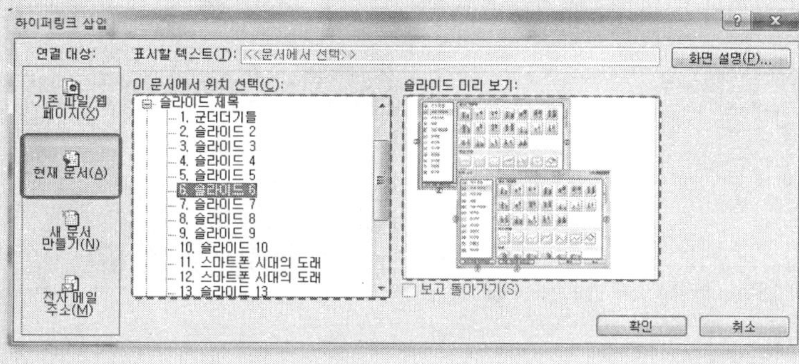

(2) 하이퍼링크 제거하기

[하이퍼링크 편집] 대화상자의 [링크 제거]를 클릭하거나 하이퍼링크가 지정된 도형의 바로 가기 메뉴에서 [하이퍼링크 제거]를 클릭하면 연결된 하이퍼링크를 제거할 수 있습니다.

(3) [하이퍼링크 삽입] 대화상자 구성

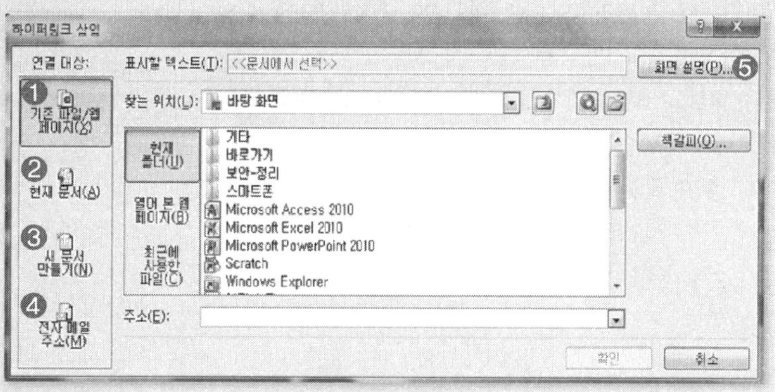

❶ 기존 파일/웹 페이지 : 기존에 작성해 둔 파일이나 문서 혹은 웹 사이트 주소로 연결합니다.

❷ 현재 문서 : 현재 작업 중인 프레젠테이션 파일의 슬라이드로 연결합니다.

❸ 새 문서 만들기 : 새로 문서를 만들고 그 문서로 연결합니다. 문서의 이름과 저장할 경로, 문서 편집 방법 등을 설정합니다.

❹ 전자 메일 주소 : 윈도우에 설치된 이메일 프로그램을 실행해서 해당 전자 메일 주소로 이메일을 보냅니다.

❺ 화면 설명 : 하이퍼링크가 삽입된 개체에 마우스 포인터를 놓으면 표시되는 설명을 입력합니다.

4. 슬라이드 인쇄하기

(1) [인쇄] 설정 화면의 구성

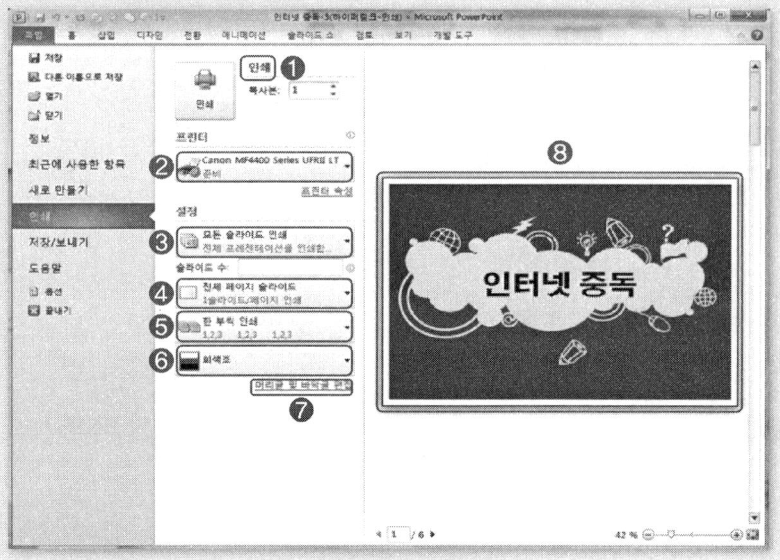

❶ 인쇄 매수를 입력합니다.

❷ 인쇄에 사용할 프린터를 선택합니다.

❸ 인쇄할 슬라이드(모든 슬라이드, 선택 영역, 현재 슬라이드, 범위 지정)를 지정합니다.

❹ 인쇄의 목적에 따라 슬라이드, 유인물, 슬라이드 노트, 개요 보기 중에서 선택할 수 있습니다.

❺ 한부씩 인쇄 또는 한부씩 인쇄 안함 중에서 선택합니다.

❻ 인쇄 대상물의 색상을 컬러, 회색조, 흑백 중에서 선택하여 인쇄할 수 있습니다.

❼ [머리글 및 바닥글] 대화상자를 표시할 수 있습니다.

❽ 인쇄할 슬라이드를 미리 보기 할 수 있습니다.

(2) 원하는 슬라이드만 인쇄하기

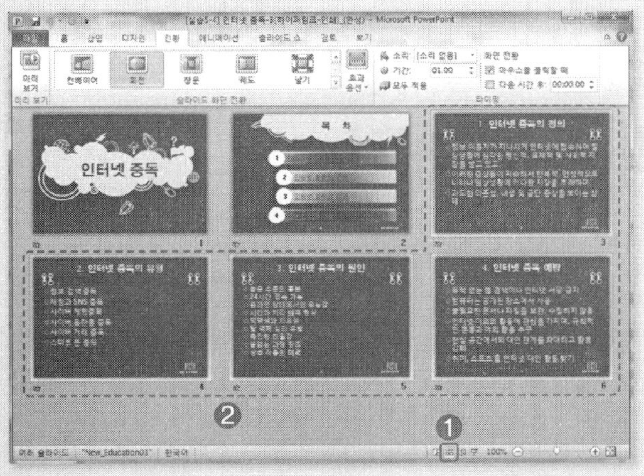

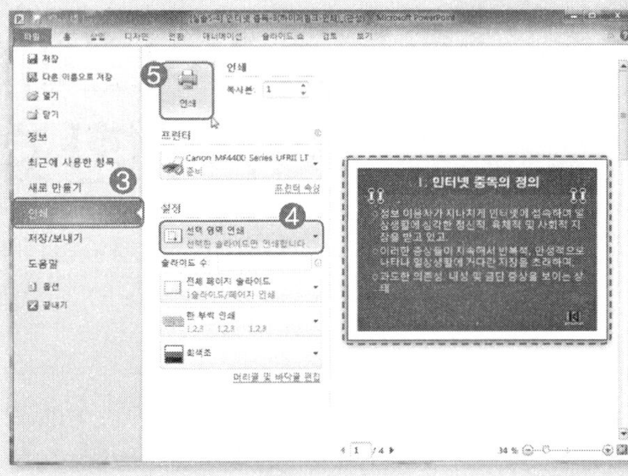

❶ 화면의 오른쪽 아래 '여러 슬라이드' 보기 단추를 클릭하여 여러 슬라이드 보기 화면으로 변경합니다.

❷ Ctrl 글쇠를 누른 상태에서 인쇄를 원하는 슬라이드를 차례대로 선택합니다.

❸ [파일] 탭 → [인쇄] 메뉴를 선택합니다.

❹ [설정] 항목에서 '선택 영역 인쇄'를 선택합니다.

❺ 미리 보기 창에 선택한 슬라이드가 표시되었는지 확인하고 [인쇄]를 클릭합니다.

(3) 유인물 형태로 인쇄하기

여기에서는 종이 한 장당 2개의 슬라이드를 인쇄해 봅니다.

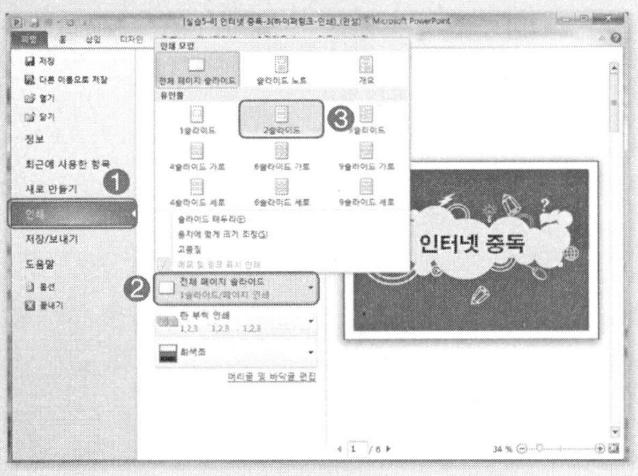

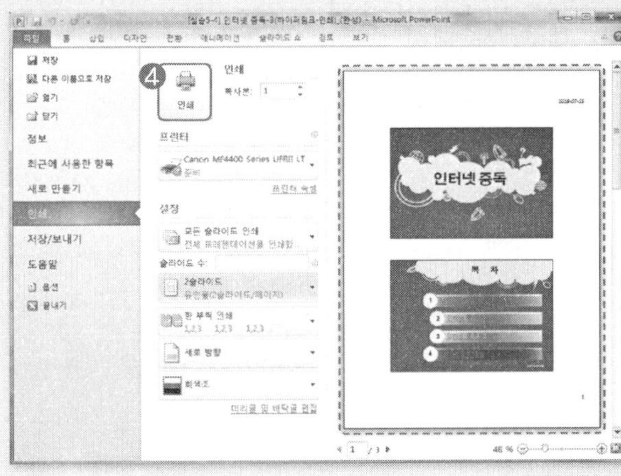

❶ [파일] 탭 → [인쇄] 메뉴를 선택합니다.

❷ [인쇄 모양] 항목의 '전체 페이지 슬라이드'를 선택합니다.

❸ [유인물] 항목에서 '2슬라이드'를 선택합니다.

❹ 미리 보기 창에서 슬라이드가 인쇄되는 모습을 확인하고 [인쇄]를 클릭합니다.

5-1 슬라이드마다 화면 전환 효과 지정하기

01. 파워포인트의 새 슬라이드에서 다음과 같이 5개의 슬라이드를 작성합니다. 첫 번째 슬라이드 제목 '인터넷 중독'의 글꼴 크기(66)를 지정합니다.

[파일] 탭 → [저장]을 클릭하고 '인터넷 중독-1'이란 문서로 저장합니다.

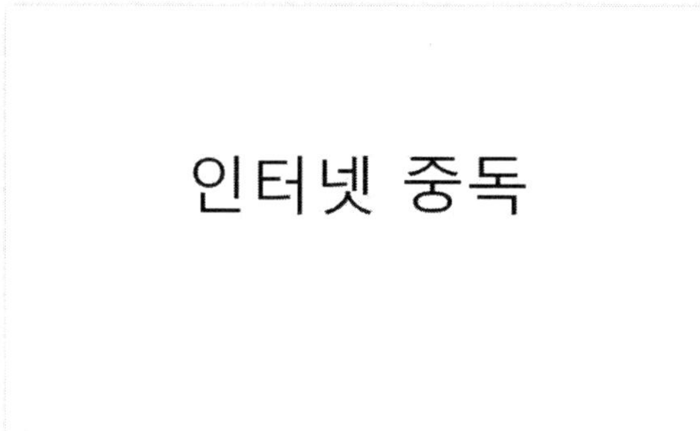

〈 슬라이드 #1 〉

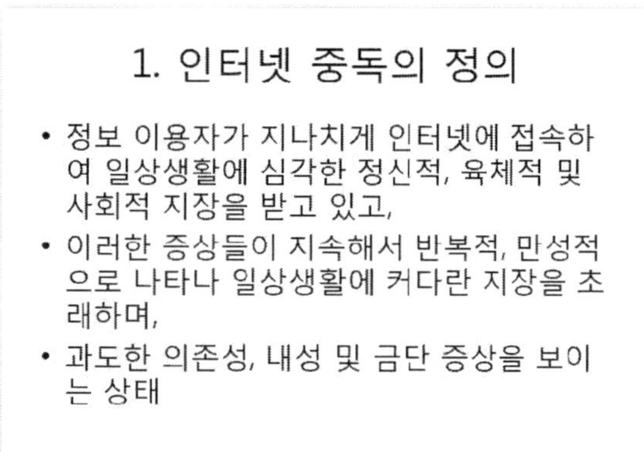

〈 슬라이드 #2 〉

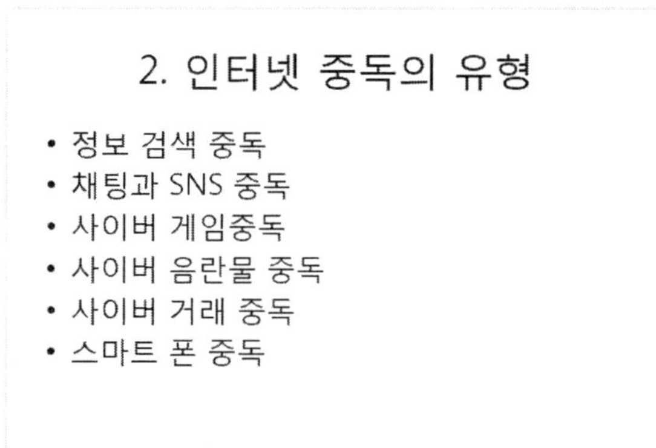

〈 슬라이드 #3 〉

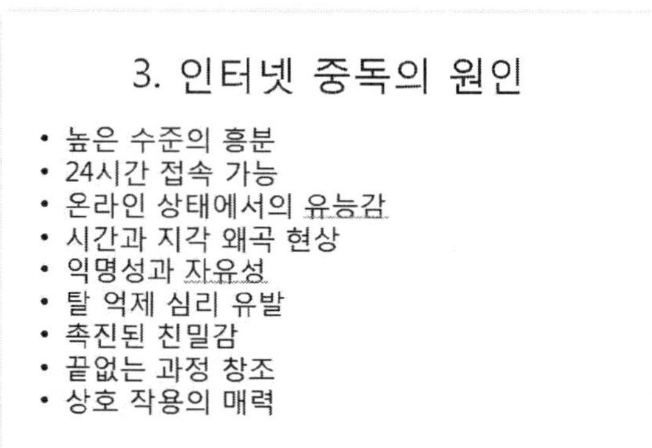

〈 슬라이드 #4 〉

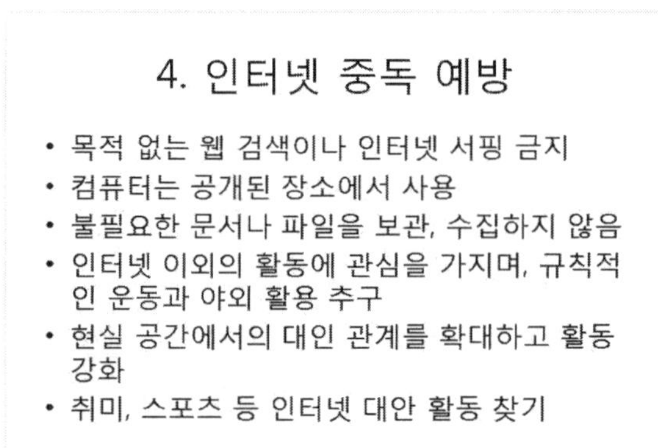

〈 슬라이드 #5 〉

02. 슬라이드에 디자인 테마를 지정하기 위해서, [디자인] 탭 → [테마] 그룹의 '자세히' 단추를 클릭합니다.

[테마] → [Office.com] 목록에서 'New_Education01'을 선택합니다.

만약, 테마 목록에 여기에서 지정한 테마가 없으면 적당한 다른 테마를 선택해서 적용합니다.

03. 테마 색을 변경하기 위해서, [디자인] 탭 → [테마] 그룹 → [색] 목록에서 '오렌지'를 선택합니다.

04. 테마 글꼴을 변경하기 위해서, [디자인] 탭 → [테마] 그룹 → [글꼴] 목록에서 '보자기'를 선택합니다.

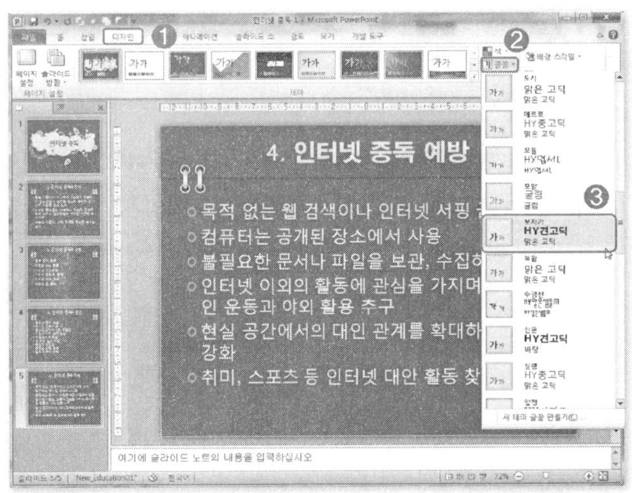

05. 회전하는 모양의 화면 전환 효과를 적용하기 위하여, 첫 번째 슬라이드에서 [전환] 탭 → [슬라이드 화면 전환] 그룹에서 '자세히' 단추를 클릭합니다.

[화면 전환 효과] 목록이 표시되면 [동적 콘텐츠] 목록에서 '회전'을 선택합니다.

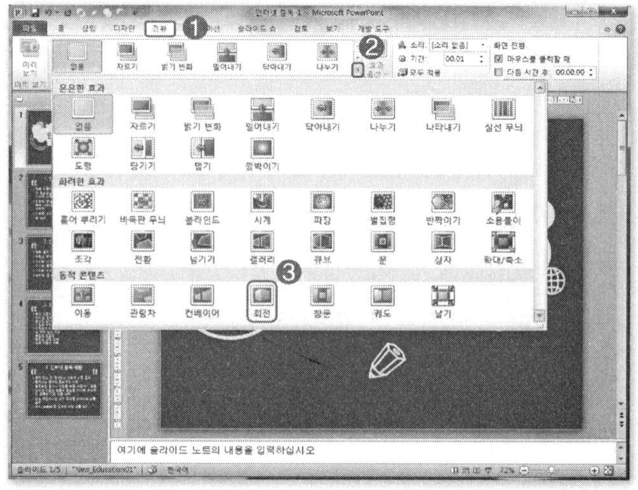

06. '회전' 화면 전환의 세부 효과를 지정하기 위해서, [전환] 탭 → [슬라이드 화면 전환] 그룹 → [효과 옵션] 목록에서 '위에서'를 선택합니다.

[화면 전환 효과]를 적용하면 [개요 및 슬라이드]창의 [슬라이드]탭에 표시된 슬라이드 그림 좌측에 애니메이션 실행 아이콘()이 표시됩니다.

애니메이션 실행 아이콘을 클릭하면 전환 효과를 미리보기 할 수 있습니다.

07. 화면 전환 속도를 빠르게 지정하기 위해서, [전환] 탭 → [타이밍] 그룹 → [기간]의 시간을 [01.00]으로 수정합니다.

지금까지 적용했던 화면전환 효과를 5개의 슬라이드 모두에 적용하기 위해서, [전환] 탭 → [타이밍] 그룹 → [모두 적용]을 클릭합니다.

08. 화면 전환 효과가 적용된 각 슬라이드의 미리 보기를 위해서, [슬라이드]탭에 애니메이션 실행 아이콘을 클릭하거나 또는 [전환] 탭 → [미리 보기] 그룹 → [미리 보기]를 클릭합니다.

09. 완성한 슬라이드를 저장하고 [파일] 탭 → [닫기]를 클릭하여 작업을 종료합니다.

실습

I n t r o d u c t i o n t o P o w e r P o i n t

5-2 슬라이드 쇼를 설정하고 쇼 진행하기

01. 이전의 [실습 5-1]에서 작성한 '인터넷 중독-1' 문서 파일을 열고 [파일] → [다른 이름으로 저장]을 클릭하여 '인터넷 중독-2(슬라이드 쇼 설정)'이란 이름으로 문서를 만들어 준비합니다.

02. 준비된 문서를 열고 디자인 테마를 변경하기 위해서, [디자인] 탭 → [테마] 그룹에서 '고구려 벽화'를 선택합니다.

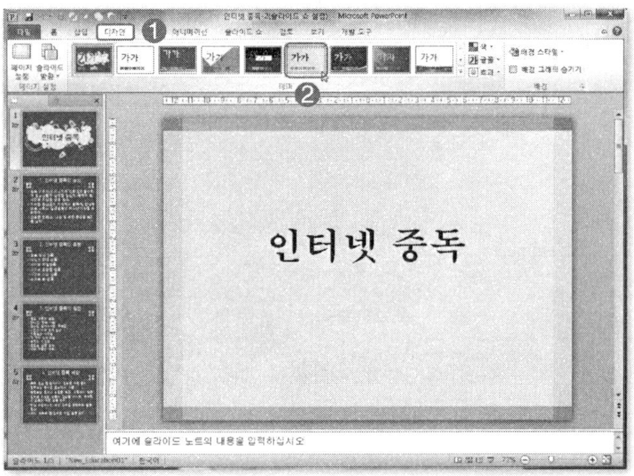

03. 슬라이드 쇼를 진행하기 위해서, [슬라이드 쇼] 탭 → [슬라이드 쇼 시작] 그룹 → [처음부터]를 클릭합니다.

그러면 화면 전환 효과가 적용되면서 프레젠테이션 슬라이드 쇼가 진행됩니다.

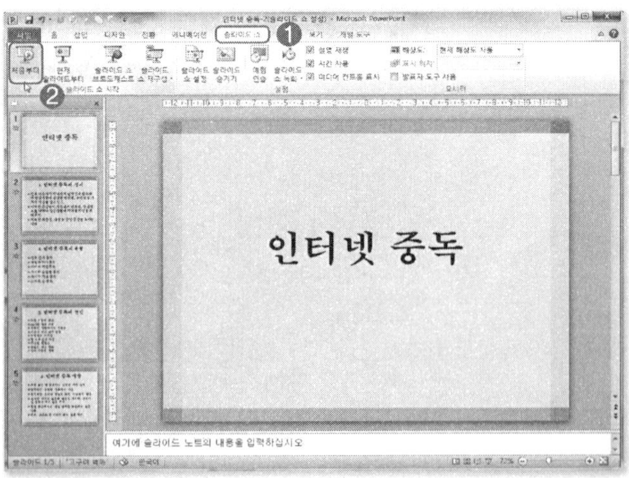

04. 오른쪽 그림은 슬라이드 쇼의 시작 화면으로 제목 슬라이드입니다.

슬라이드 쇼 진행 화면의 왼쪽 아래에는 '이전', '펜', '메뉴', '다음'을 표시하는 진행 단추가 표시됩니다.

여기에서 '다음'(➡) 단추를 클릭하면 다음 슬라이드로 이동하고 '이전'(⬅) 단추를 클릭하면 이전 슬라이드로 이동하며 동시에 화면 전환 효과도 적용되어 나타납니다.

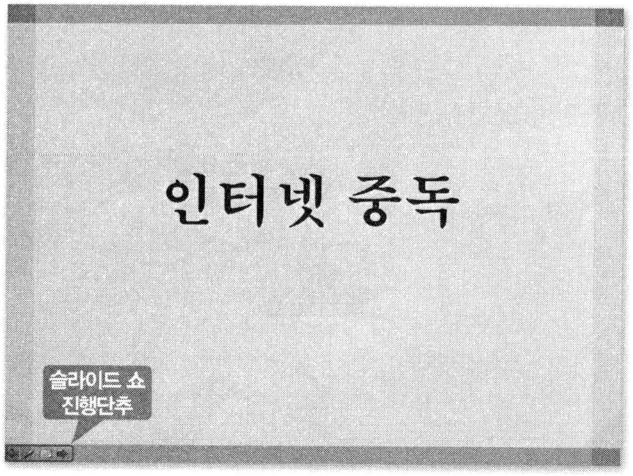

05. 슬라이드 쇼의 첫 번째 화면위에서 마우스를 클릭합니다. 그러면 화면 전환 효과를 보이면서 두 번째 슬라이드로 전환 됩니다.

이전의 [실습 5-1] 과정에서 슬라이드 화면 전환 작업을 지정할 때, [전환] 탭 → [타이밍] 그룹 → [화면전환] 항목에서 [마우스를 클릭할 때]가 체크 표시 되어 기본으로 지정되었기 때문에, 슬라이드 쇼를 실행할 때 화면위를 클릭하면 전환효과를 보이며 다음 슬라이드가 나타납니다.

만약 슬라이드 쇼를 진행 중에 Esc 글쇠를 누르면 파워포인트 편집 화면으로 복귀되고 슬라이드 쇼가 종료됩니다.

06. 슬라이드 쇼를 진행하면서 설명을 강조하기 위한 방법으로 잉크 주석을 사용하려면, 슬라이드 쇼의 진행 화면에서 마우스 오른쪽 단추를 눌러 바로가기 메뉴를 표시합니다.

바로가기 메뉴에서 [포인터 옵션] → [형광펜]을 클릭합니다.

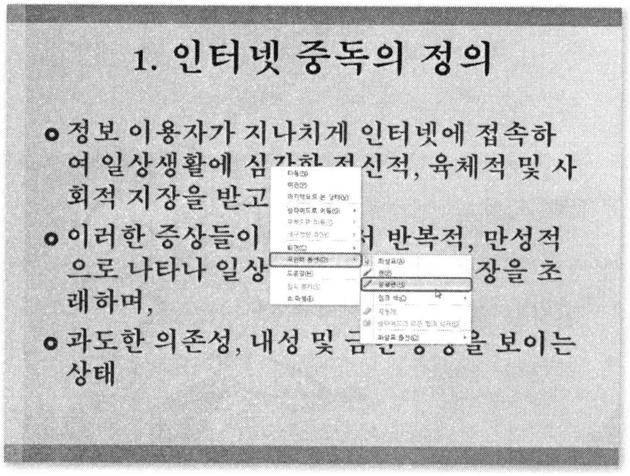

07. 그러면 마우스 포인터가 기본 색의 노란색 직사각형 모양으로 바뀌며 그 상태에서 강조하려는 부분에 밑줄 긋기를 합니다.

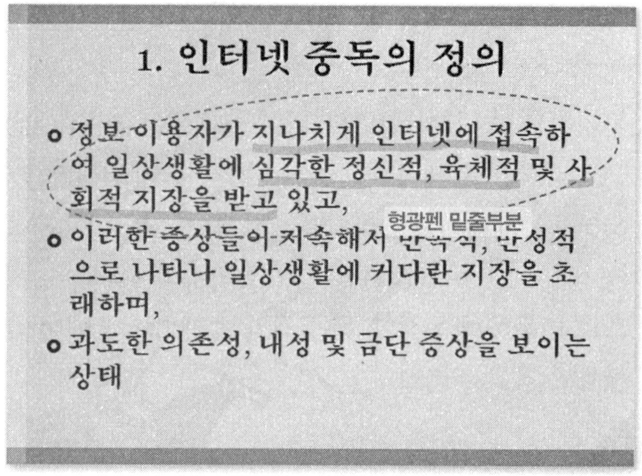

08. 형광펜 밑줄 긋기 도중에 형광펜의 색을 변경하고자 한다면, 슬라이드 쇼 화면에서 다시 바로가기 메뉴를 표시하고 [포인터 옵션] → [잉크 색] 목록에서 다른 색을 선택하여 별도의 강조 부분에 밑줄 긋기 합니다.

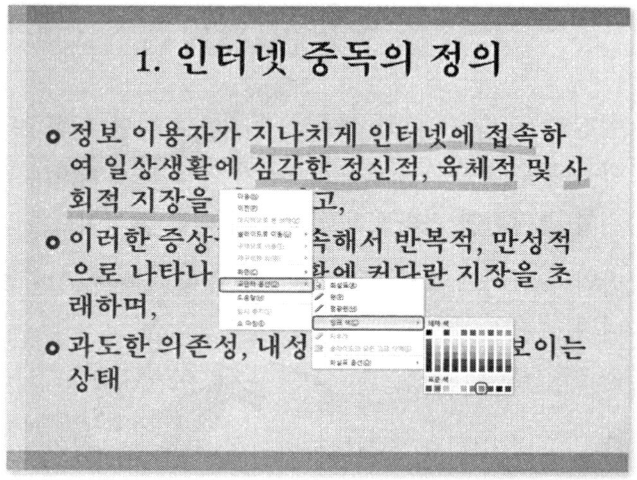

09. 중간에 잉크 주석이 불필요한 부분은 지우개 기능으로 삭제할 수 있습니다.

형광펜 밑줄을 삭제하기 위하여, 바로가기 메뉴에서 [포인터 옵션] → [지우개]를 클릭하고, 지우개 기능이 선택되면 해당 밑줄부분을 클릭하여 삭제합니다.

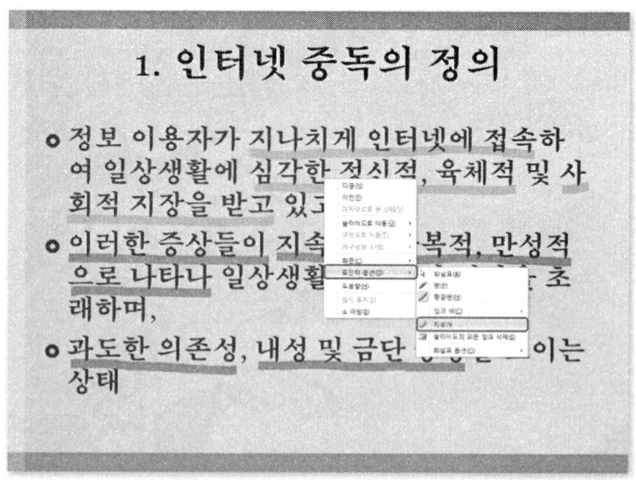

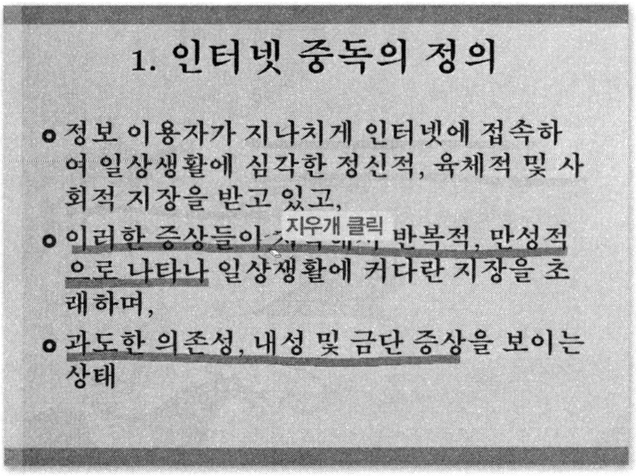

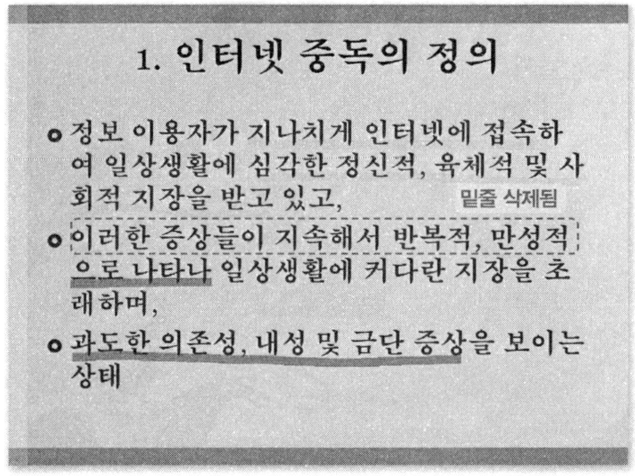

10. 펜을 이용한 잉크 주석을 사용하기 위하여, 슬라이드 쇼 화면에서 바로가기 메뉴를 표시합니다.

바로가기 메뉴에서 [포인터 옵션] → [펜]을 클릭하고 밑줄 또는 그리기를 하여 주석으로 활용합니다.

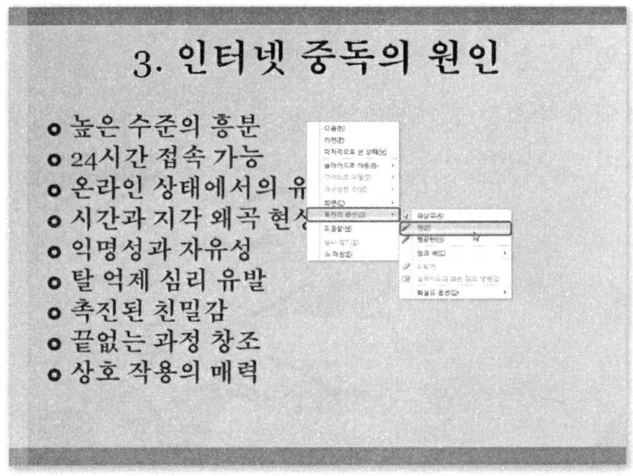

오른쪽 그림은 펜을 이용한 잉크 주석을 표기한 결과입니다.

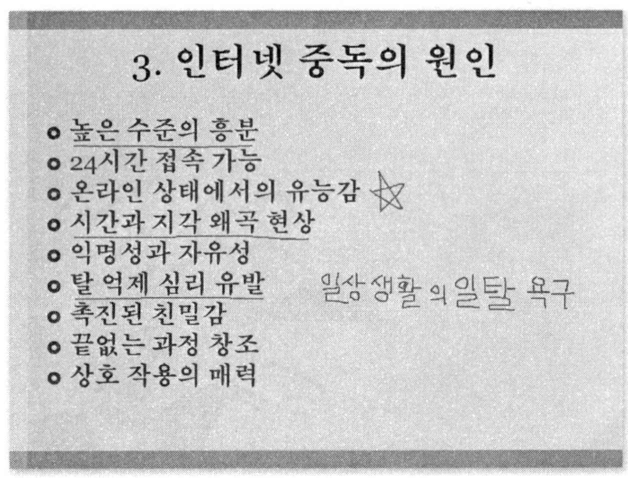

11. 잉크 주석 사용을 마치려면 컴퓨터 글자판의 Esc 글쇠를 누르거나, 마우스 오른쪽 단추를 눌러 바로가기 메뉴에서 [포인터 옵션] → [화살표]를 클릭합니다.

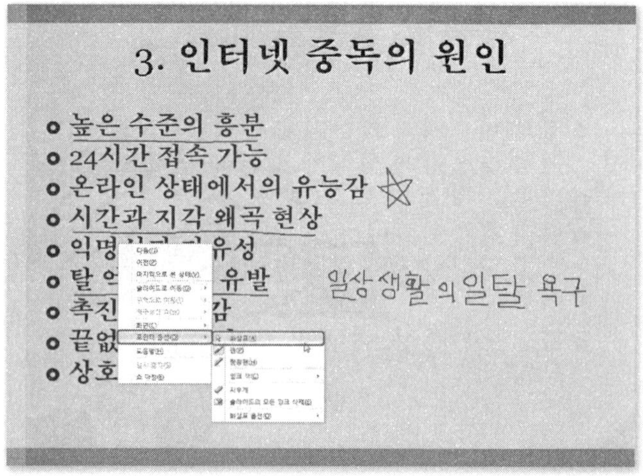

12. 슬라이드 쇼가 종료되면 잉크 주석을 유지할 것인지 묻는 대화상자가 표시됩니다.

잉크 주석을 유지하려면 [예]를, 잉크 주석을 유지하지 않으려면 [아니오]를 클릭합니다.

13. 완성한 슬라이드를 저장하고 [파일] 탭 → [닫기]를 클릭하여 작업을 종료합니다.

실습

Introduction to PowerPoint

5-3 목차 슬라이드를 삽입하고 하이퍼링크 연결하기

01. 이전의 [실습 5-1]에서 작성한 '인터넷 중독-1' 문서 파일을 열고 [파일] → [다른 이름으로 저장]을 클릭하여 '인터넷 중독-3(하이퍼링크)'란 이름으로 문서를 만들어 준비합니다.

02. 준비된 문서의 첫 번째 슬라이드에서 [홈] 탭 → [슬라이드] 그룹 → [새 슬라이드]의 목록에서 '제목만'을 선택합니다.

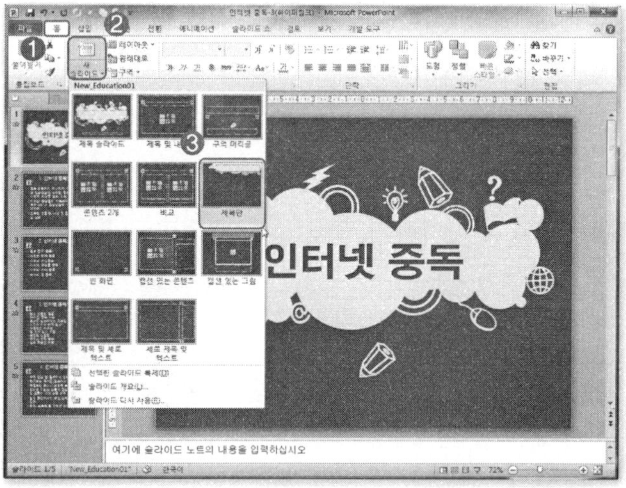

03. 슬라이드가 삽입되면 제목에 오른쪽 그림과 같이 '목차'를 입력합니다.

04. SmartArt 개체 틀을 이용하여 그 안에 목차 내용을 입력하기 위해서, 두 번째 슬라이드에서 [삽입] 탭 → [일러스트레이션] 그룹 → [SmartArt]를 클릭하여 [SmartArt 그래픽 선택] 대화상자를 표시합니다.

[SmartArt 그래픽 선택] 대화상자에서 [목록형] 범주의 목록에서 '세로 곡선 목록형'을 선택하고 [확인] 단추를 클릭합니다.

오른쪽 그림은 '세로 곡선 목록형' SmartArt 그래픽 선택 결과입니다.

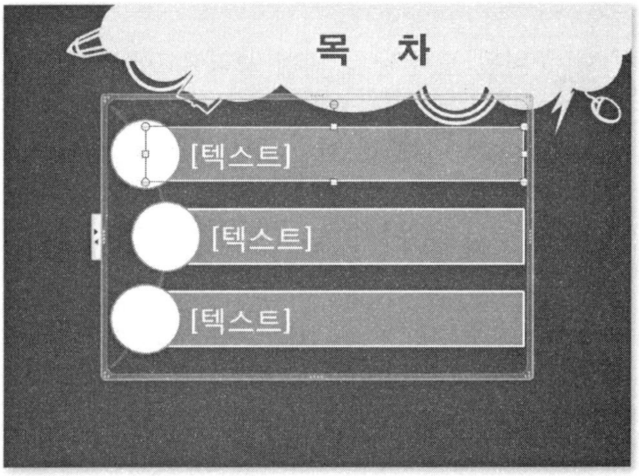

05. SmartArt 그래픽이 삽입되면 개체 틀의 모서리에서 대각선 방향으로 드래그하여 크기를 조절하고 '목차'의 아래쪽으로 이동합니다.

도형을 추가하기 위해서, SmartArt 개체가 선택된 상태에서 [SmartArt 도구/디자인] 탭 → [그래픽 만들기] 그룹 → [도형 추가] 목록 단추를 클릭하고 '뒤에 도형 추가'를 선택합니다.

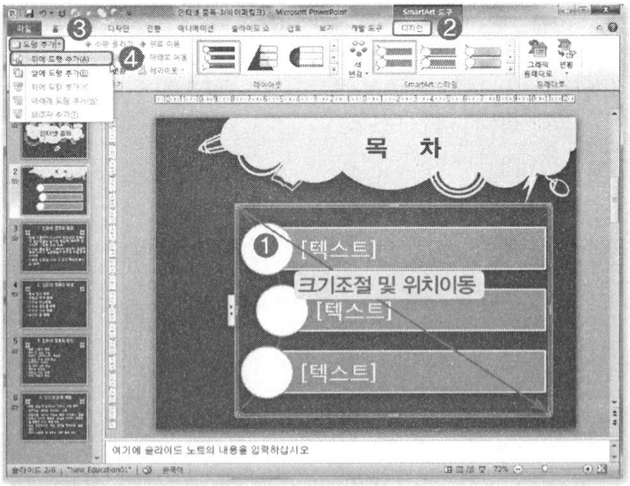

06. SmartArt 그래픽의 텍스트 창에 텍스트를 입력하기 위해서, SmartArt 개체 틀의 왼쪽의 펼치기 단추를 클릭하여 텍스트 창을 펼칩니다.

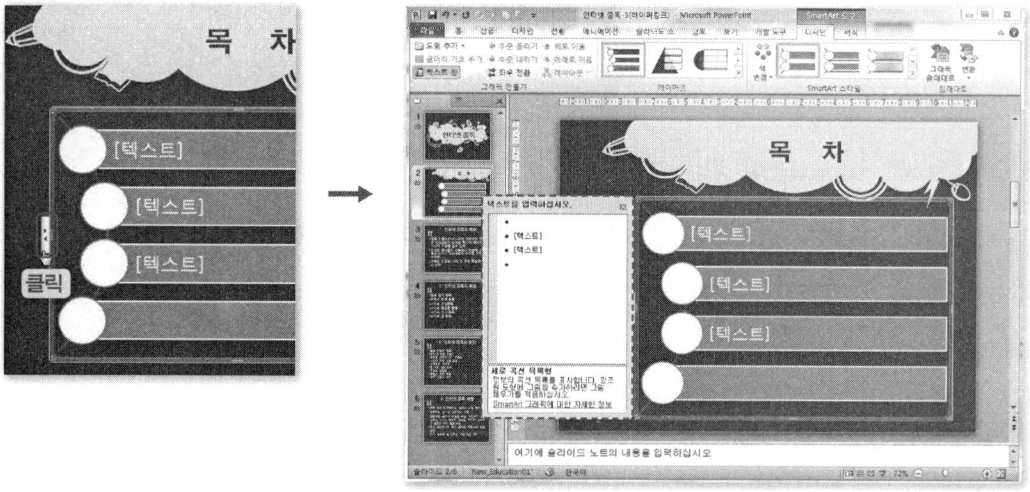

07. 텍스트 창에 내용을 입력하면, 슬라이드 오른쪽 SmartArt 그래픽에 도형 안에 그대로 표시됩니다.

텍스트를 모두 입력한 후 ⊠ 단추를 클릭하여 텍스트 창을 닫습니다.

텍스트 내용은 다음과 같습니다.

- '인터넷 중독의 정의'
- '인터넷 중독의 유형'
- '인터넷 중독의 원인'
- '인터넷 중독 예방'

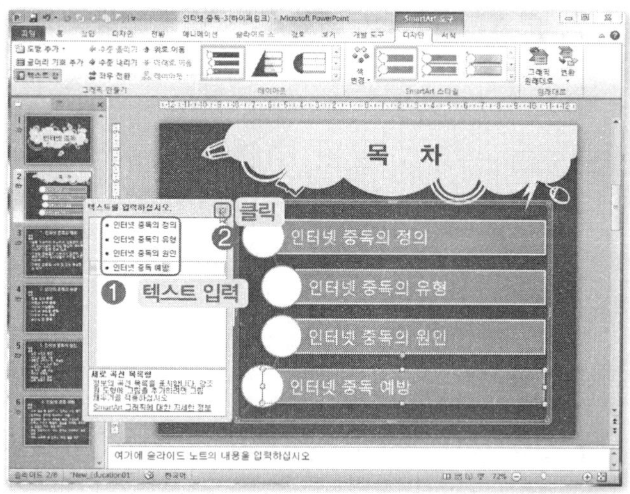

08. 목차의 각 제목에 연번호를 부여하기 위해서, [삽입] 탭 → [텍스트] 그룹 → [텍스트 상자] → [가로 텍스트 상자]를 선택하고 첫 번째 원을 클릭하여 텍스트 상자를 삽입한 후 숫자 '1'를 입력합니다.

글꼴(휴먼 둥근 헤드라인), 글꼴 크기(24), 글꼴 색(검정)을 지정합니다.

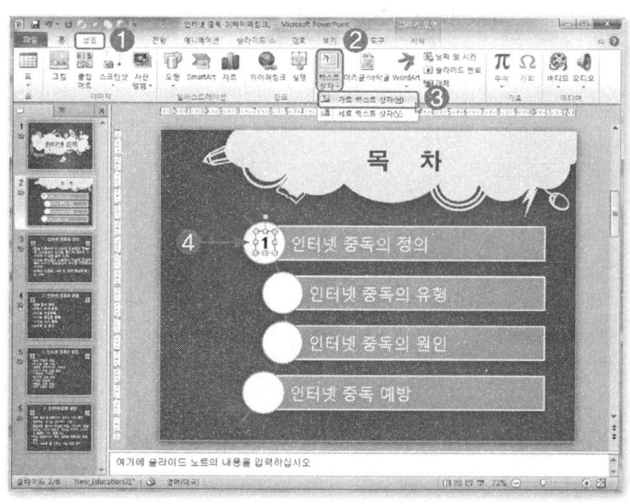

09. 방금 작성한 숫자 '1' 개체를 선택하고 Ctrl + D를 3회 클릭하여 3개의 '1'을 복제합니다.

복제된 각각의 '1'을 '2', '3', '4'로 수정하여 나머지 원 내부로 이동 배치합니다.

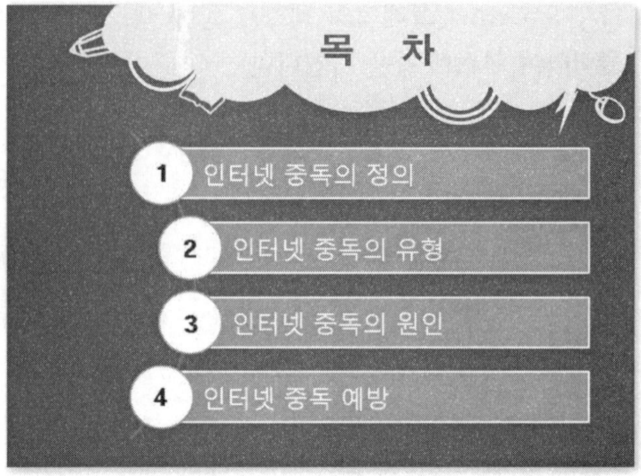

10. SmartArt 그래픽의 색을 변경하기 위해서, SmartArt 개체가 선택된 상태에서 [SmartArt 도구/디자인] 탭 → [SmartArt 스타일] 그룹 → [색 변경] → [색상형] 목록에서 '색상형 범위-강조색 2 또는 3'을 선택합니다.

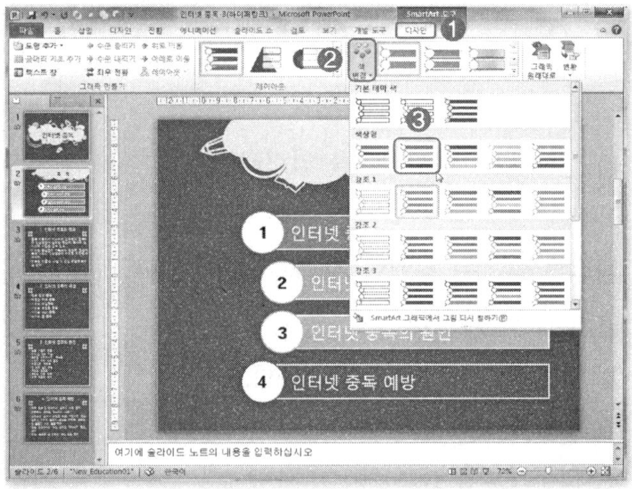

11. SmartArt 그래픽의 스타일을 변경하기 위해서, [SmartArt 도구/디자인] 탭 → [SmartArt 스타일] 그룹의 '자세히' 단추를 클릭하고 [3차원] 목록에서 '광택처리'를 선택합니다.

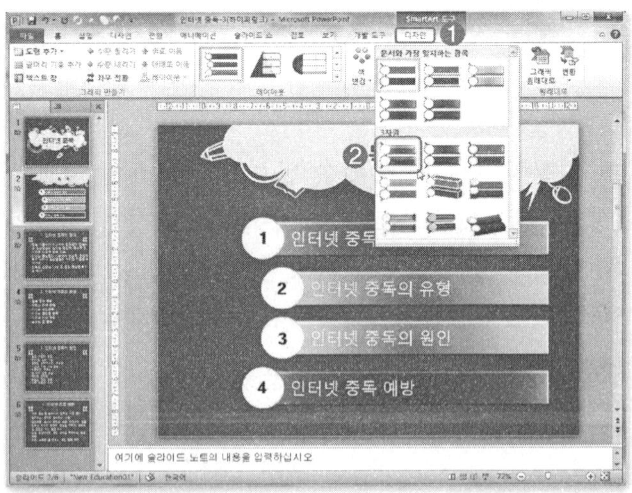

12. 하이퍼링크를 적용하기 위해서, 첫 번째 텍스트 사각형을 선택하고 [삽입] 탭 → [링크] 그룹 → [하이퍼링크]를 클릭합니다.

13. [하이퍼링크 삽입] 대화상자가 나타나면 [연결 대상] → [현재 문서]의 범주에서 [이 문서에서 위치 선택] → [슬라이드 제목] 의 '1. 인터넷 중독의 정의'를 선택하고 [확인] 단추를 클릭합니다.

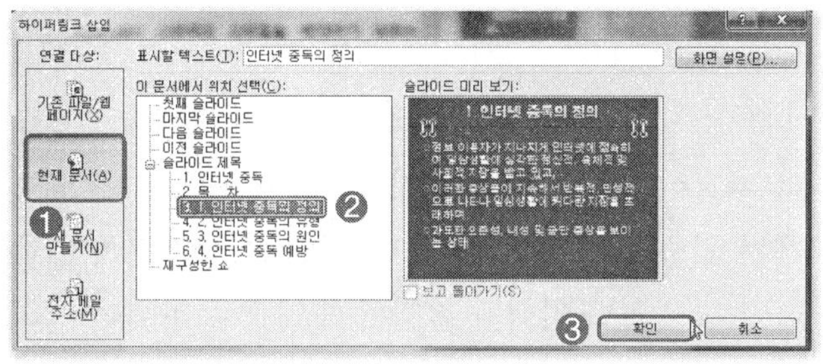

14. 같은 방법으로 나머지 도형에도 다음과 같이 각각 하이퍼링크를 적용합니다.

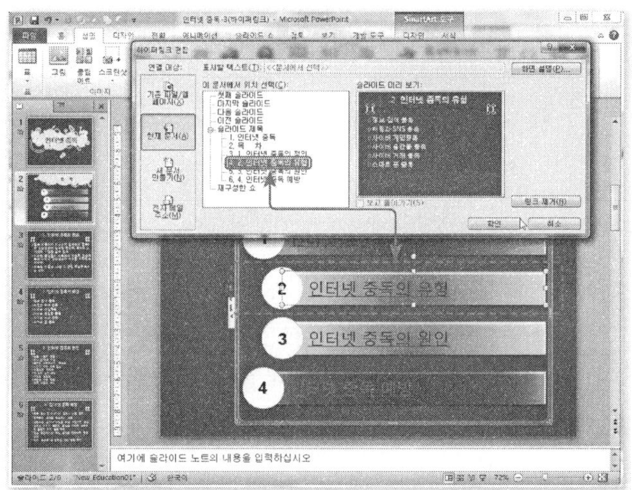

즉, 하이퍼링크를 적용할 때 문서 선택에서 각각의 '목차 제목'과 '슬라이드 제목'을 일치시키면 됩니다.

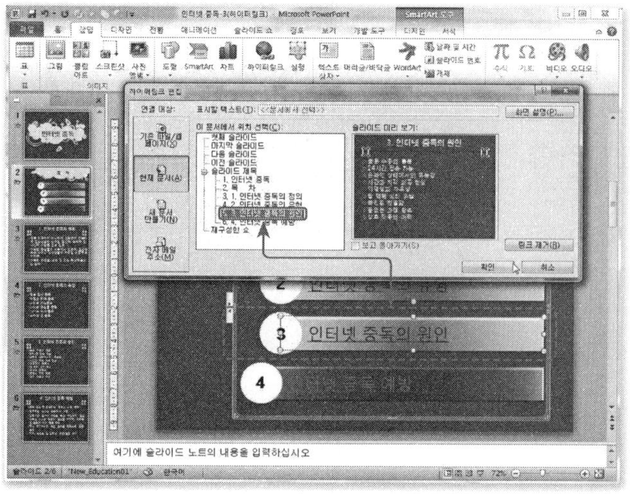

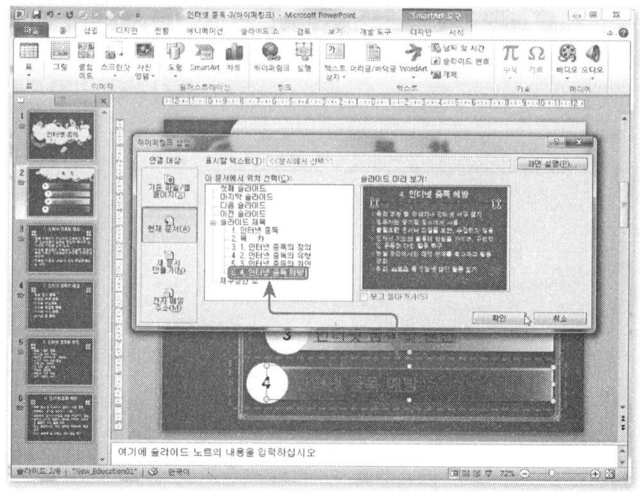

15. 슬라이드 쇼의 두 번째 목차 슬라이드에서 보면 각 제목이 하이퍼링크로 연결되었기 때문에 각 제목에는 밑줄이 그어져 보이고 마우스를 이동하여 접근하면 마우스 포인터가 손가락 모양으로 바뀌어 나타납니다.

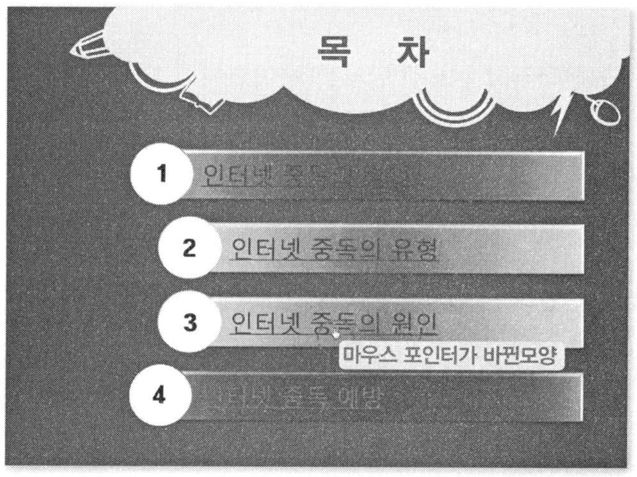

따라서 '인터넷 중독의 원인'의 제목을 클릭하면 다섯 번째 슬라이드로 이동하는 것을 확인할 수 있습니다. 같은 방법으로 나머지 제목들도 클릭하면 연결된 슬라이드로 이동하는지 확인해 봅니다.

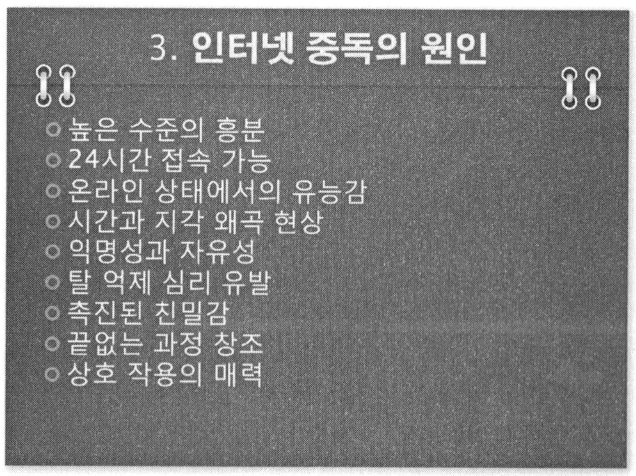

파워포인트의 [그리기] 그룹의 도형에는 다양한 형태의 실행 단추가 준비되어 있습니다. 이것을 이용하여 하이퍼링크로 연결된 슬라이드로 이동한 후 원래 슬라이드로 되돌아오기를 할 수 있습니다.

16. 되돌아오기 실행 단추를 만들기 위해서, 세 번째 슬라이드(인터넷 중독의 정의)를 선택하고 [홈] 탭 → [그리기] 그룹 → [도형] → [실행 단추] 목록에서 '실행 단추 : 시작'을 선택합니다.

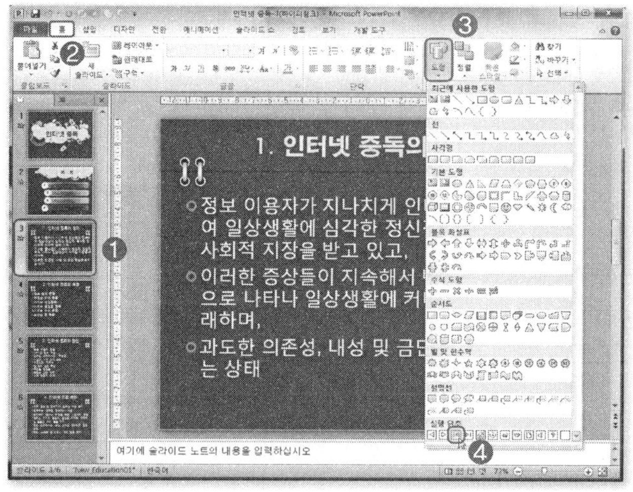

17. 마우스 포인터 모양이 + 모양으로 바뀌면 슬라이드 오른쪽 하단에 드래그 하여 도형을 작성합니다.

[실행 설정] 대화상자가 표시되면 [마우스를 클릭할 때] 탭에서 [하이퍼링크]의 목록 단추를 눌러 [슬라이드....]를 클릭합니다.

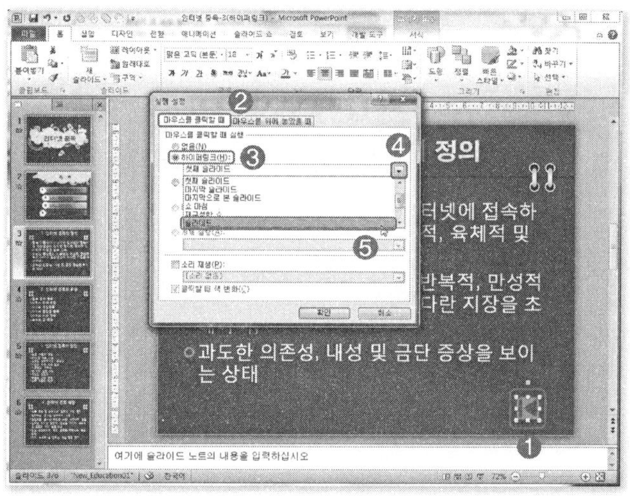

18. [슬라이드 하이퍼링크] 대화상자가 표시되면 [슬라이드 제목]에 '2. 목차'를 선택하고 [확인] 단추를 클릭합니다. 이어서 [실행 설정] 대화상자의 [하이퍼링크] 목록에 [목차]가 선택되면 [확인]을 클릭하여 설정을 종료합니다.

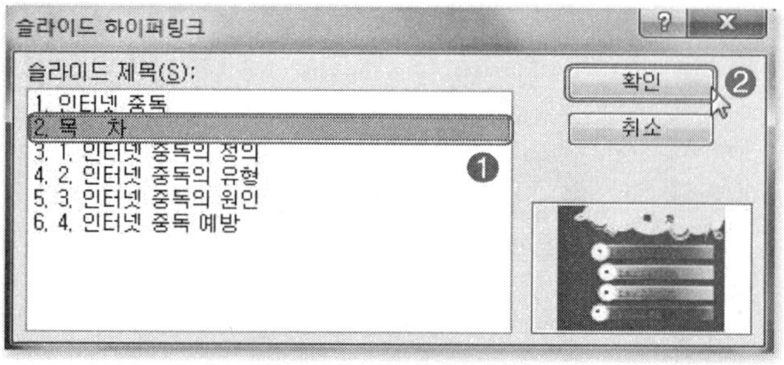

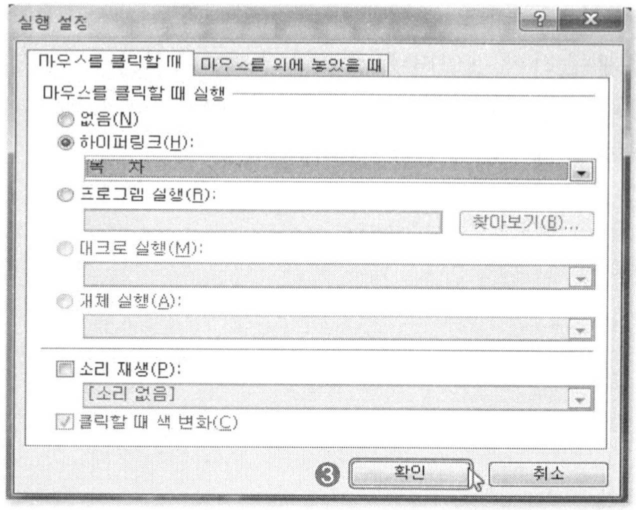

19. [실행 단추]에 입체효과를 설정하기 위해서, [실행 단추]를 클릭하고 [그리기 도구/서식] 탭 - [도형 스타일] → [도형 효과] → [입체 효과] → [입체 효과] 목록에서 '둥글게'를 선택합니다.

20. 같은 방법으로 네 번째, 다섯 번째, 여섯 번째 슬라이드에도 실행 단추를 작성하고 하이퍼링크 연결을 목차 슬라이드로 설정합니다. (또는 세 번째 슬라이드에서 만든 실행 단추를 복사하여 네 번째, 다섯 번째, 여섯 번째 슬라이드에 붙여넣기하면 간편하게 실행이 가능할 수 있습니다.)

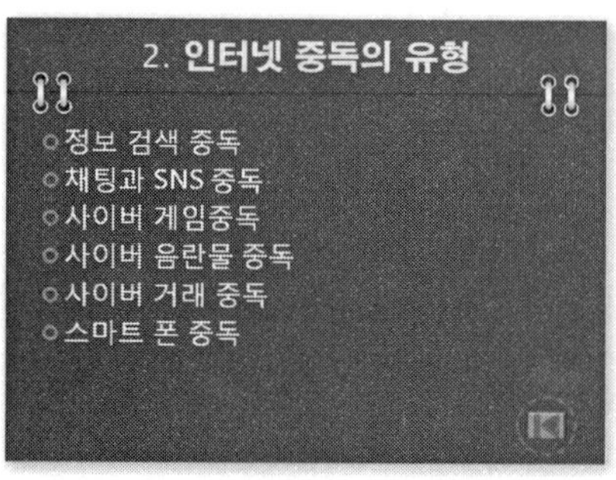

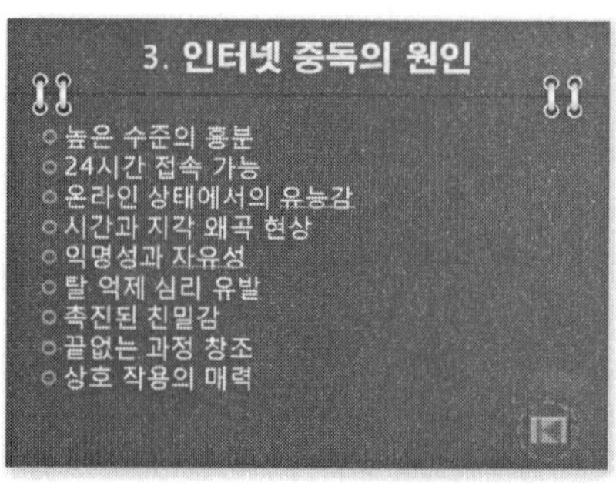

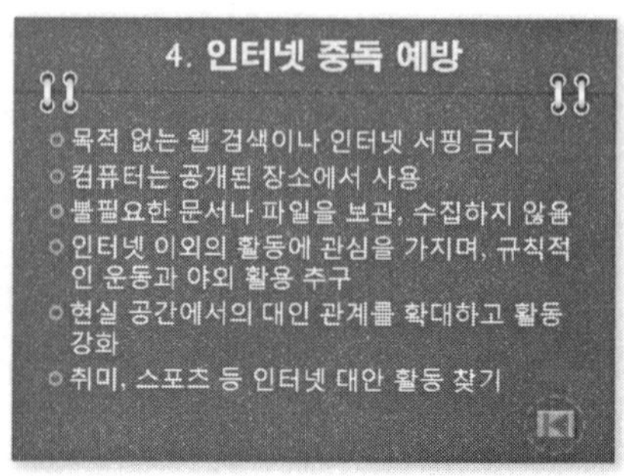

21. 하이퍼링크 연결을 확인하기 위해서, 두 번째 '목차' 슬라이드를 선택하고 [슬라이드 쇼] 탭 → [슬라이드 쇼 시작] 그룹 → [현재 슬라이드부터]를 클릭합니다.

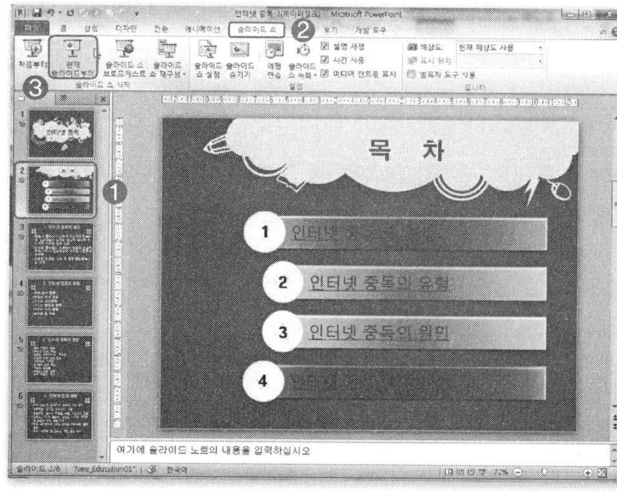

22. 두 번째 슬라이드부터 슬라이드 쇼가 진행되면 목차에서 '인터넷 중독의 유형'을 클릭합니다.

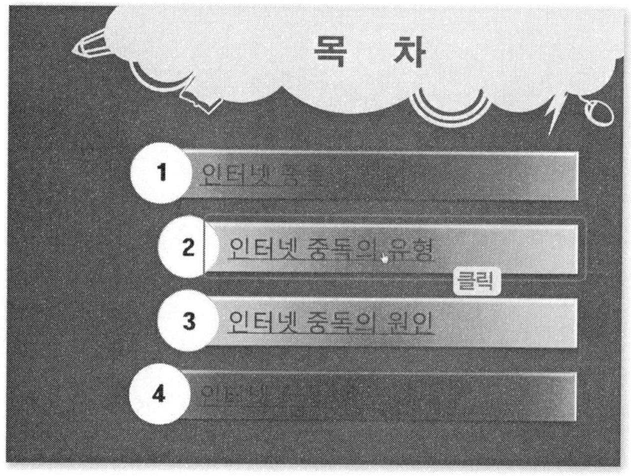

23. 네 번째 슬라이드인 '인터넷 중독의 유형' 슬라이드로 이동한 후 해당 슬라이드에 작성된 [실행 단추]를 클릭하면 다시 두 번째 슬라이드인 [목차] 슬라이드로 이동하는지 확인합니다.

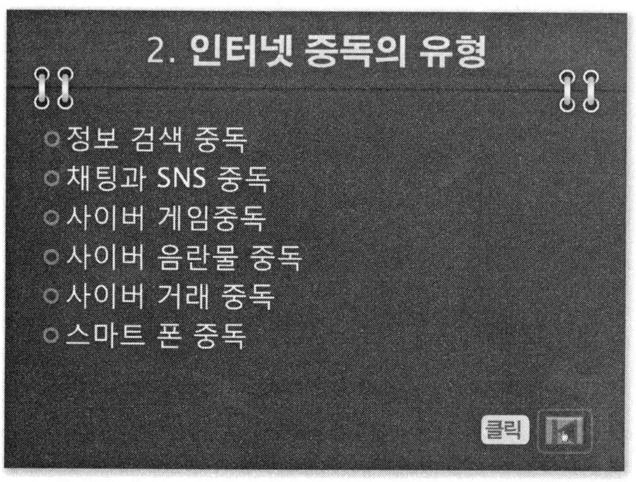

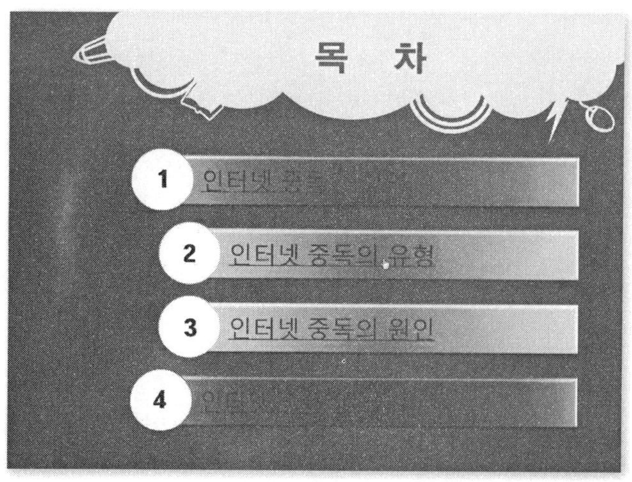

24. 같은 방법으로 '목차' 슬라이드에서 '인터넷 중독의 정의', '인터넷 중독의 원인', '인터넷 중독 예방' 등도 클릭하여 각각 하이퍼링크가 연결된 슬라이드로 이동한 다음 해당 슬라이드에 작성된 [실행 단추]를 누르면 다시 '목차' 슬라이드로 복귀되는지 확인합니다. 확인이 끝나면 슬라이드 쇼를 마칩니다.

참고로 연결된 하이퍼링크를 제거하고자 한다면 하이퍼링크가 지정된 텍스트 또는 개체에서 마우스 오른쪽 단추를 눌러 바로가기 메뉴를 표시하고, 바로가기 메뉴에서 [하이퍼링크 제거]를 클릭합니다.

25. 완성한 슬라이드를 저장하고 [파일] 탭 → [닫기]를 클릭하여 작업을 종료합니다.

실습 5-4 문서 인쇄 및 유인물 배포하기

01. [실습 5-3]에서 작성한 '인터넷 중독-3(하이퍼링크)' 문서 파일을 열고 [파일] 탭 → [다른 이름으로 저장]을 클릭하여 '인터넷 중독-3(하이퍼링크-인쇄)'란 이름으로 문서를 만들어 준비합니다.

02. 준비된 문서에서 화면 슬라이드의 크기를 지정하기 위해서, [디자인] 탭 –[페이지 설정] 그룹 → [페이지 설정]을 클릭하여 [페이지 설정] 대화상자를 표시합니다.

03. [페이지 설정] 대화상자가 나타나면 [슬라이드 크기]를 'A4용지(210×297mm)'로 선택한 다음 [슬라이드]는 '가로' 방향, [슬라이드 노트/유인물/개요]는 '세로' 방향으로 지정하고 [확인]을 클릭합니다.

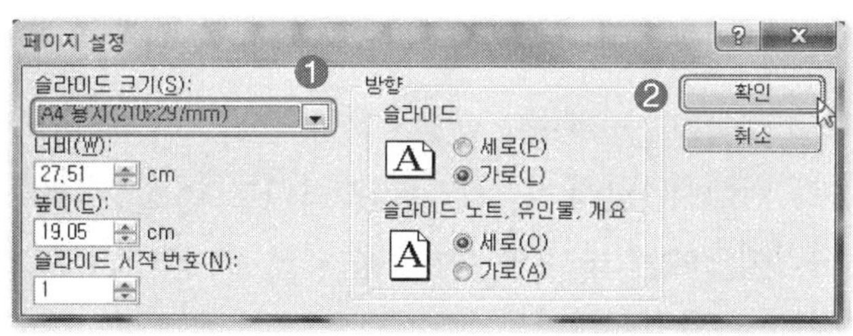

04. 인쇄할 슬라이드가 선택되면 인쇄를 위해 [파일] → [인쇄]를 눌러 인쇄 설정 화면을 표시합니다.

[인쇄/복사본]에서 필요한 인쇄 매수를 지정하고(1), [설정]에서 [모든 슬라이드 인쇄], [회색조] 등을 선택하고 [인쇄] 단추를 클릭합니다.

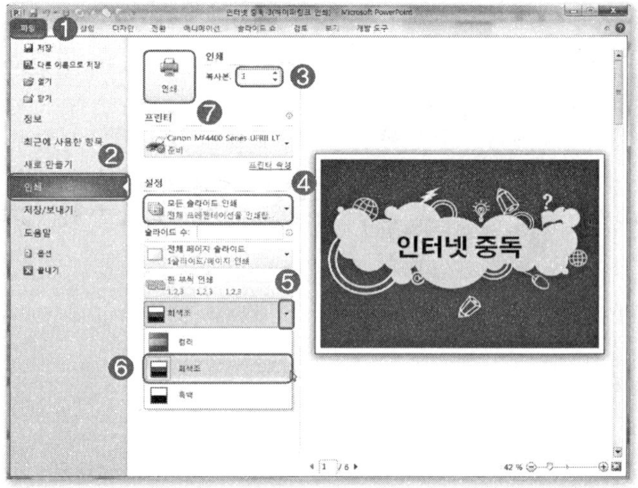

이제는 완성된 문서를 유인물로 준비해 봅니다. 유인물이란 여러 슬라이드를 한 페이지에 인쇄하는 것으로 한 페이지에 2장의 슬라이드부터 최대 9장의 슬라이드까지 담을 수 있습니다.

05. [파일] 탭 → [인쇄]를 눌러 인쇄 화면이 표시되면 [머리글 및 바닥글 편집]을 클릭합니다.

06. [머리글/바닥글] 대화상자가 표시되면 [슬라이드] 탭에서 [날짜 및 시간], [슬라이드 번호], [제목 슬라이드에는 표시 안 함] 등을 체크 표시하고 [모두 적용]을 클릭합니다.

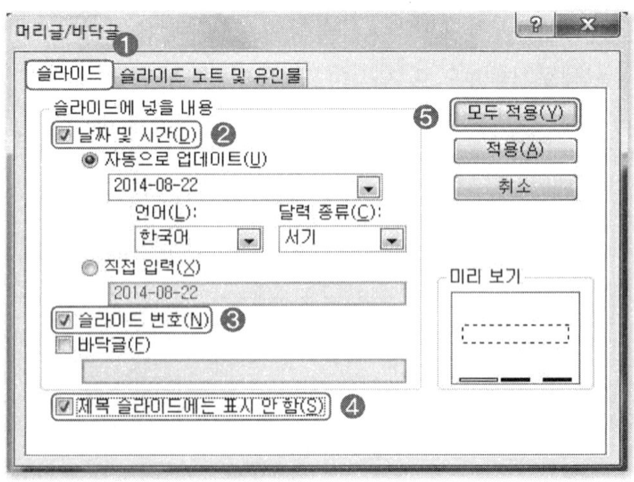

07. 인쇄 화면이 다시 표시되면 슬라이드 수 설정의 목록 단추를 클릭하여 '3 슬라이드'로 선택하여 수정하고 [인쇄] 단추를 클릭합니다.

여기에서는 용지 한 장에 3개의 슬라이드가 표시되는 유인물을 선택하였습니다.

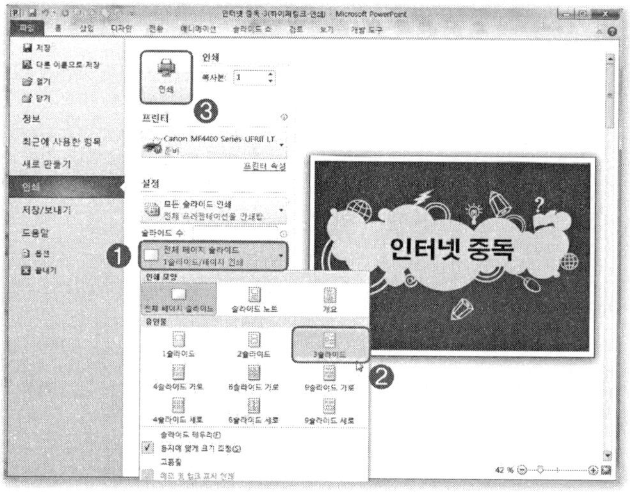

08. 완성한 슬라이드를 저장하고 [파일] 탭 → [닫기]를 클릭하여 종료합니다.

실력 점검 문제

[문제 5-1] '정보 기술의 미래' 프레젠테이션 문서를 열고 아래와 같이 슬라이드 화면 전환 효과를 설정한 후 슬라이드 쇼를 진행하시오.

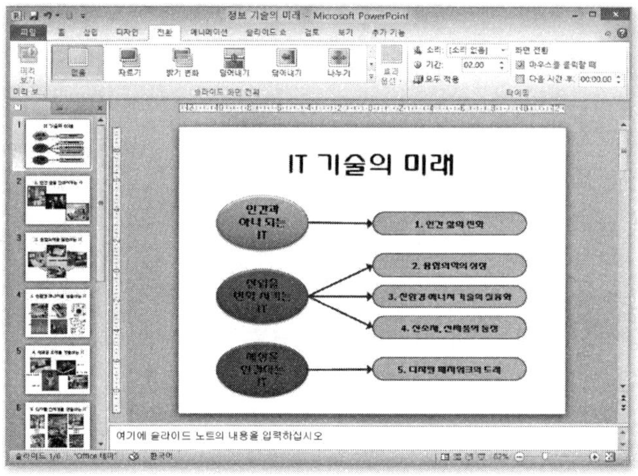

[화면 전환 조건]

1. 슬라이드 #1 : 화면 전환(날기), 효과 옵션(안쪽), 기간(01.00)
2. 슬라이드 #2 : 화면 전환(밀어내기), 효과 옵션(오른쪽에서), 기간(01.00)
3. 슬라이드 #3 : 화면 전환(큐브), 효과 옵션(위에서), 기간(01.20)
4. 슬라이드 #4 : 화면 전환(덮기), 효과 옵션(아래에서), 기간(01.00)
5. 슬라이드 #5 : 화면 전환(갤러리), 효과 옵션(왼쪽에서), 기간(02.00)
6. 슬라이드 #6 : 화면 전환(관람차), 효과 옵션(오른쪽에서), 기간(02.00)

[문제 5-2] 실력 점검 문제 [문제 5-1]에서 작성된 결과 문서의 1번 슬라이드에서 하이퍼링크를 연결하고 슬라이드 쇼를 진행하시오.

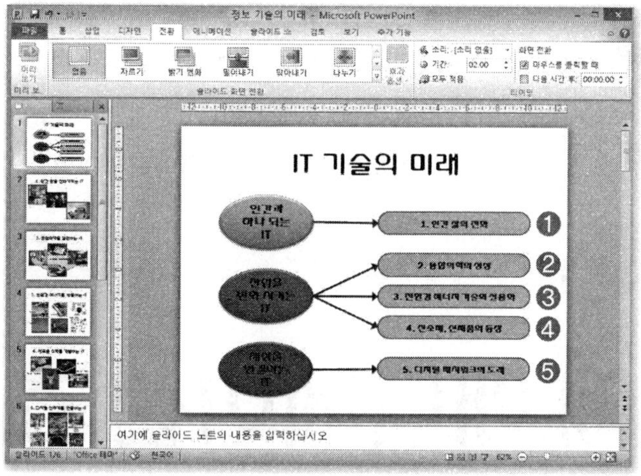

[작성 조건]

1. 하이퍼링크 지정 개체 및 연결 슬라이드 :

❶ 도형 : (2번 슬라이드)로 연결 후, (1번 슬라이드)로 되돌아 갈수 있음.
❷ 도형 : (3번 슬라이드)로 연결 후, (1번 슬라이드)로 되돌아 갈수 있음.
❸ 도형 : (4번 슬라이드)로 연결 후, (1번 슬라이드)로 되돌아 갈수 있음.
❹ 도형 : (5번 슬라이드)로 연결 후, (1번 슬라이드)로 되돌아 갈수 있음.
❺ 도형 : (6번 슬라이드)로 연결 후, (1번 슬라이드)로 되돌아 갈수 있음.

2. 첫 번째 슬라이드로 복귀를 위한 단추 서식 :

- **단추 삽입 슬라이드와 위치 : 슬라이드 #2, #3, #4, #5, #6의 오른쪽 하단**
- **삽입 도형 : [도형] → [실행단추] → '실행단추: 시작'**
- **도형 크기 : (너비×높이) → 1×1cm**
- **도형 스타일 : [도형 채우기] → [테마색] → '파랑, 강조 1',**
  [도형 윤곽선] → '윤곽선 없음',
  [도형 효과] → [입체 효과] → '각지게'

CHAPTER 06

개체에 애니메이션 효과주기

애니메이션 효과는 개체의 움직임을 통해 메시지를 강조하거나 내용의 흐름을 이해하는 데 매우 유용합니다. 애니메이션이 없는 밋밋한 슬라이드 쇼는 딱딱하고 지루함을 줄 수 있으므로 중심이 되는 주요 포인트에 애니메이션을 적용하는 것이 보는 사람에게 시각적 흥미와 관심을 높일 수 있습니다. 하지만 너무 많은 애니메이션 효과 주기는 오히려 보는 사람들에게 부담을 줄 수 있으므로 한 슬라이드에 적당한 수의 애니메이션을 적용하는 것에 주의합니다.

학습 목표

- 개체에 애니메이션의 효과를 지정하고 실행할 수 있습니다.
- 하나의 개체에 다수의 애니메이션 효과를 지정할 수 있습니다.
- 다수의 개체와 다수의 애니메이션 효과를 지정하고 각각의 애니메이션의 재생 순서를 변경할 수 있습니다.
- 차트에 애니메이션 효과를 적용하고 계열별/항목별로 역동적인 차트표시를 실행할 수 있습니다.

실습구성

준비학습
실습 6-1　텍스트에 애니메이션 효과 지정하기
실습 6-2　도형에 애니메이션 효과 지정하기
실습 6-3　이미지에 애니메이션 효과 지정하기
실습 6-4　막대형 차트에 애니메이션 효과 지정하기
실습 6-5　3차원 원형 차트에 애니메이션 효과 지정하기
실력 점검 문제

준비학습

1. 애니메이션 효과 지정하기

(1) [애니메이션] 탭의 구성

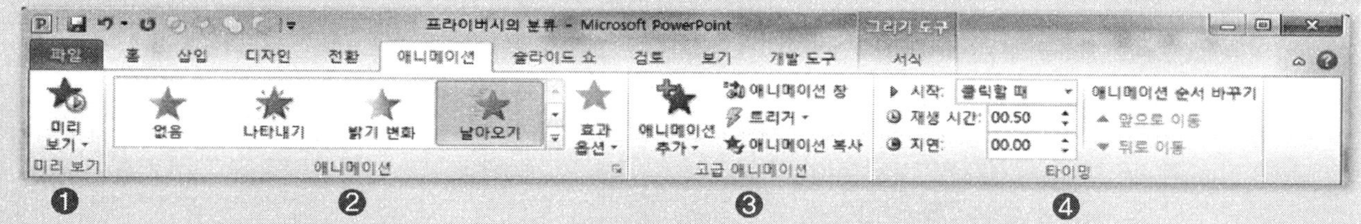

❶ [미리 보기] 그룹 :

- 애니메이션 효과가 설정된 개체의 움직임을 편집 화면에서 미리 보기 합니다.

❷ [애니메이션] 그룹 :

- '자세히' 단추를 누르면 나타내기, 강조, 끝내기, 이동 경로, 기타 등 애니메이션 효과를 선택합니다.
- 효과 옵션 : 선택한 개체에 애니메이션 효과를 적용합니다.

❸ [고급애니메이션] 그룹 :

- 애니메이션 추가 : 선택한 개체에 추가할 애니메이션 효과를 선택합니다.
- 애니메이션 창 : 사용자 지정 애니메이션을 만들기 위한 애니메이션 창을 표시합니다.
- 트리거 : 애니메이션을 위한 특수 시작 조건을 설정합니다. 즉 어떤 개체가 실행되었을 때 책갈피 위치에서 애니메이션이 구현되도록 설정합니다.
- 애니메이션 복사 : 한 개체에서 애니메이션을 복사하여 다른 개체에 적용합니다. 한 프레젠테이션의 여러 개체에 동일한 애니메이션을 적용하려면 이 단추를 두 번 클릭합니다.

❹ [타이밍] 그룹 :

- 시작 : 애니메이션의 시작 시점을 선택합니다. 애니메이션은 마우스를 클릭한 후에, 이전 애니메이션과 같은 시간에 또는 이전 애니메이션이 끝난 후에 시작될 수 있습니다.
- 재생 시간 : 애니메이션 재생 시간 길이를 지정합니다.
- 지연 : 지정한 시간(초) 후에 애니메이션을 재생합니다.
- 애니메이션 순서 바꾸기 : 애니메이션의 재생을 지금보다 일찍 또는 지금보다 나중에 재생하도록 애니메이션의 순서를 이동합니다.

(2) 그림에 애니메이션 효과 지정하기

❶ 애니메이션을 적용할 그림을 선택합니다.

❷ [애니메이션] 탭 → [애니메이션] 그룹의 '자세히' 단추를 클릭합니다.

❸ 표시된 목록에서 원하는 애니메이션 기능을 선택합니다. 여기에서는 [나타내기]의 '날아오기'를 선택했습니다.

그러면 그림이 슬라이드의 아래쪽에서 위쪽 방향으로 날아오는 모습이 보이고 그림의 왼쪽에 애니메이션이 설정 되었다는 표시로 1 숫자가 표시됩니다.

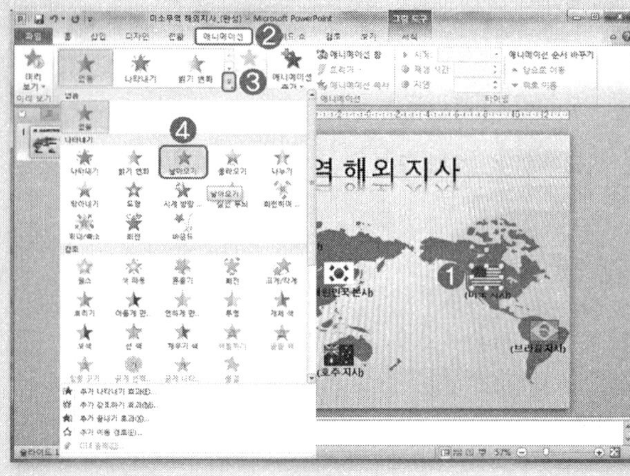

(3) 텍스트에 애니메이션 효과 지정하기

❶ 애니메이션을 적용할 텍스트를 선택합니다.

❷ [애니메이션] 탭 → [애니메이션] 그룹의 '자세히' 단추를 클릭합니다.

❸ 표시된 목록에서 원하는 애니메이션 기능을 선택합니다. 여기에서는 [나타내기] 항목에서 '나누기'를 선택했습니다.

그러면 텍스트가 나눠지는 모습으로 표시되고 애니메이션 설정 표시 재생 순서 숫자 2 가 표시됩니다.

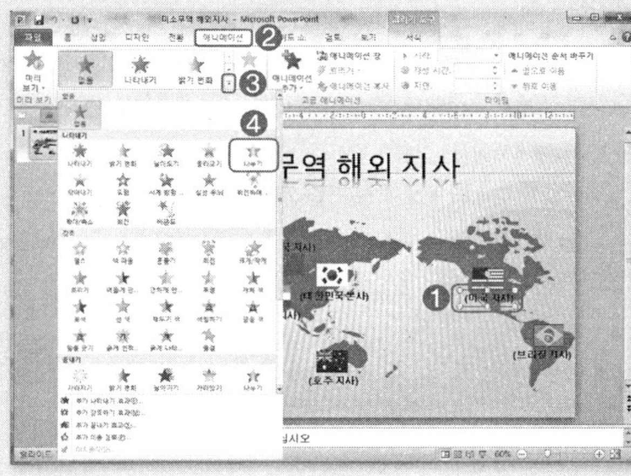

2. 애니메이션 효과 조정하기

(1) 효과 옵션 조절하고 애니메이션 추가하기

❶ 애니메이션 효과가 지정된 개체는 이동 방향 지정 등 '효과 옵션'을 선택할 수 있습니다. 여기에서는 그림을 선택한 상태에서 [애니메이션] 탭 → [애니메이션] 그룹의 [효과 옵션] 목록 단추를 클릭한 후 [방향] 목록에서 '오른쪽 위에서'를 선택합니다.

❷ 또한 애니메이션 효과는 두 가지 이상을 지정할 수 있는데 애니메이션을 추가하면 됩니다. 애니메이션 효과를 지정했던 그림을 다시 선택합니다.

❸ [애니메이션] 탭 → [고급 애니메이션] 그룹 → [애니메이션 추가] 목록 단추를 클릭한 후 추가할 애니메이션을 선택합니다. 여기에서는 [나타내기]에서 '회전'을 선택했습니다. 따라서 애니메이션 설정 표시 재생 순서 숫자가 표시되는데, 여기에서는 숫자 3 이 표시됩니다.

(2) 애니메이션의 순서 조절과 재생 방법 설정하기

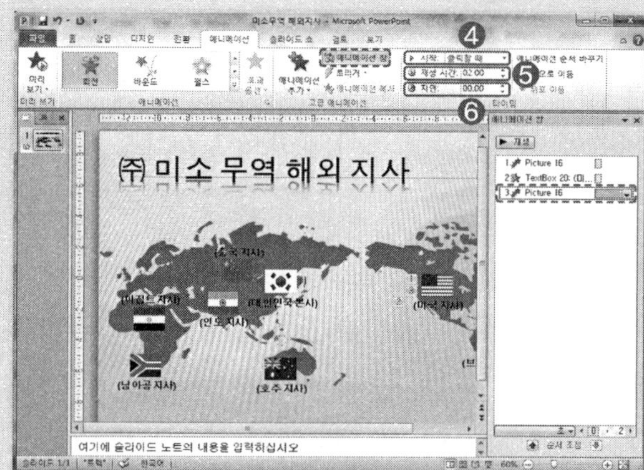

❶ 애니메이션의 재생 순서를 조절하기 위해서 [애니메이션] 탭 → [고급 애니메이션] 그룹 → [애니메이션 창] 단추를 클릭합니다. 그러면 슬라이드 화면 오른쪽에 [애니메이션 창] 화면이 표시됩니다.

❷ [애니메이션 창]에서 재생 순서를 조절할 개체를 선택합니다.

❸ [애니메이션] 탭 → [타이밍] 그룹 → [애니메이션 순서 바꾸기]에서 '앞으로 이동' 이나 '뒤로 이동'을 선택합니다. 또는 [애니메이션 창]의 아래 부분 [순서 조정] 단추 ⬆, ⬇를 사용합니다.

❹ 애니메이션의 재생 시작 시점을 설정하기 위해서 [애니메이션] 탭 → [타이밍] 그룹 → [시작] 항목에서 '클릭할 때', '이전 효과와 함께', '이전 효과 다음에' 등을 선택합니다.

❺ 애니메이션의 재생 시간을 조정하려면 [애니메이션] 탭 → [타이밍] 그룹 → [재생시간]을 지정합니다.

❻ 애니메이션의 재생을 몇 초 후에 지연하여 재생하려면 [애니메이션] 탭 → [타이밍] 그룹 → [지연]되는 시간을 지정합니다.

실습 6-1 텍스트에 애니메이션 효과 지정하기

여러 단락으로 입력된 내용의 슬라이드를 슬라이드 쇼 보기에서 마우스를 클릭할 때마다 한 단락씩 화면 오른쪽 바깥에서 왼쪽의 슬라이드 안으로 순차적 표시되는 슬라이드를 작성해 봅니다.

01. 파워포인트의 새 슬라이드(제목 및 내용)에서 오른쪽 그림과 같이 제목과 내용을 입력하고 '글머리 기호'를 지정합니다. 그리고 각 단락 중 2단, 4단, 6단에는 '목록 수준 늘림'을 적용하고 각 단락마다 글머리 기호도 변경합니다.

[파일] 탭 → [저장]을 클릭하고 '프라이버시의 분류'라는 문서로 저장합니다.

02. 슬라이드 내용의 단락 사이의 간격을 조정하기 위해서, 내용 개체를 선택하고 [홈] 탭 → [단락] 그룹 → [줄 간격] 목록 단추를 클릭하고 목록에서 '1.5'를 선택합니다.

제목과 내용의 글꼴 서식은 [홈] 탭 → [글꼴] 그룹에서 다음과 같이 변경합니다.

- 제목 내용 : '프라이버시의 분류'
- 제목 글꼴 서식 : HY견고딕, 크기(54), 텍스트 그림자, 빨강
- 1단락, 3단락, 5단락 글꼴 서식 : 맑은 고딕, 크기(32), 파랑
- 2단락, 4단락, 6단락 글꼴 서식 : 맑은 고딕, 크기(28), 검정

03. 텍스트에 애니메이션 효과를 주기 위해서, 내용의 1단락을 마우스로 드래그 하여 선택하고 [애니메이션] 탭 → [애니메이션] 그룹의 '자세히' 단추를 클릭한 후 목록에서 [나타내기]의 '날아오기'를 선택합니다.

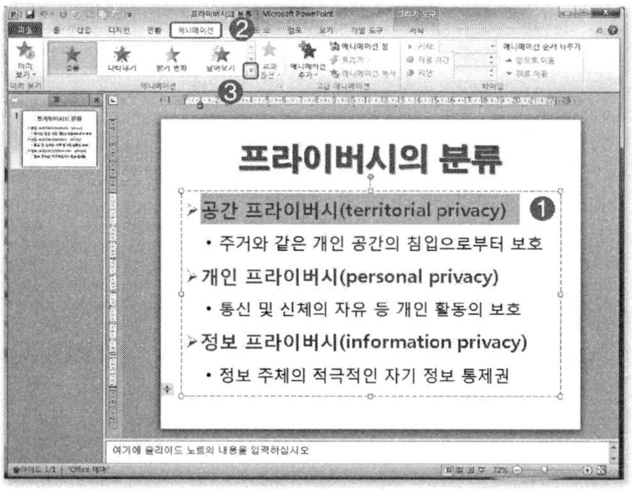

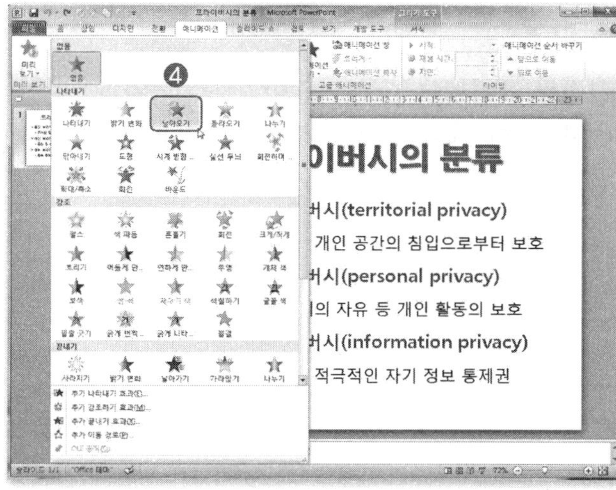

04. 방금 설정한 애니메이션의 날아오는 방향은 기본으로 '아래에서 위로' 날아오르게 되어있습니다. 이것의 날아오르는 방향을 변경하기 위해서, [애니메이션] 탭 → [애니메이션] 그룹 → [효과옵션]의 목록 단추를 클릭하고 '오른쪽에서'를 선택합니다.

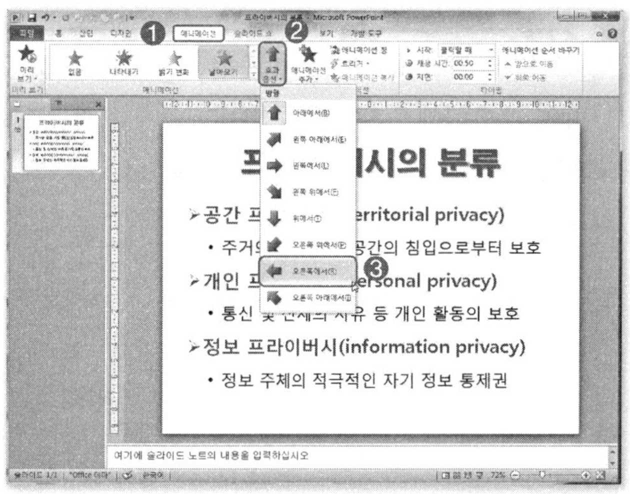

그러면 텍스트가 슬라이드의 오른쪽에서 왼쪽 방향으로 나타나는 모습이 보이고 1단락의 앞에 애니메이션이 설정 되었다는 표시로 1 숫자가 표시됩니다.

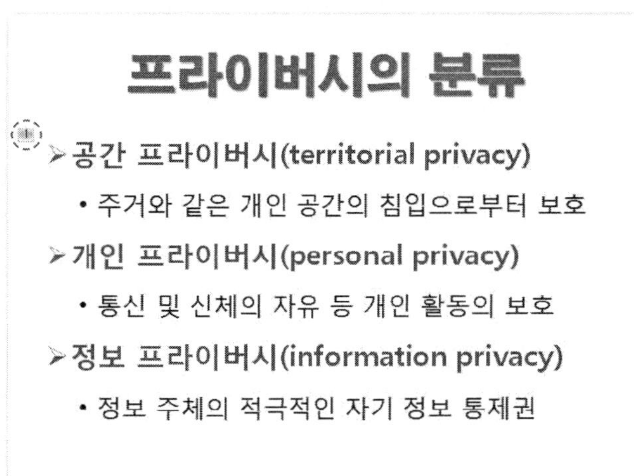

05. 같은 방법으로 나머지 2단락부터 6단락까지 각각의 내용에도 '오른쪽에서 날아오기' 애니메이션 효과를 지정합니다. 그러면 각 단락의 앞에 애니메이션 설정 순서대로 번호가 표시될 것입니다.

설정된 애니메이션 효과를 미리 보기 위해서, [애니메이션] 탭 → [미리 보기] 그룹 → [미리 보기]를 클릭합니다.

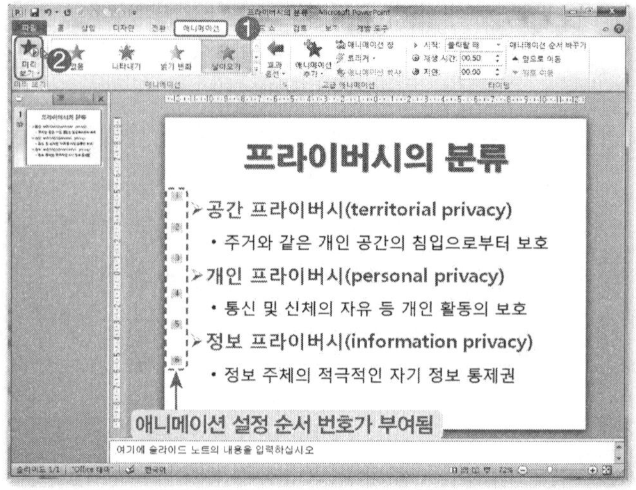

06. 슬라이드 쇼 보기로 애니메이션 효과를 확인하기 위하여, 파워포인트 화면 오른쪽 아래 [슬라이드 쇼 보기] 단추를 클릭합니다.

슬라이드 쇼의 첫 화면이 나타나면 애니메이션 진행을 위해서 마우스를 클릭합니다. ([애니메이션] 탭 → [타이밍] 그룹 → [시작] 명령이 마우스를 '클릭할 때'라고 기본으로 설정되었기 때문임.) 그러면 슬라이드 내용 중 1단락이 '오른쪽에서 날아오기' 애니메이션 효과를 보이며 나타납니다.

계속하여 슬라이드 쇼 화면에 마우스를 클릭할 때 마다 다음 그림과 같이 나머지 단락의 내용들도 오른쪽에서 왼쪽 방향으로 날아오기 효과를 보이며 표시됩니다.

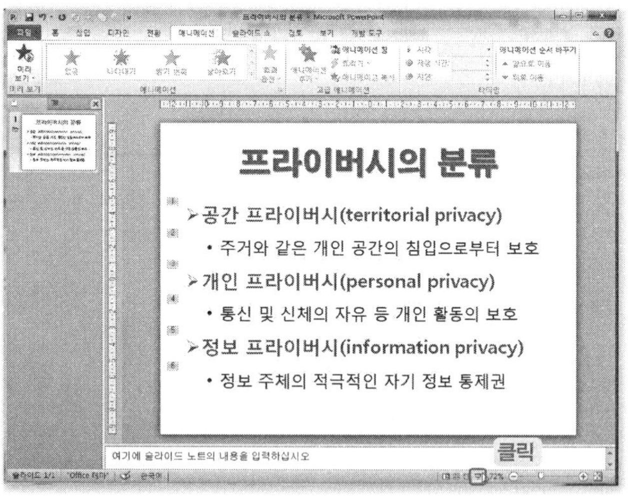

❶

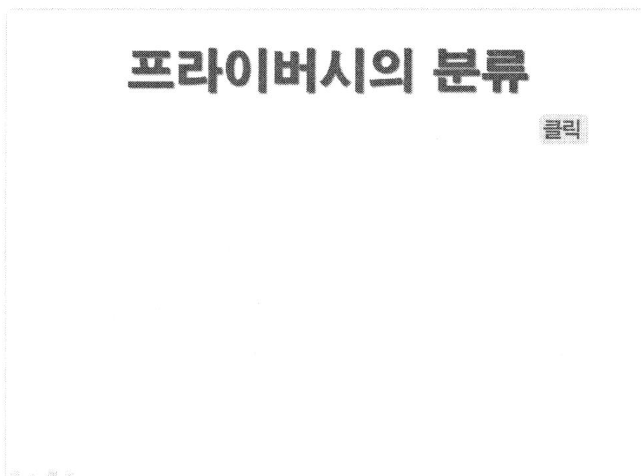

❷

❸

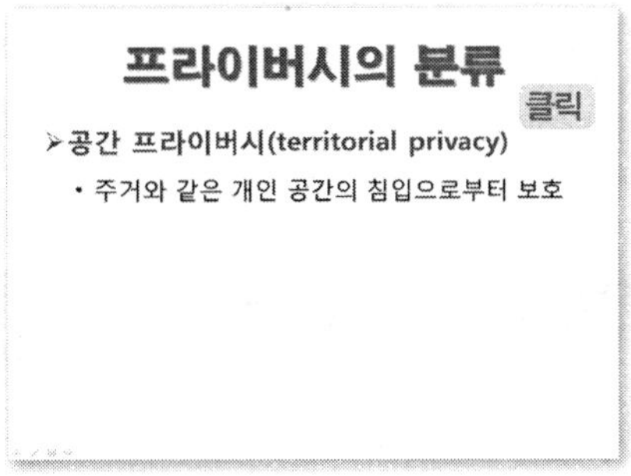

❹

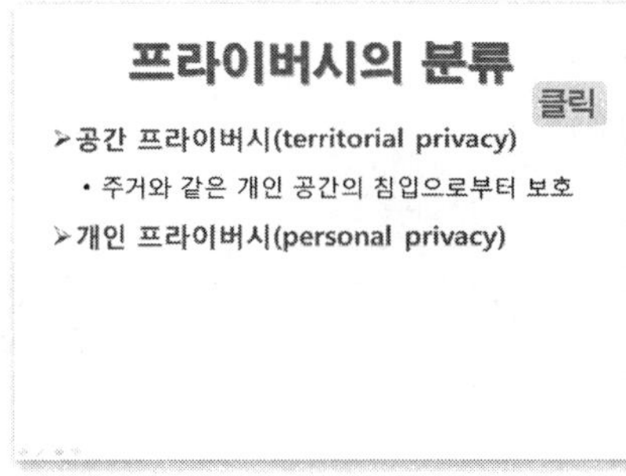

❺

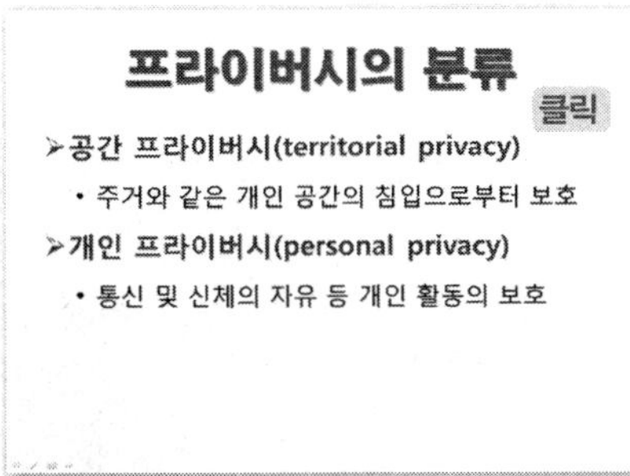

❻

❼

❽

07. 슬라이드 쇼가 끝나면 Esc 글쇠를 누르고 슬라이드 편집화면으로 복귀해서 문서를 저장하고 작업을 종료합니다.

실습 6-2 도형에 애니메이션 효과 지정하기

오른쪽 그림과 같이 7개의 육각형 도형을 작성하고 슬라이드 쇼에서 각각의 육각형 도형이 각각의 방향에서 애니메이션 효과로 표시되는 슬라이드를 작성해 봅니다.

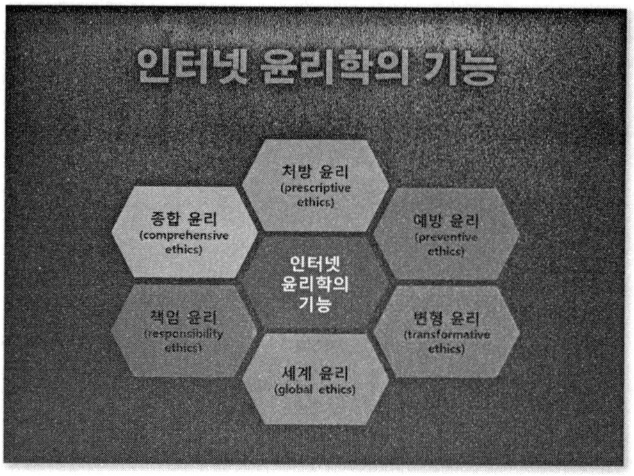

01. 파워포인트의 새 슬라이드(제목만)에서 오른쪽 그림과 같이 제목을 입력하고 [파일] 탭 → [저장]을 클릭하여 '인터넷 윤리학의 기능'이란 문서로 저장합니다.

- 제목의 서식 지정 : 글꼴(HY견고딕, 44, 굵게, 텍스트 그림자), 글꼴 색(표준색 - 연한 파랑)

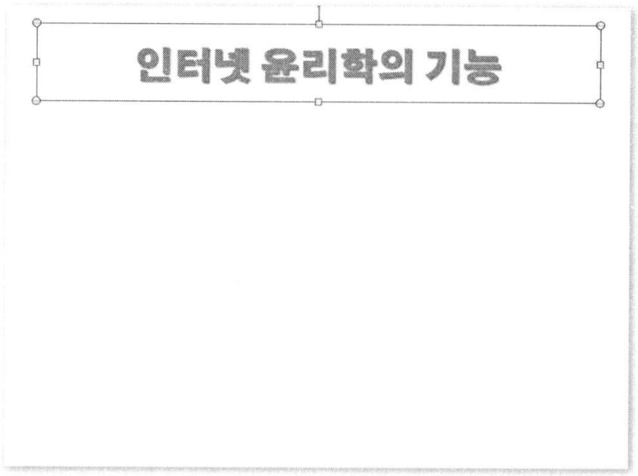

02. [홈] 탭 → [그리기] 그룹 → [도형] → [기본 도형] → [육각형]을 클릭한 후 슬라이드 바탕에 육각형을 드래그 합니다.

도형에 텍스트를 입력하기 위해서, 도형을 클릭하고 '인터넷 윤리학의 기능'을 입력합니다.

도형의 서식과 입력된 텍스트의 서식은 다음과 같이 지정합니다.

- 도형의 서식 지정 : 도형 윤곽선 없음, 채우기 색(표준색 → 파랑), 크기(너비 6cm, 높이 3.8cm)
- 텍스트의 서식 지정 : 글꼴(맑은 고딕, 굵게, 20), 글꼴 색(테마색 → 흰색)

03. 만들어진 육각형 개체를 선택하고 Ctrl + D를 6회 눌러 여섯 개의 육각형을 추가로 복제 생성합니다.

새로 만들어진 육각형에 텍스트 내용을 수정하고 다음과 같이 채우기 색을 변경 지정합니다.

각 개체들 사이의 간격을 조정하고 '인터넷 윤리학의 기능' 육각형을 중심으로 바깥쪽 둘레에 오른쪽 그림과 같이 배치합니다.

- 텍스트 서식 지정 :
  글꼴(맑은 고딕), 글꼴 색(테마색 → 검정), 한글 글꼴 크기(18), 영문 글꼴 크기(14)
- 육각형 채우기 색 지정 :
  ❶ 처방 윤리(prescriptive ethics) : 테마색 → 빨강, 강조 2, 40% 더 밝게
  ❷ 예방 윤리(preventive ethics) : 테마색 → 주황, 강조 6, 25% 더 어둡게
  ❸ 변형 윤리(transformative ethics) : 표준색 → 녹색
  ❹ 세계 윤리(global ethics) : 표준색 → 연한 파랑
  ❺ 책임 윤리(responsibility ethics) : 테마색 → 진한 파랑, 텍스트 2, 40% 더 밝게
  ❻ 종합 윤리(comprehensive ethics) : 테마색 → 황갈색, 배경 2, 25% 더 어둡게

04. 이제는 애니메이션 효과를 지정하기 위하여, 중심에 있는 '인터넷 윤리학의 기능' 도형을 선택하고 [애니메이션] 탭 → [애니메이션] 그룹의 '자세히' 단추를 클릭 한 후 목록에서 [나타내기]의 '확대/축소'를 선택합니다.

효과 옵션을 지정하기 위해서, [애니메이션] 그룹 → [효과 옵션] → [소실점]에서 '개체 센터'를 선택합니다.

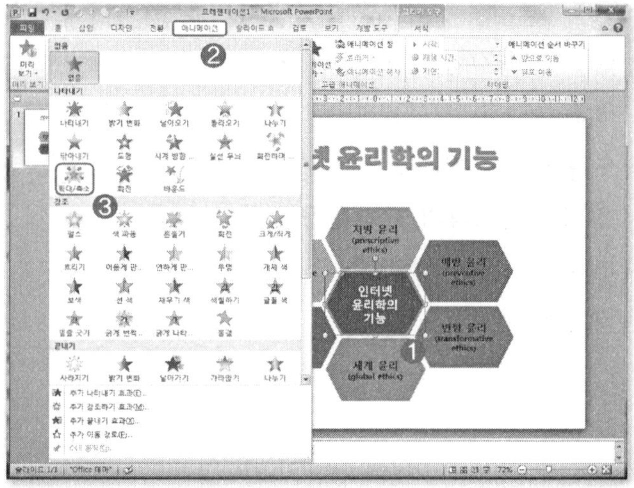

05. 나머지 둘레에 위치한 도형도 각각 선택하고 [애니메이션] 탭 → [애니메이션] 그룹에서 아래 표의 내용과 같이 애니메이션과 효과 옵션을 지정합니다.

구분	도형 이름	애니메이션	효과 옵션
1	처방 윤리(prescriptive ethics)	날아오기	위에서
2	예방 윤리(preventive ethics)	날아오기	오른쪽 위에서
3	변형 윤리(transformative ethics)	날아오기	오른쪽 아래에서
4	세계 윤리(global ethics)	날아오기	아래에서
5	책임 윤리(responsibility ethics)	날아오기	왼쪽 아래에서
6	종합 윤리(comprehensive ethics)	날아오기	왼쪽 위에서

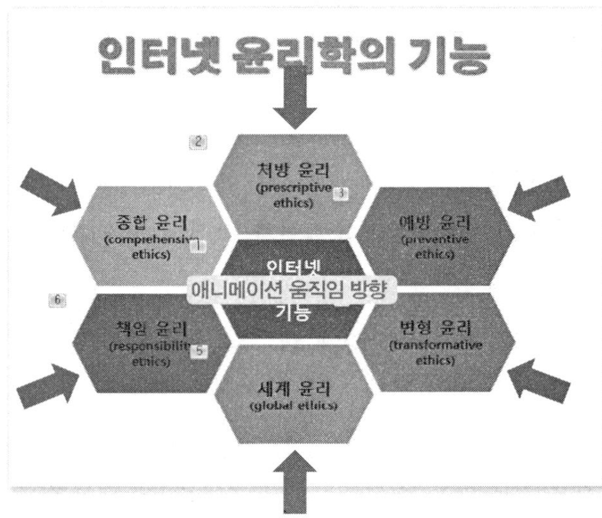

06. 슬라이드 배경에 채우기를 위해서, 슬라이드 바탕에서 마우스의 오른쪽 단추를 클릭하여 [바로 가기] 메뉴를 표시하고 [배경 색]을 선택합니다.

[배경 서식] 대화상자가 나타나면 [채우기] → [그라데이션 채우기] → [기본 설정 색] 목록에서 '밤의 어둠'을 선택한 후 [닫기]를 클릭하여 대화 상자를 닫습니다.

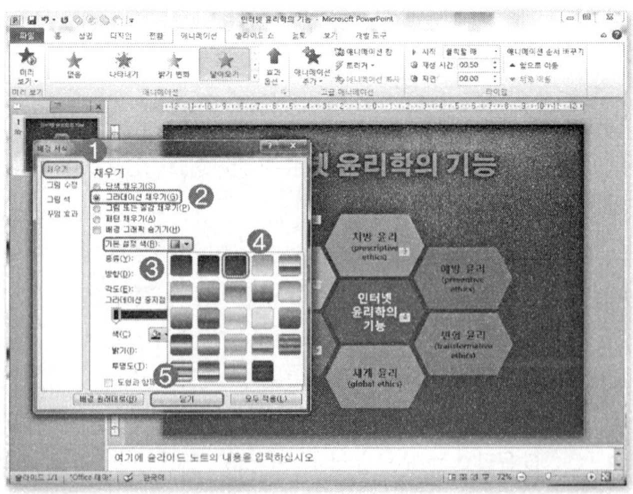

07. 완성된 슬라이드를 애니메이션 효과를 실행하기 위해서, 파워포인트 화면 오른쪽 아래에 [슬라이드 쇼 보기] 단추를 클릭합니다.

슬라이드 쇼 초기 화면(제목만 표시됨)이 스크린에 표시되면 마우스를 클릭해 가며 애니메이션을 실행합니다.

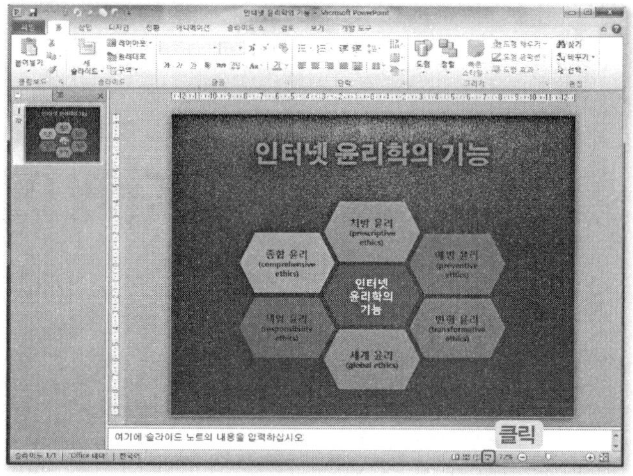

❶

❷

❸

❹

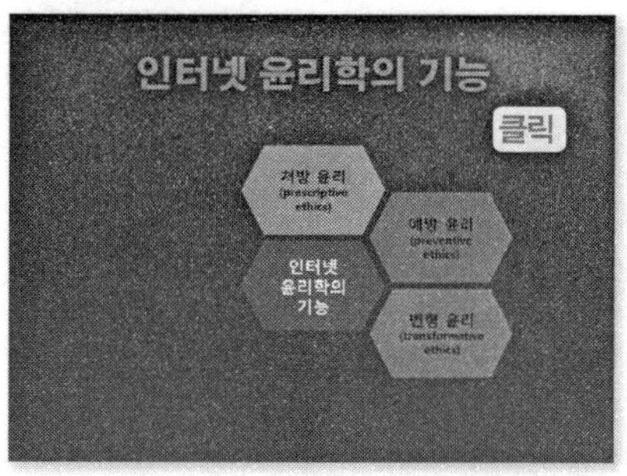

❺

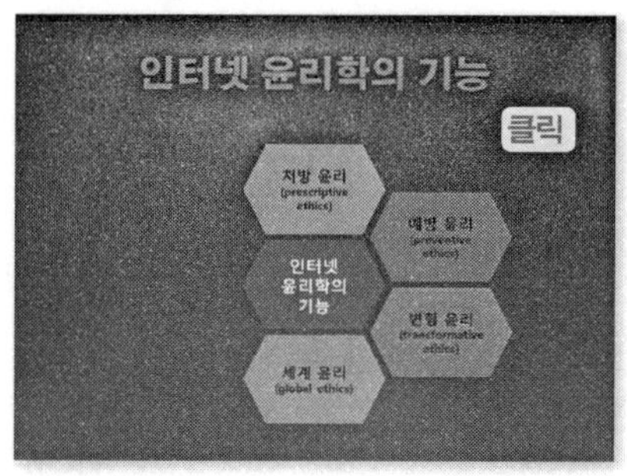

❻

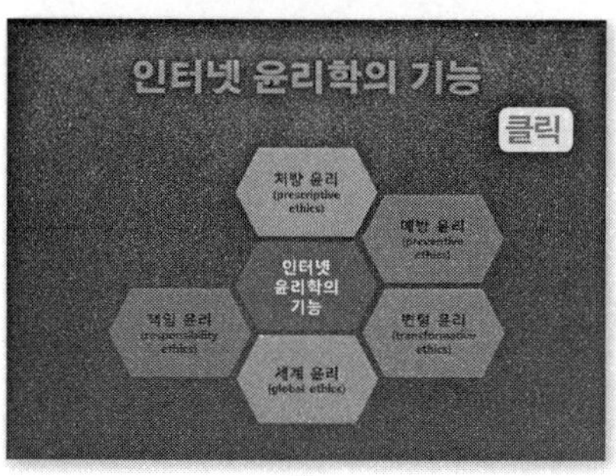

❼

❽

❾

08. 슬라이드 쇼가 끝나면 Esc 글쇠를 눌러 파워포인트 편집화면으로 복귀하여 문서를 저장하고 작업을 종료합니다.

실습

6-3 이미지에 애니메이션 효과 지정하기

오른쪽 그림과 같이 슬라이드에 3개의 그림과 텍스트를 삽입하고 슬라이드 쇼에서 각각의 개체들이 각기 다른 형태의 애니메이션 동작이 표시되도록 슬라이드를 작성해 봅니다.

01. 파워포인트의 새 슬라이드(제목만)에서 제목에 '오! 마이 베이비!'를 입력하고 [파일] 탭 → [저장]을 클릭하여 '마이 베이비'란 문서로 저장합니다.

- 제목의 서식 지정 : 글꼴(HY목각파임B, 80, 굵게, 텍스트 그림자), 글꼴 색(테마색 → 주황, 강조6, 25% 더 어둡게)

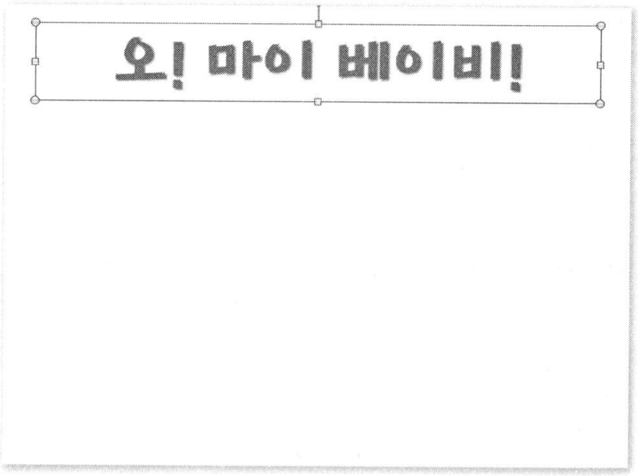

02. 슬라이드 바탕에 3개의 그림을 삽입하기 위해서, [삽입] 탭 → [이미지] 그룹 → [그림]을 클릭하고 [그림 삽입] 대화상자를 표시합니다.

[그림 삽입] 대화상자가 표시되면 그림이 저장된 위치([문서준비파일] 폴더) 를 확인합니다.

'Max-1'(그림 ❶), 'Max-2'(그림 ❷), 'Max-3'(그림 ❸) 그림 파일을 선택한 후 [삽입] 단추를 클릭합니다.

각각의 삽입된 그림을 개체 틀의 크기 조정 핸들과 각도 회전 핸들을 드래그 하여 크기, 각도 기울기, 위치 등을 조정하고 어울리도록 배치합니다.

03. 다음 오른쪽 그림과 같이 삽입된 그림의 스타일을 변경하기 위해서, 각각의 그림을 선택한 후 [그림 도구/서식] 탭 → [그림 스타일] 그룹의 '자세히' 단추를 누르고 목록이 표시되면 다음과 같이 그림 스타일을 지정합니다.

- 그림 ❶ : '둥근 대각선 모서리, 흰색'
- 그림 ❷ : '대각선 방향의 모서리 잘림, 흰색'
- 그림 ❸ : '금속 타원'

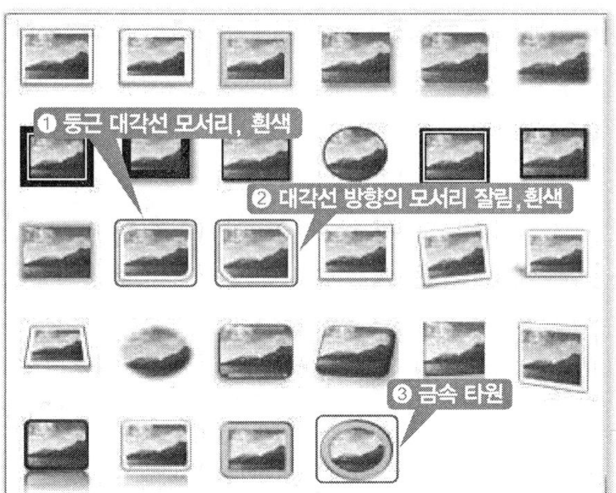

04. 각 그림에 사진 설명을 표시하기 위해서, 텍스트를 삽입하고 글꼴(HY엽서M, 20, 굵게)과 글꼴 색(테마색 – 주황, 강조6, 25% 더 어둡게)을 지정합니다. 텍스트의 내용은 아래 표와 같습니다.

삽입된 텍스트에 도형 스타일 효과를 지정하기 위해서, 삽입된 텍스트 개체 3개를 모두 선택하고 [그리기 도구/서식] 탭– [도형 스타일] 그룹의 '자세히' 단추를 클릭합니다.

도형 스타일 목록이 표시되면 '미세효과–황록색, 강조3'을 선택하여 효과를 줍니다. 효과가 지정된 텍스트가 각각의 그림에 조화 되도록 적당한 위치에 배치합니다.

구 분	내 용	도형스타일 효과
텍스트 ❶	'A cute baby, Max!!!'	
텍스트 ❷	'하회탈 & Max'	'미세효과–황록색, 강조3'
텍스트 ❸	'개구쟁이 Max, 후후!!!'	

이제부터는 각 그림에 애니메이션 효과를 지정해 봅니다.

05. 먼저 그림 ①을 선택하고 [애니메이션] 탭 → [애니메이션] 그룹의 목록에서 [나타내기]의 '날아오기'를 선택합니다. 애니메이션 효과는 [효과 옵션]에서 '왼쪽 위에서'를 선택합니다.

06. 애니메이션이 지정된 그림 ① 개체에 애니메이션을 하나 더 추가하기 위해서, 개체가 선택된 상태에서 [애니메이션] 탭 → [고급 애니메이션] 그룹 → [애니메이션 추가]를 클릭합니다.

목록이 나타나면 [나타내기]의 '회전하며 밝기 변화'를 선택합니다.

1 개체에 2 종류의 애니메이션 효과가 지정되면 애니메이션 설정 번호가 2개 표시됩니다.

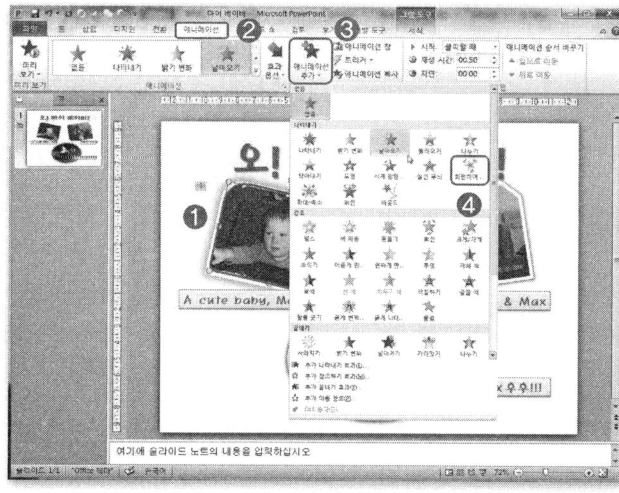

07. 같은 방법으로 나머지 그림 ②와 그림 ③도 각각 선택하고 [애니메이션] 탭 → [애니메이션] 그룹에서 다음 표의 내용과 같이 첫 번째 애니메이션, 효과 옵션, 추가 애니메이션 등을 지정합니다.

구 분	애니메이션	효과 옵션	추가 애니메이션
그림 ❷	[나타내기]–바운드		[이동 경로]–반복
그림 ❸	[나타내기]–날아오기	아래에서	[나타내기]–회전

애니메이션을 지정하면 지정한 순서대로 연번호가 부여되어 각 개체의 왼쪽에 숫자가 표시됩니다. 그리고 그림 ②의 추가 애니메이션은 [이동 경로]에서 '∞반복'을 지정했기 때문에 개체가 움직이는 경로가 점선으로 표시되어 있는 것을 확인할 수 있습니다.

08. 이제는 그림을 설명하는 텍스트 개체에도 애니메이션을 지정해 봅니다.

그림 개체에서와 마찬가지로 각각의 텍스트 개체를 선택하고 [애니메이션] 탭 → [애니메이션] 그룹에서 원하는 애니메이션을 개별 지정하면 됩니다.

여기에서는 텍스트 개체에 다음 표와 같이 애니메이션을 지정합니다.

역시 텍스트 개체에도 애니메이션을 지정하는 순서대로 그림 개체 순번에 이어서 연번호([7], [8], [9])가 부여되어 표시됩니다.

구 분	텍스트 개체 구분	애니메이션	효과 옵션
텍스트 ❶	A cute baby, Max!!!	[나타내기]-날아오기	왼쪽에서
텍스트 ❷	하회탈 & Max	[나타내기]-날아오기	오른쪽에서
텍스트 ❸	개구쟁이 Max, 후후!!!	[나타내기]-확대/축소	개체센터

마지막으로 애니메이션이 지정된 그림 개체와 텍스트 개체를 조합하여 애니메이션 실행 순서를 조정할 필요가 있습니다. 그러기 위해서는 부여된 애니메이션 순서 숫자를 클릭하고 [애니메이션] 탭 → [타이밍] 그룹 → [애니메이션 순서 바꾸기]의 [앞으로 이동] 또는 [뒤로 이동] 등을 실행 순서에 맞을 때까지 반복해서 클릭해 주면 됩니다.

어떤 개체의 애니메이션 실행 순서를 변경시키면 상대적으로 나머지 개체들에게 부여되었던 애니메이션 순서 번호가 뒤로 밀리거나 또는 앞으로 당겨진 만큼 자동적으로 순번이 조정됩니다.

여기에서의 애니메이션 실행 순서 시나리오는 다음과 같습니다.

〈시작〉 그림 ❶ 애니메이션 실행 → 텍스트 ❶ 애니메이션 실행 → 그림 ❷ 애니메이션 실행 → 텍스트 ❷ 애니메이션 실행 → 그림 ❸ 애니메이션 실행 → 텍스트 ❸ 애니메이션 실행 〈끝〉

09. 먼저 [7]번이 부여된 'A cute baby, Max!!!'를 세 번째 실행 번호인 [3]으로 변경하기 위해서, 숫자 [7]을 클릭하고 [애니메이션] 탭 → [타이밍] 그룹 → [애니메이션 순서 바꾸기] → [앞으로 이동]을 4회 클릭하여 애니메이션의 순서를 세 번째인 [3]으로 변경합니다.

애니메이션 실행 순서 번호 [7]번을 [3]으로 변경했기 때문에 기존의 순번 중에서 [3], [4], [5], [6], 번호가 [4], [5], [6], [7] 번호로 조정됩니다.

10. 이제는 [8]번이 부여된 '하회탈 & Max'를 여섯 번째 실행인 [6]으로 변경하기 위해서, 숫자 [8]을 클릭하고 [애니메이션] 탭 → [타이밍] 그룹 → [애니메이션 순서 바꾸기] → [앞으로 이동]을 2회 클릭하여 애니메이션의 실행 순서를 여섯 번째인 [6]으로 변경합니다.

그러면 모든 애니메이션 실행 순서가 처음 계획했던 시나리오대로 변경이 됩니다.

11. 슬라이드 배경에 채우기를 위해서, 슬라이드 바탕에서 마우스의 오른쪽 단추를 클릭하여 [바로 가기] 메뉴를 표시하고 [배경 서식]을 선택합니다.

[배경 서식] 대화상자가 나타나면 [채우기] → [그라데이션 채우기] → [기본 설정 색] 목록에서 '이끼'를 선택한 후 [닫기]를 클릭하여 대화 상자를 닫습니다.

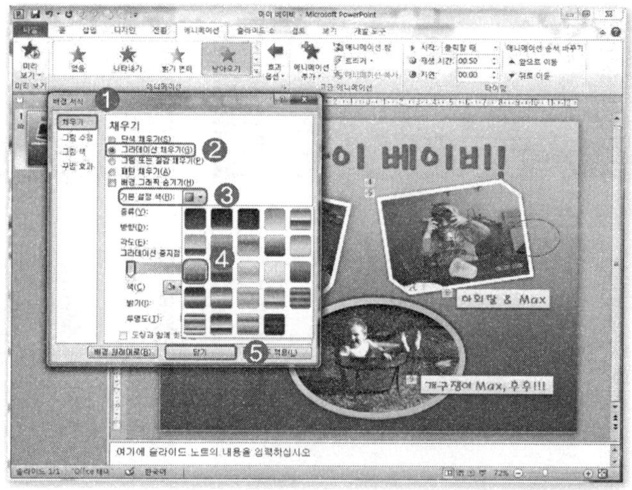

12. 이제는 슬라이드 쇼 초기 화면에서 마우스로 매번 클릭하지 않고 순서에 따라 자동으로 애니메이션이 실행되기 위해서, 애니메이션이 지정된 모든 개체를 선택한 후 [애니메이션] 탭 → [타이밍] 그룹 → [시작]의 목록 단추를 클릭하고 '이전효과 다음에'를 선택합니다.

13. 애니메이션 실행을 확인하기 위해서, 완성된 슬라이드를 파워포인트 화면 오른쪽 아래 [슬라이드 쇼 보기] 단추를 클릭한 후 슬라이드 쇼 초기 화면(제목만 표시됨)을 스크린에 표시합니다. 이후 자동으로 애니메이션이 실행되는 것을 확인 할 수 있습니다.

❶

❷

❸

❹

❺

❻

❼

❽

❾

14. 슬라이드 쇼가 끝나면 Esc 글쇠를 눌러 파워포인트 편집화면으로 복귀해서 문서를 저장하고 작업을 종료합니다.

막대형 차트에 애니메이션 효과 지정하기

3차원 누적 막대 차트에 애니메이션 효과를 지정하여 차트의 시각적 효과를 돋보이게 하는 슬라이드를 작성해 봅니다.

01. 파워포인트의 [파일] 탭 → [열기]를 클릭하고 제 4 장의 [실습 4-3]에서 작성했던 '사원별 1사분기 실적 현황' 문서를 가져옵니다.

이 문서를 [열기] 한 상태에서 [파일] 탭 → [다른 이름으로 저장]을 클릭하여 '사원별 1사분기 실적 현황-(애니메이션)'이란 이름의 다른 문서로 저장하고 실습을 준비합니다.

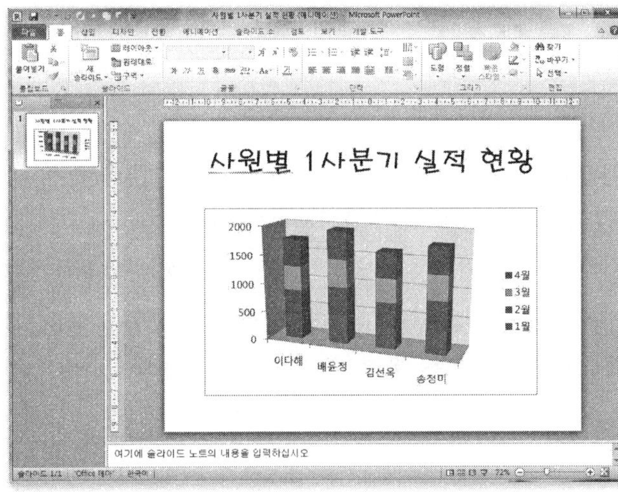

02. 준비된 문서의 차트에 애니메이션을 적용하기 위해서, 차트를 선택하고 [애니메이션] 탭 → [애니메이션] 그룹의 '자세히' 단추를 클릭하여 목록에서 [나타내기]의 '닦아내기'를 선택합니다.

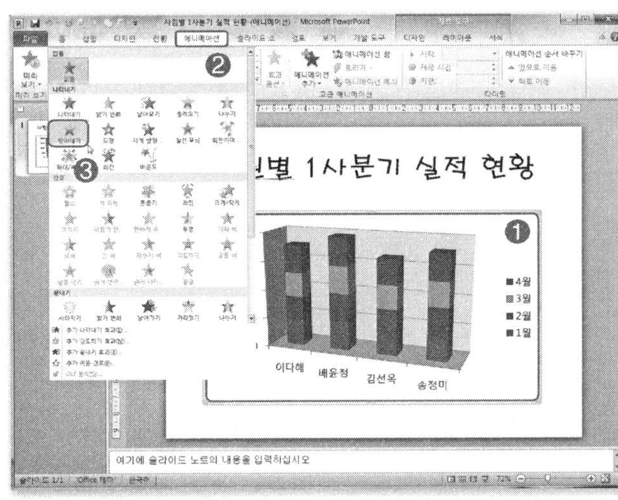

계속해서 [애니메이션] 그룹 → [효과 옵션]의 목록 단추를 클릭하고 목록에서 [시퀀스]의 '계열별로'를 선택합니다. 그러면 애니메이션 지정 순번 [1] ~ [5] 번호가 차트의 왼쪽 끝에 표시됩니다. 이것은 하나의 차트 개체가 '배경'과 '계열 1'(1월), '계열 2'(2월), '계열 3'(3월), '계열 4'(4월) 총 5개의 항목으로 구분되었음을 의미합니다.

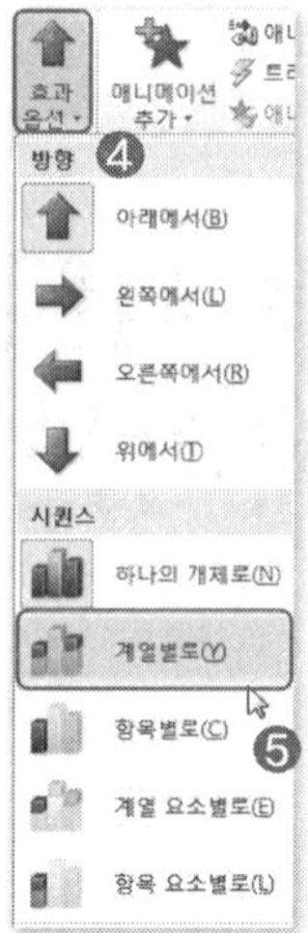

03. 슬라이드 편집 화면에 [애니메이션 창]을 표시하기 위해서, 차트 개체가 선택된 상태로 [애니메이션] 탭 → [고급 애니메이션] 그룹 → [애니메이션 창]을 클릭합니다.

[애니메이션 창]의 항목 펼치기 단추(③번 단추)를 클릭하면 5개의 애니메이션 목록이 보입니다. 그 중에서 맨 위에 있는 것은 '차트: 배경'이고, 나머지는 '차트: 계열 1'(1월)부터 '차트: 계열 2'(2월), '차트: 계열 3'(3월), '차트: 계열 4'(4월)까지를 나타냅니다.

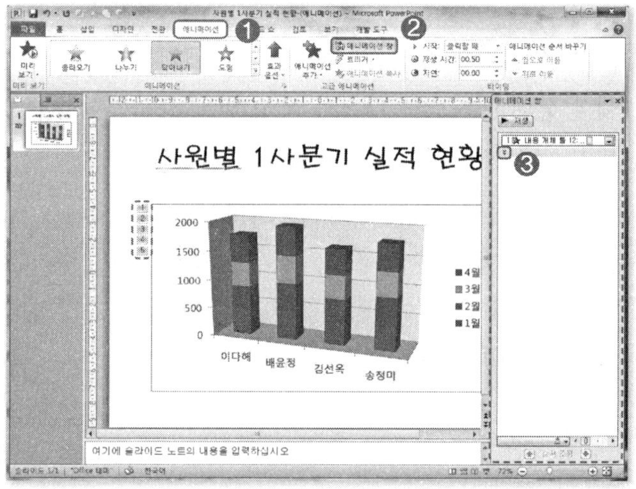

애니메이션 창의 5개의 애니메이션 목록이 모두 선택되어 표시되면 슬라이드 편집화면의 차트 개체의 좌측 상단에 있는 1~5의 애니메이션 실행 순번도 모두 선택되어 표시됩니다.

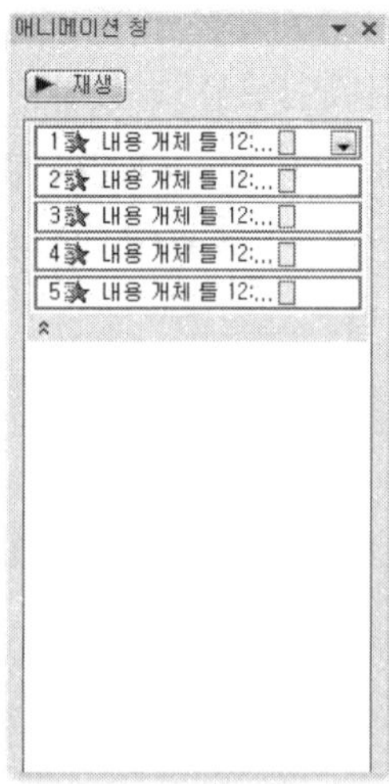

04. 첫 번째 항목인 배경의 애니메이션 지정을 변경하기 위해서, [애니메이션 창]의 맨 위에 있는 '차트: 배경'을 선택하고 [애니메이션] 탭 → [애니메이션] 그룹 → [나타내기]의 '나누기'를 선택합니다.

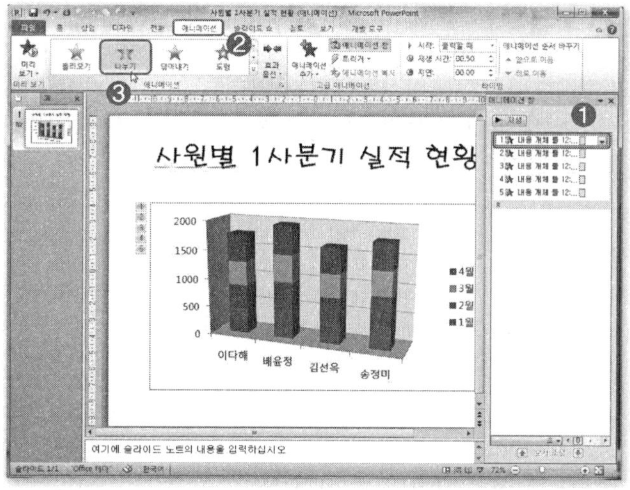

05. 애니메이션의 실행 상태를 미리 보기 위해서 [애니메이션 창]의 [재생] 단추를 클릭합니다.

실행에 문제가 없으면 [애니메이션 창]의 단추를 클릭하고 창을 닫습니다.

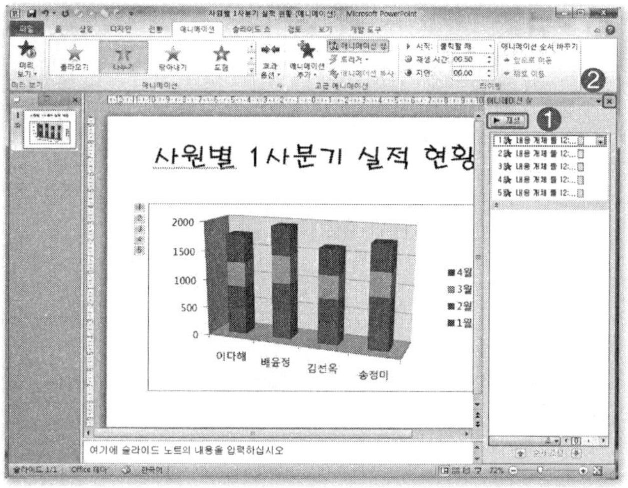

06. 완성된 슬라이드를 파워포인트 화면 오른쪽 아래에 [슬라이드 쇼 보기] 단추를 클릭한 후 슬라이드 쇼 초기 화면(제목만 표시됨)을 스크린에 표시합니다.

마우스를 클릭하면서 애니메이션을 실행합니다. 그러면 차트의 배경을 시작으로 마우스를 클릭할 때마다 각 계열이 설정된 애니메이션 효과를 보이며 나타납니다.

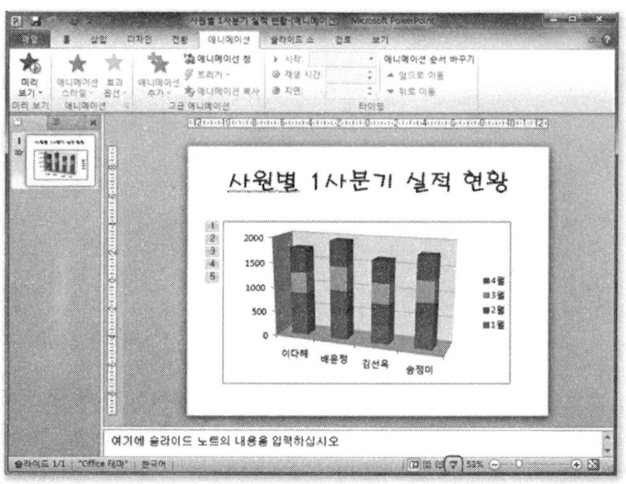

다음 그림은 슬라이드 쇼의 진행과정을 순차적으로 보여주는 그림입니다.

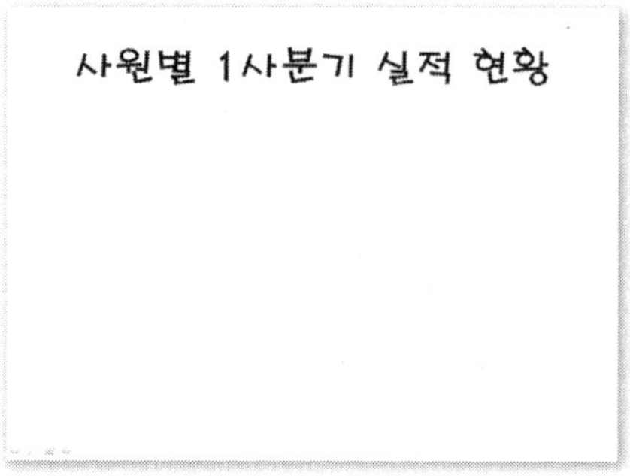

❶

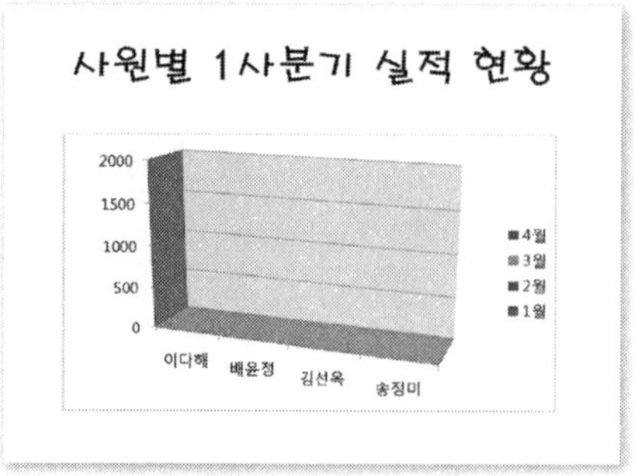

❷

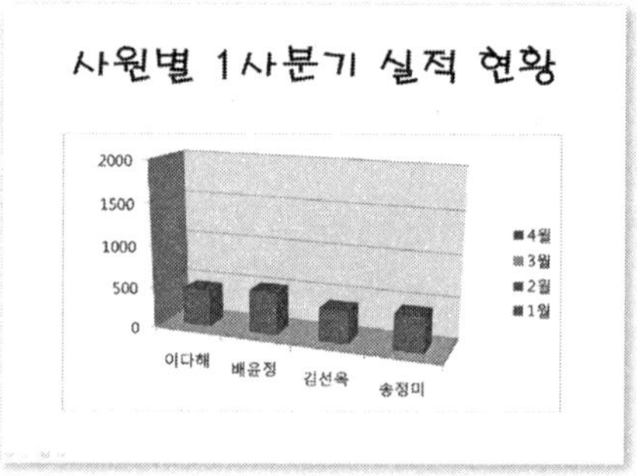

❸

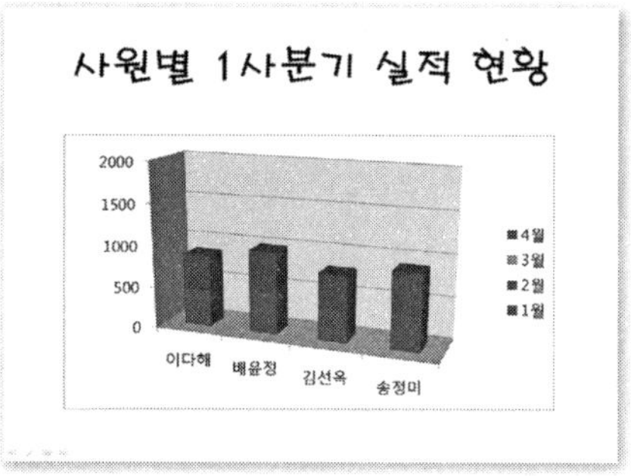

❹

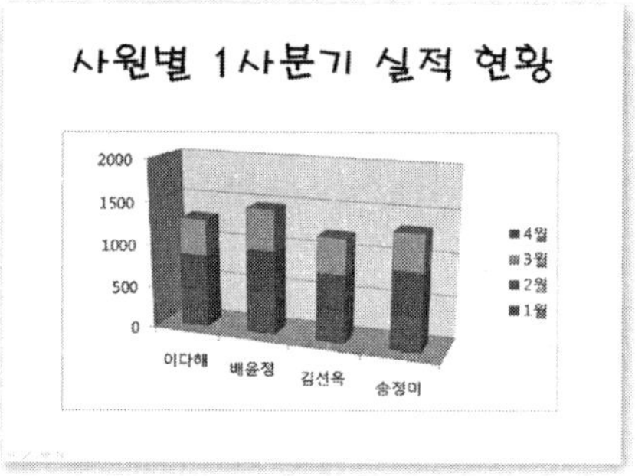

❺

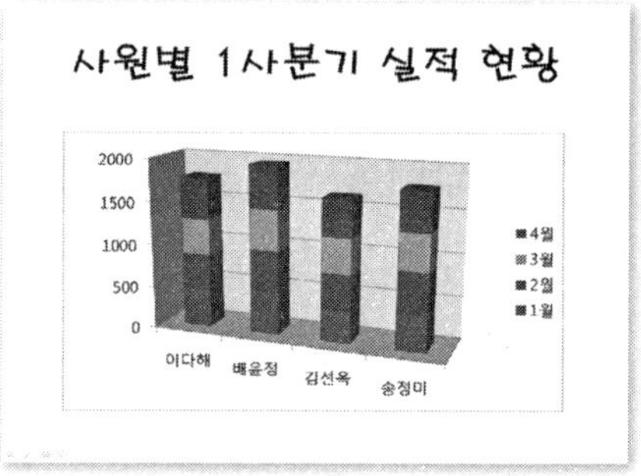

❻

07. 슬라이드 쇼가 끝나면 Esc 글쇠를 눌러 파워포인트 편집화면으로 복귀해서 문서를 저장하고 작업을 종료합니다.

실습 6-5 3차원 원형 차트에 애니메이션 효과 지정하기

01. 파워포인트의 [파일] 탭 → [열기]를 클릭하고 제 4 장의 [실습 4-4]에서 작성했던 '연도별 민속문화 체험학습자 인원' 문서를 가져옵니다.
이 문서를 [열기] 한 상태에서 [파일] 탭 → [다른 이름으로 저장]을 클릭하여 '연도별 민속문화 체험학습자 인원-(애니메이션)'이란 이름의 다른 문서로 저장하고 실습을 준비합니다.

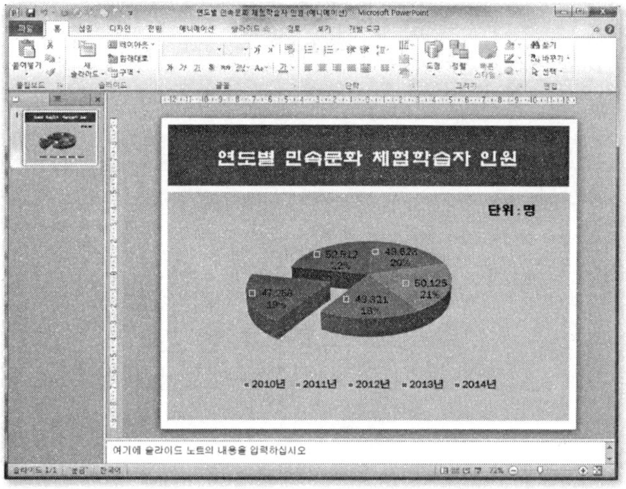

02. 준비된 문서의 차트에 애니메이션을 적용하기 위해서, 차트를 선택하고 [애니메이션] 탭 → [애니메이션] 그룹의 '자세히' 단추를 클릭하여 목록에서 [나타내기]의 '날아오기'를 선택합니다.
계속해서 [애니메이션] 그룹 → [효과 옵션]의 목록 단추를 클릭하고 목록에서 [시퀀스]의 '항목별로'를 선택합니다. 그러면 차트가 '배경'과 '계열 1'(2010년), '계열 2'(2011년), '계열 3'(2012년), '계열 4'(2013년), '계열 5'(2014년) 총 6개의 항목으로 구분되었음을 의미하는 애니메이션 실행 지정 순번 [1] ~ [6]이 차트 개체의 왼쪽 끝에 표시됩니다.

03. 슬라이드 편집 화면에 [애니메이션 창]을 표시하기 위해서, [애니메이션] 탭 → [고급 애니메이션] 그룹 → [애니메이션 창]을 클릭합니다. [애니메이션 창]의 항목 펼치기 단추를 클릭하여 6개의 애니메이션 목록을 표시합니다.

04. [애니메이션 창]의 맨 위에 있는 항목인 '차트: 배경'을 선택하고 [애니메이션] 탭 → [애니메이션] 그룹 → [효과 옵션]의 '오른쪽에서'를 선택합니다.

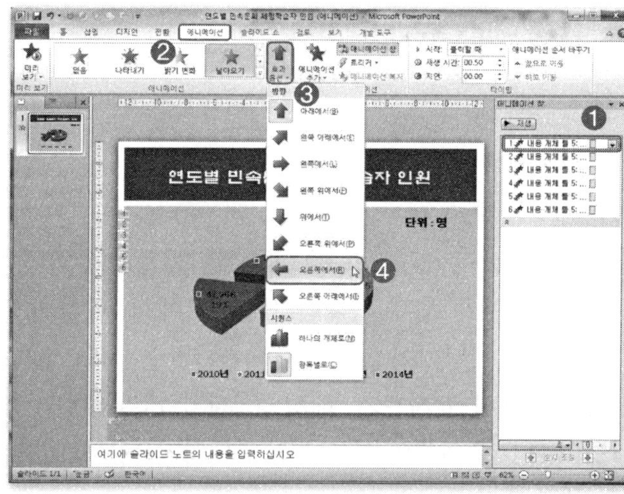

05. [애니메이션 창]의 두 번째 항목 '차트: 계열1'을 선택하고 [애니메이션] 탭 → [애니메이션] 그룹 → [나타내기]의 '올라오기'를 선택합니다.

06. [애니메이션 창]의 세 번째 항목 '차트: 계열2'를 선택하고 [애니메이션] 탭 → [애니메이션] 그룹 → [나타내기]의 '시계방향'을 선택합니다.

07. [애니메이션 창]의 네 번째 항목 '차트: 계열3'을 선택하고 [애니메이션] 탭 → [애니메이션] 그룹 → [나타내기]의 '회전'을 선택합니다.

08. [애니메이션 창]의 다섯 번째 항목 '차트: 계열4'를 선택하고 [애니메이션] 탭 → [애니메이션] 그룹 → [나타내기]의 '확대/축소'를 선택합니다.

09. [애니메이션 창]의 여섯 번째 항목 '차트: 계열 5'를 선택하고 [애니메이션] 탭 → [애니메이션] 그룹 → [나타내기]의 '바운드'를 선택합니다.

10. 애니메이션 실행의 타이밍을 지정하기 위해서 [애니메이션 창]의 6개의 모든 항목을 선택합니다.

[애니메이션] 탭 → [타이밍] 그룹 → [시작]을 클릭하고 '이전효과 다음에'를 선택하고 [타이밍] 그룹 → [재생시간]을 (01.00)으로 설정합니다.

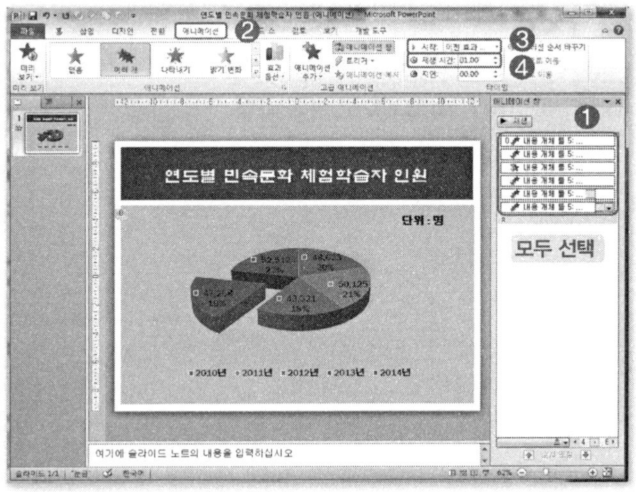

11. [애니메이션 창]의 ▶ 재생 [재생] 단추를 클릭하여 애니메이션의 실행 상태를 미리 보기 해보고, 실행에 문제가 없으면 ✖ 단추를 클릭하여 [애니메이션 창]을 닫습니다.

12. 완성된 슬라이드를 파워포인트 화면 오른쪽 아래 [슬라이드 쇼 보기] 단추를 클릭한 후 슬라이드 쇼 초기 화면(제목만 표시됨)을 스크린에 표시합니다.

이후 자동으로 차트의 각 계열은 애니메이션 효과를 보이며 실행되는 것을 확인 할 수 있습니다.

❶

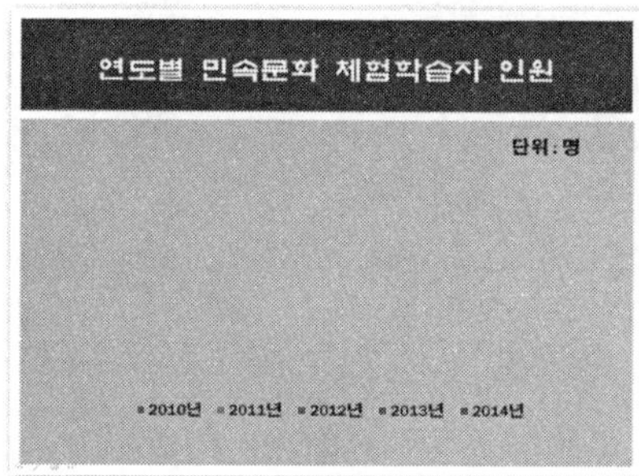

❷

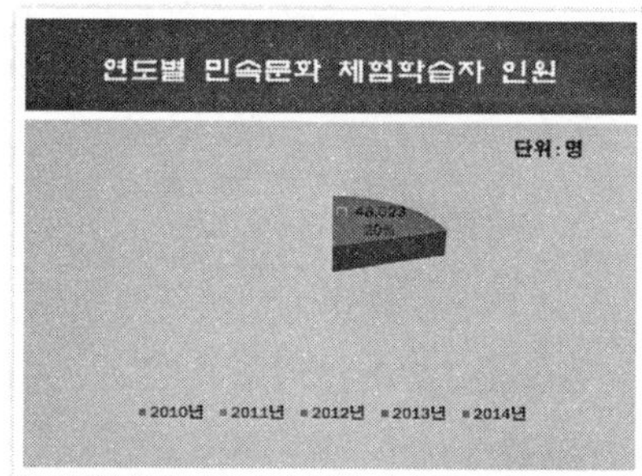

❸

❹

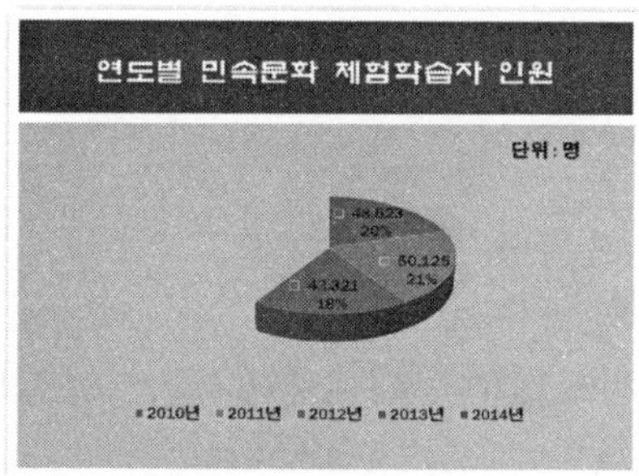

❺

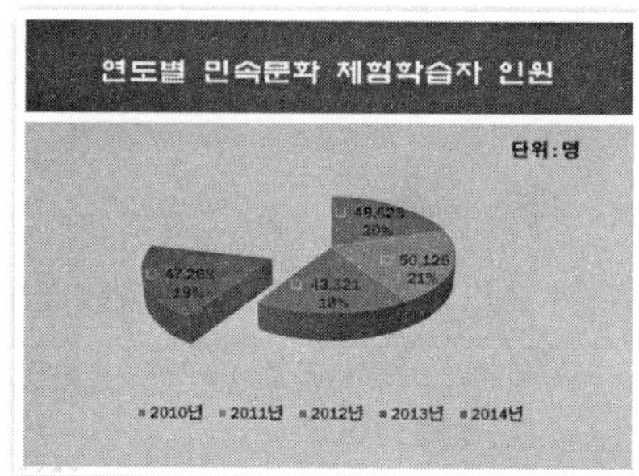

❻

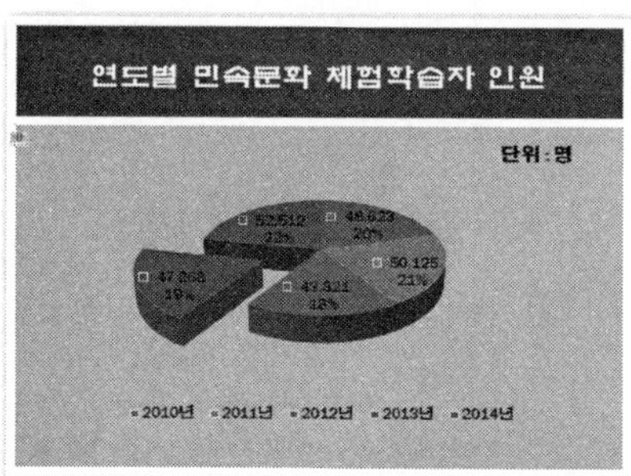

❼

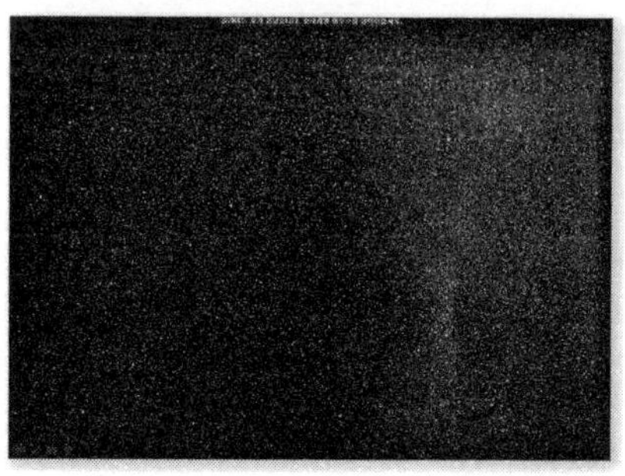

❽

13. 슬라이드 쇼가 끝나면 Esc 글쇠를 눌러 파워포인트 편집화면으로 복귀해서 문서를 저장하고 작업을 종료합니다.

실력 점검 문제

[문제 6-1] '2030 여성의 소비 변덕' 프레젠테이션 문서를 열고 아래의 조건에 맞는 애니메이션 효과가 삽입된 슬라이드를 작성하시오.

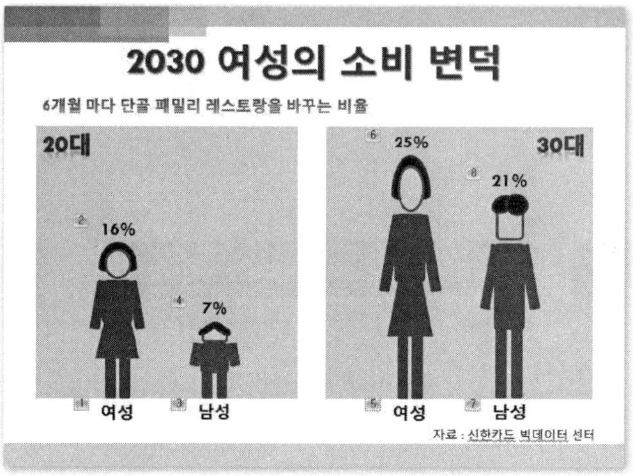

[작성 조건]

1. 디자인 테마 서식 : [테마] → [Office.com에서] → '심플 테마'

2. 텍스트 서식 :

- **제목('2030 여성의 소비 변덕') : 굵게, 그림자**
- **'6개월 마다 단골 패밀리 레스토랑을 바꾸는 비율' : [WordArt 스타일] 그룹 → [선택한 텍스트에 적용] → '그라데이션 채우기-주황, 강조 6, 안쪽 그림자'**
- **'20대'/'30대' : [WordArt 스타일] 그룹 → [선택한 텍스트에 적용] → '그라데이션 채우기-자주, 강조 6, 반사'**

3. 애니메이션 실행 순서 및 애니메이션(효과 옵션) 지정 :

❶ '여성'(20대) 텍스트 : 날아오기(왼쪽 아래에서)
❷ '16%-여성' 이미지 : 날아오기(아래에서)
❸ '남성'(20대) 텍스트 : 날아오기(오른쪽 아래에서)
❹ '7%-남성' 이미지 : 날아오기(아래에서)
❺ '여성'(30대) 텍스트 : 날아오기(왼쪽 아래에서)
❻ '25%-여성' 이미지 : 날아오기(아래에서)
❼ '남성'(30대) 텍스트 : 날아오기(오른쪽 아래에서)
❽ '21%-남성' 이미지 : 날아오기(아래에서)

[문제 6-2] '유비쿼터스 컴퓨팅의 등장' 프레젠테이션 문서를 열고 다음과 같이 각 개체의 조건에 맞는 애니메이션 효과가 삽입된 슬라이드를 작성하시오.

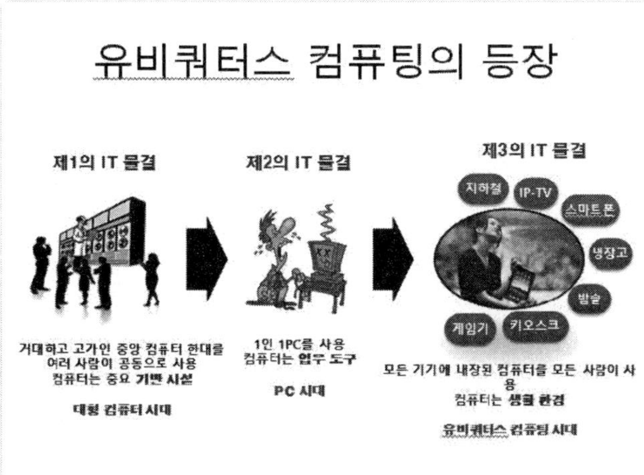

〈 준비 문서 〉

〈 결과 문서 〉

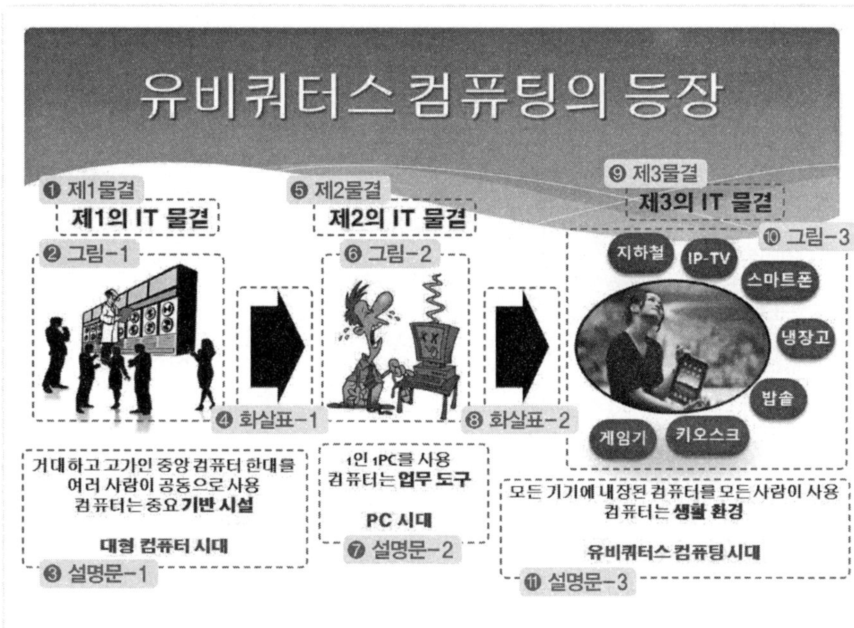

〈 애니메이션 순서 및 개체 구분 〉

[작성 조건]

1. 디자인 테마 서식 : [테마] → '파형'

2. 슬라이드 제목 서식 : 굵게, 그림자

3. 애니메이션 실행 순서 및 애니메이션(효과 옵션), 애니메이션 시작, 재생시간 지정 :

❶ [제1물결] : 날아오기(왼쪽에서), 클릭할 때 시작, (01.00)
❷ [그림-1] : 회전하며, 이전 효과 다음에 시작, (01.00)
❸ [설명문-1] : 날아오기(아래에서), 이전 효과 다음에 시작, (01.50)
❹ [화살표-1] : 닦아내기(왼쪽에서), 이전 효과 다음에 시작, (00.50)
❺ [제2물결] : 날아오기(위에서), 클릭할 때 시작, (01.00)
❻ [그림-2] : 바운드, 이전 효과 다음에 시작, (01.00)
❼ [설명문-2] : 날아오기(아래에서), 이전 효과 다음에 시작, (01.00)
❽ [화살표-2] : 닦아내기(왼쪽에서), 이전 효과 다음에 시작, (00.50)
❾ [제3물결] : 날아오기(오른쪽에서), 클릭할 때 시작, (01.00)
❿ [그림-3] : 시계 방향(살 2개), 이전 효과 다음에 시작, (01.50)
⓫ [설명문-3] : 날아오기(아래에서), 이전 효과 다음에 시작, (01.50)

Memo

CHAPTER 07

사진 앨범 만들기

요즈음은 스마트 폰이나 디지털 카메라를 이용하여 언제 어디서든지 쉽게 사진 촬영이 가능하고, 많은 양의 사진을 그림 파일 형식으로 보관할 수 있습니다. 이렇게 관리되지 않고 무수히 많이 흩어져 있는 사진들을 파워포인트를 이용해서 간단하게 사진 앨범으로 만들어 보관하는 것은 매우 유용한 방법입니다.

사진 앨범 기능은 여러 장의 사진을 슬라이드에 한꺼번에 표시하는 방법입니다. 파워포인트 메뉴를 이용하여 간편하게 앨범 제작이 가능하기도 하고, 슬라이드에 삽입된 여러 장의 사진을 그림스타일 변경이나 간단한 도형을 그려 넣어서 더 예쁜 사진첩으로 꾸밀 수도 있습니다.

사진 앨범은 여러 개의 그림을 한꺼번에 불러오는 것이기 때문에 사진 앨범을 구성하려면 먼저 사진 앨범에 사용할 사진을 하나의 폴더에 모아 둔 상태에서 시작하는 것이 편리합니다.

그리고 인터넷을 이용하여 검색된 정보를 프레젠테이션에 그림으로 포함시켜 문서를 완성한다면 텍스트로 서술하는 것보다 훨씬 더 효과적입니다. 파워포인트 2010에는 스크린 샷 기능이 있는데 다른 작업창의 내용을 그대로 캡처하여 슬라이드에 활용할 수 있도록 제공하는 기능입니다. 본 장에서는 스크린 샷 기능을 이용한 웹 그림 화보 슬라이드를 작성해 봅니다.

학습 목표

- 여러 장의 그림을 '새 사진 앨범' 메뉴를 이용하여 사진 앨범을 만들 수 있습니다.
- 만들어진 사진 앨범을 '사진 앨범 편집' 메뉴를 이용하여 편집/수정 할 수 있습니다.
- 그림 스타일 효과, 도형 삽입, 클립아트 등을 적용하여 사진 앨범을 꾸밀 수 있습니다.
- 하이퍼링크 기능으로 원본 사진과 연결할 수 있고, 앨범 사진에 메모를 표시할 수 있습니다.
- 스크린 샷 기능의 화면 캡처로 다른 작업창의 내용을 파워포인트 문서에 삽입할 수 있습니다.
- 화면 캡처 정보를 그림 도구의 자르기 기능으로 필요한 부분만 그림으로 완성할 수 있습니다.
- 파워포인트에서 생성된 개체를 그림으로 저장할 수 있습니다.

실습구성

준비학습
실습 7-1 사진 앨범 메뉴를 이용한 간편 사진첩 만들기
실습 7-2 하이퍼링크로 원본 사진 연결하기
실습 7-3 하이퍼링크로 앨범 사진에 메모 달기
실습 7-4 액자위에 진열된 사진 모음 만들기
실습 7-5 스크린 샷을 이용한 그림 슬라이드 만들기
실력 점검 문제

준비학습

1. 사진 앨범 만들기

(1) 새 사진 앨범 만들기 및 편집

❶ 사진 앨범을 만들기 위해서 [삽입] 탭 → [이미지] 그룹 → [사진 앨범] 목록 단추를 클릭한 후 '새 사진 앨범'을 선택합니다.

❷ 그러면 [사진 앨범] 대화상자가 표시되고 앨범에 수록될 사진 파일들을 불러 오기한 후에 [사진 앨범] 대화상자의 [만들기] 단추를 클릭합니다.

❸ 새 사진 앨범이 작성된 후 작성된 앨범을 편집하려면 다시 [삽입] 탭 → [이미지] 그룹 → [사진 앨범] 목록 단추를 클릭한 후 '사진 앨범 편집'을 선택합니다.

❹ 그러면 [사진 앨범 편집] 대화상자가 표시됩니다. 사진 앨범이 편집된 후에는 [사진 앨범 편집] 대화상자의 [업데이트] 단추를 클릭합니다.

(2) [사진 앨범] 대화상자 및 [사진 앨범 편집] 대화상자의 구성

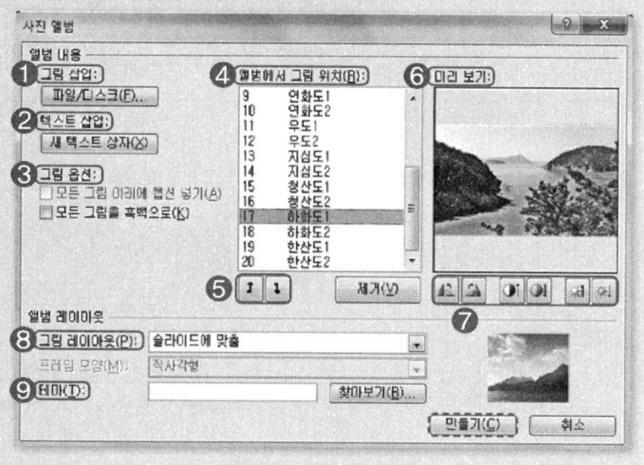

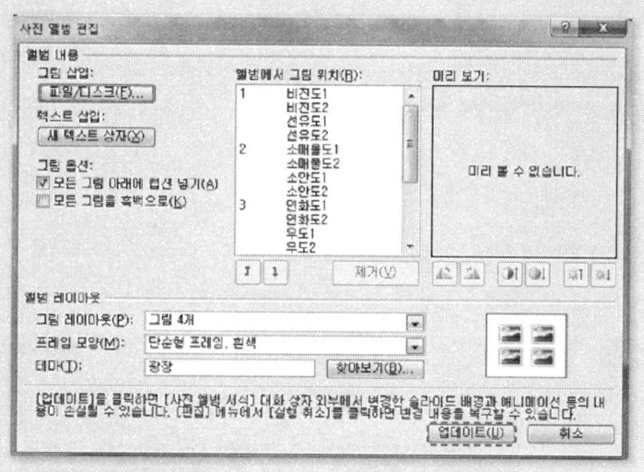

❶ 그림 삽입 : 삽입할 그림 파일을 선택합니다.

❷ 텍스트 삽입 : 슬라이드에 삽입할 텍스트를 설정합니다.

❸ 그림 옵션 : 삽입된 그림에 캡션을 붙이거나 그림을 흑백으로 설정합니다.

❹ 앨범에서 그림 위치 : 슬라이드의 위치를 조정합니다.

❺ 그림 위치 이동 화살표 : 그림을 선택하고 방향 화살표를 누르면 누른 회수만큼 선택된 그림이 앞으로 이동, 또는 뒤로 이동하여 순서 위치가 정해집니다.

❻ 미리 보기 창 : 선택된 그림을 미리 보기 할 수 있습니다.

❼ 그림 편집하기 : 그림의 삽입 방향, 명도 대비, 밝기 등을 조정합니다.

❽ 그림 레이아웃 : 한 슬라이드에 삽입될 그림의 수와 프레임 모양을 설정합니다.

❾ 테마 지정 : 사진 앨범의 모든 슬라이드 바탕에 테마를 지정합니다.

2. 화면 캡처하여 슬라이드에 삽입하기

(1) 검색 화면 전체 캡처하기

❶ 화면을 캡처하려면 먼저 해당되는 화면을 컴퓨터 화면에 띄워 놓습니다.

❷ 파워포인트 리본 메뉴의 [삽입] 탭 → [이미지] 그룹 → [스크린샷] → [사용할 수 있는 창] 목록에서 확인된 그림 목록을 직접 마우스로 클릭하면 인터넷 검색 화면 전체가 캡처되어 슬라이드에 삽입됩니다. 다음의 오른쪽 그림은 캡처된 화면이 파워포인트 슬라이드에 삽입된 모양입니다.

(2) 화면의 부분 캡처하기

❶ 캡처할 화면을 컴퓨터 화면에 띄워 놓습니다.

❷ [삽입] 탭 → [이미지] 그룹 → [스크린샷] → [화면 캡처] 단추를 클릭합니다.

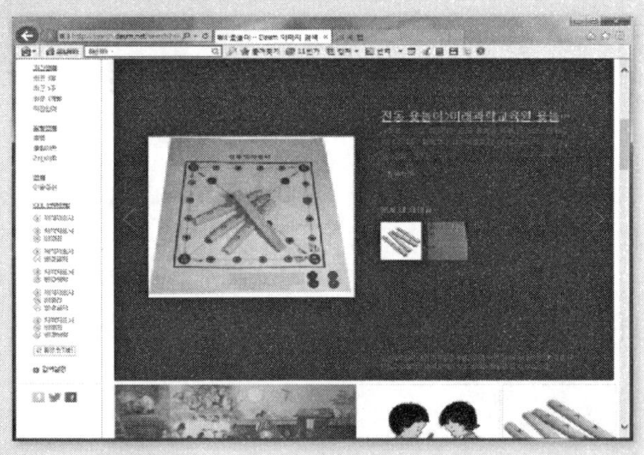

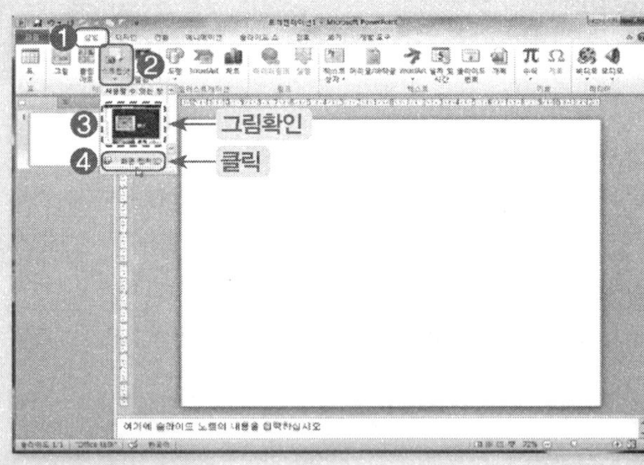

❸ 화면 전체가 흐린 화면으로 표시되며, 마우스 포인터 모양이 '+' 모양일 때 드래그합니다.

❹ 그러면 드래그 부분만 캡처되어 다음 오른쪽 그림과 같이 슬라이드에 삽입할 수 있습니다.

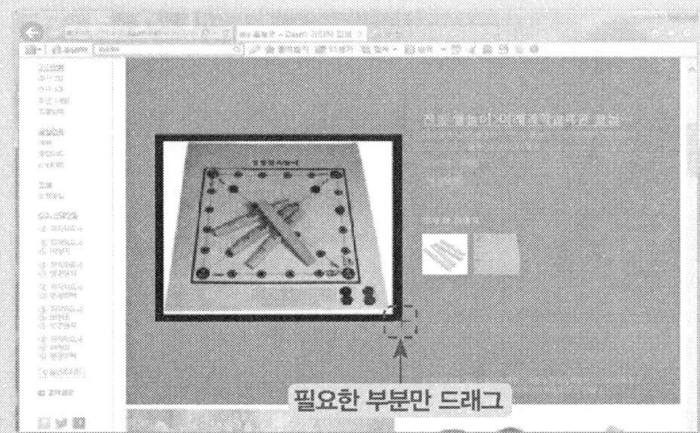

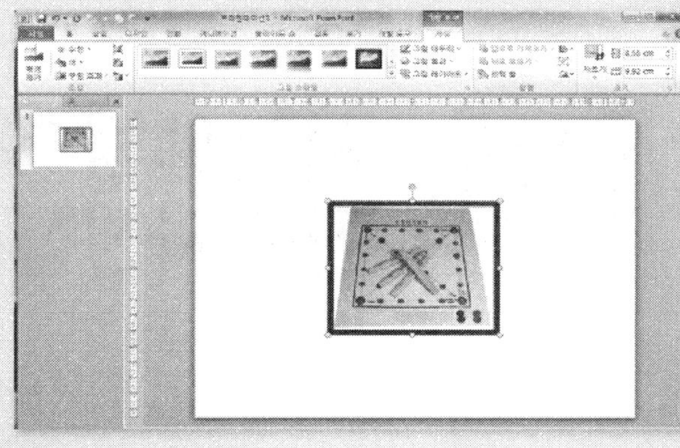

(3) [그림 도구]의 [자르기] 기능을 이용한 그림 영역 선택

일단 슬라이드에 삽입된 그림에서 불필요한 부분이 포함된 그림이라면 [그림 도구]의 [자르기] 기능을 이용하여 불필요한 부분은 버리고 원하는 부분만을 취할 수 있습니다.

❶ 그림을 선택한 후 [그림 도구/서식] 탭 → [크기] 그룹 → [자르기]를 클릭합니다.

❷ 그림의 테두리 부분에 '자르기 조정 핸들'이 표시되면 그림 안쪽으로 드래그 하여 슬라이드에 표시할 부분만 남깁니다.

❸ 표시할 부분이 결정되면 [그림 도구/서식] 탭 → [크기] 그룹의 [자르기]를 한 번 더 클릭하여 그림 자르기 기능을 해제합니다.

다음 그림은 캡처 화면을 삽입한 슬라이드에서 [그림 도구/서식] 탭의 [자르기] 기능을 이용하여 그림의 필요한 부분만 선택하는 과정을 보이고 있습니다.

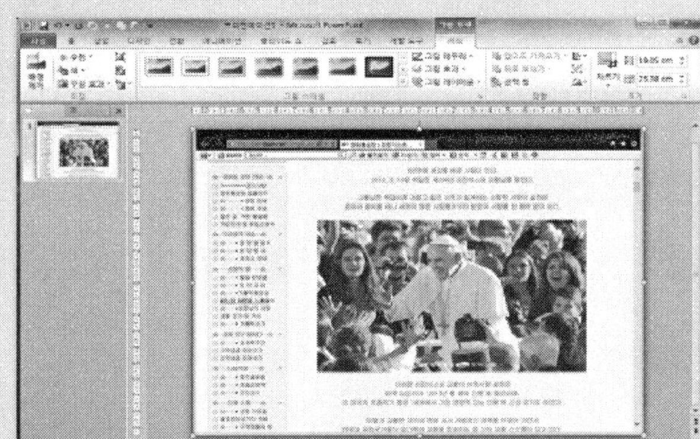

① 캡처 화면 삽입

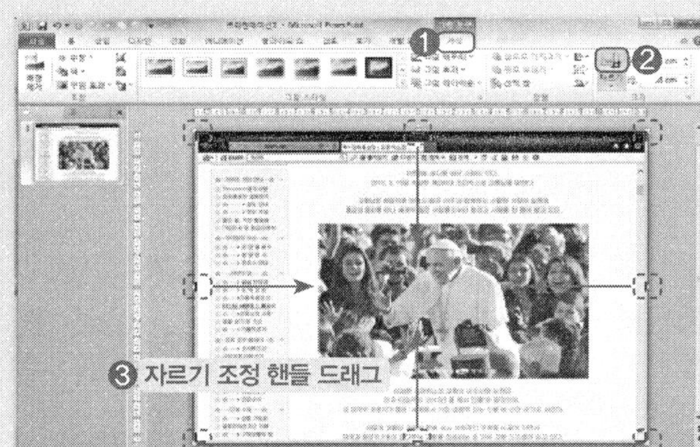

② 자르기 기능 명령

③ 자르기 핸들 드래그

④ 자르기 실행 완료

7-1 사진 앨범 메뉴를 이용한 간편 사진첩 만들기

파워포인트 '사진 앨범' 기능을 이용해서 오른쪽 그림과 같이 표지를 제외한 나머지 슬라이드마다 4개의 사진을 표시하는 사진첩을 작성해 봅니다.

01. 파워포인트의 새 슬라이드(빈화면)을 열고 [삽입] 탭 → [이미지] 그룹 → [사진 앨범] → [새 사진 앨범]을 클릭하고 [사진 앨범] 대화상자를 표시합니다.

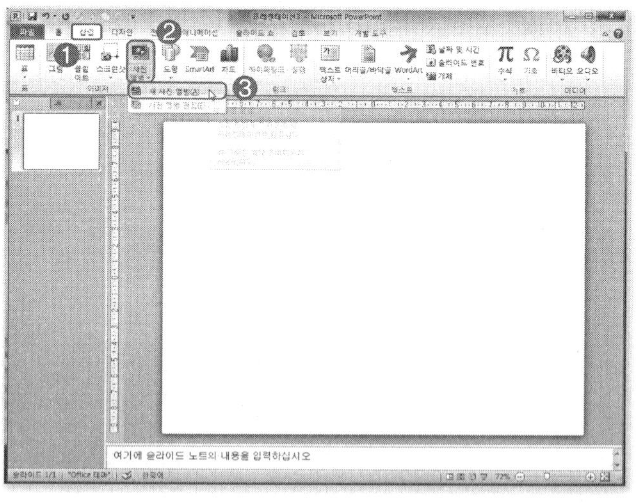

02. [사진 앨범] 대화상자가 표시되면 그림 삽입 항목의 [파일/디스크] 단추를 클릭합니다.

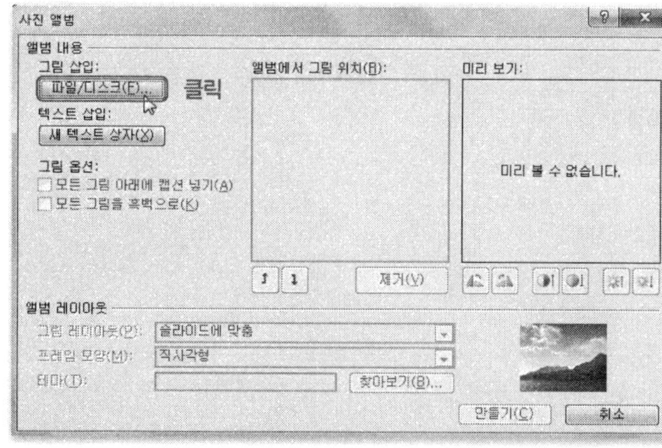

03. [새 그림 삽입] 대화상자가 표시되면 저장 위치(문서준비파일\섬 사진) 폴더를 확인하고 그림('등대-1'과 '등대-2'를 제외한 나머지 20개의 섬 사진) 파일을 선택한 후 [삽입]을 클릭합니다.

처음부터 '등대-1', '등대-2' 파일을 제외할 수 있지만, 전체 모든 그림 파일을 삽입하고 나서 [사진 앨범] 대화상자에서 별도로 제거할 수도 있습니다.

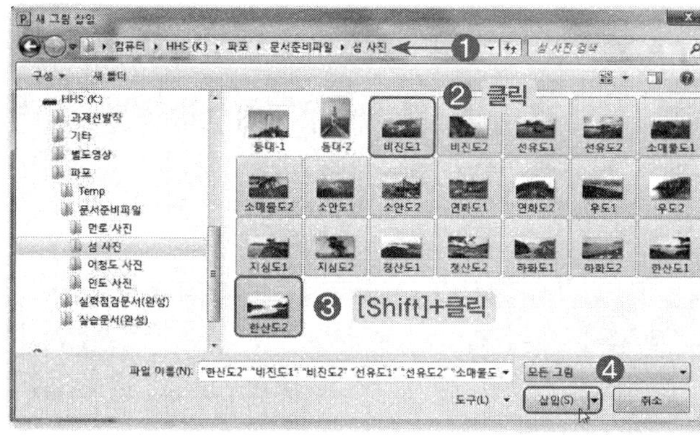

참고로 떨어져 있는 여러 개의 파일을 선택하려면 Ctrl 글쇠를 누르고 순서대로 클릭을 하지만, 연속된 여러 개의 파일을 한꺼번에 선택하려면 첫 번째 파일을 선택하고 Shift 글쇠를 누른 상태에서 마지막 파일을 클릭합니다.

04. 준비된 그림파일들이 삽입되면 [사진 앨범] 대화상자의 [앨범에서 그림 위치] 항목에 불러온 파일 목록이 표시됩니다.

삽입된 사진으로 앨범을 만들기 위해서, [사진 앨범] 대화상자에서 [만들기] 단추를 클릭합니다.

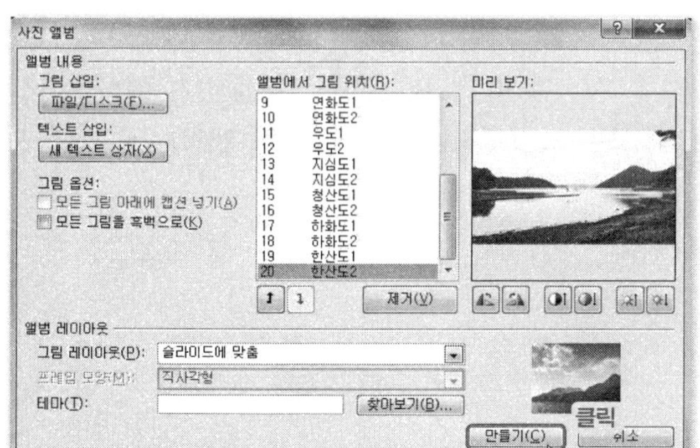

그러면 오른쪽 그림과 같이 선택한 사진들이 하나의 슬라이드에 1개의 사진씩 삽입되어 앨범이 구성됩니다.

05. 사진 앨범 표지에 제목과 부제목을 입력하기 위하여, 다음과 같이 텍스트의 내용, 글꼴(크기) 등을 설정합니다.

- 제목 서식 : [내용] '섬 사진첩', [글꼴]-양재둘기체M(80), 텍스트 굵게
- 부제목 서식 : [내용] '촬영 : 야 생 란', [글꼴]-양재소슬체S(40), 텍스트 굵게

06. 만들어진 사진 앨범을 [파일] 탭 → [저장]을 클릭하고 '섬 사진첩'이란 이름의 문서로 저장합니다.

07. 계속해서 삽입된 앨범을 편집하기 위하여, [삽입] 탭 → [이미지] 그룹 → [사진 앨범] → [사진 앨범 편집]을 클릭합니다.

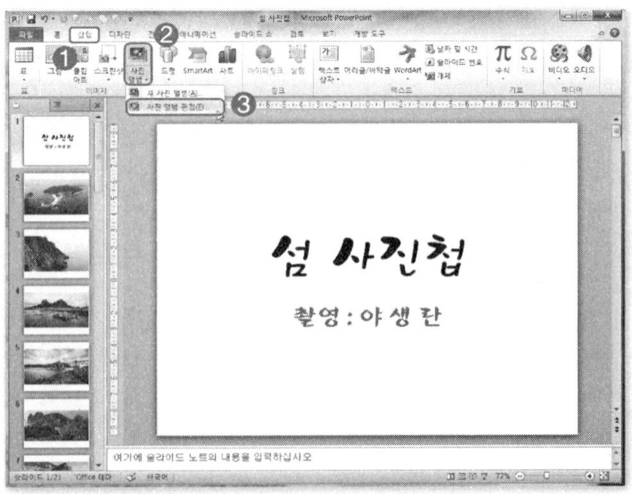

08. [사진 앨범 편집] 대화상자가 나타나면 슬라이드 1면에 사진 4장을 볼 수 있도록 [앨범 레이아웃]에서 [그림 레이아웃] → '그림 4개'를 지정하고, [프레임 모양] → '단순형 프레임, 흰색'을 지정하며, [테마]는 찾아보기에서 '광장(Concourse)'을 지정합니다.

그림에 캡션을 붙이기 위해서, [그림 옵션] → [모든 그림 아래에 캡션 넣기]에 체크 표시 하고 [업데이트] 단추를 클릭합니다.

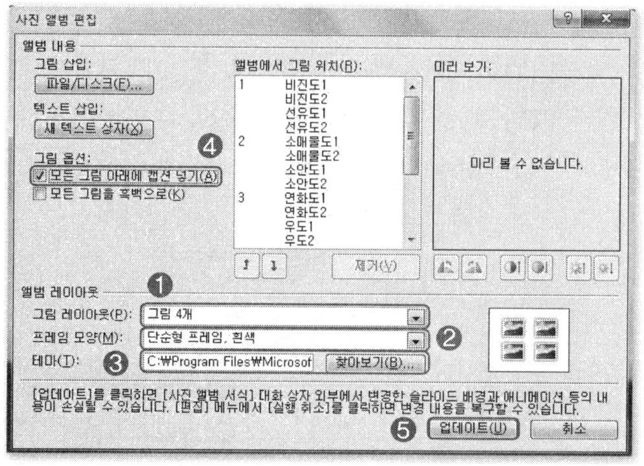

그러면 오른쪽 그림과 같이 모든 슬라이드에 테마 배경이 지정되고, 표지 슬라이드를 제외한 나머지 각 슬라이드에는 4개의 사진들이 표시되고, 그림 아래쪽에는 그림 파일 이름과 같은 내용의 캡션이 표시됩니다.

09. 추가로 슬라이드 배경화면에 색을 채우기를 위해서, 첫 번째 슬라이드에서 바로가기 메뉴를 표시하고 [배경 서식]을 눌러 [배경 서식] 대화상자를 표시합니다.

10. [배경 서식] 대화상자가 표시되면 다음과 같이 채우기 서식을 설정합니다. [채우기] → [그라데이션 채우기] → [기본 설정 색] → '새벽'을 클릭합니다. 그리고 그라데이션의 투명도를 조절하기 위해서 [투명도]의 범위를 '80%'로 설정하고 [모두 적용] 단추와 [닫기] 단추를 클릭합니다.

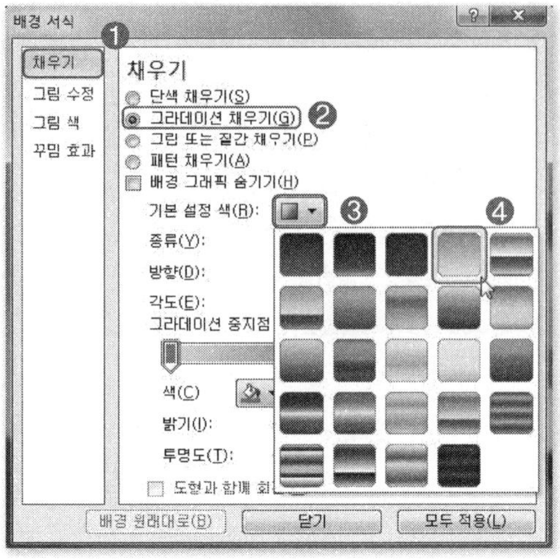

그러면 오른쪽 그림과 같이 모든 슬라이드에 그라데이션 채우기가 표시됩니다.

11. 각각의 그림에 표시된 캡션의 글꼴에 효과를 주기 위해서 캡션의 텍스트를 드래그인하여 블록 선택하고, 먼저 글꼴(HY엽서M)을 변경합니다.

덧붙여서 캡션에 WordArt 효과를 주기 위해서, 텍스트를 블록 선택한 상태로 [그리기 도구/서식] 탭 → [WordArt 스타일] 그룹에서 (그라데이션 채우기–진한 빨강, 강조 6, 안쪽 그림자)의 스타일을 선택합니다.

12. 모든 캡션의 텍스트에 대한 서식 지정이 끝났으면 완성한 사진 앨범을 저장하고 [파일] 탭 → [닫기]를 클릭하여 작업을 종료합니다.

실습

7-2 하이퍼링크로 원본 사진 연결하기

오른쪽 그림과 같이 하나의 슬라이드에 여러 장의 사진을 축소시켜 배열하고 각각의 사진에 하이퍼링크를 연결하여 축소 사진을 누르면 원본 사진을 볼 수 있는 사진 앨범을 만들어 봅니다.

01. 파워포인트의 새 슬라이드(빈화면)을 열고 [삽입] 탭 → [이미지] 그룹 → [그림]을 클릭합니다.

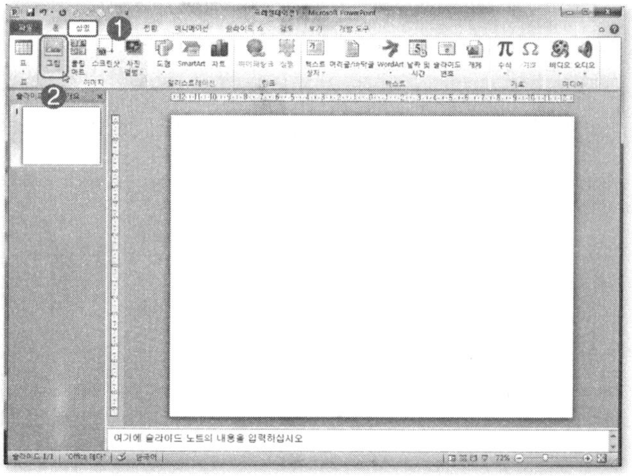

02. [그림 삽입] 대화상자가 표시되면 저장 위치(문서준비파일\먼로 사진) 폴더를 확인하고 Shift 글쇠를 이용하여 그림 파일('마릴린먼로-1~9', 9개 사진) 모두를 선택한 후 [삽입]을 클릭합니다.

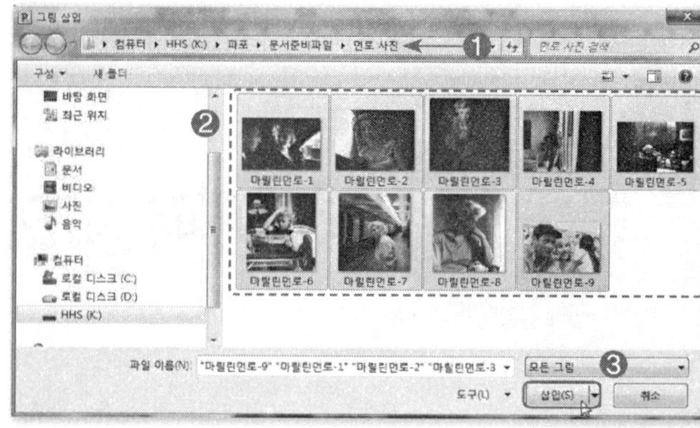

03. 그러면 9개의 사진이 오른쪽 그림과 같이 슬라이드 바탕화면에 표시됩니다. 사진의 크기를 축소시키기 위해서 [그림도구/서식] 탭 → [크기] 그룹의 [추가 옵션] 단추를 클릭합니다.

04. [그림 서식] 대화상자가 표시되면 [크기] → [배율]의 [가로 세로 비율 고정]이 체크 표시 된 상태로 [높이]와 [너비]를 각각 35%로 지정하고 [닫기] 단추를 클릭합니다.

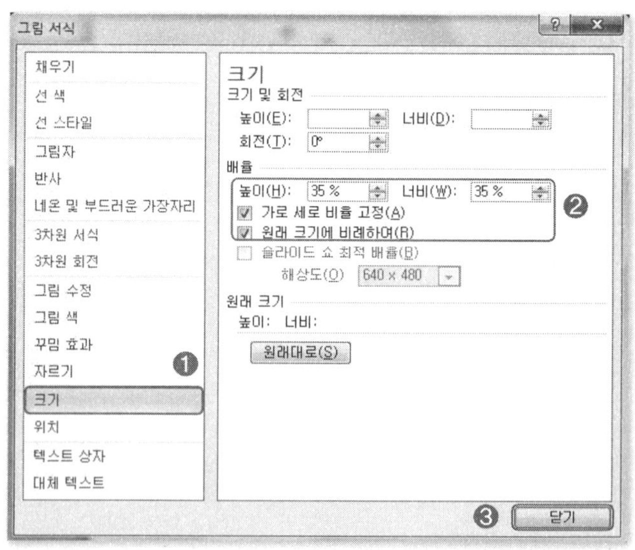

05. 축소된 사진들을 이동 또는 각도 회전을 시켜 다음과 같이 중앙부에 사진 앨범 제목인 텍스트 입력 공간을 약간만 남기고 적당하게 배치합니다. 각 사진은 추후 하이퍼링크 기능을 이용하여 원본 사진과 연결할 예정이므로 각 사진의 파일 이름을 기억해 둡니다.

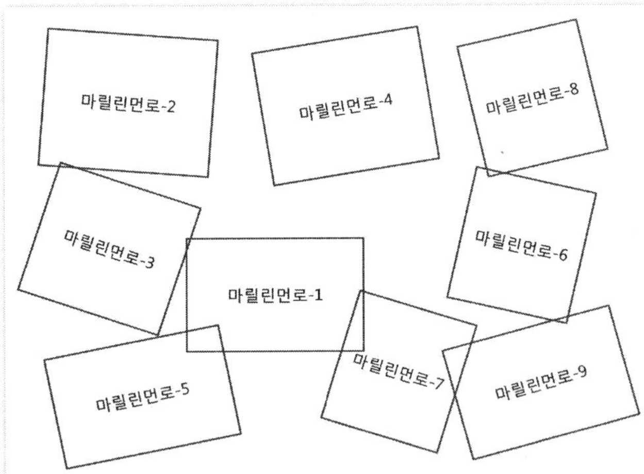

06. 사진에 그림 스타일 효과를 주기 위해서, 슬라이드 바탕의 모든 사진을 선택하고 [그림 도구/서식] 탭 → [그림 스타일] 그룹에서 '원근감 있는 그림자, 흰색'의 스타일을 클릭합니다.

07. 슬라이드 중앙에 사진 앨범 제목을 입력하기 위해서, [삽입] 탭 → [텍스트] 그룹 → [텍스트 상자] → [가로 텍스트 상자]를 클릭하고 다음과 같이 텍스트 서식을 지정합니다.

- 내용 : 'Marilyn Monroe의 추억'
- 글꼴(크기) 서식 : MD솔체(24), 기울임꼴, 밑줄, 텍스트 그림자

08. 슬라이드 바탕에 배경색을 채우기 위해서 바로 가기 메뉴에서 [배경 서식]을 클릭합니다.

[배경 서식] 대화상자가 표시되면 [채우기] → [단색 채우기] → [색] 목록에서 [테마 색]의 '흰색, 배경 1, 15% 더 어둡게'를 선택한 후 대화상자의 [닫기] 단추를 클릭합니다.

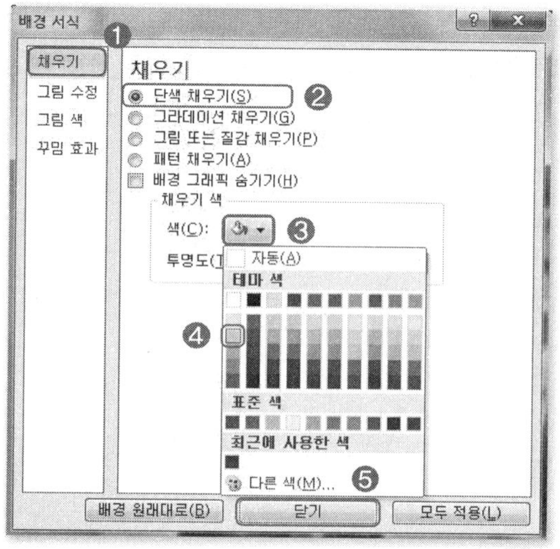

09. 오른쪽 그림과 같이 사진 앨범이 완성 되면 [파일] 탭 → [저장]을 클릭하고 '먼로의 추억'이란 이름의 문서로 저장합니다.

지금부터는 슬라이드 쇼에서 앨범 사진을 클릭하면 원본 사진과 연결되어 원래의 사진을 화면에서 볼 수 있도록 하는 하이퍼링크 작업을 시작합니다.

10. 첫 번째 그림(마릴린먼로-2)을 선택하고 마우스 오른쪽 단추를 눌러 바로가기 메뉴를 표시합니다.

바로 가기 메뉴에서 [하이퍼링크]를 클릭하여 [하이퍼링크 삽입] 대화상자를 표시합니다.

11. [하이퍼링크 삽입] 대화상자가 나타나면 [연결 대상]에서 [기존 파일/웹페이지]를 선택합니다. [찾는 위치]는 원본 파일이 저장되어 있는 [문서준비파일\먼로 사진] 폴더입니다. 찾는 위치가 확인 되면 열거된 파일 목록에서 '마릴린먼로-2.jpg' 파일을 선택한 후 [확인] 단추를 클릭합니다.

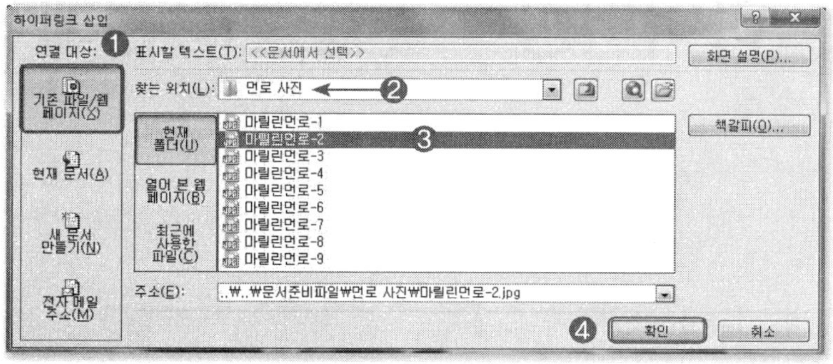

같은 방법으로 나머지 8장의 사진도 각각의 원본 사진 파일에 하이퍼링크 연결하기를 지정합니다.

12. 슬라이드 쇼를 실행하기 위해서, [슬라이드 쇼] 탭 → [슬라이드 쇼 시작] 그룹 → [현재 슬라이드부터]를 클릭합니다.

13. 슬라이드 쇼 화면에서 임의의 사진을 클릭하면 해당 사진의 원본 그림 사진이 나타나는 것을 확인할 수 있습니다.

14. 하이퍼링크 기능까지 완성된 사진 앨범을 저장하고 [파일] 탭 → [닫기]를 클릭하여 작업을 종료합니다.

실습

7-3 하이퍼링크로 앨범 사진에 메모 달기

하이퍼링크의 '화면 설명' 기능을 이용하여 오른쪽 그림의 가운데 표시 모양과 같이 앨범 사진위에 마우스를 올려놓으면 메모가 표시되는 사진 앨범을 만들어 봅니다.

01. 파워포인트의 새 슬라이드(제목만)을 열고 [삽입] 탭 → [이미지] 그룹 → [그림]을 클릭합니다.

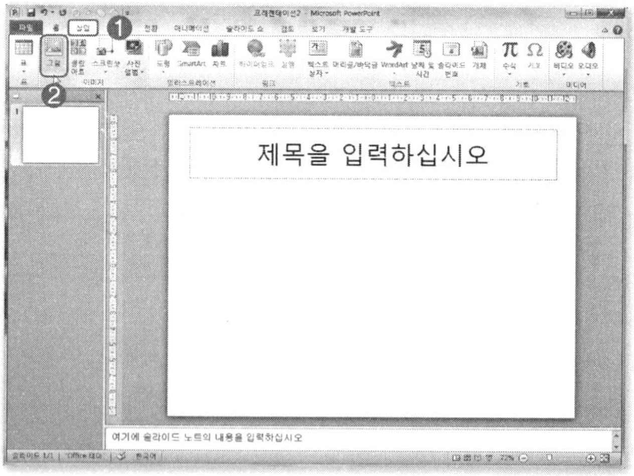

02. [그림 삽입] 대화상자가 표시되면 저장 위치(문서준비파일\섬 사진) 폴더를 확인하고 준비된 파일 중에 가로 폭이 넓은 '섬 사진' 그림 파일 9개만 선택한 후 [삽입]을 클릭합니다.

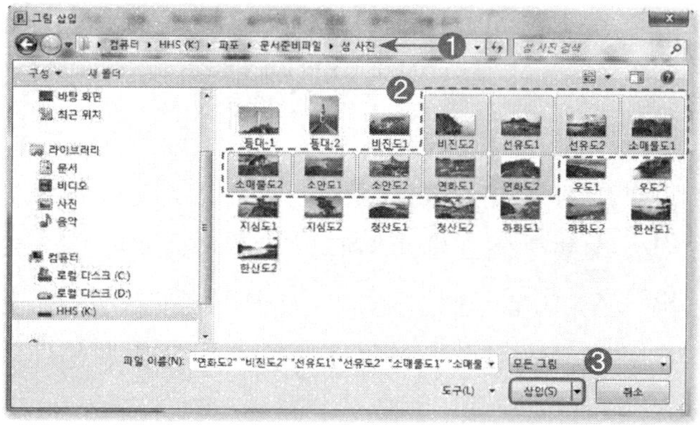

03. 9개의 사진이 오른쪽 그림과 같이 슬라이드 바탕화면에 표시되면 사진의 크기를 축소시키기 위해서, 모든 그림이 선택된 상태에서 [그림도구/서식] 탭 → [크기] 그룹의 [추가 옵션] 단추를 클릭합니다.

04. [그림 서식] 대화상자가 표시되면 [크기] → [배율]의 [가로 세로 비율 고정]의 체크 표시를 해제하고, [크기 및 회전]에서 [높이]는 '4cm' [너비]는 '6cm'로 지정한 후 [닫기] 단추를 클릭합니다.

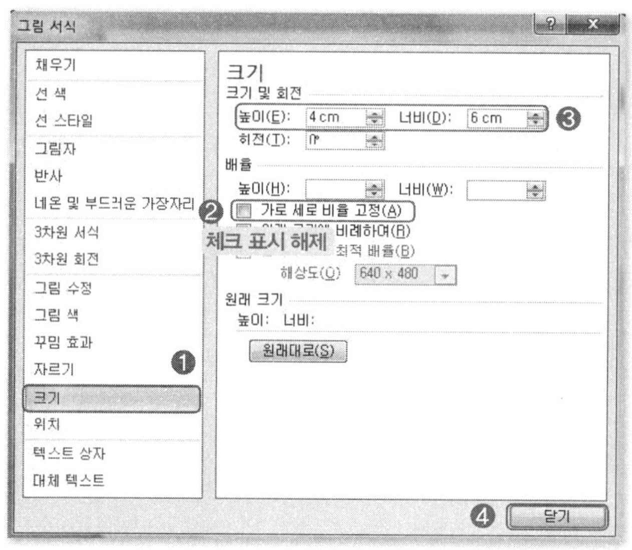

05. 축소된 사진들을 이동시켜 오른쪽 그림과 같이 (3행×3열)의 모양의 세로방향으로 약간씩 어긋나게 배치합니다.

사진들 사이의 간격을 좀 더 균형 있고 동일하게 조절하기 위해서, 1행의 3개의 사진을 선택하고 [그림 도구/서식] 탭 → [정렬] 그룹 → [맞춤] → [위쪽 맞춤]과 [가로 간격을 동일하게]를 클릭합니다.

06. 계속해서 3행의 3개의 사진을 선택하고 [그림 도구/서식] 탭 → [정렬] 그룹 → [맞춤] → [아래쪽 맞춤]과 [가로 간격을 동일하게]를 클릭합니다.

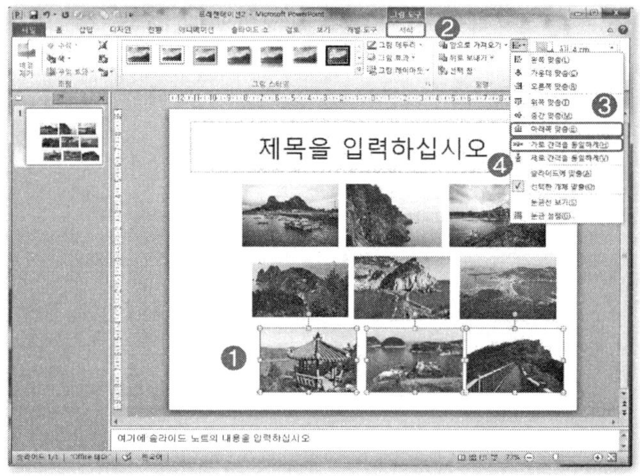

07. 2행의 3개의 사진을 선택하고 [그림 도구/서식] 탭 → [정렬] 그룹 → [맞춤] → [중간 맞춤]과 [가로 간격을 동일하게]를 클릭합니다.

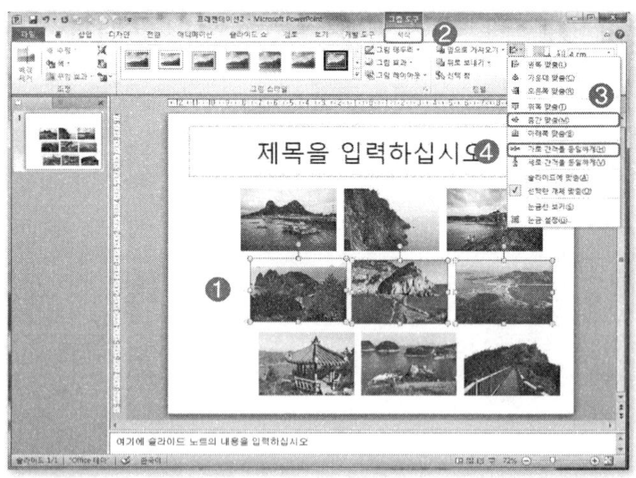

08. 이번에는 1열의 3개의 사진을 선택하고 [그림 도구/서식] 탭 → [정렬] 그룹 → [맞춤] → [세로 간격을 동일하게]를 클릭합니다.

09. 마찬가지 방법으로 2열과 3열도 각각의 3개의 사진을 선택하고 다음과 같이 [그림 도구/서식] 탭 → [정렬] 그룹 → [맞춤] → [세로 간격을 동일하게]를 클릭합니다.

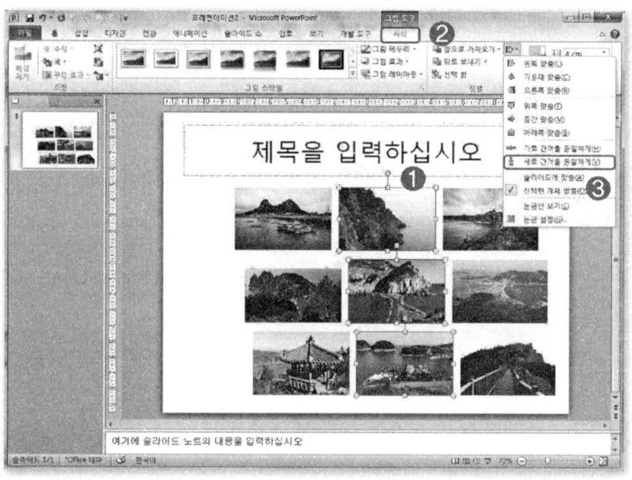

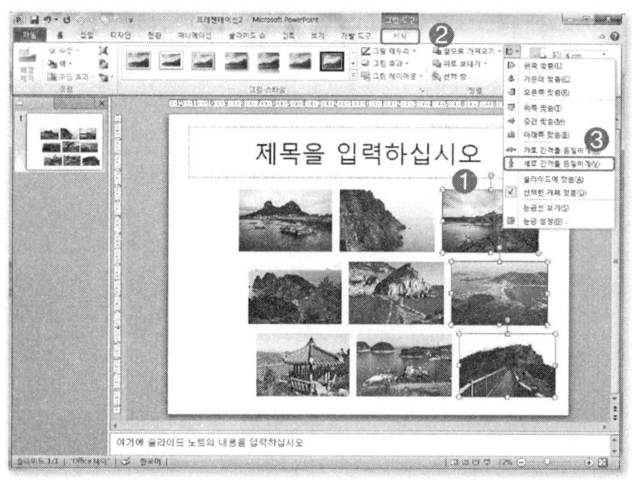

10. 슬라이드 배경색을 [배경 서식] 대화상자를 열고 [채우기] → [단색 채우기] → [테마색] → '흰색, 배경1, 25% 더 어둡게'를 설정합니다.

사진 앨범의 제목을 입력하기 위해서 제목 칸에 '섬 사진 모음'을 입력하고 다음과 같이 서식을 변경합니다.

- 글꼴(MD아롱체), 크기(60), 굵게, 글꼴 색(테마색 → 흰색), 텍스트 그림자, 단락(텍스트 왼쪽 맞춤)

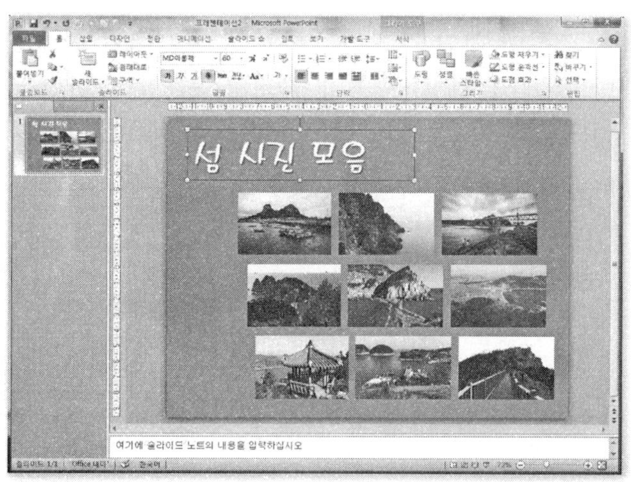

11. 사진에 그림 스타일 효과를 주기 위해서, 슬라이드 바탕의 모든 사진을 선택하고 [그림 도구/서식] 탭 → [그림 스타일] 그룹에서 '단순형 프레임, 흰색'의 스타일을 클릭합니다.

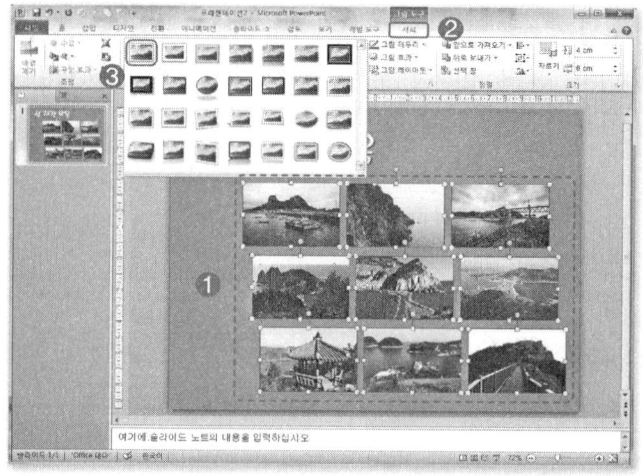

12. 슬라이드의 오른쪽 상단과 왼쪽 하단 부분의 빈 공간에 작은 그림으로 꾸밈을 주기 위해서, [삽입] 탭 → [이미지] 그룹 → [그림]을 클릭하고 [섬 사진] 폴더에서 '등대-1~2'의 그림 파일을 삽입합니다.

'등대-1'과 '등대-2'의 크기(너비×높이)는 '6cm×4cm'와 '5cm×9cm'로 설정합니다.

등대 그림의 크기를 고정 길이로 지정하려면, [그림 서식] 대화상자에서 [크기] → [배율]의 [가로 세로 비율 고정]의 체크 표시를 해제하고 [크기 및 회전]에서 각각의 [높이]와 [너비]를 입력합니다.

13. 등대 그림에 그림 스타일 효과를 주기 위해서, 그림을 선택하고 [그림 도구/서식] 탭 → [그림 스타일] 그룹의 목록에서 '부드러운 가장자리 타원'의 스타일을 클릭합니다.

14. 사진 앨범이 완성 되면 [파일] 탭 → [저장]을 클릭하고 '섬 사진 모음'이란 이름의 문서로 저장합니다.

지금부터는 슬라이드 쇼에서 앨범 사진 위로 마우스 포인터를 이동하면 화면에 사진에 대한 설명문이나 또는 메모 내용이 표시되도록 작업을 시작합니다.

15. 1행의 첫 번째 그림(선유도1)을 선택하고 마우스 오른쪽 단추를 눌러 바로가기 메뉴를 표시합니다.

바로 가기 메뉴에서 [하이퍼링크]를 클릭하여 [하이퍼링크 삽입] 대화상자를 표시합니다.

16. [하이퍼링크 삽입] 대화상자가 나타나면 [연결 대상]에서 [전자 메일 주소]를 선택합니다. [전자 메일 주소]와 [제목]의 빈칸에 컴퓨터 글자판에서 [스페이스 바(Space-Bar)] 글쇠를 한 번씩 눌러 공백을 입력한 후 [화면 설명] 단추를 클릭합니다.

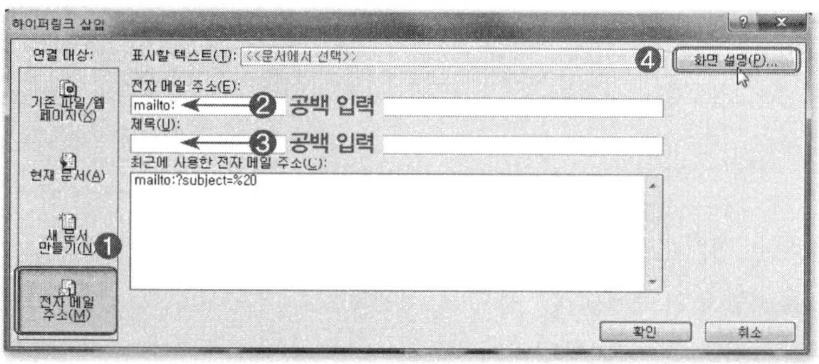

17. [하이퍼링크 화면 설명 설정] 대화상자가 나타나면 [화면 설명 텍스트] 입력란에 '선유도-1 (2014.8.23.)'라고 입력하고 [확인] 단추를 클릭한 후 [하이퍼링크 화면 설명 설정] 대화상자를 닫습니다. 계속해서 바탕에 열려있는 [하이퍼링크 삽입] 대화상자를 닫기 위해서 [확인] 단추를 클릭합니다.

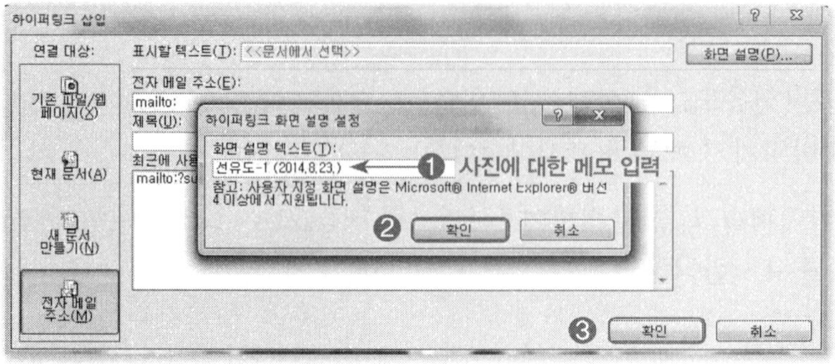

같은 방법으로 나머지 8장의 사진도 각각의 원본 사진 파일에 하이퍼링크를 연결하여 [하이퍼링크 삽입] 대화상자에서 [연결 대상] → [전자 메일 주소]에서 [전자 메일 주소]란과 [제목]란에 공백을 입력한 후 [하이퍼링크 화면 설명 설정] 대화상자에서 [화면 설명 텍스트]에 메모 내용을 입력합니다.

18. 슬라이드 쇼를 실행하기 위해서, [슬라이드 쇼] 탭 → [슬라이드 쇼 시작] 그룹 → [현재 슬라이드부터]를 클릭합니다.

19. 슬라이드 쇼 화면에서 마우스를 이동하여 1행의 첫 번째 사진 위로 올려놓으면 입력했던 사진에 대한 메모 내용이 오른쪽 그림과 같이 표시됩니다.

20. 화면 설명 기능까지 완성된 사진 앨범을 저장하고 [파일] 탭 → [닫기]를 클릭하여 작업을 종료합니다.

실습

Introduction to PowerPoint

7-4 액자 위에 진열된 사진 모음 만들기

오른쪽 그림과 같이 액자 위에 사진이 진열되어 있고 텍스트와 클립아트로 꾸며진 사진 앨범을 만들어 봅니다.

01. 파워포인트의 새 슬라이드(제목만)을 열고 제목에 '인도의 숨결'을 입력한 후 [홈] 탭 → [글꼴] 그룹에서 글꼴(양재 백두체B)과 크기(48)를 지정합니다.

제목의 위치를 조정하기 위해서, [홈] 탭 → [단락] 그룹 → [텍스트 왼쪽 맞춤]을 클릭합니다. 제목이 입력된 개체의 크기를 조절하기 위해서, 개체 테두리의 오른쪽 조절점에서 왼쪽으로 드래그 하여 크기를 조절합니다.

02. 사진 액자를 만들기 위해서, [홈] 탭 → [그리기] 그룹 → [도형] → [직사각형]을 선택하여 삽입합니다.

도형에 색 채우기를 위해서, [홈] 탭 → [그리기] 그룹 → [도형 채우기] → [테마 색]의 '주황, 강조 6, 40% 더 밝게'를 선택합니다.

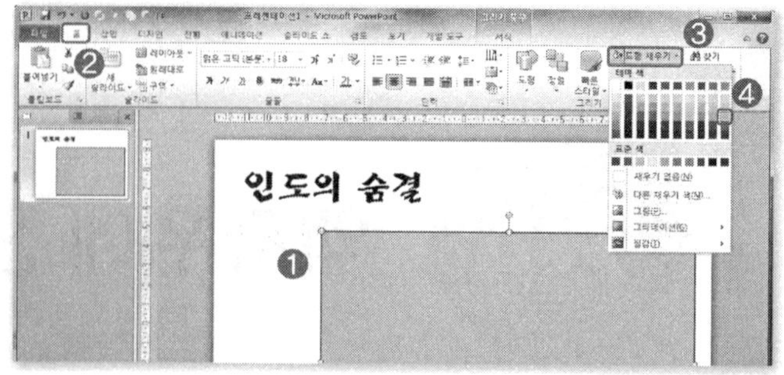

03. 사각형의 테두리 윤곽선을 없애기 위해서, [홈] 탭 → [그리기] 그룹 → [도형 윤곽선] → [윤곽선 없음]을 클릭합니다.

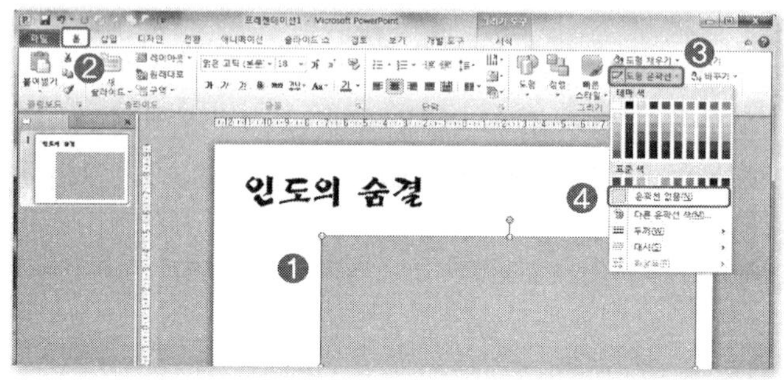

04. 사각형의 크기는 [그리기 도구/서식] 탭 → [크기] 그룹에서 [높이]를 '15cm', [너비]를 '20.5cm'로 지정합니다.

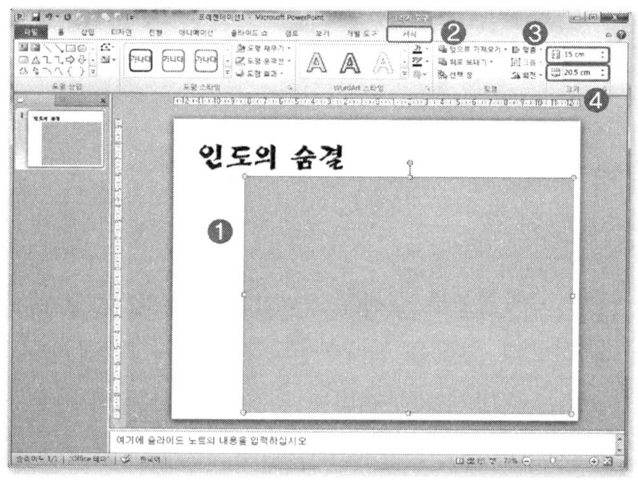

05. 사각형에 입체적 효과를 주어 액자 모양으로 표현하기 위해서, 사각형을 선택하고 [서식] 탭 → [도형 스타일] 그룹의 [추가 옵션] 단추를 클릭합니다.

[도형 서식] 대화상자가 표시되면 [3차원 서식] → [입체 효과] → [위쪽]의 [너비]와 [높이]를 각각 '12pt'로 입력합니다.

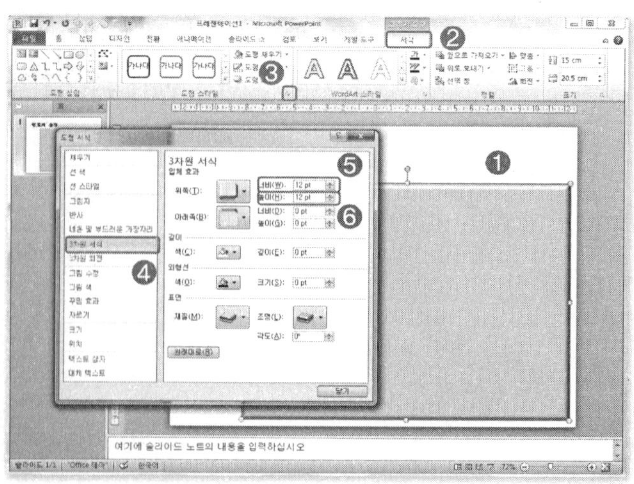

06. 계속해서 [도형 서식] 대화상자의 [3차원 회전] → [미리 설정] → [원근감]의 '원근감(앞쪽)'을 클릭합니다.

사각형의 입체 효과 설정이 완료되면 [도형 서식] 대화상자 [닫기] 단추를 클릭합니다.

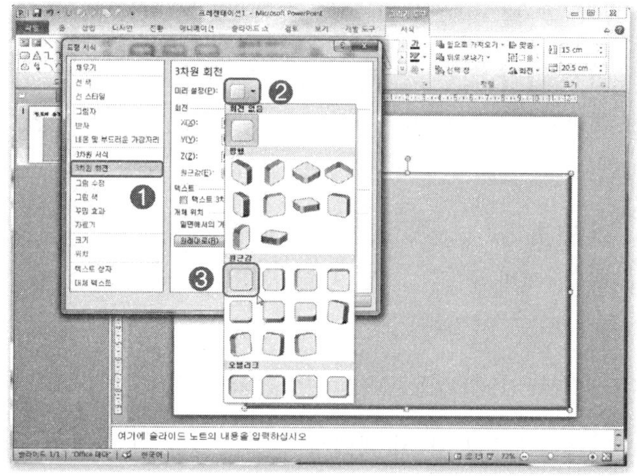

07. 이제는 사진을 삽입하기 위해서, [삽입] 탭 → [이미지] 그룹 → [그림]을 클릭합니다.

[그림 삽입] 대화상자가 표시되면 저장 위치(문서준비파일\인도 사진) 폴더를 확인하고 12개의 '인도 사진' 그림파일을 선택한 후 [삽입]을 클릭합니다.

08. 12개의 사진이 오른쪽 그림과 같이 슬라이드에 삽입되면 사진의 크기를 축소 조정해야 합니다.

(가로×세로) 비율로 봤을 때, 가로 너비가 긴 사진은 '4.5cm×3.5cm', 세로 높이가 긴 사진은 '4.5cm×6cm' 로 지정하면 균형 있게 사진을 배열할 수 있습니다.

이와 같이 사진의 크기 조정을 위하여, [그림도구/서식] 탭 → [크기] 그룹의 [추가 옵션] 단추를 클릭합니다.

09. 가로 너비가 긴 사진과 세로 높이가 긴 사진은 따로 분류하여 크기를 지정해야 합니다.

먼저 슬라이드에서 가로 너비가 긴 사진 모두를 선택한 상태에서 [그림 서식] 대화상자가 표시되면 [크기] → [배율]의 [가로 세로 비율 고정]의 체크 표시를 해제하고, [크기 및 회전]에서 [높이]는 '3.5cm' [너비]는 '4.5cm'로 지정합니다.

마찬가지로 슬라이드에서 세로 높이가 긴 사진 모두를 선택한 상태에서 [그림 서식] 대화상자가 표시되면 [크기] → [배율]의 [가로 세로 비율 고정]의 체크 표시를 해제하고, [크기 및 회전]에서 [높이]는 '6cm' [너비]는 '4.5cm'로 지정합니다.

사진 크기의 축소 조정이 모두 완료되면 [그림 서식] 대화상자의 [닫기] 단추를 클릭합니다.

다음은 [그림 서식] 대화상자에서 가로 너비가 긴 사진과 세로 높이가 긴 사진의 크기를 지정한 그림입니다.

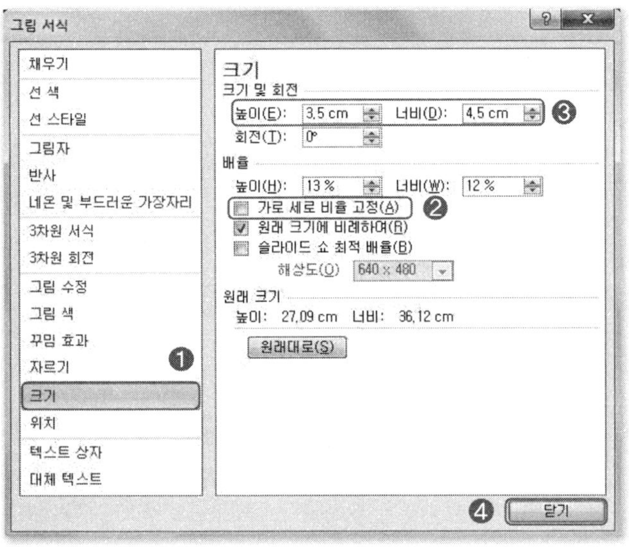

〈 가로 너비가 긴 사진의 크기 지정 〉

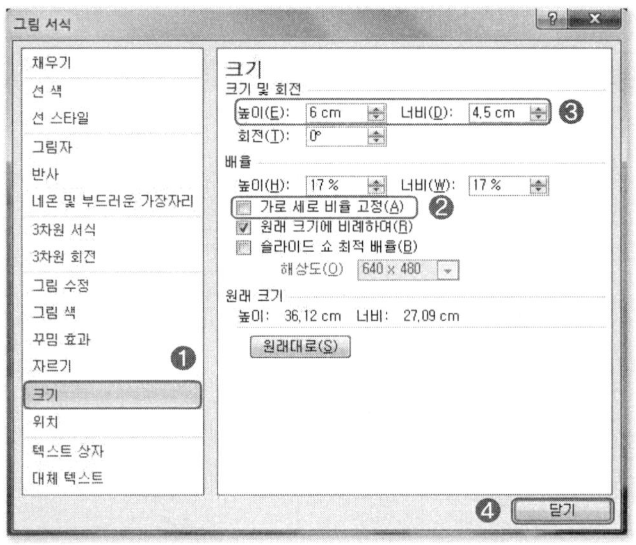

〈 세로 높이가 긴 사진의 크기 지정 〉

10. 사진의 크기가 조정되었으면 오른쪽 그림과 같이 액자 위에 (3행×4열)의 배열로 배치합니다.

각 열마다 2개의 가로 긴 사진과 1개의 세로 긴 사진을 혼합해서 배치하면 사진 액자 속에 12개의 사진이 단조롭지 않게 배열 맞추기가 용이합니다.

사진에 그림 스타일 효과를 주기 위해서, 사진을 모두 선택하고 [그림 도구/서식] 탭 → [그림 스타일] 목록에서 '단순형 프레임, 흰색'을 클릭합니다.

11. 이제부터는 사진들 사이의 간격을 좀 더 세밀하고 균형 있게 조절하기 위해서, [그림 도구/서식] 탭 → [정렬] 그룹 → [맞춤] 방법을 이용합니다. 각각의 행과 열에 맞는 맞춤이나 간격 조정을 선택하여 오른쪽 그림과 같이 마무리 합니다.

각각의 행과 열에 대한 맞춤 조정은 다음과 같은 순서대로 지정하면 됩니다.

- 1행의 4장의 사진 : 위쪽 맞춤
- 1열의 3장의 사진 : 왼쪽 맞춤
- 3행의 4장의 사진 : 아래쪽 맞춤
- 4열의 3장의 사진 : 오른쪽 맞춤
- 1행의 4장의 사진 : 가로 간격을 동일하게
- 2행의 4장의 사진 : 가로 간격을 동일하게
- 3행의 4장의 사진 : 가로 간격을 동일하게
- 1열의 3장의 사진 : 세로 간격을 동일하게
- 2열의 3장의 사진 : 세로 간격을 동일하게
- 3열의 3장의 사진 : 세로 간격을 동일하게
- 4열의 3장의 사진 : 세로 간격을 동일하게

12. 제목에 WordArt 효과를 주기 위해서, 제목을 선택하고 [그리기 도구/서식] 탭 → [WordArt 스타일] 목록에서 '그라데이션 채우기 – 주황, 강조 6, 안쪽 그림자'를 선택합니다.

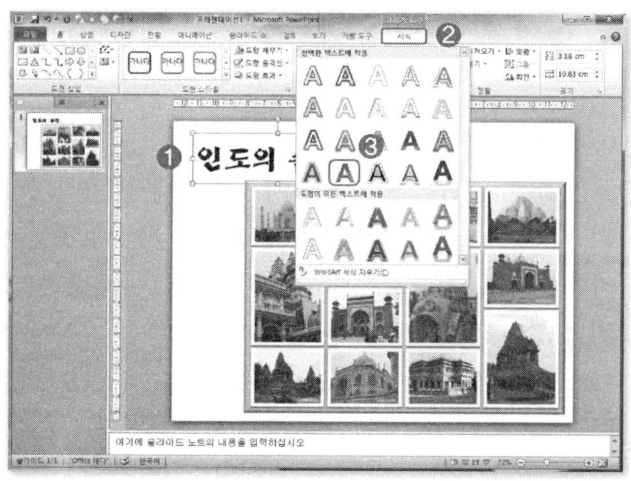

13. 계속해서 제목 텍스트에 변형을 주기 위해, 제목을 선택한 상태로 [그리기 도구/서식] 탭 → [WordArt 스타일] 그룹 → [텍스트 효과] → [변환] → [휘기]에서 '갈매기형 수장'을 선택합니다.

그리고 오른쪽 그림과 같이 제목 개체 틀의 각도를 회전시켜서 시계 반대방향으로 조금 기울도록 합니다.

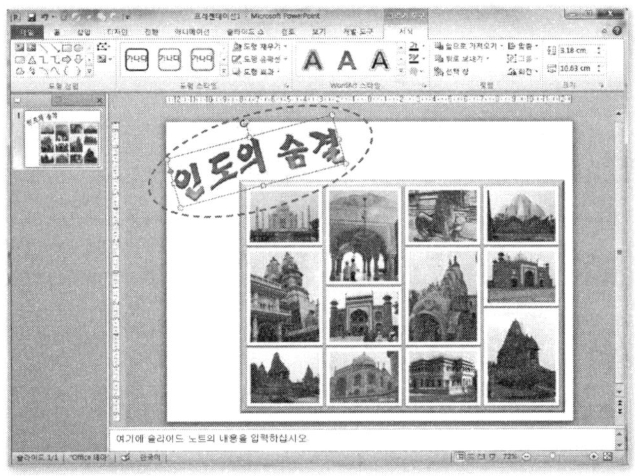

14. 사진 앨범의 오른쪽 위에 추가로 문장을 삽입하기 위하여, [삽입] 탭 → [텍스트] 그룹 → [텍스트 상자] → [가로 텍스트 상자]를 클릭하여 '– 사람과 자연과 그리고 신들의 공존 –' 이라는 내용을 입력하고 텍스트의 글꼴(HY엽서L)과 크기(20)를 설정합니다.

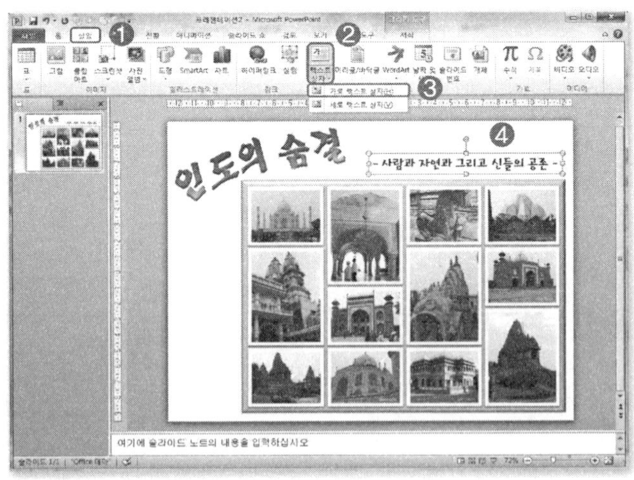

15. 추가된 문장에 WordArt 효과를 주기 위해서, 입력된 텍스트를 선택하고 [그리기 도구/서식] 탭 → [WordArt 스타일] 목록에서 '채우기 – 빨강, 강조 2, 부드러운 무광택 입체'를 선택합니다.

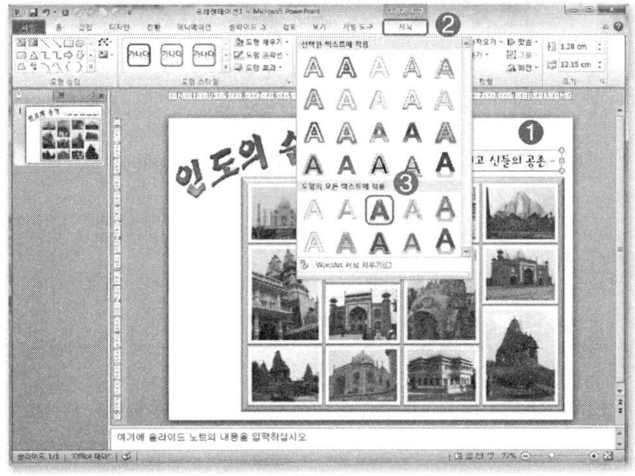

16. 사진 앨범에 클립아트를 이용하여 인도의 국기를 삽입하기 위하여, [삽입] 탭 → [이미지] 그룹 → [클립아트]를 클릭합니다.

화면 오른쪽에 [클립아트] 검색 창이 표시되면 [검색 대상]에 '인도 국기'를 입력하고 [이동] 단추를 클릭합니다.

인도 국기가 검색되면 선택하여 슬라이드의 제목 아래 위치에 삽입하고 개체 틀을 조정하여 클립아트 크기를 적당하게 축소시킵니다.

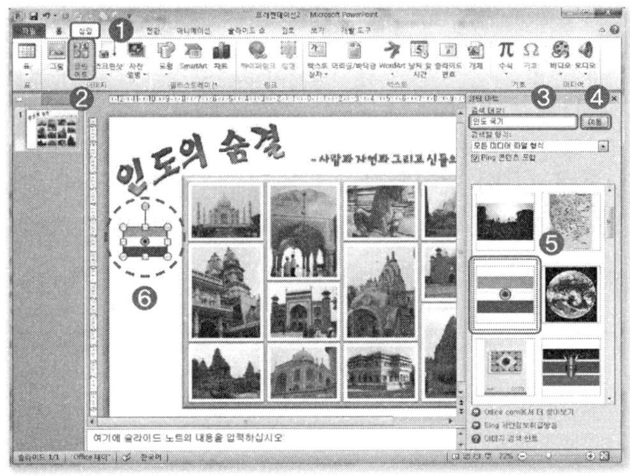

17. 삽입된 클립아트 '인도 국기'에 그림 스타일 효과를 주기 위해서, 개체를 선택하고 [그림 도구/서식] 탭 → [그림 스타일] 목록에서 '대각선 방향의 모서리 잘림, 흰색'을 선택합니다.

그리고 개체 틀의 각도를 시계방향으로 회전시켜 제목과 어울리도록 기울여 줍니다.

18. 이번에는 클립아트로 '여행' 이미지를 삽입하기 위하여, 클립아트 검색 창에서 [검색 대상]에 '여행'을 입력하고 [이동] 단추를 클릭합니다.

오른쪽 그림과 같은 클립아트가 검색되면 선택하여 슬라이드에 삽입하고 슬라이드 왼쪽 아래에 위치시킵니다.

클립아트 삽입 작업이 완료되면 창 닫기 단추를 눌러 [클립아트] 창을 닫습니다.

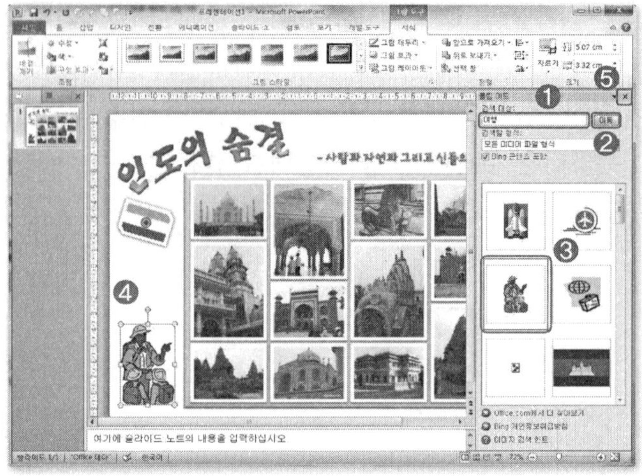

19. 슬라이드 배경에 색 채우기를 위하여, 바탕화면에서 바로가기 메뉴를 표시하고 [배경 서식]을 클릭합니다.

[배경 서식] 대화상자가 나타나면 [채우기] → [그림 또는 질감 채우기] → [질감] → [양피지]를 선택하고 [닫기] 단추를 클릭합니다.

20. 오른쪽 그림은 모든 작업이 완료되어 액자에 배열된 사진 모음입니다.

완성한 슬라이드를 [파일] 탭 → [저장]을 클릭하여 '인도의 숨결'이란 이름의 문서로 저장하고 [닫기]를 하여 파워포인트 작업을 종료합니다.

실습 7-5

I n t r o d u c t i o n t o P o w e r P o i n t

스크린 샷을 이용한 그림 슬라이드 만들기

인터넷에서 검색한 그림들을 스크린 샷과 자르기를 이용하여 오른쪽 그림과 같은 화보 슬라이드를 만들어 봅니다.

01. 파워포인트 프로그램을 실행하여 새 슬라이드(빈 화면)을 열어 놓습니다.

02. 컴퓨터 바탕화면에서 [시작] → [모든 프로그램] → [Internet Explorer]를 클릭하여 인터넷을 접속합니다.

인터넷에서 파워포인트 슬라이드에 삽입할 내용(여기에서는 '윷놀이' 그림)을 검색한 다음 결과 창을 컴퓨터 화면에 띄워 놓습니다.

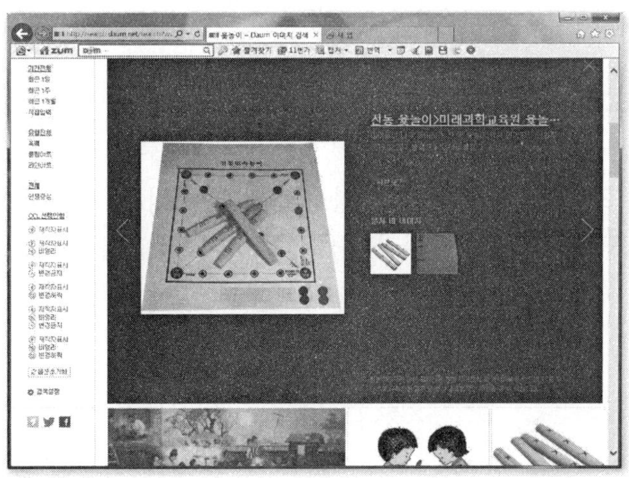

03. 파워포인트 프로그램 창으로 다시 이동하여 [삽입] 탭 → [이미지] 그룹 → [스크린샷] → [사용할 수 있는 창] 목록에서 컴퓨터 화면에 띄워 놓았던 화면 그림 목록을 확인하고 [화면 캡처]를 클릭하여 인터넷 검색 화면을 표시합니다.

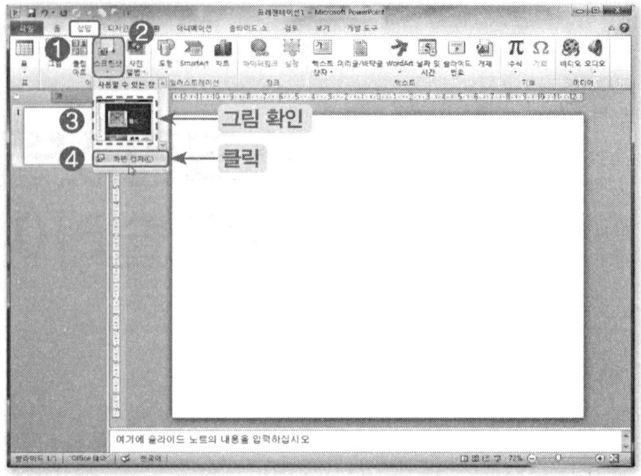

04. [삽입] 탭 → [이미지] 그룹 → [스크린샷] → [화면 캡처]를 누르면 다음의 왼쪽 그림에서 보이는 바와 같이 화면 전체가 반투명의 흐린 화면으로 표시됩니다. 마우스 포인터 모양이 '+' 모양일 때 캡처할 부분을 드래그하면 드래그 부분만 캡처되어 다음의 오른쪽 그림과 같이 슬라이드에 삽입할 수 있습니다.

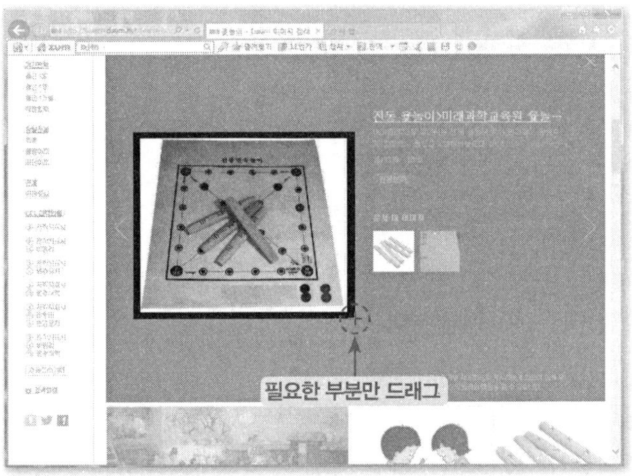

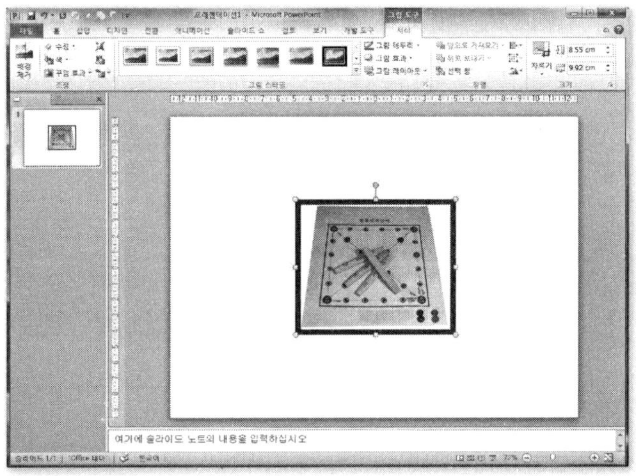

파워포인트에서 생성된 모든 개체는 그림으로 별도 저장이 가능합니다. 이렇게 그림으로 별도 저장된 개체는 필요할 때마다 슬라이드에 삽입해서 활용하면 매우 유용합니다.

또한 슬라이드에 표시할 그림 파일이 다수라면 우선 그림 파일들을 한 곳의 폴더에 저장해 두었다가 시작하는 것이 좋습니다. 따라서 [문서준비파일] 폴더 아래에 검색한 그림들을 한곳에 모아서 보관하게 될 폴더를 미리 만들어 둡니다. (여기에서는 [윷놀이] 폴더 생성)

05. 윷놀이의 첫 번째 그림이 완성되면 별도의 저장 공간에 그림파일들을 한꺼번에 저장해 두기 위해, 그림을 선택하고 마우스 오른쪽 단추를 눌러 바로가기 메뉴를 띄워 [그림으로 저장]을 클릭합니다.

06. [그림으로 저장] 대화상자가 표시되면 미리 준비해둔 [윷놀이] 폴더를 찾아 [파일 이름]을 '윷판'이라 입력하고 [파일 형식]을 선택한 후 [저장] 단추를 클릭합니다.

그림 파일 형식은 'JPG' 또는 'PNG'등을 선택합니다.

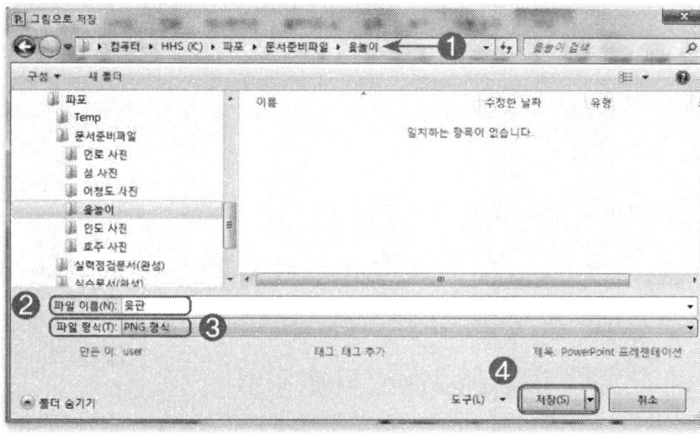

07. 인터넷에서 '윷놀이' 관련 또 다른 내용의 그림이 검색되면, [삽입] 탭 → [이미지] 그룹 → [스크린샷]을 누르고 캡처 그림을 클릭합니다.

캡처 그림이 삽입되면 오른쪽 그림과 같은 그림도 완성합니다.

이 그림 역시 바로가기 메뉴에서 [그림으로 저장]하여 [윷놀이] 폴더에 '윷가락과 말'이란 이름으로 저장합니다.

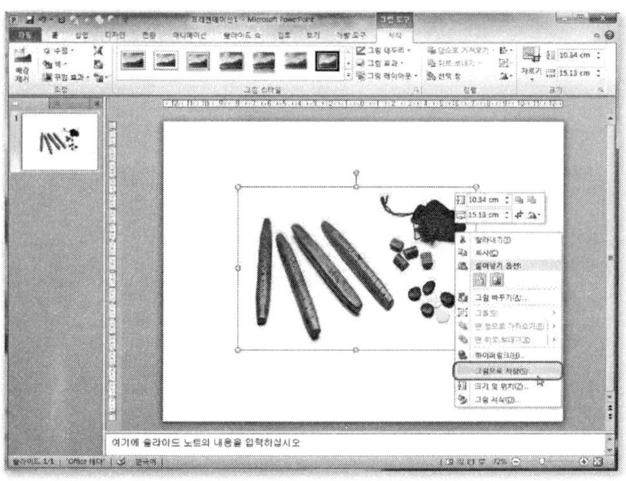

08. 계속해서 인터넷을 검색하여 '윷놀이'에 대한 관련 그림 4개를 더 준비하여 저장해 두며, 그림 검색을 마치면 인터넷 검색창을 [닫기] 합니다.

이제부터는 준비된 '윷놀이' 관련 여러 개의 그림들을 슬라이드에 삽입하여 화보를 만들어 봅니다.

09. 슬라이드 빈 화면에서 [삽입] 탭 → [이미지] 그룹 → [그림]을 클릭합니다.

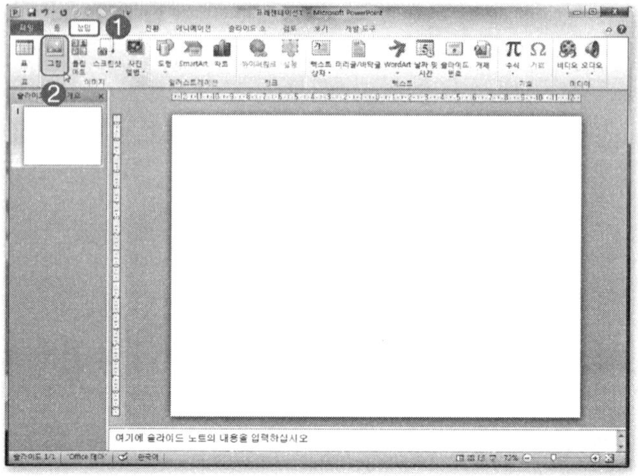

10. [그림 삽입] 대화상자가 표시되면 저장 위치(문서준비파일\윷놀이) 폴더를 확인하고 그림파일 모두를 선택한 후 [삽입]을 클릭합니다.

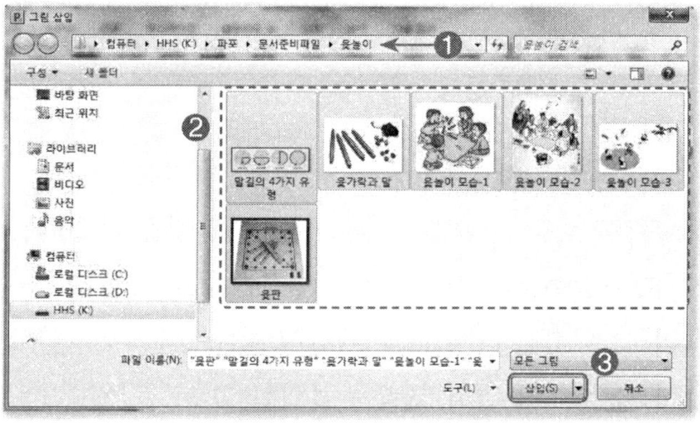

11. 삽입된 그림이 다음의 왼쪽 그림과 같이 슬라이드 바탕화면에 표시되면 각각의 사진을 크기 조정 핸들을 드래그 하여 크기를 적당하게 축소시킵니다.

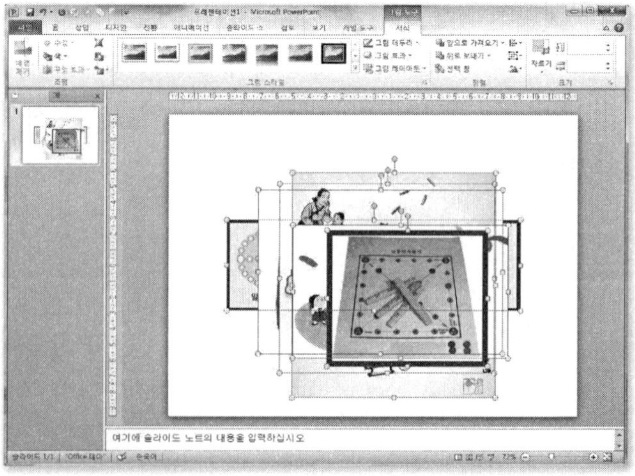

슬라이드 왼쪽 위에 제목 입력 공간의 여백을 조금 남기고, 축소된 그림들을 이동 또는 각도 회전 등으로 다음의 오른쪽 그림과 같이 적당하게 배치합니다.

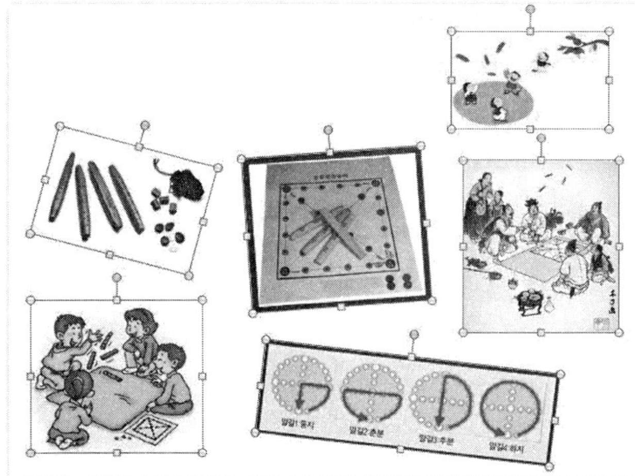

12. 배치된 그림에 그림 스타일 효과를 주기 위해서, 슬라이드 바탕의 각각의 사진을 선택하고 [그림 도구/서식] 탭 → [그림 스타일] 그룹에서 아래와 같이 스타일을 지정합니다.

- 그림 ❶ : 회전, 흰색
- 그림 ❷ : 회전, 흰색
- 그림 ❸ : 원근감 있는 그림자, 흰색
- 그림 ❹ : 단순 프레임, 흰색
- 그림 ❺ : 단순 프레임, 흰색
- 그림 ❻ : 회전, 흰색

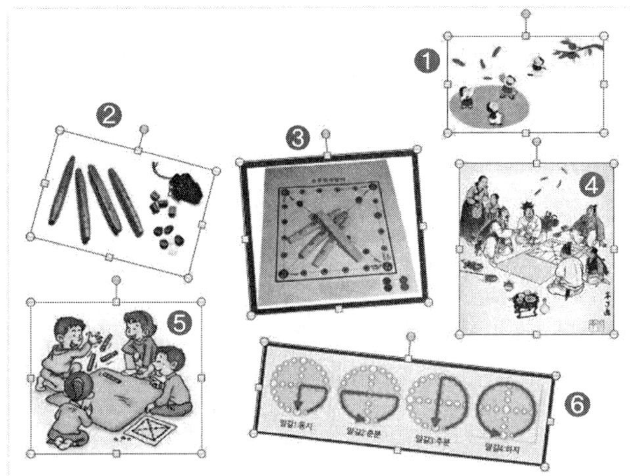

13. 슬라이드 왼쪽 위에 슬라이드 제목을 입력하기 위해서, [삽입] 탭 → [텍스트] 그룹 → [텍스트 상자] → [가로 텍스트 상자]를 클릭한 후 내용을 입력하고 [홈] 탭 → [글꼴] 그룹에서 텍스트 서식을 지정합니다.

- 내용 : '한국의 전통 놀이문화-윷놀이'
- 글꼴(크기): MD개성체(32), 굵게

14. 제목에 WordArt 스타일 효과를 주기 위해서, 제목을 선택한 상태로 [그리기 도구/서식] 탭 → [WordArt 스타일]그룹 → [빠른 스타일] 목록 단추를 클릭합니다.

[선택한 텍스트에 적용] 목록에서 '그라데이션 채우기-주황, 강조 6, 안쪽 그림자' 스타일을 지정합니다.

15. 슬라이드 바탕에 배경색을 채우기 위해서, 바로가기 메뉴의 [배경 서식]을 클릭합니다.

[배경 서식] 대화상자가 표시되면 [채우기] → [그라데이션 채우기] → [기본 설정색] 목록에서 '밀'을 선택하고, [투명도]를 '50%'를 지정한 후 [닫기] 단추를 클릭합니다.

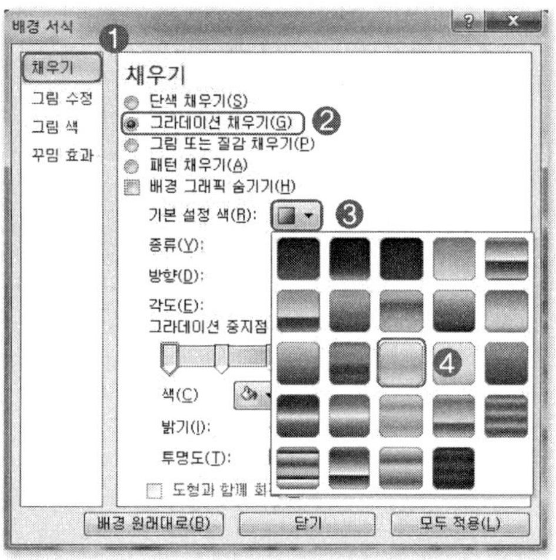

16. 오른쪽 그림과 같이 그림 슬라이드가 완성 되면 [파일] 탭 → [저장]을 클릭하고 '윷놀이 그림모음'이란 이름의 문서로 저장합니다.

실력 점검 문제

[문제 7-1] 아래 조건에 따라 준비된 10장의 그림 파일을 삽입하여 다음과 같이 사진 앨범을 작성하시오.

[작성 조건]

1. 사진 저장 폴더 : [문서준비파일\어청도 사진]
2. 사진 앨범 제목 : '8월의 어청도', 글꼴(양재매화체S), 크기(48), WordArt 스타일(그라데이션 채우기 - 파랑, 강조 1, 윤곽선 - 흰색)
3. 사진 걸이용 줄 만들기 도형 및 입체 효과 : [도형] → [선] → [곡선], [도형 효과] → [입체 효과] → [둥글게]
4. 갤러리 사진 삽입과 크기 : '어청도-1~8'(8장), 원래 사진 크기의 가로 세로 비율대로 (15%)
5. 갤러리 사진 그림 스타일 : 단순형 프레임, 흰색
6. 갤러리 사진 집게 만들기 도형 : [도형] → [기본 도형] → [이등변 삼각형], [도형] → [사각형] → [직사각형]
7. 갤러리 사진 집게 만들기 도형 윤곽선 및 색 채우기 : 도형 윤곽선 없음, 테마색(황갈색, 배경 2, 25% 더 어둡게)
8. 갤러리 사진 집게 만들기 입체 효과 : [도형 효과] → [입체 효과] → [둥글게]
9. 갈매기 사진 꾸미기 : 사진 저장 폴더에서 '갈매기-1.jpg' 그림 파일을 삽입, 크기(8cm×4cm), 그림 스타일(부드러운 가장자리 타원)
10. 배경 채우기 : [배경 서식] → [채우기] → [그림 또는 질감 채우기]로 사진 저장 폴더에서 '어청도-9.jpg' 그림 파일 삽입, 투명도(30%)

[문제 7-2] 아래 조건에 따라 준비된 10장의 그림 파일을 삽입하여 다음과 같이 사진 앨범을 작성하시오.

[작성 조건]

1. 사진 저장 폴더 : [문서준비파일\호주 사진]

2. 사진 앨범 제목 : '호주 브리스베인에서', 글꼴(HY산B), 크기(60)

3. 사진 앨범 부제목 : '2004년 촬영', 글꼴(HY산B), 크기(40)

4. 그림 레이아웃 : 그림 2개

5. 프레임 모양 : 복합형 프레임, 검정

5. 캡션 넣기 : 그림 파일 이름과 같은 내용으로 캡션 표시. (글꼴 → HY산B)

6. 디자인 테마 : 열정(Verve)

Memo

CHAPTER 08

동영상 이용과 배경음악 효과

슬라이드에 동영상이나 배경음악을 삽입하여 사용하면 프레젠테이션의 효과가 매우 높아질 수 있습니다. 파워포인트 2010에서는 비디오와 오디오를 삽입하는 것뿐만 아니라 도형과 같은 수준의 서식을 지정하여 영상 스크린의 꾸미기를 할 수 있습니다. 동영상과 배경음악을 삽입하여 멀티미디어 효과가 표시되는 슬라이드를 작성해 봅니다.

학습 목표

- 동영상을 삽입하고 파워포인트에서 재생할 수 있습니다.
- 영상의 비디오 스타일, 밝기/대조, 색을 변경할 수 있습니다.
- 영상의 첫 화면에 포스터 틀을 지정하고 영상의 중간에 책갈피를 지정할 수 있습니다.
- 동영상에 비디오 트리밍을 지정하고 재생할 수 있습니다.
- 단순 슬라이드에 오디오를 삽입하고 재생할 수 있습니다.
- 애니메이션 슬라이드에 오디오를 삽입하고 재생할 수 있습니다.
- 화면 전환 효과 슬라이드에 오디오를 삽입하고 재생할 수 있습니다.

실습구성

준비학습
실습 8-1 동영상 삽입하고 비디오 스타일 지정하기
실습 8-2 비디오 영상의 조정과 지정된 구간에서 동영상 실행하기
실습 8-3 영상 비디오에 비디오 트리밍 설정하기
실습 8-4 슬라이드에 배경음악 삽입하기
실습 8-5 자동 실행 애니메이션 슬라이드에 배경음악 삽입하기
실습 8-6 화면 전환효과 슬라이드에 배경음악 삽입하기
실력 점검 문제

준비학습

1. 비디오 삽입하기

(1) 삽입 가능한 동영상 파일 유형과 위치

파워포인트의 [미디어] 그룹을 이용해서 삽입하여 재생할 수 있는 동영상 파일의 종류는 AVI, MPEG, ASF, WMV 등 다양한 형식의 동영상 파일이 있습니다. 그 중 WMV 파일이 파워포인트 프로그램에서 가장 안정적입니다.

그리고 프레젠테이션 문서에 삽입한 동영상 파일은 상대 경로를 읽어서 불러오는 방식을 사용합니다. 따라서 동영상 파일에 담긴 슬라이드를 저장 후 다른 장소 또는 다른 컴퓨터 환경으로 이동하여 재생하면 동영상 파일의 경로를 제대로 읽지 못해 재생이 되지 않을 수 있습니다. 그러므로 반드시 동영상 파일을 포함하여 이동하며, 파일의 경로를 정확하게 일치하도록 지정해야 합니다.

(2) 비디오 삽입하고 크기와 위치 조절하기

❶ [삽입] 탭 → [미디어] 그룹 → [비디오] 목록 단추를 클릭한 후 [비디오 파일]을 선택합니다.

❷ [비디오 삽입] 대화상자가 표시되면 슬라이드에 삽입할 파일을 선택한 후,

❸ [비디오 삽입] 대화상자의 [삽입] 단추를 클릭합니다.

❹ 슬라이드에 비디오가 삽입되면 크기와 위치를 적절하게 조절합니다.

(3) 비디오의 스타일과 세이프 지정하기

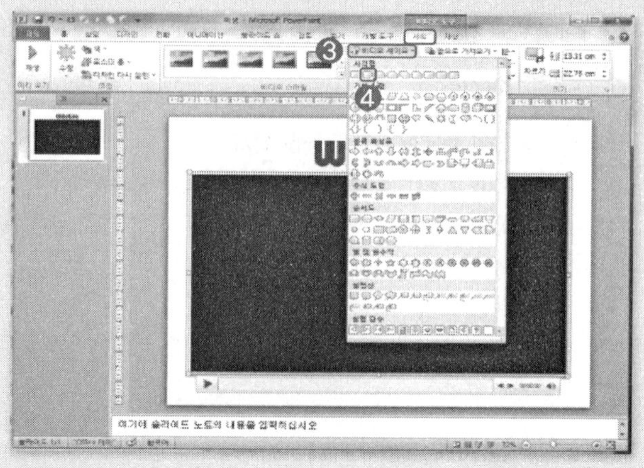

❶ [비디오 도구/서식] 탭 → [비디오 스타일] 그룹의 '자세히' 단추를 클릭하고,

❷ 비디오 스타일을 선택합니다. 여기서는 '단순형 프레임, 흰색'을 선택합니다.

❸ 비디오 모양을 변경하기 위해서 [비디오 도구/서식] 탭 → [비디오 스타일] 그룹 → [비디오 세이프] 명령 단추를 클릭합니다.

❹ 도형 목록에서 원하는 도형 모양을 선택합니다. 여기서는 [사각형]의 '모서리가 둥근 직사각형을 선택합니다.

(4) 비디오의 테두리 지정과 효과 지정하기

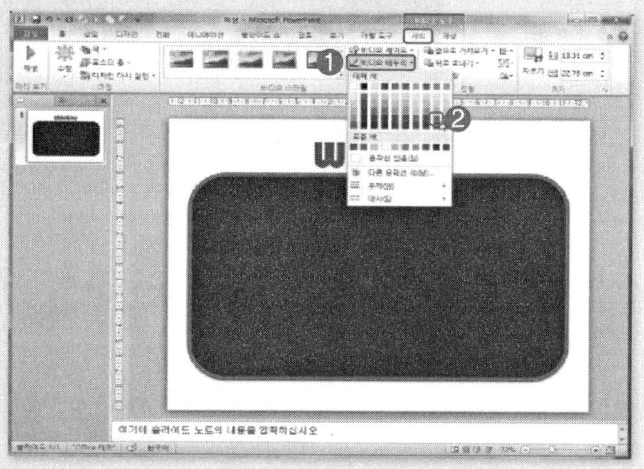

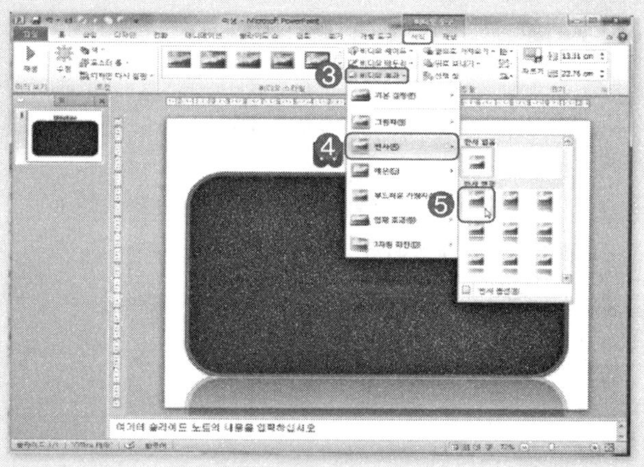

❶ 비디오 테두리를 지정하기 위해서 [비디오 도구/서식] 탭 → [비디오 스타일] 그룹 → [비디오 테두리] 명령 단추를 클릭한 후 색 목록에서 선택합니다.

❷ 비디오의 효과를 지정하기 위해서 [비디오 도구/서식] 탭 → [비디오 스타일] 그룹 → [비디오 효과] 명령 단추를 클릭한 후 원하는 효과를 선택합니다. 여기서는 [반사] → [반사 변형] 목록에서 '근접 반사, 터치'를 선택합니다.

2. 비디오 서식 및 포스터 틀 지정하기

(1) 비디오의 밝기와 회색조 지정하기

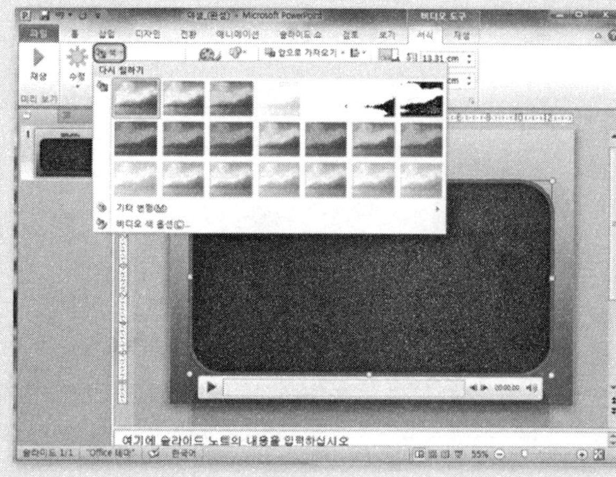

❶ 영상의 밝기/대비를 변경하기 위해서 [비디오 도구/서식] 탭 → [조정] 그룹 → [수정] 명령 단추를 클릭한 후 [밝기 및 대비] 목록에서 원하는 패턴을 선택합니다.

❷ 영상비디오의 색을 변경하기 위해서 [비디오 도구/서식] 탭 → [조정] 그룹 → [색] 명령 단추를 클릭한 후 [다시 칠하기] 목록에서 원하는 패턴을 선택합니다.

(2) 비디오의 포스터 틀 지정하기

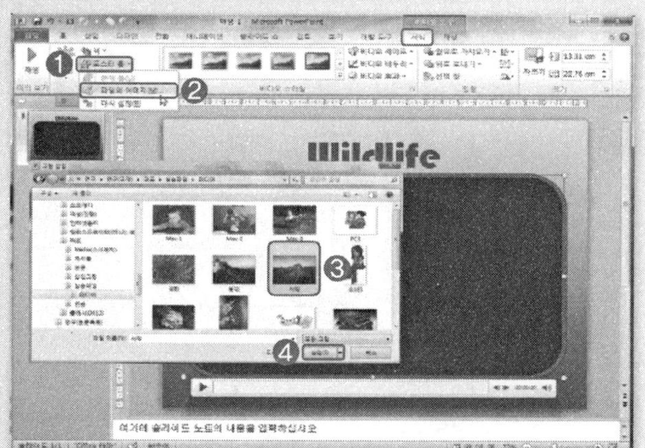

❶ 영상의 첫 화면에 포스터 틀을 지정하기 위해서 [비디오 도구/서식] 탭 → [조정] 그룹 → [포스터 틀] 명령 단추를 클릭한 후 선택한 파일 이미지를 삽입합니다.

3. 원하는 구간에서 비디오 실행하기

(1) 비디오 책갈피 지정하기

❶ 비디오를 선택하고 '재생' 단추를 클릭해서 동영상을 실행하다가 원하는 위치에서

❷ [재생] 탭 → [책갈피] 그룹 → [책갈피 추가] 명령 단추를 클릭하여 재생표시줄에 작은 원 모양의 책갈피를 표시합니다.

❸ '슬라이드 쇼' 보기 단추를 클릭하고 슬라이드 쇼가 실행되면

❹ 재생 표시줄에서 '비디오 책갈피 표시'를 클릭하여 해당 구간으로 이동합니다.

❺ '책갈피'가 표시된 위치부터 영상을 재생하기 위하여 '재생' 단추를 클릭합니다.

(2) 비디오 책갈피 삭제하기

❶ 재생 표시줄에 추가된 '책갈피'가 표시되도록 클릭합니다.

❷ 추가된 책갈피를 삭제하기 위해서 [비디오 도구/재생] 탭 → [책갈피] 그룹 → [책갈피 삭제] 명령 단추를 클릭합니다.

(3) 비디오 트리밍 설정하기

❶ [비디오 도구/재생] 탭 → [편집] 그룹 → [비디오 트리밍] 명령 단추를 클릭합니다.

❷ [비디오 맞추기] 대화상자가 표시되면 시작과 끝 구간 표시 막대를 드래그해 원하는 영상만큼 구획하고 [확인]을 클릭합니다.

❸ '슬라이드 쇼' 보기 단추를 클릭하여 슬라이드 쇼를 실행해서 구획한 영상이 송출되는지 확인합니다.

4. 오디오 삽입하기

(1) 오디오 삽입하고 볼륨 조절하기

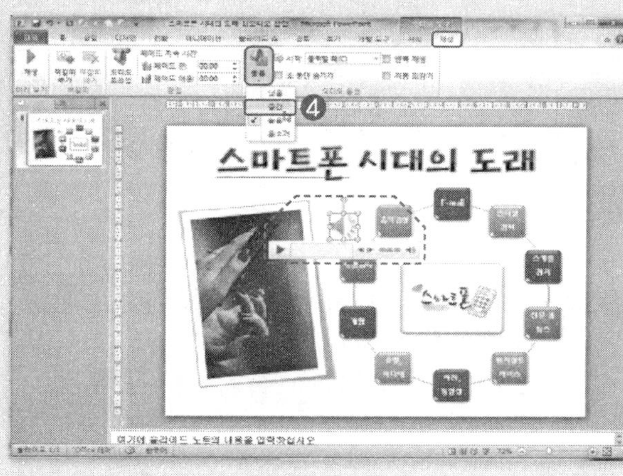

❶ [삽입] 탭 → [미디어] 그룹 → [오디오] 명령 단추를 클릭합니다.

❷ [오디오 삽입] 대화상자가 열리면 삽입할 오디오 파일을 선택하고, [삽입]을 클릭합니다.

❸ [오디오 도구/재생] 탭 → [오디오 옵션] 그룹 → [볼륨] 명령 단추를 누르고 볼륨세기를 선택합니다. 여기에서는 '중간'을 선택합니다.

(2) 오디오 개체 아이콘

오디오를 삽입하면 슬라이드 바탕화면에 오디오 개체 아이콘과 오디오 재생 표시줄이 나타납니다. 재생 표시줄의 [재생] 단추를 클릭하면 삽입된 오디오 소리를 들을 수 있습니다. 오디오 개체 아이콘의 구성 요소는 다음과 같습니다.

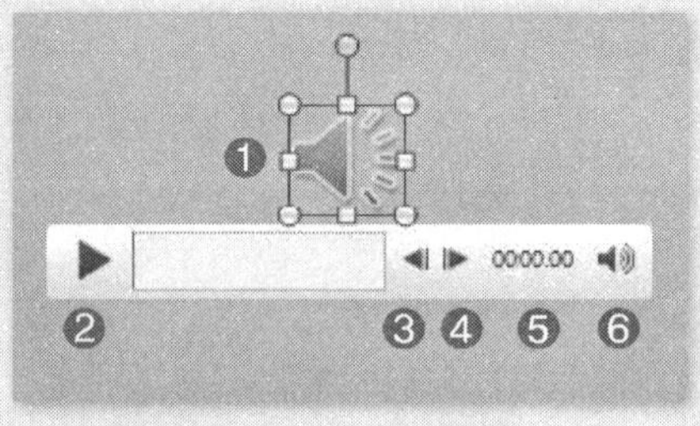

❶ 오디오 아이콘 : 오디오가 삽입되면 슬라이드 바탕화면에 표시됩니다.

❷ 재생/일시 중지 : 이 단추를 누를 때 마다 단추의 모양이 [일시 중지] ▌▌와 [재생] ▶이 반복되어 표시되다가 오디오 재생이 종료되면 [재생] 모양으로 표시됩니다.

❸ 0.25초 뒤로 이동 : 오디오 재생의 위치가 0.25초 이전 위치로 이동됩니다.

❹ 0.25초 앞으로 이동 : 오디오 재생의 위치가 0.25초 이후 위치로 이동됩니다.

❺ 재생시간 표시 : 오디오가 재생되는 흐름에 따라 실시간으로 재생시간이 표시됩니다.

❻ 볼륨 조절 및 음소거/음소거 해제 : 오디오 소리 크기를 조절할 수 있고, 음소거나 또는 음소거 해제를 조정할 수 있습니다.

(3) 오디오 시작 타이밍 조절하기

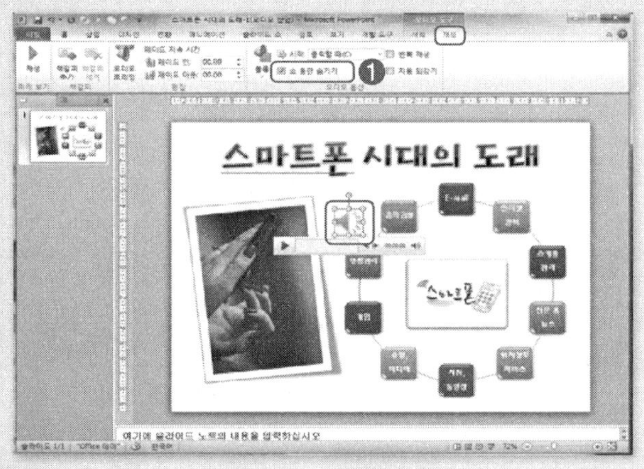

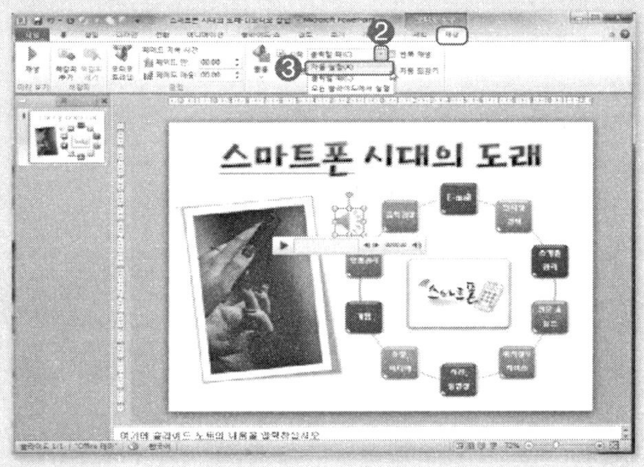

❶ 오디오 아이콘을 선택한 상태에서 [재생] 탭 → [오디오 옵션] 그룹 → [쇼 동안 숨기기]에 ☑ 체크 표시를 하여 슬라이드 쇼를 실행하는 동안 오디오 아이콘이 보이지 않게 지정합니다.

❷ [오디오 도구/재생] 탭 → [오디오 옵션] 그룹 → [시작]에서 '자동 실행'을 선택하여 슬라이드 쇼가 실행되면 자동으로 소리가 흘러나오도록 지정합니다.

실습

I n t r o d u c t i o n t o P o w e r P o i n t

8-1 동영상 삽입하고 비디오 스타일 지정하기

01. 파워포인트의 새 슬라이드(제목만)를 열고 오른쪽 그림과 같이 제목을 'Wildlife'로 입력한 다음 글꼴(Blippo Blk Bt, 66)과 글꼴 색(테마색 → 황록색, 강조3, 50% 더 어둡게)을 지정합니다.

[파일] 탭 → [저장]을 클릭하고 '야생'이란 이름의 문서로 저장합니다.

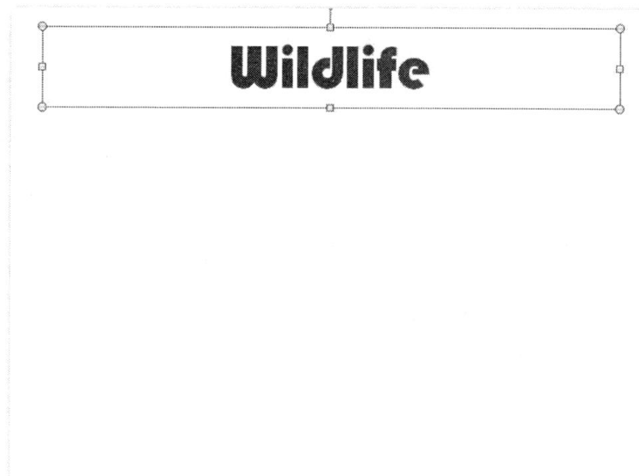

02. 동영상을 삽입하기 위해서, [삽입] 탭 → [미디어] 그룹 → [비디오]의 목록 단추를 클릭하고 '비디오 파일'을 선택합니다.

[비디오 삽입] 대화상자가 표시되면 저장 위치 및 동영상 파일('야생')을 선택한 후 [삽입] 단추를 클릭합니다.

03. 동영상이 삽입되면 아래쪽에 재생 표시줄과 함께 검정색의 스크린(동영상 편집화면)이 표시됩니다.

표시된 스크린의 크기와 위치를 오른쪽 그림과 같이 슬라이드 화면에 적당하게 조절합니다.

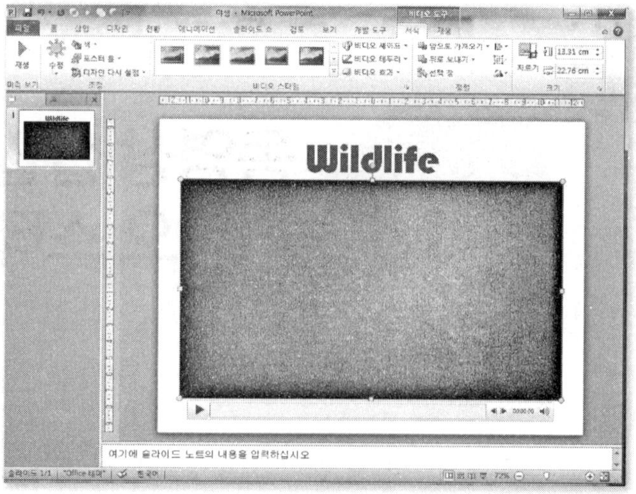

04. 비디오 스타일에 변화를 주기 위해서, 삽입된 비디오를 선택하고 [비디오 도구/서식] 탭 → [비디오 스타일] 그룹의 '자세히' 단추를 클릭합니다.

비디오 스타일 그룹에서 [은은한 효과]의 '단순형 프레임, 흰색'을 선택합니다.

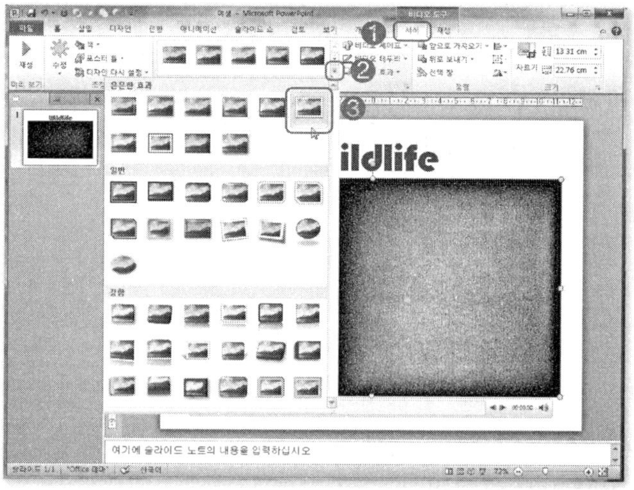

05. 비디오 셰이프를 변경하기 위해서, [비디오 도구/서식] 탭 → [비디오 스타일] 그룹 → [비디오 셰이프] → [사각형] 항목에서 '모서리가 둥근 직사각형'을 선택합니다.

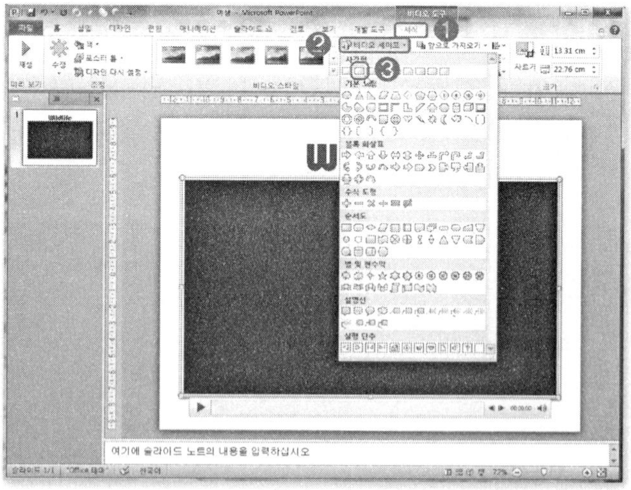

06. 비디오 테두리를 변경하기 위해서, [비디오 도구/서식] 탭 → [비디오 스타일] 그룹 → [비디오 테두리] → [테마색] 항목에서 '바다색, 강조, 25% 더 어둡게'를 선택합니다.

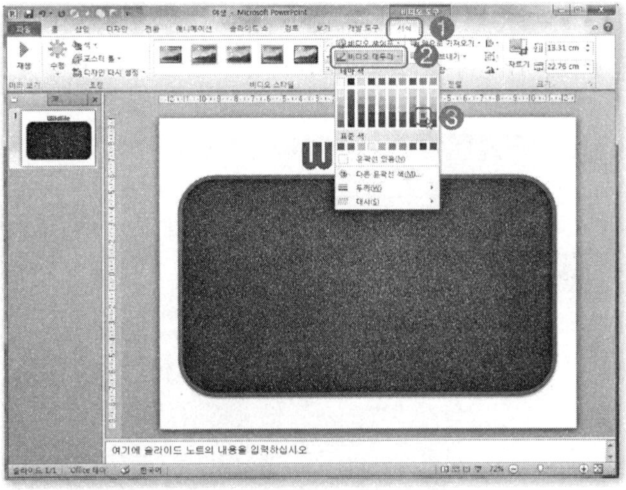

07. 비디오 효과를 변경하기 위해서, [비디오 도구/서식] 탭 → [비디오 스타일] 그룹 → [비디오 효과] → [반사] → [반사 변형] 항목에서 '근접반사, 터치'를 선택합니다.

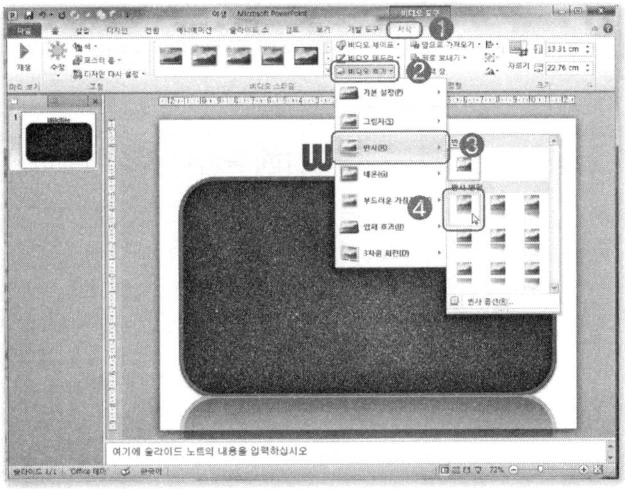

08. 슬라이드 바탕 화면에 색을 채우기 위해서, 슬라이드 바탕에서 바로가기 메뉴를 표시하고 [배경 서식]을 클릭합니다.

[배경 서식] 대화상자의 [채우기] → [그라데이션 채우기] → [기본 설정색] 항목에서 '이끼'를 선택한 후 [닫기] 단추를 클릭하고 대화상자를 닫습니다.

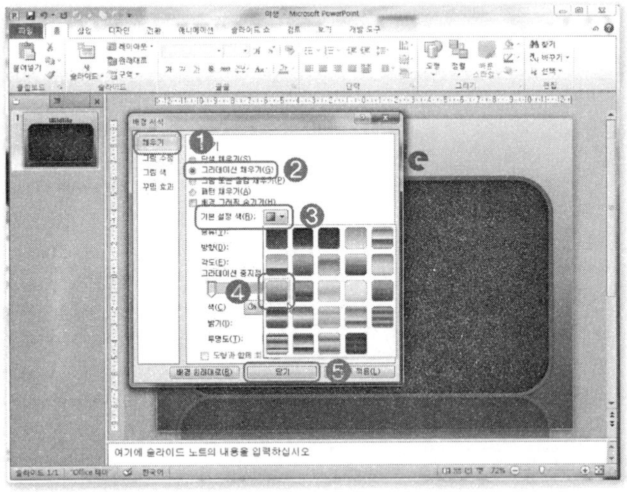

09. 완성된 동영상을 슬라이드 편집화면에서 미리 보기 위하여, 스크린 아래쪽의 재생 표시줄 왼쪽 끝에 있는 ▶[재생] 단추를 클릭합니다.

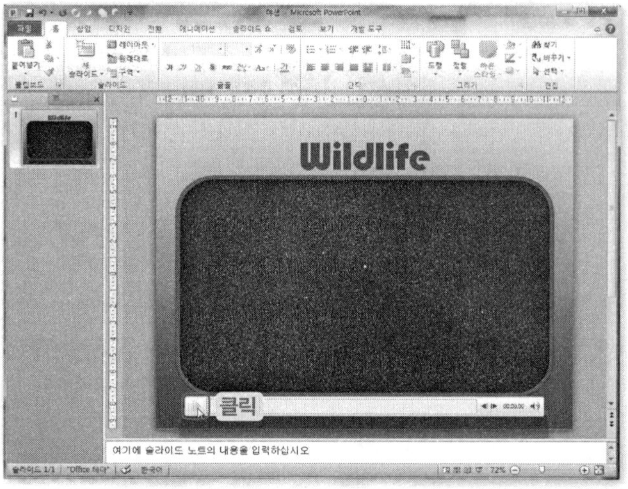

10. 영상을 확인한 후 완성한 슬라이드를 저장하고 [파일] 탭 → [닫기]를 클릭하여 작업을 종료합니다.

실습

Introduction to PowerPoint

8-2 비디오 영상의 조정과 지정된 구간에서 동영상 실행하기

01. 파워포인트의 [파일] 탭 → [열기]를 클릭하고 바로 이전 [실습 8-1]에서 작성했던 '야생' 파워포인트 문서를 가져옵니다.

이 문서를 [열기] 한 상태에서 [파일] 탭 → [다른 이름으로 저장]을 클릭하여 '야생-1(비디오 책갈피)'란 이름의 문서를 만들어 준비합니다.

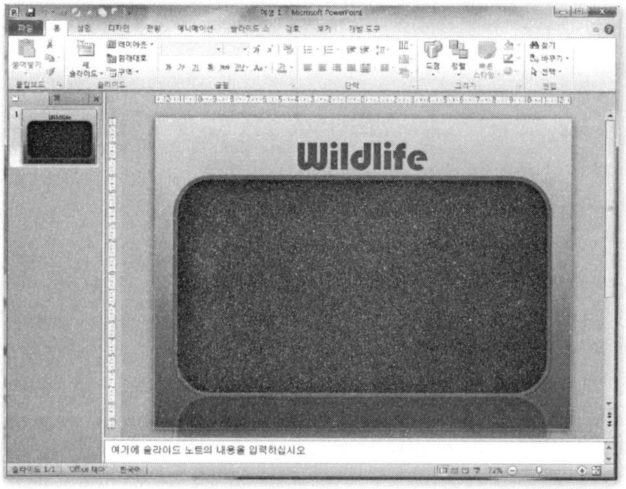

02. 준비된 문서의 영상 밝기/대비를 변경하기 위해서, 비디오를 선택하고 [비디오 도구/서식] 탭 → [조정] 그룹 → [수정]을 클릭하고 [밝기 및 대비] 항목에서 '밝기: +20%, 대비: +20%'를 선택합니다.

03. 영상비디오의 색을 변경하기 위해서, [비디오 도구/서식] 탭 → [조정] 그룹 → [색]을 클릭하고 [다시 칠하기] 항목에서 '세피아'를 선택합니다.

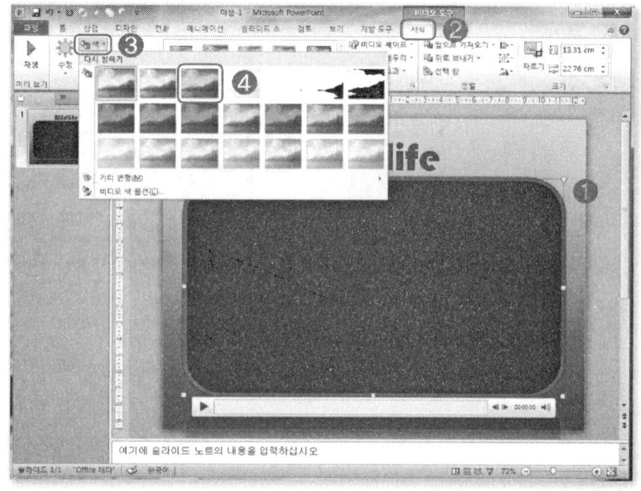

04. 영상의 첫 화면에 포스터 틀을 지정하기 위해서, [비디오 도구/서식] 탭 → [조정] 그룹 → [포스터 틀] → [파일의 이미지]를 클릭합니다.

[그림 삽입] 대화상자가 표시되면 저장 위치 및 그림 파일(사막)을 선택하고 [삽입] 단추를 클릭합니다.

오른쪽 그림은 그림 파일을 삽입한 후 슬라이드 결과입니다.

05. 비디오 책갈피는 동영상의 재생 과정의 중간 부분으로 건너 뛰어 실행하는 기능입니다.

영상에 책갈피를 지정하기 위해서, 비디오를 선택하고 ▶[재생] 단추를 클릭해서 동영상을 실행하다가 원하는 위치에서 [비디오 도구/재생] 탭 → [책갈피] 그룹 → [책갈피 추가] 클릭하여 재생 표시줄에 책갈피를 표시합니다.

오른쪽 그림은 책갈피를 추가한 후 재생 표시줄에 책갈피가 삽입된 결과입니다.

재생 표시줄을 보면 책갈피가 삽입된 부분에 작은 노란색의 동그란 점이 표시됩니다.

만약, 추가된 책갈피를 삭제하려면 [비디오 도구/재생] 탭 → [책갈피] 그룹 → [책갈피 삭제] 를 클릭합니다.

06. 책갈피 기능을 실행하기 위해서, 파워포인트 편집화면 하단에 [슬라이드 쇼 보기] 단추를 클릭하고 슬라이드 쇼가 실행되면 재생 표시줄에서 [비디오 책갈피 표시]를 클릭하여 해당 구간으로 이동합니다. 그런 다음 ▶[재생] 단추를 클릭하면 책갈피가 표시된 지점부터 영상이 재생됩니다.

슬라이드 쇼에서 본 동영상의 순차적 흐름은 다음 그림과 같습니다.

❶

❷

❸

❹

❺

❻

참고로 책갈피가 추가 되었다면, 재생 표시줄에서 Alt + Home 글쇠를 누르면 재생 시작 위치가 이전 위치로 이동하고, Alt + End 글쇠를 누르면 재생 시작 위치가 다음 위치로 이동합니다. 따라서 이러한 단축 글쇠를 이용하면 미리 정해진 영상 포인트로 빠르게 이동하기에 편리합니다.

예를 들면, 재생 표시줄에서 '동영상의 맨 처음 위치-①', '책갈피 위치-②', '동영상의 마지막 위치-③' 이라 하면, Alt + End 글쇠를 누를 때 마다 ① 위치에서 → ② 위치로, ② 위치에서 → ③ 위치의 뒤쪽으로 재생 시작 위치가 이동하고, Alt + Home 글쇠를 누를 때 마다 ③ 위치에서 → ② 위치로, ② 위치에서 → ① 위치의 앞쪽으로 재생 시작 위치로 이동합니다.

07. 슬라이드 쇼가 끝나면 Esc 글쇠를 눌러 파워포인트 편집화면으로 복귀해서 문서를 저장하고 [파일] → [닫기]를 클릭하여 작업을 종료합니다.

실습

8-3 영상 비디오에 비디오 트리밍 설정하기

01. 파워포인트의 [파일] 탭 → [열기]를 클릭하고 이전에 [실습 8-1]에서 작성했던 '야생' 파워포인트 문서를 가져옵니다.

이 문서를 [열기] 한 상태에서 [파일] 탭 → [다른 이름으로 저장]을 클릭하여 '야생-2(비디오 트리밍)'이란 이름의 문서를 만들어 준비합니다.

02. 비디오 트리밍은 동영상의 재생 과정의 일정 구간만큼만 동영상을 보여주는 기능입니다.

준비된 문서에 비디오 트리밍을 설정하기 위해서, 비디오를 선택하고 [비디오 도구/재생] 탭 → [편집] 그룹 → [비디오 트리밍]을 클릭합니다.

그러면 오른쪽 그림과 같은 [비디오 맞추기] 대화상자가 표시됩니다.

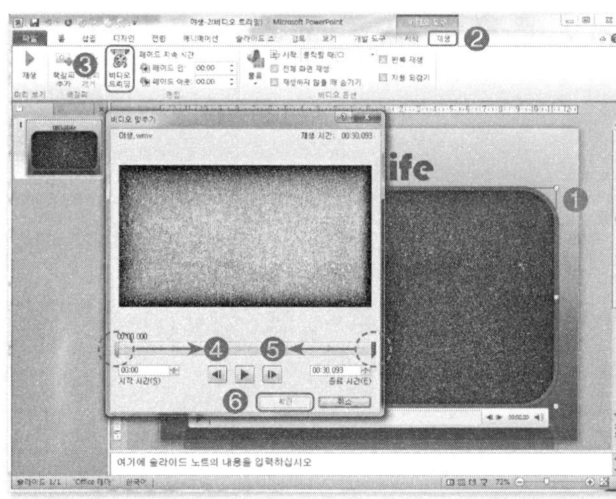

03. [비디오 맞추기] 대화상자가 열리면 시작과 끝 구간 표시 막대를 드래그 하여 원하는 영상만큼의 구간을 구획하고 [확인]을 클릭합니다.

트리밍 구간 구획을 조정하면서 [비디오 맞추기] 대화상자 하단의 재생 버튼을 누르면 구획된 영상을 미리 확인할 수 있습니다.

비디오 트리밍 구간을 설정하면 영상의 처음 화면이 트리밍 시작이 지정된 화면으로 변경됩니다.

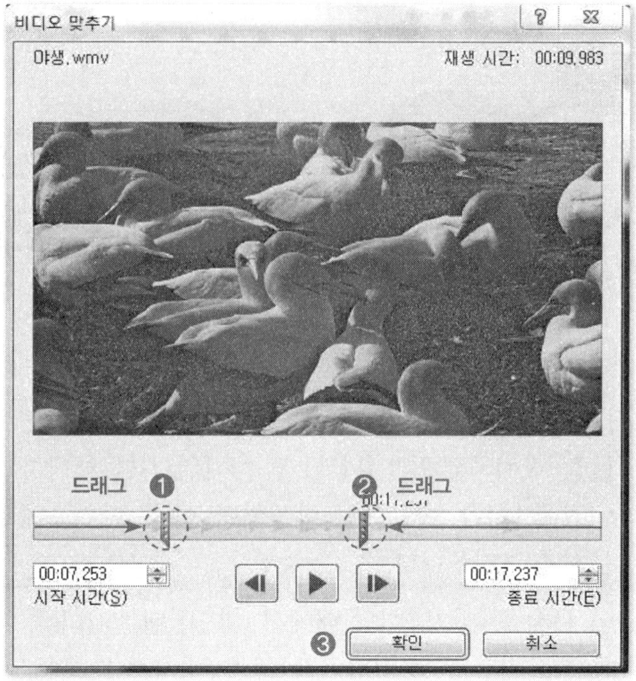

04. 설정된 트리밍 구간의 영상 재생을 슬라이드 화면에서 확인하기 위하여, 비디오를 선택하고 [비디오 도구/재생] 탭 → [미리 보기] 그룹 → [재생]을 클릭합니다.

트리밍이 설정되었으므로 재생이 끝난 후 재생 표시줄에 표시된 재생 시간의 길이가 원래 영상의 재생 시간보다 더 작아진 것을 확인할 수 있습니다.

05. 재생이 끝나면 문서를 저장하고 [파일] → [닫기]를 클릭하여 작업을 종료합니다.

8-4 슬라이드에 배경음악 삽입하기

01. 파워포인트의 [파일] 탭 → [열기]를 클릭하고 제 4 장의 [실습 4-5]에서 작성했던 '스마트폰 시대의 도래' 문서를 가져옵니다.

이 문서를 [열기] 한 상태에서 [파일] 탭 → [다른 이름으로 저장]을 클릭하여 '스마트폰 시대의 도래-1(오디오 삽입)'이란 이름의 문서를 만들어 준비합니다.

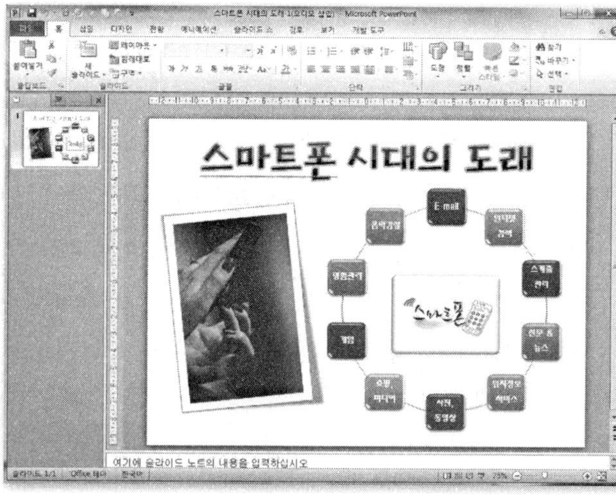

02. 준비된 문서의 슬라이드에 오디오를 삽입하기 위해서, [삽입] 탭 → [미디어] 그룹 → [오디오] → [오디오 파일]을 클릭합니다.

[오디오 삽입] 대화상자가 표시되면 파일 저장 위치를 확인하고 음악 파일(Cave.mp3)을 선택한 후 [삽입] 단추를 클릭합니다.

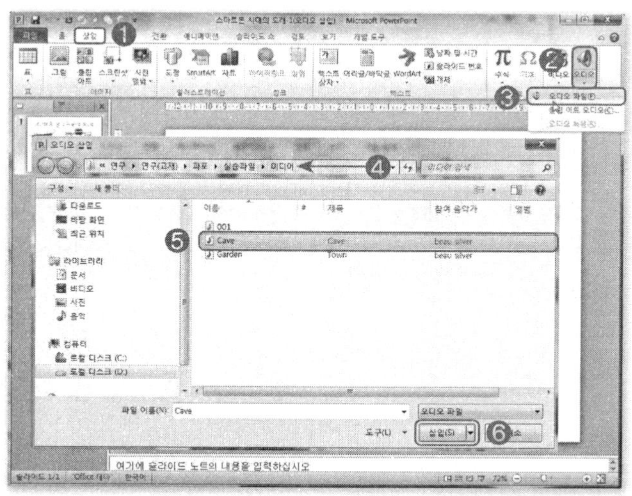

03. 슬라이드 바탕화면에 삽입된 오디오 개체 아이콘(🔈)을 확인한 후 음악 소리의 볼륨을 조절하기 위해서, 오디오 개체를 선택하고 [오디오 도구/재생] 탭 → [오디오 옵션] 그룹 → [볼륨]을 클릭한 후 항목에서 '중간'을 선택합니다.

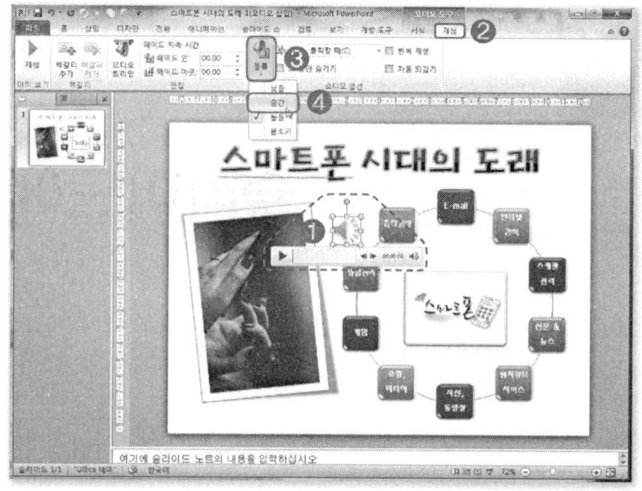

04. 슬라이드 쇼가 진행되는 동안 오디오 아이콘(🔈)이 영상 화면에서 보이지 않도록, [오디오 도구/재생] 탭 → [오디오 옵션] 그룹 → [쇼 동안 숨기기]에 체크표시(☑)를 합니다.

오디오 아이콘을 숨기는 또 다른 방법으로 오디오 아이콘을 드래그 하여 슬라이드 영역 바깥쪽으로 이동시켜 감추어 두어도 됩니다.

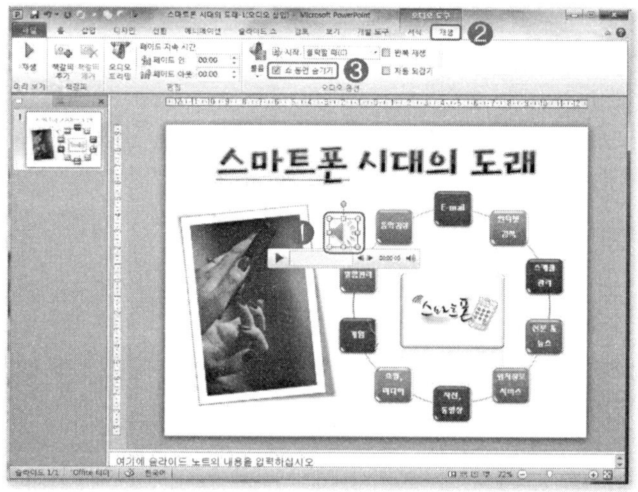

05. 슬라이드 쇼가 실행되면 자동으로 소리가 흘러나오도록, [오디오 도구/재생] 탭 → [오디오 옵션] 그룹 → [시작]을 클릭하고 항목에서 '자동실행'을 선택합니다.

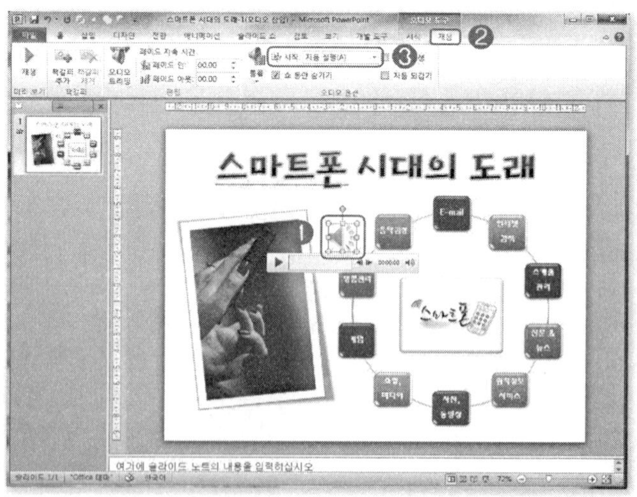

06. 완성된 슬라이드를 파워포인트 화면 오른쪽 하단에 [슬라이드 쇼 보기] 단추를 클릭한 후 슬라이드 쇼를 실행하여 슬라이드와 오디오 재생을 확인합니다.

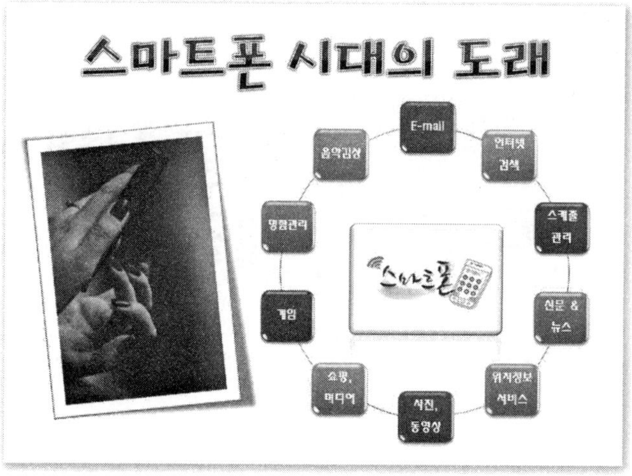

07. 재생이 끝나면 Esc 글쇠를 눌러 슬라이드 편집화면으로 복귀해서 문서를 저장하고 [파일] → [닫기] 하여 작업을 종료합니다.

실습 8-5 자동 실행 애니메이션 슬라이드에 배경음악 삽입하기

01. 파워포인트의 [파일] 탭 → [열기]를 클릭하고 제 6 장의 [실습 6-3]에서 작성했던 '마이 베이비' 파워포인트 문서를 가져옵니다.

이 문서를 [열기] 한 상태에서 [파일] 탭 → [다른 이름으로 저장]을 클릭하여 '마이 베이비-1(오디오 삽입)'이란 이름의 문서를 만들어 준비합니다.

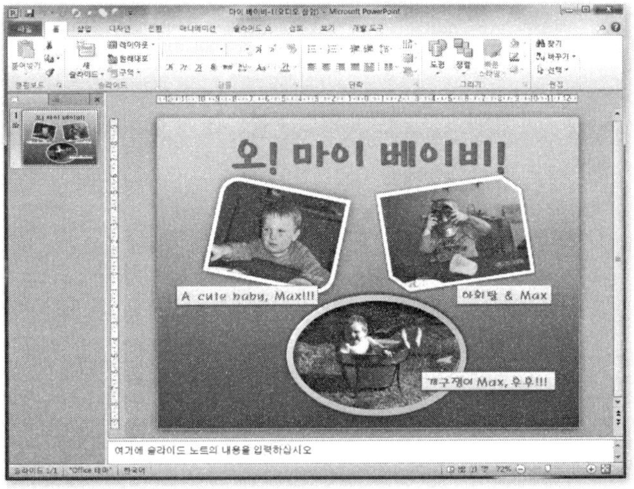

02. 준비된 문서의 슬라이드에 오디오를 삽입하기 위해서, [삽입] 탭 → [미디어] 그룹 → [오디오] → [오디오 파일]을 클릭합니다.

[오디오 삽입] 대화상자가 표시되면 저장 위치 및 음악 파일(Garden.mp3)을 선택하고 [삽입] 단추를 클릭합니다.

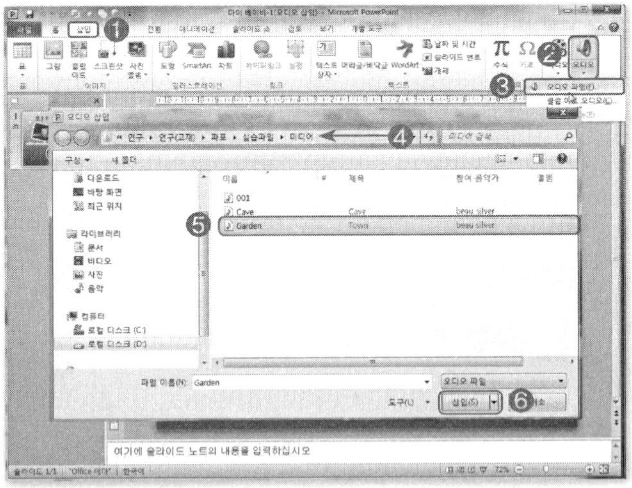

03. [애니메이션 창]을 열기 위해서, [애니메이션] 탭 → [고급 애니메이션] 그룹 → [애니메이션 창]을 클릭합니다.

[애니메이션 창]의 항목을 보면 방금 전에 삽입한 [Garden.mp3] 항목이 맨 마지막 순번으로 등록되었음을 확인할 수 있습니다.

04. 애니메이션 개체들을 재생하는 동안에 삽입된 음악 소리가 들리도록 하려면 모든 애니메이션 개체들이 재생되기 이전에 음악 개체의 재생이 시작되어야 합니다. 즉, [애니메이션 창]에서 항목의 맨 마지막에 등록된 [Garden.mp3] 항목의 순서를 맨 앞으로 이동시켜야 합니다.

따라서 [애니메이션 창]에서 [Garden.mp3] 항목을 선택하고 [애니메이션] 탭 → [타이밍] 그룹 → [애니메이션 순서 바꾸기] → [앞으로 이동] 단추를 9회 클릭합니다.

애니메이션 순서 조정은 [애니메이션 창] 아래쪽에 순서 조정 단추(⬆, ⬇)를 클릭해도 가능합니다.

[Garden.mp3] 항목의 순서가 맨 처음으로 조정이 되었으면 애니메이션 창을 닫습니다.

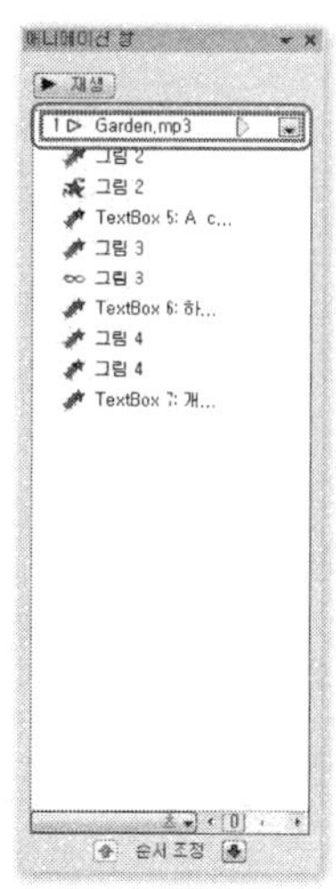

05. 애니메이션이 재생되는 동안 음악 소리가 계속 해서 들리도록, 오디오 개체를 선택한 후 [오디오 도구/재생] 탭 → [오디오 옵션] 그룹 → [시작]을 클릭하고 항목에서 [모든 슬라이드에서 실행]을 선택합니다.

또한 슬라이드 쇼가 진행되는 동안 영상 화면에 오디오 아이콘이 보이지 않도록, [오디오 도구/재생] 탭 → [오디오 옵션] 그룹 → [쇼 동안 숨기기]에 체크표시(☑)를 합니다.

06. [슬라이드 쇼 보기] 단추를 클릭한 후 슬라이드 쇼를 실행하여 슬라이드와 오디오 재생을 확인합니다.

❶

❷

❸

07. 재생이 끝나면 Esc 글쇠를 눌러 슬라이드 편집화면으로 복귀해서 문서를 저장하고 [파일] → [닫기]를 클릭하여 작업을 종료합니다.

실습

8-6 화면 전환효과 슬라이드에 배경음악 삽입하기

01. 파워포인트의 [파일] 탭 → [열기]를 클릭하고 제 5 장의 [실습 5-3]에서 작성했던 '인터넷 중독-3(하이퍼링크)' 문서를 가져옵니다.

이 문서를 [열기] 한 상태에서 [파일] 탭 → [다른 이름으로 저장]을 클릭하여 '인터넷 중독-4(오디오 삽입)'이란 이름의 문서를 만들어 준비합니다.

02. 준비된 문서에서 슬라이드의 화면 전환이 4초 후에 자동 전환되도록 지정하기 위하여, [전환] 탭 → [타이밍] 그룹 → [화면 전환] → [다음 시간 후]에 체크표시(☑)를 하고 시간을 4초(00:04:00)로 입력합니다.

4초 후 화면 전환 설정을 모든 슬라이드에 적용하기 위해서, [전환] 탭 → [타이밍] 그룹 → [모두 적용]을 클릭합니다.

03. 슬라이드에 오디오를 삽입하기 위해서 첫 번째 제목 슬라이드에서 시작합니다. 리본 메뉴의 [삽입] 탭 → [미디어] 그룹 → [오디오] → [오디오 파일]을 클릭합니다.

[오디오 삽입] 대화상자가 표시되면 저장 위치 및 음악 파일(001.wav)을 선택하고 [삽입] 단추를 클릭합니다.

04. 화면 전환이 진행되는 동안 음악 소리가 계속해서 들리도록 하기 위해서, [오디오 도구/재생] 탭 → [오디오 옵션] 그룹 → [시작]을 클릭하고 항목에서 '모든 슬라이드에서 실행'을 선택합니다.

슬라이드 쇼를 진행하는 동안 영상 화면에 오디오 아이콘이 보이지 않게 하기 위해서, [오디오 도구/재생] 탭 → [오디오 옵션] 그룹 → [쇼 동안 숨기기]에 체크표시(☑) 합니다.

재생 시간이 짧은 음악을 반복 재생이 가능하도록 하기 위해서, [오디오 도구/재생] 탭 → [오디오 옵션] 그룹 → [반복 재생]에 체크표시(☑) 합니다.

05. 슬라이드 쇼를 실행하기 위해서, [슬라이드 쇼] 탭 → [슬라이드 쇼 시작] 그룹 → [처음부터]를 클릭합니다.

06. 슬라이드 쇼가 끝나면 Esc 글쇠를 눌러 슬라이드 편집화면으로 복귀해서 문서를 저장하고 [파일] → [닫기]를 클릭하여 파워포인트 작업을 종료합니다.

실력 점검 문제

[문제 8-1] 아래 조건에 따라 준비된 비디오 파일을 삽입하여 다음과 같이 두 가지 유형의 슬라이드를 작성하고 슬라이드 쇼를 실행 하시오.

〈 작성조건-1 〉 결과 화면

① 책갈피 없는 슬라이드 화면 재생

〈 작성조건-2 〉 결과 화면

② 책갈피 추가한 전체 화면 재생

[작성 조건-1]

1. 슬라이드 레이아웃 : 제목만

2. 제목 서식 :
   - 텍스트 내용 : '집에서 즐기는 간편 스파게티'
   - 글꼴(HY산B), 크기(44)

3. 디자인 테마 : 트랙

4. 비디오 파일 삽입과 비디오 스타일 :
   - 비디오 파일 : '까르보나라 만들기.wmv'
   - 비디오 스타일 : [은은한 효과] → '단순형 프레임, 흰색'

5. 슬라이드 쇼를 실행하면 동영상은 자동으로 재생

[작성 조건-2]

1. 앞서 〈작성조건-1〉에서 작성된 문서를 사용한다.
2. 비디오 책갈피 추가 :
   - 원하는 장면에 책갈피를 추가하고 Alt + Home과 Alt + End를 이용하여 이동
3. 슬라이드 쇼에서 동영상 시작은 클릭할 때 재생하고, 전체 화면으로 재생

[문제 8-2] 애니메이션 효과가 적용된 '가을 소나타' 파워포인트 문서를 열고 다음과 같은 조건에 맞는 슬라이드가 작성되어 오디오가 재생되도록 문서를 완성하시오.

[작성 조건]

1. 준비 문서 파일 열기 : '가을 소나타'
2. 문서에 오디오 파일 'Daisy Dukes.mp3'을 삽입하고, 애니메이션 개체들을 재생하는 동안 삽입된 오디오가 재생
3. 애니메이션이 재생되는 동안 오디오가 계속적으로 재생
4. 슬라이드 쇼가 진행되는 동안 영상 화면에 오디오 아이콘 숨기기
5. 슬라이드 쇼가 시작되면 오디오와 애니메이션 재생이 자동으로 실행
6. 각 애니메이션 개체의 시작은 이전 효과 다음

[문제 8-3] '섬들의 이야기' 사진 앨범 문서를 열고 다음과 같은 조건에 맞는 오디오가 삽입되어 재생되도록 문서를 완성하시오.

[작성 조건]

1. 모든 슬라이드 각각의 화면 전환 효과가 5초 후에 자동 전환 되도록 지정.
2. 문서에 오디오 파일 'for river.mp3'을 삽입하고, 슬라이드 쇼를 진행하는 동안 오디오 소리를 계속 재생.
3. 슬라이드 쇼가 진행되는 동안에는 오디오 아이콘이 영상 화면에 표시되지 않음.

CHAPTER 09

슬라이드 마스터 작성하기

슬라이드 마스터는 슬라이드의 배경 및 제목 서식, 머리글/바닥글, 페이지 번호 등의 본문 서식 등 각종 슬라이드 구성 요소의 서식을 한꺼번에 설정해 놓은 슬라이드를 말합니다. 프레젠테이션 문서를 제작하기 전에 슬라이드 마스터를 구성하여 놓으면 지정된 서식은 작성하려는 문서의 모든 슬라이드에 자동으로 설정되어 편리하게 슬라이드를 만들 수 있습니다.

슬라이드 마스터 기능을 제대로 이해하려면 '슬라이드 마스터'와 '슬라이드 레이아웃'을 구분할 수 있어야 합니다. 슬라이드 마스터의 서식을 지정할 때 배경이나 개체 틀의 서식을 직접 지정하지 않고 테마로 만들어져 있는 디자인 서식을 수정하여 적용하면 슬라이드 마스터를 쉽게 작성할 수 있습니다.

학습 목표

- 테마를 적용하여 슬라이드 마스터를 디자인 할 수 있습니다.
- 테마의 색, 글꼴 등을 변경하여 슬라이드 마스터를 편집할 수 있습니다.
- 배경 스타일을 변경하고 도형을 이용하여 슬라이드 마스터를 꾸밀 수 있습니다.
- 슬라이드 마스터에 로고를 삽입할 수 있습니다.
- 슬라이드 마스터에 날짜 및 시간, 바닥글, 페이지 번호를 표시할 수 있습니다.

실습구성

준비학습
실습 9-1 슬라이드 마스터에 테마 적용하기
실습 9-2 슬라이드 마스터의 테마 수정 및 본문 영역 편집하기
실습 9-3 슬라이드 마스터의 제목 마스터 레이아웃 편집하기
실습 9-4 슬라이드 마스터의 바닥글 편집하기
실력 점검 문제

준비학습

1. 슬라이드 마스터 편집

(1) 슬라이드 마스터 편집 화면 전환하기

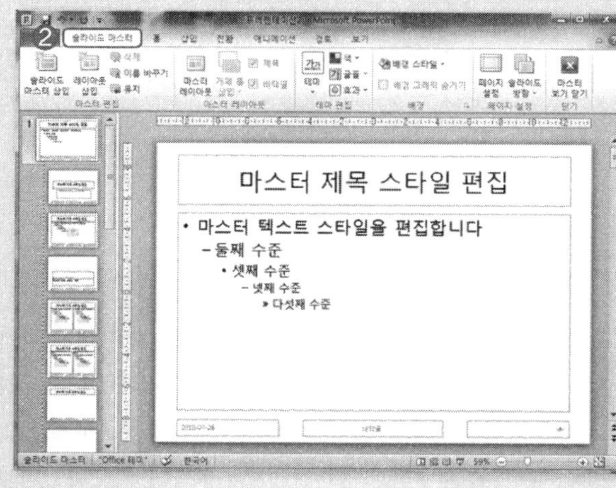

❶ [보기] 탭 → [마스터 보기] 그룹 → [슬라이드 마스터] 명령 단추를 클릭하면 슬라이드 마스터 편집 화면으로 전환됩니다.

❷ 슬라이드 마스터 편집 화면은 리본 메뉴에 [슬라이드 마스터]탭이 생성되며, 화면 왼쪽에 슬라이드 보기 창과 화면 오른쪽에 슬라이드 마스터 편집 화면이 표시됩니다.

(2) 슬라이드 마스터와 슬라이드 레이아웃

슬라이드 마스터 화면은 [개요 및 슬라이드] 창에 하나의 '슬라이드 마스터'(다른 슬라이드보다 약간 큰 모양의 첫 번째 슬라이드)와 11개 유형의 '슬라이드 레이아웃'(슬라이드 마스터 아래쪽에 조금 작은 모양의 슬라이드 그룹)이 표시됩니다.

'슬라이드 마스터'는 다른 '슬라이드 레이아웃'의 기본 틀에 해당하는 요소로 슬라이드 마스터의 서식을 변경하면 다른 레이아웃에도 모두 같은 서식이 적용됩니다.

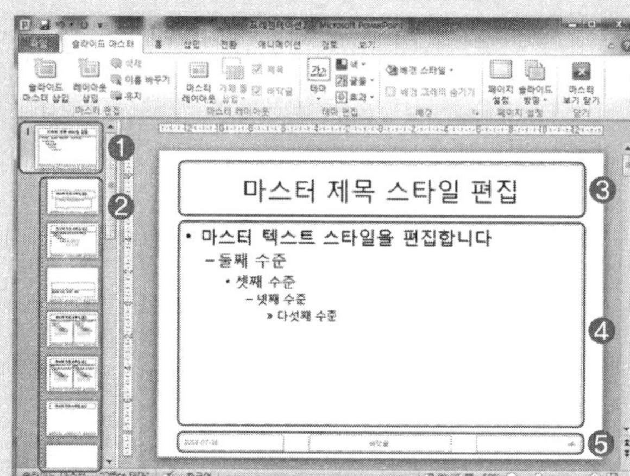

❶ 슬라이드 마스터 : 프레젠테이션 테마 등 슬라이드 레이아웃의 정보를 저장하는 최상위 슬라이드를 의미합니다. 즉 슬라이드 마스터에는 배경을 비롯하여 색, 글꼴, 효과, 개체 틀 크기 및 위치 등 각종 서식 정보를 모두 포함하는 가장 기본적인 틀이 됩니다.

❷ 슬라이드 레이아웃 : 슬라이드 마스터의 하위 슬라이드입니다. [홈] 탭 → [슬라이드] 그룹 → [레이아웃] 명령 단추를 클릭했을 때 표시되는 레이아웃입니다. 슬라이드 마스터에 새로운 개체를 삽입하거나 서식을 새로 지정하는 등의 작업을 하면 하위에 있는 슬라이드 레이아웃에도 똑같이 적용됩니다. 그러나 필요에 따라서는 각 슬라이드 레이아웃마다 별도로 수정해서 각 슬라이드 레이아웃을 서로 다르게 설정할 수도 있습니다.

❸ 제목 영역 : 각 슬라이드에 제목으로 사용할 텍스트의 서식을 지정합니다.

❹ 개체 영역 : 각 슬라이드에 본문으로 사용할 텍스트의 서식을 지정합니다.

❺ 날짜/시간, 바닥글, 번호 영역 : 각 슬라이드에 표시되는 날짜/시간, 바닥글, 페이지 번호 등의 서식을 지정합니다.

(3) [슬라이드 마스터] 탭의 구성

슬라이드 마스터 편집 화면은 리본 메뉴에 [슬라이드 마스터]탭이 생성되며 다음과 같이 6개의 구룹으로 구분됩니다.

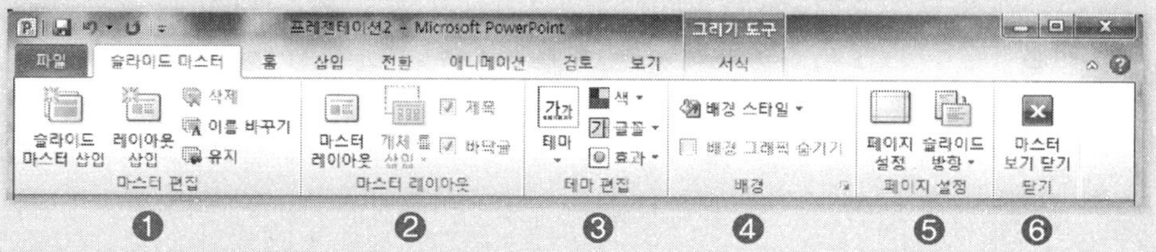

❶ [마스터 편집] 그룹 :

- 슬라이드 마스터 삽입 : 프레젠테이션에 새 슬라이드 마스터를 삽입합니다.
- 레이아웃 삽입 : 슬라이드 마스터에 사용자 지정 레이아웃을 삽입합니다.
- 삭제 : 선택한 슬라이드 마스터 레이아웃을 삭제합니다.
- 이름 바꾸기 : 사용자 지정 슬라이드 마스터 레이아웃의 이름을 변경합니다.
- 유지 : 선택한 슬라이드 마스터를 사용하지 않더라도 프레젠테이션에 그대로 유지합니다.

❷ [마스터 레이아웃] 그룹 :

- 마스터 레이아웃 : 슬라이드 마스터에 포함할 요소를 편집합니다.
- 개체 틀 삽입 : 여러 가지 개체 틀을 삽입합니다.
- 제목/바닥글 : 제목/바닥글 개체 틀을 표시하거나 삭제합니다.

❸ [테마 편집] 그룹 :

- 테마 : 슬라이드 마스터의 테마를 설정합니다.
- 테마 색 : 슬라이드 마스터의 테마 색을 설정합니다.
- 테마 글꼴 : 슬라이드 마스터의 테마 글꼴을 설정합니다.
- 테마 효과 : 슬라이드 마스터의 테마 효과를 설정합니다.

❹ [배경] 그룹 :

- 배경 스타일 : 현재 적용된 테마의 배경 스타일을 지정합니다.
- 배경 그래프 숨기기 : 선택한 테마에 포함된 배경 그래픽을 숨깁니다.

❺ [페이지 설정] 그룹 :

- 페이지 설정 : [페이지 설정] 대화상자를 표시합니다.
- 슬라이드 방향 : 슬라이드 구성 방향을 설정합니다.

❻ [닫기] 그룹 :

- 마스터 보기 닫기 : 슬라이드 마스터 편집 화면을 닫습니다.

실습

Introduction to PowerPoint

9-1 슬라이드 마스터에 테마 적용하기

기존의 백지상태의 슬라이드 문서에 테마 적용, 테마 색 적용, 테마 글꼴을 적용한 슬라이드 마스터 작업으로 오른쪽 그림과 같은 슬라이드를 만들어 봅니다.

01. [파일] 탭 → [열기]하여 [문서준비파일] 폴더에서 '소프트웨어 라이선스-1' 문서를 준비합니다.

준비된 문서의 슬라이드 마스터를 편집하기 위해, [보기] 탭 → [마스터 보기] 그룹 → [슬라이드 마스터]를 클릭합니다.

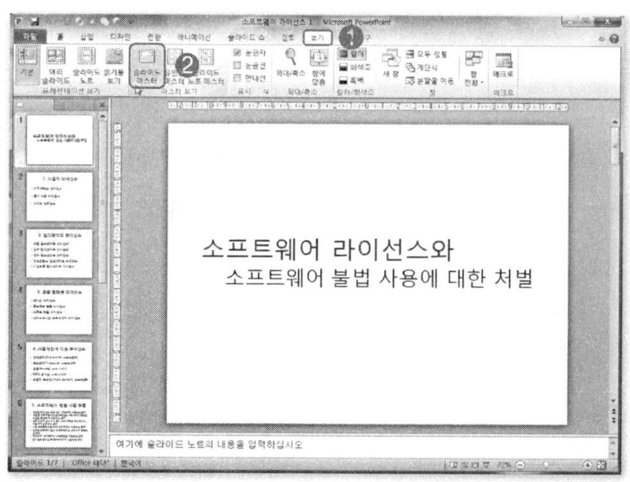

02. 슬라이드 마스터 편집 화면으로 바뀌면 디자인 테마를 적용하기 위해서, [개요 및 슬라이드] 창에서 첫 번째 슬라이드 '슬라이드 마스터'를 선택하고 [슬라이드 마스터] 탭 → [테마 편집] 그룹의 테마 목록 단추를 클릭합니다.

표시된 테마 목록에서 '모듈'을 선택합니다.

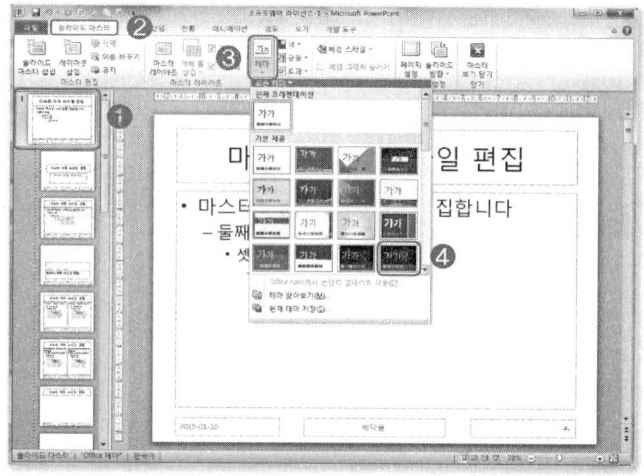

03. 슬라이드에 디자인 테마가 적용되면 테마 색을 변경하기 위하여, [슬라이드 마스터] 탭 → [테마 편집] 그룹 → [색]을 클릭하고 색 목록에서 '메트로'를 선택합니다.

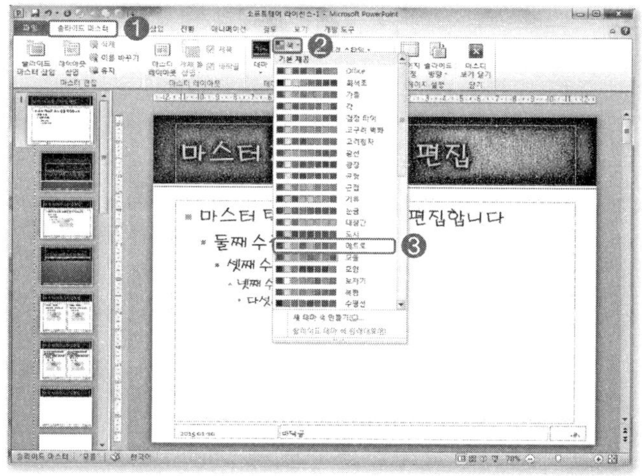

04. 슬라이드의 글꼴을 사용자가 지정하기 위하여, [슬라이드 마스터] 탭 → [테마 편집] 그룹 → [글꼴] → [새 테마 글꼴 만들기]를 클릭합니다.

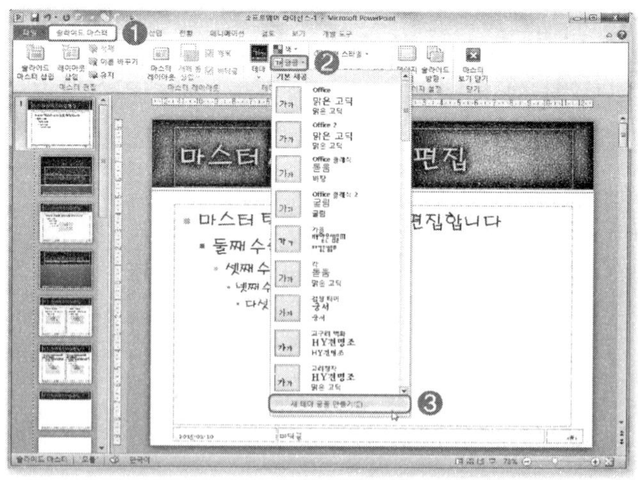

05. [새 테마 글꼴 만들기] 대화상자가 표시되면 다음과 같이 글꼴을 지정하고 [테마 글꼴 이름]란에 '소프트웨어 라이선스'를 입력한 후 [저장]을 클릭합니다.

- 제목 글꼴(영어) : Arial Black
- 본문 글꼴(영어) : Arial
- 제목 글꼴(한글) : HY동녘B
- 본문 글꼴(한글) : HY중고딕

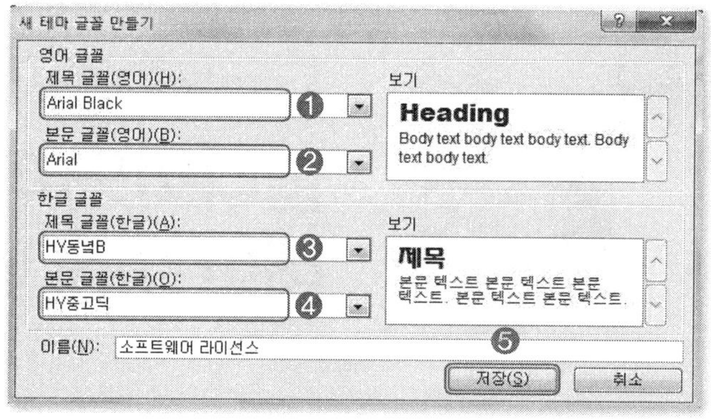

그러면 [테마 편집] 그룹의 글꼴 목록에 '소프트웨어 라이선스'라는 사용자가 지정한 글꼴이 등록됩니다.

06. 적용된 슬라이드의 테마를 확인하기 위해서, [슬라이드 마스터] 탭 → [닫기] 그룹 → [마스터 보기 닫기] 단추를 클릭하여 지정한 테마가 적용되었는지 확인합니다.

또는 화면의 오른쪽 아래에 [기본 화면 보기] 단추를 클릭하여도 적용된 슬라이드의 테마를 확인할 수 있습니다.

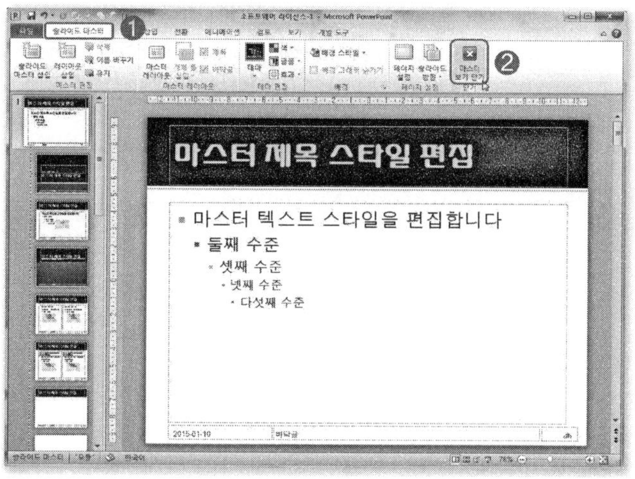

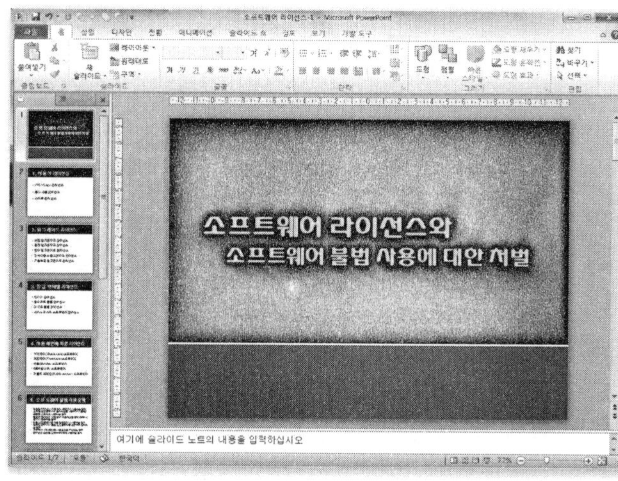

07. 지금까지 작성된 문서를 [파일] 탭 → [다른 이름으로 저장]을 눌러 '소프트웨어 라이선스-2(슬라이드 마스터)' 문서로 저장합니다.

실습 9-2 슬라이드 마스터의 테마 수정 및 본문 영역 편집하기

앞서 작성된 문서를 슬라이드 마스터의 테마를 수정하고 배경 스타일을 변경하는 등 제목과 본문 영역을 편집하여 오른쪽 그림과 같이 수정된 슬라이드로 작성해 봅니다.

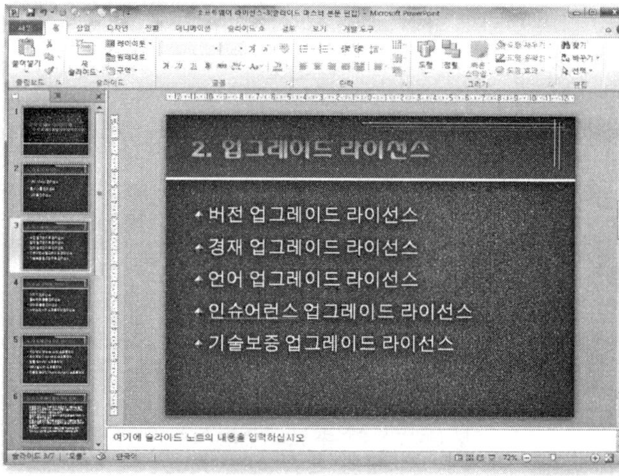

01. 앞서 [실습 9-1]에서 작성한 '소프트웨어 라이선스-2(슬라이드 마스터)' 문서 파일을 열고 [파일] 탭 → [다른 이름으로 저장]을 클릭하여 '소프트웨어 라이선스-3(슬라이드 마스터 본문 편집)'이란 이름으로 문서를 만들어 준비합니다.

02. 준비된 문서를 열고 [보기] 탭 → [마스터 보기] 그룹 → [슬라이드 마스터]를 클릭하여 슬라이드 마스터 편집화면으로 전환합니다.

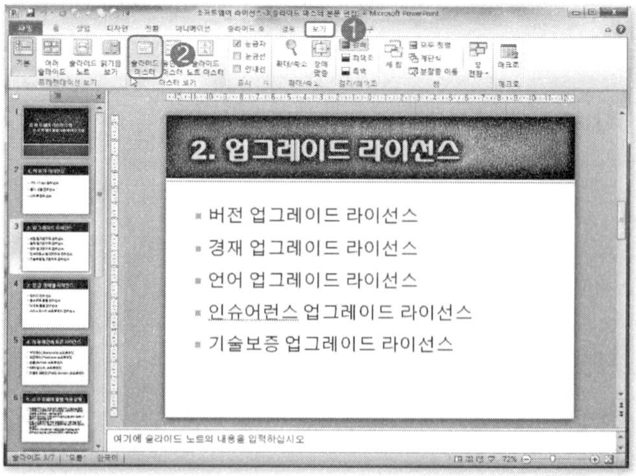

03. 슬라이드 마스터 편집화면으로 바뀌면 테마의 배경 스타일을 바꾸기 위해, [개요 및 슬라이드] 창에서 슬라이드 마스터를 선택하고 [슬라이드 마스터] 탭 → [배경] 그룹 → [배경 스타일]을 클릭합니다.

펼쳐진 배경 스타일 목록 중 '스타일 12'에서 마우스 오른쪽 단추를 눌러 바로 가기 메뉴를 표시하고 [슬라이드 마스터에 적용]을 클릭합니다.

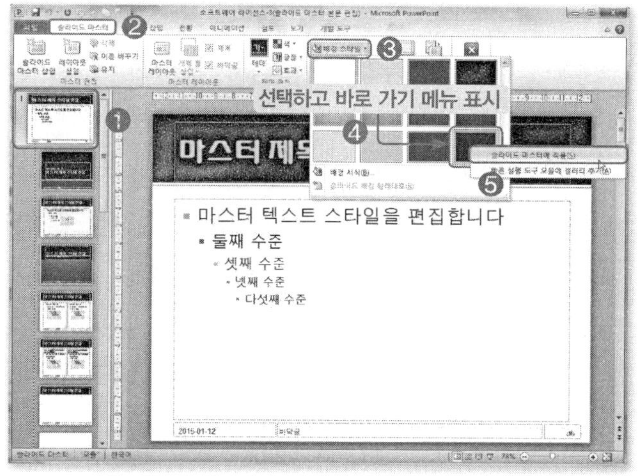

04. 제목 영역의 배경이 되는 검은색 직사각형의 채우기 색을 변경하기 위하여, 제목 배경의 직사각형을 선택한 후 [그리기 도구/서식] 탭 → [도형 스타일] 그룹의 [추가 옵션] 단추를 클릭합니다.

[도형 서식] 대화상자가 표시되면 [채우기] → [그라데이션 채우기] → [기본 설정 색]의 목록에서 '밤의 어둠'을 선택하고 [닫기] 단추를 클릭합니다.

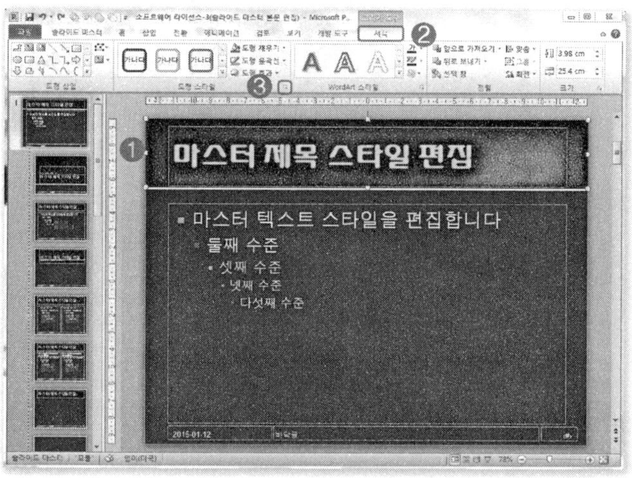

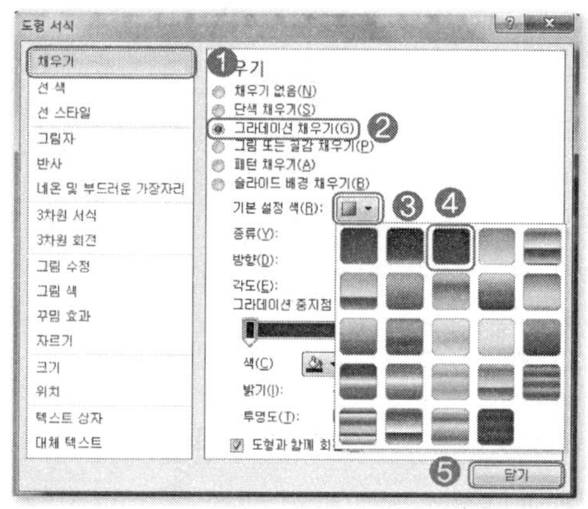

이번에는 다음 그림과 같이 제목 배경의 직사각형에 삼색의 가로 선과 세로 선들을 추가하여 제목을 꾸며 봅니다.

05. 먼저 가로 선을 삽입하기 위해서, [삽입] 탭 → [일러스트레이션] 그룹 → [도형] → [선]에서 '선'을 클릭하여 오른쪽 그림과 같이 삽입합니다.

선의 두께를 [그리기 도구/서식] 탭 → [도형 스타일] 그룹 → [도형 윤곽선] → [두께]에서 '1½pt'로 지정합니다.

선의 길이는 [그리기 도구/서식] 탭 → [크기] → [너비]를 '12cm'로 지정합니다.

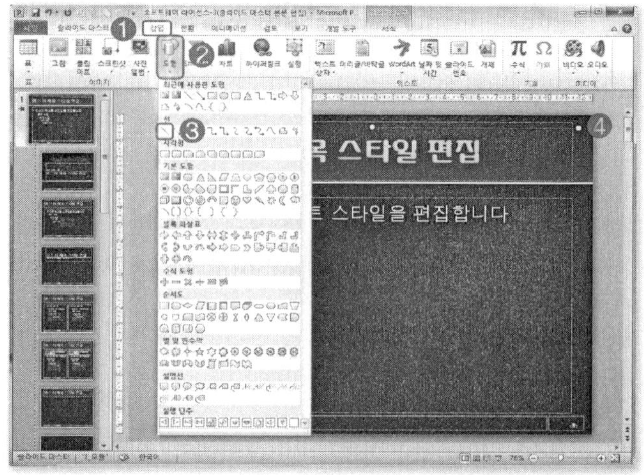

06. 선의 색을 변경하기 위해서, 삽입된 선을 선택하고 [그리기 도구/서식] 탭 → [도형 스타일] 그룹 → [도형 윤곽선] → [다른 윤곽선 색]을 클릭합니다.

[색] 대화상자가 표시되면 [사용자 지정] 탭 → [색 모델]의 'RGB'를 선택하고 '[빨강]: 0', '[녹색]: 255', '[파랑]: 255'를 지정한 다음 [확인] 단추를 클릭합니다.

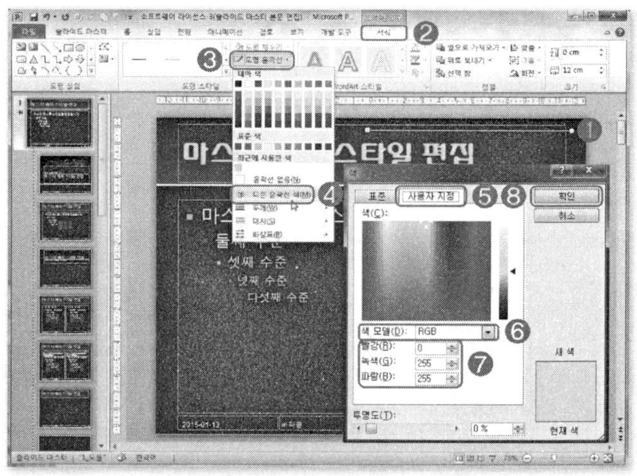

나머지 가로 선들은 작성된 선을 2개 복사하여 [색] 대화상자의 [사용자 지정] 탭에서 RGB값만 변경시키면 작성됩니다. 세로 선 그룹은 가로선 그룹의 길이를 3cm로 조정하고 90도 회전시켜 적당한 위치에 배치합니다. 선에 대한 색과 두께, 길이는 다음과 같이 지정합니다.

- 가로 선 길이와 두께 : 12cm, 1½pt
- 세로 선 길이와 두께 : 3cm, 1½pt
- 노랑색 선의 (RGB)값 : (255, 255, 0)
- 파랑색 선의 (RGB)값 : (0, 255, 255)
- 붉은색 선의 (RGB)값 : (255, 0, 255)

07. 제목의 텍스트에 WordArt 스타일 효과를 주기 위해서, 제목을 선택하고 [그리기 도구/서식] 탭 → [WordArt 스타일] 그룹의 목록에서 '그라데이션 채우기 - 청록, 강조 6, 안쪽 그림자' 스타일을 선택합니다.

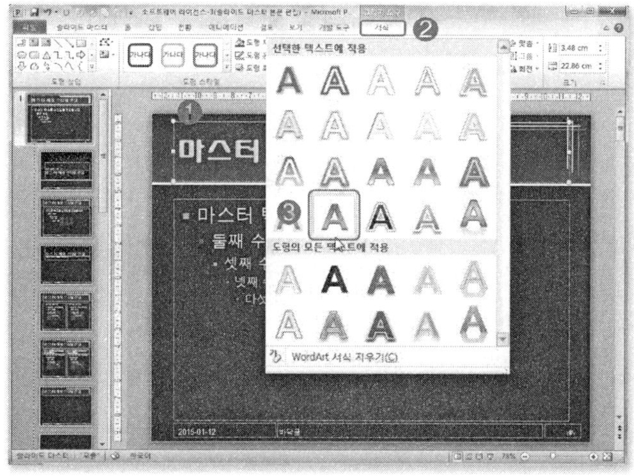

제목의 크기를 조정하기 위해서, 제목 텍스트를 선택한 상태로 [홈] 탭 → [글꼴] 그룹 → [글꼴크기]에서 '40'으로 지정합니다.

08. 글머리 기호를 변경하기 위해서, 본문 영역에서 첫째 수준을 클릭하여 커서를 올려놓고 [홈] 탭 → [단락] 그룹 → [글머리 기호] → [글머리 기호 및 번호 매기기]를 클릭합니다.

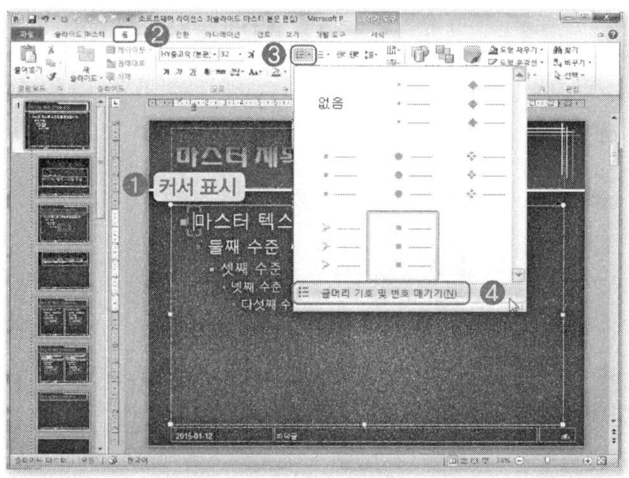

09. [글머리 기호 및 번호 매기기] 대화상자가 표시되면 [글머리 기호] 탭 → [그림]을 클릭하고 다시 [그림 글머리 기호] 대화상자를 표시합니다.

[그림 글머리 기호] 대화상자의 목록에서 다음의 오른쪽 그림과 같은 모양의 '로마네스크, 웹 글머리기호'를 찾아 선택하고 [확인] 단추를 클릭하여 대화상자를 닫습니다.

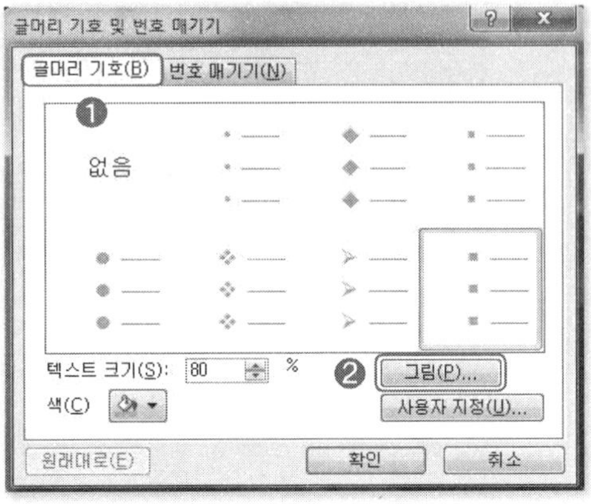

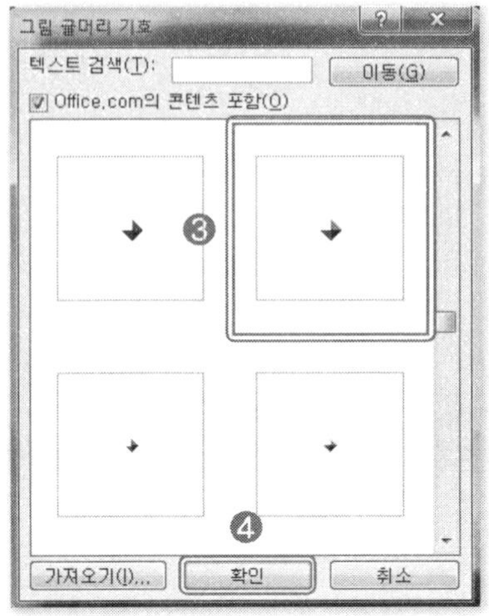

10. 슬라이드 마스터의 본문 편집이 완료되면 서식 확인을 위해서, 화면 오른쪽 아래에 [기본 화면 보기] 단추를 클릭하여 슬라이드 마스터의 변경된 서식을 확인합니다.

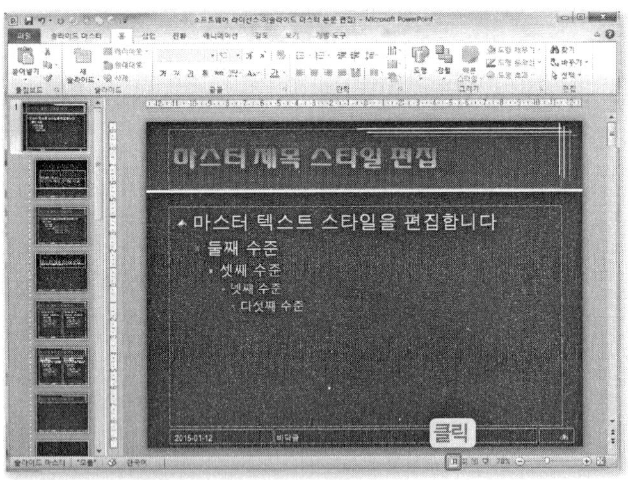

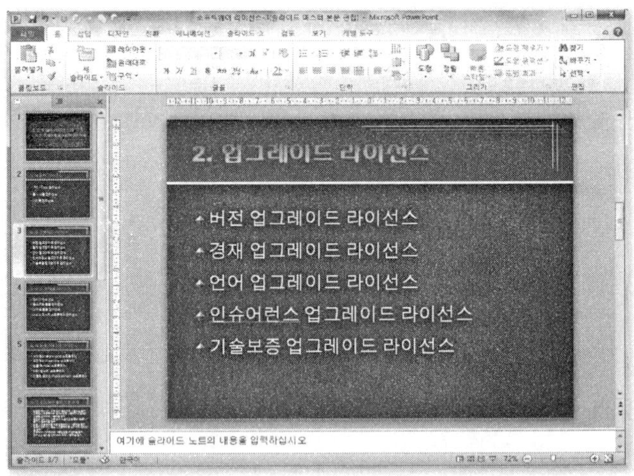

11. 지금까지 작성된 문서를 [파일] 탭 → [저장] 단추를 눌러 저장합니다.

실습

9-3 슬라이드 마스터의 제목 마스터 레이아웃 편집하기

앞서 작성된 문서에서 오른쪽 그림과 같이 표지 슬라이드의 배경 구성이 수정되고 로고가 삽입된 슬라이드가 되도록 슬라이드 마스터에서 '제목 마스터 레이아웃'을 편집하여 봅니다.

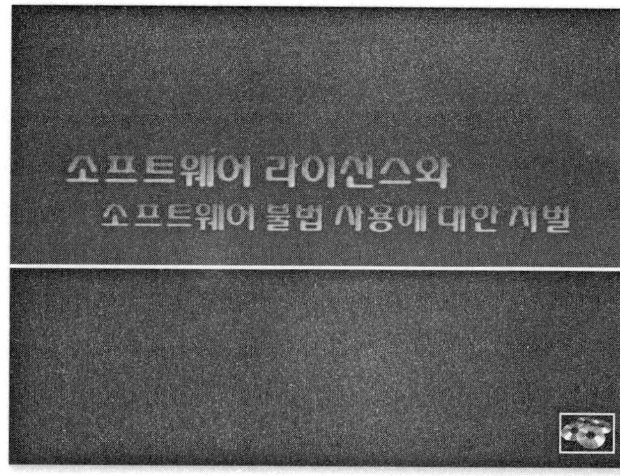

01. 앞서 [실습 9-2]에서 작성한 '소프트웨어 라이선스-3(슬라이드 마스터 본문 편집)' 문서 파일을 열고 [파일] 탭 → [다른 이름으로 저장]을 클릭하여 '소프트웨어 라이선스-4(슬라이드 제목 마스터 편집)'이란 이름으로 문서를 만들어 준비합니다.

02. 준비된 문서를 열고 [보기] 탭 → [마스터 보기] 그룹 → [슬라이드 마스터]를 클릭하여 슬라이드 마스터 편집화면으로 전환합니다.

03. 슬라이드 마스터 편집화면에서 [개요 및 슬라이드] 창의 '슬라이드 레이아웃' 중 '제목 슬라이드 레이아웃'을 선택하고 제목 슬라이드에 바닥글이 표시되지 않도록 [슬라이드 마스터] 탭 → [마스터 레이아웃] 그룹에서 [바닥글]의 체크 표시를 해제합니다.

04. 제목의 배경이 되는 슬라이드 위쪽의 검은색 직사각형의 크기를 조절하기 위해서, 제목의 배경 직사각형을 선택한 후 크기 조정 핸들을 드래그 하여 오른쪽 그림과 같이 직사각형의 높이 길이가 낮아지도록 조절합니다.

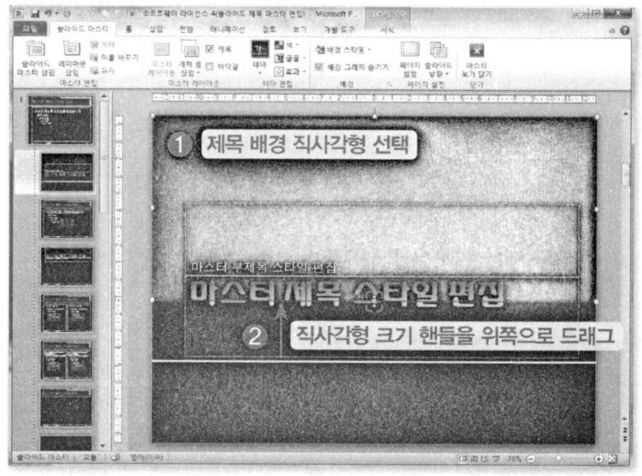

05. 제목의 배경 직사각형이 슬라이드의 위쪽 부분으로 위치하게 되었음으로 더불어 제목/부제목 스타일 편집 틀도 슬라이드 화면 위쪽으로 적당하게 이동시킵니다.

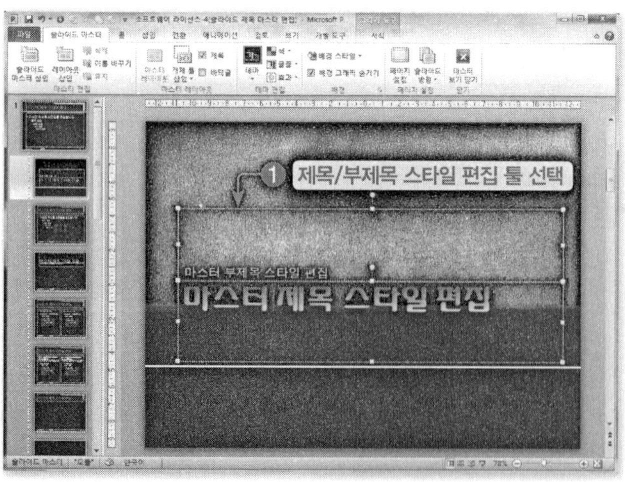

06. 계속해서 슬라이드 바탕 배경과 제목 배경 사이에 구분을 해주는 가로 선 모양의 흰색 사각형도 제목 배경의 직사각형과 인접하도록 위쪽 방향으로 위치를 이동시킵니다.

07. 이번에는 제목의 배경이 되는 검은색 직사각형의 색을 변경하기 위하여, 제목 배경의 직사각형을 선택한 후 [그리기 도구/서식] 탭 → [도형 스타일] 그룹의 [추가 옵션] 단추를 누르고 [도형 서식] 대화상자를 표시합니다.

[도형 서식] 대화상자에서 [채우기] → [그라데이션 채우기] → [기본 설정 색]의 목록에서 '밤의 어둠'을 선택합니다.

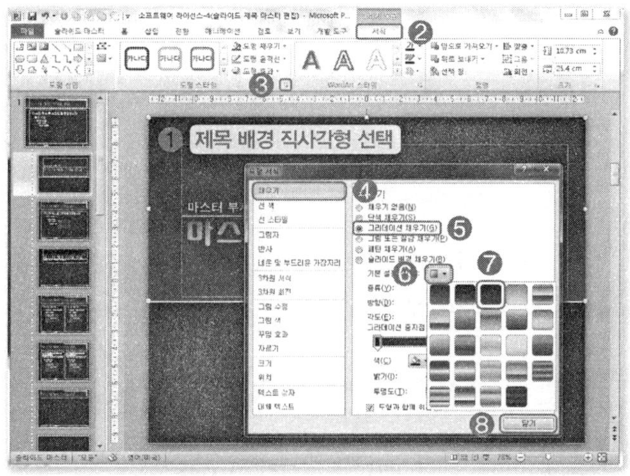

08. 제목 마스터에 로고를 삽입하기 위해서, [삽입] 탭 → [이미지] 그룹 → [그림]을 클릭한 후 [그림 삽입] 대화상자가 표시되면 [문서준비파일] 폴더에서 '소프트웨어 불법복제-로고.png' 그림 파일을 선택하고 [삽입]을 클릭합니다.

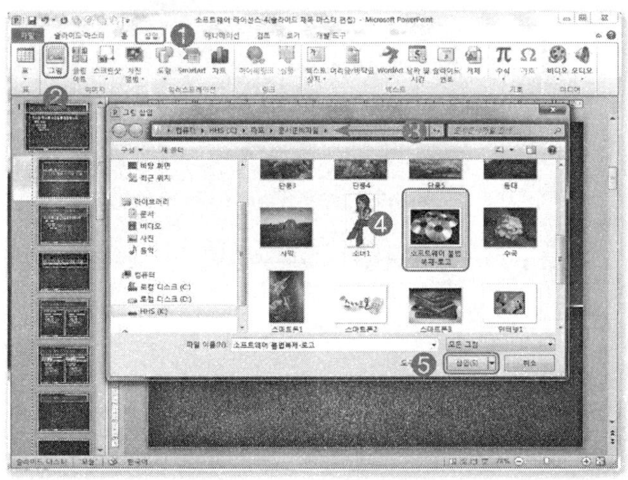

09. 삽입된 그림이 선택된 상태에서 로고의 크기를 조절하기 위하여, [그림 도구/서식] 탭 → [그림 스타일] 그룹의 [추가 옵션] 단추를 클릭하여 [그림 서식] 대화상자를 표시합니다.

[그림 서식] 대화상자의 [크기] → [배율]에서 [가로 세로 비율 고정]이 체크 표시된 상태로 [높이]와 [너비]를 각각 15%로 지정하고, 로고의 위치를 슬라이드의 오른쪽 아래로 이동하여 배치합니다.

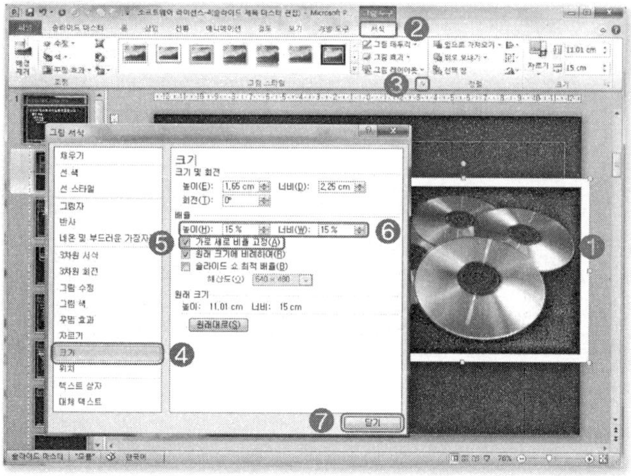

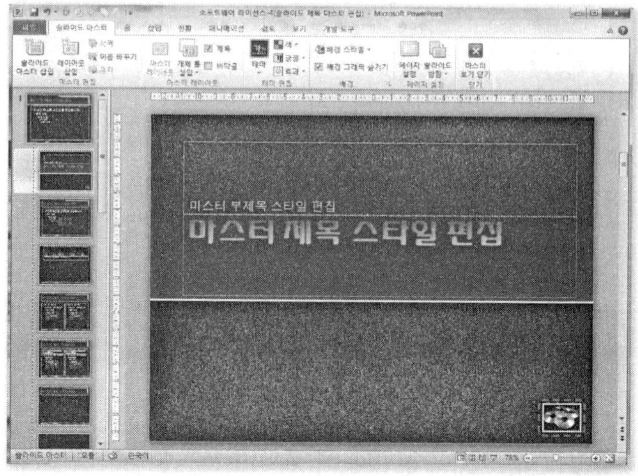

제목 마스터 레이아웃에 삽입된 그림은 나중에 제목(표지) 슬라이드에만 표시되고 나머지 다른 슬라이드에는 표시되지 않습니다.

10. 제목 마스터 레이아웃의 편집이 완료되면 서식 확인을 위해서, 화면 오른쪽 아래 [기본 화면 보기] 단추를 클릭하여 제목(표지) 슬라이드의 변경된 서식을 확인합니다.

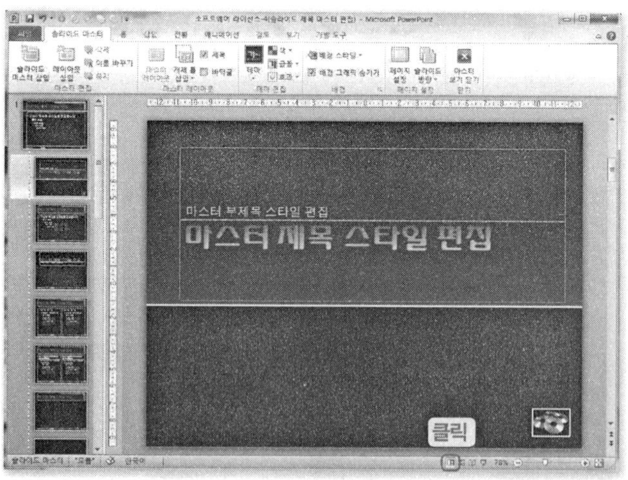

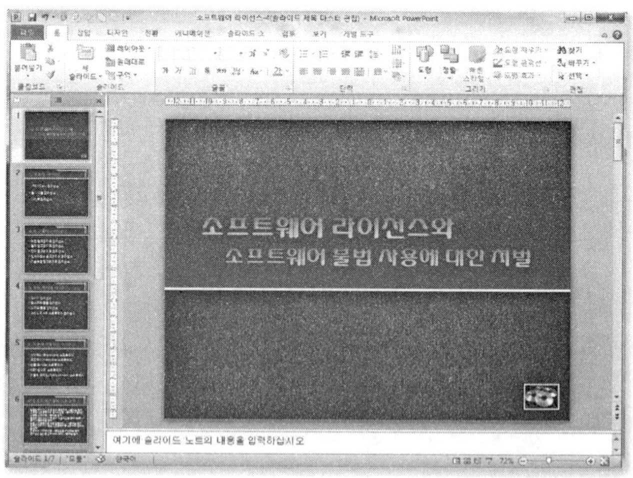

11. 지금까지 작성된 문서를 [파일] 탭 → [저장] 단추를 눌러 저장합니다.

실습

I n t r o d u c t i o n t o P o w e r P o i n t

9-4 슬라이드 마스터의 바닥글 편집하기

앞서 작성된 문서에서 슬라이드 마스터를 편집하여 오른쪽 그림과 같이 바닥글에 날짜와 문서이름과 페이지 번호를 표시하고 각 슬라이드 제목에 로고를 삽입해 봅니다.

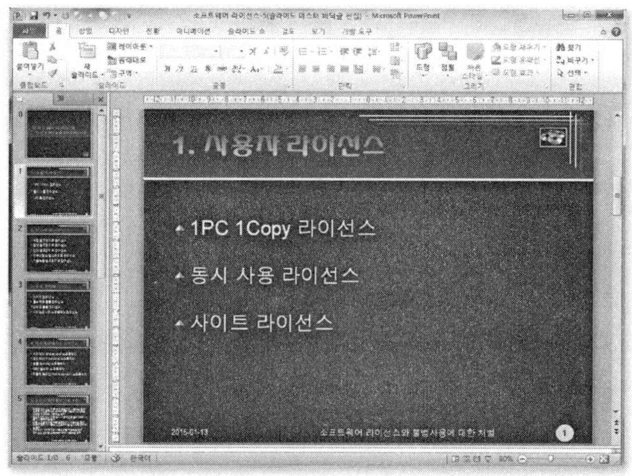

01. 앞서 [실습 9-3]에서 작성한 '소프트웨어 라이선스-4(슬라이드 제목 마스터 편집)' 문서 파일을 열고 [파일] 탭 → [다른 이름으로 저장]을 클릭하여 '소프트웨어 라이선스-5(슬라이드 마스터 바닥글 편집)'이란 이름으로 문서를 만들어 준비합니다.

02. 준비된 문서를 열고 [보기] 탭 → [마스터 보기] 그룹 → [슬라이드 마스터]를 클릭하여 슬라이드 마스터 편집화면으로 전환합니다.

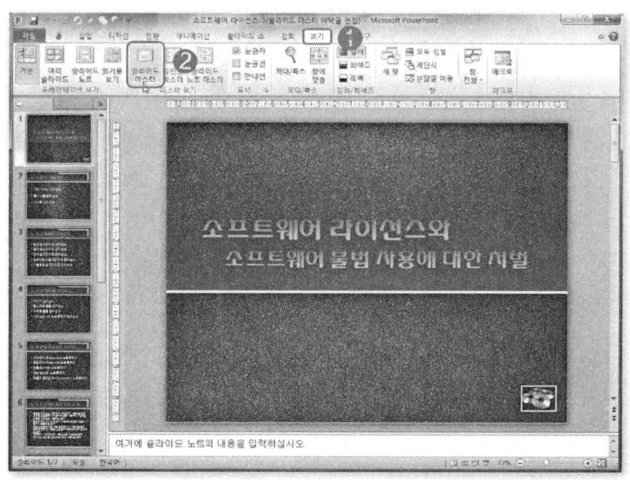

03. 슬라이드 마스터 편집화면의 [개요 및 슬라이드] 창에서 첫 번째의 슬라이드 마스터를 선택합니다.

슬라이드 페이지 번호가 표시될 도형을 삽입하기 위해서, [삽입] 탭 → [일러스트레이션] 그룹 → [도형] → [기본 도형]에서 '타원'을 선택하고 Shift 글쇠를 누른 상태로 드래그하여 화면의 오른쪽 아래에 슬라이드 번호(〈#〉)가 들어갈 위치에 정원을 삽입합니다.

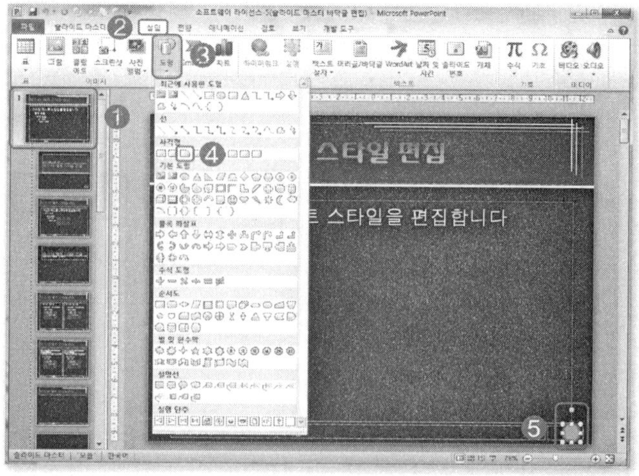

04. 삽입된 정원의 윤곽선을 없애기 위하여, 정원을 선택한 상태로 [그리기 도구/서식] 탭 → [도형 스타일] 그룹 → [도형 윤곽선] → [윤곽선 없음]을 클릭합니다.

도형의 크기는 [크기] 그룹의 [높이]와 [너비]를 각각 1cm로 지정합니다.

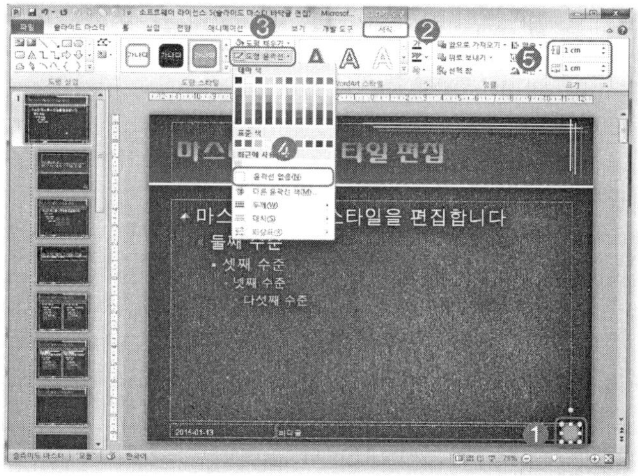

05. 이번에는 정원의 채우기 색을 변경하기 위하여, [그리기 도구/서식] 탭 → [도형 스타일] 그룹 → [도형 채우기] → [다른 채우기]를 클릭합니다.

[색] 대화상자가 표시되면 [사용자 지정] 탭 → [색 모델]의 'RGB'를 선택하고 '[빨강]: 0', '[녹색]: 255', '[파랑]: 255'를 지정한 다음 [확인] 단추를 클릭합니다.

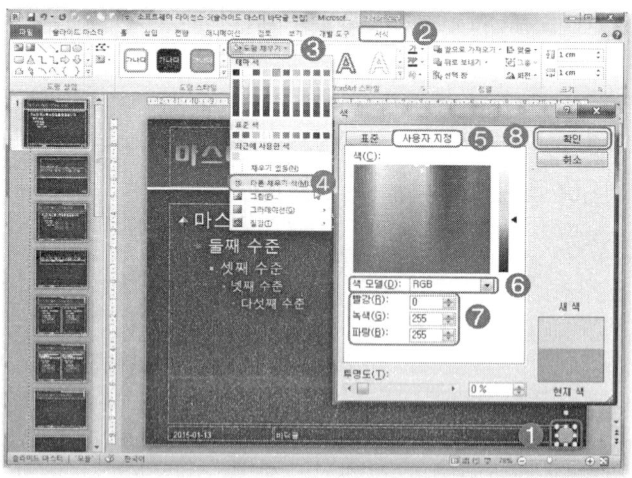

06. 삽입한 정원이 페이지 번호를 가리고 있으므로 페이지 번호가 도형 앞에 표시되려면 정원을 뒤로 보내야 합니다.

도형 정원을 선택한 상태에서 [그리기 도구/서식] 탭 → [정렬] 그룹 → [뒤로 보내기] → [맨 뒤로 보내기]를 클릭합니다.

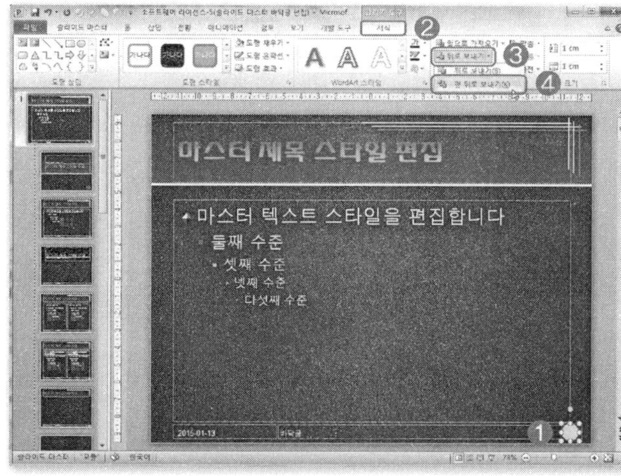

07. 슬라이드 마스터 오른쪽 아래에 있는 슬라이드 번호 개체 틀은 삽입한 정원에 맞추어 위치 및 크기를 조절해야 합니다.

슬라이드 번호 개체 틀을 선택한 상태에서 [홈] 탭 → [단락] 그룹 → [가운데 맞춤]을 클릭하고, [단락] 그룹 → [텍스트 맞춤] → [중간]을 클릭합니다.

페이지 번호를 뚜렷하게 표시하기 위하여, [홈] 탭 → [글꼴] 그룹 → [글꼴색]을 [테마색] '검정'으로 지정합니다.

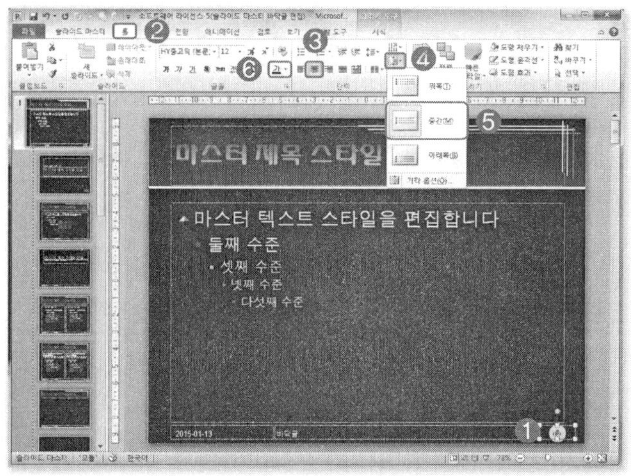

08. 슬라이드 아래에 문서의 이름을 표기하기 위해서, 바닥글 개체 틀을 선택하고 '소프트웨어 라이선스와 불법사용에 대한 처벌'이라 입력합니다.

바닥글의 글꼴 크기는 [글꼴] 그룹에서 '14'로 지정하고 텍스트는 [단락] 그룹에서 '가운데 맞춤'으로 지정합니다.

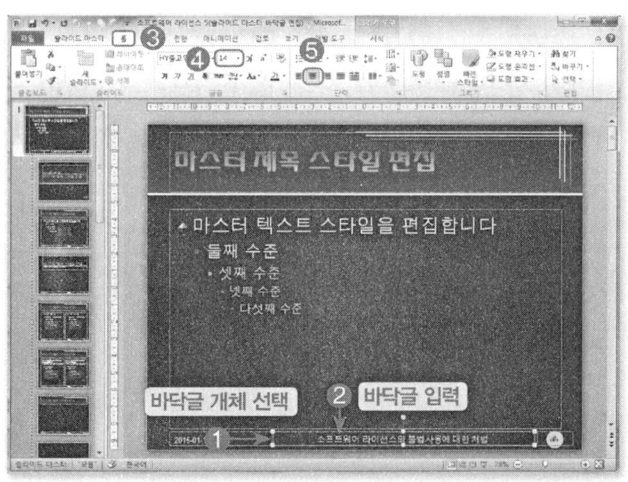

09. 모든 슬라이드마다 페이지 번호를 삽입하기 위해서, [삽입] 탭 → [텍스트] 그룹 → [머리글/바닥글]을 클릭합니다.

[머리글/바닥글] 대화상자가 나타나면 [슬라이드] 탭에서 [날짜 및 시간] [슬라이드 번호] [바닥글] [제목 슬라이드에는 표시 안함] 항목에 체크 표시를 하고, [모두 적용] 단추를 클릭합니다.

[날짜 및 시간]의 선택 단추는 [자동으로 업데이트]로 지정합니다.

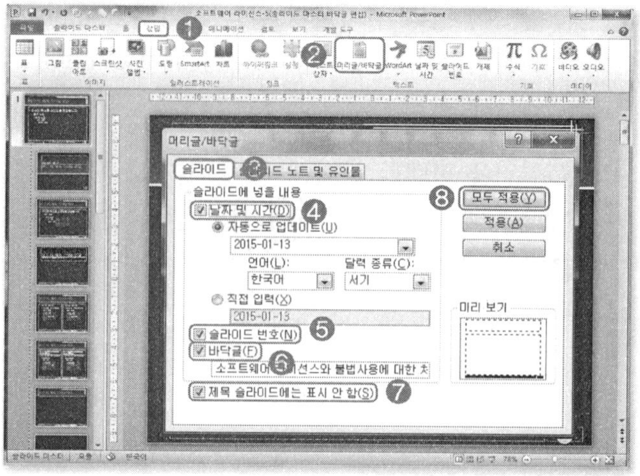

10. 슬라이드 시작 번호를 지정하기 위해서 [슬라이드 마스터] 탭 → [페이지 설정] 그룹 → [페이지 설정]을 클릭합니다.

[페이지 설정] 대화상자가 표시되면 [슬라이드 시작 번호]를 '0'으로 입력하고 [확인] 단추를 클릭합니다.

그러면 제목 슬라이드를 제외한 두 번째 슬라이드부터 페이지가 '1'부터 시작하여 연번호가 표시됩니다.

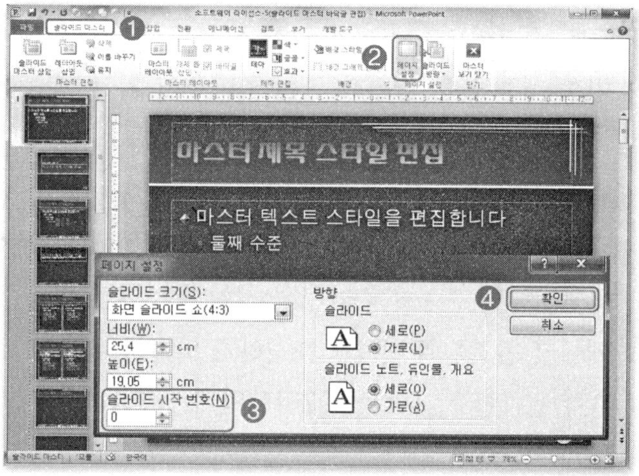

11. 슬라이드 마스터에도 로고를 삽입하기 위하여, [삽입] 탭 → [이미지] 그룹 → [그림]을 클릭합니다.

[그림 삽입] 대화상자가 표시되면 [문서준비파일] 폴더에서 '소프트웨어 불법복제-로고.png' 그림 파일을 선택하고 [삽입] 단추를 클릭합니다.

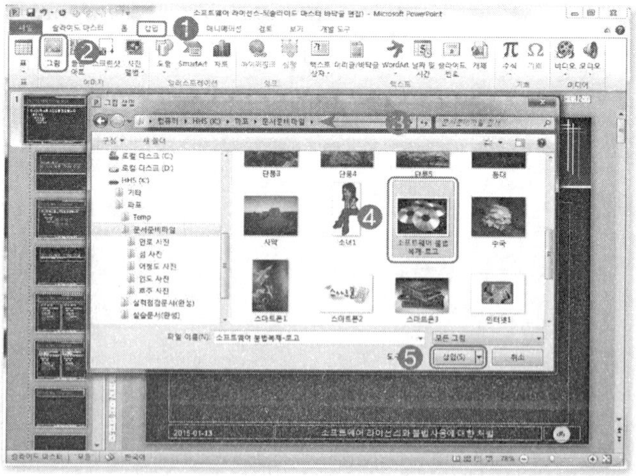

12. 삽입한 로고의 크기를 조절하기 위해서, 그림을 선택한 후 [그림 도구/서식] 탭 → [그림 스타일] 그룹의 [추가 옵션] 단추를 클릭합니다.

[그림 서식] 대화상자가 표시되면 [크기] → [배율]에서 [가로 세로 비율 고정]에 체크표시 한 상태로 [높이]와 [너비]를 각각 10%로 지정하고 [닫기] 단추를 클릭합니다.

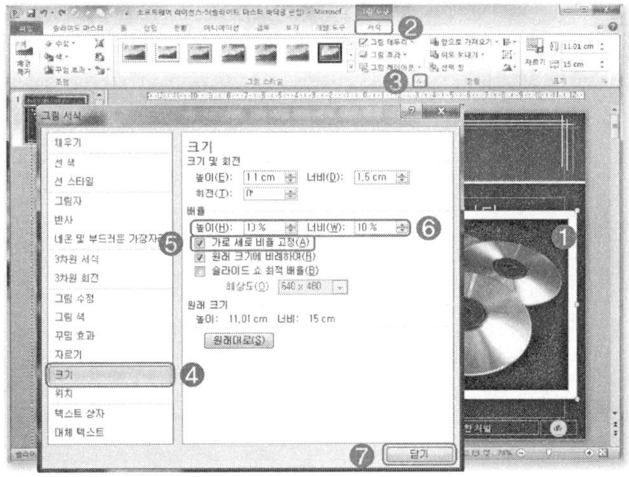

삽입된 로고를 오른쪽 그림과 같이 슬라이드 제목 영역인 오른쪽 위로 이동하여 배치합니다.

슬라이드 마스터에 삽입된 그림은 모든 슬라이드에 표시될 것입니다.

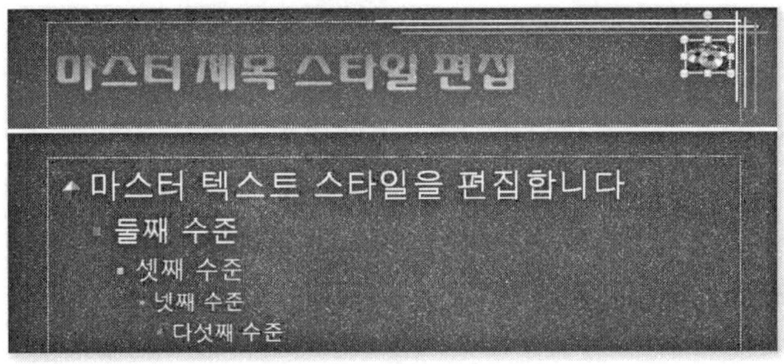

13. 바닥글 지정, 페이지 번호 지정, 로고 삽입이 완료되면 [슬라이드 마스터] 탭 → [닫기] 그룹 → [마스터 보기 닫기]를 클릭하고 슬라이드 편집 화면으로 돌아와서 모든 슬라이드에 슬라이드 마스터에서 적용한 내용이 표시되는지 확인합니다.

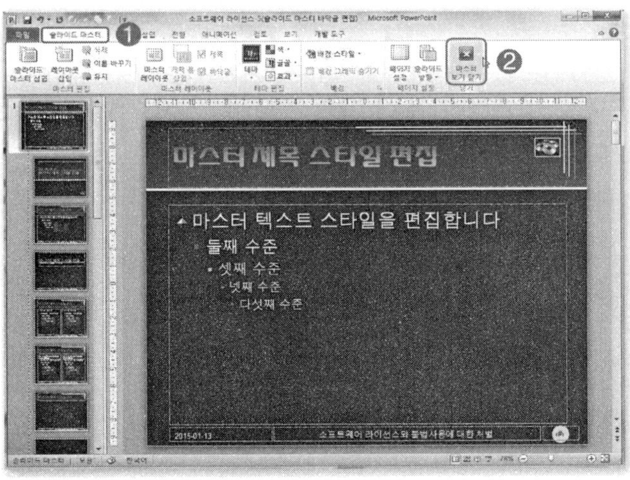

14. 완성한 슬라이드를 저장하고 [파일] 탭 → [닫기]를 클릭하여 작업을 종료합니다.

실력 점검 문제

[문제 9-1] 아래 조건에 따라 다음과 같이 슬라이드 마스터를 작성하고 '슬라이드 마스터 샘플'로 저장하시오.

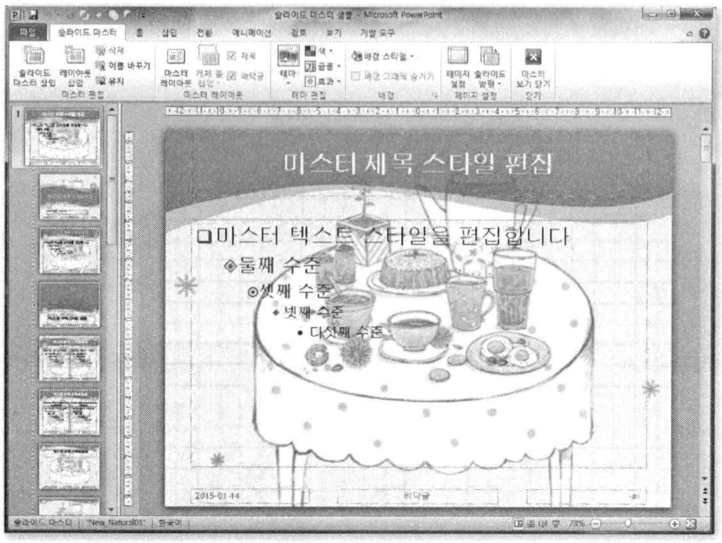

[작성 조건]

1. 디자인 테마 사용 및 수정 : 디자인 테마(Office 자연 테마), 테마 색(파형), 테마 글꼴(풍요-HY그래픽M-HY그래픽M)

2. 슬라이드 마스터 배경 삽입 : [배경스타일] → [배경 서식] → [그림 및 질감 채우기] → '식탁.jpg' 그림 파일 삽입

3. 글머리 기호 모양과 색 변경 : 결과 화면과 같이 [사용자 지정]으로 글머리 기호의 모양을 변경하고, 글머리 기호의 색도 변경하여([표준색]의 '파랑', '녹색', '자주') 글머리 기호를 수정

[문제 9-2] '토플러의 제3의 물결' 파워포인트 문서를 열고 아래 조건에 따라 다음과 같이 슬라이드 마스터를 작성하여 '토플러의 제3의 물결(슬라이드 마스터)'로 저장하시오.

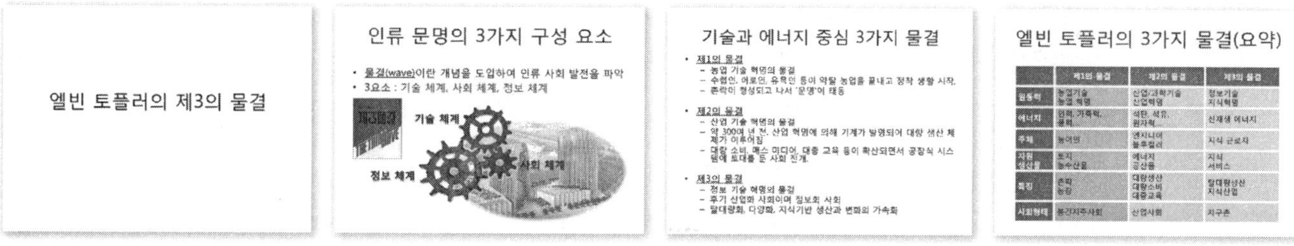

〈준비 문서 : '토플러의 제3의 물결'〉

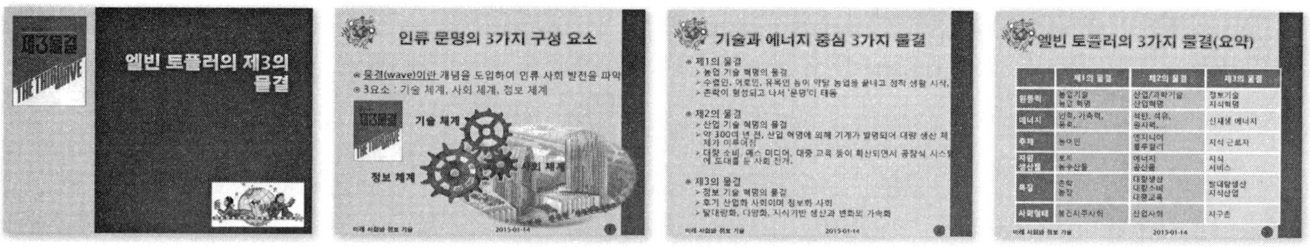

〈슬라이드 마스터 적용 후 문서 : '토플러의 제3의 물결'〉

〈슬라이드 마스터〉

〈제목 슬라이드 레이아웃〉

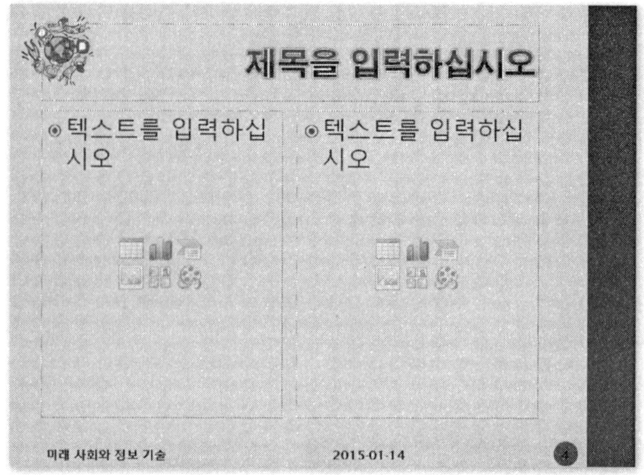

〈콘텐츠 2개 슬라이드 레이아웃〉

[작성 조건]

1. 디자인 테마 사용 및 수정 : 디자인 테마(풍요), 테마 색(필수), 테마 글꼴(보자기-HY견고딕-맑은고딕)

2. 슬라이드 마스터 배경 스타일과 도형 크기 변경 :

- **배경 스타일의 '스타일 9'를 모든 슬라이드에 적용**
- **화면 오른쪽 세로 직사각형의 너비를 '2cm'로 줄이고 화면 오른쪽 끝에 이동 배치**

3. 슬라이드 마스터의 '제목 및 내용 슬라이드'에서 내용 서식 지정 :

- **글머리 기호 모양과 색 변경 : 결과 화면과 같이 사용자 지정의 글머리 기호와 색 변경([표준색] → '진한 빨강')으로 글머리 기호 수정**
- **내용의 텍스트 글꼴 색 모두 [테마색] → '검정'으로 변경**

4. 슬라이드 마스터의 제목 서식 지정 :

- **제목의 글꼴 크기 : '36'**
- **제목에 WordArt 스타일 지정 : '그라데이션 채우기 - 검정, 윤곽선 - 흰색, 바깥쪽 그림자'**
- **제목의 맞춤 조정 : 텍스트 오른쪽 맞춤, 텍스트 맞춤(중간)**
- **제목에 그림 삽입 : '제3물결(정보혁명).png' 그림을 삽입하고 크기를 축소하여 제목 개체 틀의 왼쪽 위에 배치**

5. 슬라이드 마스터의 제목 마스터 레이아웃 서식 지정 :

- **제목 글꼴 WordArt 스타일 지정 : '채우기-황금색, 강조 2, 부드러운 무광택 입체'**
- **제목(표지) 슬라이드에 2개의 그림 삽입 : '토플러 제3물결(책표지).png', '지구촌-1.png' 그림 파일을 삽입하여 결과 화면과 같이 왼쪽 위와 오른쪽 아래에 표시**

6. 슬라이드 마스터의 바닥글 편집 :

- **제목(표지) 슬라이드를 제외한 나머지 슬라이드에 바닥글, 날짜 및 시간, 페이지 번호 표시 : 슬라이드 페이지 번호는 화면 오른쪽 아래 정원 안에 표시하고, 두 번째 슬라이드부터 페이지 번호 '1'이 시작되며, 날짜 및 시간은 '자동 업데이트'로 선택한다.**
- **바닥글 서식 : 내용('미래 사회와 정보 기술'), 글꼴 크기(14), 글꼴 굵게, 텍스트 왼쪽 맞춤, 텍스트 맞춤(중간)**
- **날짜 및 시간 서식 : 글꼴 크기(14), 글꼴 굵게, 텍스트 가운데 맞춤, 텍스트 맞춤(중간)**
- **페이지 번호 서식 : 글꼴 크기(14), 글꼴 굵게, 텍스트 가운데 맞춤, 텍스트 맞춤(중간)**

PART **2**

Excel

CHAPTER 01

엑셀 시작과 행/열 및 시트 편집하기

많은 양의 데이터와 수치를 계산하고 관리를 하는데 편리한 도구로 스프레드시트 프로그램이 있습니다. 엑셀은 그 중 하나의 프로그램입니다. 엑셀을 구동시키면 일정한 크기의 사각형 모양의 무수한 셀들로 구성된 워크시트가 펼쳐집니다. 이번 장에서는 엑셀을 구동 시킨 후 나타나는 화면 구성을 살펴보고 간단한 데이터를 입력하며 저장하는 방법을 알아보겠습니다. 그리고 셀이 연결되어 있는 행/열과 모든 셀 전체를 나타내는 시트를 다루는 방법도 살펴보겠습니다.

학습 목표

- 엑셀을 실행하고 프로그램 초기 화면의 구성요소를 구분할 수 있습니다.
- 엑셀의 기본 문서를 작성하고 저장할 수 있습니다.
- 셀을 선택하고 데이터를 수정할 수 있습니다.
- 행/열의 삽입/삭제, 크기 변경, 숨기기/숨기기 취소를 할 수 있습니다.
- 시트의 이름 변경, 색 채우기, 이동/복사, 삽입/삭제를 할 수 있습니다.

실습구성

준비학습
실습 1-1 엑셀 실행하고 문서 작성하기
실습 1-2 문서 열기하고 행/열과 시트 편집하기
실력 점검 문제

준비학습

1. 엑셀 화면의 기본 구성과 실행

(1) 기본 화면 구성

엑셀을 실행하면 처음 화면이 아이콘 및 도구, 메뉴 등 여러 가지 요소들로 구성됩니다.

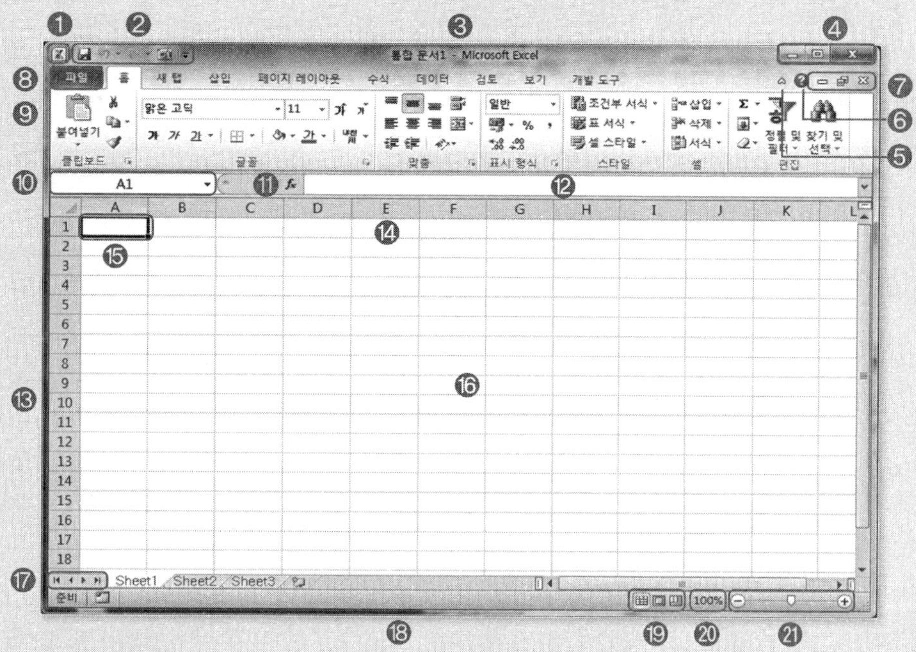

❶ 창 조절 메뉴 : [창 조절 메뉴]를 클릭하면 엑셀 창을 조절할 수 있는 메뉴[이전 크기로(R), 이동(M), 크기 조정(S), 최소화(N), 최대화(X), 닫기(C)]가 나타나고 더블클릭하면 엑셀이 종료됩니다.

❷ 빠른 실행 도구 모음 : 기본적으로 [저장], [실행 취소], [다시 실행] 아이콘 등이 제공되며, [빠른 실행 도구 모음 사용자 지정]을 클릭하여 사용자가 자주 사용하는 아이콘, [열기], [새로 만들기] 등을 빠른 실행 도구 모음에 추가 및 제거할 수 있습니다.

❸ 제목 표시줄 : 현재 작업 중인 엑셀 문서의 파일 이름과 프로그램 이름(Microsoft Excel)이 나타납니다. 저장하지 않은 문서는 기본적으로 통합 문서1, 통합 문서2, ... 순으로 나타나며, 엑셀 문서를 저장하면 저장된 파일 이름이 표시됩니다.

❹ 엑셀 창 조절 단추 : [최소화/최대화], [화면 복원], [닫기] 등의 단추로 엑셀 창을 조절하거나 엑셀 프로그램을 종료할 수 있습니다.

❺ 리본 메뉴 최소화/리본 메뉴 확장 단추 : [리본 메뉴 최소화]를 클릭하면 리본 메뉴가 탭만 표시되고 [리본 메뉴 확장]으로 변경되며, [리본 메뉴 확장]을 클릭하면 리본 메뉴의 탭과 그룹이 모두 표시되고 [리본 메뉴 최소화]로 변경됩니다. 엑셀 작업 화면을 좀더 넓게 사용하려면 [리본 메뉴 최소화] 단추를 누르면 됩니다.

❻ 도움말 단추 : 엑셀을 이용하다가 궁금한 기능이 생기거나 문제가 발행했을 때 클릭하여 Microsoft Excel 도움말을 찾아 볼 수 있고 [Excel 도움말] 창이 나타납니다.

❼ 문서 창 조절 단추 : 현재 작업하고 있는 문서 창을 조절하거나 문서를 닫을 수 있는 단추입니다.

❽ 파일 탭 : [파일] 탭을 클릭하면 엑셀 창이 아닌 다른 화면이 나타나는데, 이 화면을 '백스테이지(Backstage)'라 합니다. '백스테이지'는 엑셀 문서의 숨겨진 메타데이터와 개인 정보 등을 표시합니다. 포함된 메뉴에는 [저장], [다른 이름으로 저장], [열기], [닫기], [정보], [최근에 사용한 항목], [새로 만들기], [인쇄], [저장/보내기], [도움말], [옵션], [끝내기] 등이 있습니다.

또한 [파일] 탭의 [옵션] 메뉴를 클릭하면 [Excel 옵션] 대화상자가 나타나고 [일반], [수식], [언어 교정], [저장], [언어], [고급], [리본 사용자 지정], [빠른 실행 도구 모음], [추가 기능], [보안 센터] 등의 내용을 설정할 수 있습니다.

⑨ 리본 메뉴 : 엑셀 문서를 작성할 때 필요한 다양한 기능들을 모아 두는 곳으로, 각 탭을 클릭하면 관련 기능을 실행할 수 있는 명령 단추들을 그룹별로 분류하여 정리되어 있습니다. 예를 들면, [홈]탭은 [클립보드], [글꼴], [맞춤], [표시 형식], [스타일], [셀], [편집] 등의 그룹으로 분류되어 있고 각 그룹 안에 다양한 기능의 명령 아이콘들이 포함되어 있습니다. 또한 일부 그룹의 오른쪽 구석 [추가 옵션] 단추를 클릭하면 각 그룹에 해당하는 대화상자가 나타나고 여기에서 각 그룹에 표시된 명령 이외의 추가 옵션을 지정할 수 있습니다.

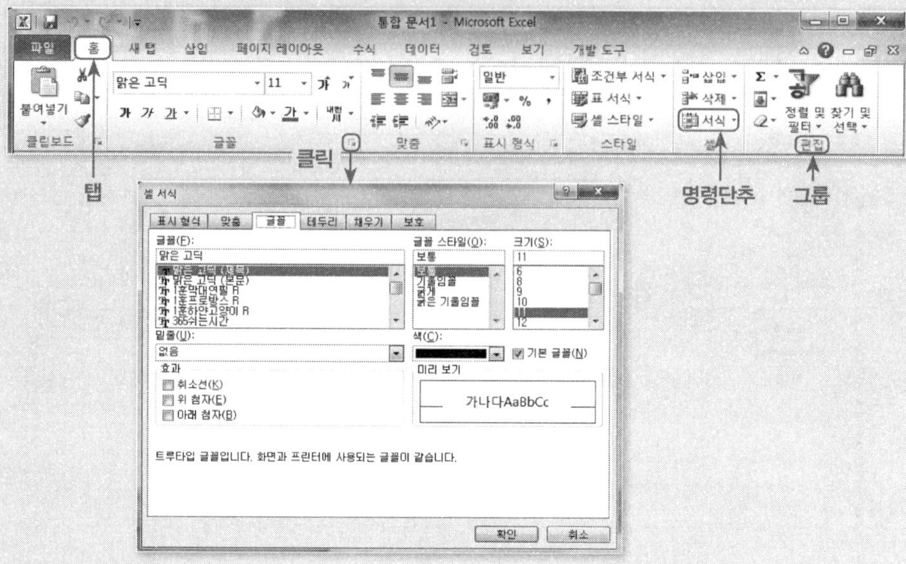

⑩ 이름 상자 : 선택한 셀의 주소나 WordArt, 클립아트, 그림, 도형 등의 개체 이름을 표시합니다. 이름 상자를 사용하여 특정 셀의 이름을 정의할 수 있습니다.

⑪ 함수 삽입 기호 : 클릭하면 함수를 입력할 수 있는 [함수 마법사] 대화상자가 표시됩니다.

⑫ 수식 입력줄 : 현재 선택된 셀에 입력된 내용을 표시하며, 수식이나 데이터를 입력할 수도 있습니다.

⑬ 행 머리글 : 행을 나타내는 숫자가 표시됩니다. 행은 가로 방향으로 1,048,576개의(1부터 ~ 1,048,576까지) 행이 있습니다.

⑭ 열 머리글 : A부터 Z까지, 그 다음에 계속해서 AA부터 AZ까지 ... 이런식으로 계속 알파벳으로 이름을 붙여서 16,384개의(A부터 ~ XFD까지) 열이 있습니다.

⑮ 셀 : 각 네모 칸이 하나의 셀입니다. 셀의 위치(주소)는 열과 행이 교차하면서 생긴 영역입니다. 예를 들면, B열의 3행에 위치한 셀을 [B3] 셀이라 부릅니다. 셀을 선택하면 셀의 테두리가 굵게 표시되어 선택하지 않은 셀과 구분되는데 이를 셀 포인터라 합니다.

⑯ 워크시트 : 셀들로 구성된 공간으로 문서 작업을 하는 곳입니다.

⑰ 시트 탭 : 여러 개의 워크시트를 사용할 수 있도록 하며 시트 이름이 표시됩니다. 시트탭을 사용하여 시트 삽입, 시트 삭제, 시트 이름 바꾸기, 탭에 색 지정하기 등을 할 수 있습니다.

⑱ 상태 표시줄 : 준비, 입력, 편집 등의 현재 작업 상태가 표시되는 곳입니다.

⑲ 보기 바로 가기 : 워크시트를 표시하는 방식을 나타내는 단추입니다. [기본], [페이지 레이아웃], [페이지 나누기 미리보기]로 구성되어 있습니다.

⑳ 확대/축소 비율 : 워크시트 화면의 확대/축소 비율이 퍼센트(%)로 표시됩니다. 100% [확대/축소]를 클릭하면 시트 화면의 확대/축소를 지정할 수 있는 [확대/축소] 대화상자가 표시됩니다.

㉑ 확대/축소 단추, 슬라이더 : [축소] 단추나 [확대] 단추를 클릭하거나 중간에 슬라이더를 드래그 하여 시트 화면의 배율을 지정할 수도 있습니다.

(2) 엑셀 실행하기

[시작] → [모든 프로그램] → [Microsoft Office] → [Microsoft Office Excel 2010]을 클릭합니다.

(3) 엑셀 문서 저장하기 및 다른 이름으로 문서 저장하기

엑셀 문서를 저장하려면, [파일] 탭 → [저장] 메뉴를 클릭하고, [다른 이름으로 저장] 대화상자가 나타나면 문서를 저장할 위치를 확인하고 [파일 이름]을 입력한 후 [저장] 단추를 클릭합니다. 엑셀 2010에서 문서를 저장하면 확장자가 'xlsx'인 통합문서로 저장됩니다.

또한, 기존 문서의 내용을 보존한 상태에서 다른 파일 이름으로 문서를 하나 더 만들려면 [파일] 탭 → [다른 이름으로 저장]을 클릭하여 저장합니다.

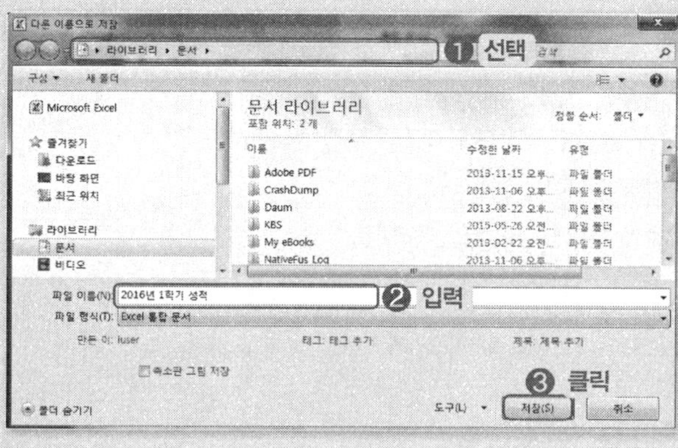

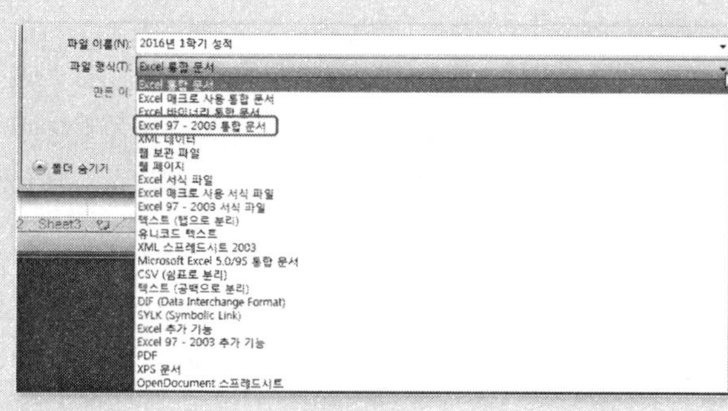

그리고 파일 형식을 변경하여 문서를 저장하려면 [다른 이름으로 저장] 대화상자에서 [파일 형식]의 목록 단추를 누르고 원하는 파일 형식을 선택한 후 저장을 하면 됩니다. 만약, [파일 형식]을 'Excel 97-2003 통합 문서'로 선택하면 확장자가 'xls'인 통합 문서로 저장하여 엑셀 97~엑셀 2003 버전에서도 문서를 열수 있습니다.

(4) 엑셀 종료하기

[파일] 탭 → [끝내기] 메뉴를 클릭하거나, 엑셀 창 조절 단추에서 X [닫기] 단추를 클릭합니다.

(5) 문서 열기와 새로운 문서 만들기

기존의 엑셀 문서를 열기 하려면, [파일] 탭 → [열기]를 클릭하고 [열기] 대화상자를 표시합니다. [열기] 대화상자에서 지정된 위치의 파일을 선택한 다음 [열기] 단추를 클릭합니다.

[파일] 탭 → [새로 만들기] → [새 통합 문서] → [만들기]를 클릭하면 기존 문서를 그대로 둔 상태에서 새로운 문서를 만들 수 있습니다.

2. 데이터 수정 및 행/열 편집

(1) 글쇠를 사용하여 셀 포인터 이동하기

❶ ←, →, ↑, ↓ : 왼쪽, 오른쪽, 위쪽, 아래쪽으로 한 셀씩 이동시킵니다.

❷ Tab : 오른쪽으로 한 셀씩 이동시킵니다.

❸ Shift + Tab : 왼쪽으로 한 셀씩 이동시킵니다.

❹ Enter : 아래쪽으로 한 셀씩 이동시킵니다.

❺ Shift + Enter : 위쪽으로 한 셀씩 이동시킵니다.

❻ Ctrl + Home : [A1] 셀로 이동시킵니다.

❼ Ctrl + End : 문서의 마지막 행, 마지막 열에 있는 셀로 이동시킵니다.

(2) 데이터 수정하기

❶ 셀을 더블클릭하여 해당 셀에서 수정합니다.

❷ 셀을 선택한 후 수식 입력줄을 클릭하여 수식 입력줄에서 수정합니다.

❸ 셀을 선택한 후 F2를 눌러 해당 셀에서 수정합니다.

(3) 셀 선택하기

❶ 하나의 셀 선택 : 셀을 클릭합니다.

❷ 연속적인 셀 선택 : 셀 범위를 드래그하거나 첫 번째 셀을 선택한 후 Shift 를 누른 상태에서 마지막 셀을 선택합니다.

❸ 비연속적인 셀 선택 : 셀을 선택한 후 Ctrl 을 누른 상태에서 다른 셀을 선택합니다.

❹ 모든 셀 선택 : 첫 번째 열과 첫 번째 행의 시작부분 [모두 선택] 단추를 클릭하거나 Ctrl + A 를 누릅니다.

(4) 행/열 선택하기

❶ 하나의 행/열 선택 : 행/열 머리글을 클릭합니다.

❷ 연속적인 행/열 선택 : 행/열 머리글을 드래그하거나 첫 번째 행/열 머리글을 선택한 후 Shift 를 누른 상태에서 마지막 행/열 머리글을 선택합니다.

❸ 비연속적인 행/열 선택 : 행/열 머리글을 선택한 후 Ctrl 을 누른 상태에서 다른 행/열 머리글을 선택합니다.

(5) 행 높이 변경 및 열 너비 변경하기

❶ 행/열을 선택한 후 [홈] 탭 → [셀] 그룹 → [서식]에서 행 높이 또는 열 너비를 변경합니다.

❷ 행/열 머리글의 경계선을 드래그 합니다. 경계선으로 마우스 포인터를 가져가면 마우스 포인터가 또는 모양으로 변경됩니다.

❸ 행/열 머리글을 선택한 후 [홈] 탭 → [셀] 그룹 → [서식]에서 [행 높이 자동 맞춤] 또는 [열 너비 자동 맞춤]을 클릭하거나, 행 머리글/열 머리글의 경계선을 더블클릭합니다. 경계선을 더블클릭하면 행 높이나 열 너비가 데이터에 맞게 변경됩니다.

(6) 행/열 셀의 삽입 및 삭제하기

❶ 행/열 삽입 : 행/열 머리글을 선택한 후 [홈] 탭 → [셀] 그룹 → [삽입]을 클릭합니다. 행/열을 삽입하면 기존 행/열이 뒤로 밀리면서 새로운 행/열이 삽입됩니다.

❷ 행/열 삭제 : 행/열 머리글을 선택한 후 [홈] 탭 → [셀] 그룹 → [삭제]를 클릭합니다. 행/열을 삭제하면 기존 행/열이 앞으로 당겨지면서 선택한 행/열이 삭제됩니다.

❸ 셀 삽입 : 셀을 선택한 후 [홈] 탭 → [셀] 그룹 → [삽입]을 클릭합니다. 셀 삽입은 기존의 셀을 오른쪽으로 밀거나, 아래로 밀어서 새로운 셀이 삽입되도록 합니다.

❹ 셀 삭제 : 셀을 선택한 후 [홈] 탭 → [셀] 그룹 → [삭제]를 클릭합니다. 셀이 삭제되면 삭제된 셀 위치에 기존의 셀이 왼쪽으로 밀리거나 위로 밀려서 삭제된 셀 위치를 채우게 됩니다.

(7) 행/열의 숨기기 및 숨기기 취소

❶ 행/열 숨기기 : 숨기려는 행/열의 머리글을 선택한 후 [홈] 탭 → [셀] 그룹 → [서식] → [숨기기 및 숨기기 취소] → [행/열 숨기기]를 클릭합니다. 또는 행/열 머리글을 선택 한 후 [홈] 탭 → [셀] 그룹 → [서식]에서 [행 높이]/[열 너비]를 클릭하고 [행 높이]/[열 너비] 대화상자에 '0'을 입력한 후 [확인] 단추를 클릭합니다.

❷ 행/열 숨기기 취소하기 : 숨겨진 행/열 머리글 경계선으로 마우스 포인터를 가져가서 마우스 포인터 모양이 ✢ 또는 ✢로 변경되었을 때 아래쪽 또는 오른쪽으로 드래그 합니다. 또는 숨겨진 행/열 머리글을 선택한 후 [홈] 탭 → [셀] 그룹 → [서식] → [숨기기 및 숨기기 취소] → [행/열 숨기기 취소]를 클릭합니다.

3. 시트 편집

(1) 시트 선택하기

❶ 하나의 시트 선택 : 시트 탭을 클릭합니다.

❷ 연속적인 시트 선택 : 시트 탭에서 첫 번째 시트를 선택한 후 Shift 를 누른 상태에서 마지막 시트를 선택합니다.

❸ 비연속적인 시트 선택 : 시트 탭에서 첫 번째 시트를 선택한 후 Ctrl 을 누른 상태에서 다른 시트를 선택합니다.

(2) 시트 이름 바꾸기와 시트 탭에 색 채우기

❶ 시트 이름 바꾸기 : 시트 탭에서 시트를 선택 한 후 [홈] 탭 → [셀] 그룹 → [서식] → [시트 구성] → [이름 바꾸기]를 클릭하거나, 시트 탭에서 시트를 더블클릭하여 시트의 이름을 바꿉니다.

❷ 시트 탭에 색 채우기 : 시트 탭에서 시트를 선택한 후 [홈] 탭 → [셀] 그룹 → [서식] → [시트 구성] → [탭 색]을 클릭하고 색 목록에서 원하는 색을 선택합니다.

(3) 시트 이동/복사 하기

❶ 시트 이동 : 시트 탭에서 시트를 선택한 후 [홈] 탭 → [셀] 그룹 → [서식] → [시트 구성] → [시트 이동/복사]를 클릭합니다. [이동/복사] 대화상자에서 이동할 위치를 지정하고 [확인] 단추를 클릭합니다. 또 다른 시트 이동 방법은 시트 탭에서 시트를 드래그 합니다. 시트가 이동될 위치는 ▼으로 표시됩니다.

❷ 시트의 복사 : 시트 탭에서 시트를 선택하고 [홈] 탭 → [셀] 그룹 → [서식] → [시트 구성] → [시트 이동/복사]를 클릭한 후 [이동/복사] 대화상자에서 [복사본 만들기]에 체크표시를 하여 선택합니다. 또 다른 방법은 시트 탭에서 Ctrl 을 누른 상태에서 시트를 드래그 합니다. 시트가 복사될 위치는 ▼으로 표시됩니다.

(4) 시트의 삽입/삭제 하기

❶ 시트 삽입 : 시트 탭에서 시트를 선택하고 [홈] 탭 → [셀] 그룹 → [삽입] → [시트 삽입]을 클릭합니다. 또는 시트 탭의 맨 끝 부분 워크시트 삽입 단추를 클릭합니다. 새로운 시트는 선택한 시트의 앞에 삽입됩니다.

❷ 시트 삭제 : 시트 탭에서 시트를 선택하고 [홈] 탭 → [셀] 그룹 → [삭제] → [시트 삭제]를 클릭합니다. 만약 데이터가 있는 시트를 삭제하면 '삭제하려는 시트에 데이터가 있습니다.'라는 내용의 경고 메시지가 나타납니다.

1-1 엑셀 실행하고 문서 작성하기

01. 컴퓨터 바탕 화면의 왼쪽 하단에서 [시작] 단추 → [프로그램] → [Microsoft Office] → [Microsoft Excel 2010]을 클릭하여 실행합니다.

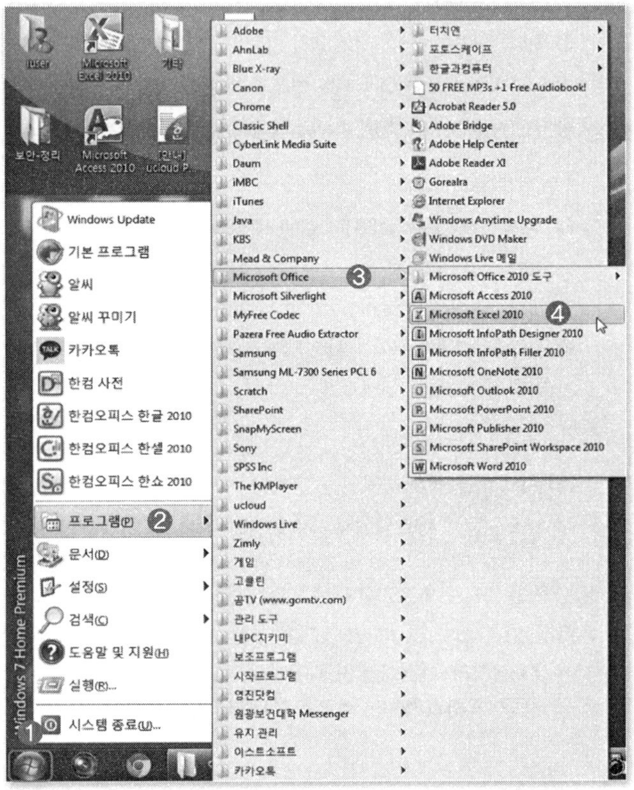

02. 엑셀 화면이 나타나면 [B2]셀을 클릭하여 선택합니다.

[B2]셀에 '2016년도 1학기 성적'을 입력한 후 Enter 를 눌러 셀 포인터를 [B3]셀로 이동시킵니다.

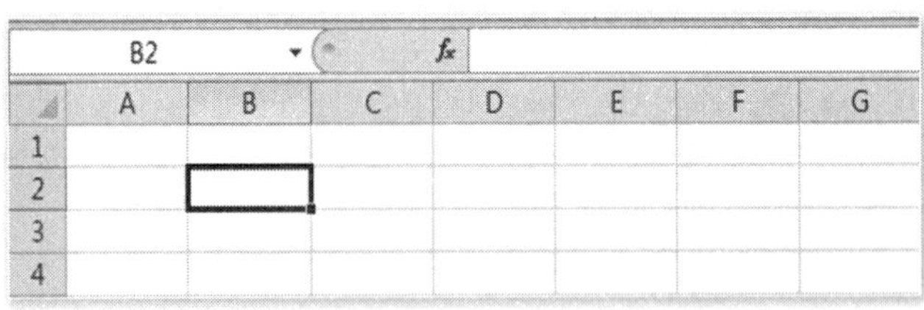

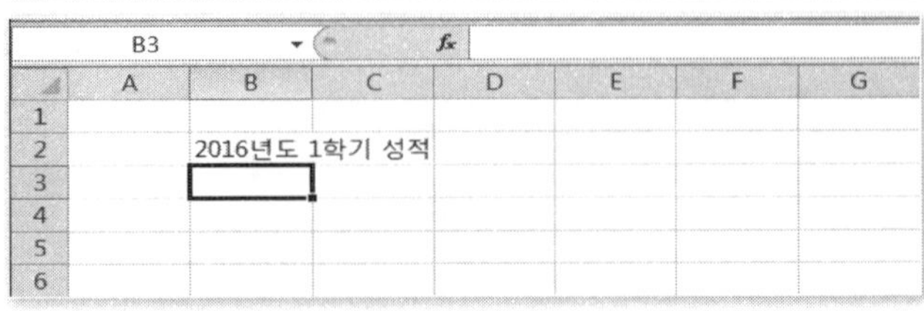

03. [B3]셀에 '이름'을 입력한 후 → 방향키를 눌러 셀 포인터를 [C3]셀로 이동시키고 '학과'를 입력합니다.

계속해서 → 방향키 누르기와 글자 입력을 반복해 가며 오른쪽 아래 그림과 같이 데이터 'Excel'과 'PowerPoint'를 입력합니다.

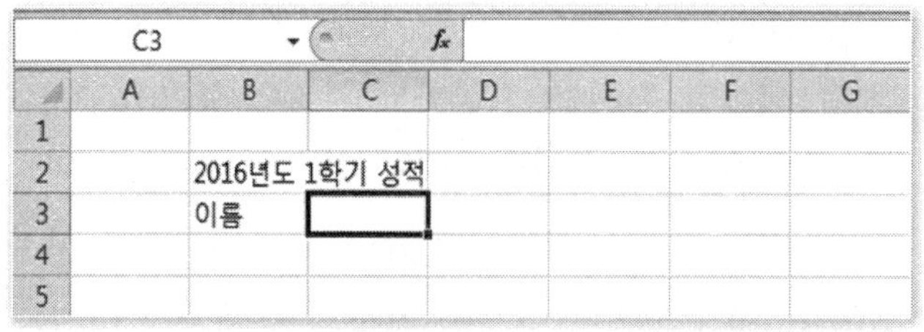

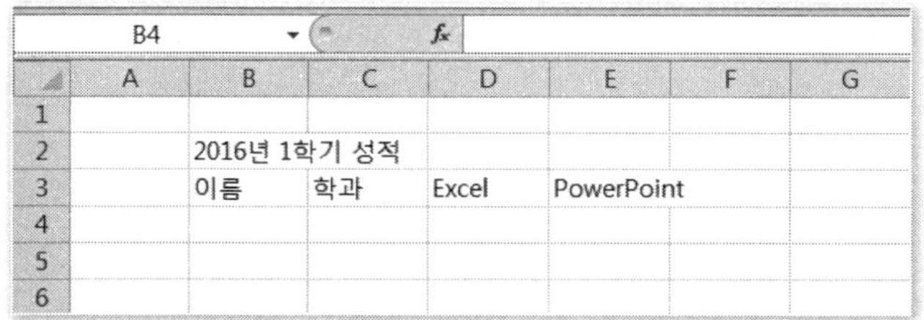

04. 같은 방법으로 [B4]셀부터 [E8]셀까지 데이터를 입력합니다. ([B4:E8])

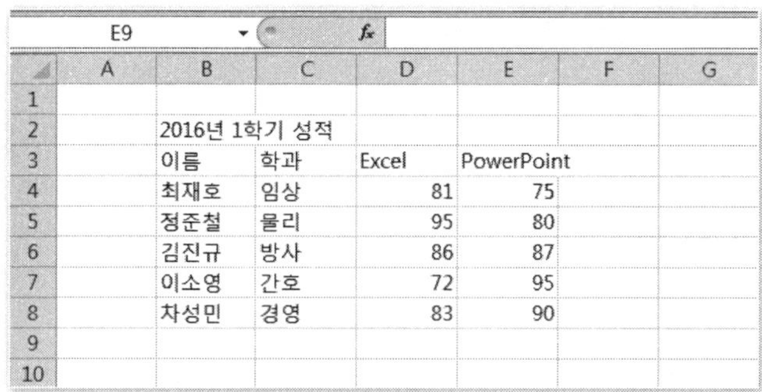

05. 작성된 문서를 저장하기 위해서 [파일] 탭 → [저장]을 클릭합니다.

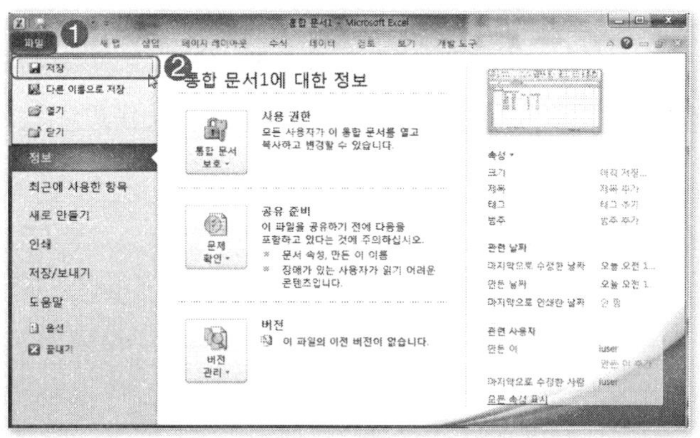

06. [다른 이름으로 저장] 대화상자가 나타나면 문서를 저장할 위치를 지정하고 파일이름(2016년 1학기 성적)을 입력한 다음 [저장] 단추를 클릭합니다.

그러면 제목 표시줄에 '2016년 1학기 성적 – Microsoft Excel'로 문서의 저장된 파일 이름이 표시됩니다.

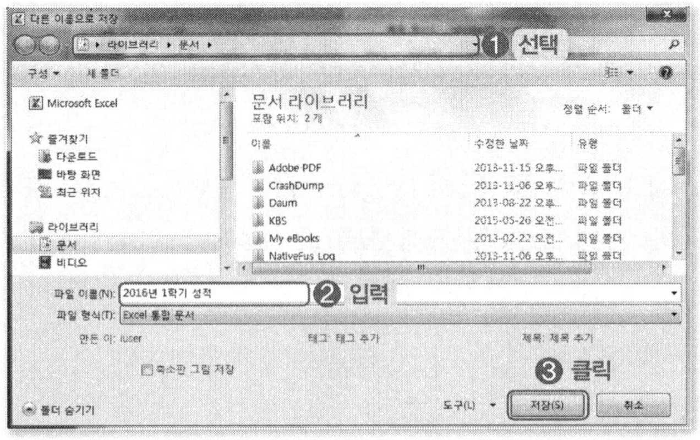

07. 엑셀 작업을 종료하기 위해서 [파일] 탭 → [끝내기]를 클릭합니다.

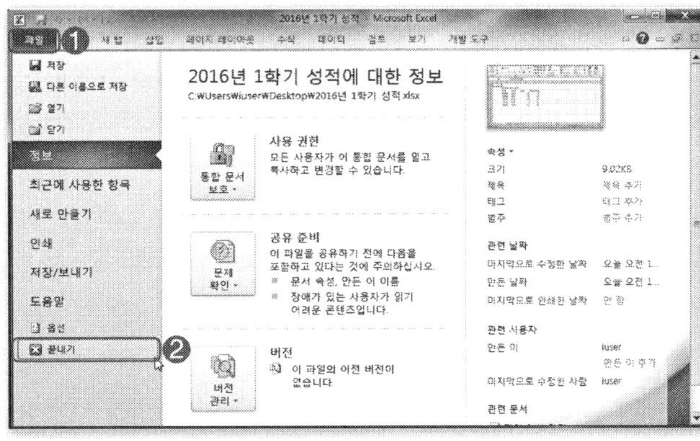

실습

1-2 문서 열기하고 행/열과 시트 편집하기

01. 엑셀을 실행하고 이전에 작성했던 문서를 가져오기 위해서 [파일] 탭 → [열기]를 클릭합니다.

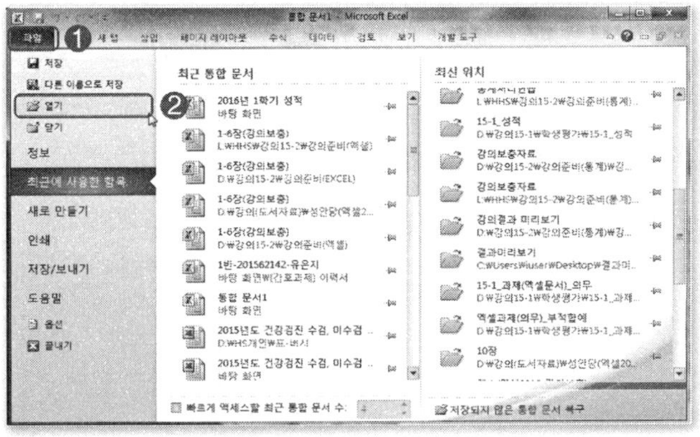

02. [열기] 대화상자에서 문서가 저장되어 있는 위치를 파악하고 원하는 문서(2016년 1학기 성적)를 선택한 후 [열기] 단추를 클릭합니다.

참고

기존의 문서를 열기 하는 또 다른 방법은 [파일] 탭 → [최근에 사용한 항목]을 클릭 한 후 [최근 통합 문서] 목록에서 열기 할 문서를 클릭합니다.

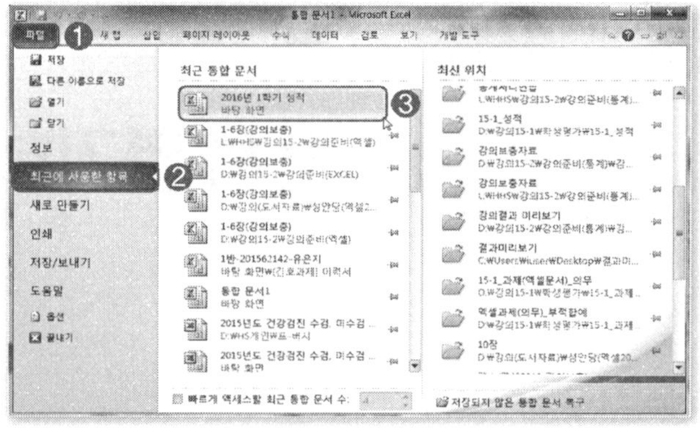

03. [E열] 앞에 열을 삽입하기 위해서 [E열] 머리글을 클릭하고 리본 메뉴에서 [홈] 탭 → [셀] 그룹 → [삽입] 목록의 [시트 열 삽입]을 클릭합니다.

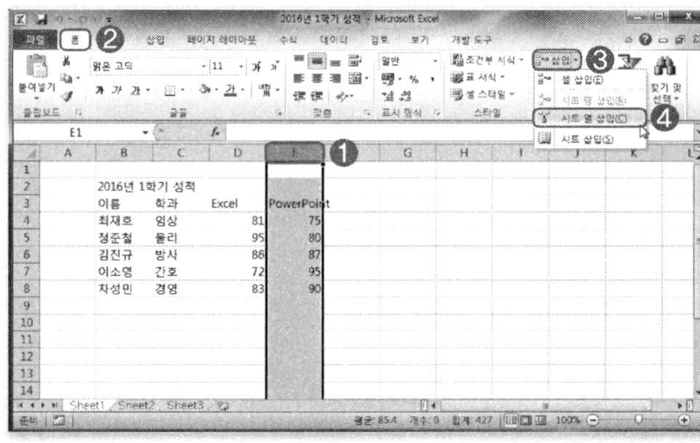

04. 삽입된 [E열]의 [E3:E8]셀에 다음과 같이 '기초통계'와 숫자 데이터를 입력합니다.

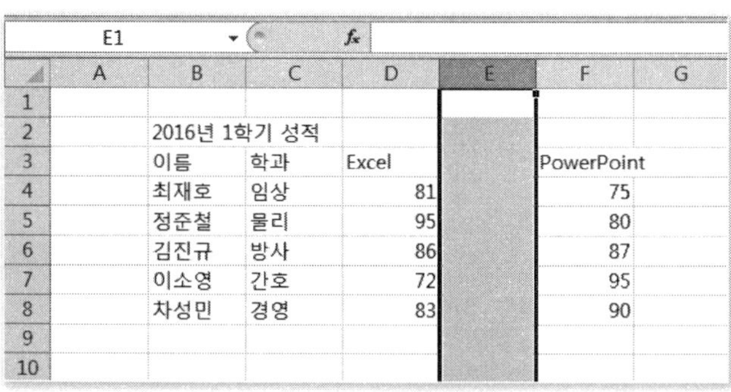

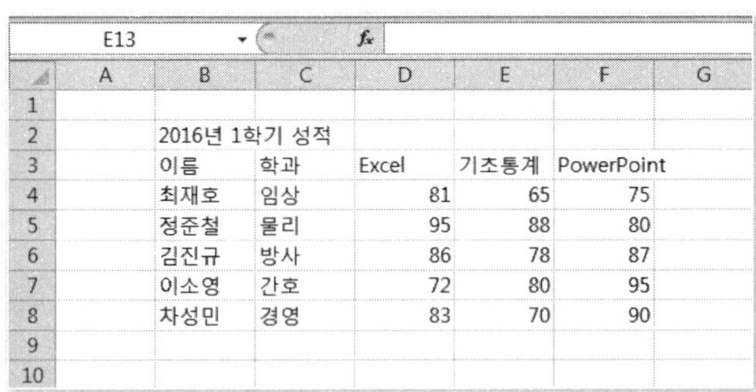

05. [7행] 앞에 행을 삽입하기 위해서 [7행] 머리글을 클릭하고 리본 메뉴에서 [홈] 탭 → [셀] 그룹 → [삽입] 목록의 [시트 행 삽입]을 클릭합니다.

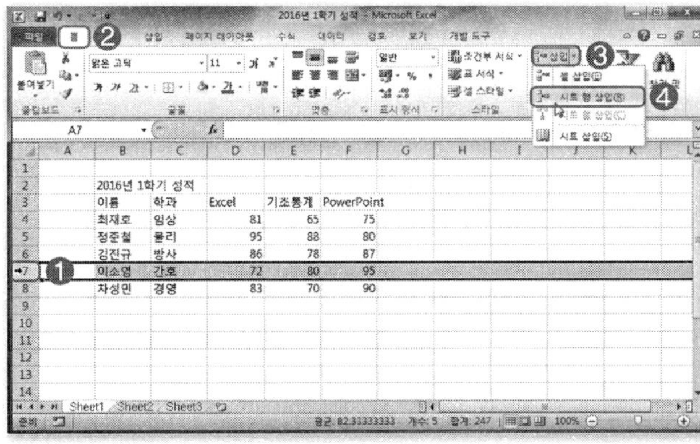

06. 삽입된 [7행]의 [B7:F7]셀에 다음과 같이 데이터를 입력합니다.(윤대중, 영상, 95, 90, 93)

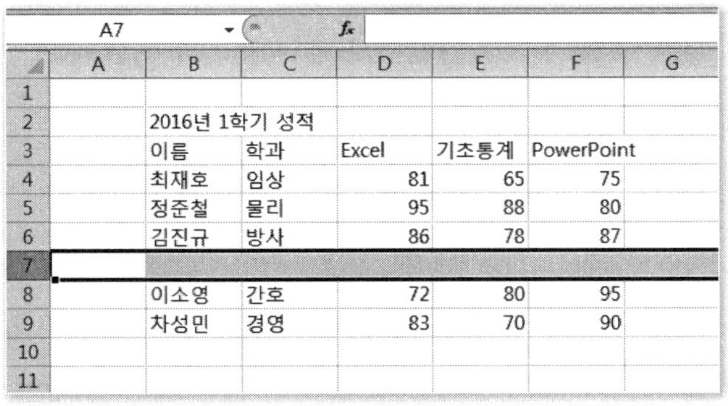

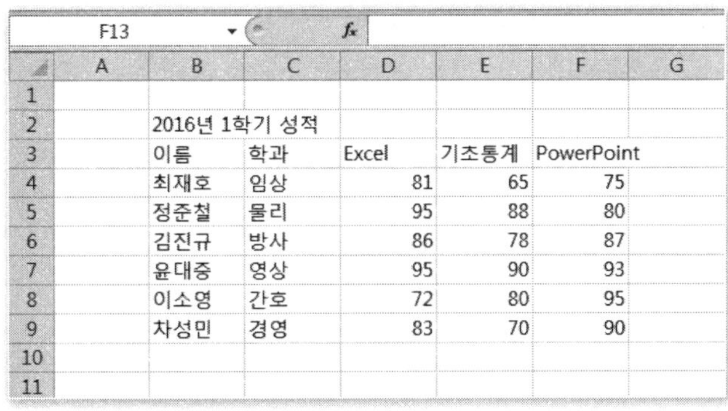

07. 데이터가 추가된 문서를 다른 이름으로 저장하기 위해서 [파일] 탭 → [다른 이름으로 저장]을 클릭합니다.

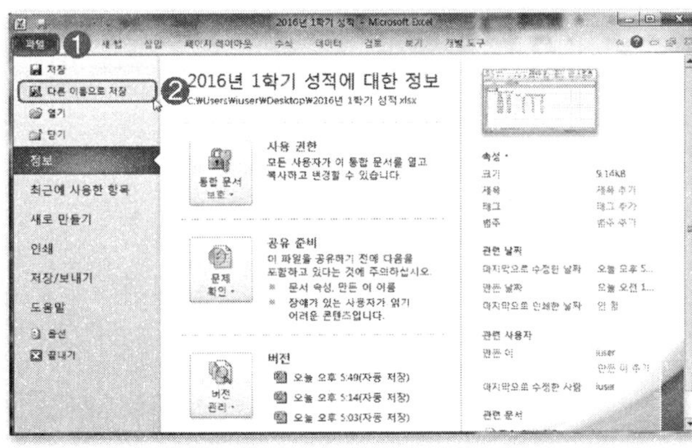

08. [다른 이름으로 저장] 대화상자에서 저장 위치를 지정하고 [파일 이름]을 '2016년 1학기 성적-2'라 입력 한 후 [저장] 단추를 클릭합니다.

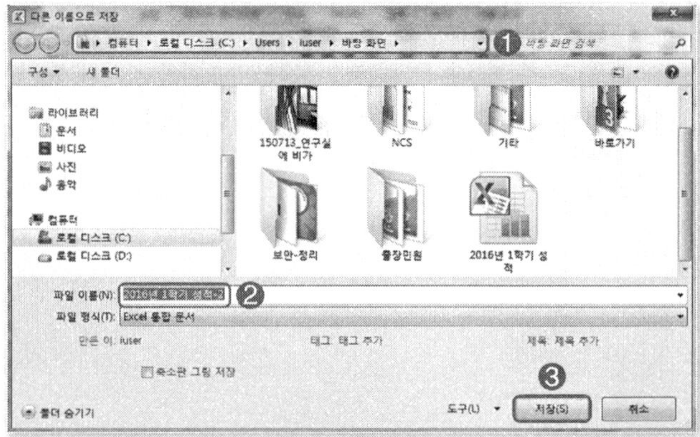

09. 시트의 이름을 바꾸기 위해서 시트탭에서 [Sheet1] 시트를 선택하고 [홈] 탭 → [셀] 그룹 → [서식] 목록 단추를 클릭한 후 [시트 이름 바꾸기]를 클릭합니다.

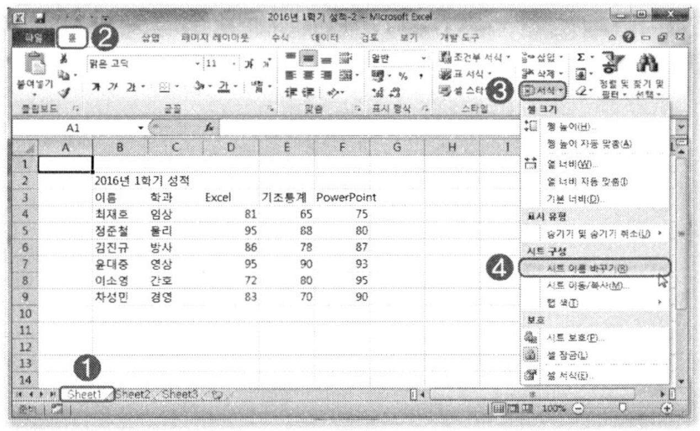

10. [Sheet1] 시트에 '1학기–성적'을 입력합니다.

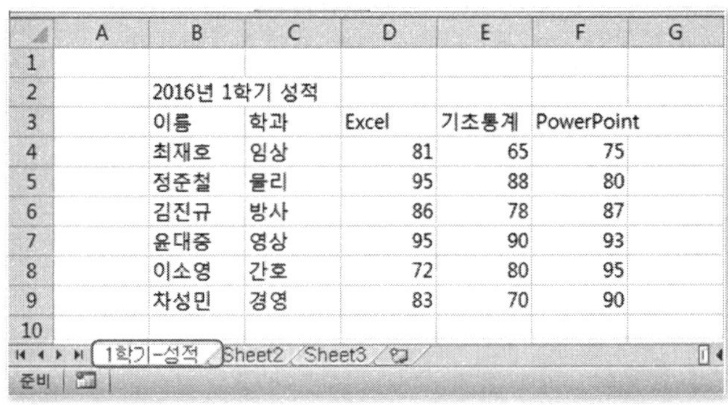

11. 시트를 복사하기 위해서 시트 [1학기–성적]을 선택한 후 [홈] 탭 → [셀] 그룹에서 [서식] 목록을 클릭한 후 [시트 이동/복사]를 클릭합니다.

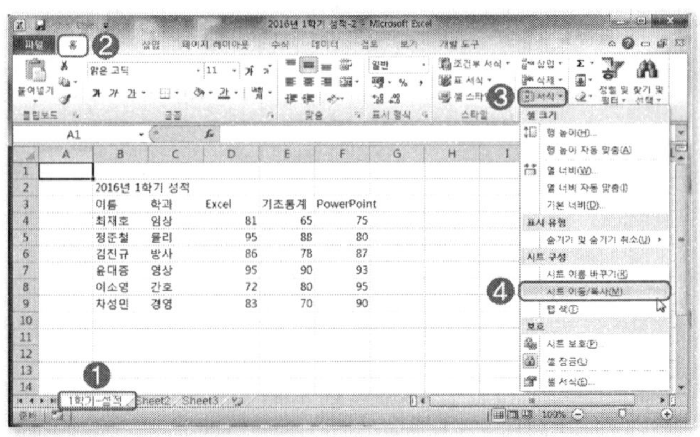

12. [이동/복사] 대화상자가 나타나면 [다음 시트의 앞에]에서 [Sheet3]을 지정하고 [복사본 만들기]에 체크 표시를 한 다음 [확인] 단추를 클릭합니다.

그러면 다음 오른쪽 그림과 같이 복사된 시트가 [Sheet3] 앞에 [1학기-성적 (2)]로 표시됩니다.

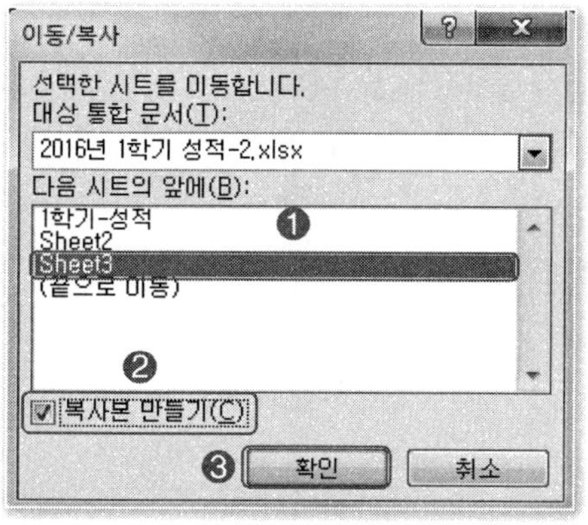

13. 시트를 삭제하기 위해서 시트 탭에서 [1학기-성적 (2)] 시트를 선택하고 [홈] 탭 → [셀] 그룹 → [삭제]의 목록 단추를 클릭한 후 [시트 삭제]를 클릭합니다.

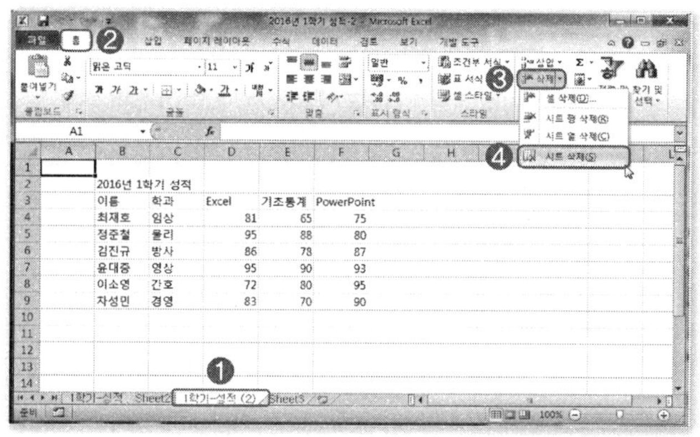

그러면 시트 안에 데이터가 입력된 상태이기 때문에 오른쪽 아래 그림과 같이 '삭제하려는 시트에 데이터가 있습니다. 데이터를 영구히 삭제하려면 [삭제]를 누르십시오.'라는 메시지가 나타납니다. 확실하게 시트를 삭제하려면 [삭제] 단추를 클릭합니다.

만약 시트 안에 데이터가 없는 시트를 삭제한다면 위와 같은 메시지는 나타나지 않습니다.

14. 완성한 문서를 [저장] 단추를 눌러 저장하고, [파일] 탭 → [끝내기]를 클릭하거나 또는 화면 오른쪽 상단에 [닫기] 단추를 클릭하여 작업을 종료합니다.

실력 점검 문제

[문제 1-1] 아래 조건에 따라 다음과 같은 문서를 Sheet1에 작성하고 '제품 판매 현황'으로 저장하시오.

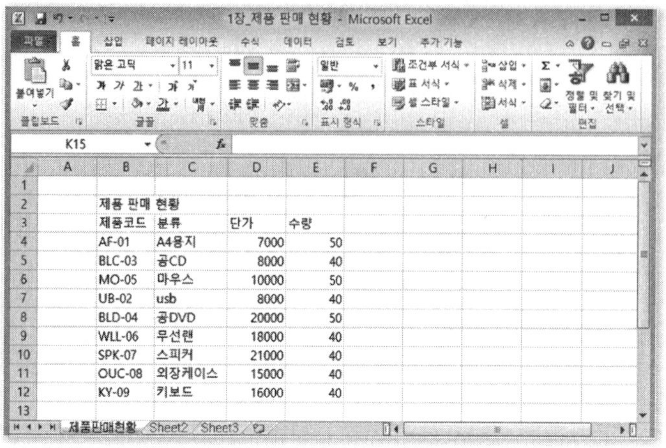

제품 판매 현황

제품코드	분류	단가	수량
AF-01	A4용지	7000	50
BLC-03	공CD	8000	40
MO-05	마우스	10000	50
UB-02	usb	8000	40
BLD-04	공DVD	20000	50
WLL-06	무선랜	18000	40
SPK-07	스피커	21000	40
OUC-08	외장케이스	15000	40
KY-09	키보드	16000	40

[작성 조건]

- **저장 위치 및 파일 형식 : 라이브러리\문서, Excel 통합 문서**
- **시트 이름 변경 및 시트 색 채우기 : '제품판매현황', 표준색-빨강**

[문제 1-2] 아래 조건에 따라 다음과 같은 문서를 Sheet1에 작성하고 '2015 컴활 성적표'로 저장하시오.

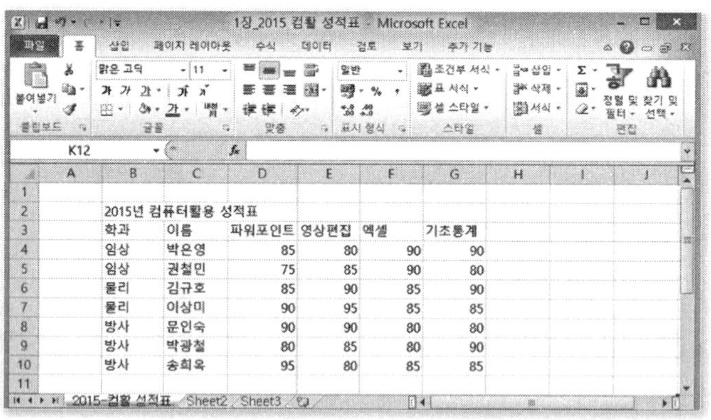

2015년 컴퓨터활용 성적표

학과	이름	파워포인트	영상편집	엑셀	기초통계
임상	박은영	85	80	90	90
임상	권철민	75	85	90	80
물리	김규호	85	90	85	90
물리	이상미	90	95	85	85
방사	문인숙	90	90	80	80
방사	박광철	80	85	80	90
방사	송희옥	95	80	85	85

[작성 조건]

- **저장 위치 및 파일 형식 : 바탕화면, Excel 통합 문서**
- **시트 이름 변경 및 시트 색 채우기 : '2015-컴활 성적표', 표준색-진한파랑**

Memo

CHAPTER 02

데이터 입력과 데이터 자동 채우기

엑셀 문서 작성에서 첫 시작은 셀을 클릭하고 데이터를 입력하는 것입니다. 엑셀에서 입력할 수 있는 데이터는 숫자, 텍스트, 날짜, 시간, 기호, 한자, 특수 문자 등 다양합니다. 날짜와 시간은 특수 기호가 부가되어야 입력이 가능하고 기호나 한자 등도 입력하는 방법이 다릅니다. 이번 장에서는 다양한 형태의 데이터를 입력해 봅니다. 또한 특별한 경우 반복적인 데이터를 자동 채우기 할 수 있는 채우기 핸들 다루는 방법을 살펴보겠습니다.

학습 목표

- 문서에 숫자와 텍스트, 날짜와 시간을 입력할 수 있습니다.
- 문서에 기호 및 한자 그리고 특수 문자를 입력할 수 있습니다.
- 채우기 핸들을 이용하여 같은 데이터 또는 1씩 증가되는 데이터를 자동 채우기 할 수 있습니다.
- 채우기 핸들을 이용하여 추세가 반영된 연속적인 데이터나 사용자가 지정한 목록을 반복적으로 자동 채우기 할 수 있습니다.

실습구성

준비학습

실습 2-1　텍스트, 날짜, 시간, 한자, 특수 기호로 구성된 문서 작성하기

실습 2-2　연속 데이터 자동 채우기와 사용자 지정 목록 데이터 입력하기

실력 점검 문제

준비학습

1. 숫자, 텍스트, 특수 문자 입력

(1) 숫자와 텍스트 입력하기

❶ 원하는 셀을 클릭하여 선택 한 후 숫자나 텍스트를 입력합니다. 입력한 후 Enter 를 누르면 아래 셀로 이동하고 Tab 이나 → 를 누르면 오른쪽 셀로 이동합니다. 숫자는 셀의 오른쪽 맞춤으로 표시되고, 텍스트는 셀의 왼쪽 맞춤으로 표시됩니다.

❷ 텍스트를 입력할 때 같은 셀에 줄을 바꾸어 데이터를 계속 입력하려면 Alt + Enter 를 누르거나, [홈] 탭 → [맞춤] 그룹 → [텍스트 줄 바꿈]을 클릭합니다.

❸ 학번이나 전화번호처럼 모양은 숫자이지만 계산할 필요가 없는 데이터는 입력하기 전에 [홈] 탭 → [표시 형식] 그룹 → [표시 형식] 목록단추를 누르고 [텍스트]를 선택하여 텍스트 형식으로 입력할 수 있습니다.

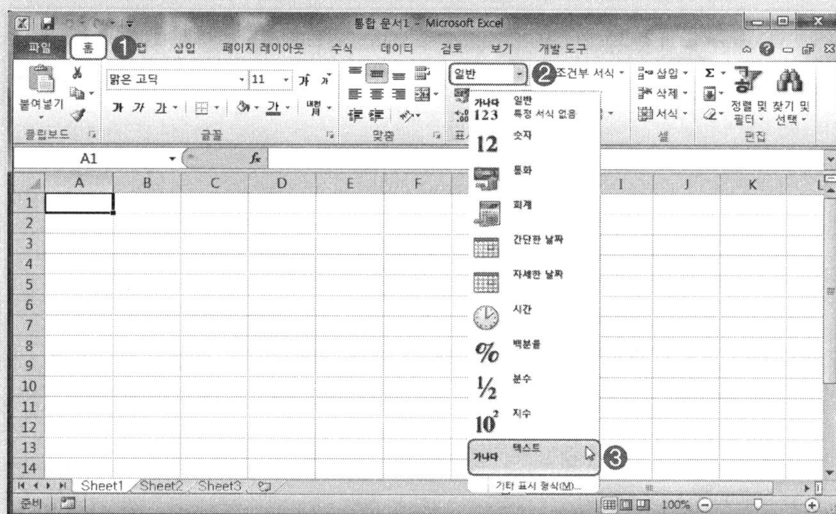

❹ 소수 이하를 표시하는 숫자를 입력하면 해당 셀의 표시형식에 따라 때로는 반올림 값이 표시될 수 있지만 실제 계산에서는 원래 입력한 값이 사용됩니다. 소수 이하 자릿수 조정은 입력된 데이터를 선택하고 [홈] 탭 → [표시 형식] 그룹 → [자릿수 늘림] 또는 [자릿수 줄임]을 클릭하여 조정할 수 있습니다.

(2) 날짜와 시간 입력하기

❶ 셀을 선택한 후 날짜를 입력할 수 있습니다. 날짜를 입력할 때는 슬래시(/) 또는 하이픈(-)을 사용해서 년, 월, 일을 '2015/9/22' 또는 '2015-9-22'와 같이 입력합니다.

❷ '9/22' 또는 '9-22'처럼 '월/일'만 입력할 수도 있습니다. 이 때는 입력하는 당시 연도로 처리됩니다.

❸ 만약 '9월 22일'처럼 날짜를 입력하면 엑셀은 이를 텍스트 데이터로 인식해서 날짜 관련 작업을 하기 어렵게 되므로 반드시 슬래시나 하이픈을 사용하여 입력해야 합니다.

❹ 시간을 입력할 때는 콜론(:)을 사용합니다. 예를 들면 '11:21' 또는 '18:35:25'처럼 시, 분 또는 시, 분, 초를 입력합니다.

❺ 시간을 12시간 방식으로 입력하려면 공백과 'a', 'p'를 사용하여 오전 오후를 구분합니다. 예를 들면 '11:24 a', 또는 '11:24 p'와 같이 입력합니다.

(3) 한자, 기호, 특수 문자 입력하기

❶ 한자는 먼저 한글을 입력하여 글자를 선택한 후 [검토] 탭 → [언어] 그룹 → [한글/한자 변환]을 클릭하고 [한글/한자 변환] 대화상자가 표시되면 원하는 한자를 선택하여 변환합니다. 또는 키보드의 [한자] 글쇠를 눌러 원하는 한자를 선택하기도 합니다.

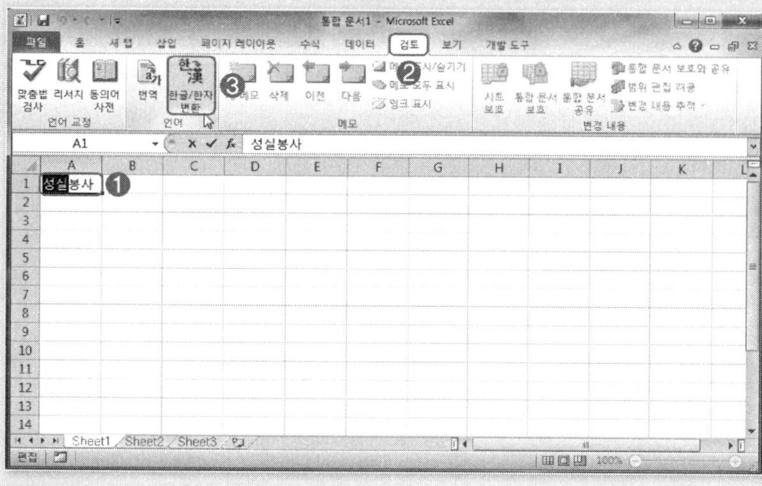

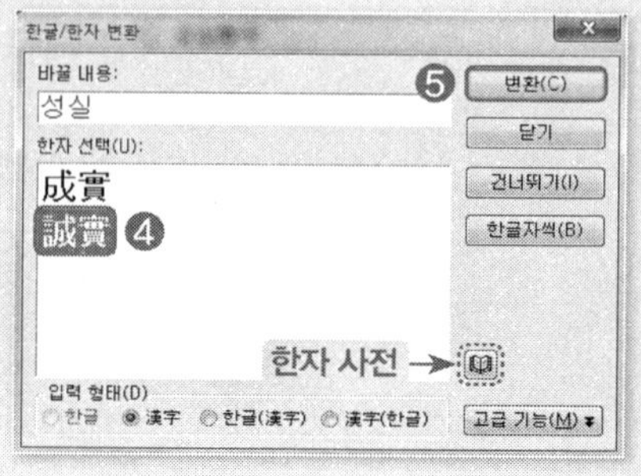

❷ [한글/한자 변환] 대화상자에서 [한자 사전] 단추를 클릭하면 한자의 음, 뜻, 획수 등을 확인할 수 있는 [한자 사전] 대화상자가 표시됩니다.

❸ 키보드로는 입력할 수 없는 기호나 특수 문자는 [삽입] 탭 → [기호] 그룹 → [기호]를 클릭하여 입력합니다.

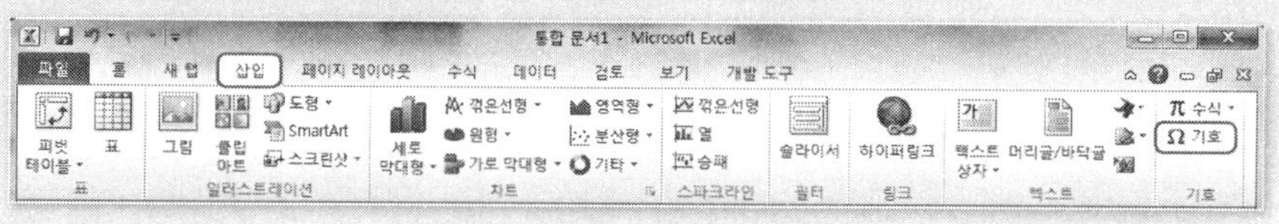

❹ [기호] 대화상자의 [기호] 탭에서 하위 집합 목록 단추를 클릭해서 원하는 글꼴과 그것의 하위 집합을 찾고 수학 기호, 도형 문자, 괄호 문자 등 다양한 기호를 선택한 후 [삽입]을 클릭합니다.

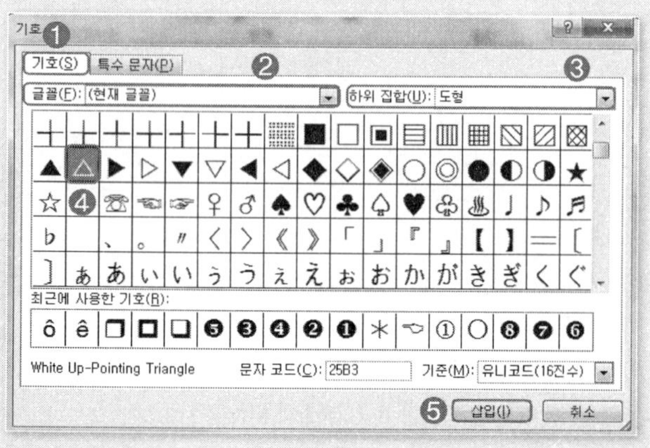

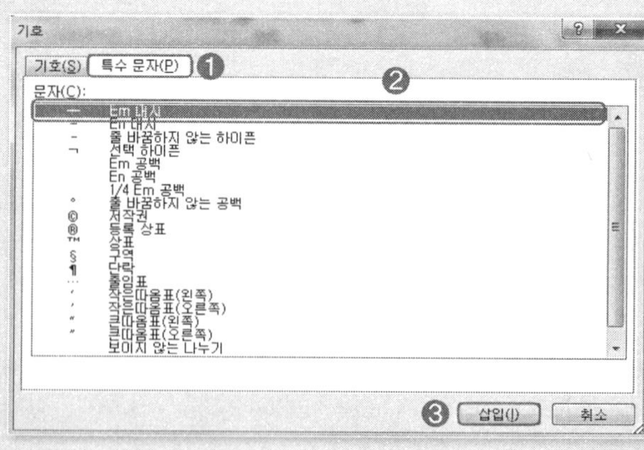

❺ 특수 문자를 사용하려면 [특수 문자] 탭을 클릭한 후 원하는 특수 문자를 목록에서 찾아 선택하고 [삽입]을 클릭합니다.

❻ 한글 자음(ㄱ~ㅎ)과 [한자] 글쇠를 눌러 특수 문자를 입력하는 방법도 있습니다. 한글 자음을 입력한 후 바로 [한자] 글쇠를 누르면 다음과 같이 기호 목록이 표시됩니다. 여기에서 원하는 기호를 클릭합니다.

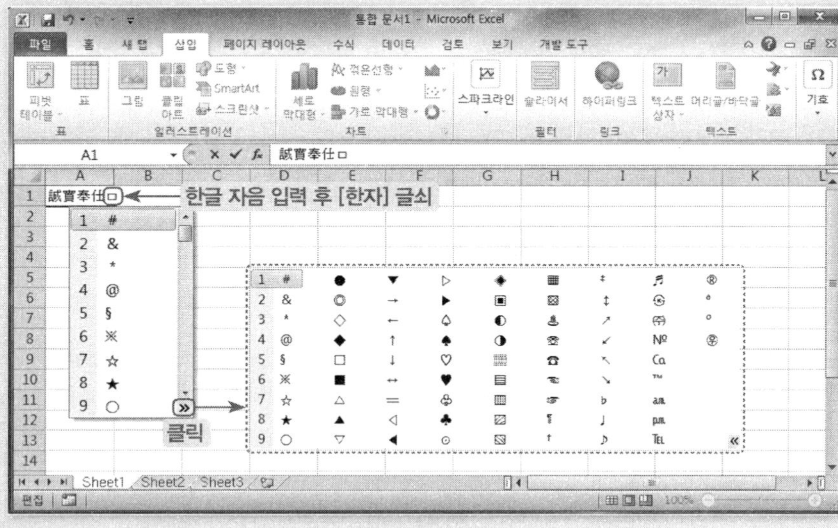

❼ 한글 자음별로 입력할 수 있는 기호는 다음과 같이 분류되어 있습니다.

자음	기호	등록된 기호	자음	기호	등록된 기호
ㄱ	기술 기호	! ' , … ‖ ＼	ㅊ	분수, 첨자	½ ¾ ^{1} ^{n} $_2$ $_4$
ㄴ	괄호 기호	《 》【 】『 』{ }	ㅋ	한글 현대 자모	ㄱ ㄾ ㄷ ㅘ ㅝ ㅞ
ㄷ	수학 기호	± ≠ ≤ ♀ ∫ ∋	ㅌ	한글 고어 자모	ㅥ ㅧ ㅩ ㅭ ㅸ ㆄ ㆌ
ㄹ	단위 기호	㎉ Hz ㎢ ㎲ kW Ω	ㅍ	로마 문자	A G V h m p q
ㅁ	도형/일반 기호	● ▫ ▲ ♡ ♣ ☜	ㅎ	그리스 문자	Γ Θ Π α β λ π σ
ㅂ	괘선 그리기	┬ ┘ ┼ ┴ ┼ ┼	ㄲ	발음 기호	Æ Ħ Ø Ŋ æ ß ŋ
ㅅ	원/괄호 한글	㉩ ㉬ ㈃ ㈅ ㈍	ㄸ	일본 히라가나	あ が な ぴ ね れ
ㅇ	원/괄호 영문, 숫자	ⓕ ⓨ ③ ⒭ ⒂	ㅃ	일본 가타카나	カ ザ ラ チ ヅ ポ
ㅈ	숫자, 로마 숫자	4 9 ⅶ Ⅸ ┌	ㅆ	러시아 문자	Б Д Ж Й Ю Я ф

2. 자동 채우기 데이터 입력

(1) 자동 완성 데이터 입력하기

셀 데이터에 직접 입력할 때 같은 열에 처음 몇 자가 일치하는 값이 있으면 자동으로 일치하는 값이 셀에 표시됩니다. 자동 완성된 데이터를 그냥 사용하려면 Enter 를 누르고, 사용하지 않으려면 원하는 값을 계속 입력합니다.

(2) 자동 채우기 순서

[홈] 탭 → [편집] 그룹 → [채우기]를 클릭하거나 채우기 핸들을 사용하면 자동 채우기로 데이터를 입력할 수 있습니다. 채우기 핸들은 셀 포인터 오른쪽 아래에 있는 작은 정사각형( )을 말합니다. 자동 채우기 순서는 다음과 같습니다.

❶ 복사할 셀을 클릭하여 데이터를 선택합니다.

❷ 셀 오른쪽 아래 있는 채우기 핸들에 마우스 포인터를 일치시키고 원하는 셀까지 드래그 합니다.

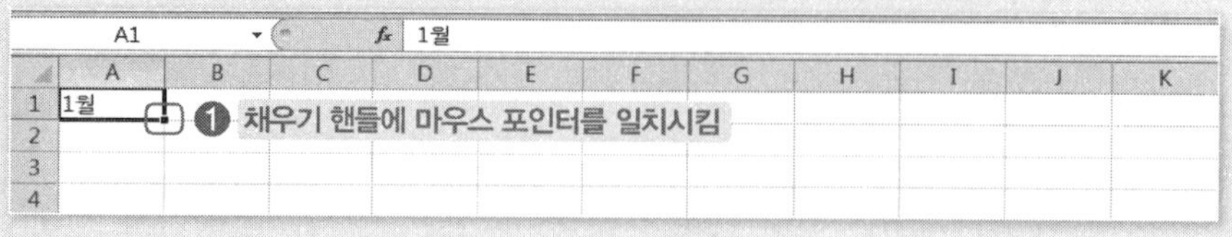

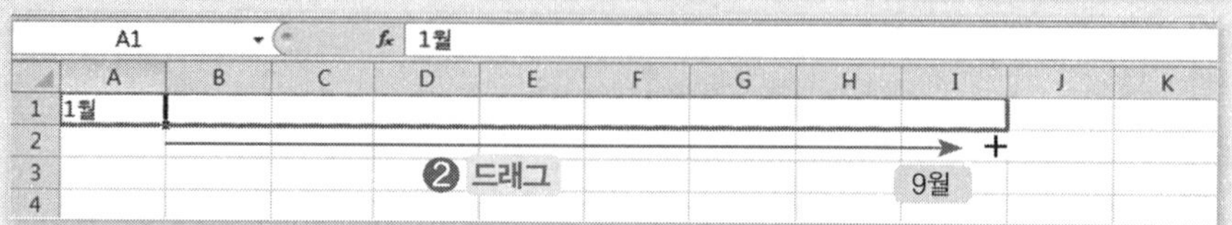

❸ 채우기 핸들을 사용하면 마지막 셀 오른쪽 아래에 [자동 채우기 옵션]이 나타납니다. 필요하면 자동 채우기 옵션을 클릭해서 원하는 옵션을 선택합니다. 자동 채우기 옵션은 복사된 셀의 값에 따라 선택할 수 있는 옵션이 달라집니다.

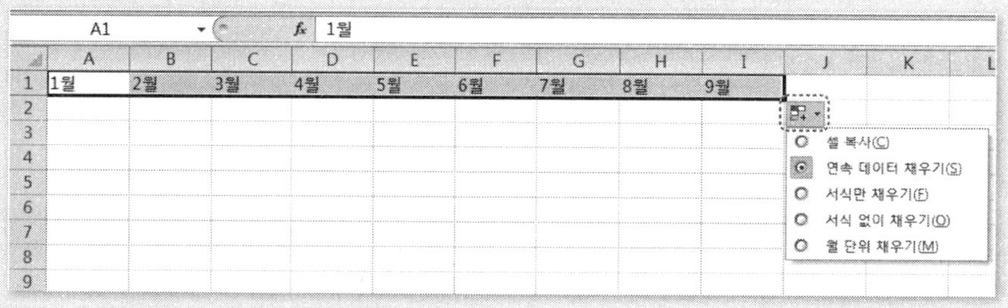

(3) 자동 채우기 옵션 내용

❶ 셀 복사 : 복사된 셀의 값을 그대로 채웁니다.

❷ 연속 데이터 채우기 : 복사된 셀의 값을 규칙적으로 변경시켜서 채웁니다.

❸ 서식만 채우기 : 복사된 셀의 서식(글꼴이나 색, 효과)만 채웁니다.

❹ 서식 없이 채우기 : 복사된 셀의 서식을 제외하고 값으로만 채웁니다.

❺ 일/평일/월/연 단위 채우기 : 복사된 셀의 값이 날짜 형식일 때 증가되는 값의 크기를 지정할 수 있습니다. 평일 단위란 주말을 제외한 월요일부터 금요일까지를 말합니다.

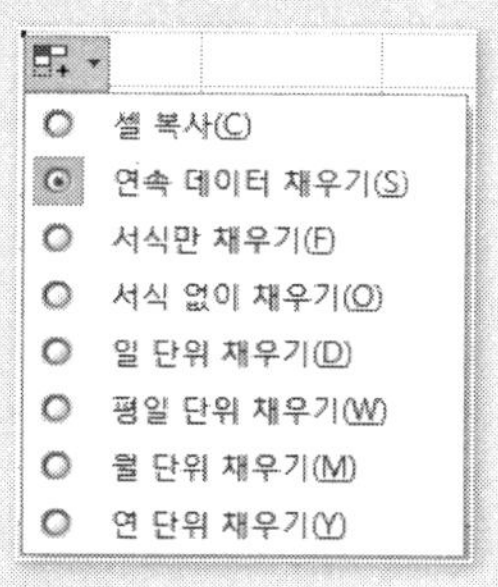

(4) 데이터에 따른 자동 채우기 결과

❶ 문자 : 같은 문자가 입력됩니다.

❷ 숫자 : 채우기 핸들을 드래그하면 같은 숫자가 입력되고, Ctrl 을 누른 상태에서 채우기 핸들을 드래그하면 1씩 증가한 숫자가 입력됩니다.

❸ 문자와 숫자 조합 : 채우기 핸들을 드래그하면 같은 문자와 1씩 증가한 숫자가 입력되고, Ctrl 을 누른 상태에서 채우기 핸들을 드래그하면 같은 문자와 같은 숫자가 입력됩니다.

❹ 날짜 : 채우기 핸들을 드래그하면 1일씩 증가한 날짜가 입력되고, Ctrl 을 누른 상태에서 채우기 핸들을 드래그하면 같은 날짜가 입력됩니다.

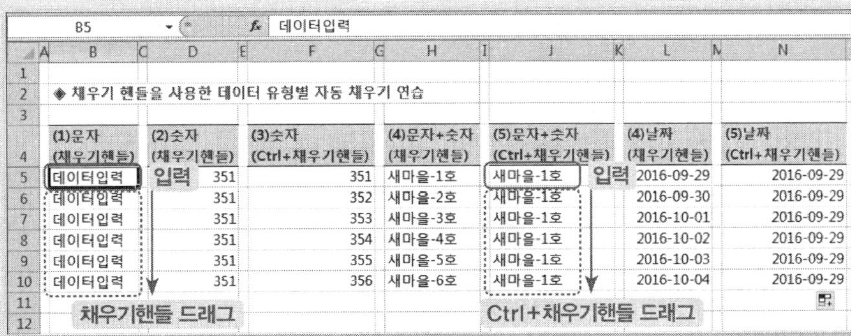

3. 연속 데이터 입력

(1) 추세가 반영된 연속 데이터 입력

추세가 반영된 연속 데이터를 입력하려면 처음 값과 두 번째 값을 두 셀에 입력한 다음 두 셀을 모두 선택해서 채우기 핸들을 드래그 합니다.

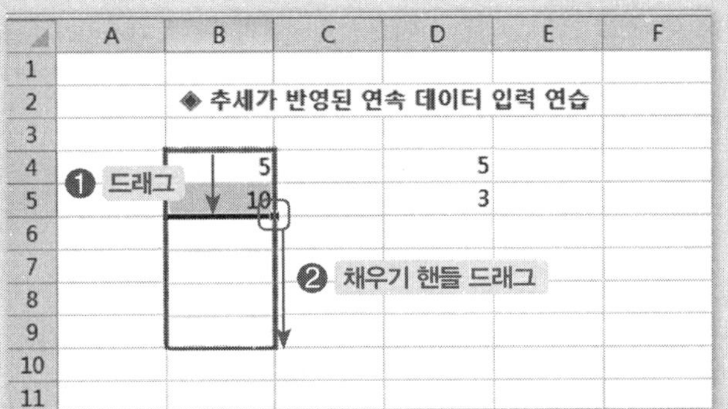

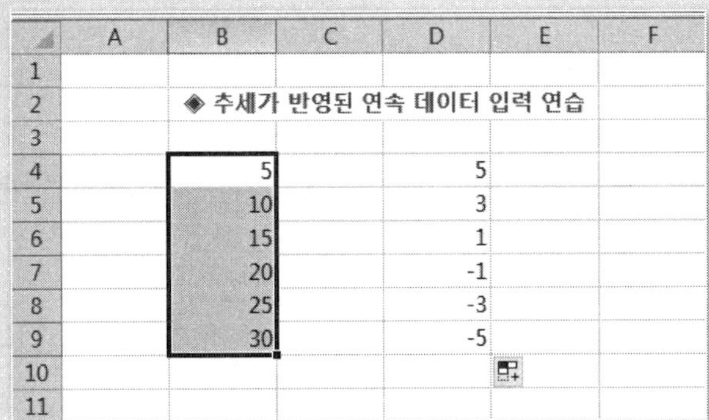

(2) 사용자 지정 목록의 데이터 입력

사용자 연속 데이터 목록을 작성하려면 다음과 같은 절차를 진행합니다.

❶ [파일] 탭 → [옵션] → [Excel 옵션] 대화상자 → [고급] → [사용자 지정 목록 편집]을 클릭합니다. 그러면 [사용자 지정 목록] 대화상자가 표시되는데 여기에는 엑셀에서 기본적으로 제공하는 연속 데이터 목록을 볼 수 있습니다.

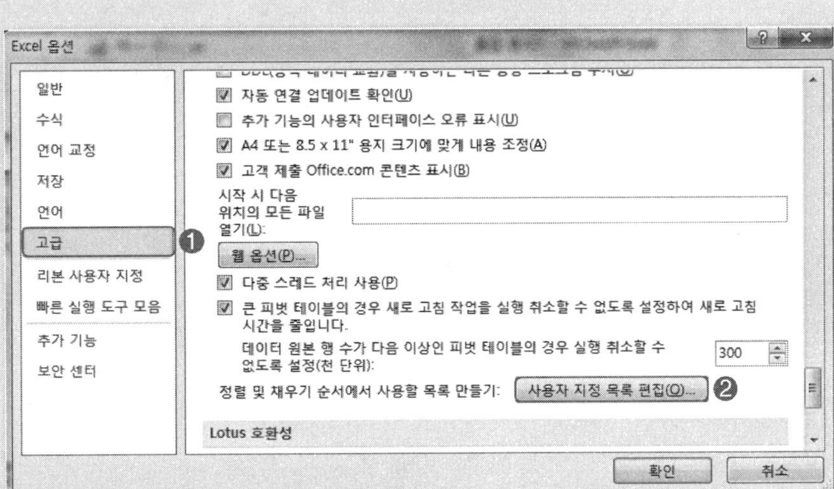

❷ [사용자 지정 목록] 대화상자에서 [사용자 지정 목록] → [새 목록] 클릭한 후 [목록 항목]에 사용자가 원하는 연속 데이터를 하나씩 입력합니다. 연속 항목은 Enter 를 누르거나 쉼표(,)로 구분하여 입력합니다.

연속 데이터 항목을 입력하고 [추가] 단추를 클릭하면 [목록 항목]은 열 방향으로 정렬되어 표시되고 [사용자 지정 목록]란의 맨 끝에 추가된 내용이 표시됩니다. [사용자 지정 목록] 대화상자를 닫기 위해 [확인]을 클릭합니다.

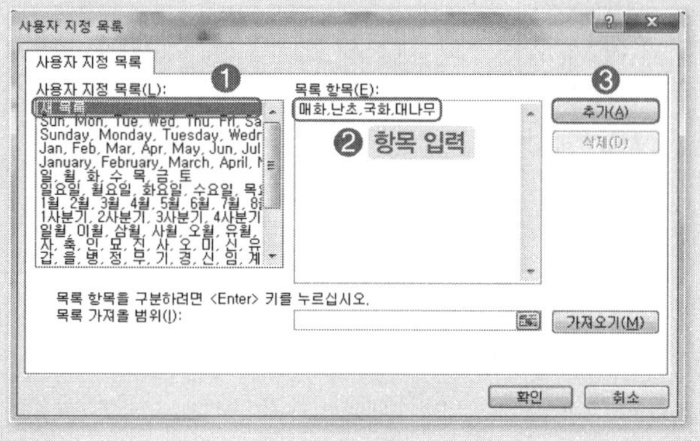

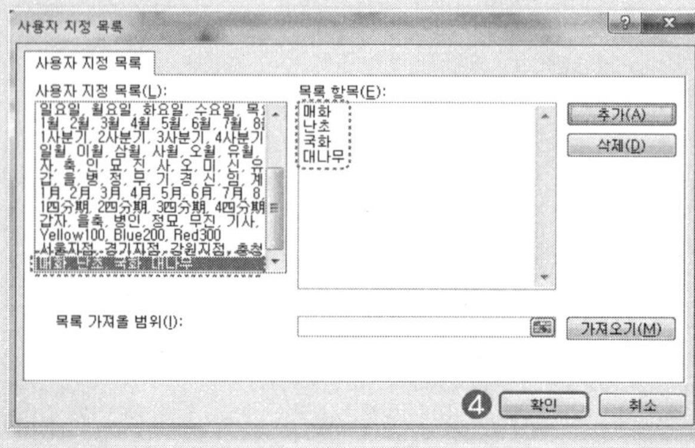

사용자 지정 목록은 자신만의 목록을 추가하거나 반대로 추가된 목록을 [삭제]할 수 있습니다. 추가된 연속 데이터 목록을 삭제하려면 [사용자 지정 목록]에서 해당 목록을 선택한 후 [삭제]를 클릭합니다.

❸ [Excel 옵션] 대화상자가 다시 나타나면 [Excel 옵션] 대화상자의 [확인] 단추를 클릭합니다.

❹ 사용자 지정 목록의 데이터를 연속 입력하기 위해서 시트에 '매화'를 입력하고 입력된 데이터를 선택한 후 채우기 핸들을 드래그 합니다.

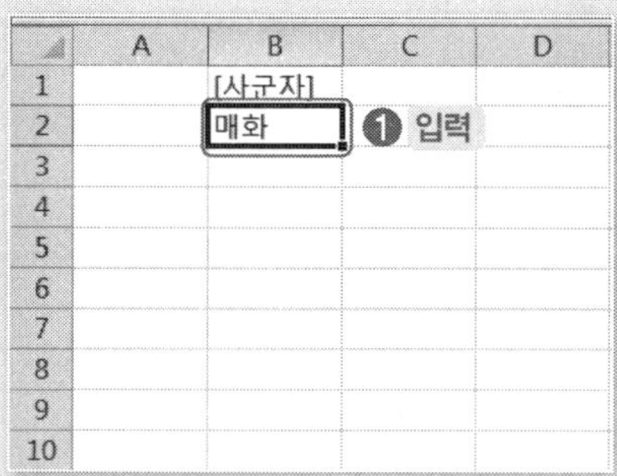

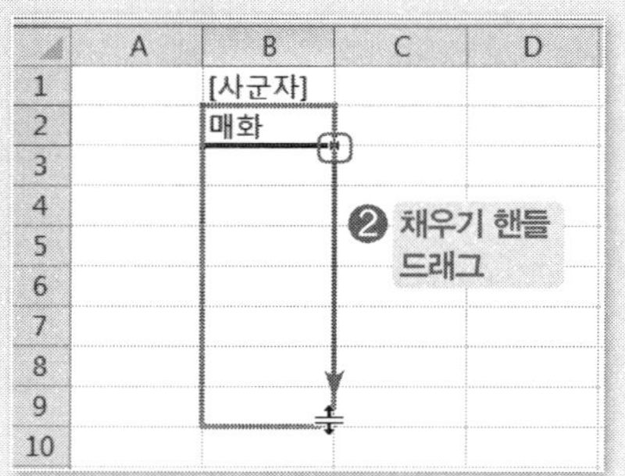

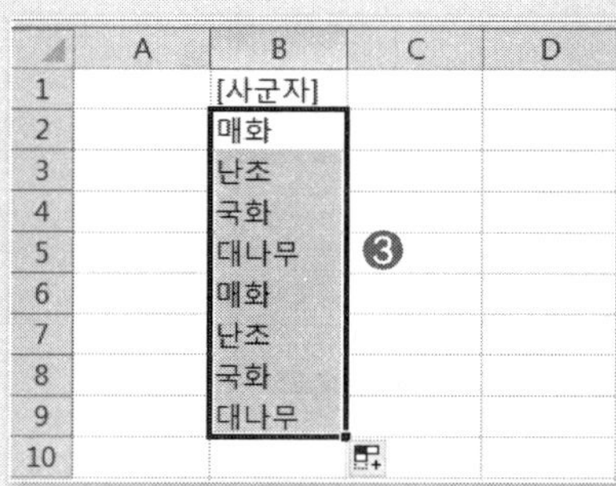

실습 2-1

Introduction to Excel

텍스트, 날짜, 시간, 한자, 특수 기호로 구성된 문서 작성하기

오른쪽 그림과 같이 다양한 유형의 데이터를 입력하여 '건강검진 수검/미수검 명단'을 완성하시오.

	A	B	C	D	E	F	G	H
1								
2		♣건강검진(健康檢診) 수검/미수검자 명단♣						
3		이름	생년월일	일반검진	접수시간	수검예정일	수검완료일	
4		강영희	1969-09-13	수검완료			2015-05-28	
5		권민호	1971-03-15	미수검	10:40	2015-06-03		
6		김설아	1960-10-05	미수검	11:03	2015-06-03		
7		송미옥	1957-08-20	수검완료			2015-05-28	
8		남기백	1969-01-27	미수검	15:21	2015-06-10		
9		문병호	1960-04-19	미수검	10:05	2015-06-03		
10								
11								

01. [Sheet1]의 [B2]셀에 '건강검진(건강검진) 수검/미수검자 명단'을 입력합니다.

계속해서 [B3]셀 부터 [G3]셀까지 글 머리(이름, 생년월일, 일반검진, 접수시간, 수검예정일, 수검완료일)와 [B4:B9]셀 범위에 이름 데이터를 입력합니다.

	A	B	C	D	E	F	G	H
1								
2		건강검진(건강검진) 수검/미수검자 명단						
3		이름	생년월일	일반검진	접수시간	수검예정일	수검완료일	
4		강영희						
5		권민호						
6		김설아						
7		송미옥						
8		남기백						
9		문병호						
10								
11								

02. 한자를 입력하기 위해 [B2]셀을 더블클릭한 후 괄호 안에 '건강검진'을 드래그하여 선택한 다음 [검토] 탭 → [언어] 그룹 → [한글/한자 변환]을 클릭합니다.

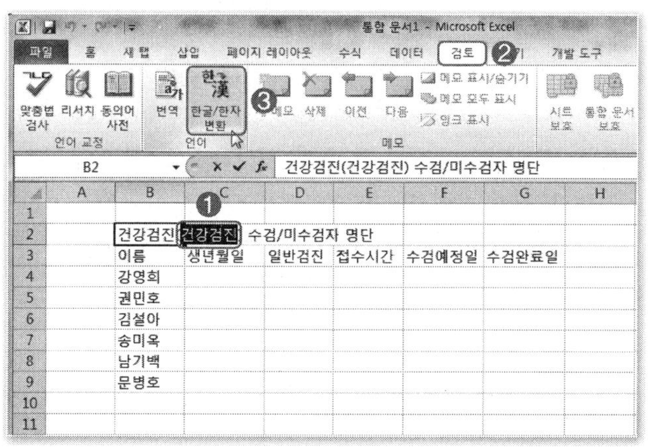

03. [한글/한자 변환] 대화상자가 나타나면 [한자 선택]의 한자(健康檢診)와 [입력 형태]-[漢字]를 선택한 후 [변환] 단추를 클릭합니다.

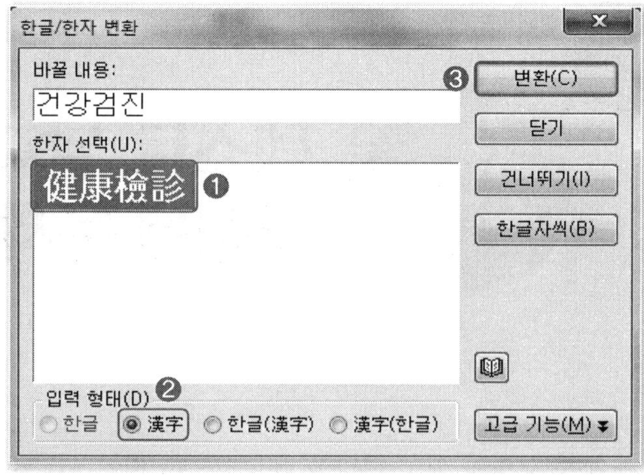

04. 오른쪽 그림과 같이 한글이 한자로 변환됩니다.

05. 기호를 입력하기 위해 [B2]셀을 더블클릭한 후 커서를 '건강' 앞에 위치시킨 다음 [삽입] 탭 → [기호] 그룹 → [기호]를 클릭합니다.

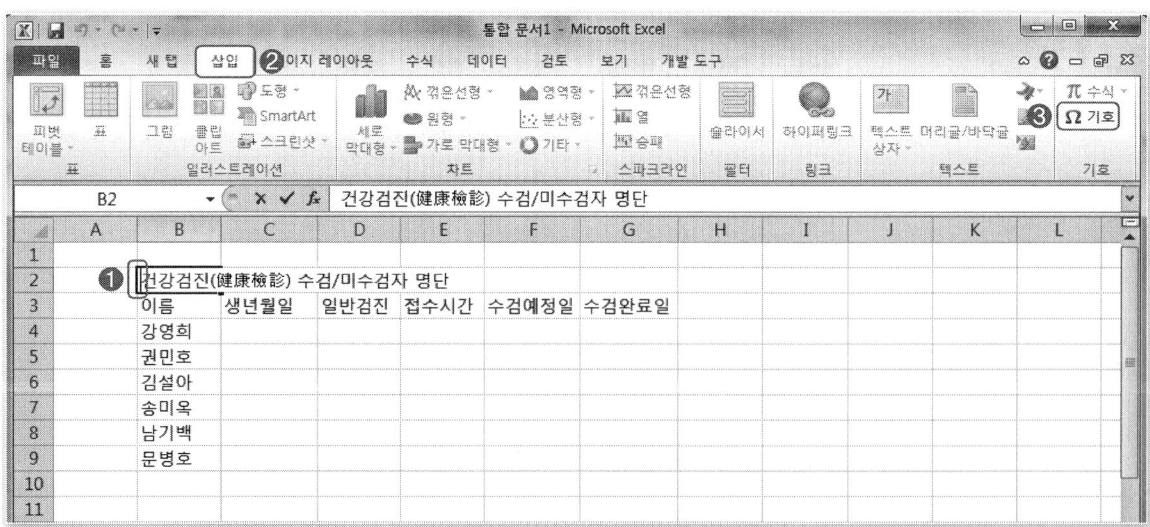

06. [기호] 대화상자가 나타나면 [기호] 탭에서 [글꼴] → '맑은 고딕', [하위 집합] → '기타 기호'를 지정한 후 '♣' 기호를 선택한 다음 [삽입] 단추를 클릭하여 시트에 '♣' 기호가 삽입되면 [닫기] 단추를 클릭합니다.

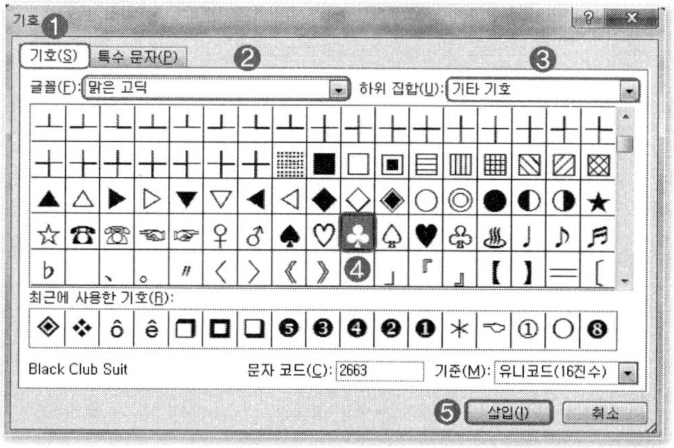

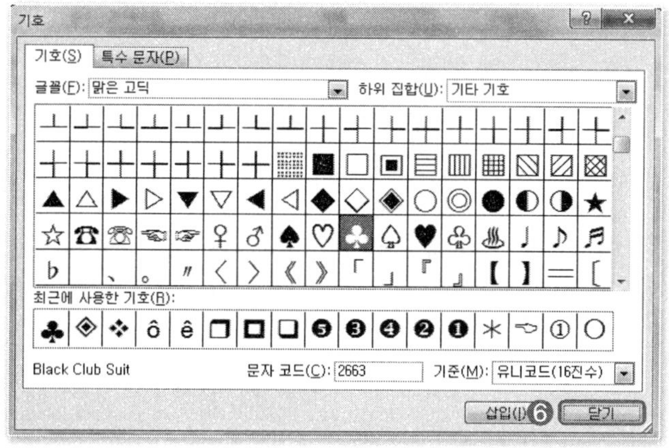

07. [B2]셀의 텍스트 데이터 맨 끝에도 '♣' 기호를 삽입하기 위해 [B2]셀을 더블클릭한 후 커서를 '명단' 뒤에 위치시킨 다음 [삽입] 탭 → [기호] 그룹 → [기호]를 클릭합니다. [기호] 대화상자가 나타나면 이전과 같은 방법으로 '♣' 기호를 삽입한 후 [닫기] 단추를 클릭합니다.

그러면 오른쪽 그림과 같이 [B2]셀에 삽입된 기호가 표시됩니다.

	A	B	C	D	E	F
1						
2		♣건강검진(健康檢診) 수검/미수검자 명단♣				
3		이름	생년월일	일반검진	접수시간	수검예정일
4		강영희				
5		권민호				
6		김설아				
7		송미옥				
8		남기백				
9		문병호				
10						

08. '일반검진'란에 데이터를 입력합니다.[D4:D9]

	A	B	C	D	E	F
1						
2		♣건강검진(健康檢診) 수검/미수검자 명단♣				
3		이름	생년월일	일반검진	접수시간	수검예정일
4		강영희		수검완료		
5		권민호		미수검		
6		김설아		미수검		
7		송미옥		수검완료		
8		남기백		미수검		
9		문병호		미수검		
10						

09. '생년월일', '수검예정일' '수검완료일'에 날짜 데이터를 입력합니다.[C4:C9], [F5:F6], [F8:F9], [G4], [G7]

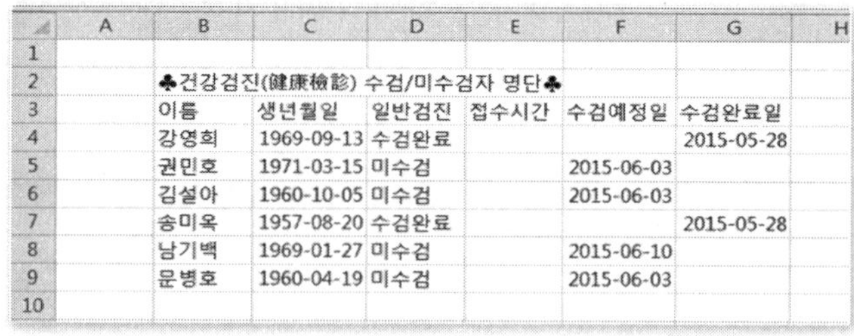

	A	B	C	D	E	F	G	H
1								
2		♣건강검진(健康檢診) 수검/미수검자 명단♣						
3		이름	생년월일	일반검진	접수시간	수검예정일	수검완료일	
4		강영희	1969-09-13	수검완료			2015-05-28	
5		권민호	1971-03-15	미수검		2015-06-03		
6		김설아	1960-10-05	미수검		2015-06-03		
7		송미옥	1957-08-20	수검완료			2015-05-28	
8		남기백	1969-01-27	미수검		2015-06-10		
9		문병호	1960-04-19	미수검		2015-06-03		
10								

10. '접수시간'에 시간 데이터를 입력합니다. [E5:E6], [E8:E9]

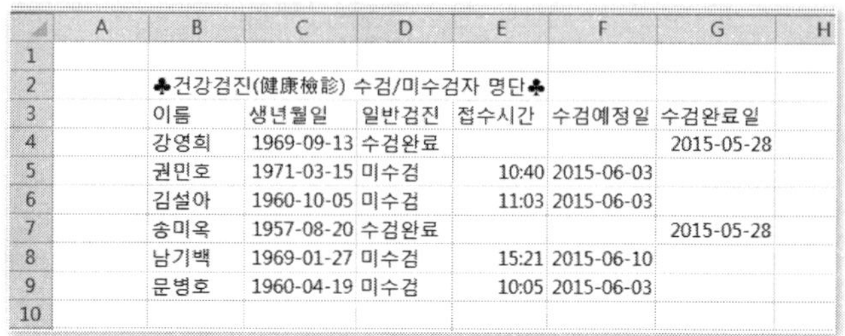

	A	B	C	D	E	F	G	H
1								
2		♣건강검진(健康檢診) 수검/미수검자 명단♣						
3		이름	생년월일	일반검진	접수시간	수검예정일	수검완료일	
4		강영희	1969-09-13	수검완료			2015-05-28	
5		권민호	1971-03-15	미수검	10:40	2015-06-03		
6		김설아	1960-10-05	미수검	11:03	2015-06-03		
7		송미옥	1957-08-20	수검완료			2015-05-28	
8		남기백	1969-01-27	미수검	15:21	2015-06-10		
9		문병호	1960-04-19	미수검	10:05	2015-06-03		
10								

11. 모든 데이터 입력이 완료되면 작성된 문서를 저장하기 위해 [파일] 탭 → [저장]을 클릭합니다.

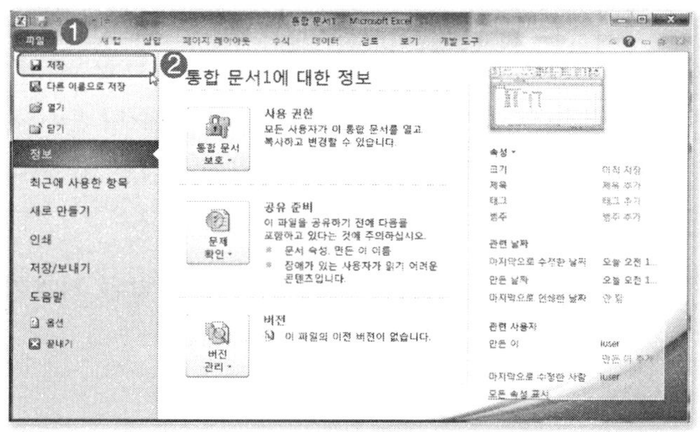

12. [다른 이름으로 저장] 대화상자가 나타나면 문서를 저장할 위치를 지정하고 파일이름(건강검진 수검자 명단)을 입력한 다음 [저장] 단추를 클릭합니다.

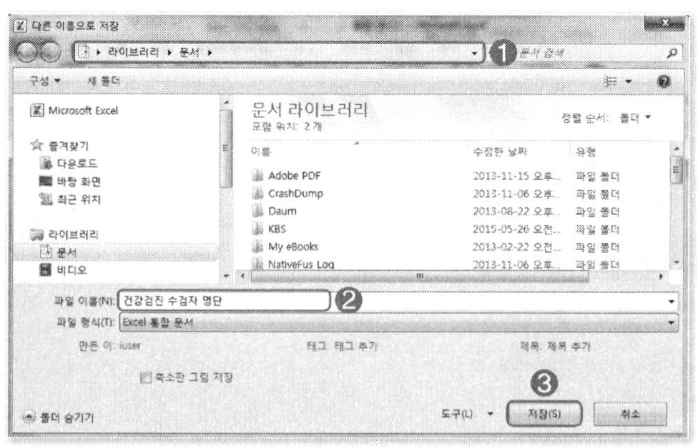

13. 엑셀 작업을 종료하기 위해 [파일] 탭 → [끝내기]를 클릭하거나 또는 화면 오른쪽 상단에 X [닫기] 단추를 클릭하여 작업을 종료합니다.

실습

2-2 연속 데이터 자동 채우기와 사용자 지정 목록 데이터 입력하기

데이터의 연속 자동 채우기 등을 이용하여 오른쪽 그림과 같은 문서 '건강 주제별 세미나 발표 계획표'를 완성하시오.

	A	B	C	D	E	F	G	H
1								
2		건강 주제별 세미나 발표 계획표						
3		순번	반-번호	발표자	발표일자	발표주제		
4		1	5반-11	김나리	2015-11-11	흡연		
5		2	5반-12	유형종	2015-11-12	스트레스		
6		3	5반-13	박상숙	2015-11-13	비만		
7		4	5반-14	정석훈	2015-11-16	흡연		
8		5	5반-15	강수호	2015-11-17	스트레스		
9		6	5반-16	이미옥	2015-11-18	비만		
10								
11								

01. [Sheet1]시트의 [B2]셀을 클릭하고 '건강 주제별 세미나 발표 계획표'를 입력합니다.

계속해서 [B3]셀 부터 [F3]셀까지 글 머리(순번, 반-번호, 발표자, 발표일자, 발표주제)와 데이터를 입력합니다.

	A	B	C	D	E	F	G	H
1								
2		건강 주제별 세미나 발표 계획표						
3		순번	반-번호	발표자	발표일자	발표주제		
4		1	5반-11	김나리	2015-11-11			
5				유형종				
6				박상숙				
7				정석훈				
8				강수호				
9				이미옥				
10								
11								

02. 순번을 입력하기 위해 [B4:B9]셀을 선택한 후 [홈] 탭 → [편집] 그룹 → [채우기] 목록 단추 → [계열]을 클릭합니다.

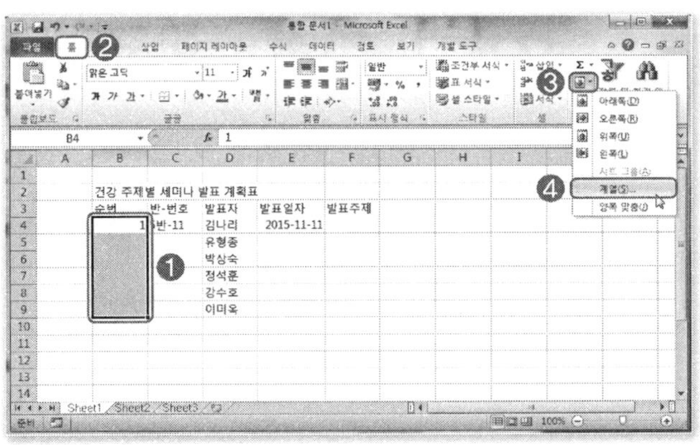

03. [연속 데이터] 대화상자가 나타나면 [방향] → [열], [유형] → [선형]을 선택한 후, [단계 값]에 '1'을 입력하고 [확인] 단추를 클릭합니다.

참고로 [유형]에서 [선형]을 선택하면 단계 값을 더한 값이 입력되고, [급수]를 선택하면 단계 값을 곱한 값이 입력됩니다.

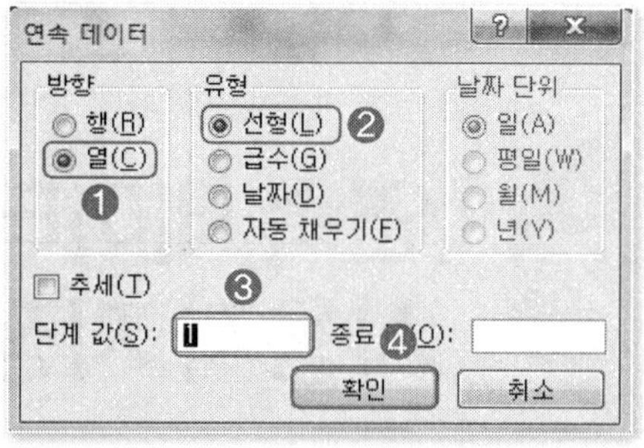

04. 결과는 오른쪽 그림과 같이 1씩 증가한 순번이 입력됩니다.

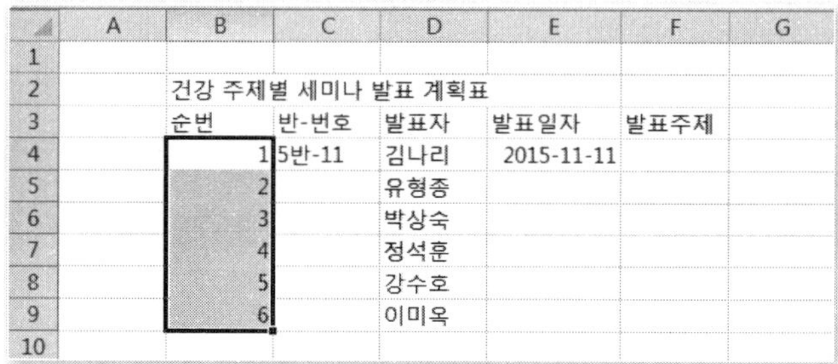

> **참고**
>
> 순번을 입력하기 위한 또 다른 방법으로 처음 '1'이 입력된 [B4] 셀을 선택하고 Ctrl 을 누른 상태에서 채우기 핸들을 아래로 드래그해도 1씩 증가한 숫자가 입력됩니다.

05. 반-번호를 입력하기 위해 [C4]셀을 선택한 후 [C9]까지 채우기 핸들을 드래그합니다. 그러면 다음의 오른쪽 그림과 같이 끝 숫자가 1씩 증가한 반-번호가 입력됩니다.

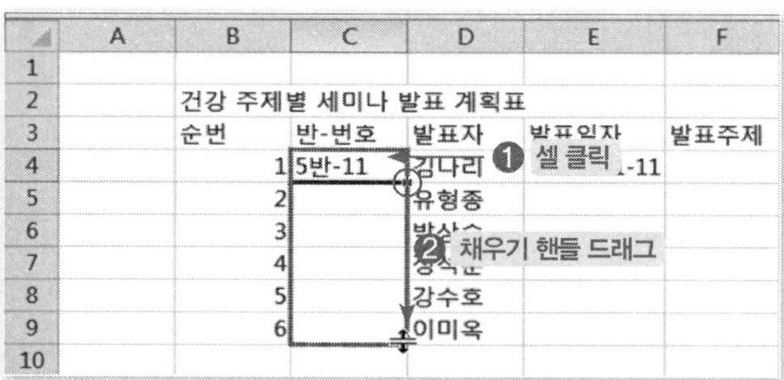

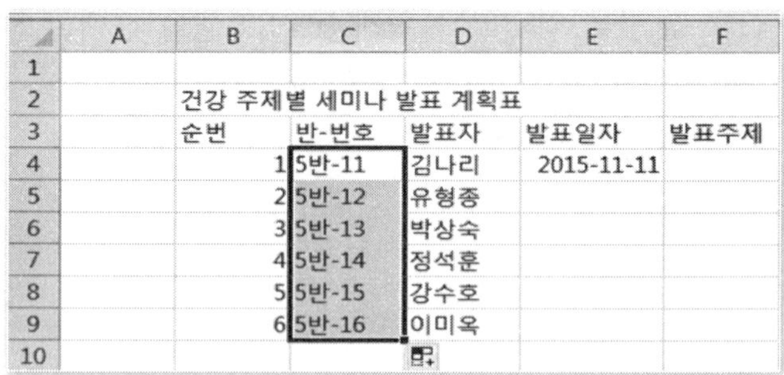

06. 발표일자를 입력하기 위해 [E4]셀을 선택한 후 채우기 핸들을 [E9]셀까지 드래그합니다. 그런 다음 [자동 채우기 옵션]의 목록단추를 클릭한 후 [평일 단위 채우기]를 클릭합니다.

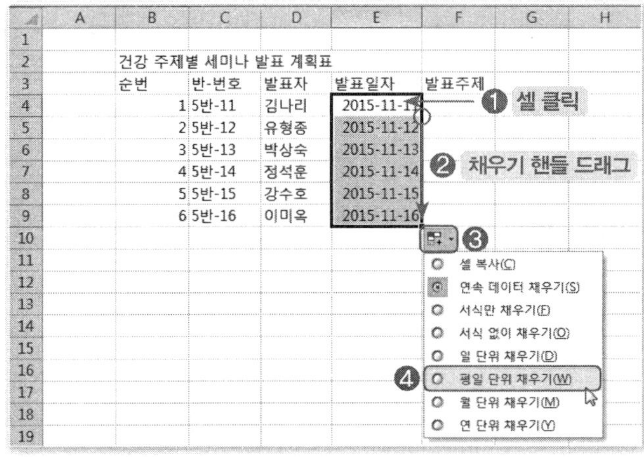

07. 그러면 오른쪽 그림과 같이 토요일과 일요일을 제외하고 1일씩 증가한 날짜가 입력됩니다.

08. 발표주제를 사용자가 지정한 목록으로 자동 채우기 하려면 먼저 사용자 지정 목록에 목록 항목을 등록해야 합니다.

[파일]탭 → [옵션]을 클릭합니다.

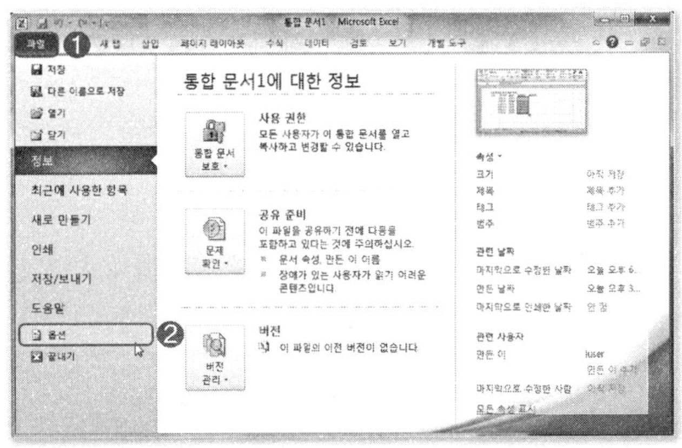

09. [Excel 옵션] 대화상자가 표시되면 [고급]에서 스크롤 바를 아래로 이동시켜 창의 오른쪽 아래에 있는 [사용자 지정 목록 편집] 단추를 클릭합니다.

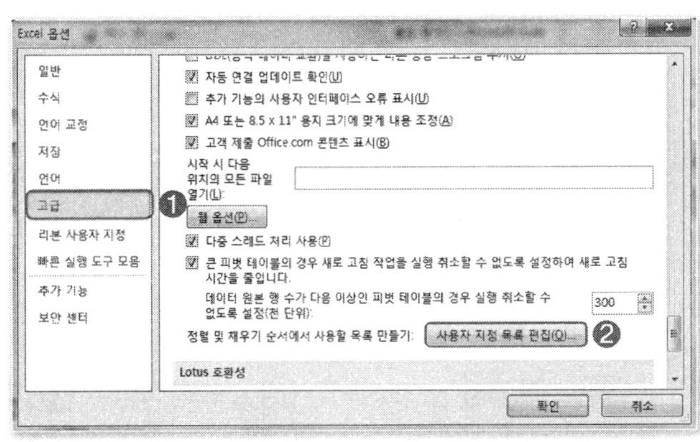

10. [사용자 지정 목록] 대화상자가 나타나면 [목록 항목]에 '흡연, 스트레스, 비만'을 입력한 후 [추가] 단추를 클릭하여 목록 항목이 사용자 지정 목록에 등록되면 [확인] 단추를 클릭합니다.

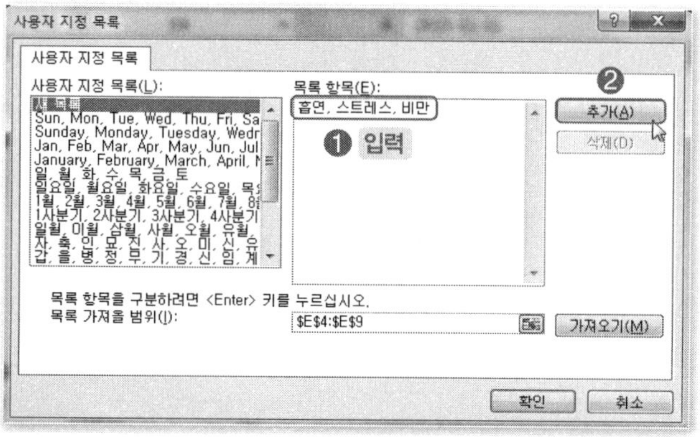

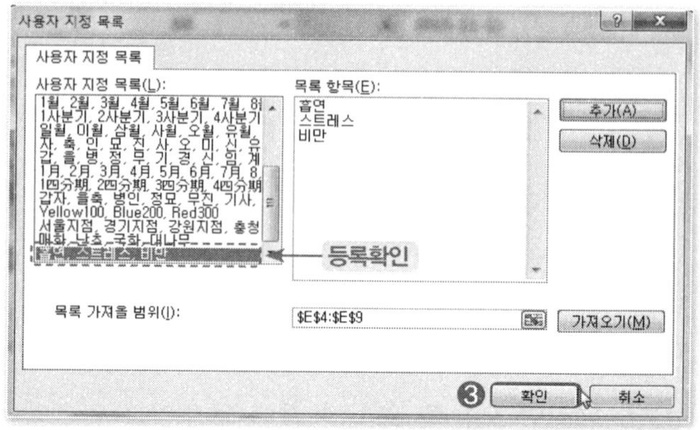

목록 항목의 각 항목은 Enter 를 누르거나 쉼표(,)로 구분하여 입력합니다.

11. [Excel 옵션] 대화상자가 다시 표시되면 [확인] 단추를 클릭합니다.

12. 발표주제를 입력하기 위해 시트의 [F4]셀을 선택하고 '흡연'을 입력한 후 채우기 핸들을 [F9]셀까지 드래그 합니다.

13. 오른쪽 그림과 같이 사용자가 지정한 목록에 맞는 발표주제가 순차적으로 자동 입력됩니다.

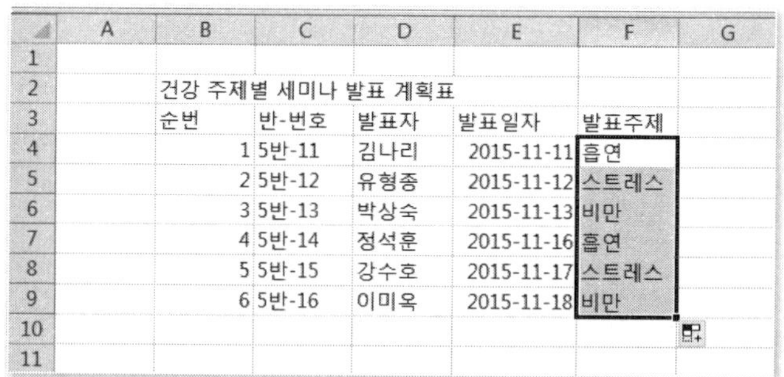

14. 작성된 문서를 저장하기 위해 [파일] 탭 → [저장]을 클릭하고, [다른 이름으로 저장] 대화상자가 나타나면 문서 저장할 위치를 지정한 후, 파일이름(주제별 세미나 발표 계획표)을 입력한 다음 [저장] 단추를 클릭합니다.

15. 엑셀 작업을 종료하기 위해 [파일] 탭 → [끝내기]를 클릭하거나, 또는 화면 오른쪽 상단에 [닫기] 단추를 클릭하여 작업을 종료합니다.

실력 점검 문제

[문제 2-1] 아래 조건에 따라 다음과 같은 문서를 작성하시오.

	A	B	C	D	E	F	G
1							
2		◐건강(健康) 마사지 센터 12월 예약 현황(豫約 現況)◑					
3							
4		회원이름	회원등급	예약날짜	등록시간		
5		김영희	Gold	2015-12-07	10:30		
6		박명숙	Silver	2015-12-08	11:00		
7		길은정	VIP	2015-12-08	13:30		
8		탁연희	Gold	2015-12-09	10:00		
9		정경화	VIP	2015-12-10	18:00		
10		이수미	Silver	2015-12-10	11:00		
11							

[작성 조건]

- **열 너비 : A열(1), D열(12)**
- **행 높이 : 1행(10), 3행(10)**
- **[B2]셀 : 특수 기호 및 한자 삽입**

[문제 2-2] 다음의 왼쪽 문서를 작성한 다음 아래 조건에 따라 채우기 핸들을 사용하여 순서, 월별, 입고량, 출고량, 담당부서를 입력하시오.

	A	B	C	D	E	F	G
1							
2		금강실업 월별(전기분) 입출고 계획					
3							
4		순서	월별	입고량	출고량	담당부서	
5		1	1월	200	190	영업1부	
6				220	200		
7							
8							
9							
10							
11							

	A	B	C	D	E	F	G
1							
2		금강실업 월별(전기분) 입출고 계획					
3							
4		순서	월별	입고량	출고량	담당부서	
5		1	1월	200	190	영업1부	
6		2	2월	220	200	영업2부	
7		3	3월	240	210	영업1부	
8		4	4월	260	220	영업2부	
9		5	5월	280	230	영업1부	
10		6	6월	300	240	영업2부	
11							

[작성 조건]

- **열 너비 : A열(1)**
- **행 높이 : 1행(10), 3행(10)**
- **사용자 지정 목록 등록 : 부서(영업1부, 영업2부)를 사용자 지정 목록에 등록한 후 채우기 핸들을 사용하여 데이터 자동 입력**

CHAPTER 03

셀 서식 지정, 셀 스타일 적용과 표 서식 지정하기

데이터가 입력된 셀에 서식을 지정해 주면 그냥 데이터만 보여주는 것보다 시각적으로 효과를 주는 문서로 작성이 가능합니다. 셀 서식을 지정하는 방법에는 글꼴, 맞춤, 테두리, 표시 형식 등 다양하게 관련되어 있습니다. 셀 서식은 한 가지만 지정할 수도 있고 여러 가지를 복합적으로 지정할 수도 있습니다. 잘 지정된 셀 서식은 다른 셀에도 반복적으로 활용할 수 있어서 편리합니다. 이렇게 다양하고 복합적인 형태의 셀 서식을 잘 구성하여 만들어 놓은 틀이 셀 스타일이고, 이러한 셀 스타일의 규모를 더 크게 한 것이 표 서식입니다. 엑셀에서 제공되는 셀 스타일이나 표 스타일을 이용하면 표 형태를 갖춘 문서를 빠르고 쉽게 작성할 수 있습니다.

학습 목표

- 데이터에 글꼴서식과 맞춤 서식을 지정할 수 있습니다.
- 다양한 유형(숫자, 화폐, 날짜, 시간, 백분율, 텍스트 등)의 데이터마다 적합한 표시 형식을 지정할 수 있습니다.
- 숫자와 날짜와 시간 데이터에 사용자 지정형식을 지정할 수 있습니다.
- 셀 서식을 복사, 삭제, 그리고 자동 채우기에 적용할 수 있습니다.
- 셀 스타일과 표 스타일을 지정할 수 있습니다.
- 표에서 정렬과 필터링 작업을 할 수 있습니다.

실습구성

준비학습

실습 3-1 셀 서식과 표시 형식을 지정한 판매일지 작성하기

실습 3-2 셀 스타일과 표 서식을 지정한 시간표 작성하기

실력 점검 문제

준비학습

1. [홈] 탭의 데이터 서식 지정

데이터 서식 지정과 관련되는 리본 메뉴는 [홈] 탭에서 [글꼴] 그룹, [맞춤] 그룹, [표시 형식] 그룹 등에 포함되어 있습니다.

(1) [홈] 탭 – [글꼴] 그룹

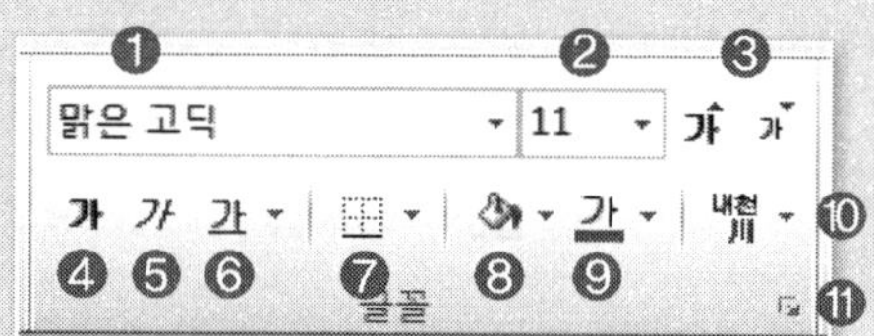

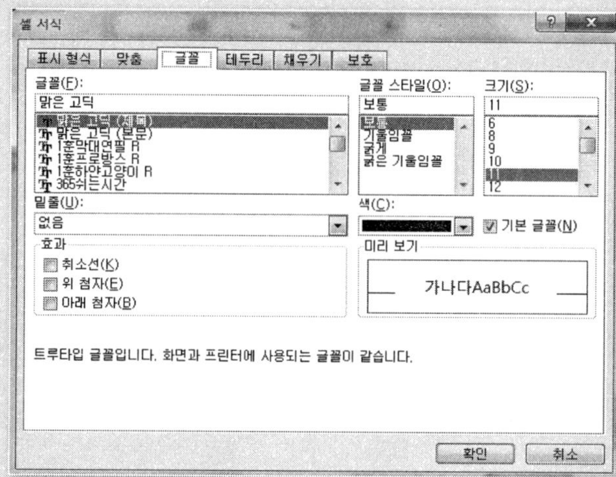

❶ 글꼴 : 글꼴의 모양을 선택합니다.
❷ 글꼴 크기 : 글꼴의 크기를 선택하거나 입력합니다.
❸ 글꼴 크기 크게/작게 : 글꼴의 크기를 크게 또는 작게 합니다.
❹ 굵게 : 텍스트를 진하게 표시합니다.
❺ 기울임꼴 : 텍스트를 기울여서 표시합니다.
❻ 밑줄 : 텍스트 아래에 밑줄이나 이중 밑줄을 표시합니다.
❼ 테두리 : 셀의 테두리에 선을 그립니다.
❽ 채우기 색 : 셀에 채우기 색을 지정합니다.
❾ 글꼴 색 : 텍스트에 색을 지정합니다.
❿ 윗주 필드 표시/숨기기 : 윗주 필드를 표시하거나 숨깁니다. 윗주 필드 목록 단추를 클릭하면 윗주를 편집하거나 설정할 수 있습니다.
⓫ 추가 옵션 단추 : 클릭하면 위의 오른쪽 그림과 같이 [셀 서식] 대화상자의 [글꼴] 탭이 나타나며, [글꼴] 그룹에 표시된 명령 이외의 추가 옵션을 지정할 수 있습니다.

[글꼴] 그룹의 추가 옵션 단추를 클릭하여 표시되는 [셀 서식] 대화상자의 [테두리] 탭과 [채우기] 탭의 구성은 다음과 같습니다.

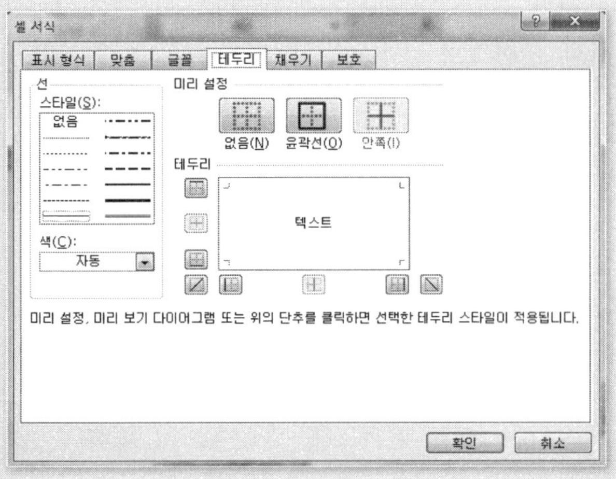

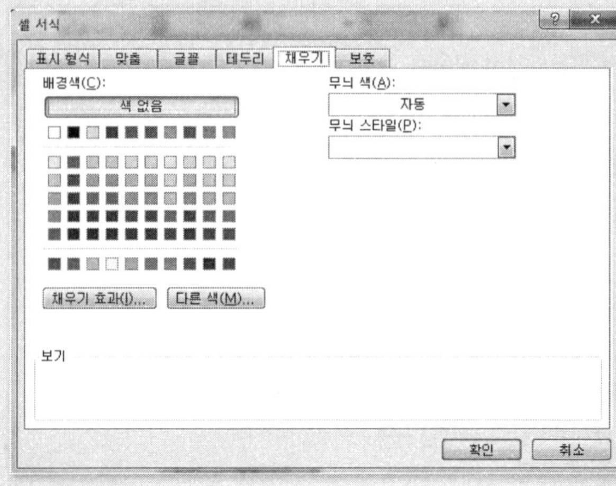

(2) [홈] 탭 – [맞춤] 그룹

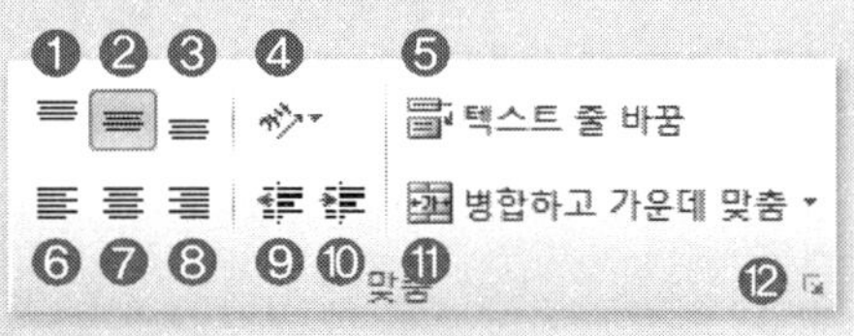

❶ 위쪽 맞춤 : 셀의 위쪽에 텍스트를 표시합니다.

❷ 가운데 맞춤 : 세로 방향으로 셀의 가운데에 텍스트를 표시합니다.

❸ 아래쪽 맞춤 : 셀의 아래쪽에 텍스트를 표시합니다.

❹ 방향 : 텍스트를 회전시키거나 세로쓰기를 합니다.

❺ 텍스트 줄 바꿈 : 셀에서 텍스트를 여러 줄로 표시합니다.

❻ 텍스트 왼쪽 맞춤 : 텍스트를 셀의 왼쪽에 표시합니다.

❼ 가운데 맞춤 : 텍스트를 가로 방향으로 셀의 가운데에 표시합니다.

❽ 텍스트 오른쪽 맞춤 : 텍스트를 셀의 오른쪽에 표시합니다.

❾ 내어쓰기 : 셀의 왼쪽 테두리와 텍스트 사이의 여백을 줄입니다.

❿ 들여쓰기 : 셀의 왼쪽 테두리와 텍스트 사이의 여백을 늘립니다.

⓫ 병합하고 가운데 맞춤 : 여러 셀을 하나의 셀로 병합하고 가로 방향으로 병합된 셀의 가운데에 텍스트를 표시합니다. [병합하고 가운데 맞춤] 목록 단추를 클릭하면 [병합하고 가운데 맞춤], [전체 병합], [셀 병합], [셀 분할] 등 세부 항목이 있습니다.

⓬ 추가 옵션 단추 : 클릭하면 위의 오른쪽 그림과 같이 [셀 서식] 대화상자의 [맞춤] 탭이 나타나며, [맞춤] 그룹에 표시된 명령 이외의 추가 옵션을 지정할 수 있습니다.

(3) [홈] 탭 – [표시 형식] 그룹

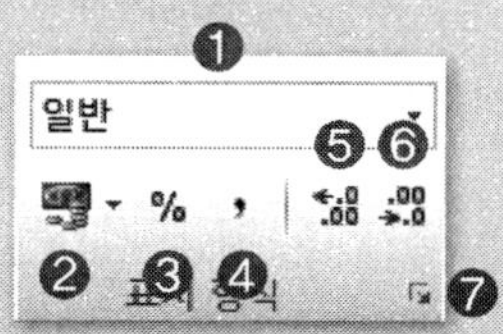

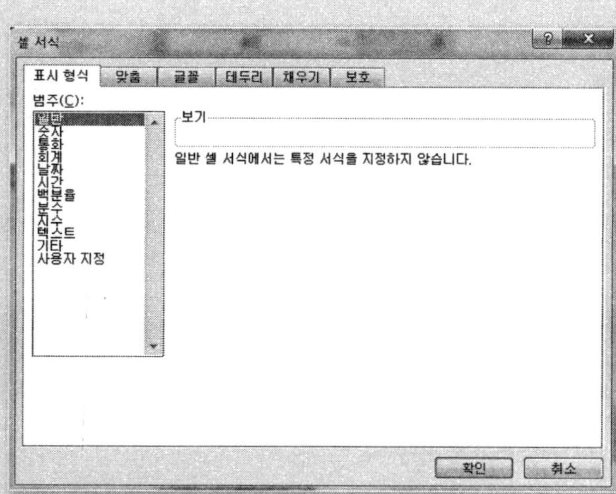

❶ 표시 형식 : 셀에 값이 표시되는 방법을 지정합니다. 표시 형식에는 숫자, 회계, 날짜/시간, 텍스트 등 다양한 범주가 있습니다.

❷ 회계 표시 형식 : 선택한 셀에 다른 통화 형식을 지정합니다.

❸ 백분율 스타일 : 셀 값에 100을 곱한 값을 백분율 기호(%)와 함께 표시합니다.

❹ 쉼표 스타일 : 1000 단위 구분 기호(,)를 사용하여 셀 값을 표시합니다.

❺ 자릿수 늘림 : 소수 자릿수를 늘려 셀 값을 자세히 표시합니다.

❻ 자릿수 줄임 : 소수 자릿수를 줄여 셀 값을 간단히 표시합니다.

❼ 추가 옵션 단추 : 클릭하면 위의 오른쪽 그림과 같이 [셀 서식] 대화상자의 [표시 형식] 탭이 나타나며, [표시 형식] 그룹에 표시된 명령 이외의 추가 옵션을 지정할 수 있습니다.

2. [표시 형식]의 범주

범주	설명
일반	표시 형식을 지정하지 않습니다.
숫자	천 단위 구분 기호(,)와 소수 자릿수, 음수인 경우 어떻게 표시할 것인지 설정합니다.
통화	통화 기호와 소수 자릿수, 음수인 경우 어떻게 표시할 것인지 설정합니다.
회계	통화 기호와 소수 자릿수를 설정합니다.
날짜	많이 쓰이는 날짜 표시 형식 중에서 선택합니다.
시간	많이 쓰이는 시간 표시 형식 중에서 선택합니다.
백분율	백분율 표시와 소수 자릿수를 설정합니다.
분수	분수 형태로 표시합니다.
지수	지수 형태로 표시합니다.
텍스트	입력한 그대로 표시하며, 숫자를 텍스트로 처리할 때도 사용합니다.
기타	전화번호나 주민등록번호처럼 자주 쓰이는 표시 형식으로 선택합니다.
사용자 지정	미리 만들어져 있는 사용자 지정 표시 형식으로 표시하거나 사용자가 직접 만들어서 사용합니다.

통화 표시 형식과 회계 표시 형식은 다음과 같이 표시가 다릅니다.

	데이터	회계 표시 형식	통화 표시 형식
❶	68	$ 68	$68
❷	0	$ –	$0

❶ 회계 표시 형식은 셀의 왼쪽에 통화 기호(₩, $, ¥, £, € 등)가 표시되고, 통화 표시 형식은 숫자 앞에 통화 기호가 표시됩니다.
❷ 셀 값이 '0'인 경우, 회계 표시 형식은 '–'가 표시되고, 통화 표시 형식은 '0'이 표시됩니다.

3. 사용자 지정 표시 형식

(1) 사용자 지정 표시 형식의 추가 및 삭제

[셀 서식] 대화상자의 [표시 형식] 탭에서 범주를 '사용자 지정'으로 지정하면 직접 표시 형식을 지정하여 숫자, 날짜, 시간 등을 원하는 형식으로 표시할 수 있습니다.

❶ [홈] 탭 → [표시 형식] 그룹 → [추가 옵션] 단추를 클릭하여 [셀 서식] 대화상자를 표시합니다.
❷ [셀 서식] 대화상자의 [표시 형식] 탭에서 [사용자 지정]을 클릭합니다.
❸ [형식]에서 이미 있는 표시 형식 값을 삭제하거나 또는 'G/표준'을 지우고 원하는 표시 형식을 직접 입력한 후 [확인]을 클릭합니다. 다시 [셀 서식] 대화상자를 열어 [사용자 지정]을 확인하면 목록의 맨 마지막에 새 사용자 지정 형식이 추가되어 있습니다.
❹ 사용자 지정 형식을 삭제하려면 [사용자 지정] 목록에서 삭제할 항목을 선택한 후 [삭제]를 클릭합니다. 여기서는 사용자가 직접 추가한 형식만 삭제할 수 있습니다.

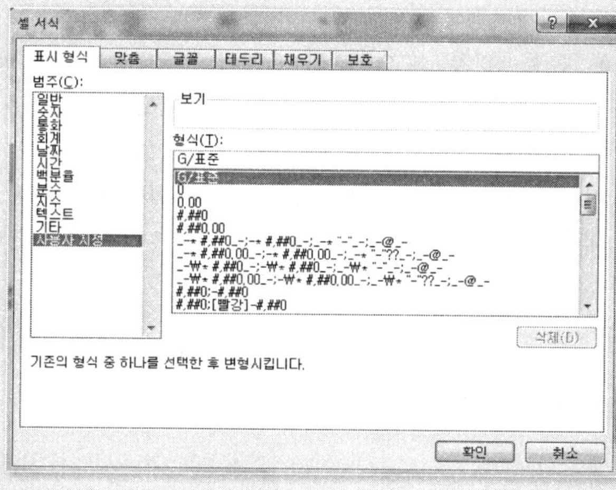

(2) 사용자 지정 표시 형식의 숫자 서식 기호

서식 코드	설명
#	· 숫자를 대신하며 콤마(,) 또는 소수점(.)과 결합하여 사용되는 기호. 유효하지 않은 0을 표시하지 않음. (❷, ❺)
0	· 숫자를 대신하는 기호. 유효하지 않은 0을 표시함. (❶, ❸, ❹)
,	· 천 단위 구분 기호(,) 표시. (❷, ❿) · '#,' 으로 설정하면 1000을 1로 표시하면서 000이 생략됨. (⓫)
@	· 문자를 대신하는 기호. 특정 텍스트 문자를 입력한 텍스트와 함께 표시하려면 @ 기호에 붙여서 큰 따옴표에 특정 텍스트 표시(예: @"귀하") (⓬)

양수 서식;음수 서식;0;텍스트 서식	예: [검정]#,##0.00;[빨강](#,##0.00);0.00;"판매액"@

사용자 표시 형식은 위에 표시 예와 같이 세미콜론(;)으로 구분하여 최대 네 부분까지 지정할 수 있으며 각 부분에 지정한 형식은 순서대로 양수, 음수, 0, 텍스트 일 때 사용됩니다. 색상과 조건은 대괄호([])로 묶어야 하며 큰따옴표("")로 묶은 내용은 그대로 표시됩니다. (❻, ❼, ❽, ❾)

색 지정은 [검정], [녹색], [흰색], [파랑], [자홍], [노랑], [녹청], [빨강] 등 8가지만 사용됩니다.

	데이터	사용자 지정형식	결과
❶	7575.75	#.##0	7575.750
❷	7575.75	#,###	7,576
❸	0	0.0	0.0
❹	59.59	0.0	59.6
❺	18.18	###.###	18.18
❻	1204.7	#,###.##;(#,###.#0);0.0;"판매금"@"원정"	1,204.7
❼	−1204.7	#,###.##;(#,###.#0);0.0;"판매금"@"원정"	(1,204.70)
❽	0	#,###.##;(#,###.#0);0.0;"판매금"@"원정"	0.0
❾	일천이백사	#,###.##;(#,###.#0);0.0;"판매금"@"원정"	판매금일천이백사원정
❿	98765	#,###	98,765
⓫	98765	#,	99
⓬	기쁨가득	@"주유소"	기쁨가득주유소

(3) 사용자 지정 표시 형식의 날짜 서식 기호

서식 코드	설명	서식 코드	설명
yy	년도를 2자리로 표시 (15)	d	일을 1자리로 표시 (1~31)
yyyy	년도를 4자리로 표시 (2015)	dd	월을 2자리로 표시 (01~31)
m	월을 1자리로 표시 (1~12)	ddd	요일을 Mon~Sun으로 표시
mm	월을 2자리로 표시 (01~12)	dddd	요일을 Monday~Sunday로 표시
mmm	월을 3자리로 표시 (Jan~Dec)	aaa	요일을 월~일 로 표시
mmmm	월을 January~December로 표시	aaaa	요일을 월요일~일요일 로 표시

사용자 지정 형식		yyyy"년" mm"월" dd"일" (aaaa)	
데이터	2015-10-13	결 과	2015년 10월 13일 (화요일)

(4) 사용자 지정 표시 형식의 시간 서식 기호

서식 코드	설명	서식 코드	설명
h	시간을 1자리로 표시 (5)	s	초를 1자리로 표시 (4)
hh	시간을 2자리로 표시 (05)	ss	초를 2자리로 표시 (04)
[h],[hh]	경과된 시간을 시간으로 표시	[s],[ss]	경과된 시간을 초로 표시
m	분을 1자리로 표시 (9)	AM/PM, am/pm, A/P, a/p	12시간 단위로 시간을 표시하고 입력한 글자로 오전/오후를 표시
mm	분을 2자리로 표시 (09)		
[m],[mm]	경과된 시간을 분으로 표시		

사용자 지정 형식		h"시" mm"분" ss"초" (AM/PM)	
데이터	18:5:48	결 과	6시 05분 48초 (PM)

4. 셀 서식 작업

(1) 셀 서식 복사와 지우기

서식 복사는 서식만 복사되고 데이터가 복사되지 않는 기능입니다. 서식 복사 기능을 이용하면 한 셀에 적용된 서식을 다른 셀에도 편리하게 적용할 수 있습니다.

■ **한 개의 셀에 서식 복사**

❶ 복사를 원하는 셀을 선택하고, [홈] 탭 → [클립보드] 그룹 → [서식 복사]를 한번 클릭합니다.

❷ 마우스 포인터 옆에 붓 모양( )의 서식 복사 아이콘이 표시됩니다.

❸ 서식을 적용할 셀이나 셀 범위를 선택하면 서식이 적용되고 복사 아이콘은 사라집니다.

■ **여러 개의 셀에 서식 복사**

❶ 복사를 원하는 셀을 선택하고, [홈] 탭 → [클립보드] 그룹 → [서식 복사]를 더블 클릭합니다.

❷ 서식을 적용할 셀이나 셀 범위를 선택합니다. 서식 복사는 적용할 셀을 누를 때마다 계속 적용됩니다.

❸ 서식 복사 작업을 중단하기 위해 Esc 를 누르면 서식 복사 아이콘이 사라집니다.

■ **서식 지우기**

❶ 서식을 지우려는 셀이나 셀 범위를 선택합니다.

❷ [홈] 탭 → [편집] 그룹 → [지우기] → [서식 지우기]를 클릭합니다.

❸ 적용된 서식은 지워지고 데이터만 표시됩니다.

(2) 자동 채우기에서 셀 서식 적용

어떤 셀을 선택하고 채우기 핸들을 이용하여 자동 채우기를 하면 기본적으로 셀의 데이터 뿐만 아니라 셀에 적용된 서식도 복사됩니다. 하지만 때로는 원래 셀의 데이터만 필요하고 서식은 필요하지 않는 경우가 있습니다. 이럴 경우에는 자동 채우기를 한 후 오른쪽 아래에 표시되는 자동 채우기 옵션을 클릭하여 원하는 메뉴를 선택합니다.

참고 자동 채우기 옵션

❶ 셀 복사 : 셀의 데이터와 셀 서식 모두를 자동 채우기 합니다.

❷ 서식만 채우기 : 데이터를 제외한 셀 서식만 자동 채우기 합니다.

❸ 서식 없이 채우기 : 셀 서식은 적용되지 않고 셀의 데이터만 자동 채우기 합니다.

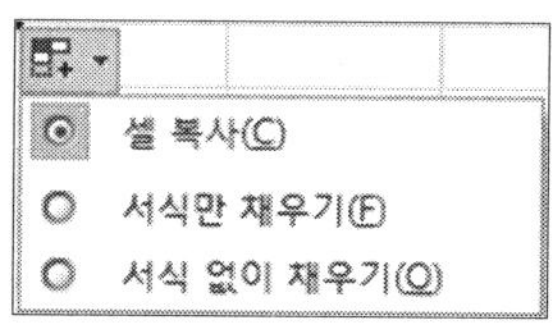

(3) 셀 스타일 적용

셀 스타일은 글꼴, 테두리, 채우기, 맞춤 등 셀에 여러 가지 서식이 적용된 상태를 미리 준비해 놓은 것으로, 원하는 셀 스타일을 선택하면 다양한 서식을 한 번에 편리하게 적용할 수 있습니다. [홈] 탭 → [스타일] 그룹 → [셀 스타일]을 클릭하면 셀 스타일 집합이 표시됩니다.

셀 스타일을 적용하려면 다음과 같이 합니다.

❶ 셀 스타일을 적용할 셀이나 셀 범위를 선택합니다.

❷ [홈] 탭 → [스타일] 그룹 → [셀 스타일]을 클릭합니다.

❸ 원하는 셀 스타일을 선택하면 해당 스타일의 서식이 셀에 적용됩니다.
적용된 셀 스타일을 제거하려면 셀 스타일 집합 [좋음, 나쁨 및 보통]에서 [표준]을 클릭합니다.

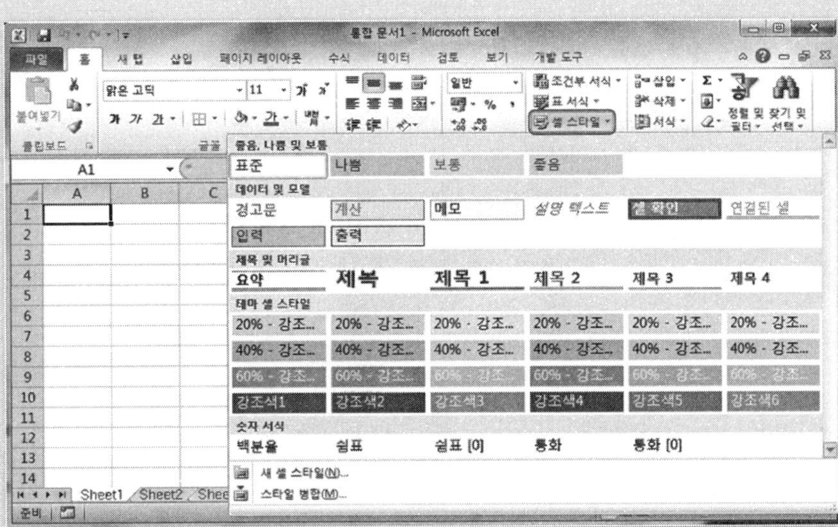

5. 표 서식 작업

(1) 표 서식 지정과 표 삽입

표 서식은 데이터를 표로 변환한 후 표 스타일을 적용하는 기능입니다. 표 서식을 이용하면 셀 범위에 있는 데이터들을 표 단위로 쉽게 서식(글꼴 서식, 테두리 서식, 채우기 서식 등)을 적용할 수 있고, 표 기능에 포함되어 있는 정렬, 필터, 요약 등 기능을 이용하여 데이터 다루기가 편리합니다. [홈] 탭 → [스타일] 그룹 → [표 서식]을 클릭하면 다음과 같이 다양한 모양의 표 스타일 집합이 표시됩니다.

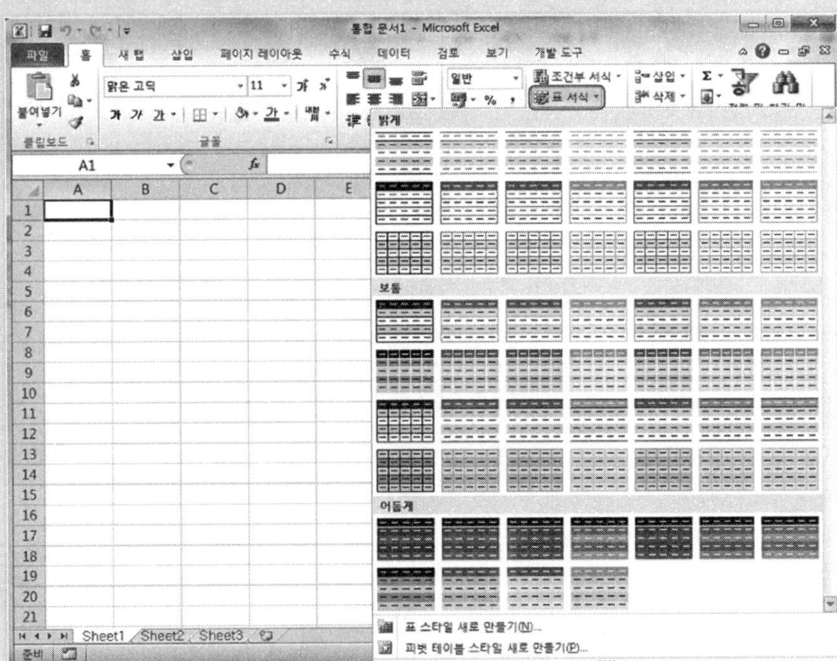

❶ 표로 사용할 셀의 범위를 선택합니다.

❷ [홈] 탭 → [스타일] 그룹 → [표 서식]을 클릭한 후 원하는 표 스타일을 선택합니다.

❸ [표 서식] 대화상자가 나타나면 표에 사용될 데이터 범위를 확인한 후, 선택한 셀 범위의 첫 행에 필드 이름이 입력되어 있으면 [머리글 포함]란에 체크 표시를 하고 [확인] 단추를 클릭합니다.

❹ 표가 삽입되면 오른쪽 그림과 같이 표 서식이 지정되며, 머리글 행에 [필터 목록] 단추가 표시됩니다.

❺ 또한 [표 도구/디자인] 상황 탭이 리본 메뉴에 표시됩니다.

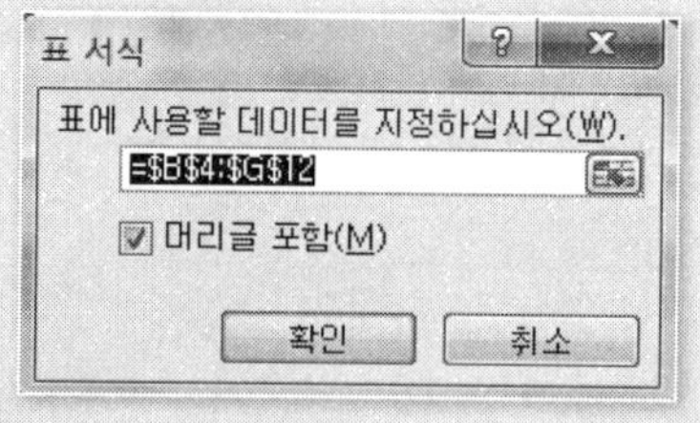

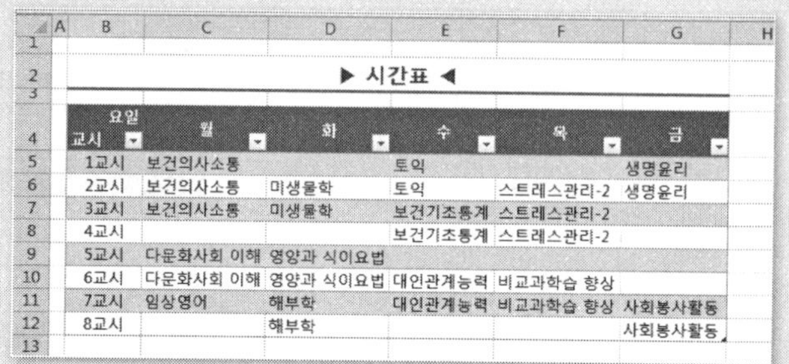

요일/교시	월	화	수	목	금
1교시	보건의사소통		토익		생명윤리
2교시	보건의사소통	미생물학	토익	스트레스관리-2	생명윤리
3교시	보건의사소통	미생물학	보건기초통계	스트레스관리-2	
4교시			보건기초통계	스트레스관리-2	
5교시	다문화사회 이해	영양과 식이요법			
6교시	다문화사회 이해	영양과 식이요법	대인관계능력	비교과학습 향상	
7교시	임상영어	해부학	대인관계능력	비교과학습 향상	사회봉사활동
8교시		해부학			사회봉사활동

(2) [표 도구/디자인] 탭의 구성

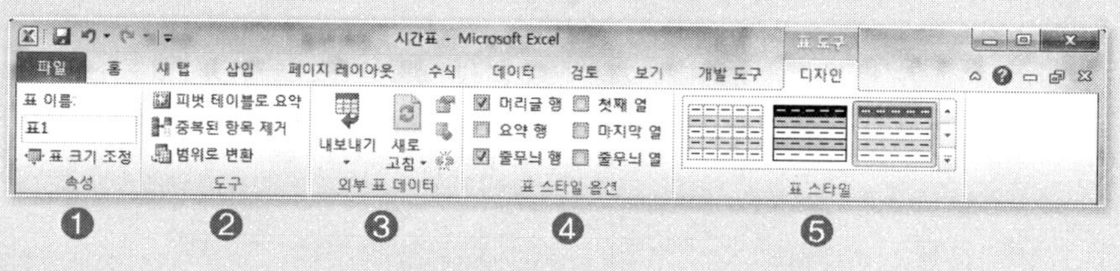

❶ [속성] 그룹 : 표에 이름을 지정하고 표에 사용할 셀 범위를 조정합니다.

❷ [도구] 그룹 :

- 피벗 테이블로 요약 : 피벗 테이블을 사용하여 데이터를 요약합니다.
- 중복된 항목 제거 : 표 데이터 중에 중복된 값이 있다면 제거됩니다.
- 범위로 변환 : 표를 제거하고 표 데이터와 서식을 일반 셀 범위로 변환합니다.

❸ [외부 표 데이터] 그룹 : Microsoft Windows SharePoint Services 사이트에 액세스할 수 있고 작성 권한이 있는 경우 이 사이트를 사용하여 다른 사용자와 표를 공유할 수 있습니다. 즉, 다른 사용자가 표 데이터를 보고, 편집하고, 업데이트할 수 있도록 SharePoint 목록으로 표를 내보낼 수 있습니다.

❹ [표 스타일 옵션] 그룹 :

- 머리글 행 : 정렬이나 필터를 사용할 수 있고 필드 이름을 표시하는 머리글 행 표시 여부를 지정합니다.
- 요약 행 : 표 맨 밑에 다양한 데이터 집계를 표시할 수 있는 요약 행 표시 여부를 지정합니다.
- 첫째 열, 마지막 열 : 해당 열만 특별한 서식을 적용합니다.
- 줄무늬 행, 줄무늬 열 : 행이나 열에 데이터를 더 쉽게 구분할 수 있도록 음영이 교차 반복하는 줄무늬가 적용됩니다.

❺ [표 스타일] 그룹 : 미리 정의된 표 스타일을 선택하여 표에 적용합니다.

(3) 표에 행/열 삽입과 표의 정상범위 변환

표의 맨 아래 행 밑에 새 행을 추가하려면 마지막 행의 마지막 셀에서 [Tab]을 누릅니다. 요약 행이 있을 경우에는 요약 행의 바로 위 행의 마지막 셀에서 Tab 을 누릅니다.

표 안쪽에 행이나 열을 삽입하려면 표 안의 셀을 클릭한 후 [홈] 탭 → [셀] 그룹 → [삽입]의 목록 단추를 누르고 표시되는 메뉴에서 오른쪽 그림의 네 가지인 표 행/열 삽입 중에서 하나를 선택합니다.

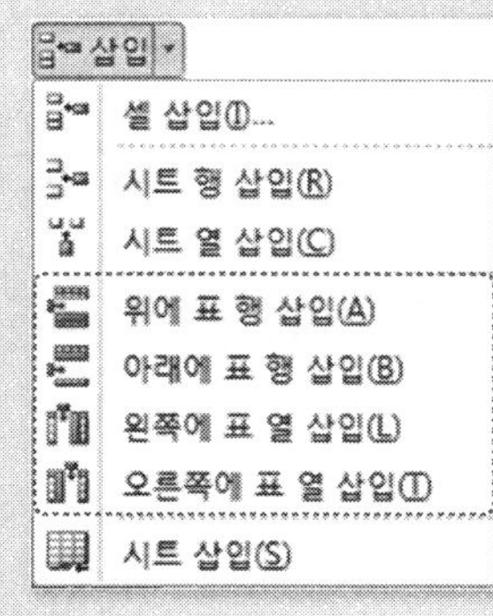

표 서식을 지정하면 행/열은 삽입하거나 삭제할 수 있지만 셀을 삽입하거나 삭제할 수 없으며 셀 병합도 할 수 없습니다. 표 기능은 사용하지 않고 표 스타일만 원하는 경우에는 표 데이터를 일반 데이터로 변환시켜야 하며 따라서 표를 정상 범위로 변환해야 합니다.

표를 정상 범위로 변환하려면 표의 임의의 셀을 선택한 후 [표 도구/디자인] 탭 → [도구] 그룹 → [범위로 변환]을 클릭합니다.

(4) 표에서 정렬과 필터링 작업

표 서식을 지정하면 머리글 행에 [필터 목록] 단추가 표시됩니다. [필터 목록] 단추를 클릭하면 자동 필터를 사용했을 때와 같은 메뉴가 표시되는데 이 메뉴를 사용하여 데이터를 일정한 순서에 따라 정렬하거나, 데이터 중에서 원하는 데이터만 표시하는 필터링 작업을 할 수 있습니다.

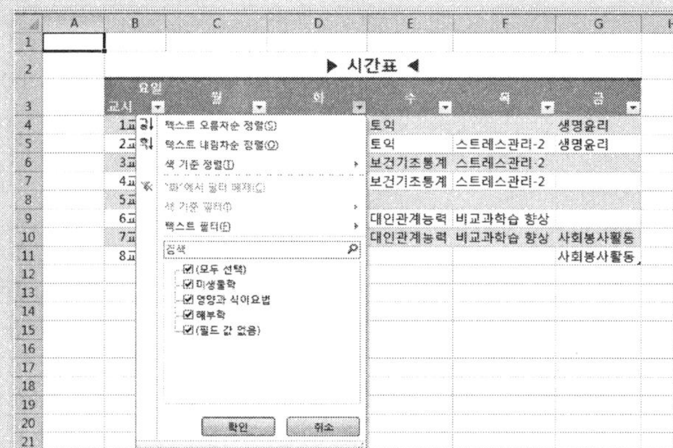

실습

I n t r o d u c t i o n t o E x c e l

3-1 셀 서식과 표시 형식을 지정한 판매일지 작성하기

셀 서식을 적용하여 오른쪽 그림과 같은 '판매일지' 문서를 완성하시오.

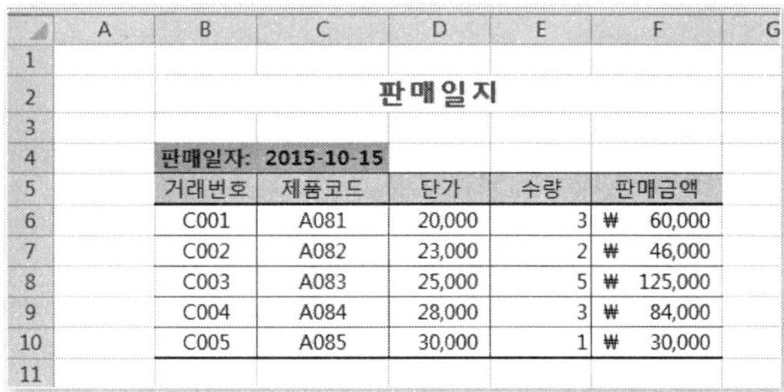

01. [Sheet1]에 오른쪽 그림과 같은 문서를 작성합니다.

- C열, F열 너비 : (11)

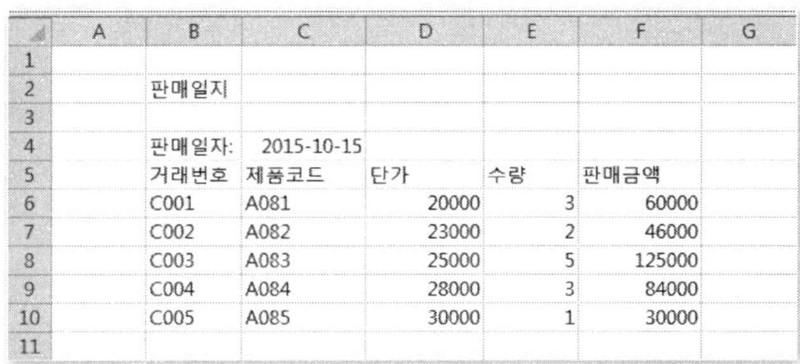

02. 제목에 글꼴 서식을 지정하기 위해 [B2]셀을 선택한 후 [홈] 탭 → [글꼴] 그룹에서 다음과 같이 지정합니다.

- 글꼴 : HY강B
- 굵기 : 굵게
- 크기 : 16
- 글꼴 색 : 표준색(파랑)

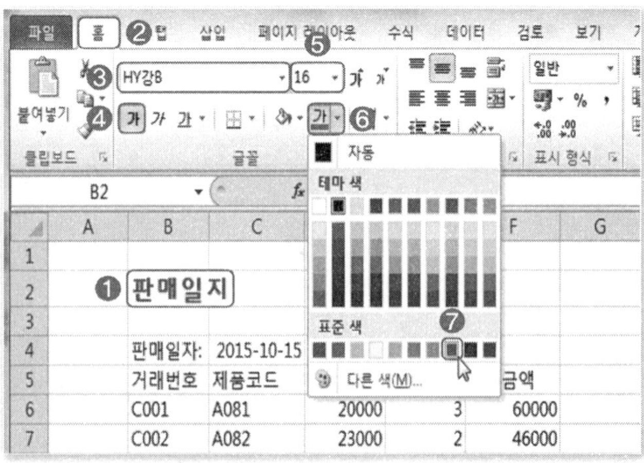

03. 판매일자에 글꼴 서식을 지정하기 위해 [B4:C4] 범위를 선택한 후 [홈] 탭 → [글꼴] 그룹에서 다음과 같이 지정합니다.

- 굵기 : 굵게
- 채우기 색 : 표준색(연한 녹색)

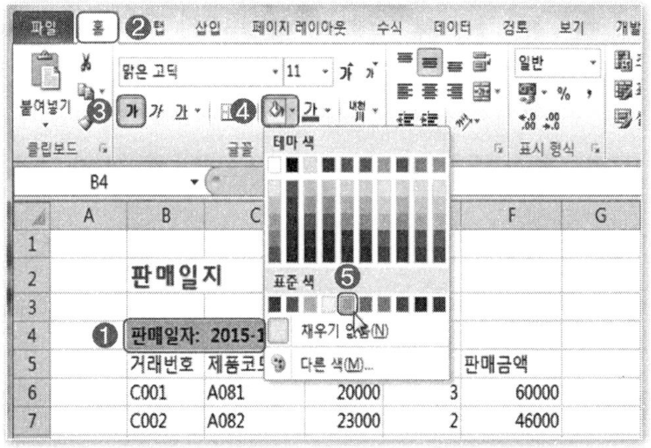

04. 제목에 맞춤 서식 지정을 위해 [B2:F2] 범위를 선택한 후 [홈] 탭 → [맞춤] 그룹 → [병합하고 가운데 맞춤]을 클릭합니다.

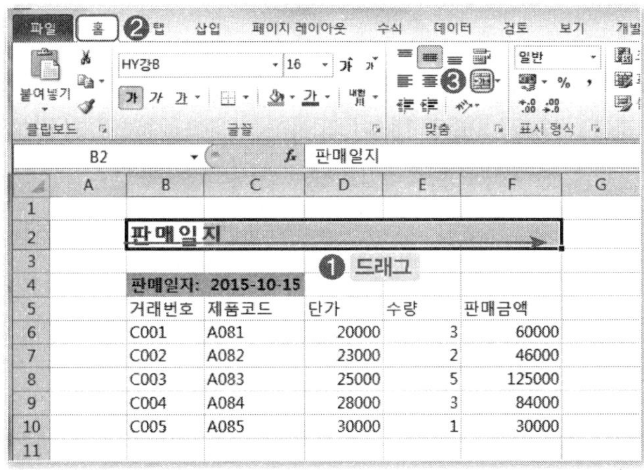

05. 머리글과 거래번호, 제품코드를 셀 가운데에 표시하기 위해 Ctrl 키를 이용하여 [B5:F5]와 [B6:C10] 범위를 모두 선택한 후 [홈] 탭 → [맞춤] 그룹 → [가운데 맞춤]을 클릭합니다.

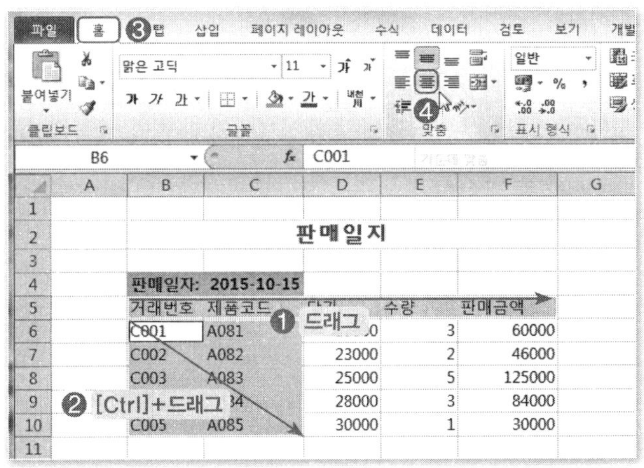

06. 단가에 쉼표 스타일을 지정하기 위해 [D6:D10] 범위를 선택하고 [홈] 탭 → [표시 형식] 그룹 → [쉼표 스타일]을 클릭합니다.

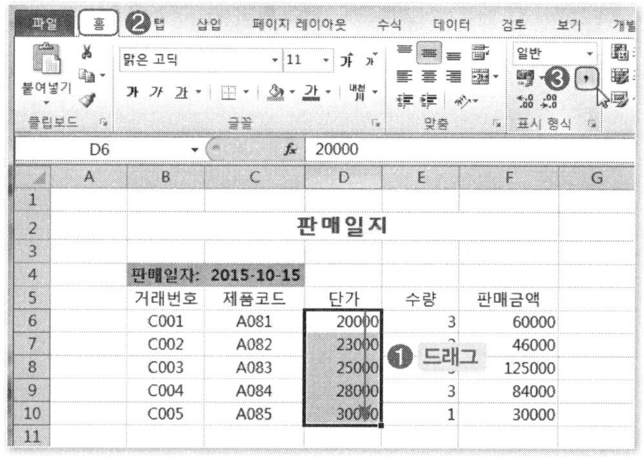

07. 판매금액에 화폐기호를 표시하고 세 자리마다 쉼표를 삽입하기 위해 [F6:F10] 범위를 선택하고 [홈] 탭 → [표시 형식] 그룹 → [표시 형식] 목록 단추를 클릭하고 [회계]를 선택합니다.

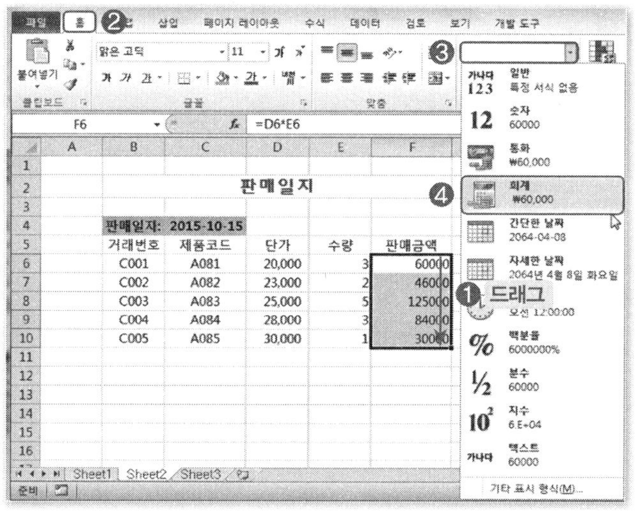

08. 테두리 서식을 지정하기 위해 [B5:F10] 범위를 선택하고 [홈] 탭 → [글꼴] 그룹의 [추가 옵션]단추를 클릭합니다.

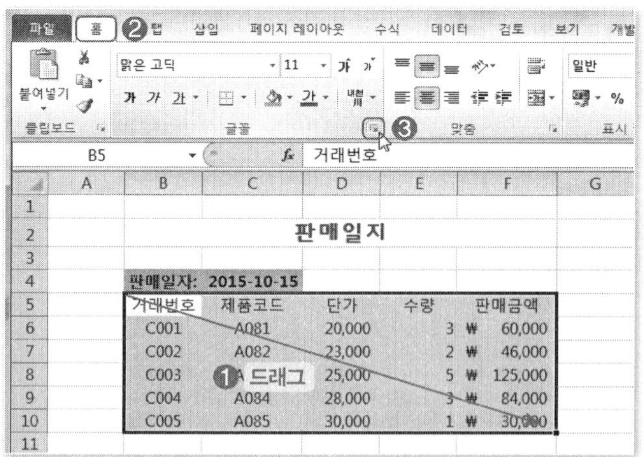

09. [셀 서식] 대화상자가 나타나면 [테두리] 탭을 선택하고 다음과 같이 지정한 다음 [확인] 단추를 클릭합니다.

- 선 스타일 : 가는 실선
- 선 색 : 표준색(파랑)
- 미리 설정 : 안쪽

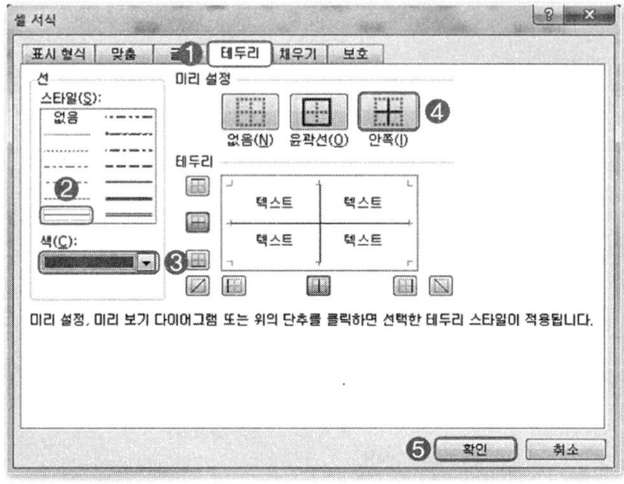

10. 문서의 머리글 행과 맨 마지막 행의 아래쪽 선을 굵게 표시하기 위하여 [B5:F5] 범위를 선택하고 다음 왼쪽 그림과 같이 [홈] 탭 → [글꼴] 그룹 → [테두리] 목록에서 [위쪽/굵은 아래쪽 테두리]를 클릭합니다.

같은 방법으로 [B10:F10] 범위를 선택한 후 다음 오른쪽 그림과 같이 [홈] 탭 → [글꼴] 그룹 → [테두리] 목록에서 [굵은 아래쪽 테두리]를 클릭합니다.

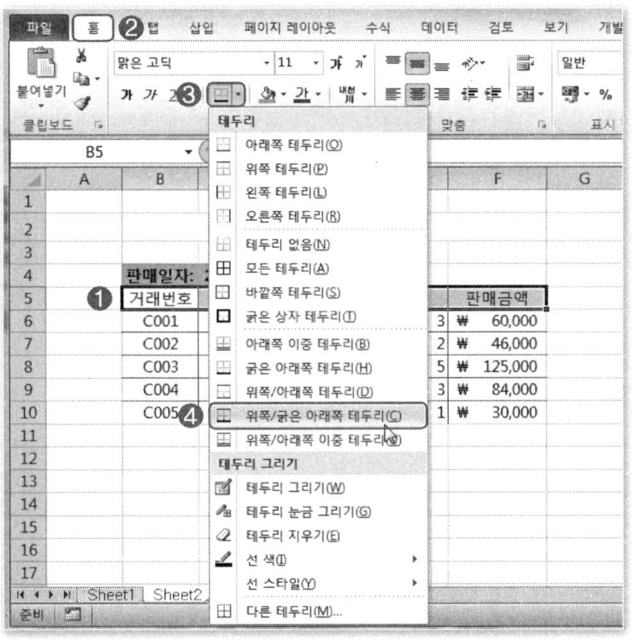

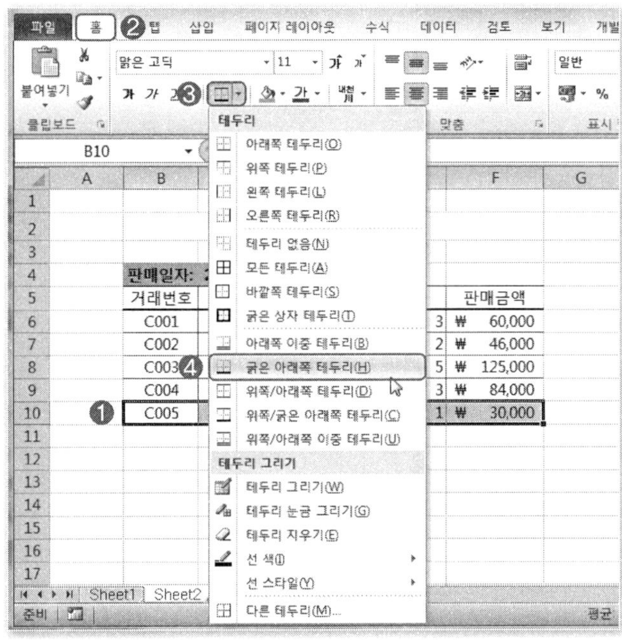

11. 문서의 머리글에 채우기 색을 지정하기 위해 [B5:F5] 범위를 선택하고 다음 왼쪽 그림과 같이 [홈] 탭 → [글꼴] 그룹 → [채우기] 목록에서 테마색(진한 파랑, 텍스트 2, 80% 더 밝게)을 선택합니다. 결과 문서는 다음 오른쪽 그림과 같습니다.

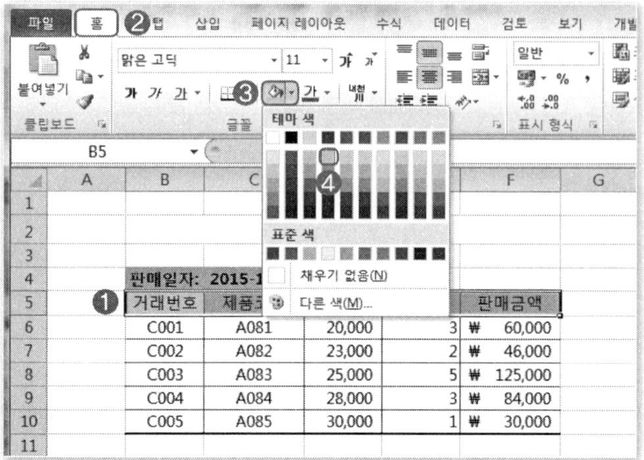

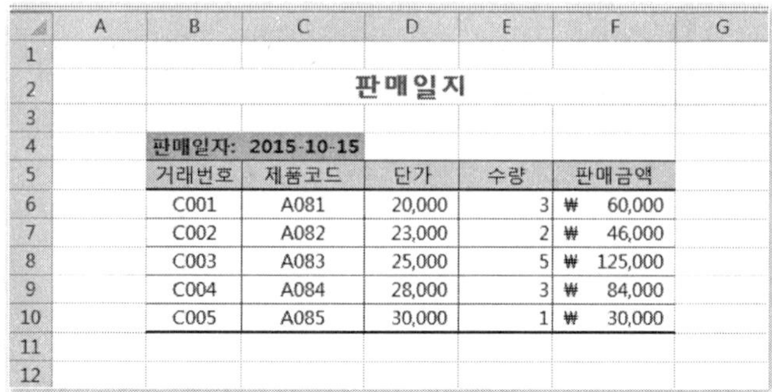

	A	B	C	D	E	F	G
1							
2		판매일지					
3							
4		판매일자:	2015-10-15				
5		거래번호	제품코드	단가	수량	판매금액	
6		C001	A081	20,000	3	₩ 60,000	
7		C002	A082	23,000	2	₩ 46,000	
8		C003	A083	25,000	5	₩ 125,000	
9		C004	A084	28,000	3	₩ 84,000	
10		C005	A085	30,000	1	₩ 30,000	
11							
12							

12. 완성한 문서를 [저장] 단추를 눌러 '판매일지' 이름으로 저장하고, [파일] 탭 → [끝내기]를 클릭하거나 또는 화면 오른쪽 상단에 [닫기] 단추를 클릭하여 작업을 종료합니다.

실습

I n t r o d u c t i o n   t o   E x c e l

3-2 셀 스타일과 표 서식을 지정한 시간표 작성하기

셀 스타일과 표 서식을 적용하여 오른쪽 그림과 같은 '2015년 2학기 시간표'를 완성하시오.

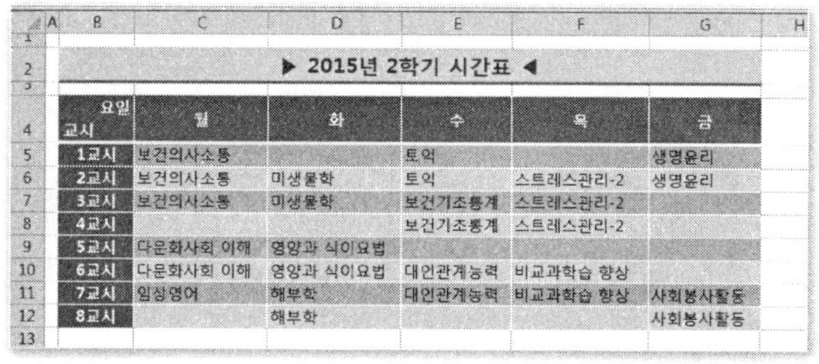

01. [Sheet1]에 다음 서식을 지정하여 문서를 작성합니다.

- 열 너비 : A열(1)
- 행 높이 : 1행, 3행(10)
- [B2:G2] 범위 : 병합하고 가운데 맞춤
- 각 요일별 열 너비 : 과목명 길이에 맞도록 적당하게 조절

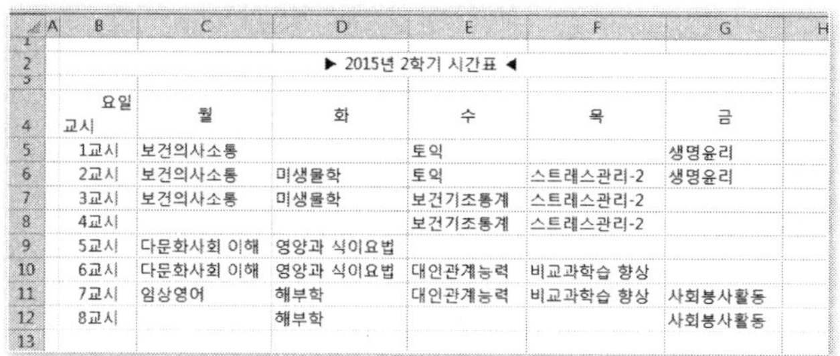

02. 셀 스타일을 지정하기 위해 [B2]셀을 선택한 후 [홈] 탭 - [스타일] 그룹 → [셀 스타일] 목록 단추를 클릭하고 다음 스타일을 지정합니다.

- 제목 및 머리글 : 제목 1
- 테마 셀 스타일 : 20%-강조색1

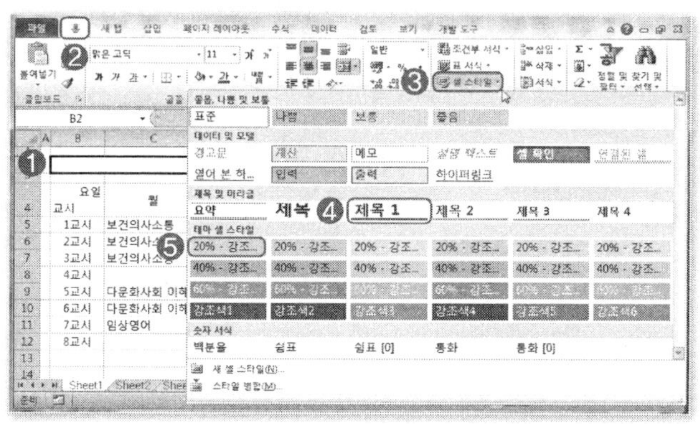

03. 표 서식을 지정하기 위해 [B4:G12] 범위를 선택한 후 [홈] 탭 → [스타일] 그룹 → [표 서식] 목록 단추를 클릭하고 [보통]에서 [표 스타일 보통 2]를 클릭합니다.

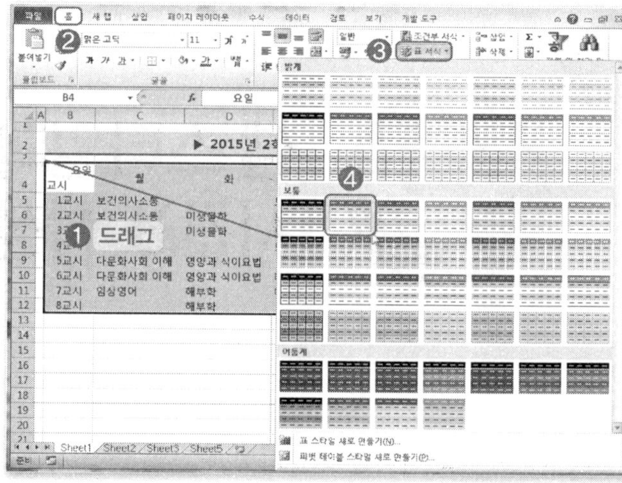

04. [표 서식] 대화상자가 나타나면 다음의 왼쪽 그림과 같이 표 서식 지정 범위와 머리글을 확인하고 [확인] 단추를 클릭합니다. 그러면 다음의 오른쪽 그림과 같이 표 서식이 지정됩니다.

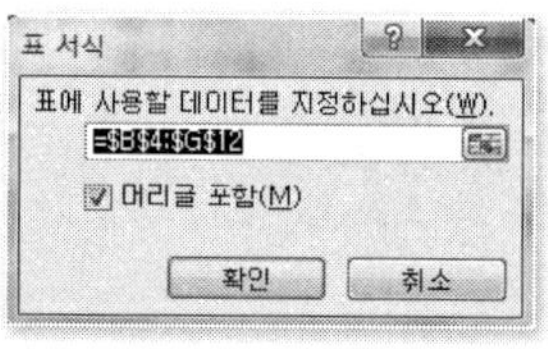

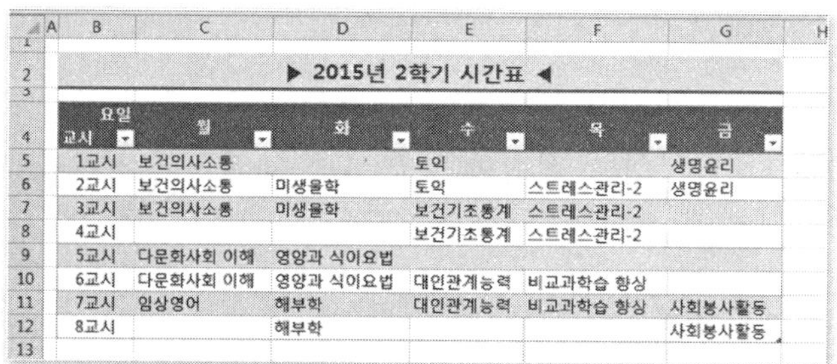

요일 / 교시	월	화	수	목	금
1교시	보건의사소통		토익		생명윤리
2교시	보건의사소통	미생물학	토익	스트레스관리-2	생명윤리
3교시	보건의사소통	미생물학	보건기초통계	스트레스관리-2	
4교시			보건기초통계	스트레스관리-2	
5교시	다문화사회 이해	영양과 식이요법			
6교시	다문화사회 이해	영양과 식이요법	대인관계능력	비교과학습 향상	
7교시	임상영어	해부학	대인관계능력	비교과학습 향상	사회봉사활동
8교시		해부학			사회봉사활동

05. 표 스타일을 수정하기 위해 표의 임의의 셀 [B4]를 선택한 후 [표 도구/디자인] 탭 → [표 스타일 옵션] 그룹 → [첫째 열]을 ☑체크표시 합니다.

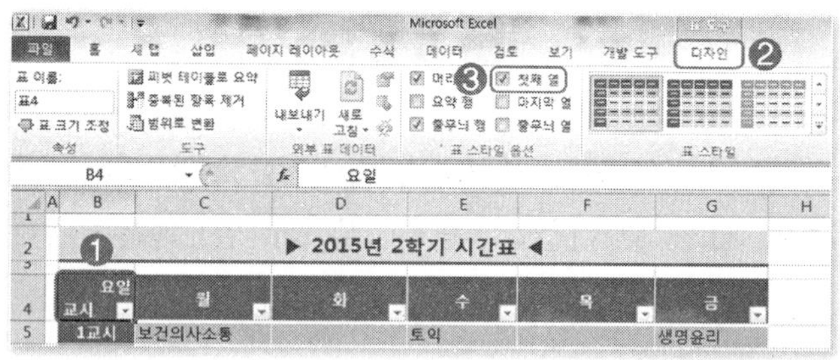

06. 완성된 문서의 첫 번째 열은 오른쪽 그림과 같이 수정됩니다.

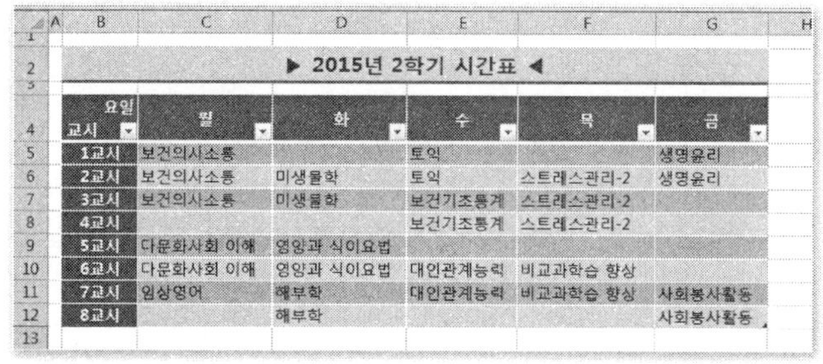

07. 표 서식이 지정이 되면 셀 삽입이나 셀 병합 등이 불가능하므로 표를 정상 범위로 변환하기 위해 [B4]셀을 선택한 후 [표 도구/디자인] 탭 → [도구] 그룹 → [범위로 변환]을 클릭합니다.

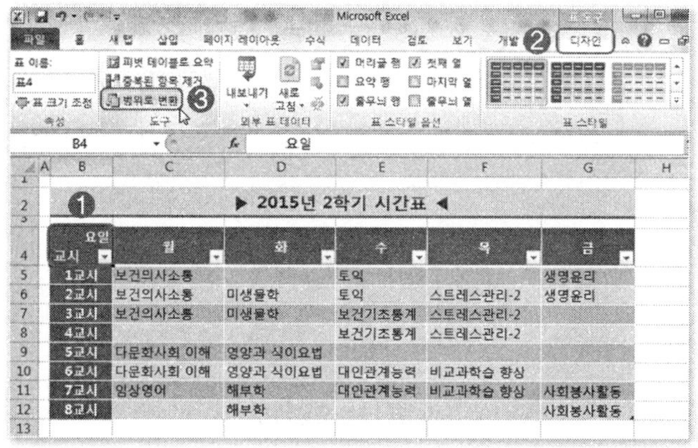

08. '표를 정상 범위로 변환하시겠습니까?'라는 메시지 상자가 나타나면 다음의 왼쪽 그림과 같이 [예]를 클릭합니다. 그러면 다음의 오른쪽 그림과 같이 [필터 목록] 단추는 사라지고 표가 정상 범위로 변환됩니다.

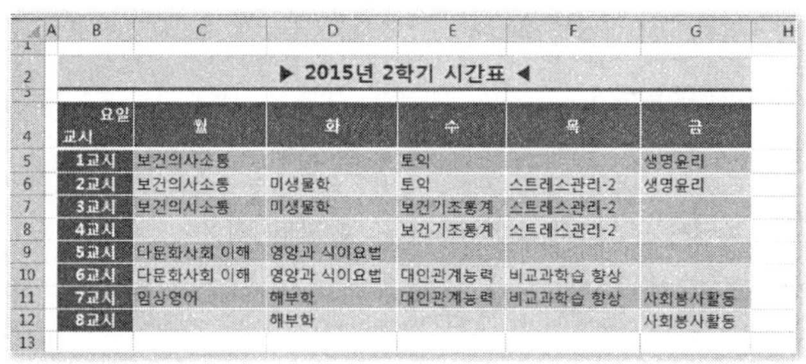

09. 완성한 문서를 [저장] 단추를 눌러 '2015-2학기 시간표'란 이름으로 저장하고, [파일] 탭 → [끝내기]를 클릭하거나, 또는 화면 오른쪽 상단에 [닫기] 단추를 클릭하여 작업을 종료합니다.

실력 점검 문제

[문제 3-1] 아래 조건에 따라 다음과 같이 글꼴 서식, 맞춤 서식, 표시 형식 등이 지정된 문서를 작성하시오.

	A	B	C	D	E	F
1						
2		방과후 학습 프로그램				
3						
4		지도교사	프로그램	인원	지원금액	
5		김만석	국어	30명	₩ 1,200,000	
6		박진환	수학	25명	₩ 1,500,000	
7		이수철	로봇공학	20명	₩ 2,000,000	
8		김영희	중국어	30명	₩ 1,500,000	
9						
10						

[작성 조건]

- **열 너비 : A열(1), B/C열(11), E열(13)**
- **행 높이 : 1행(10), 3행(10)**
- **[B2]셀 : 글꼴(HY수평선B), 글꼴 크기(22), 글꼴 색(표준색-진한 빨강)**
- **[B4:E4]셀 : 글꼴(HY나무M), 글꼴 크기(14)**
- **[B2:E2]셀 : 병합하고 가운데 맞춤**
- **[B4:E4]셀/[B5:C8]셀 : 가운데 맞춤**
- **[B4:E4]셀 : 위쪽/굵은 아래쪽 테두리**
- **[B8:E8]셀 : 아래쪽 테두리**
- **[C4:C8]셀/[E4:E8]셀 : 채우기 색(테마색-주황, 강조 6, 60% 더 밝게)**
- **[D5:D8]셀 : 기타표시형식-범주(사용자 지정), 형식(#0"명")**
- **[E5:E8]셀 : 표시형식-회계**

[문제 3-2] 준비파일('실력점검_3-2-준비.xlsx')을 열기한 후 아래 조건에 따라 다음의 오른쪽 문서와 같이 셀 스타일과 표 서식이 적용된 문서를 작성하시오.

	A	B	C	D	E	F	G
1							
2		우리마트 야채 일일 판매 현황					
3							
4		분류	상품명	단위	단가	판매량	판매금액
5		야채	애호박	1개	1280	56	71680
6		야채	시금치	300g	980	41	40180
7		야채	청오이	4개	2480	39	96720
8		야채	흙당근	1kg	1480	30	44400
9		야채	팽이버섯	5봉	980	45	44100
10		야채	브로커리	1송이	980	45	44100
11		야채	깻잎	4봉	980	50	49000
12							

〈준비 파일〉

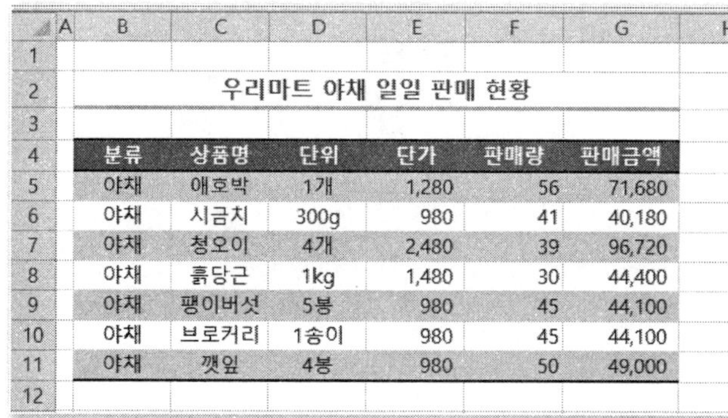

	A	B	C	D	E	F	G	H
1								
2		우리마트 야채 일일 판매 현황						
3								
4		분류	상품명	단위	단가	판매량	판매금액	
5		야채	애호박	1개	1,280	56	71,680	
6		야채	시금치	300g	980	41	40,180	
7		야채	청오이	4개	2,480	39	96,720	
8		야채	흙당근	1kg	1,480	30	44,400	
9		야채	팽이버섯	5봉	980	45	44,100	
10		야채	브로커리	1송이	980	45	44,100	
11		야채	깻잎	4봉	980	50	49,000	
12								

〈완성 문서〉

[작성 조건]

- **열 너비 : A열(1), G열(10)**
- **[B2:G2]셀 : 병합하고 가운데 맞춤**
- **[B2]셀 : 셀 스타일(제목 2) 적용**
- **[B4:G4]셀/[B5:D11]셀 : 가운데 맞춤**
- **[E5:E11]/[G5:G11]셀 : 쉼표 스타일(,) 표시**
- **[B4:G11]셀 : 표 서식(표 스타일 보통 19) 지정 후 표를 정상범위로 변환**

CHAPTER 04

수식 계산과 참조의 활용

엑셀의 주요 사용 목적은 수식의 계산이라 할 수 있습니다. 엑셀의 수식은 등호(=)로 시작하여 숫자 또는 셀 주소와 연산자 등으로 표시됩니다. 입력한 수식은 수식 입력줄에 표시되고 셀에는 계산된 결과 값이 표시됩니다. 수식에서 숫자를 직접 입력하지 않고 숫자가 들어있는 셀 주소를 사용하는 것을 참조라 합니다. 이번 장에서는 수식의 구성 요소와 수식 작성하기, 참조의 유형과 참조를 사용한 수식 작성 등을 살펴보겠습니다.

학습 목표

- 수식의 구성 요소를 알고 기본 수식을 작성할 수 있습니다.
- 연산자의 종류와 기능을 알고 각 연산자를 표기한 계산식을 작성할 수 있으며, 복수의 연산자가 결합된 수식의 연산 우선 순위를 처리할 수 있습니다.
- 잘못된 수식 처리에서 발생하는 오류값을 이해하고 오류값 발생시 해결할 수 있습니다.
- 수식의 이동, 복사 기능을 이용하여 작성된 수식을 다른 셀에서 다시 사용할 수 있습니다.
- 참조의 유형과 차이, 표시 방법을 알고 수식에 적합한 참조를 사용할 수 있습니다.

실습구성

준비학습

실습 4-1 수식을 입력하여 지점별 재고현황 작성하기

실습 4-2 수식을 입력하여 제품 코드별 판매현황 작성하기

실력 점검 문제

준비학습

엑셀에서 수식이란 워크시트에 값을 계산하는 것으로 계산의 처리 규칙을 입력합니다. 수식은 다음과 같이 5가지의 요소 등으로 구성됩니다.

1. 수식의 구성

= SUM(A1, B2:C6) - D3 * E1 + 10

❶ ❷ ❸ ❹ ❸ ❹ ❸ ❺

❶ 등호 : 엑셀에서 수식을 입력하려면 반드시 등호를 먼저 입력해야 합니다.

❷ 함수 : 수식을 손쉽게 입력할 수 있도록 미리 정해진 규칙에 따라 계산된 결과 값을 표시하도록 지시하는 수식 체계입니다.

❸ 연산자 : 계산의 종류를 나타내는 기호입니다. 연산자는 산술 연산자, 비교 연산자, 텍스트 연결 연산자, 참조 연산자 등이 있습니다.

❹ 참조 : 다른 셀이나 셀 범위의 값을 가져다가 사용할 수 있도록 셀 주소를 사용합니다.

❺ 상수 : 수식에 직접 입력하는 날짜, 숫자, 텍스트 등의 값입니다.

2. 연산자의 종류

(1) 산술 연산자

사칙 연산 등 기본적인 계산을 하는 연산자입니다.

데이터	[A1] : 100, [B1] : 20

연산자	기능	수식	결과 값	연산자	기능	수식	결과 값
+	더하기	=A1+B1	120	−	음수	=−B1	−20
−	빼기	=A1−B1	80	%	백분율	=A1%	1
*	곱하기	=A1*B1	2000	^	거듭제곱	=B1^2	400
/	나누기	=A1/B1	5				

(2) 비교 연산자

두 값을 비교하여 참이면 논리값 TRUE를 구하고, 거짓이면 논리값 FALSE를 구하는 연산자입니다.

데이터	[A1] : 90, [B1] : 100

연산자	기능	수식	결과 값	연산자	기능	수식	결과 값
=	같다	=A1=B1	FALSE	〉=	크거나 같다(이상)	=A1〉=B1	FALSE
〉	크다(초과)	=A1〉B1	FALSE	〈=	작거나 같다(이하)	=A〈=B1	TRUE
〈	작다(미만)	=A1〈B1	TRUE	〈〉	같지 않다	=A1〈〉B1	TRUE

(3) 텍스트 연결 연산자

텍스트와 텍스트를 연결하는 연산자입니다.

데이터	[A1] : "엑셀", [B1] : "과 ", [C1] : "통계"

연산자	기능	수식	결과 값
&	두 텍스트 값을 연결	=A1&B1&C1	엑셀과 통계

(4) 참조 연산자

선택한 셀을 결합하여 참조하는 연산자입니다.

연산자	기능
:	선택한 두 셀 사이의 모든 셀(두 셀 포함)을 참조하는 범위 연산자
,	선택한 여러 셀 범위를 모두 참조하는 논리합 연산자(=통합 연산자)
공백	선택한 여러 셀 범위에서 교차하여 겹쳐진 셀만 참조하는 논리곱 연산자

	A	B	C	D	F	G
1	[데이터]				수식	결과 값
2	15	10	5	14	=SUM(B2:D3)	35
3	4	3	2	1	=SUM(A2,B3:B4,C4:C5)	52
4	6	7	8	16	=SUM(A3:D4 B2:C5)	20
5	13	12	9	11		

(5) 연산자 우선순위

하나의 수식에서 여러 연산자를 사용하는 경우에는 다음과 같은 순서대로 연산이 수행됩니다.

순위	연산자 유형	연산 기호 및 우선 순위
1	괄호	( )
2	참조 연산자	: ➡ 공백 ➡ ,
3	음수	−
4	산술 연산자	% ➡ ^ ➡ *,/ ➡ +,−
5	텍스트 연결 연산자	&
6	비교 연산자	=,<,>,<=,>=,<>

3. 수식의 오류값

엑셀은 수식에서 오류가 발생하면 다음과 같은 오류값을 표시하여 어떤 오류가 발생하였는지 알려줍니다.

오류값	설명
#DIV/0!	숫자를 0 또는 값이 없는 빈 셀로 나눈 경우에 표시됩니다.
#N/A	수식에서 지정한 위치에 값이 없거나 함수 인수에 문제가 있는 경우에 표시됩니다.
#NAME?	이름 또는 함수의 철자가 틀렸거나, 텍스트 값에 ""를 안했거나, 참조 연산자를 잘못 사용한 경우에 표시됩니다.
#NULL!	참조 연산자 공백을 사용했을 때 교차하지 않는 셀 범위를 사용한 경우에 표시됩니다.
#NUM!	수식이나 함수에 지정한 숫자가 잘못된 경우에 표시됩니다.
#REF!	참조된 셀이 옮겨졌거나 삭제된 셀을 참조한 경우에 표시됩니다.
#VALUE!	수식이나 함수에 사용한 값의 형식이 잘못되거나 연산자에 문제가 있는 경우에 표시됩니다.
######	열 너비가 좁아서 내용이 모두 표시되지 못하거나 음수인 날짜/시간이 입력된 경우에 표시됩니다.

4. 수식 이동과 복사

(1) 수식 이동

수식을 잘라내기([홈] 탭 → [클립보드] 그룹 → [잘라내기]) 한 후, 붙여넣기([홈] 탭 → [클립보드] 그룹 → [붙여넣기])를 하여 수식이 이동한 경우에는 수식 안의 셀 참조가 변경되지 않습니다.

(2) 수식 복사

수식을 복사하기([홈] 탭 → [클립보드] 그룹 → [복사]) 한 후, 붙여넣기([홈] 탭 → [클립보드] 그룹 → [붙여넣기])를 하여 수식이 복사한 경우에는 수식 안의 셀 참조가 참조 유형에 따라 변경될 수 있습니다.

(3) 채우기 핸들을 이용한 수식 복사

❶ 수식이 입력된 셀을 클릭합니다.

❷ 채우기 핸들을 인접한 셀에 드래그 하여 복사하려는 셀이나 셀 범위를 채웁니다.

❸ 결과 값은 참조 유형에 따라 수식 참조가 변경되면서 셀에 값이 표시됩니다.

5. 참조의 사용

(1) 참조의 표시

수식에서 다른 셀이나 셀 범위에 있는 값을 사용할 수 있게 하는 참조는 대상에 따라 다음과 같이 작성할 수 있습니다.

참조 대상	참조 표시
A열 5행의 셀	A5
B열 1행부터 10행까지의 셀	B1:B10
5행의 C열부터 G열까지의 셀	C5:G5
5행에 있는 모든 셀	5:5
1행부터 8행까지 모든 셀	1:8
E열의 모든 셀	E:E
A열부터 D열까지 모든 셀	A:D
A열 1행부터 F열 5행까지 모든 셀	A1:F5
B열 2행의 셀과 C열 4행의 셀	B2,C4

(2) 참조의 유형과 차이

참조의 유형은 상대 참조, 절대 참조, 혼합 참조, 3차원 참조, 외부 참조가 있습니다.

상대 참조는 'A2'처럼 셀 주소의 행과 열 앞에 '$'기호가 없지만 절대 참조는 '$A$2'처럼 행과 열 앞에 '$'기호가 있습니다. 또한 혼합 참조는 'A$2' 또는 '$A2'처럼 행 앞에 '$'기호가 있거나 열 앞에 '$'기호가 있습니다.

상대 참조가 포함된 수식을 복사하면 참조하는 행과 열이 상대적으로 변경되고, 절대 참조가 포함된 수식을 복사하면 변경되지 않습니다. 혼합 참조가 포함된 수식을 복사하면 행과 열 중에서 '$'기호가 없는 행/열은 상대적으로 변경되고 '$'기호가 있는 행/열은 변경되지 않습니다.

(3) 상대 참조, 절대 참조, 혼합 참조의 수식 복사

다음은 상대 참조, 절대 참조, 혼합 참조를 이용하여 수식을 복사한 예입니다. 왼쪽 그림은 각 참조별로 [A2] 셀을 복사한 후 채우기 핸들을 드래그 하여 수식을 복사하는 과정을 표시하고, 오른쪽 그림은 수식 복사한 후 결과 값을 표시합니다.

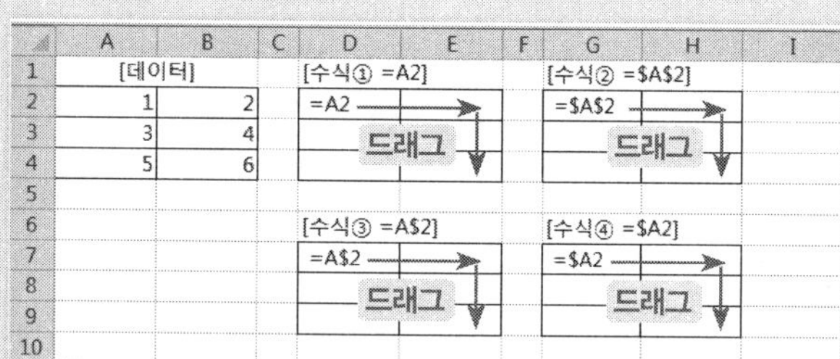

〈채우기 핸들을 드래그한 수식 복사〉

〈수식 복사 후 결과 값〉

수식을 복사한 후의 결과 값이 표시된 셀들을 선택하고 [수식] 탭 → [수식 분석] 그룹 → [수식 표시]를 클릭하면 오른쪽 그림과 같이 각 셀마다 수식이 표시되어 각 참조별 수식복사의 변화된 결과를 확인할 수 있습니다.

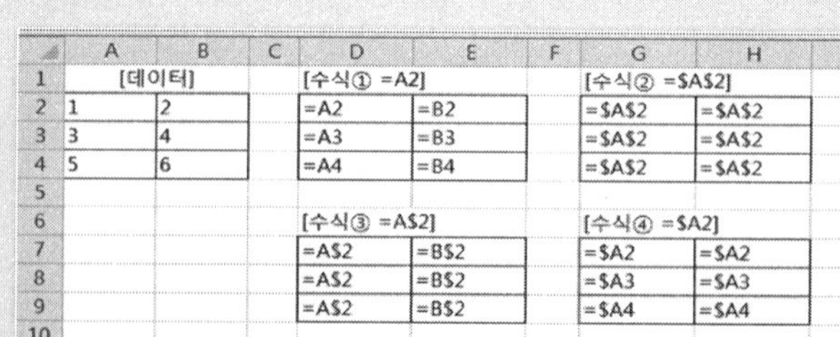

〈결과값에 대한 수식 표시〉

(4) 3차원 참조

다른 워크시트의 셀을 참조하는 것을 3차원 참조라고 합니다.

3차원 참조 표시는 "Sheet1!A1" 처럼 해당 워크시트의 이름과 "!" 기호를 사용해서 참조합니다. 워크시트의 이름에 공백이 있으면 "'1학기 성적'!A1"처럼 작은 따옴표(' ')를 사용합니다.

(5) 외부 참조

다른 통합 문서(엑셀 파일)의 셀을 참조하는 것을 외부 참조라 합니다.

참조하려는 다른 통합 문서가 열려 있는 경우 외부 참조 표시는 "[수검자명단.xlsx]Sheet1!A1"처럼 해당 통합 문서 이름과 대괄호([ ])를 사용해서 참조합니다.

반면 참조하려는 다른 통합 문서가 열려 있지 않는 경우 외부 참조 표시는 "'D:\강의\엑셀실습\[수검자명단.xlsx]Sheet1'!A1"처럼 전체 경로와 작은 따옴표(' ')를 사용해서 참조합니다.

(6) [F4]키를 이용한 셀 주소 입력

참조는 셀 주소를 입력한 후 [F4]를 누르면 [F4]를 누를 때마다 다음과 같은 순서로 변경됩니다.

상대참조		절대참조		혼합참조		혼합참조		상대참조
A1	➡ [F4] ➡	$A$1	➡ [F4] ➡	A$1	➡ [F4] ➡	$A1	➡ [F4] ➡	A1

4-1 수식을 입력하여 지점별 재고현황 작성하기

준비 파일 '4장_지점별 재고현황'을 열고 오른쪽 그림과 같이 문서를 완성하시오.

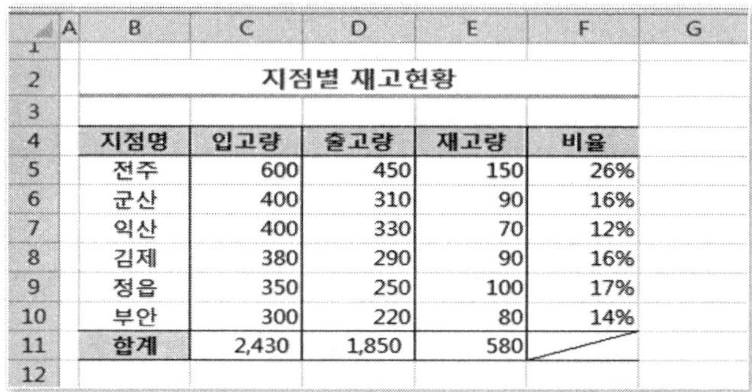

지점별 재고현황

지점명	입고량	출고량	재고량	비율
전주	600	450	150	26%
군산	400	310	90	16%
익산	400	330	70	12%
김제	380	290	90	16%
정읍	350	250	100	17%
부안	300	220	80	14%
합계	2,430	1,850	580	

01. 재고량을 구하기 위해 [E5]셀에 '=C5−D5'를 입력합니다.

참고로 수식 입력에서 [C5], [D5]를 직접 입력하지 않고 해당 셀을 클릭하여도 입력할 수도 있습니다.

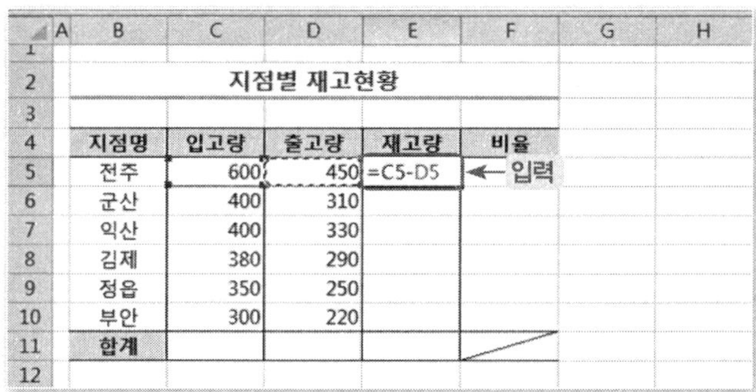

지점별 재고현황

지점명	입고량	출고량	재고량	비율
전주	600	450	=C5-D5	
군산	400	310		
익산	400	330		
김제	380	290		
정읍	350	250		
부안	300	220		
합계				

02. [E5]의 재고량이 구해지면 [E5]셀을 선택한 후 채우기 핸들을 [E10]셀까지 드래그하여 수식을 복사합니다.

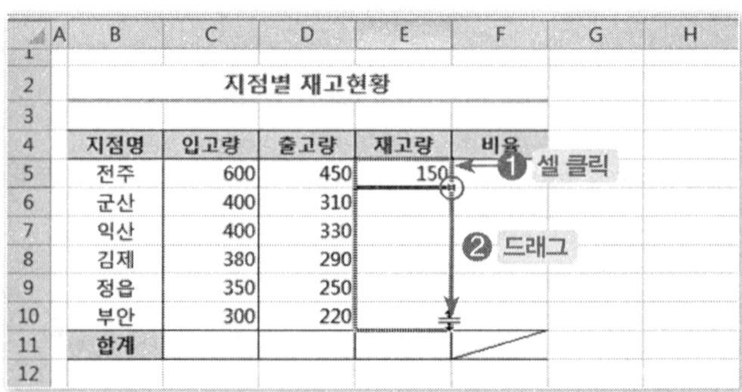

지점별 재고현황

지점명	입고량	출고량	재고량	비율
전주	600	450	150	
군산	400	310		
익산	400	330		
김제	380	290		
정읍	350	250		
부안	300	220		
합계				

03. 입고량 합계를 구하기 위해 [C11]셀에 '=C5+C6+C7+C8+C9+C10'을 입력합니다.

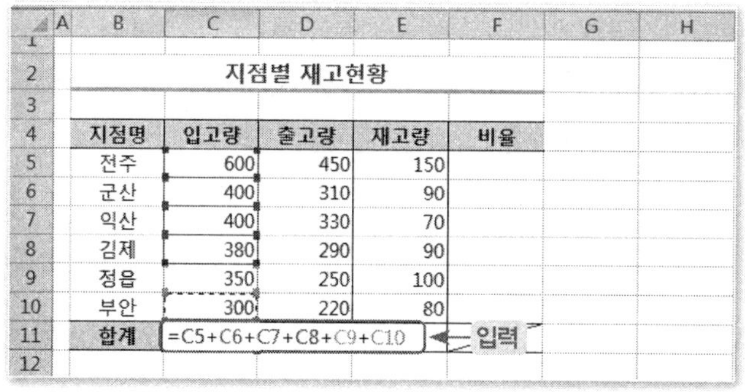

04. 출고량과 재고량의 합계도 구하기 위해 입고량 합계 결과 값 [C11]셀을 선택한 후 채우기 핸들을 [E9]셀까지 드래그하여 수식 복사를 합니다.

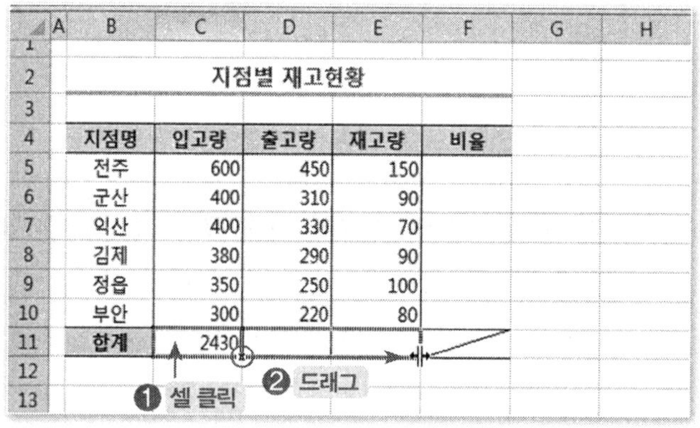

05. 재고량의 비율을 구하기 위해 [F5]셀에 '=E5/$E$11'을 입력합니다.

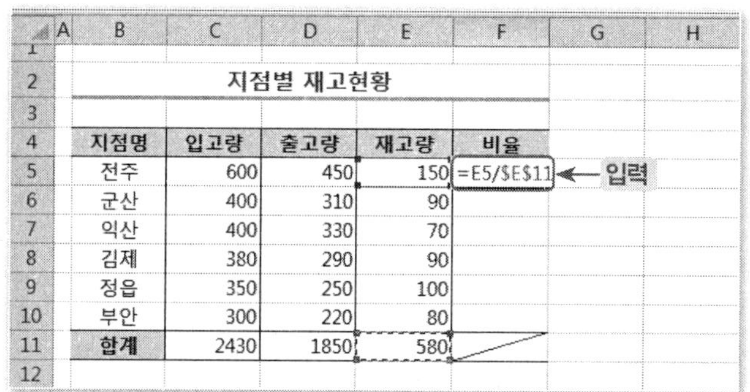

06. [F5]의 비율 값이 구해지면 [F5]셀을 선택한 후 채우기 핸들을 [F10]까지 드래그하여 수식을 복사합니다.

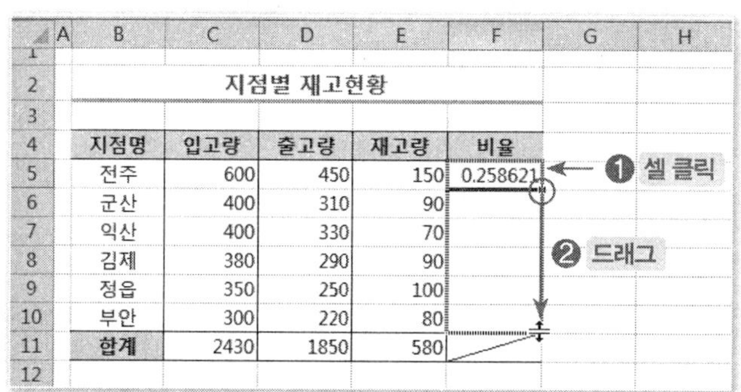

07. 구해진 비율을 백분율로 표시하기 위해 [F5:F10]셀을 모두 선택한 후 [홈] 탭 → [표시 형식] 그룹 → [백분율 스타일]을 클릭합니다.

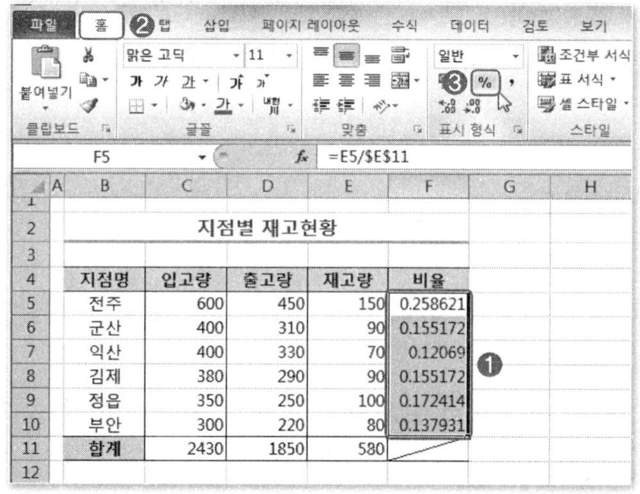

	B	C	D	E	F
2	지점별 재고현황				
4	지점명	입고량	출고량	재고량	비율
5	전주	600	450	150	0.258621
6	군산	400	310	90	0.155172
7	익산	400	330	70	0.12069
8	김제	380	290	90	0.155172
9	정읍	350	250	100	0.172414
10	부안	300	220	80	0.137931
11	합계	2430	1850	580	

08. 천 단위 이상의 숫자에 세 자리 마다 콤마를 표시하기 위해 [C11:D11]셀을 모두 선택한 후 [홈] 탭 → [표시 형식] 그룹 → [쉼표 스타일]을 클릭합니다.

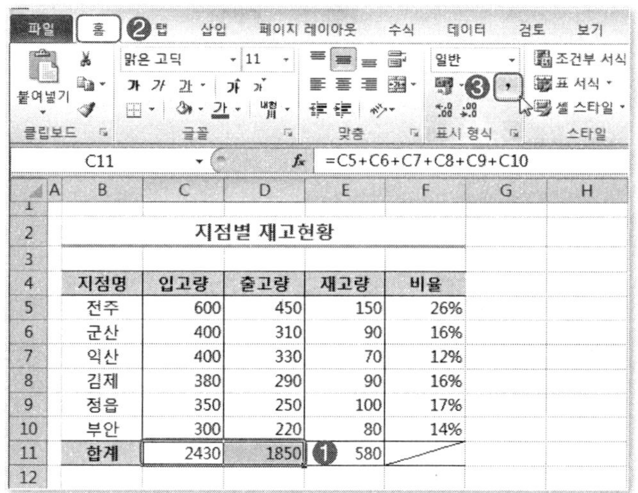

	B	C	D	E	F
2	지점별 재고현황				
4	지점명	입고량	출고량	재고량	비율
5	전주	600	450	150	26%
6	군산	400	310	90	16%
7	익산	400	330	70	12%
8	김제	380	290	90	16%
9	정읍	350	250	100	17%
10	부안	300	220	80	14%
11	합계	2430	1850	580	

09. 오른쪽 그림과 같이 완성된 문서를 [저장] 단추를 눌러 저장하고, [파일] 탭 → [끝내기]를 클릭하거나 또는 화면 오른쪽 상단에 [닫기] 단추를 클릭하여 작업을 종료합니다.

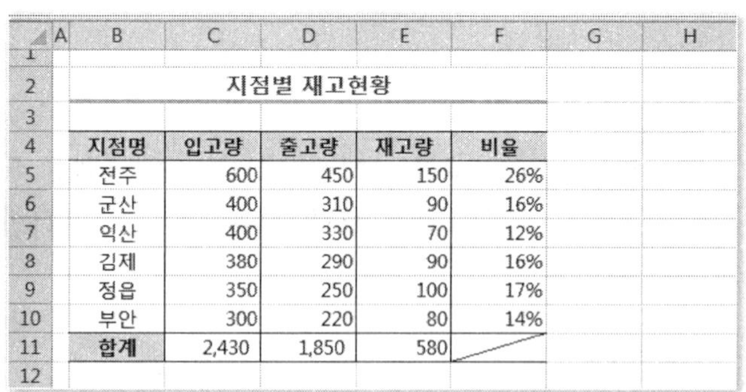

	B	C	D	E	F
2	지점별 재고현황				
4	지점명	입고량	출고량	재고량	비율
5	전주	600	450	150	26%
6	군산	400	310	90	16%
7	익산	400	330	70	12%
8	김제	380	290	90	16%
9	정읍	350	250	100	17%
10	부안	300	220	80	14%
11	합계	2,430	1,850	580	

4-2 수식을 입력하여 제품 코드별 판매현황 작성하기

준비 파일 '4장_제품 코드별 판매현황'을 열고 오른쪽 그림과 같이 문서를 완성하시오.

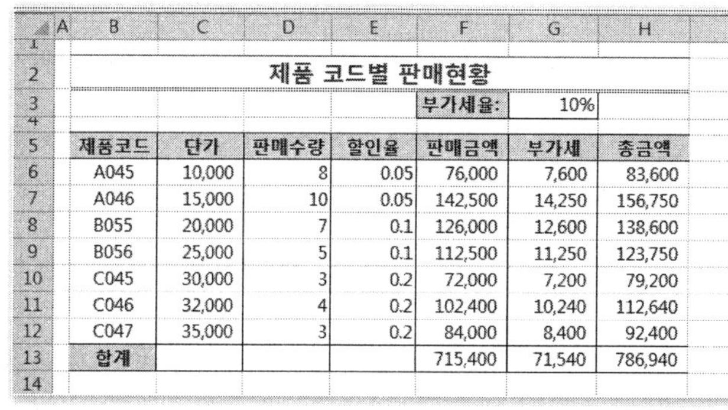

	B	C	D	E	F	G	H
2	제품 코드별 판매현황						
3					부가세율:	10%	
5	제품코드	단가	판매수량	할인율	판매금액	부가세	총금액
6	A045	10,000	8	0.05	76,000	7,600	83,600
7	A046	15,000	10	0.05	142,500	14,250	156,750
8	B055	20,000	7	0.1	126,000	12,600	138,600
9	B056	25,000	5	0.1	112,500	11,250	123,750
10	C045	30,000	3	0.2	72,000	7,200	79,200
11	C046	32,000	4	0.2	102,400	10,240	112,640
12	C047	35,000	3	0.2	84,000	8,400	92,400
13	합계				715,400	71,540	786,940

01. 판매금액을 구하기 위해 [F6]셀에 '=C6*D6*(1−E6)'을 입력합니다.(단, 판매금액: 단가×판매수량×(1−할인율))

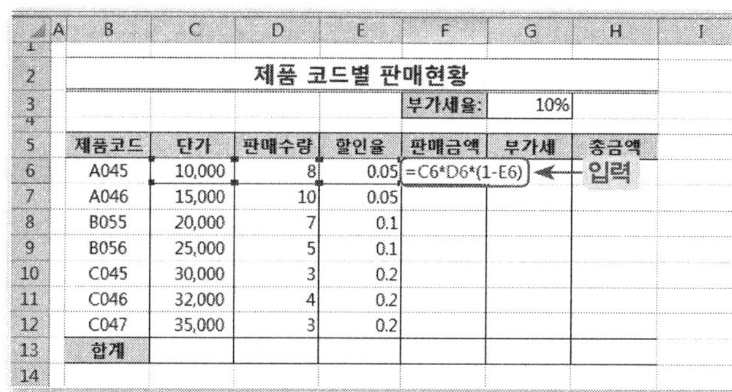

	B	C	D	E	F	G	H
2	제품 코드별 판매현황						
3					부가세율:	10%	
5	제품코드	단가	판매수량	할인율	판매금액	부가세	총금액
6	A045	10,000	8	0.05	=C6*D6*(1-E6)		
7	A046	15,000	10	0.05			
8	B055	20,000	7	0.1			
9	B056	25,000	5	0.1			
10	C045	30,000	3	0.2			
11	C046	32,000	4	0.2			
12	C047	35,000	3	0.2			
13	합계						

02. [F6]의 판매금액이 구해지면 [F6]셀을 선택한 후 채우기 핸들을 [F12]셀까지 드래그하여 수식을 복사합니다.

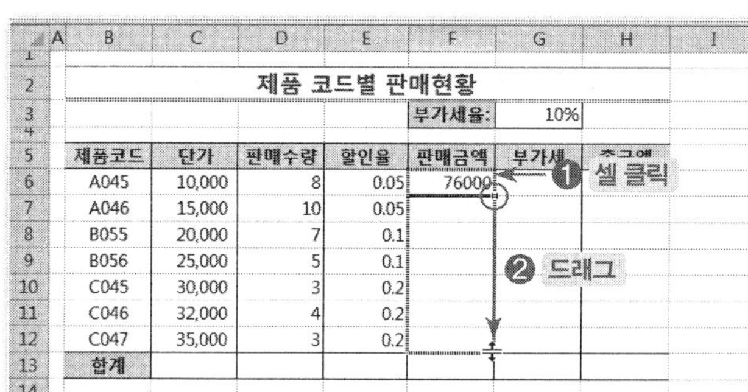

	B	C	D	E	F	G	H
2	제품 코드별 판매현황						
3					부가세율:	10%	
5	제품코드	단가	판매수량	할인율	판매금액	부가세	총금액
6	A045	10,000	8	0.05	76000		
7	A046	15,000	10	0.05			
8	B055	20,000	7	0.1			
9	B056	25,000	5	0.1			
10	C045	30,000	3	0.2			
11	C046	32,000	4	0.2			
12	C047	35,000	3	0.2			
13	합계						

03. 부가세를 구하기 위해 [G6]셀에 '=F6*$G$3'을 입력합니다.(단, 부가세: 판매금액×부가세율)

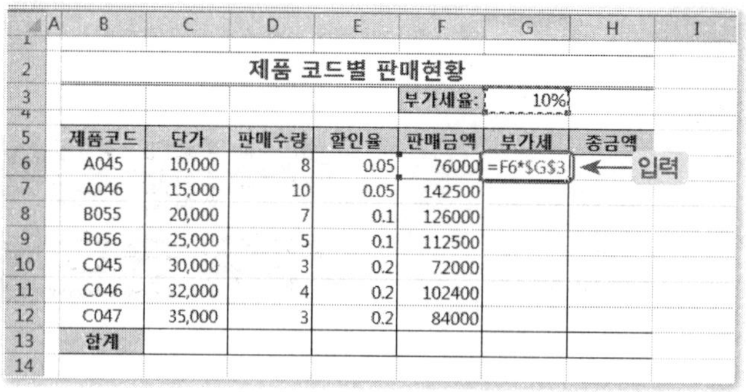

04. [G6]의 부가세가 구해지면 [G6]셀을 선택한 후 채우기 핸들을 [G12]셀까지 드래그하여 수식을 복사합니다.

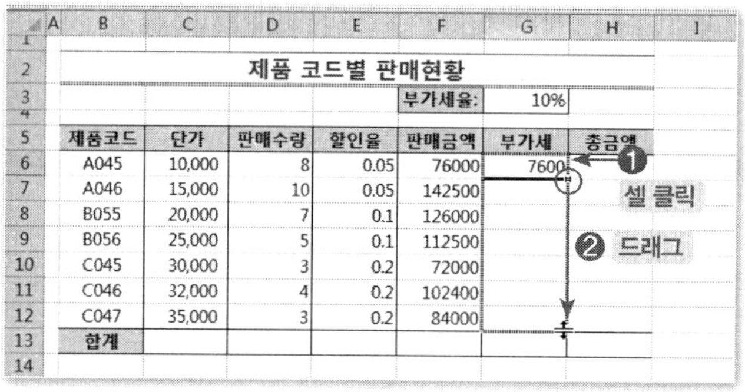

05. 총금액을 구하기 위해 [H6]셀에 '=F6+G6'을 입력합니다.(단, 총금액: 판매금액+부가세)

06. [H6]의 총금액이 구해지면 [H6]셀을 선택한 후 채우기 핸들을 [H12]셀까지 드래그하여 수식을 복사합니다.

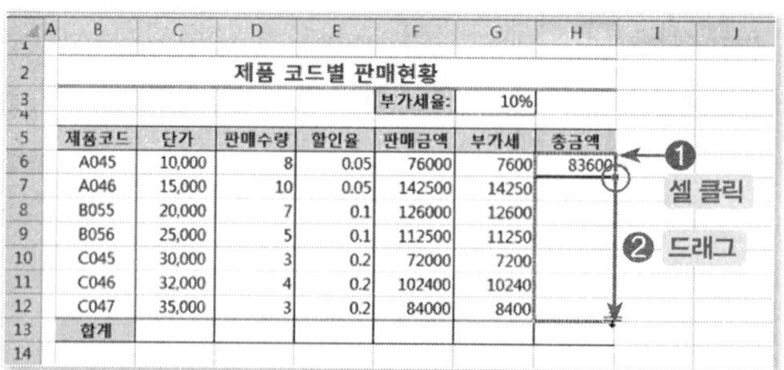

07. 판매금액의 합계를 구하기 위해 [F13]셀에 '=F6+F7+F8+F9+F10+F11+F12'를 입력합니다.

08. [F13]의 합계가 구해지면 [F13]셀을 선택한 후 채우기 핸들을 [H13]셀까지 드래그하여 수식을 복사합니다.

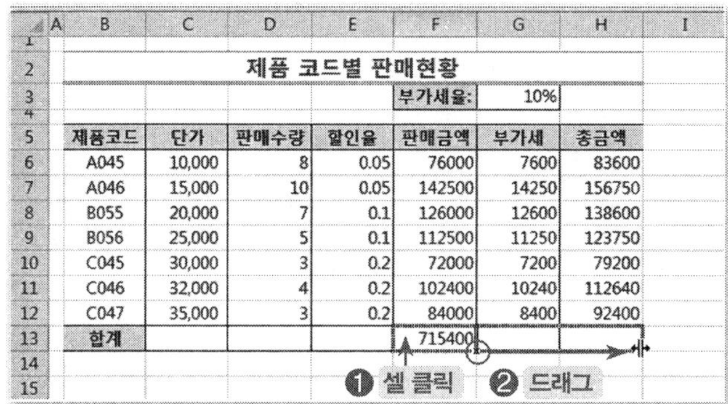

09. 천 단위 이상의 숫자에 세 자리 마다 콤마를 표시하기 위해 [F6:H13]셀을 모두 선택한 후 [홈] 탭 → [표시 형식] 그룹 → [쉼표 스타일]을 클릭합니다.

10. 오른쪽 그림과 같이 완성된 문서를 [저장] 단추를 눌러 저장하고, [파일] 탭 → [끝내기]를 클릭하거나 또는 화면 오른쪽 상단에 [닫기] 단추를 클릭하여 작업을 종료합니다.

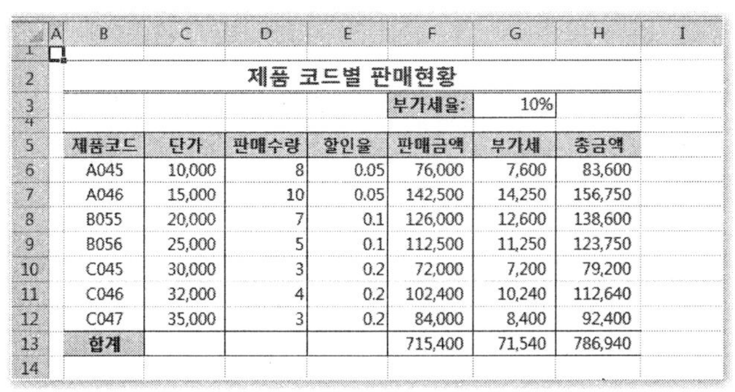

실력 점검 문제

[문제 4-1] 준비파일('실력점검_4-1-준비.xlsx')을 열기한 후 아래 조건에 따라 다음의 오른쪽 문서와 같이 판매금액과 비율을 계산하시오.

우리마트 수산물 일일 판매 현황

분류	상품명	단위	단가	판매량	판매금액	비율
수산	생고등어	2마리	4,980	59		
수산	자반고등어	2손(4마리)	3,980	67		
수산	대하	23마리	12,800	38		
수산	제주갈치	3마리	12,800	52		
수산	오징어	2마리	3,980	63		
수산	생삼치	1마리	5,800	44		
				판매합계		

〈준비 파일〉

우리마트 수산물 일일 판매 현황

분류	상품명	단위	단가	판매량	판매금액	비율
수산	생고등어	2마리	4,980	59	293,820	13%
수산	자반고등어	2손(4마리)	3,980	67	266,660	12%
수산	대하	23마리	12,800	38	486,400	22%
수산	제주갈치	3마리	12,800	52	665,600	30%
수산	오징어	2마리	3,980	63	250,740	11%
수산	생삼치	1마리	5,800	44	255,200	12%
				판매합계	2,218,420	

〈완성 문서〉

[작성 조건]

- **판매금액[G5:G10] : 계산식=단가×판매량, 쉼표 스타일(,) 표시**
- **판매합계[G11] : 판매금액의 총 합계**
- **비율[H5:H10] : 계산식=판매금액/판매합계, 결과 값 끝에 '%' 단위 표시, 비율 계산식에서 판매합계[$G$11] 는 절대참조로 표시**

[문제 4-2] 준비파일('실력점검_4-2-준비.xlsx')을 열기한 후 아래 조건에 따라 다음의 오른쪽 문서와 같이 구입액과 합계를 계산하시오.

가공식품 구입 현황

상품명	제조회사	단위	단가	할인율 수량	10% 구입액
생칼국수	칠갑	400g	1,000	50	
교자만두	칠갑	1350g	4,000	30	
3분쇠고기카레/짜장	오뚜기	200g	800	50	
사골곰탕/육개장	오뚜기	350g	1,000	50	
진짬뽕	삼양	4+1입	5,000	30	
프란치카페	남양	50입	5,000	20	
런천미트/롯데햄	롯데	340g	2,000	50	
				합계	

〈준비 파일〉

가공식품 구입 현황

상품명	제조회사	단위	단가	할인율 수량	10% 구입액
생칼국수	칠갑	400g	1,000	50	45,000
교자만두	칠갑	1350g	4,000	30	108,000
3분쇠고기카레/짜장	오뚜기	200g	800	50	36,000
사골곰탕/육개장	오뚜기	350g	1,000	50	45,000
진짬뽕	삼양	4+1입	5,000	30	135,000
프란치카페	남양	50입	5,000	20	90,000
런천미트/롯데햄	롯데	340g	2,000	50	90,000
				합계	549,000

〈완성 문서〉

[작성 조건]

- **구입액[G6:G12] : 계산식=(단가×수량)-(단가×수량×할인율), 쉼표 스타일(,) 표시, 구입액 계산식에서 할인율[$G$4]은 절대참조로 표시**
- **합계[G13] : 구입액의 총 합계**

CHAPTER 05

자동합계와 함수의 활용

함수는 복잡하고 반복적인 계산 작업을 쉽고 간단하게 처리할 수 있도록 미리 프로그램으로 정의한 수식입니다. 엑셀에서 가장 많이 사용하는 함수에는 합계, 평균, 최대값, 최소값, 숫자 개수 등이 있는데 이들 함수는 [자동 합계] 단추를 클릭하여 쉽게 사용할 수 있습니다. 함수도 수식의 일부분이므로 수식과 마찬가지로 등호(=)로 시작합니다. 함수는 '인수'라는 특정 값을 사용하여 결과 값을 구합니다. 인수는 TODAY() 함수처럼 인수가 필요 없는 함수도 있지만 대부분의 함수는 인수를 필요로 합니다.

학습 목표

- 합계, 평균, 최대값, 최소값, 숫자 개수 등을 [자동 합계] 단추를 클릭하여 계산할 수 있습니다.
- 함수의 구성 요소를 알고 함수 마법사를 이용하여 함수식을 입력할 수 있습니다.
- 함수 라이브러리 그룹의 그룹별 함수 묶음에서 원하는 함수를 불러올 수 있습니다.
- 자주 사용되는 논리 함수, 텍스트 함수, 날짜 및 시간 함수, 찾기/참조 함수, 수학/삼각 함수, 통계 함수 등의 함수 종류를 알 수 있습니다.
- 각 함수의 종류 안에 포함된 함수의 형식과 사용 방법을 알고 수식에 적용할 수 있습니다.

실습구성

준비학습

실습 5-1　자동합계를 이용한 평가점수표 작성하기

실습 5-2　논리 함수와 찾기/참조 함수를 이용한 사원평가 문서 작성하기

실습 5-3　주민번호와 텍스트 함수, 논리 함수, 날짜 함수를 이용한 개인 정보 입력하기

실력 점검 문제

준비학습

1. 자동합계 목록과 계산

(1) 자동합계 목록

엑셀에서 가장 많이 사용하는 함수인 합계, 평균, 숫자 개수, 최대값, 최소값 등을 아이콘으로 준비해 놓은 것이 자동 합계 목록 단추입니다. 이것은 리본 메뉴의 [홈] 탭 → [편집] 그룹이나 또는 [수식] 탭 → [함수 라이브러리] 그룹에서 사용할 수 있습니다.

[Σ자동 합계]를 클릭하면 합계만 구할 수 있지만 [자동 합계]의 [목록] 단추(Σ▾)를 클릭하면 다음과 같이 합계뿐만 아니라 평균, 숫자 개수, 최대값, 최소값도 구할 수 있습니다.

❶ 합계(SUM) : 해당 셀 범위에 있는 숫자의 합계 값을 구합니다.

❷ 평균(AVERAGE) : 해당 셀 범위에 있는 숫자의 평균 값을 구합니다.

❸ 숫자 개수(COUNT) : 해당 셀 범위에서 숫자 데이터가 포함된 셀의 개수를 구합니다. 빈 셀, 텍스트, 논리 값, 오류 값이 표시되는 셀은 제외됩니다.

❹ 최대값(MAX) : 해당 셀 범위에 있는 숫자의 가장 큰 값을 구합니다.

❺ 최소값(MIN) : 해당 셀 범위에 있는 숫자의 가장 작은 값을 구합니다.

(2) 자동합계 계산하기

❶ 합계를 표시할 셀을 선택한 후 [홈] 탭 → [편집] 그룹 → [자동 합계] 아이콘(Σ)을 클릭합니다.

❷ 해당 셀의 위쪽 혹은 왼쪽으로 인접한 숫자가 있는 셀들이 범위로 자동 설정되고 강조되어 표시됩니다. 강조된 셀들은 내적으로 합계를 구하는 수식이 자동으로 입력되어 있습니다.

❸ 만약 셀 범위가 원하는 범위와 다르면 마우스로 원하는 셀 범위를 직접 선택할 수 있습니다.

❹ 셀 범위가 바르게 지정되었으면 Enter 를 눌러 입력을 마칩니다.

❺ 입력이 완료되면 해당 셀 범위의 합계가 표시됩니다.

❻ [자동 합계]에서 '합계' 이외의 '평균'이나 '최소값' 등의 다른 계산을 원한다면 아이콘 옆의 [목록] 단추(Σ▾)를 클릭하여 원하는 계산 유형을 선택하고 나머지 과정은 '합계' 과정과 같습니다.

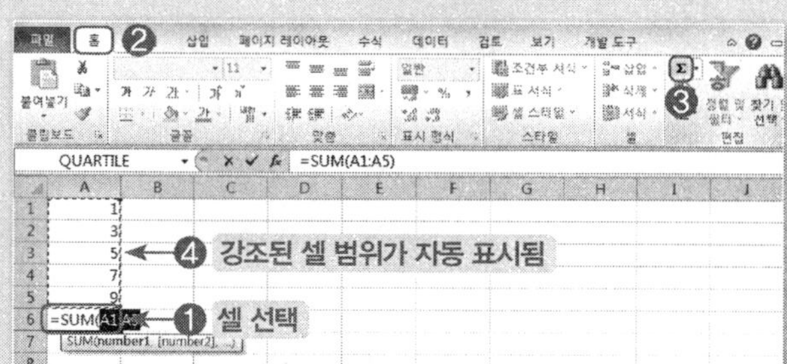

〈자동합계 : 합계 계산〉

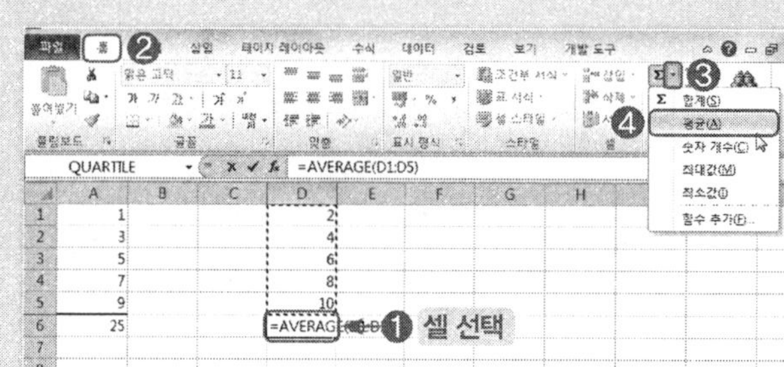

〈자동합계 : 평균 계산〉

2. 함수의 구성과 입력 방법

(1) 함수의 구성

함수는 복잡한 수식을 쉽게 계산할 수 있도록 미리 정의해 놓은 간편한 식입니다. 함수는 보통 한 개 이상의 값(인수)을 입력받아 계산을 수행하고 한 개 이상의 값을 반환합니다. 인수는 괄호 안에 표시하며 여러 개의 인수가 존재하는 경우에는 쉼표(,)로 구분합니다. 함수에는 TODAY()처럼 인수가 필요하지 않는 함수도 있습니다.

함수는 다음과 같이 등호, 함수이름, 괄호 안에 인수 등으로 구성됩니다.

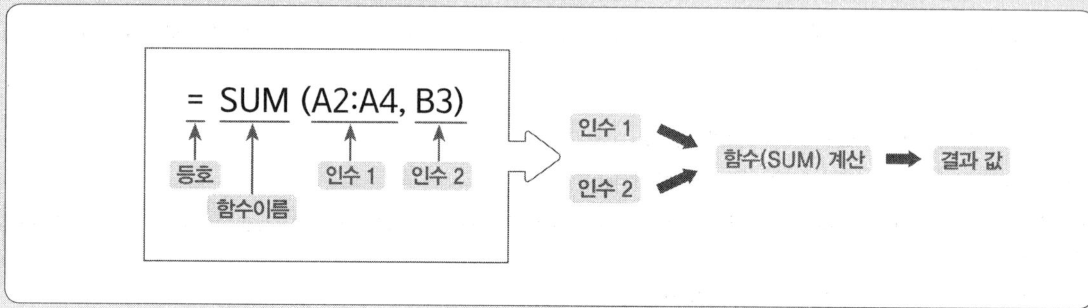

❶ 등호 : 함수식도 수식의 한 종류이기 때문에 수식에서 맨 처음에 등호가 필요합니다.

❷ 함수 이름 : 기능에 따라 다양한 종류의 함수가 있습니다.

❸ 괄호 : 함수 이름 다음에는 반드시 괄호가 표시되고, 괄호 안에 필요한 인수를 입력합니다.

❹ 인수 : 함수에서 계산에 사용하는 값입니다. 함수에 따라 다양한 인수를 사용합니다.

❺ 쉼표 : 함수가 하나 이상의 인수를 사용할 경우 쉼표로 구분합니다.

(2) 함수 마법사

[함수 마법사] 대화상자를 통해서 원하는 함수를 검색하거나 전체 함수 목록에서 선택할 수 있습니다. [함수 마법사] 대화상자를 표시하려면 다음의 세 가지 방법이 있습니다.

❶ [수식] 탭 → [함수 라이브러리] 그룹 → [함수 삽입]을 클릭합니다.

❷ [수식] 탭 → [함수 라이브러리] 그룹 → [자동 합계]의 [목록] 단추를 클릭한 후 [함수 추가]를 클릭합니다.

❸ 수식 입력줄에서 [함수 삽입] *fx* 단추를 클릭합니다.

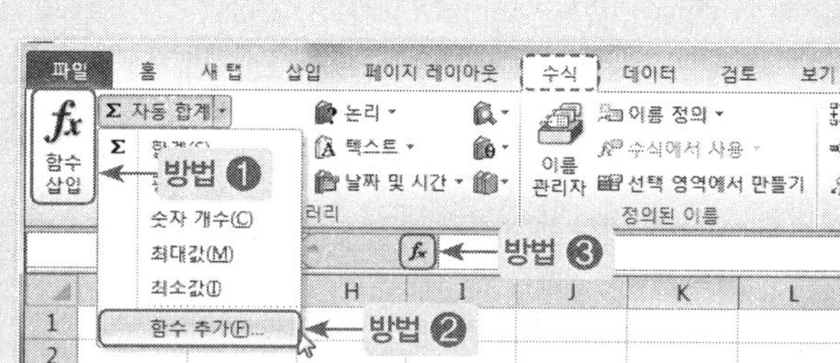

[함수 마법사] 대화상자가 표시되어 함수를 검색하고 인수를 입력하는 과정은 다음과 같습니다.

❶ 함수 검색 : 검색할 내용을 입력한 후 [검색] 단추를 클릭해서 함수를 검색할 수 있습니다.

❷ 범주 선택 : [범주 선택]에서 목록 단추를 클릭하여 함수의 범주를 표시하여 선택합니다.

❸ 함수 선택 : [함수 선택] 목록에서 원하는 함수를 선택한 후 [확인]을 클릭하면 [함수 인수] 대화상자가 나타납니다.

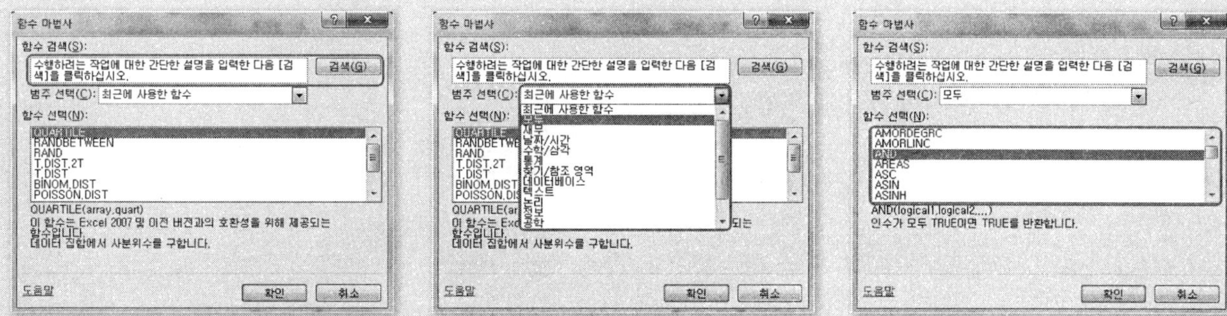

❹ 인수 설정 : [함수 인수] 대화상자에서 인수를 적절히 설정하고 [확인]을 클릭합니다.

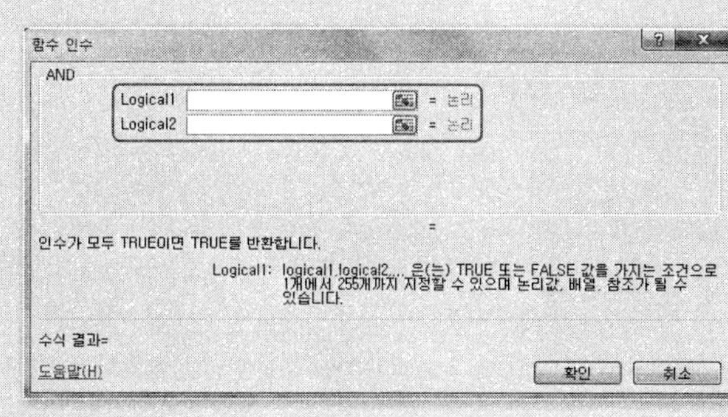

(3) 함수 라이브러리

대부분의 함수들이 함수 라이브러리에 그룹별로 분류되어 있으므로 선택해서 사용할 수 있습니다.

❶ 함수를 추가할 셀을 선택합니다.

❷ [수식] 탭 → [함수 라이브러리] 그룹에 그룹별로 함수들이 정리되어 있습니다.

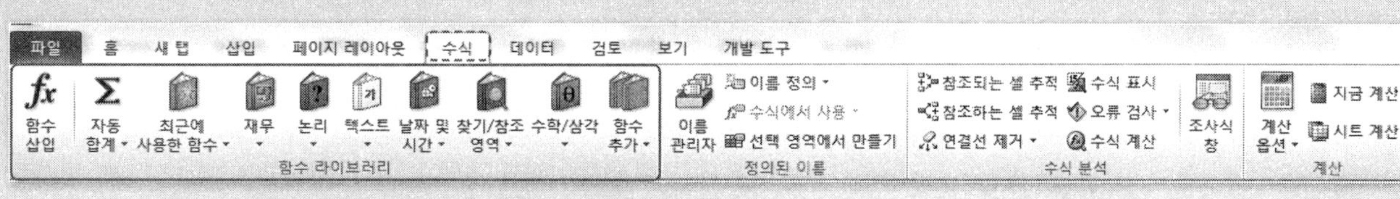

❸ 함수 그룹 이름 옆의 목록 단추를 클릭해서 그룹별로 함수 목록을 표시하고 목록에서 함수를 선택합니다.

❹ 함수를 선택하면 해당 함수 사용에 도움을 주는 [함수 인수] 대화상자가 표시됩니다. 그러면 인수를 적절히 설정하고 [확인]을 클릭합니다.

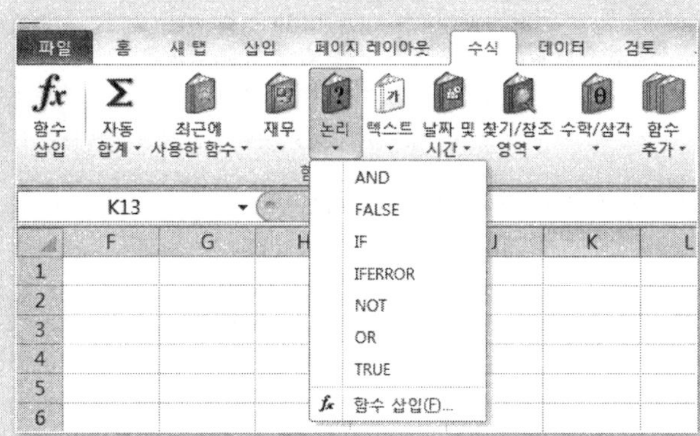

(4) 수식 자동 완성

셀에 등호를 입력한 후 함수 이름을 입력합니다. 입력한 함수 이름으로 시작하는 함수 목록이 나타나면 [Tab]을 누르거나 더블클릭을 합니다.

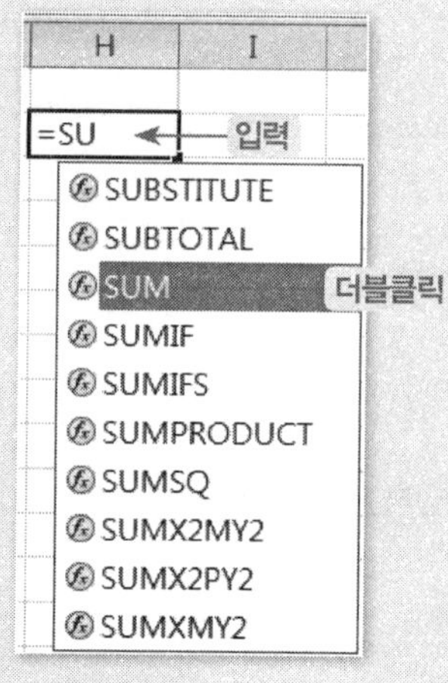

3. 조건식 사용

함수에서 복잡한 조건을 사용해야 하는 경우 다음을 참고하여 조건식을 작성합니다.

(1) 텍스트나 숫자 조건

❶ 숫자만 사용하는 조건은 ""로 묶지 않아도 되지만, 비교 연산자를 사용해야 하는 경우에는 ""로 묶어야 합니다.

❷ 텍스트를 사용하는 조건은 ""로 묶어야 합니다.

❸ 텍스트를 비교할 경우 대소문자를 구분하지 않습니다.

❹ 텍스트는 숫자 텍스트 < 한글 텍스트 < 영어 알파벳 순서로 데이터 값이 커집니다.("1","2", ... "가","나", ... "A","B", ...)

❺ 텍스트 비교 예

(주어진 데이터) : 1월, 2월, 3월, 4월, 5월, 6월, 7월, 8월, 9월, 10월, 11월, 12월

조건식 예	조건에 맞는 데이터	설명
<"3월"	1월, 2월, 10월, 11월, 12월	첫 글자가 "3"보다 작고, 두 번째 글자가 "월"보다 작은 텍스트 데이터
>"11월"	1월, 2월, 3월, 4월, 5월, 6월, 7월, 8월, 9월, 12월	첫 글자가 "1"보다 크고, 두 번째 글자가 "1"보다 크고, 세 번째 글자가 "월"보다 큰 텍스트 데이터

(2) 와일드카드 기호를 사용한 텍스트 찾기

❶ 별표(*) : 임의의 여러 문자를 나타냅니다.

조건식 예	조건에 맞는 데이터
"김*"	김길동, 김철수, 김열, 김마리아, ...
"*국"	대한민국, 방송국, 미역국, 미국, ...

❷ 물음표(?) : 임의의 한 문자를 나타냅니다.

조건식 예	조건에 맞는 데이터
"이?숙"	이미숙, 이정숙, 이금숙, ...
"?영숙"	이영숙, 김영숙, 조영숙, 양영숙, ...
"박??"	박철순, 박미란, 박성호, ...

(3) 셀 참조 및 수식 사용

❶ 셀 참조나 수식은 조건에서 "" 밖에 놓고 & 연산자로 연결해 주어야 합니다.

❷ 셀 참조와 수식 예

조건식 예	설명
<$B$3 또는 <B3	B3셀의 값보다 작은 값을 찾음
>=A1*0.8 또는 >=$A$1*0.8	A1셀의 값에 0.8을 곱한 것보다 크거나 같은 값을 찾음
<"B3"	"B3"이라는 텍스트 값보다 작은 값을 찾음

4. 자주 사용되는 함수의 종류

(1) 논리 함수

함수 형식	사용 방법	설명 / 결과 값
IF(조건식, 값1, 값2)	=IF(A2<=10,100,200) (단, [A2]셀 값 : 10)	조건식이 참이면 값1, 거짓이면 값2를 취함
		100
IFERROR(수식, 오류값)	=IFERROR(10/하,"계산오류")	수식이 오류이면 오류값을, 수식이 오류가 아니면 수식의 결과 값을 표시
		계산오류 (수식계산이 불가능하므로)
AND(논리식1, 논리식2, ...)	=AND(10>9, 5>2)	모든 논리식이 참일 경우에만 TRUE 표시
		TRUE (각 비교결과가 모두 참이기 때문)
OR(논리식1, 논리식2, ...)	=OR(10<9, 5<2)	논리식 중에 하나라도 참이 있을 경우 TRUE를 표시
		FALSE (각 비교결과가 모두 거짓이기 때문)
NOT(논리식)	=NOT(50>=20)	논리식이 참이면 FALSE, 거짓이면 TRUE를 표시
		FALSE (수식 '50>=20'의 비교결과가 참이기 때문)

(2) 텍스트 함수

함수 형식	사용 방법	설명 / 결과 값
LEFT(텍스트, 구할_문자수)	=LEFT("KOREA", 3)	왼쪽에서 문자열 추출
		KOR
RIGHT(텍스트, 구할_문자수)	=RIGHT("KOREA", 3)	오른쪽에서 문자열 추출
		REA
MID(텍스트, 시작위치, 문자수)	=MID("KOREA", 2, 3)	중간에서 문자열 추출
		ORE

함수 형식	사용 방법	설명 / 결과 값
LOWER(텍스트)	=LOWER(“KOREA”)	영문자를 소문자로 변환
		korea
UPPER(텍스트)	=UPPER(“korea”)	영문자를 대문자로 변환
		KOREA
PROPER(텍스트)	=PROPER(“KOREA”)	영문자의 첫 글자만 대문자로 변환
		Korea
LEN(텍스트)	=LEN(“KOREA”)	텍스트의 문자수를 구함
		5
REPT(텍스트, 반복_회수)	=REPT(“텍스트-함수”,2)	텍스트를 반복 회수만큼 반복한 문자를 구함
		텍스트-함수텍스트-함수
TRIM(텍스트)	=TRIM(“ 텍스트 함수”)	텍스트 사이에 있는 1자리의 공백 문자열(“ ”)을 제외한 모든 공백 문자열을 제거
		텍스트 함수 (두 개의 공백문자가 제거됨)
REPLACE(텍스트, 시작위치, 문자수, 변환문자)	=REPLACE(“JUNE”,3,2,“LY”)	텍스트의 일부를 다른 문자로 변환
		JULY

(3) 날짜 및 시간 함수

함수 형식	사용 방법	설명 / 결과 값
YEAR(일련번호 또는 날짜_문자열)	=YEAR(“2015/11/22”)	일련번호에서 연도를 구함
		2015
MONTH(일련번호 또는 날짜_문자열)	=MONTH(“2015/11/22”)	일련번호에서 월을 구함
		11
DAY(일련번호 또는 날짜_문자열)	=DAY(“2015/11/22”)	일련번호에서 일을 구함
		22
HOUR(일련번호 또는 시간_문자열)	=HOUR(“16:35:50”)	일련번호에서 시를 구함
		16
MINUTE(일련번호 또는 시간_문자열)	=MINUTE(“16:35:50”)	일련번호에서 분을 구함
		35
SECOND(일련번호 또는 시간_문자열)	=SECOND(“16:35:50”)	일련번호에서 초를 구함
		50
TODAY()	=TODAY()	현재 시스템의 날짜를 표시 (인수가 필요 없음)
NOW()	=NOW()	시스템의 현재 날짜와 시간을 표시 (인수가 필요 없음)
DATE(년, 월, 일)	=DATE(2015,12,1)	년, 월, 일을 조합하여 날짜를 구함
		2015-12-01
TIME(시, 분, 초)	=TIME(10,40,20)	시, 분, 초를 조합하여 시간을 구함
		10:40:20

함수 형식	사용 방법	설명 / 결과 값
WEEKDAY(일련번호 또는 문자열, Return_type) 〈Return_type〉 • 1 : 일요일을 1로 시작함 (생략시 기본 설정) • 2 : 월요일을 1로 시작함 • 3 : 월요일을 0으로 시작함	=WEEKDAY("2015-11-25", 2)	일련번호의 요일을 나타내는 값을 구함 3 (3은 수요일을 의미)

(4) 찾기/참조 함수

함수 형식	HLOOKUP(검색값, 범위, 행_번호, [검색유형]) 〈검색유형〉 • TRUE(=생략) : 일치하는 값이 없을 경우 검색값 미만의 최대 값을 검색 • FALSE(=0) : 검색 값과 정확하게 일치하는 값을 검색하고, 일치하는 값이 없을 경우 #N/A 에러 발생		
설명	범위의 첫 번째 행에서 검색 값을 검색한 후 찾으면 그 열의 행 번호에 위치하는 값을 구함		
사용 방법	=HLOOKUP("SU", B2:E4, 3, FALSE) (아래 표 참조)	결과 값	외과

	A	B	C	D	E
1	〈진료코드표〉				
2	진료코드	PE	IT	SU	NE
3	담당의사	김성아	최명희	김유선	안주희
4	진료과목	소아과	내과	외과	신경과

함수 형식	VLOOKUP(검색값, 범위, 열_번호, [검색유형]) 〈검색유형〉 • TRUE(=생략) : 일치하는 값이 없을 경우 검색 값 미만의 최대 값을 검색 • FALSE(=0) : 검색 값과 정확하게 일치하는 값을 검색하고, 일치하는 값이 없을 경우 #N/A 에러 발생		
설명	범위의 첫 번째 열에서 검색 값을 검색한 후 찾으면 그 행의 열 번호에 위치하는 값을 구함		
사용 방법	=VLOOKUP("B", A3:B7, 2, FALSE) (아래 표 참조)	결과 값	40

	A	B
1	〈심사 등급표〉	
2	심사 등급	평가 점수
3	A	50
4	B	40
5	C	30
6	D	20
7	E	10

함수 형식	CHOOSE(인덱스_번호, 값1, 값2, ...)		
설명	값1, 값2, ...에서 인덱스 번호 위치에 있는 값을 구함		
사용 방법	=CHOOSE(2, "책상", "의자", "쇼파")	결과 값	의자

<table>
<tr><th>함수 형식</th><td colspan="3">INDEX(범위, 행_번호, 열_번호, [참조영역_번호])</td></tr>
<tr><th>설명</th><td colspan="3">범위에서 (행_번호, 열_번호)에 위치하는 참조나 값을 구함</td></tr>
<tr><th>사용 방법</th><td>=INDEX({1,3,5,7 ; 2,4,6,8 ; 9,7,5,3},2,3)
(3행 × 4열의 배열 생성)
<table><tr><td>1</td><td>3</td><td>5</td><td>7</td></tr><tr><td>2</td><td>4</td><td>6</td><td>8</td></tr><tr><td>9</td><td>7</td><td>5</td><td>3</td></tr></table></td><th>결과 값</th><td>6
(2행 3열의
위치 값)</td></tr>
</table>

(5) 수학/삼각 함수

<table>
<tr><th>함수 형식</th><th>사용 방법</th><th>설명 / 결과 값</th></tr>
<tr><td rowspan="2">SUM(숫자1, 숫자2, ...)</td><td rowspan="2">=SUM(4,7,16,10)</td><td>인수들의 합을 구함</td></tr>
<tr><td>37</td></tr>
<tr><td rowspan="2">SUMIF(범위, 검색조건, 합계범위)</td><td rowspan="2">=SUMIF(A1:A5,“>=20”,B1:B5)
<table><tr><th></th><th>A</th><th>B</th></tr><tr><th>1</th><td>25</td><td>40</td></tr><tr><th>2</th><td>12</td><td>20</td></tr><tr><th>3</th><td>7</td><td>10</td></tr><tr><th>4</th><td>20</td><td>30</td></tr><tr><th>5</th><td>19</td><td>20</td></tr></table></td><td>범위에서 검색조건에 맞는 데이터가 있는 경우 합계범위의 대응하는 곳에 있는 데이터의 합계를 구함</td></tr>
<tr><td>70</td></tr>
<tr><td rowspan="2">ROUND(숫자, 자릿수)</td><td rowspan="2">① =ROUND(3.14156,4)
② =ROUND(3141.56,-2)</td><td>수를 지정한 자릿수로 반올림하여 구함</td></tr>
<tr><td>①3.1416, ②3100</td></tr>
<tr><td rowspan="2">ROUNDUP(숫자, 자릿수)</td><td rowspan="2">=ROUNDUP(3.14156,4)</td><td>수를 지정한 자릿수로 올림하여 구함</td></tr>
<tr><td>3.1416</td></tr>
<tr><td rowspan="2">ROUNDDOWN(숫자, 자릿수)</td><td rowspan="2">=ROUNDDOWN(3.14156,4)</td><td>수를 지정한 자릿수로 내림하여 구함</td></tr>
<tr><td>3.1415</td></tr>
<tr><td rowspan="2">ABS(숫자)</td><td rowspan="2">① =ABS(-7979)
② =ABS(7979)</td><td>수의 절대값을 구함. (절대값은 음수와 양수에서 +, -를 뗀 수)</td></tr>
<tr><td>①7979, ②7979</td></tr>
<tr><td rowspan="2">MOD(숫자, 나누는 수)</td><td rowspan="2">=MOD(15,4)</td><td>수를 나눗셈하여 나머지를 구함</td></tr>
<tr><td>3</td></tr>
<tr><td rowspan="2">INT(숫자)</td><td rowspan="2">① =INT(6.51413)
② =INT(-6.51413)</td><td>수를 넘지 않는 최대 정수를 구함</td></tr>
<tr><td>①6, ②-7</td></tr>
<tr><td rowspan="2">TRUNC(숫자, [자리수])</td><td rowspan="2">① =TRUNC(6.51413)
② =TRUNC(-6.51413)</td><td>소수점 아래를 버린 정수를 구함</td></tr>
<tr><td>①6, ②-6</td></tr>
</table>

(6) 통계 함수

<table>
<tr><th>함수 형식</th><th>사용 방법</th><th>설명 / 결과 값</th></tr>
<tr><td>AVERAGE(숫자1, 숫자2, ...)</td><td>① =AVERAGE(20,30,40,50)
② =AVERAGE(A1:A6)
③ =AVERAGE(B1:B6)
<table>
<tr><th></th><th>A</th><th>B</th></tr>
<tr><td>1</td><td>3</td><td>3</td></tr>
<tr><td>2</td><td>10</td><td>10</td></tr>
<tr><td>3</td><td>FALSE</td><td>FALSE</td></tr>
<tr><td>4</td><td>8</td><td>8</td></tr>
<tr><td>5</td><td>TRUE</td><td>TRUE</td></tr>
<tr><td>6</td><td></td><td>가나다</td></tr>
</table></td><td>숫자 데이터의 평균을 구함

①35, ②7, ③7</td></tr>
<tr><td>AVERAGEA(숫자1, 숫자2, ...)</td><td>① =AVERAGEA(A1:A6)
② =AVERAGEA(B1:B6)
<table>
<tr><th></th><th>A</th><th>B</th></tr>
<tr><td>1</td><td>3</td><td>3</td></tr>
<tr><td>2</td><td>10</td><td>10</td></tr>
<tr><td>3</td><td>FALSE</td><td>FALSE</td></tr>
<tr><td>4</td><td>8</td><td>8</td></tr>
<tr><td>5</td><td>TRUE</td><td>TRUE</td></tr>
<tr><td>6</td><td></td><td>가나다</td></tr>
</table></td><td>숫자, 문자열, 논리값도 포함한 평균을 구함

①4.4, ②3.666667</td></tr>
<tr><td>AVERAGEIF(범위, 조건, 평균범위)</td><td>=AVERAGEIF(A2:A5,"영업2부",C2:C5)
<table>
<tr><th></th><th>A</th><th>B</th><th>C</th></tr>
<tr><td>1</td><td>부서</td><td>품목</td><td>수량</td></tr>
<tr><td>2</td><td>영업1부</td><td>테블렛</td><td>70</td></tr>
<tr><td>3</td><td>영업2부</td><td>테블렛</td><td>50</td></tr>
<tr><td>4</td><td>영업1부</td><td>테블렛</td><td>30</td></tr>
<tr><td>5</td><td>영업2부</td><td>노트북</td><td>40</td></tr>
</table></td><td>범위에서 조건을 만족하는 값을 검색한 후 평균범위에서 대응하는 값의 평균을 구함

45</td></tr>
</table>

<table>
<tr><th>함수 형식</th><th>사용 방법</th><th>설명 / 결과 값</th></tr>
<tr><td rowspan="2">AVERAGEIFS(평균범위, 조건범위1, 조건1, 조건범위2, 조건2, ...)</td><td rowspan="2">=AVERAGEIFS(C2:C5,A2:A5,A2,B2:B5,B2)
<table>
<tr><th></th><th>A</th><th>B</th><th>C</th></tr>
<tr><td>1</td><td>부서</td><td>품목</td><td>수량</td></tr>
<tr><td>2</td><td>영업1부</td><td>테블렛</td><td>70</td></tr>
<tr><td>3</td><td>영업2부</td><td>테블렛</td><td>50</td></tr>
<tr><td>4</td><td>영업1부</td><td>테블렛</td><td>30</td></tr>
<tr><td>5</td><td>영업2부</td><td>노트북</td><td>40</td></tr>
</table></td><td>조건범위1에서 조건1을 만족하고, 조건범위2에서 조건2를 만족하는 값을 검색한 후 평균범위에서 대응하는 값의 평균을 구함</td></tr>
<tr><td>50</td></tr>
<tr><td rowspan="2">MAX(값1, 값2, ...)</td><td rowspan="2">=MAX(20,15,30)</td><td>인수에서 가장 큰 값을 구함</td></tr>
<tr><td>30</td></tr>
<tr><td rowspan="2">MIN(값1, 값2, ...)</td><td rowspan="2">=MIN(20,15,30)</td><td>인수에서 가장 작은 값을 구함</td></tr>
<tr><td>15</td></tr>
<tr><td rowspan="2">LARGE(범위, 순위)</td><td rowspan="2">=LARGE(B2:F2, 2)
<table>
<tr><th></th><th>A</th><th>B</th><th>C</th><th>D</th><th>E</th><th>F</th></tr>
<tr><td>1</td><td>사번</td><td>m1</td><td>m2</td><td>m3</td><td>m4</td><td>m5</td></tr>
<tr><td>2</td><td>초과시간</td><td>16</td><td>19</td><td>24</td><td>20</td><td>17</td></tr>
</table></td><td>범위에서 순위번째 큰 값을 구함</td></tr>
<tr><td>20</td></tr>
<tr><td rowspan="2">SMALL(범위, 순위)</td><td rowspan="2">=SMALL(B2:F2, 3)
<table>
<tr><th></th><th>A</th><th>B</th><th>C</th><th>D</th><th>E</th><th>F</th></tr>
<tr><td>1</td><td>사번</td><td>m1</td><td>m2</td><td>m3</td><td>m4</td><td>m5</td></tr>
<tr><td>2</td><td>초과시간</td><td>16</td><td>19</td><td>24</td><td>20</td><td>17</td></tr>
</table></td><td>범위에서 순위번째 작은 값을 구함</td></tr>
<tr><td>19</td></tr>
<tr><td rowspan="2">MEDIAN(값1, 값2, ...)</td><td rowspan="2">=MEDIAN(20,10,80,40,160)</td><td>인수의 목록에서 중간 값을 구함</td></tr>
<tr><td>40</td></tr>
<tr><td rowspan="2">MODE(값1, 값2, ...)</td><td rowspan="2">=MODE(10,20,30,30,20,20,40)</td><td>인수의 목록에서 가장 출현 빈도가 높은 수를 구함</td></tr>
<tr><td>20</td></tr>
<tr><td rowspan="2">RANK.EQ(숫자, 범위, 순위옵션)
〈옵션〉
• 0(생략) : 내림차순
• 1 : 오름차순</td><td rowspan="2">① =RANK.EQ(B2,B2:B5,0)
② =RANK.EQ(B2,B2:B5,1)
<table>
<tr><th></th><th>A</th><th>B</th></tr>
<tr><td>1</td><td>판매부서</td><td>수량</td></tr>
<tr><td>2</td><td>영업1부</td><td>1200</td></tr>
<tr><td>3</td><td>영업2부</td><td>1500</td></tr>
<tr><td>4</td><td>영업3부</td><td>1200</td></tr>
<tr><td>5</td><td>영업4부</td><td>2000</td></tr>
</table></td><td>범위에서 숫자의 순위를 구함 (값이 같을 경우는 해당 순위 중 가장 높은 순위를 구함)</td></tr>
<tr><td>①3, ②1</td></tr>
</table>

<table>
<tr><th>함수 형식</th><th>사용 방법</th><th>설명 / 결과 값</th></tr>
<tr><td rowspan="2">RANK.AVG(숫자, 범위, 순위옵션)
〈옵션〉
· 0(생략) : 내림차순
· 1 : 오름차순</td><td rowspan="2">① =RANK.AVG(B2,B2:B5,0)
② =RANK.AVG(B2,B2:B5,1)
<table><tr><th></th><th>A</th><th>B</th></tr><tr><td>1</td><td>판매부서</td><td>수량</td></tr><tr><td>2</td><td>영업1부</td><td>1200</td></tr><tr><td>3</td><td>영업2부</td><td>1500</td></tr><tr><td>4</td><td>영업3부</td><td>1200</td></tr><tr><td>5</td><td>영업4부</td><td>2000</td></tr></table></td><td>범위에서 숫자의 순위를 구함 (값이 같을 경우는 해당 순위의 평균을 구함)</td></tr>
<tr><td>①3.5, ②1.5</td></tr>
<tr><td rowspan="2">VAR.P(숫자1, 숫자2, ...)</td><td rowspan="2">=VAR.P(A1:J20)</td><td>전체 모집단의 분산을 구함 (인수는 255개까지 지정 가능)</td></tr>
<tr><td>[A1:J20] 영역의 모집단의 분산을 계산</td></tr>
<tr><td rowspan="2">VAR.S(숫자1, 숫자2, ...)</td><td rowspan="2">=VAR.S(A1:J5)</td><td>표본의 분산을 구함</td></tr>
<tr><td>[A1:J5] 영역의 표본의 분산을 계산</td></tr>
<tr><td rowspan="2">STDEV.P(숫자1, 숫자2, ...)</td><td rowspan="2">=STDEV.P(A1:J20)</td><td>전체 모집단의 표준편차를 구함 (인수는 255개까지 지정 가능)</td></tr>
<tr><td>[A1:J20] 영역의 모집단의 표준편차를 계산</td></tr>
<tr><td rowspan="2">STDEV.S(숫자1, 숫자2, ...)</td><td rowspan="2">=STDEV.S(A1:J5)</td><td>표본의 표준편차를 구함</td></tr>
<tr><td>[A1:J5] 영역의 표본의 표준편차를 계산</td></tr>
<tr><td rowspan="2">COUNT(값1, 값2, ...)</td><td rowspan="2">=COUNT(10,20,30,40)</td><td>숫자의 개수를 구함</td></tr>
<tr><td>4</td></tr>
<tr><td rowspan="2">COUNTA(값1, 값2, ...)</td><td rowspan="2">=COUNTA(A3:C6)
<table><tr><th></th><th>A</th><th>B</th><th>C</th></tr><tr><td>1</td><td colspan="3">〈연수 참석표〉</td></tr><tr><td>2</td><td>1일차</td><td>2일차</td><td>3일차</td></tr><tr><td>3</td><td>○</td><td>○</td><td></td></tr><tr><td>4</td><td></td><td>○</td><td>○</td></tr><tr><td>5</td><td>○</td><td></td><td>○</td></tr><tr><td>6</td><td>○</td><td>○</td><td>○</td></tr></table></td><td>인수목록에서 비어있지 않은 셀의 개수를 구함 (빈 값을 가진 셀을 제외)</td></tr>
<tr><td>9 (=출석일 계산)</td></tr>
<tr><td rowspan="2">COUNTBLANK(범위)</td><td rowspan="2">=COUNTBLANK(A3:C6)
<table><tr><th></th><th>A</th><th>B</th><th>C</th></tr><tr><td>1</td><td colspan="3">〈연수 참석표〉</td></tr><tr><td>2</td><td>1일차</td><td>2일차</td><td>3일차</td></tr><tr><td>3</td><td>○</td><td>○</td><td></td></tr><tr><td>4</td><td></td><td>○</td><td>○</td></tr><tr><td>5</td><td>○</td><td></td><td>○</td></tr><tr><td>6</td><td>○</td><td>○</td><td>○</td></tr></table></td><td>범위에서 비어있는 셀의 개수를 구함</td></tr>
<tr><td>3 (=결석일 계산)</td></tr>
</table>

<table>
<tr><th>함수 형식</th><th>사용 방법</th><th>설명 / 결과 값</th></tr>
<tr><td rowspan="2">COUNTIF(범위, 검색조건)</td><td>=COUNTIF(C2:C7,"〉=85")</td><td>범위에서 조건에 맞는 개수를 구함</td></tr>
<tr><td><table>
<tr><th></th><th>A</th><th>B</th><th>C</th></tr>
<tr><td>1</td><td>이름</td><td>구분</td><td>근무점수</td></tr>
<tr><td>2</td><td>이근홍</td><td>정규직</td><td>80</td></tr>
<tr><td>3</td><td>김갑수</td><td>계약직</td><td>85</td></tr>
<tr><td>4</td><td>성길향</td><td>계약직</td><td>90</td></tr>
<tr><td>5</td><td>황춘식</td><td>정규직</td><td>75</td></tr>
<tr><td>6</td><td>박준태</td><td>계약직</td><td>88</td></tr>
<tr><td>7</td><td>정일국</td><td>정규직</td><td>78</td></tr>
</table></td><td>3</td></tr>
<tr><td rowspan="2">COUNTIFS(조건범위1, 조건1, 조건범위2, 조건2)</td><td>=COUNTIFS(B2:B7, "정규직",C2:C7,"〈80")</td><td>각각의 범위에서 각 조건에 맞는 개수를 구함</td></tr>
<tr><td><table>
<tr><th></th><th>A</th><th>B</th><th>C</th></tr>
<tr><td>1</td><td>이름</td><td>구분</td><td>근무점수</td></tr>
<tr><td>2</td><td>이근홍</td><td>정규직</td><td>80</td></tr>
<tr><td>3</td><td>김갑수</td><td>계약직</td><td>85</td></tr>
<tr><td>4</td><td>성길향</td><td>계약직</td><td>90</td></tr>
<tr><td>5</td><td>황춘식</td><td>정규직</td><td>75</td></tr>
<tr><td>6</td><td>박준태</td><td>계약직</td><td>88</td></tr>
<tr><td>7</td><td>정일국</td><td>정규직</td><td>78</td></tr>
</table></td><td>2</td></tr>
</table>

Introduction to Excel

실습

5-1 자동합계를 이용한 평가점수표 작성하기

준비 파일 '5장_자기개발연수 평가점수'를 열고 오른쪽 그림과 같이 문서를 완성하시오.

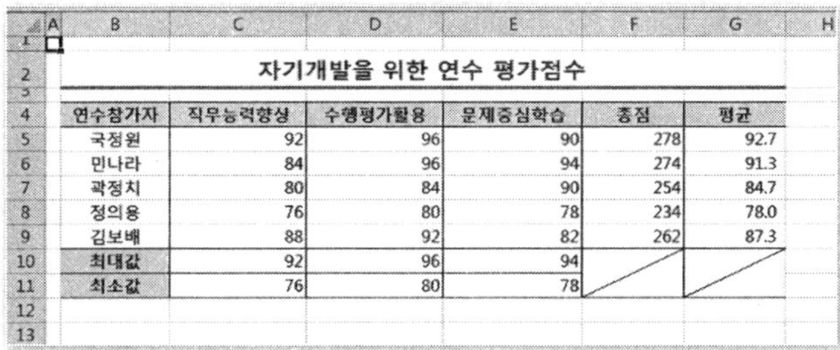

자기개발을 위한 연수 평가점수

연수참가자	직무능력향상	수행평가활용	문제중심학습	총점	평균
국정원	92	96	90	278	92.7
민나라	84	96	94	274	91.3
곽정치	80	84	90	254	84.7
정의용	76	80	78	234	78.0
김보배	88	92	82	262	87.3
최대값	92	96	94		
최소값	76	80	78		

01. 총점을 계산하기 위해 [F5]셀을 선택한 후 [홈] 탭 → [편집] 그룹 → [자동합계] 목록단추 → [합계]를 클릭합니다.

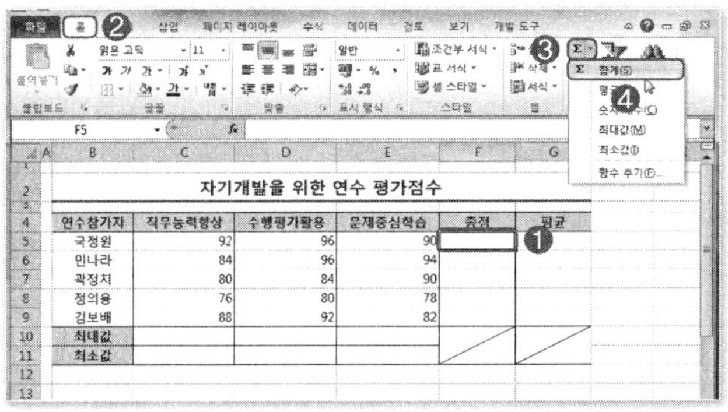

02. [F5]셀에 자동 입력된 함수식과 자동 지정된 범위[C5:E5]를 확인한 후 Enter를 누릅니다.

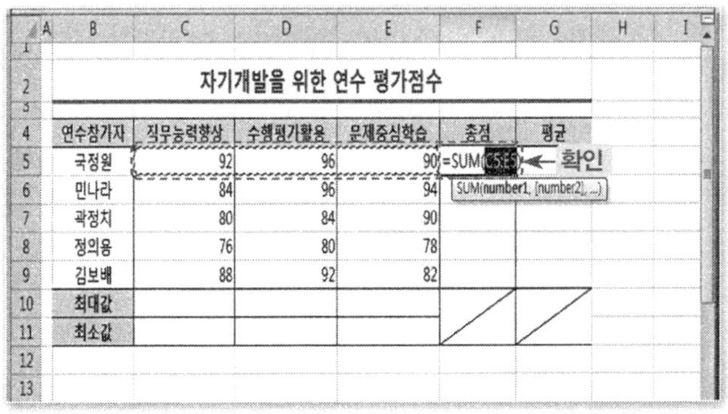

03. 나머지 총점도 계산하기 위해 [F5]셀을 클릭한 후 채우기 핸들을 [F9]까지 드래그하여 수식을 복사합니다.

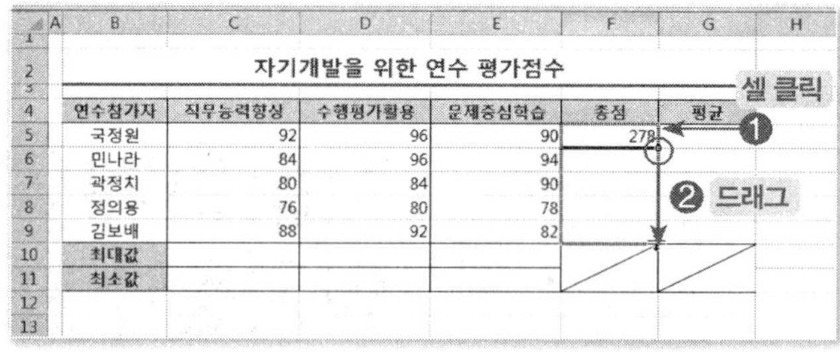

04. 평균을 계산하기 위해 [G5]셀을 선택한 후 [홈] 탭 → [편집] 그룹 → [자동합계] 목록단추 → [평균]을 클릭합니다.

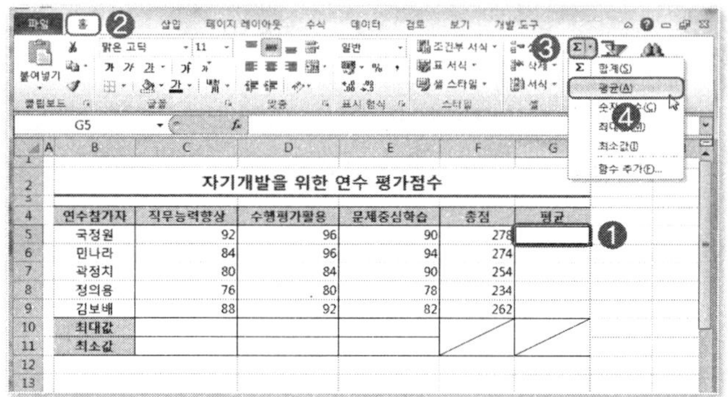

05. [G5]셀에 자동 입력된 함수식을 확인하고 자동 지정된 범위를 드래그하여 [C5:E5]로 바르게 지정한 후 Enter 를 누릅니다.

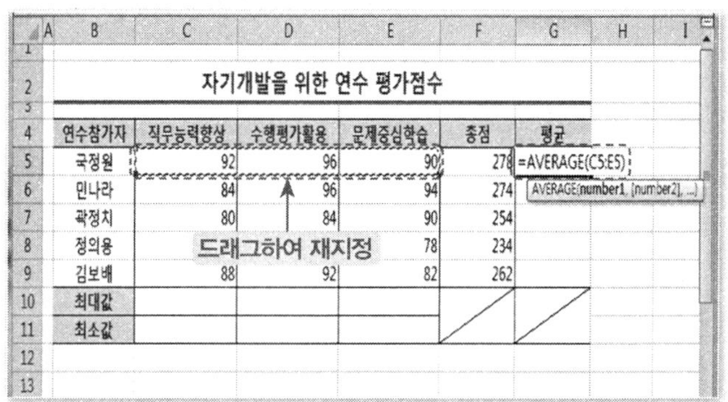

06. 나머지 평균도 계산하기 위해 [G5]셀을 클릭한 후 채우기 핸들을 [G9]까지 드래그하여 수식을 복사합니다.

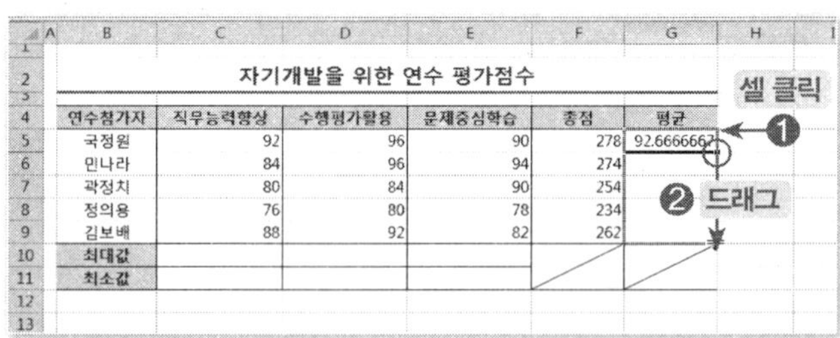

07. 직무능력향상의 최고 점수를 구하기 위해 [C10]셀을 선택한 후 [홈] 탭 → [편집] 그룹 → [자동합계] 목록단추 → [최대값]을 클릭합니다.

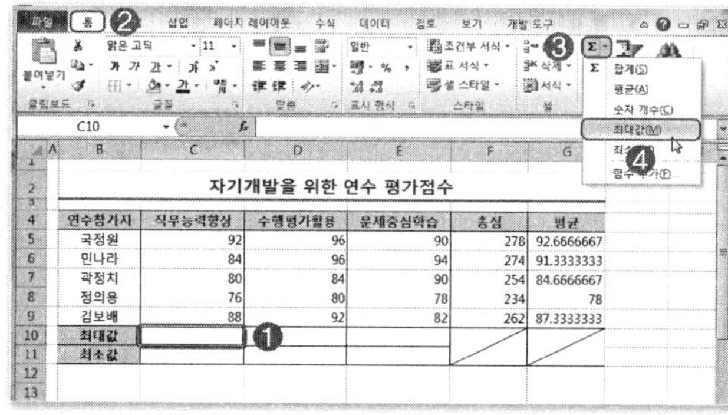

08. [C10]셀에 자동 입력된 함수식과 자동 지정된 범위[C5:C9]를 확인한 후 Enter를 누릅니다.

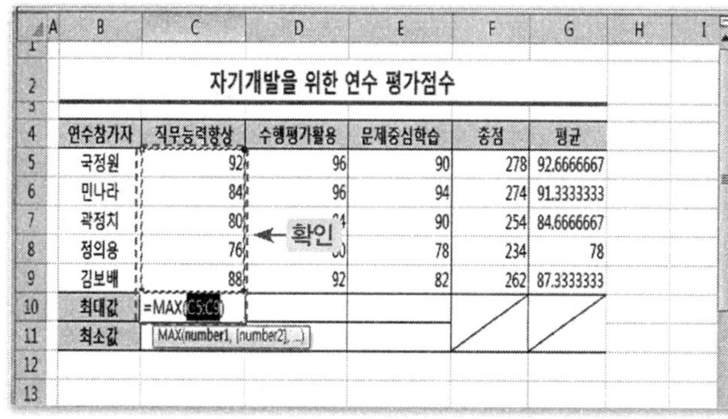

09. 수행평가활용과 문제중심학습의 각 최고 점수도 구하기 위해 [C10]셀을 클릭한 후 채우기 핸들을 [E10]까지 드래그하여 수식 복사합니다.

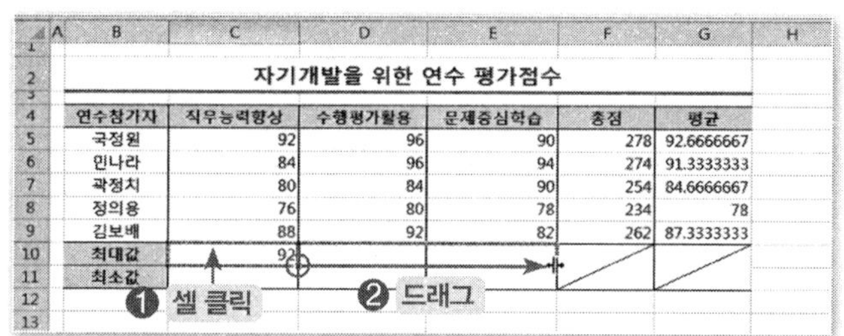

10. 직무능력향상의 최소 점수를 구하기 위해 [C11]셀을 선택한 후 [홈] 탭 → [편집] 그룹 → [자동합계] 목록단추 → [최소값]을 클릭합니다.

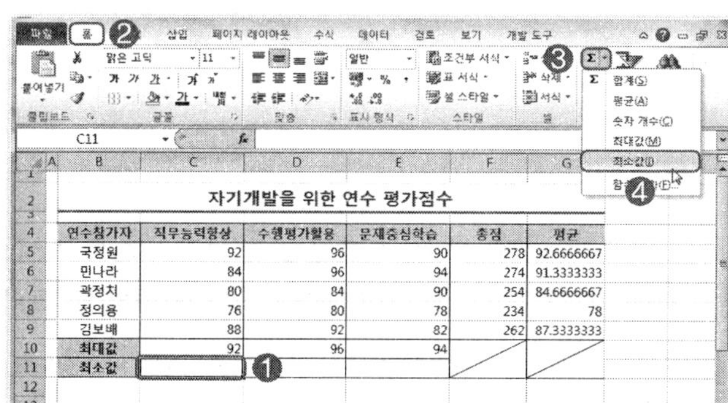

11. [C11]셀에 자동 입력된 함수식을 확인하고 자동 지정된 범위를 드래그하여 [C5:C9]로 바르게 지정한 후 Enter 를 누릅니다.

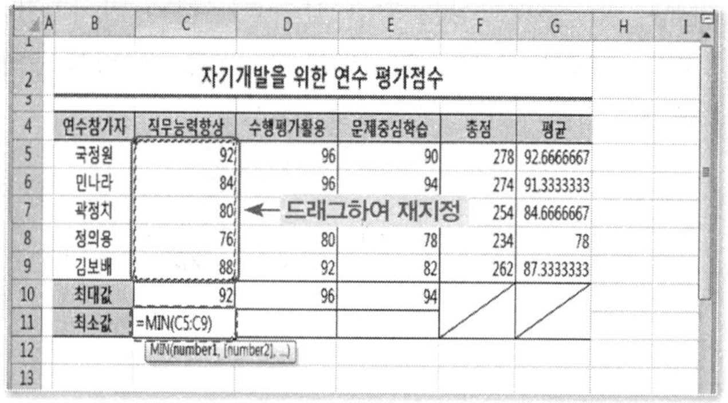

12. 수행평가활용과 문제중심학습의 각 최소 점수도 구하기 위해 [C11]셀을 클릭한 후 채우기 핸들을 [E11]까지 드래그하여 수식 복사합니다.

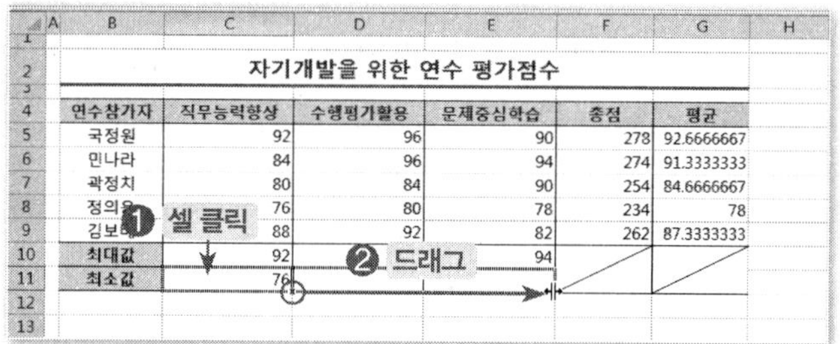

13. 평균값을 소수 첫 자리까지 표시하기 위해 [G5:G9] 셀 범위를 선택한 후 [홈] 탭 → [표시 형식] 그룹의 [추가 옵션] 단추를 누르고 [셀 서식] 대화상자를 표시합니다.

[셀 서식] 대화상자의 [표시 형식] 탭 → [숫자] 범주 → [소수 자리수]에 1을 지정한 후 [확인]을 클릭합니다.

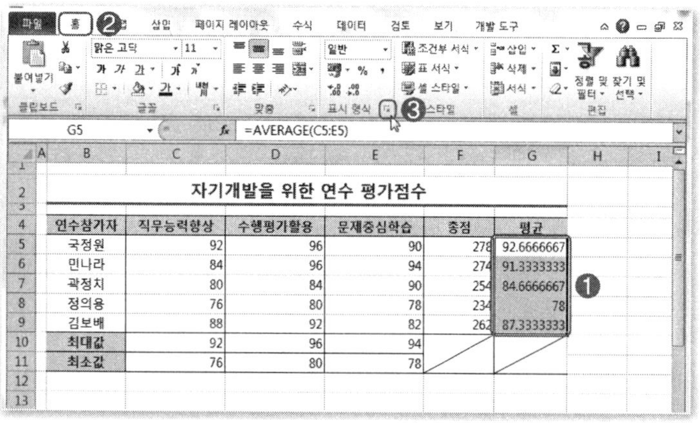

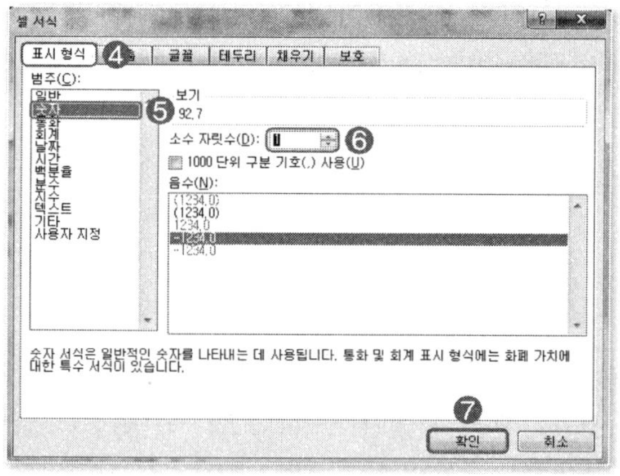

14. 오른쪽 그림과 같이 완성된 문서를 [저장] 단추를 눌러 저장하고, [파일] 탭 → [끝내기]를 클릭하거나 또는 화면 오른쪽 상단에 [닫기] 단추를 클릭하여 작업을 종료합니다.

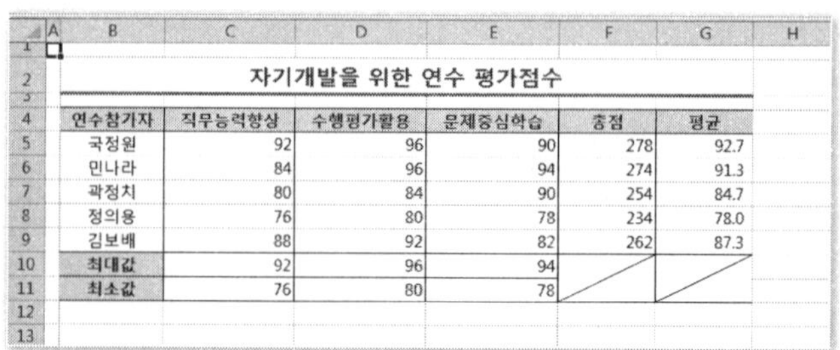

실습 5-2

논리 함수와 찾기/참조 함수를 이용한 사원평가 문서 작성하기

준비 파일 '5장_사원평가와 승진 및 인사'를 열고 오른쪽 그림과 같이 문서를 완성하시오.

사원 평가와 승진 및 부서배치

직원코드	이름	연수평가	실적평가	평가합계	승진여부	부서배치
J001	오나미	40	A	90	승진	기획부
J002	전대철	45	B	90		기획부
J003	김사랑	40	C	80		총무부
J004	노영철	35	A	85		총무부
J005	오지혜	40	B	85		총무부
K001	김주원	45	B	90		기획부
K002	이나영	30	C	70		영업부
K003	박진권	45	A	95	승진	기획부
K004	주경택	40	D	75		영업부

실적평가표

실적평가	점수
A	50
B	45
C	40
D	35

[조건]

- 평가합계 : '연수평가 + 실적평가' 점수 (VLOOKUP 함수)
- 승진여부 : 연수평가가 40 이상이고 실적평가가 'A'이면 "승진" 표시 (IF, AND 함수)
- 부서배치 : 평가합계 90점 이상이면 "기획부", 80점 이상이면 "총무부", 그 이외이면 "영업부"표시 (IF 함수)

01. 평가합계를 계산하기 위해 [F5]셀을 선택하고 '=D5+' 를 입력한 후 [수식] 탭 → [함수 라이브러리] 그룹 → [찾기/참조 영역] → [VLOOKUP]을 클릭합니다.

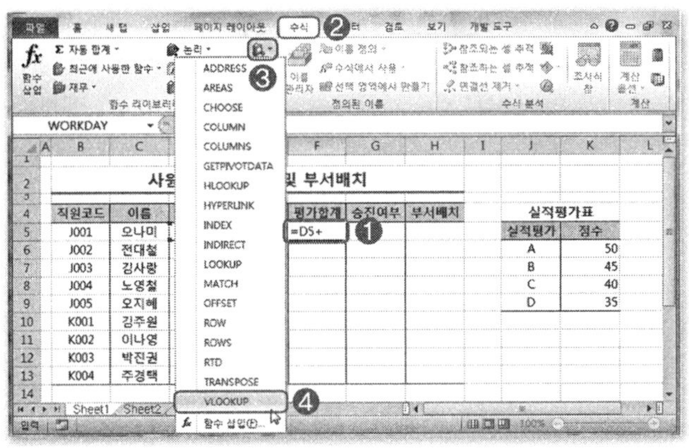

02. VLOOKUP 함수의 [함수 인수] 대화상자에서 오른쪽 그림과 같이 입력하고 [확인] 단추를 클릭합니다.

- Lookup_value : E5
- Table_array : $J$6:$K$9
- Col_index_num : 2
- Range_lookup : FALSE

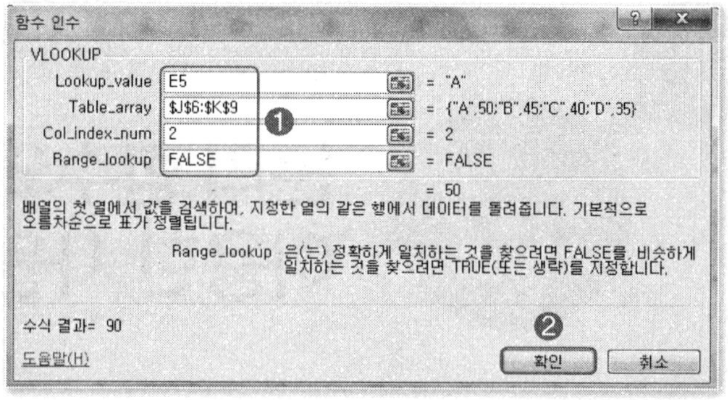

함수 인수의 입력이 완료되면 수식 입력 줄에는 '=D5+VLOOKUP(E5,$J$6:$K$9,2,FALSE)'의 함수식이 표시됩니다.

03. 그러면 [F5]셀에 수식의 계산 값 90이 표시됩니다. [F5]셀을 클릭하고 [F13]셀까지 채우기 핸들을 드래그하여 수식을 복사합니다.

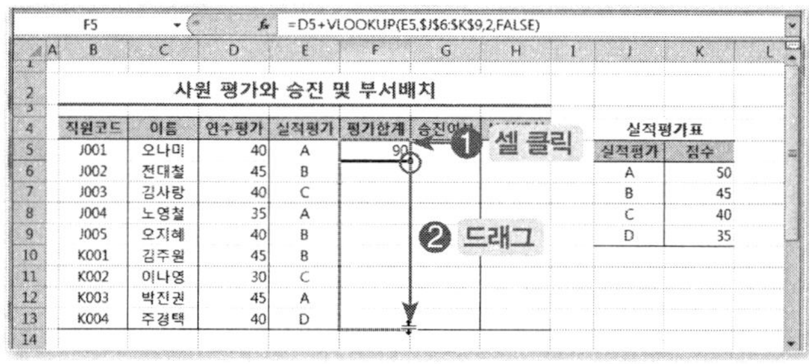

04. 승진여부를 계산하기 위해 [G5]셀을 선택한 후 [수식] 탭 → [함수 라이브러리] 그룹 → [논리] → [IF]를 클릭합니다.

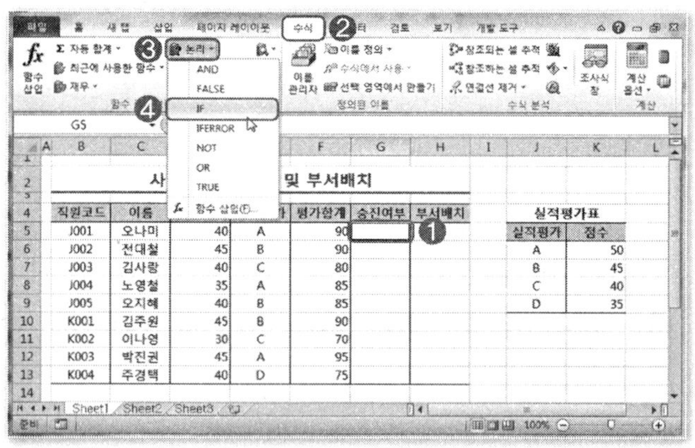

05. IF 함수의 [함수 인수] 대화상자가 나타나면 Logical_test의 입력 상자를 클릭하고, [이름 상자]의 [목록] 단추를 클릭한 다음 이름 상자 목록에서 [AND]를 선택합니다. 만약 목록에 AND가 없으면 [함수 추가]를 클릭하여 AND 함수를 추가합니다.

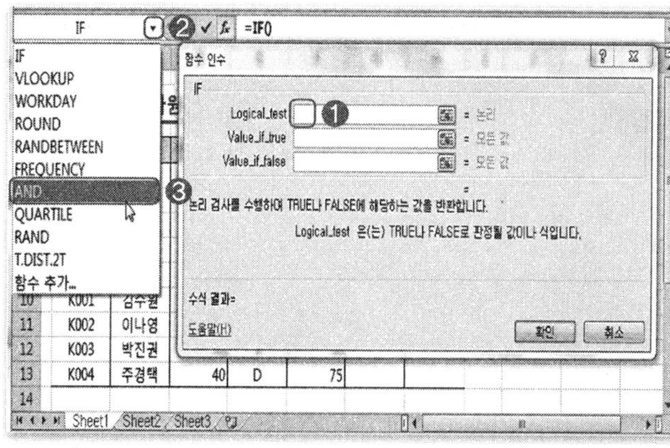

06. AND 함수의 [함수 인수] 대화상자가 나타나면 오른쪽 그림과 같이 입력한 후 수식 입력줄에서 IF를 클릭합니다.

- Logical1 : D5〉=40
- Logical2 : E5="A"

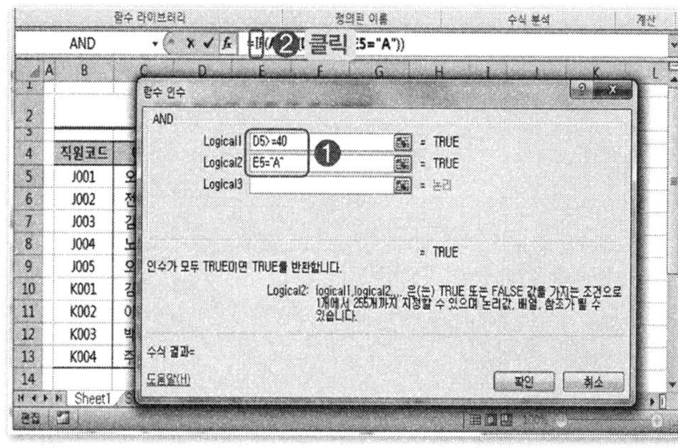

07. 그러면 IF 함수의 [함수 인수] 대화상자가 다시 나타나고, Logical_test 입력상자에는 'AND(D5〉=40,E5="A")'가 표시됩니다.

다시 논리 참일 때 값과 논리 거짓일 때 값을 오른쪽 그림과 같이 입력한 후 [확인] 단추를 클릭합니다.

- Value_if_true : "승진"
- Value_if_false : ""

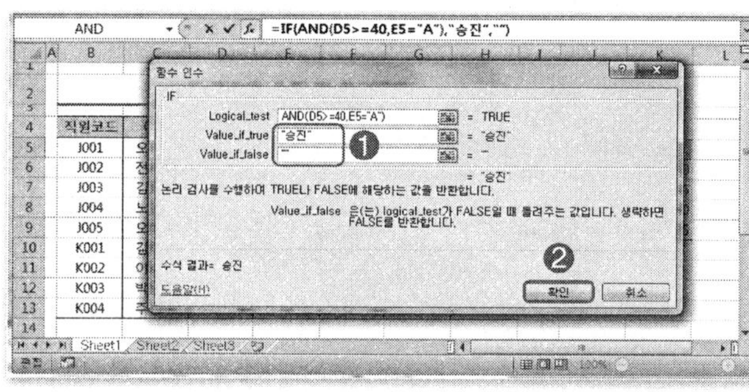

함수 인수의 입력이 완료되면 수식 입력 줄에는 '=IF(AND(D5〉=40,E5="A"),"승진","")'의 함수식이 표시됩니다.

08. 결과 값 [G5]셀을 클릭하고 [G13]셀까지 채우기 핸들을 드래그하여 수식을 복사합니다.

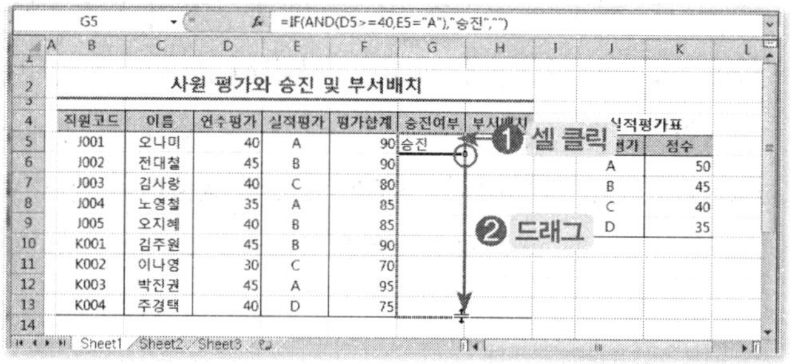

09. 부서배치를 계산하기 위해 [H5]셀을 선택한 후 [수식] 탭 → [함수 라이브러리] 그룹 → [논리] → [IF]를 클릭합니다.

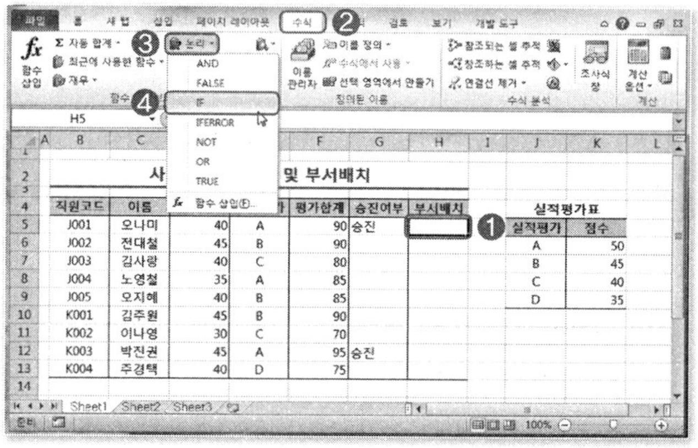

10. IF 함수의 [함수 인수] 대화상자가 나타나면 오른쪽 그림과 같이 입력한 후 Value_if_false에 커서를 두고 이름 상자에서 [IF]를 선택합니다.

> • Logical_test : F5>=90
> • Value_if_true : "기획부"

11. 새롭게 추가된 [함수 인수] 대화상자에서 오른쪽 그림과 같이 입력하고 [확인] 단추를 클릭합니다.

> • Logical_test : F5>=80
> • Value_if_true : "총무부"
> • Value_if_false : "영업부"

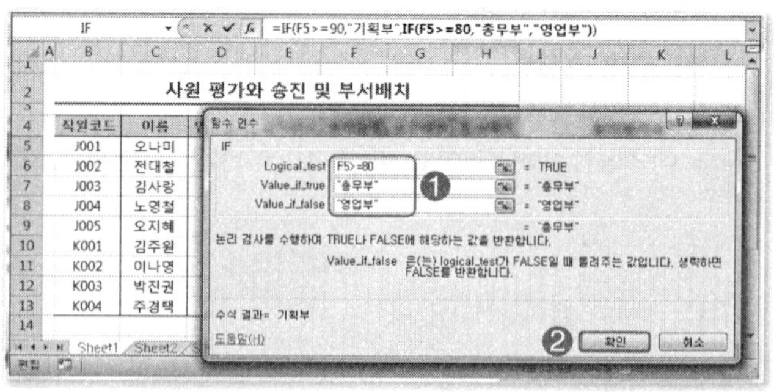

함수 인수의 입력이 완료되면 수식 입력 줄에는 '=IF(F5>=90,"기획부",IF(F5>=80,"총무부","영업부"))'의 함수식이 표시됩니다.

12. [H5]셀의 결과 값을 클릭하고 [H13]셀까지 채우기 핸들을 드래그하여 수식을 복사합니다.

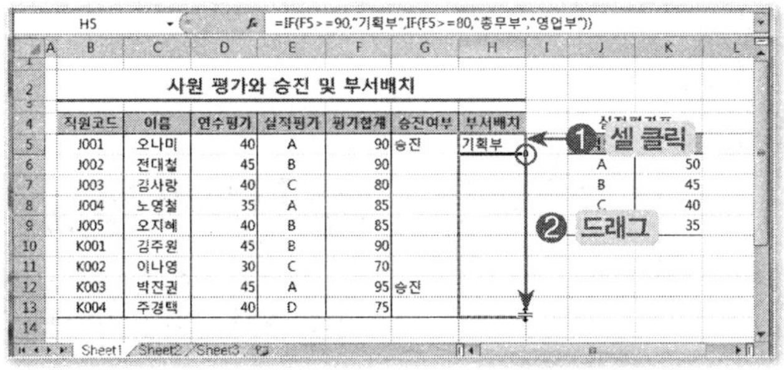

13. 오른쪽 그림과 같이 완성된 문서를 [저장] 단추를 눌러 저장하고, [파일] 탭 → [끝내기]를 클릭하거나 또는 화면 오른쪽 상단에 [닫기] 단추를 클릭하여 작업을 종료합니다.

실습

Introduction to Excel

5-3 주민번호와 텍스트 함수, 논리 함수, 날짜 함수를 이용한 개인 정보 입력하기

준비 파일 '5장_사원명단'를 열고 오른쪽 그림과 같이 주민등록번호를 이용하여 생년월일, 성별 나이, 보호주민번호를 입력하시오.

단, 처리 조건은 아래와 같습니다.

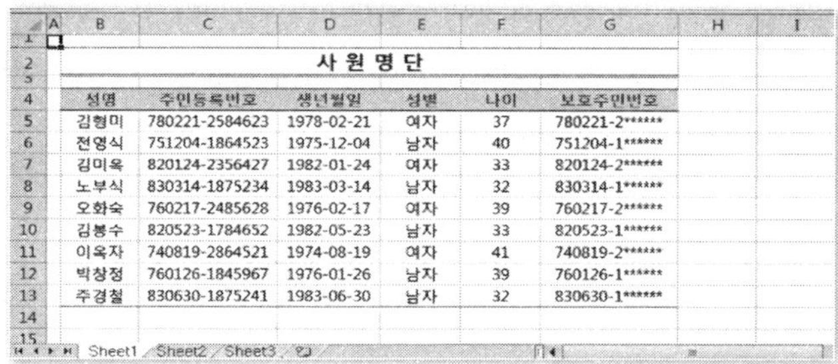

사 원 명 단

성명	주민등록번호	생년월일	성별	나이	보호주민번호
김형미	780221-2584623	1978-02-21	여자	37	780221-2******
전영식	751204-1864523	1975-12-04	남자	40	751204-1******
김미옥	820124-2356427	1982-01-24	여자	33	820124-2******
노부식	830314-1875234	1983-03-14	남자	32	830314-1******
오화숙	760217-2485628	1976-02-17	여자	39	760217-2******
김봉수	820523-1784652	1982-05-23	남자	33	820523-1******
이옥자	740819-2864521	1974-08-19	여자	41	740819-2******
박창정	760126-1845967	1976-01-26	남자	39	760126-1******
주경철	830630-1875241	1983-06-30	남자	32	830630-1******

[조건]

- 생년월일 : 주민등록번호의 왼쪽 6개 숫자를 이용하여 표시 〈예: 1978-02-21〉 (DATE, LEFT, MID 함수)
- 성별 : 주민등록번호의 하이픈(-) 다음의 첫 번째 숫자를 이용하여 표시 〈예: 여자〉 (IF, MID 함수)
- 나이 : '현재년도-주민등록번호의 왼쪽 2개 숫자'의 계산 결과 표시 (YEAR, TODAY, LEFT 함수)
- 보호주민번호 : 주민등록번호의 뒷자리 6개 숫자를 '******'로 표시 (REPLACE 함수)

01. 생년월일을 계산하기 위해 [D5]셀을 선택하고 오른쪽 그림과 같이 입력합니다.

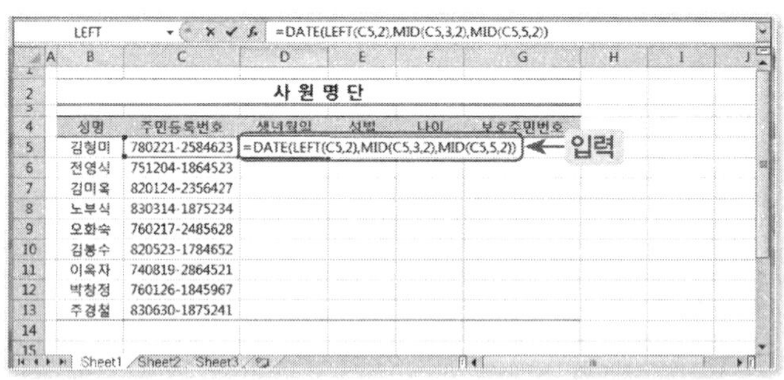

함수식 '=DATE(LEFT(C5,2),MID(C5,3,2),MID(C5,5,2))'에서

① LEFT(C5,2) : [C5]셀에서 왼쪽부터 2글자를 추출합니다.

② MID(C5,3,2) : [C5]셀에서 왼쪽부터 3번째 위치한 글자부터 2글자를 추출합니다.

③ MID(C5,5,2) : [C5]셀에서 왼쪽부터 5번째 위치한 글자부터 2글자를 추출합니다.

④ DATE(①,②,③) : ①,②,③ 구한 값을 년, 월, 일로 대입하여 날짜 형식으로 표시합니다.

02. 결과 값 [D5]셀을 클릭하고 [D13]셀까지 채우기 핸들을 드래그하여 수식을 복사합니다.

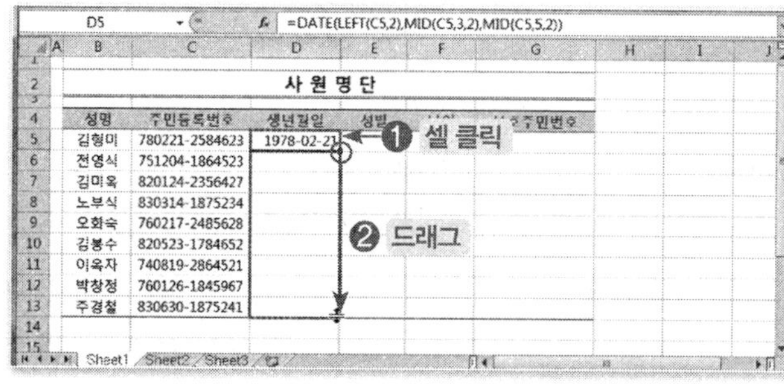

03. 성별을 표시하기 위해 [E5]셀을 선택하고 [수식] 탭 → [함수 라이브러리] 그룹 → [논리] → [IF]를 클릭합니다.

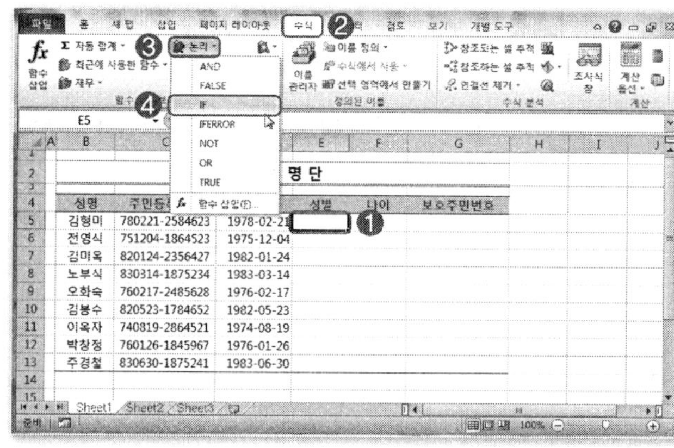

04. IF 함수의 [함수 인수] 대화상자에서 오른쪽 그림과 같이 입력하고 [확인] 단추를 클릭합니다.

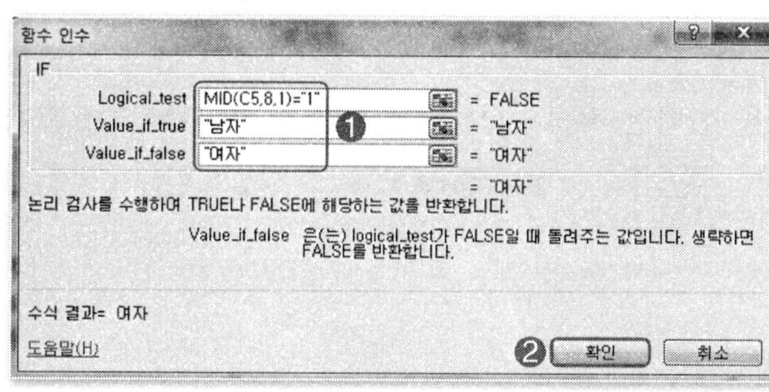

- Logical_test : MID(C5,8,1)="1"
- Value_if_true : "남자"
- Value_if_false : "여자"

함수 인수의 입력이 완료되면 수식 입력 줄에는 '=IF(MID(C5,8,1)="1","남자","여자")'의 함수식이 표시됩니다.

05. 결과 값 [E5]셀을 클릭하고 [E13]셀까지 채우기 핸들을 드래그하여 수식을 복사합니다.

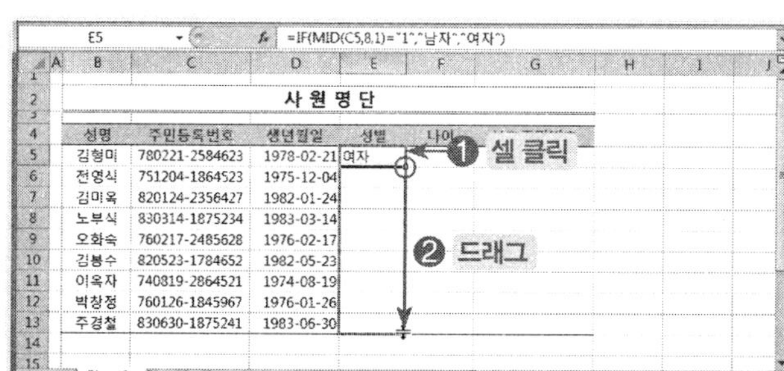

06. 나이를 계산하기 위해 [F5]셀을 선택하고 오른쪽 그림과 같이 입력합니다.

함수식 '= YEAR(TODAY())−LEFT(C5,2)−1900'은 오늘 날짜에서 현재의 연도를 구하여 [C5]셀의 주민등록번호에서 왼쪽부터 두 글자를 추출한 값을 뺀 후, 주민등록번호 앞에 생략된 1900을 빼서 나이를 계산합니다. 나이는 본 문서를 작성하는 연도에 따라 결과가 다를 수 있습니다.

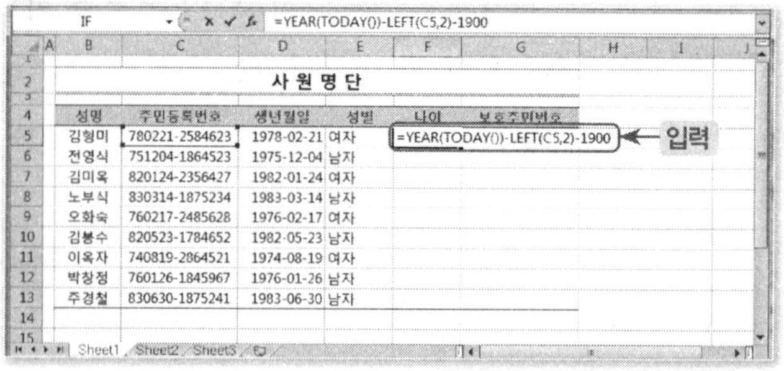

07. 결과 값 [F5]셀을 클릭하고 [F13]셀까지 채우기 핸들을 드래그하여 수식을 복사합니다.

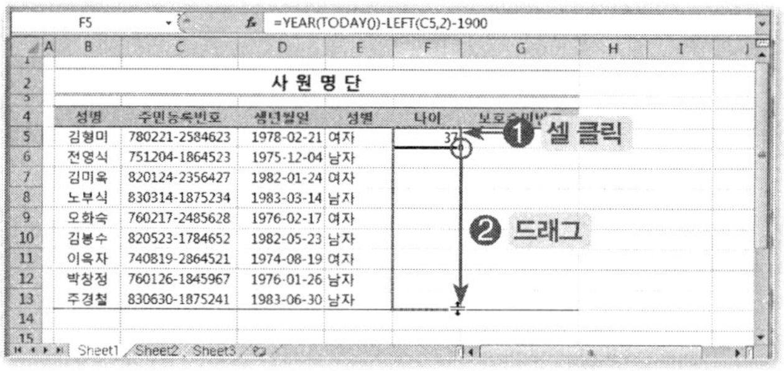

08. 주민등록번호의 뒷자리를 감추기 위해 [G5]셀을 선택한 후 [수식] 탭 → [함수 라이브러리] 그룹 → [텍스트] → [REPLACE]를 클릭합니다.

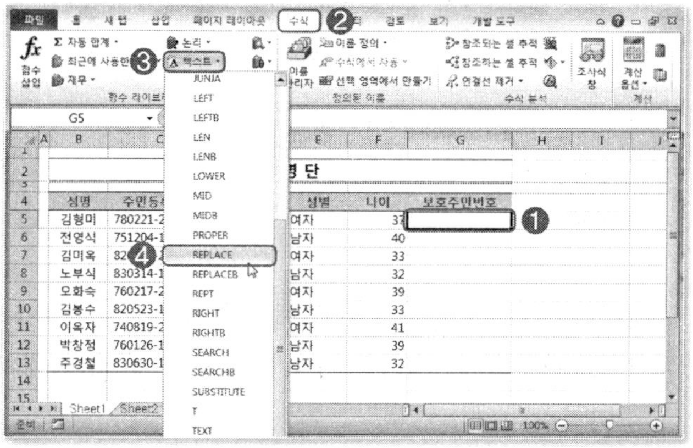

09. REPLACE 함수의 [함수 인수] 대화상자에서 오른쪽 그림과 같이 입력하고 [확인] 단추를 클릭합니다.

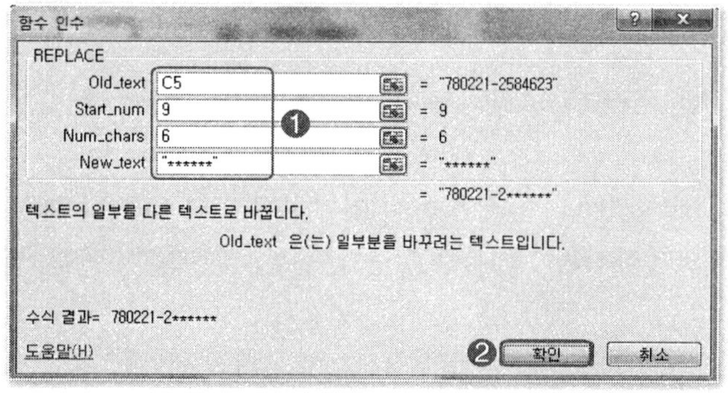

- Old_text : C5
- Start_num : 9
- Num_chars : 6
- New_text : "******"

함수 인수의 입력이 완료되면 수식 입력 줄에는 '=REPLACE(C5,9,6,"******")'의 함수식이 표시되는데, [C5]셀의 9번째에 있는 문자부터 시작하여 6자리의 문자열을 '******'로 대체합니다.

10. 결과 값 [G5]셀을 클릭하고 [G13]셀까지 채우기 핸들을 드래그하여 수식을 복사합니다.

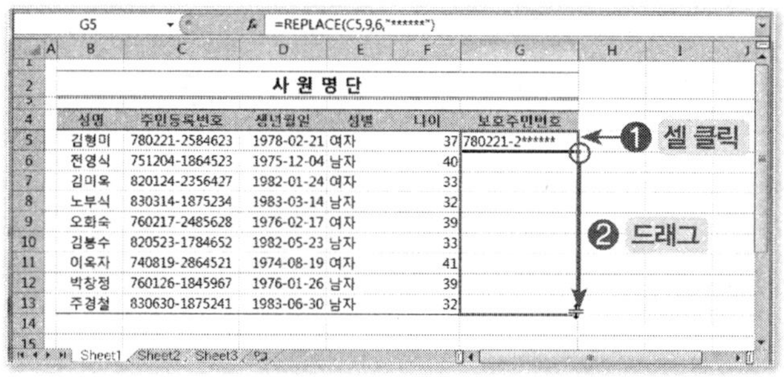

11. 생년월일, 성별, 나이, 보호주민번호의 가운데 맞춤을 위해 [D5:G13] 셀 범위를 선택하고 [홈] 탭 → [맞춤] 그룹 → [가운데 맞춤]을 클릭합니다.

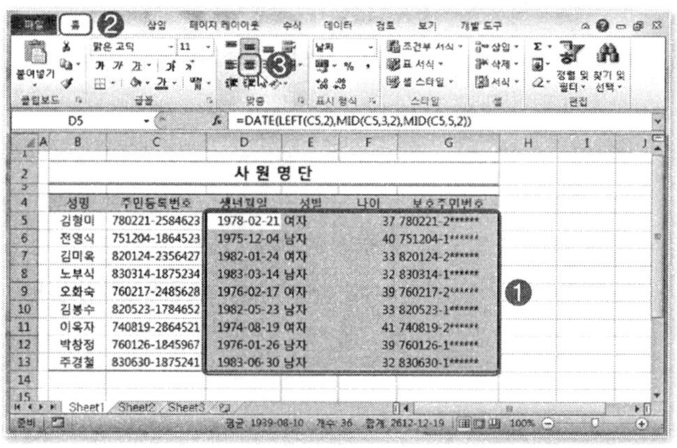

12. 오른쪽 그림과 같이 완성된 문서를 [저장] 단추를 눌러 저장하고, [파일] 탭 → [끝내기]를 클릭하거나 또는 화면 오른쪽 상단에 [닫기] 단추를 클릭하여 작업을 종료합니다.

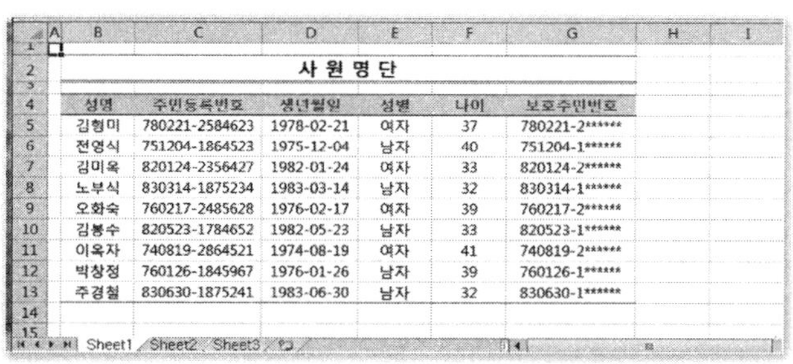

사 원 명 단

성명	주민등록번호	생년월일	성별	나이	보호주민번호
김형미	780221-2584623	1978-02-21	여자	37	780221-2******
전영식	751204-1864523	1975-12-04	남자	40	751204-1******
김미옥	820124-2356427	1982-01-24	여자	33	820124-2******
노부식	830314-1875234	1983-03-14	남자	32	830314-1******
오화숙	760217-2485628	1976-02-17	여자	39	760217-2******
김봉수	820523-1784652	1982-05-23	남자	33	820523-1******
이옥자	740819-2864521	1974-08-19	여자	41	740819-2******
박창정	760126-1845967	1976-01-26	남자	39	760126-1******
주경철	830630-1875241	1983-06-30	남자	32	830630-1******

실력 점검 문제

[문제 5-1] 준비파일('실력점검_5-1-준비.xlsx')을 열기한 후 아래 조건에 따라 함수식을 이용하여 엑셀/기초통계 평균, Pass구분, 등급구분, 실무연수, 연수인원을 계산하고 다음의 오른쪽 문서와 같이 작성하시오.

컴퓨터활용 학습결과 분석

이름	엑셀	기초통계	추가점수	Pass구분	등급구분	실무연수
박말녀	80	70	5			
김균제	45	45				
오형순	80	75	2			
조환희	75	65				
이상수	70	80	7			
곽재희	80	60	3			
금산월	50	45	2			
박주안	80	70	8			
평균					연수인원	

〈준비 파일〉

컴퓨터활용 학습결과 분석

이름	엑셀	기초통계	추가점수	Pass구분	등급구분	실무연수
박말녀	80	70	5	Pass	우수	연수
김균제	45	45			노력	
오형순	80	75	2	Pass	우수	연수
조환희	75	65		보류	노력	연수
이상수	70	80	7	Pass	노력	연수
곽재희	80	60	3	보류	노력	연수
금산월	50	45	2		노력	
박주안	80	70	8	Pass	우수	연수
평균	70	63.75			연수인원	6명

〈완성 문서〉

[작성 조건]

- **평균[C14]/[D14] : 모든 엑셀 데이터의 평균 값[C14], 모든 기초통계 데이터의 평균 값[D14], 평균 계산은 [홈] 탭 → [편집] 그룹의 자동합계 목록의 AVERAGE 함수 사용**
- **Pass구분[F5:F12] : (엑셀+기초통계+추가점수)의 합이 150 이상이면 'Pass', 100 이상이면 '보류', 나머지는 빈칸으로 표시, 중복 IF함수와 SUM함수 사용**
- **등급구분[G5:G12] : 엑셀이 80 이상이고 기초통계가 70 이상이면 '우수', 나머지는 '노력', IF함수와 AND함수 사용**
- **실무연수[H5:H12] : 엑셀이 평균보다 크거나 또는 기초통계가 평균보다 크면 '연수', 나머지는 빈칸, IF함수와 OR함수 사용, 계산식에서 평균[$C$14]/[$D$14]은 절대참조로 표시**
- **연수인원[H14] : 실무연수에서 '연수'가 표시된 셀의 개수를 표시, COUNTIF함수 사용, 결과 값 끝에 '명' 단위 표시(사용자 지정 형식: #"명")**

[문제 5-2] 준비파일('실력점검_5-2-준비.xlsx')을 열기한 후 아래 조건에 따라 다음의 오른쪽 문서와 같이 매입액을 계산하시오.

우리마트 상품 매입현황

날짜	상품명	제조회사	수량	매입액
1/13	스위트콘	오뚜기	200	
1/13	에이스	해태	150	
1/13	초코파이	오리온	200	
1/13	미니웨하스	청우	300	
1/21	빠다코코넛	롯데	150	
1/21	울샴푸	애경	150	
1/21	스파크	애경	200	
1/21	스위트콘	오뚜기	100	
1/25	에이스	해태	200	
1/25	미니웨하스	청우	200	

<상품별 매입단가표>

상품명	매입단가
미니웨하스	1,000
빠다코코넛	1,450
스위트콘	990
스파크	5,900
에이스	2,400
울샴푸	2,980
초코파이	2,800

〈준비 파일〉

우리마트 상품 매입현황

날짜	상품명	제조회사	수량	매입액
1/13	스위트콘	오뚜기	200	198,000
1/13	에이스	해태	150	360,000
1/13	초코파이	오리온	200	560,000
1/13	미니웨하스	청우	300	300,000
1/21	빠다코코넛	롯데	150	217,500
1/21	울샴푸	애경	150	447,000
1/21	스파크	애경	200	1,180,000
1/21	스위트콘	오뚜기	100	99,000
1/25	에이스	해태	200	480,000
1/25	미니웨하스	청우	200	200,000

<상품별 매입단가표>

상품명	매입단가
미니웨하스	1,000
빠다코코넛	1,450
스위트콘	990
스파크	5,900
에이스	2,400
울샴푸	2,980
초코파이	2,800

〈완성 문서〉

[작성 조건]

- **매입액[F5:F14] : 계산식=수량×매입단가, 매입단가는 별표 '상품별 매입단가표'의 정보를 이용, 찾기/참조함수(VLOOKUP) 사용, 계산식에서 '상품별 매입단가표'[$H$5:$I$12]의 범위는 절대참조로 표시, 쉼표 스타일(,) 표시**

Introduction to Excel

CHAPTER 06

차트 작성하기

엑셀 문서에서 숫자로 제시되는 데이터는 차트를 이용해서 시각적으로 표시하면 청중에게 좀 더 명확하게 핵심 내용을 전달할 수 있습니다. 차트 중에서 막대형 차트는 여러 종류의 데이터를 비교하는데 용이하고, 꺾은선 그래프는 일정 기간 동안의 추이를 표시하기에 용이하며, 원형 차트는 전체에 대한 각 항목의 비율을 표시하는데 용이할 수 있습니다.

학습 목표

- 문서에 차트 삽입과 삭제를 할 수 있습니다.
- 차트 유형과 구성 요소를 구분하고 데이터의 특성에 따라 차트 종류를 선택할 수 있습니다.
- 차트에 디자인과 레이아웃을 설정하고 스타일을 변경할 수 있습니다.

실습구성

준비학습

실습 6-1　성적표를 가로 막대형 차트로 작성하기

실습 6-2　차트 종류를 변경하여 혼합형 차트를 작성하고 보조 축 생성하기

실력 점검 문제

준비학습

1. 차트의 구성 요소

차트는 숫자 데이터를 막대형이나 원형 등의 그래픽 형식으로 표시합니다. 엑셀에서의 차트는 다음과 같은 구성 요소를 가집니다.

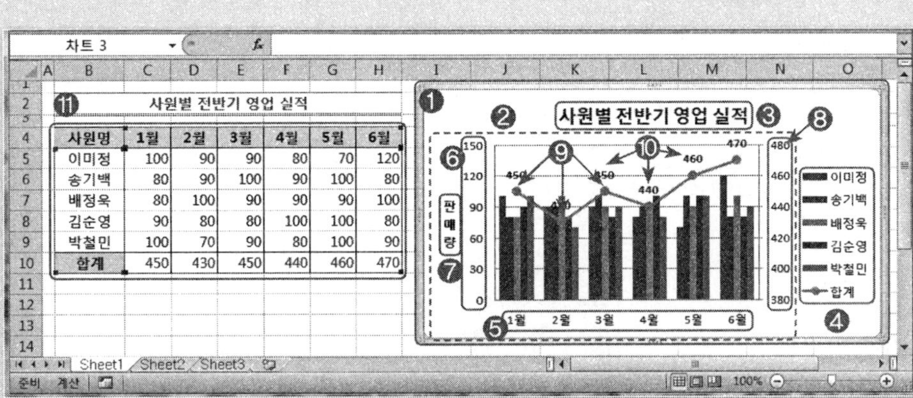

❶ 차트 영역 : 차트의 모든 요소를 포함하며, 차트 요소는 차트 영역, 그림 영역, 차트 제목, 범례 등이 포함됩니다.

❷ 그림 영역 : 실제 그래프가 그려지는 영역으로 가로/세로 축 및 축 제목 등이 포함됩니다.

❸ 차트 제목 : 차트의 제목입니다.

❹ 범례 : 데이터 계열을 구분하는 색과 이름을 표시합니다.

❺ 가로 축 : 데이터 계열의 이름을 표시하는 축입니다.

❻ 세로 축 : 데이터 계열의 값을 표시하는 축입니다.

❼ 세로 축 제목 : 세로축의 제목을 표시합니다.

❽ 보조 축 : 값의 차이가 많이 나는 데이터 계열의 값을 세로 축과 구분하여 표시하는 축입니다. 차트에서 여러 개의 계열을 사용할 때 계열 간 값의 차이가 많이 나는 경우에는 값이 작은 계열의 그래프를 확인하기가 쉽지 않습니다. 이 경우 값의 차이가 많이 나는 계열을 보조 축에 표시하면 두 계열을 한 차트에서 모두 확인할 수 있습니다.

❾ 데이터 계열 : 관련 데이터 요소의 집합으로 수치 데이터를 나타내는 가로 막대, 세로 막대, 꺾은선 등으로 표시합니다.

❿ 데이터 레이블 : 각 데이터 요소의 값을 차트에 직접 표시합니다.

⓫ 데이터 범위 : 차트에서 사용하는 데이터의 범위입니다.

2. 차트 삽입과 삭제

❶ 워크시트에 차트를 구성할 항목 이름이나 숫자 데이터를 입력합니다.

❷ 입력된 데이터의 셀 범위를 선택합니다.

❸ [삽입] 탭 → [차트] 그룹에서 사용할 차트 종류를 클릭하고 나타나는 하위 종류에서 선택합니다.

❹ 현재 사용 중인 워크시트에 차트가 삽입되며, 필요에 따라 차트의 레이아웃이나 스타일을 변경할 수 있습니다.

차트를 삽입하는 과정을 그림으로 표시하면 다음과 같습니다.

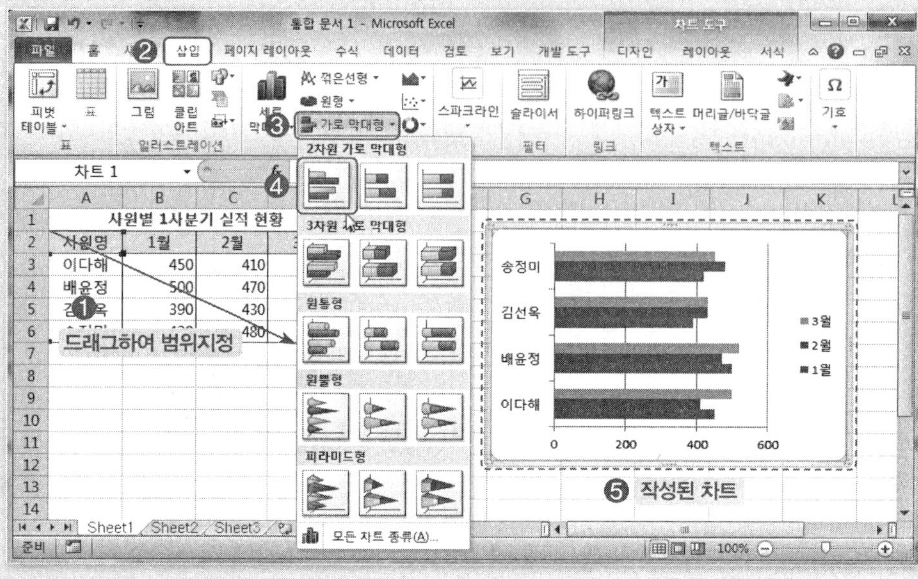

❶ 차트에 필요한 숫자 데이터를 입력한 후 차트 범위를 지정합니다. 범위는 연속된 범위뿐만 아니라 때로는 떨어져 있는 범위도 지정할 수 있습니다.

❷~❸ 리본 메뉴의 [삽입]탭 → [차트] 그룹에서 막대형 또는 꺾은선형 등의 차트 종류를 클릭합니다.

❹ 하위에 차트형 목록이 표시되면 원하는 모양 하나를 선택합니다.

❺ 현재 사용 중인 워크시트나 또는 다른 워크시트에 차트가 삽입됩니다.

차트를 삭제할 때는 차트를 선택한 후 Delete 키를 눌러 삭제합니다.

3. 차트 리본 메뉴

작성된 차트를 마우스로 클릭하여 선택하면 차트 도구 리본 메뉴가 표시됩니다.

(1) [차트 도구/디자인] 탭의 구성

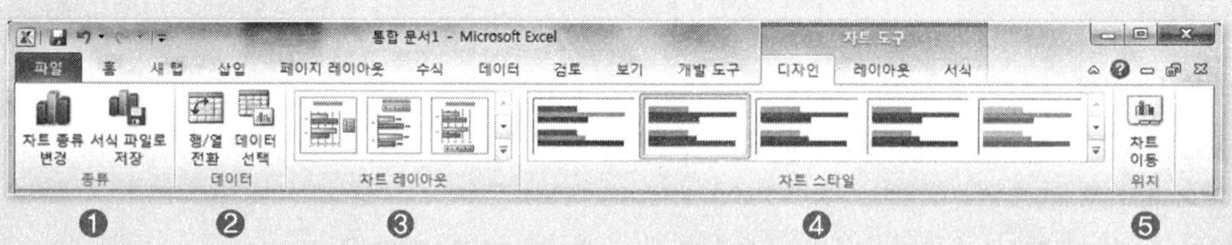

❶ [종류] 그룹 : 작성한 차트의 종류를 다른 종류로 변경하거나, 차트의 서식과 레이아웃을 서식 파일로 저장합니다.

❷ [데이터] 그룹 : 데이터의 행과 열을 바꾸거나 차트에 포함된 데이터의 범위를 변경하며, 차트를 구성하고 있는 데이터의 편집화면으로 이동하거나 차트를 새로 고칩니다.

❸ [차트 레이아웃] 그룹 : 차트 레이아웃의 '자세히' 단추( )를 클릭하여 차트의 전체 레이아웃을 변경할 수 있는 목록에서 선택합니다.

❹ [차트 스타일] 그룹 : 차트 스타일의 '자세히' 단추(▾)를 클릭하여 차트의 전체 표시 스타일을 선택할 수 있는 목록이 표시됩니다.

❺ [차트 이동 위치] 그룹 : 작성된 차트를 새로운 시트에 삽입하거나 또는 다른 워크시트에 삽입할 수 있습니다.

(2) [차트 도구/레이아웃] 탭의 구성

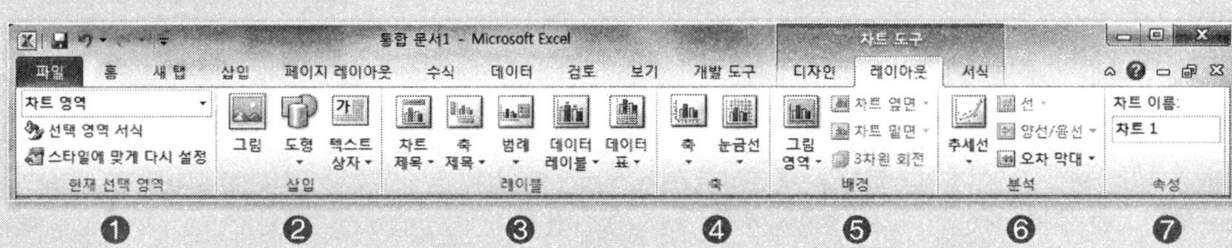

❶ [현재 선택 영역] 그룹 :

- 차트 영역 : 차트 요소를 선택합니다.
- 선택 영역 서식 : 선택한 서식과 관련된 대화상자를 표시합니다.
- 스타일에 맞게 다시 설정 : 사용자 지정 서식을 지우고 차트 전체 표시 스타일로 바꿉니다.

❷ [삽입] 그룹 : 그림 또는 기본으로 제공하는 도형을 삽입하거나 텍스트 상자를 입력합니다.

❸ [레이블] 그룹 :

- 차트 제목 : 차트 제목을 추가, 제거 또는 위치를 바꿉니다.
- 축 제목 : 가로/세로 축 제목을 추가, 제거 또는 제목의 방향을 바꿉니다.
- 범례 : 차트 범례를 추가, 제거 또는 위치를 바꿉니다.
- 데이터 레이블 : 데이터 레이블을 추가, 제거 또는 위치를 바꿉니다.
- 데이터 표 : 차트에 데이터 표를 추가합니다.

❹ [축] 그룹 :

- 축 : 각 축의 서식과 레이아웃을 변경합니다.
- 눈금선 : 차트 눈금선을 설정하거나 해제합니다.

❺ [배경] 그룹 :

- 그림 영역 : 그림 영역을 설정하거나 해제합니다.
- 차트 옆면 : 차트 옆면의 서식을 지정합니다.
- 차트 밑면 : 차트 밑면의 서식을 지정합니다.
- 3차원 회전 : 차트의 3차원 사정을 변경(X, Y, Z, 원근 값 등 지정)합니다.

❻ [분석] 그룹 :

- 추세선 : 차트에 추세선을 추가합니다.
- 선 : 차트에 하강선이나 최고/최저값 연결선을 표현합니다.
- 양선/음선 : 차트에 양선/음선을 추가합니다.
- 오차 막대 : 차트에 오류 표시줄을 선택합니다.

❼ [속성] 그룹 : 시트에서 개체 순서를 지정하거나 VBA 코드를 쓸 때 참조하도록 차트 이름을 지정합니다.

(3) [차트 도구/서식] 탭의 구성

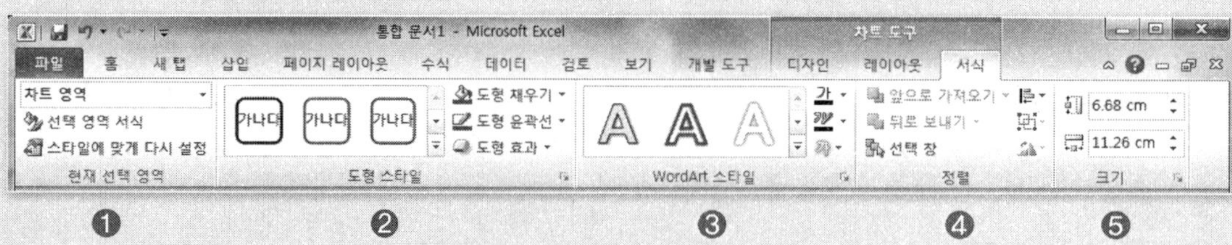

❶ [현재 선택 영역] 그룹 : 차트의 서식을 변경합니다. [스타일에 맞게 다시 설정]을 클릭하면 초기 설정된 차트 서식으로 변경합니다.

❷ [도형 스타일] 그룹 : 차트의 다양한 표시 스타일을 선택합니다. 도형의 색 채우기나 윤곽선 지정, 도형 효과를 적용할 수 있습니다.

❸ [WordArt 스타일] 그룹 : 그룹 차트의 텍스트 표시 스타일을 변경합니다. 차트 텍스트의 색 채우기나 윤곽선, 텍스트 효과를 적용할 수 있습니다.

❹ [정렬] 그룹 : 선택한 개체의 순서를 앞, 뒤로 정렬하고 개체 맞춤과 개체 그룹, 개체 회전을 할 수 있습니다.

❺ [크기] 그룹 : 선택한 개체의 가로, 세로의 크기를 지정합니다.

4. 차트 종류

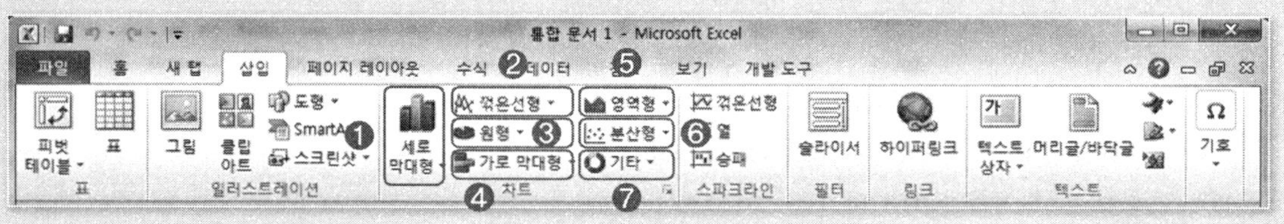

❶ 세로막대형

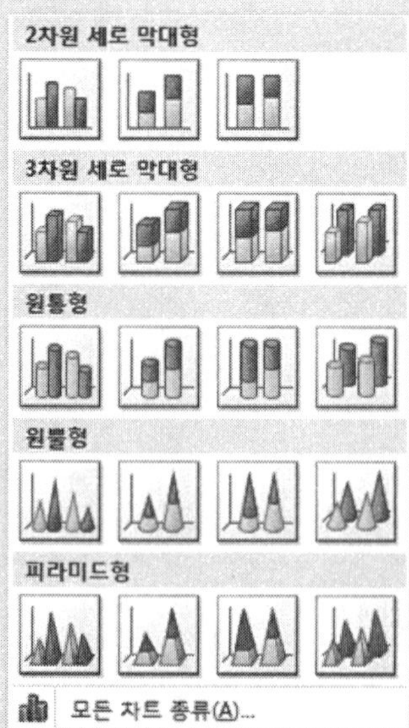

❷ 꺾은선형

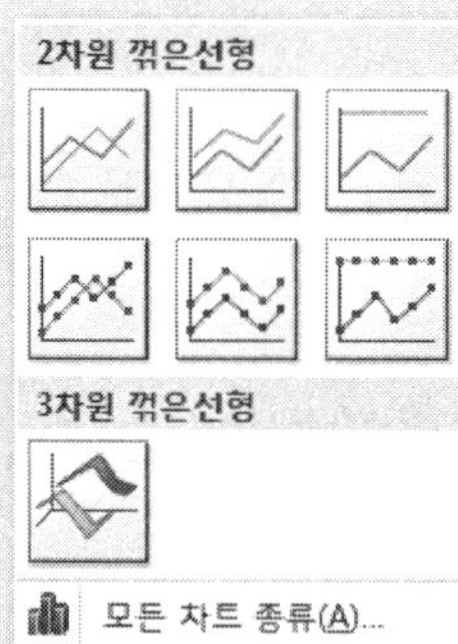

❸ 원형

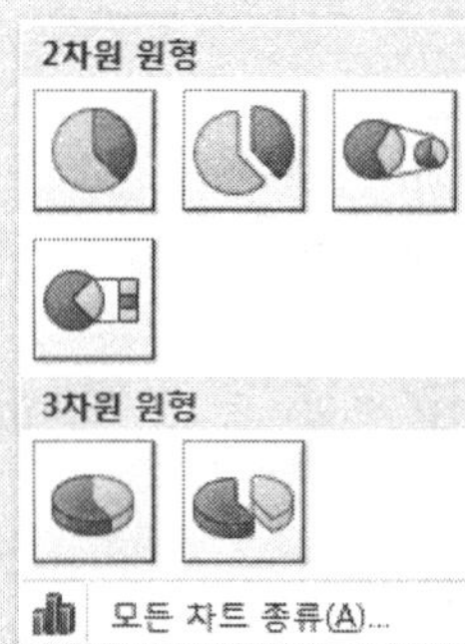

❹ 가로막대형

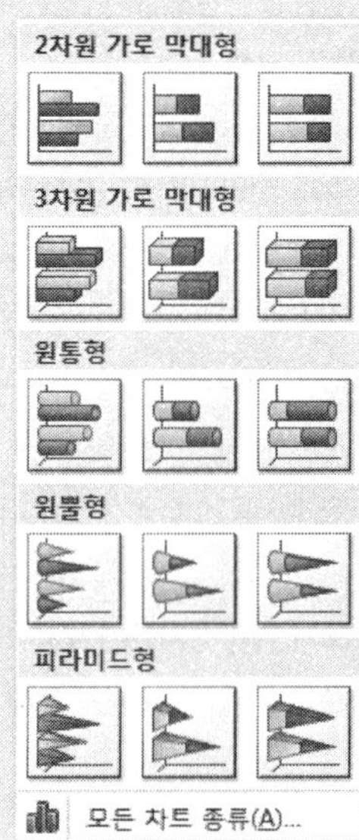

⑤ 영역형

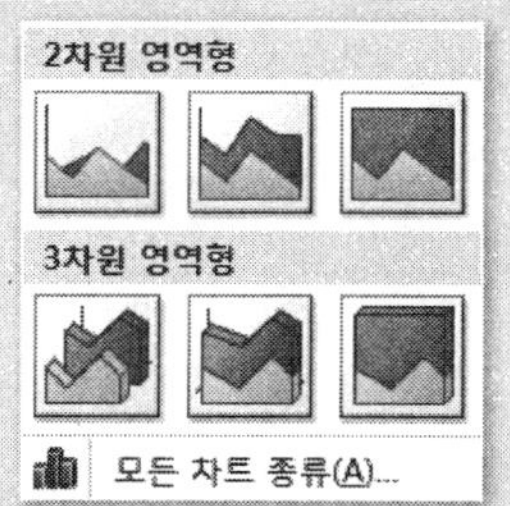

⑥ 분산형

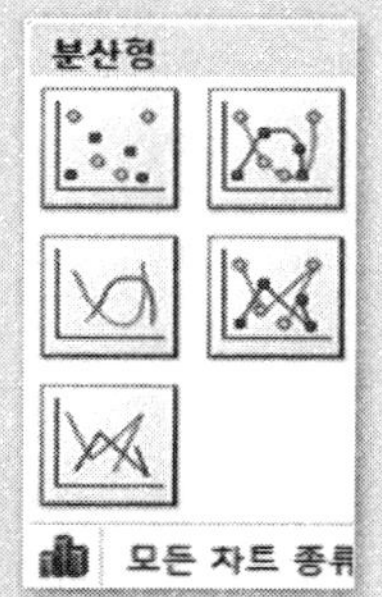

⑦ 기타형

❶ 세로 막대형 : 시간의 경과에 따른 데이터 변동이나 비교를 세로 막대형으로 표시합니다.
❷ 꺾은선형 : 연속 데이터를 표시하거나 일정 간격에 따라 데이터의 추세를 표시합니다.
❸ 원형 : 단 한 개의 열이나 행에 있는 데이터(0보다 큰 경우)를 원형으로 나타내어 전체나 백분율로 표시합니다.
❹ 가로 막대형 : 시간의 경과에 따른 데이터 변동이나 비교를 가로 막대형 차트로 표시합니다.
❺ 영역형 : 시간에 따른 변동의 크기나 합계 값을 추세와 함께 표시합니다.
❻ 분산형 : 여러 데이터 계열에 있는 숫자 값 사이의 관계를 표시합니다.
❼ 주식형 : 주가 변동을 나타날 때 사용합니다.
❽ 표면형 : 두 데이터 집합 간의 최적 조합을 찾을 때 사용합니다.
❾ 도넛형 : 원형 차트와 비슷한 형태로 전체에 대한 각 부분 관계를 보여 주지만 데이터 계열을 2개 이상 보여줍니다.
❿ 거품형 : 거품의 크기로 데이터 값을 표현할 때 사용합니다.
⓫ 방사형 : 여러 데이터 계열의 집계 값을 비교할 때 사용합니다.

5. 차트 데이터의 범위 수정

차트에 사용하는 데이터의 범위를 수정하려면 [차트 도구/디자인] 탭 → [데이터] 그룹 → [데이터 선택]을 클릭하여 [데이터 원본 선택] 대화상자를 표시하고 수정합니다. [데이터 원본 선택] 대화상자에서는 다음과 같이 행/열 전환, 범례 항목 편집, 계열 편집 등 다양한 부분을 수정할 수 있습니다.

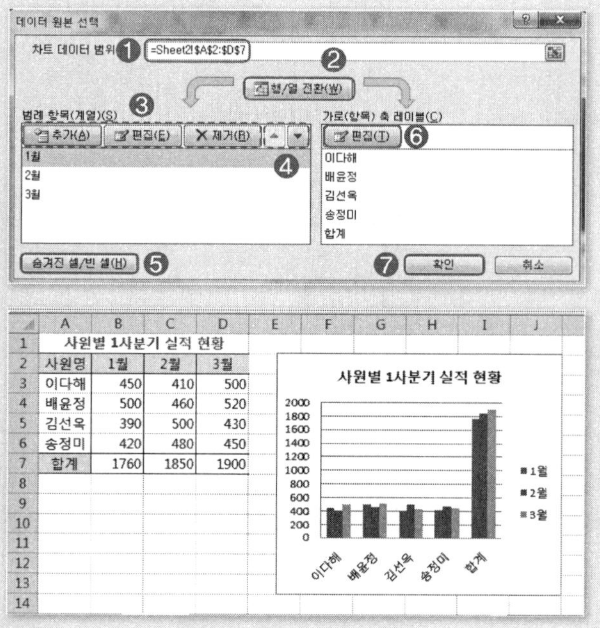

〈행/열 전환 전 차트 그림〉

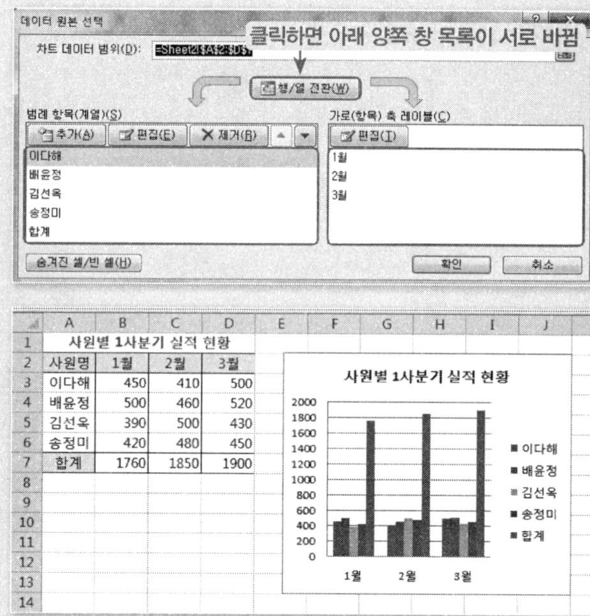

〈행/열 전환 후 차트 그림〉

❶ [차트 데이터 범위] : 차트에 사용하는 데이터 전체의 범위를 수정합니다.

❷ [행/열 전환] : 가로 축에 표시되는 데이터 계열과 세로 축에 표시되는 데이터 범례를 바꿀 수 있습니다. 위 그림에서 상단의 오른쪽 그림은 상단의 왼쪽 그림의 [행/열 전환] 단추를 클릭하여 범례 항목과 가로 축이 서로 바뀐 상태이며, 하단의 각 그림들은 상단에서 지정된 차트 모양입니다.

❸ [범례 항목(계열)]에서 [추가],[편집],[제거] : 데이터 계열을 추가하거나 범위를 수정하거나 제거할 수 있습니다.

❹ [범례 항목(계열)]에서 [위/아래] 단추 : 데이터 계열이 범례에서 표시되는 순서를 바꿀 수 있습니다.

❺ [숨겨진 셀/빈 셀] : 데이터 범위에 숨겨지거나 빈 셀이 있을 경우 차트에서 어떻게 표시할지 옵션을 설정합니다.

❻ [가로(항목) 축 레이블]에서 [편집] : 가로(항목) 축 레이블의 범위를 다시 지정하여 수정할 수 있습니다.

❼ [확인] : 클릭하면 변경된 내용이 차트에 적용됩니다.

6. 혼합형 차트 작성하기

한 차트에 두 개의 차트 종류를 사용하는 것을 혼합형 차트라고 합니다. 혼합형 차트를 사용하려면 데이터 계열을 두 개 이상 사용해서 차트를 작성해야 합니다.

혼합형 차트 작성 순서는 다음과 같습니다.

❶ 두 개 이상의 데이터 계열을 사용해서 차트를 만듭니다.

❷ 차트의 그림 영역에서 다른 차트로 변경할 데이터 계열을 클릭하여 선택합니다.

❸ [차트 도구/디자인] 탭 → [종류] 그룹 → [차트 종류 변경]을 클릭하여 [차트 종류 변경] 대화상자가 표시되면 해당 데이터 계열에 적용할 새로운 차트 종류를 선택합니다.

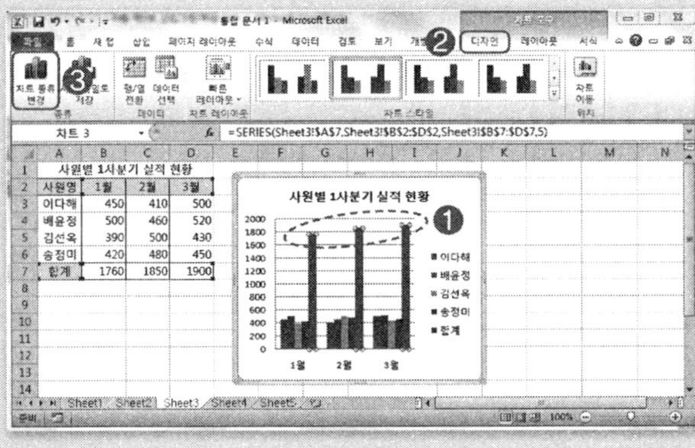

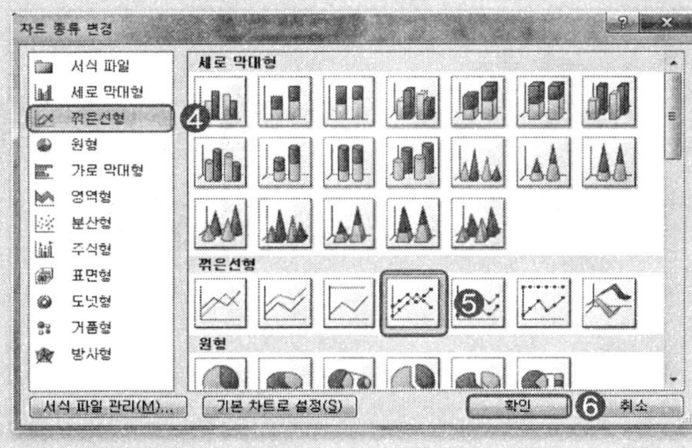

❹ 기존 계열과 차트 종류가 변경된 계열의 세로 축을 구분해 주기 위해, 변경된 데이터 계열이 선택된 상태에서 [차트 도구/레이아웃] 탭 → [현재 선택 영역] 그룹 → [선택 영역 서식]을 클릭합니다. [데이터 계열 서식] 대화상자가 표시되면 [계열 옵션] → [데이터 계열 지정] → [보조 축] → [확인]을 클릭합니다.

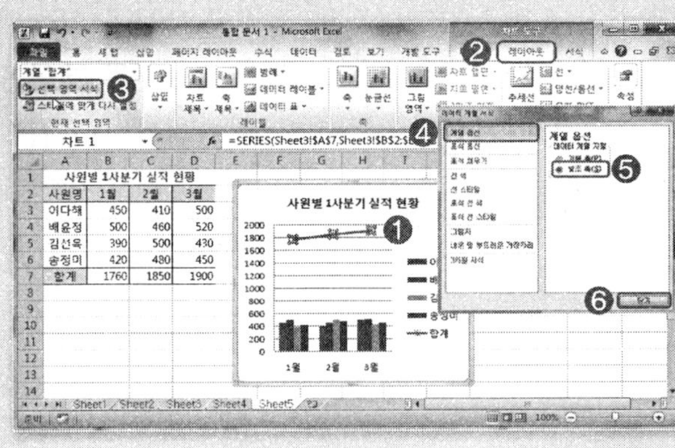

❺ 그러면 다음 그림과 같이 차트 그림 영역의 오른쪽에 보조 축이 표시됩니다. 차트의 왼쪽 세로 축은 원래 차트용 레이블이 표시되고 오른쪽 세로 축(보조 축)은 변경된 두 번째 차트용 레이블이 표시됩니다.

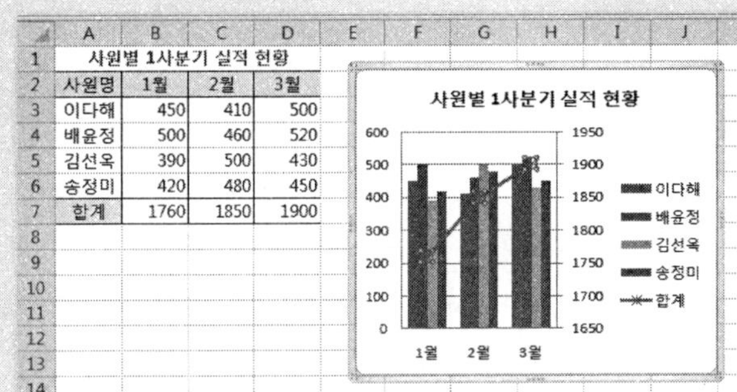

참고로 임의의 계열 전체 요소를 선택하려면 요소 한 개를 한번 클릭합니다. 그런데 임의의 계열에서 하나의 요소만을 선택하려면 계열 전체가 선택된 상태에서 해당 요소를 다시 한번 클릭합니다.

실습

I n t r o d u c t i o n t o E x c e l

6-1 성적표를 가로 막대형 차트로 작성하기

준비 파일 '6장_1학기 성적표'를 열고 오른쪽 그림과 같이 가로 막대 차트를 작성하시오. 단, 차트 제목을 표시하고, 중간고사와 기말고사 계열에서 최고점수 막대 끝에 데이터 레이블을 표시하며, 차트 영역에 오른쪽 그림과 같은 주황색을 채우시오.

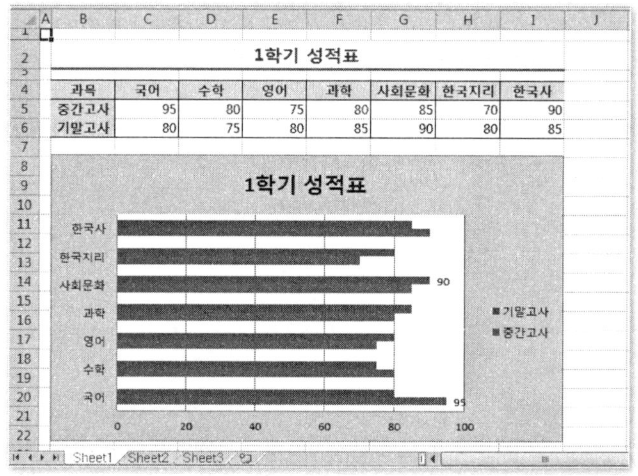

01. 차트를 삽입하기 위해 [B4:I6]셀의 범위를 지정한 후 [삽입] 탭 → [차트] 그룹 → [가로 막대형] → [2차원 가로 막대형] → [묶은 가로 막대형]을 클릭합니다.

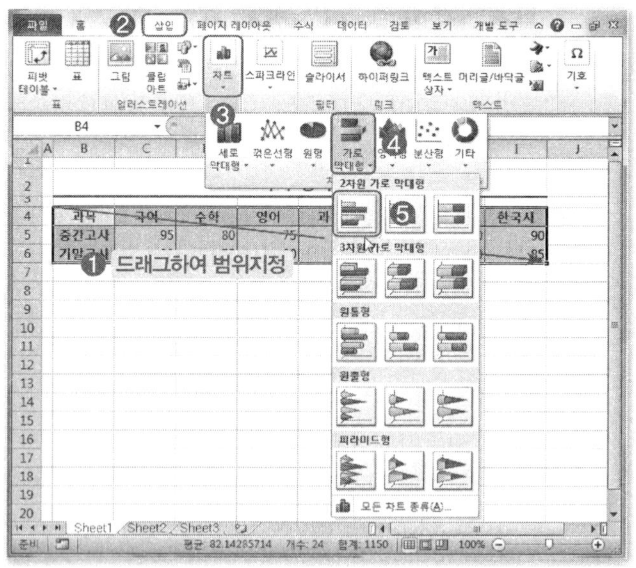

02. 차트가 삽입되면 차트를 선택한 후 마우스 포인터가 십자 화살표(✥)일 때 드래그하여 [B8]셀로 이동하고, 오른쪽 하단의 모서리에 마우스 포인터를 맞추어 양쪽 화살표(↘)일 때 드래그하여 [I22]셀까지 크기를 조절합니다.

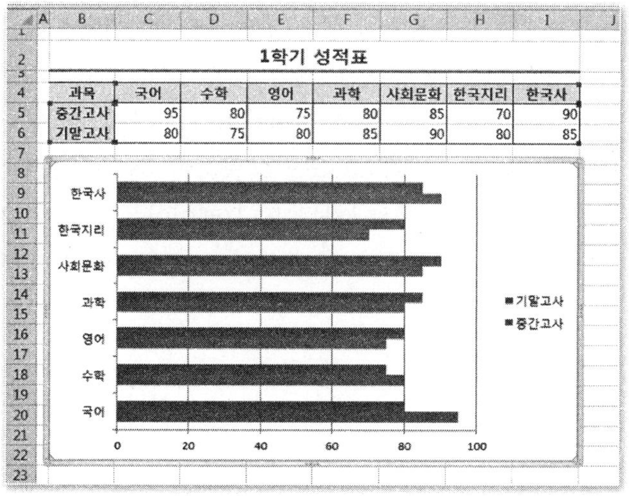

03. 차트의 제목을 표기하기 위해 차트를 선택한 후 [차트 도구/디자인] 탭 → [차트 레이아웃] 그룹 → [빠른 레이아웃] → [레이아웃1]을 클릭합니다. 차트 제목 란에 '1학기 성적표'를 입력합니다.

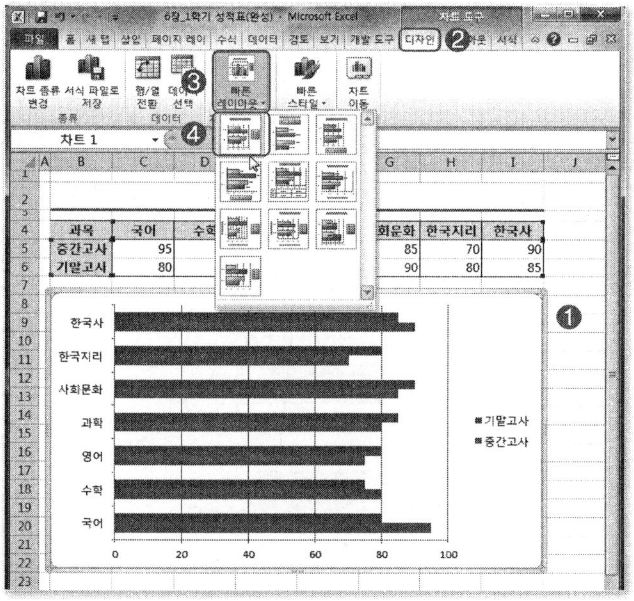

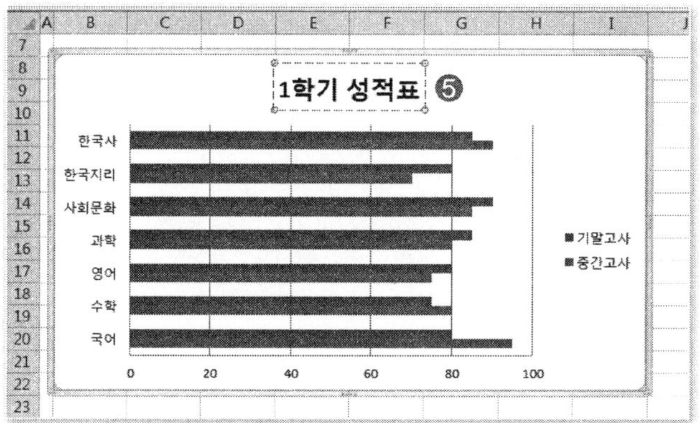

04. 각 계열의 최대 값 요소에 데이터 레이블을 표시하기 위해 '중간고사' 계열에서 '국어' 요소를 클릭하면 '중간고사' 전체가 선택됩니다. 다시 한번 '중간고사' 계열의 '국어' 요소를 클릭하여 하나의 요소만이 선택된 상태에서 [차트 도구/레이아웃] 탭 → [레이블] 그룹 → [데이터 레이블] → [바깥쪽 끝에]를 클릭합니다.

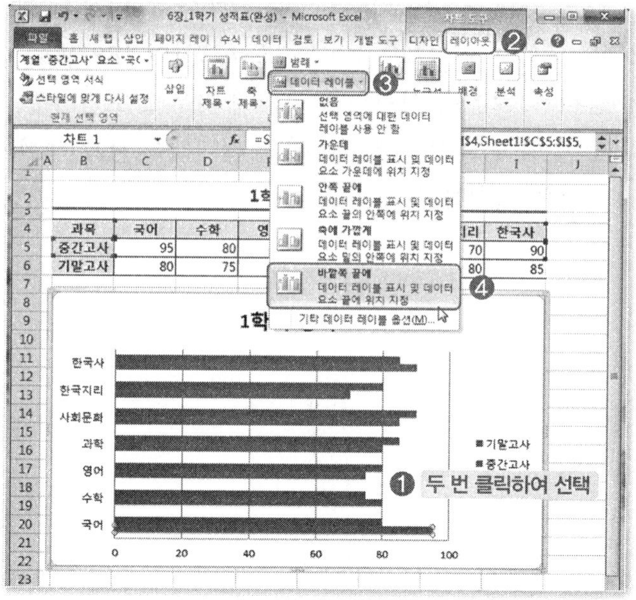

05. 같은 방법으로 '기말고사' 계열의 '사회문화' 요소에도 데이터 레이블을 표시합니다.

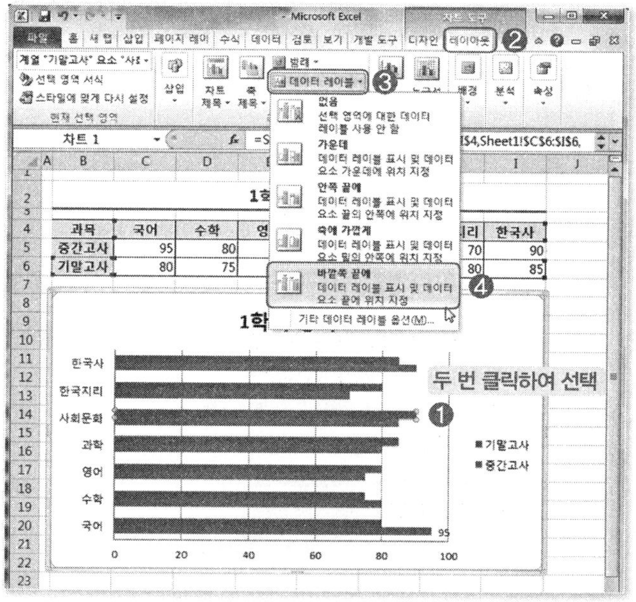

06. 차트 영역에 색을 채우기 위해 차트 영역을 선택한 후 [차트 도구/서식] 탭 → [현재 선택 영역] 그룹 → [선택 영역 서식]을 클릭합니다. [차트 영역 서식] 대화상자가 열리면 [채우기] → [단색 채우기] → [채우기 색] → [색] 목록에서 '주황, 강조6, 60% 더 밝게'를 선택한 후 [닫기]를 클릭합니다.

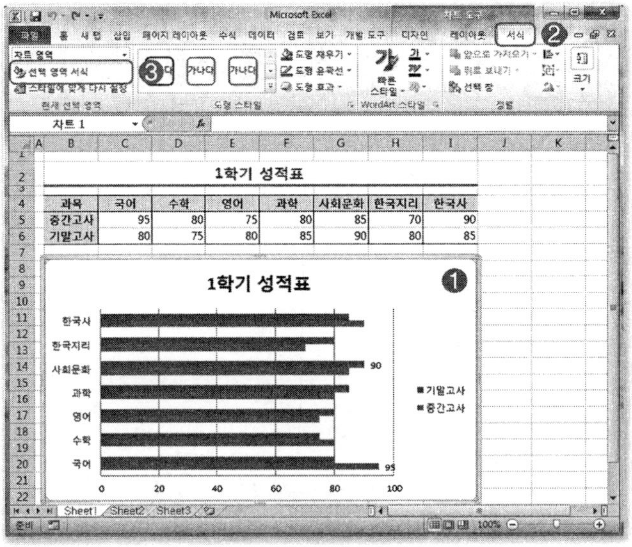

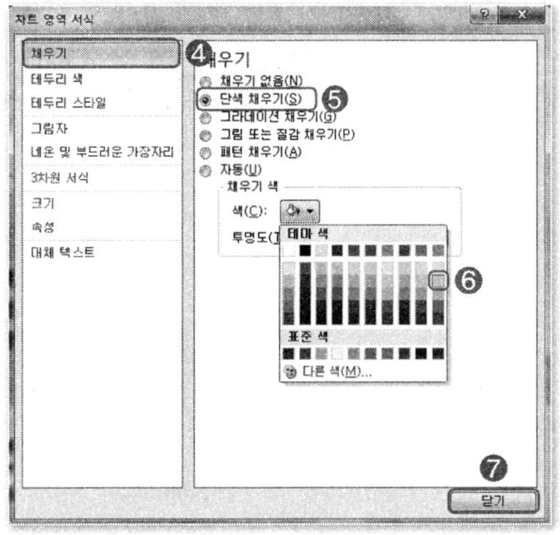

07. 오른쪽 그림과 같이 완성된 문서를 [저장] 단추를 눌러 저장하고, [파일] 탭 → [끝내기]를 클릭하거나 또는 화면 오른쪽 상단에 [닫기] 단추를 클릭하여 작업을 종료합니다.

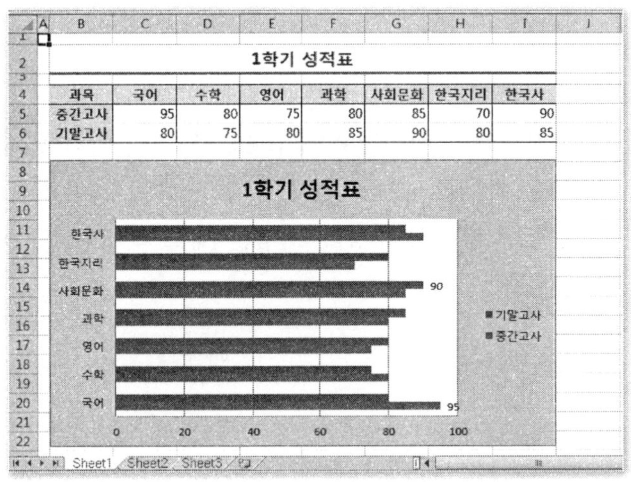

실습 6-2 차트 종류를 변경하여 혼합형 차트를 작성하고 보조 축 생성하기

준비 파일 '6장_코스피 일별시세'를 열고 준비된 표를 이용하여 전일비 계열은 막대그래프이고, 체결가 계열은 꺾은선 그래프로 보조축을 이용하여 표기하시오. 차트 제목을 표시하고, 전일비 계열과 체결가 계열에서 데이터가 가장 큰 숫자를 데이터 레이블에 표시하시오. 차트 영역은 '파피루스' 질감을 채우기 하시오.

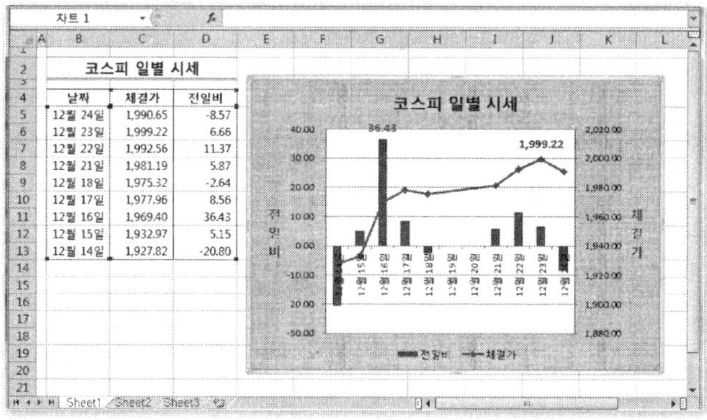

01. 차트를 삽입하기 위해 [B4:D13]셀의 범위를 지정한 후 [삽입] 탭 → [차트] 그룹 → [세로 막대형] → [2차원 세로 막대형] → [묶은 세로 막대형]을 클릭합니다.

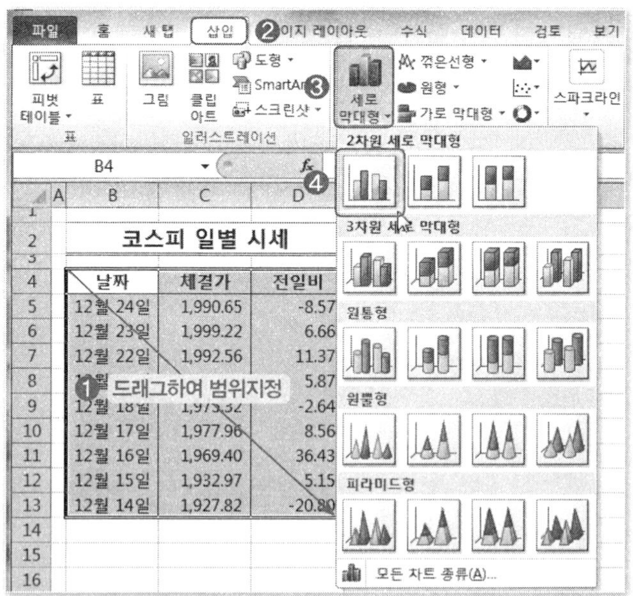

02. 체결가 계열의 차트 종류를 변경하기 위해 체결가 계열을 마우스로 클릭하여 선택하고 [차트도구/디자인] 탭 → [종류] 그룹 → [차트 종류 변경]을 클릭합니다. [차트 종류 변경] 대화상자가 표시되면 [꺾은선형] → [표식이 있는 꺾은선형]을 선택 한 후 [확인]을 클릭합니다.

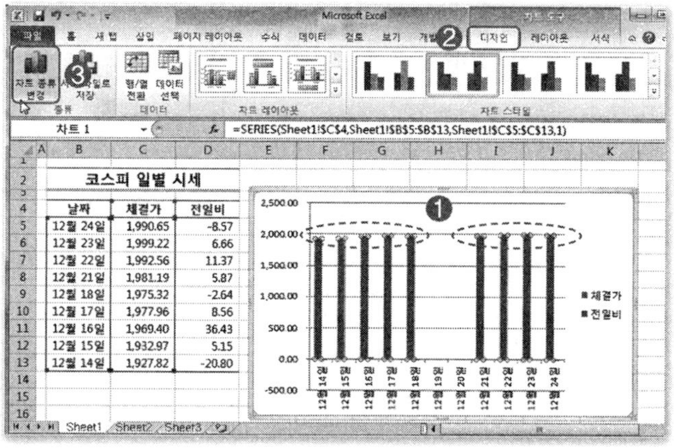

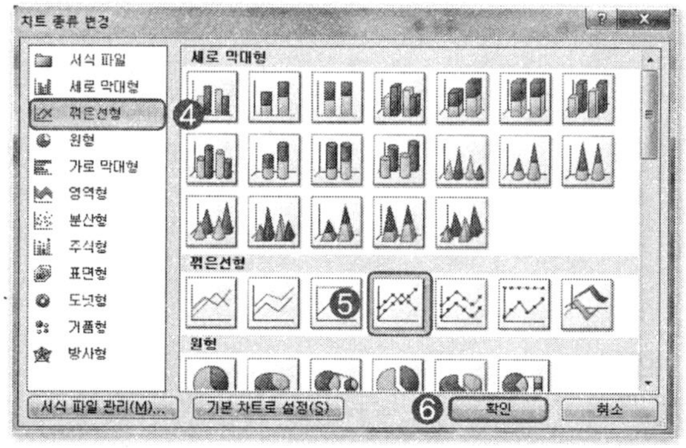

03. 체결가 계열 단위를 보조 축에 표시하기 위해 체결가 계열을 클릭하여 선택한 후 바로가기 메뉴에서 [데이터 계열 서식]을 클릭합니다. [데이터 계열 서식] 대화상자가 표시되면 [계열 옵션] → [데이터 계열 지정] → [보조 축] → [닫기]를 클릭합니다.

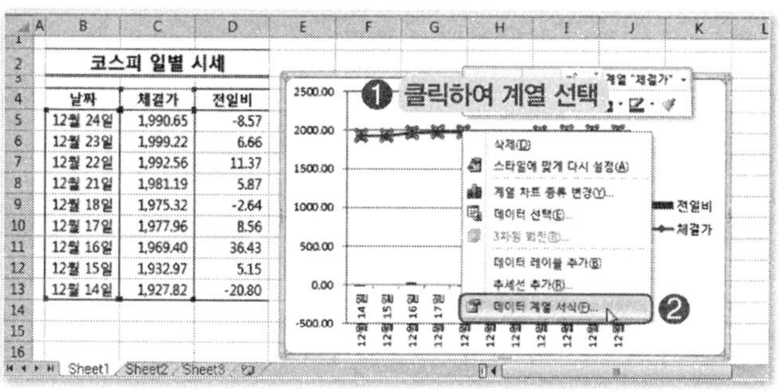

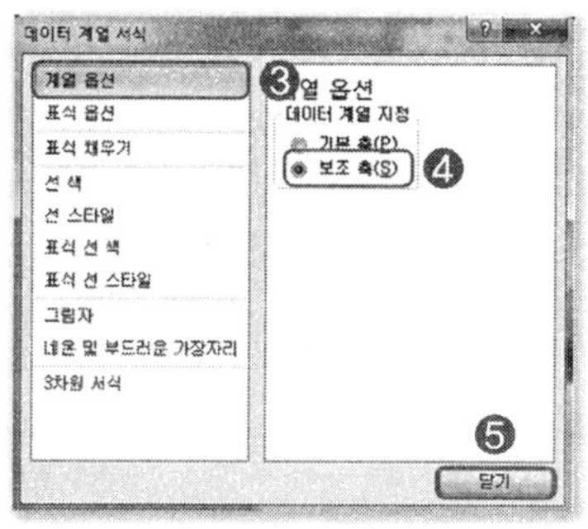

04. 차트에 제목을 표시하기 위해 차트를 선택하고 [차트 도구/레이아웃] 탭 → [레이블] 그룹 → [차트 제목] → [차트 위]를 클릭합니다.

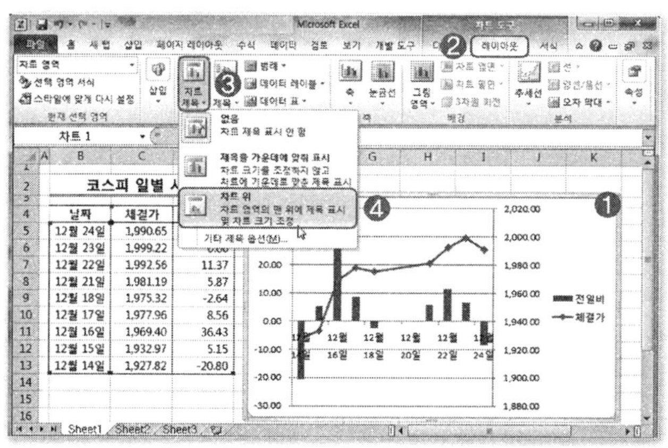

05. 차트 제목을 '코스피 일별 시세'라 입력하고 글꼴 크기(16), 글꼴 색(표준색-진한 파랑)의 서식을 지정합니다.

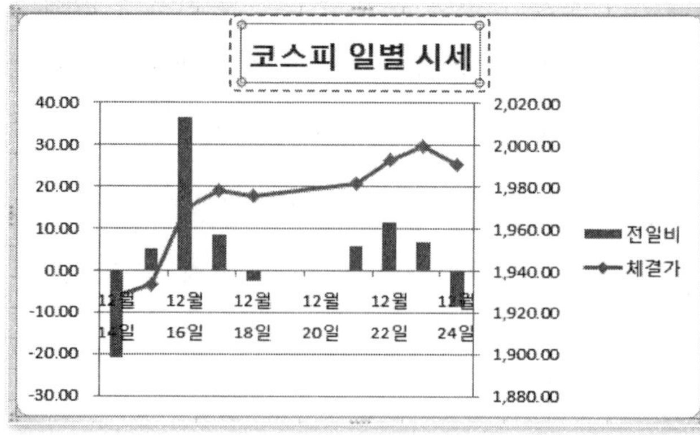

06. 범례의 위치를 차트 아래로 변경하기 위해 차트를 선택한 후 [차트 도구/레이아웃] 탭 → [레이블] 그룹 → [범례] → [아래쪽에 범례 표시]를 클릭합니다.

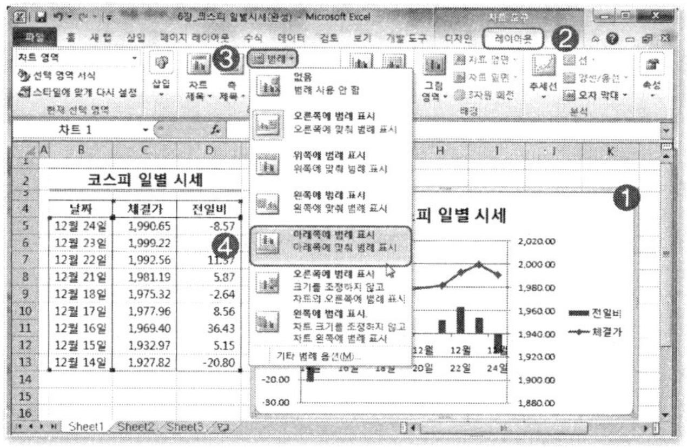

07. 세로 축 제목을 표시하기 위해 차트를 선택한 후 [차트 도구/레이아웃] 탭 → [레이블 그룹] → [축 제목] → [기본 세로 축 제목] → [세로 제목]을 클릭합니다.

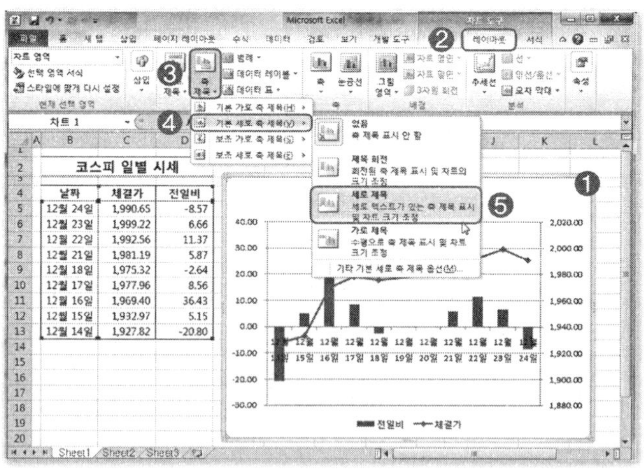

08. 세로 축 제목을 '전일비'라 입력하고 글꼴(굵게), 크기(12), 글꼴 색(표준색-파랑)의 서식을 지정합니다.

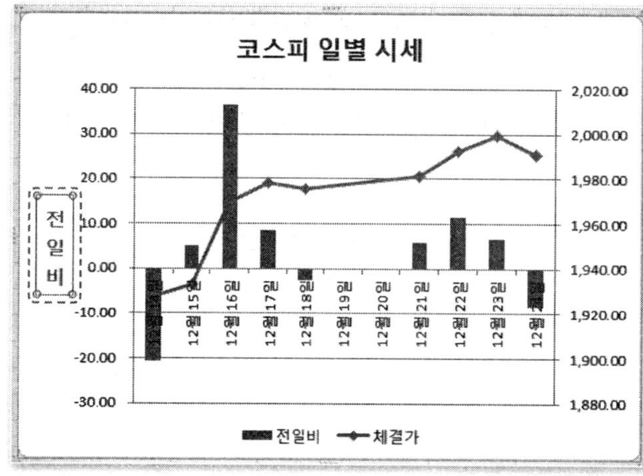

09. 보조 축 제목을 표시하기 위해 차트를 선택한 후 [차트 도구/레이아웃] 탭 → [레이블 그룹] → [축 제목] → [보조 세로 축 제목] → [세로 제목]을 클릭합니다.

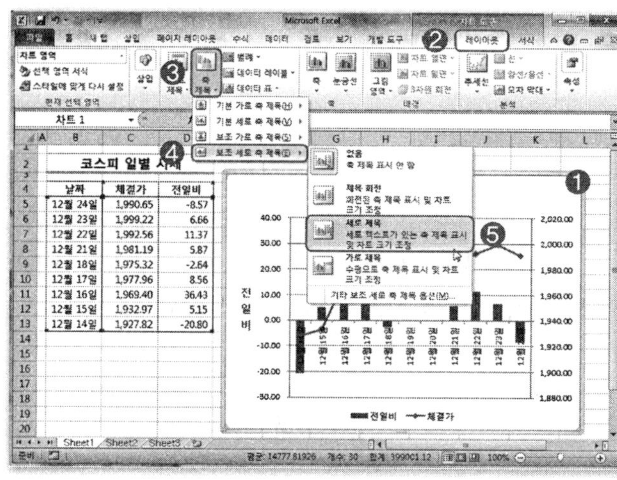

10. 보조 축 제목을 '체결가'라 입력하고 글꼴(굵게), 크기(12), 글꼴 색(표준색-파랑)의 서식을 지정합니다.

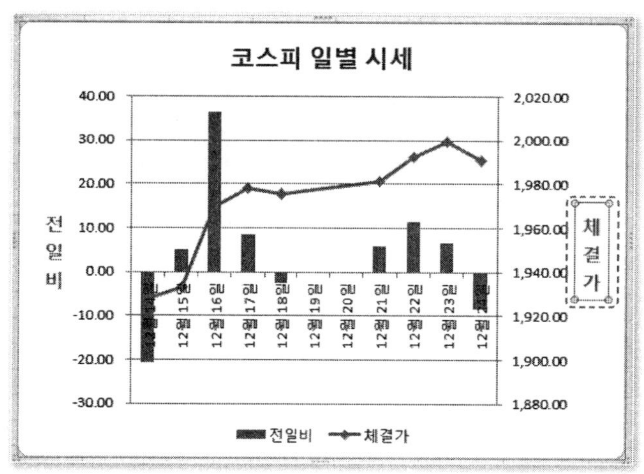

11. 전일비 계열에서 가장 큰 데이터의 레이블을 표시하기 위해 12월 16일 전일비 막대를 마우스를 두 번 클릭하여 선택한 후 바로가기 메뉴에서 [데이터 레이블 추가]를 선택합니다. 표시된 '36.43'의 글꼴(굵게), 크기(12), 글꼴 색(표준색–빨강)의 서식을 지정합니다.

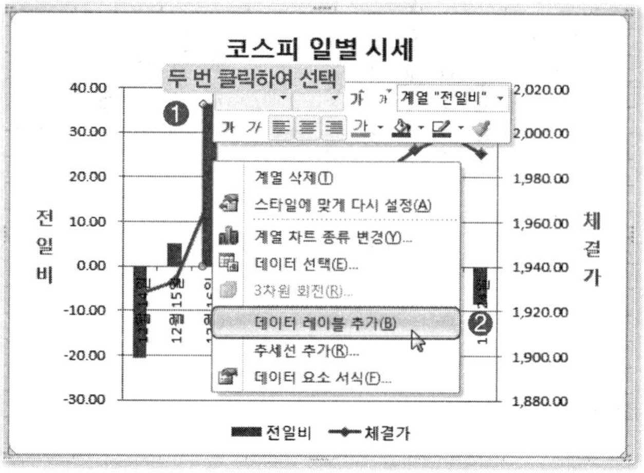

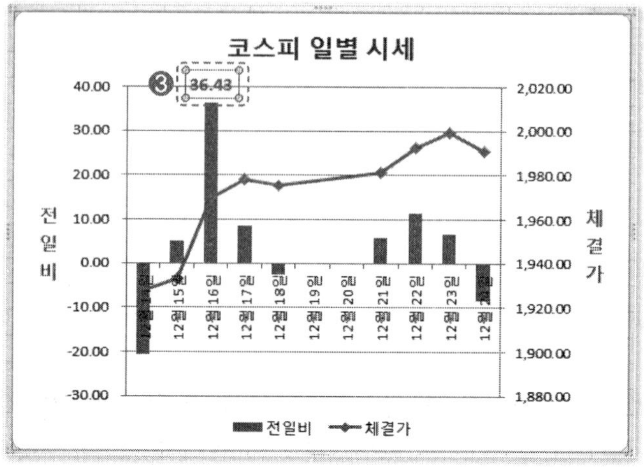

12. 체결가 계열에서 가장 큰 데이터의 레이블을 표시하기 위해 12월 23일 체결가 꺾은선 표식을 마우스를 두 번 클릭하여 선택한 후 바로가기 메뉴에서 [데이터 레이블 추가]를 선택합니다. 표시된 '1,999.22'의 위치가 위쪽에 표시하기 위해 [차트 도구/레이아웃] 탭 → [레이블 그룹] → [데이터 레이블] → [위쪽]을 클릭합니다.

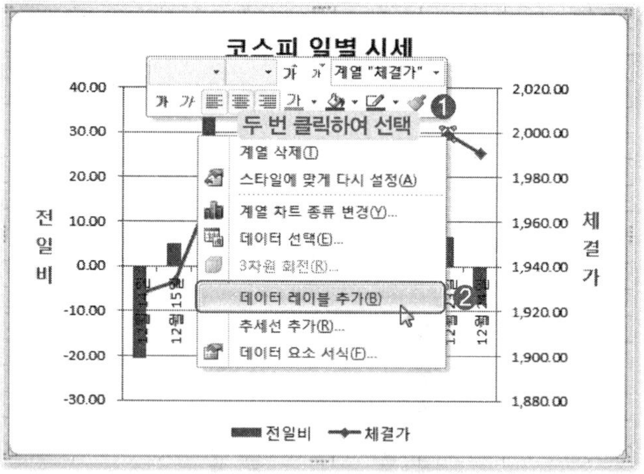

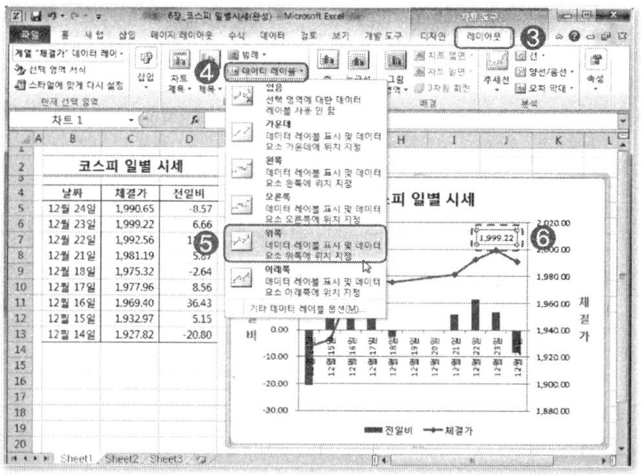

13. 표시된 데이터 레이블 '1,999.22'의 글꼴(굵게), 크기(12), 글꼴 색(표준색-빨강)의 서식을 지정합니다.

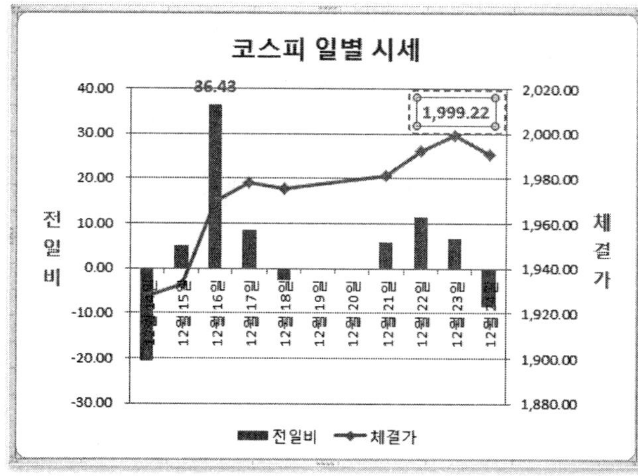

14. 차트 영역에 색을 채우기 위해 차트 영역을 선택한 후 바로가기 메뉴에서 [차트 영역 서식]을 선택합니다. [차트 영역 서식] 대화상자가 표시되면 [채우기] → [그림 또는 질감 채우기] → [질감] 목록에서 '파피루스'를 선택한 후 [닫기]를 클릭합니다.

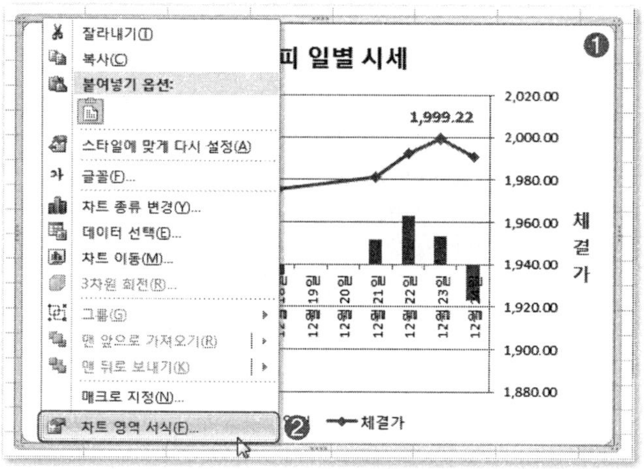

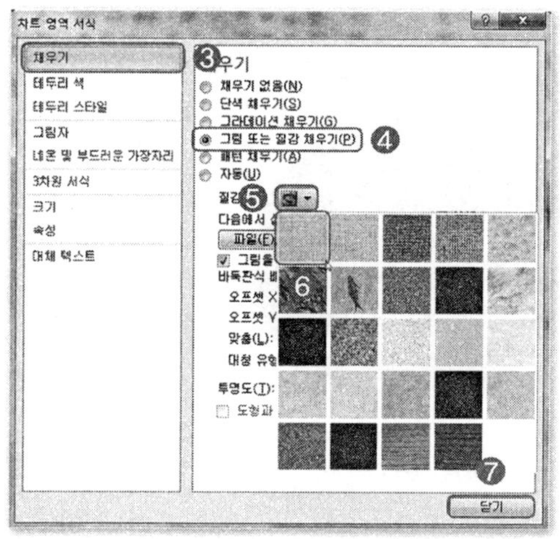

15. 오른쪽 그림과 같이 차트가 완성되면 [저장] 단추를 눌러 저장하고, [파일] 탭 → [끝내기]를 클릭하거나 또는 화면 오른쪽 상단에 [닫기] 단추를 클릭하여 작업을 종료합니다.

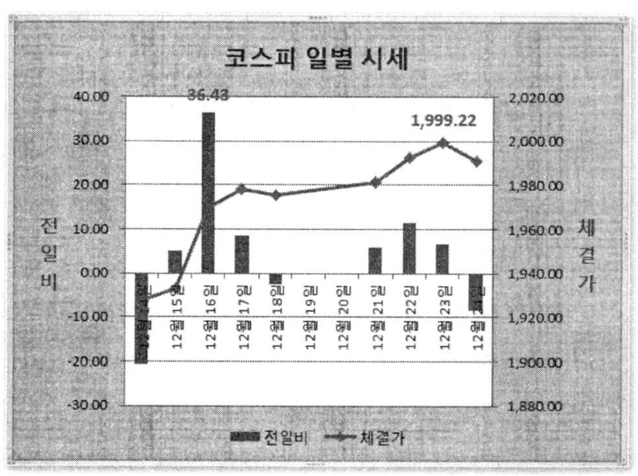

실력 점검 문제

[문제 6-1] 준비파일('실력점검_6-1-준비.xlsx')을 열기한 후 아래 조건에 따라 2개의 원형 차트를 작성하시오.

	A	B	C	D	E	F
1						
2		1월 상/하반기 대리점별 판매현황				
3						
4						(단위: 원)
5		대리점	상반기 판매액	하반기 판매액	상/하반기 판매차이	월 판매합계
6		동부	1,409,000	3,120,000	1,711,000	4,529,000
7		서부	2,340,000	5,602,500	3,262,500	7,942,500
8		남부	4,084,000	2,940,000	- 1,144,000	7,024,000
9		북부	2,076,000	3,000,000	924,000	5,076,000
10		총합계	9,909,000	14,662,500	4,753,500	24,571,500
11						

〈준비 파일〉

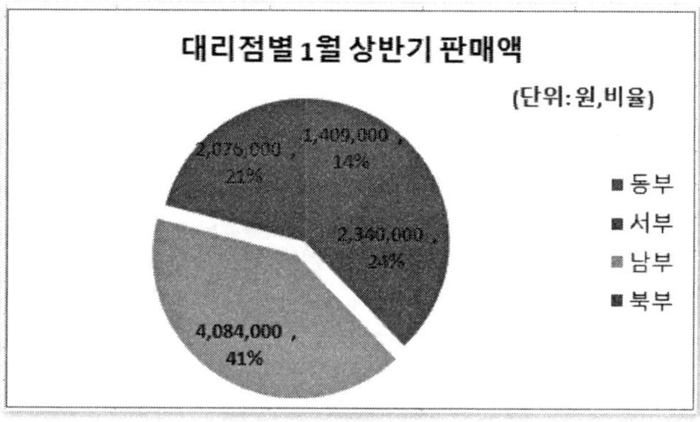

〈완성 차트1: 상반기 판매액〉

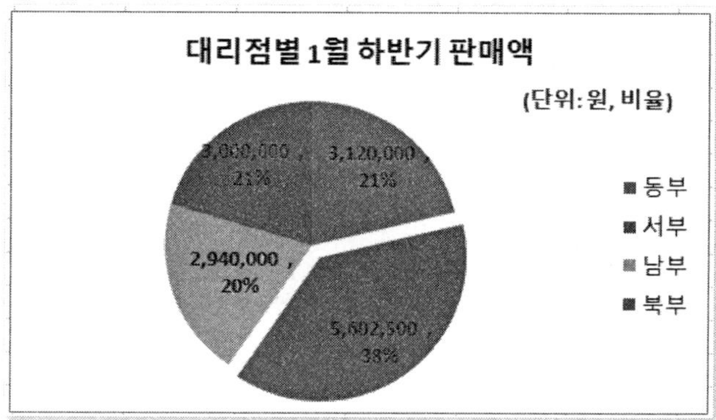

〈완성 차트2: 하반기 판매액〉

[작성 조건]

- **차트1 셀 범위 : 대리점별 상반기 판매액만 표시 ([B5:C9])**
- **차트2 셀 범위 : 대리점별 하반기 판매액만 표시 ([B5:B9]와 [D5:D9])**
- **차트 종류 : 2차원 원형 → 원형, 원형에서 최대 판매액 부분의 파이를 분리하여 표시**
- **차트도구/레이아웃/레이블 그룹 :**
  - **차트 제목 : '대리점별 1월 상반기 판매액', '대리점별 1월 하반기 판매액', 글꼴 크기(14)**
  - **데이터 레이블 : 안쪽 끝에 위치, 글꼴 크기(11, 굵게), 레이블 옵션(백분율, 쉼표 구분기호)**
- **차트도구/서식/크기 그룹 : 차트 크기(높이-7cm, 너비-12cm)**
- **범례 : 글꼴 크기(11)**
- **차트 영역에 텍스트 삽입 : '(단위: 원, 비율)', 글꼴 크기(11, 굵게), 글꼴 색(표준색-진한 파랑)**

[문제 6-2] 준비파일('실력점검_6-2-준비.xlsx')을 열기한 후 아래 조건에 따라 추세선이 표시되는 분산형 차트를 작성하시오.

언어영역과 수리영역의 적성검사 추이

연도	언어영역	수리영역
1967	466	492
1968	466	492
1969	463	493
1970	460	488
1971	455	488
1972	453	484
1973	445	481
1974	444	479
1975	440	476
1976	434	473
1977	431	472
1978	429	470
1979	429	470
1980	427	468
1981	424	466

〈준비 파일〉

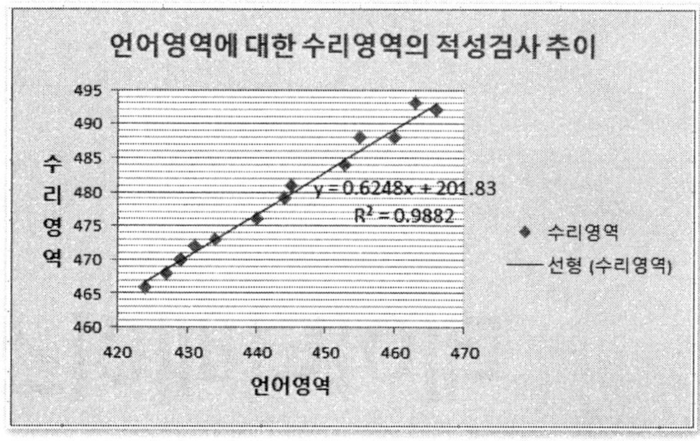

〈완성 문서〉

[작성 조건]

- 차트 범위 : [C4:D19]
- 차트 종류 : 분산형 → 표식만 있는 분산형
- 차트 도구/디자인/차트 레이아웃 그룹 : [레이아웃 9] 선택(추세선 표시)
- 차트도구/레이아웃/레이블 그룹:
  - 차트 제목 : '언어영역에 대한 수리영역의 적성검사 추이', 글꼴 크기(14), 글꼴 색(표준색 → 진한 빨강)
  - 가로 축 제목 : 축 아래 제목, '언어영역', 글꼴 크기(11)
  - 세로 축 제목 : 세로 제목, '수리영역', 글꼴 크기(11)
- 차트도구/레이아웃/현재 서식 영역 그룹 :
  - 계열 "수리영역" 추세선 1 수식 : 위치를 그림영역의 추세선 아래쪽으로 이동, 글꼴 크기(12)
- 차트도구/서식/도형스타일 그룹 : 도형 채우기(테마색 → 주황, 강조 6, 80% 더 밝게)
- 차트도구/서식/크기 그룹 : 차트 크기(높이-8cm, 너비-13cm)

CHAPTER 07

데이터베이스 관리하기

데이터베이스란 무수히 많은 양의 데이터를 특성에 맞게 체계적으로 정리해 놓은 것을 말합니다. 엑셀에서의 데이터베이스는 연속적인 행, 열 단위로 모아 놓은 자료를 의미하며, 데이터베이스 중에 열 방향의 자료를 '필드'라 하고, 각각의 필드가 모여 만들어지는 행 방향의 개별 자료를 '레코드'라 합니다.

엑셀 작업을 하다보면 때로는 원하는 기준에 따라 데이터를 다시 배열하기도 하고, 조건에 맞는 데이터만 표시하기도 하고, 데이터를 요약 표시를 할 때가 있습니다. 이번 장에서는 정렬, 자동 필터, 고급 필터, 부분합, 피벗 테이블 등의 기능을 사용해서 원하는 데이터를 효율적으로 분석하고 관리하는 방법에 대하여 살펴보겠습니다.

학습 목표

- 정렬 기능에 기준을 적용하여 원하는 기준으로 데이터를 다시 정렬할 수 있습니다.
- 자동 필터와 고급 필터 기능을 이용하여 데이터 레코드를 선별할 수 있습니다.
- 부분합을 이용하여 해당되는 데이터 부분의 요약 계산을 할 수 있습니다.
- 피벗 테이블을 이용하여 좀 더 다양한 조건으로 데이터를 요약할 수 있습니다.

실습구성

준비학습
실습 7-1 정렬 대화상자에서 다중 기준을 적용한 데이터 정렬하기
실습 7-2 자동 필터 기능을 이용한 사용자 지정 레코드 선별하기
실습 7-3 고급 필터 기능을 이용한 레코드 선별하기
실습 7-4 부분합을 이용한 판매사원의 판매실적 계산하기
실습 7-5 피벗 테이블 작성 및 레이아웃 편집하기
실력 점검 문제

준비학습

1. 데이터베이스 구성과 작성 규칙

(1) 데이터베이스 구성

엑셀에서의 데이터베이스는 연속적인 행, 열 단위로 체계적으로 모아 놓은 자료를 말하며, 이 중 열 방향의 자료를 필드(Field)라 하고, 각각의 필드가 모여서 만들어지는 행 방향의 자료를 레코드(Record)라 합니다.

	A	B	C	D	E	F	G	H	I	J
1	학과	학번	이름	중간고사	기말고사	레포트	출석	총점		
2	경제	201511019	김진수	27	33	9	15	84		
3	물리	201521026	양도현	28	23	10	20	81		
4	경영	201512008	박민수	33	32	10	20	95		
5	국문	201510016	정아연	10	31	9	15	65		
6	전기	201533025	허일욱	33	28	10	20	91		
7	경영	201512004	박서희	22	32	8	20	82		
8	영문	201502043	정미라	23	32	8	18	81		
9										
10										

〈워크시트 입력 데이터로 본 필드와 레코드〉

❶ 필드 : 위의 그림을 보면 A에서 H까지 각 열들은 '학과', '학번', '이름', '중간고사', '기말고사', '레포트', '출석', '총점'과 같이 같은 특성을 가진 데이터 집합을 한 열에 한 집합씩 표시하고 있습니다. 이처럼 정보의 항목을 '필드'라고 하며 열로 표시됩니다.

❷ 레코드 : 2행부터 8행까지 각 행들은 '경제, 201511019, 김진수, 27, 33, 9, 15, 84'처럼 서로 다른 특성을 가진 8가지(A~H열)의 데이터를 지닌 각 개체를 한 행에 한 개씩 표시하고 있습니다. 이처럼 특정 사람, 사건, 사물 등 정보 모음을 '레코드'라 하며 행으로 표시됩니다.

❸ 필드 이름 : A1셀부터 H1셀에는 각 필드의 데이터를 구분하는 레이블이 입력되어 있는데, 이런 레이블을 필드 이름 또는 열 이름이라고 합니다.

❹ 데이터베이스 : 위의 그림에서 워크시트에 입력된 데이터들은 학생들의 성적을 평가하기 위해서 입력되고 계산된 것입니다. 이처럼 특정 주제나 목적과 관련된 데이터 모음을 '데이터베이스'라고 합니다.

(2) 데이터베이스 작성 규칙

❶ 필드 단위/레코드 단위 : 데이터베이스를 사용한 작업을 할 때 원하는 기준이나 조건은 필드 단위로 적용되고, 그 결과로 표시되는 데이터는 레코드 단위로 표시됩니다.

❷ 기준이나 조건 : 정렬이나 그룹 작업에서는 기준이나 조건을 열 단위로 할지 행 단위로 할지 선택할 수 있지만, 필터나 부분합 작업 등 대부분의 데이터베이스 관련 작업에서는 선택할 수가 없습니다. 따라서 데이터베이스를 사용한 작업을 하려면 필드를 열로 레코드를 행으로 입력합니다.

❸ 데이터베이스 작성 :

- 필드 이름은 첫 행에 입력합니다.
- 데이터베이스 범위 안에 있는 셀을 병합할 수 없습니다.
- 데이터베이스 내에 빈 행이나 빈 열이 있으면 안됩니다. 빈셀은 있을 수 있습니다.
- 빈 행이나 빈 열을 데이터베이스 범위의 끝으로 자동 인식하기 때문에 데이터베이스 범위와 인접한 셀에 다른 데이터베이스를 작성하면 안됩니다.
- 한 필드에는 한 항목만 입력되도록 합니다.

2. 정렬

정렬은 텍스트, 숫자, 날짜 및 시간 등을 기준으로 하여 일정한 순서로 재배열하는 기능으로, 오름차순 정렬과 내림차순 정렬이 있습니다. 데이터 정렬을 이용하여 원하는 데이터를 좀 더 빠르게 찾을 수 있고 효율적인 문서 관리가 가능합니다. 오름차순 정렬은 작은 값부터 큰값 순서로 나열하고 내림차순 정렬은 큰값부터 작은 값 순서로 나열합니다. 숫자, 텍스트가 섞여 있는 경우에 정렬의 규칙은 다음과 같습니다.

오름차순 정렬	숫자(0~9) → 기호문자(!,#,@,...) → 영문 대문자(A~Z) → 영문 소문자(a~z) → 한글(가~하) → 논리값(False, True) → 오류값(#DIV/0,...) → 빈셀
내림차순 정렬	오류값(#DIV/0,...) → 논리값(True, False) → 한글(하~가) → 영문 소문자(z~a) → 영문 대문자(Z~A) → 기호문자(@,#,!,...) → 숫자(9~0) → 빈셀

참고 데이터 영역

엑셀에서 정렬이나 필터 작업은 데이터가 입력된 셀이나 인접한 셀을 선택하고 나서 수행해야 합니다. 데이터가 입력된 범위 밖의 셀이 선택된 상태에서 작업을 시작하면 다음과 같은 오류가 표시됩니다.

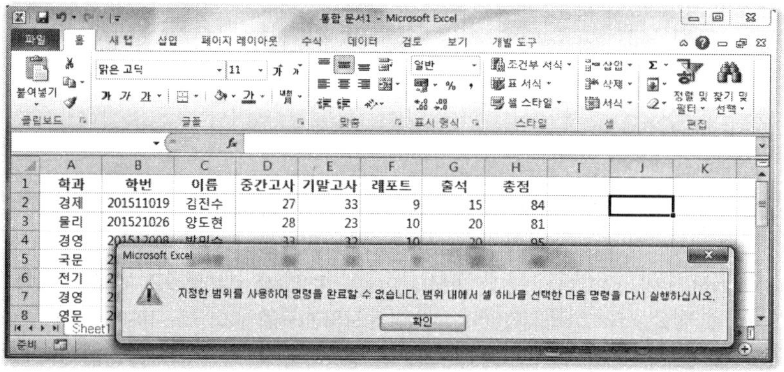

(1) 단일 기준에 의한 정렬

한 개의 필드를 기준으로 정렬하려면 다음과 같은 순서로 진행합니다.

❶ 정렬하려는 기준이 되는 필드의 데이터가 있는 셀을 클릭합니다.
❷ [홈] 탭 → [편집] 그룹 → [정렬 및 필터]를 클릭합니다.
❸ 오름차순 정렬을 하려면 [텍스트 오름차순 정렬]을, 내림차순 정렬을 하려면 [텍스트 내림차순 정렬]을 클릭합니다.

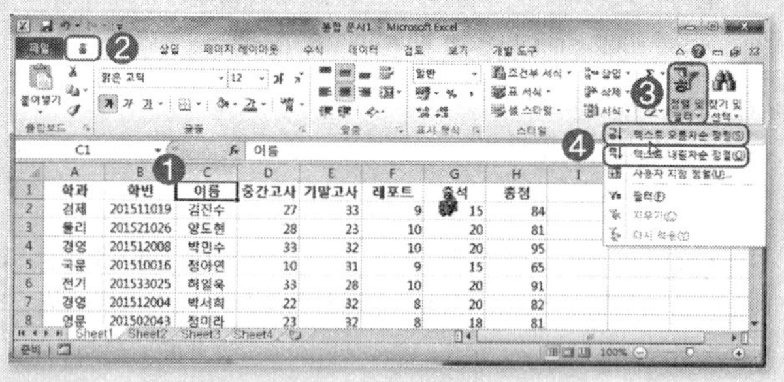

또는 오른쪽 그림과 같이 [데이터] 탭 → [정렬 및 필터] 그룹 → [텍스트 오름차순 정렬] 또는 [텍스트 내림차순 정렬]을 클릭해도 가능합니다.

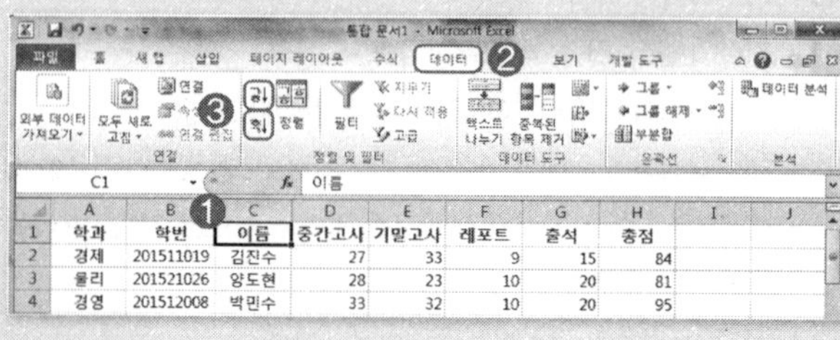

(2) 두 개 이상의 기준에 의한 정렬

여러 개의 필드를 기준으로 정렬하거나 정렬 조건을 다양하게 설정하려면 사용자 지정 정렬을 사용합니다.

❶ 정렬하려는 데이터 범위에서 임의의 셀을 클릭합니다.

❷ [홈] 탭 → [편집] 그룹 → [정렬 및 필터] → [사용자 지정 정렬]을 클릭하여 [정렬] 대화상자를 표시합니다.

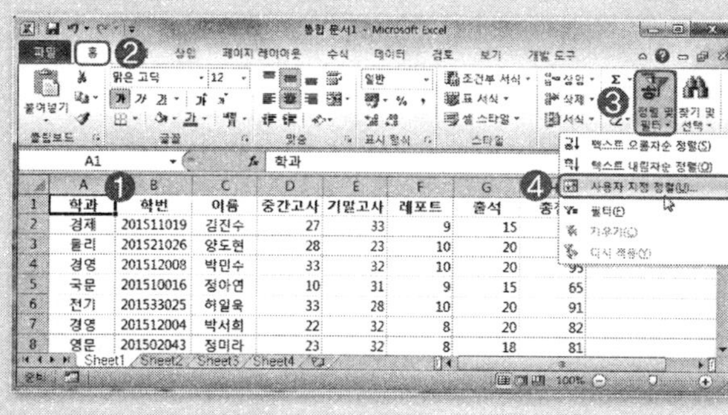

또는 오른쪽 그림과 같이 [데이터] 탭 → [정렬 및 필터] 그룹 → [정렬]을 클릭해도 가능합니다.

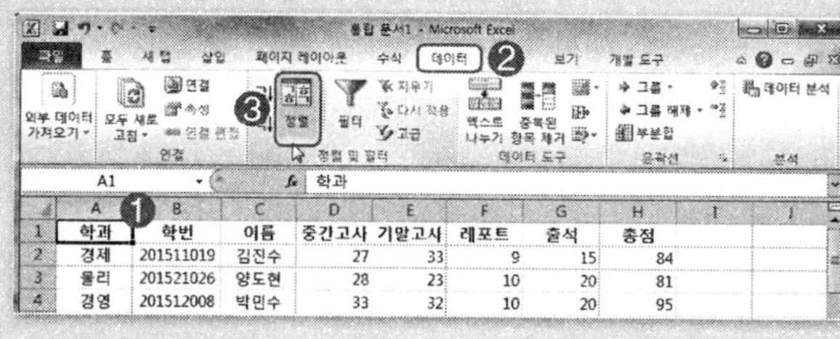

❸ [정렬] 대화상자에서 [열]/[정렬기준]/[정렬] 항목의 목록 단추를 누르고 기준 항목을 선택한 후 [확인] 단추를 클릭합니다.

(3) 사용자 지정 목록에 의한 정렬

❶ 정렬하려는 데이터 범위에서 임의의 셀을 클릭합니다.

❷ [데이터] 탭 → [정렬 및 필터] 그룹 → [정렬]을 클릭하여 [정렬] 대화상자를 표시합니다.

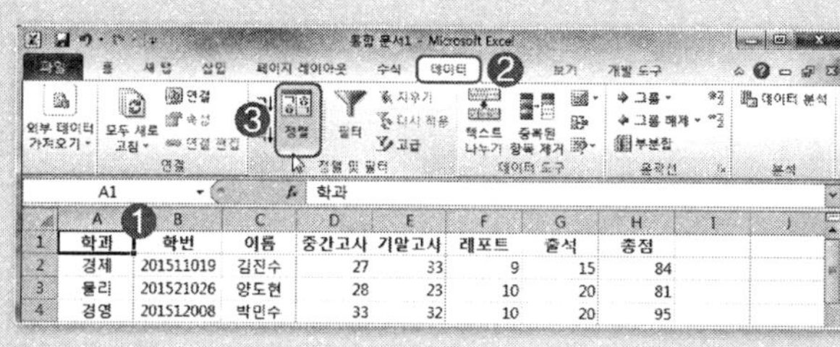

❸ [정렬] 대화상자에서 [열]/[정렬기준] 항목에서 기준을 지정한 후, [정렬] 항목에서 [사용자 지정 목록...]을 선택하여 [사용자 지정 목록] 대화상자를 표시합니다.

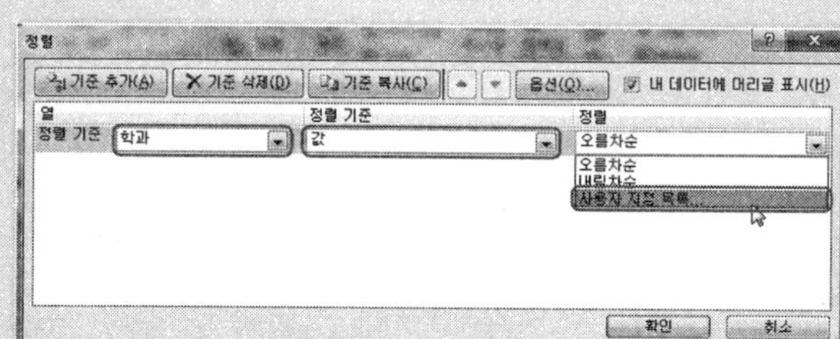

❹ [사용자 지정 목록] 대화상자에서 이미 정의된 목록을 선택하거나, 새로 목록을 추가하여 사용합니다.

오른쪽 그림은 정렬 기준이 될 사용자 지정 목록을 [사용자 지정 목록] 대화상자에서 입력하여 추가한 결과입니다

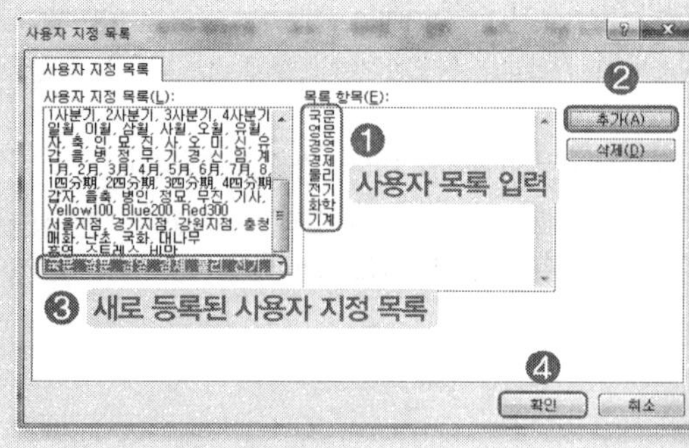

❺ 정렬 항목에서 등록된 사용자 지정 목록을 선택한 후 [확인]을 클릭합니다.

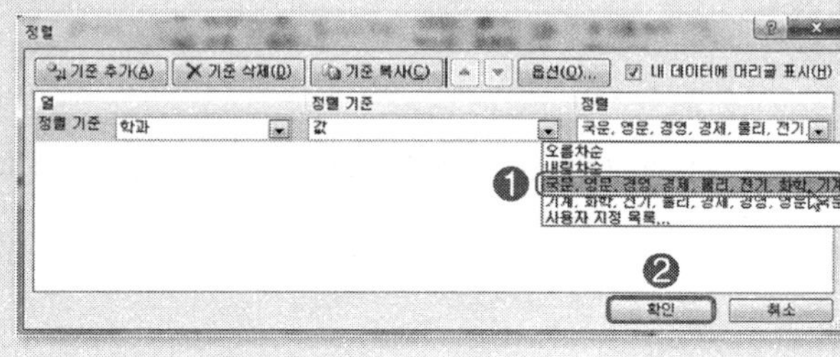

다음 그림은 '학과'는 사용자 지정 목록을 기준으로 1차 정렬하고, 1차 정렬 후 학과가 동일하다면 '학번'을 오름차순으로 2차 정렬한 예로 실행 전과 실행 후의 데이터 결과를 표시하고 있습니다.

	A	B	C	D	E	F	G	H
1	학과	학번	이름	중간고사	기말고사	레포트	출석	총점
2	경제	201511019	김진수	27	33	9	15	84
3	물리	201521026	양도현	28	23	10	20	81
4	경영	201512008	박민수	33	32	10	20	95
5	국문	201510016	정아연	10	31	9	15	65
6	전기	201533025	허일욱	33	28	10	20	91
7	경영	201512004	박서희	22	32	8	20	82
8	영문	201502043	정미라	23	32	8	18	81
9	화학	201522049	이정숙	25	32	9	20	86
10	국문	201510050	최진호	30	27	10	15	82
11	영문	201502002	차성일	34	33	10	20	97
12	기계	201531031	양선희	30	31	10	18	89
13	경제	201511052	김호열	26	29	8	20	83
14	물리	201321007	금태진	31	32	10	20	93

〈정렬 전 데이터〉

	A	B	C	D	E	F	G	H
1	학과	학번	이름	중간고사	기말고사	레포트	출석	총점
2	국문	201510016	정아연	10	31	9	15	65
3	국문	201510050	최진호	30	27	10	15	82
4	영문	201502002	차성일	34	33	10	20	97
5	영문	201502043	정미라	23	32	8	18	81
6	경영	201512004	박서희	22	32	8	20	82
7	경영	201512008	박민수	33	32	10	20	95
8	경제	201511019	김진수	27	33	9	15	84
9	경제	201511052	김호열	26	29	8	20	83
10	물리	201321007	금태진	31	32	10	20	93
11	물리	201521026	양도현	28	23	10	20	81
12	전기	201533025	허일욱	33	28	10	20	91
13	화학	201522049	이정숙	25	32	9	20	86
14	기계	201531031	양선희	30	31	10	18	89

〈사용자 지정 목록 정렬 후 데이터〉

참고 숨겨진 열이나 행의 정렬

숨겨진 열이나 행은 정렬되지 않기 때문에, 정렬을 하기 전에 숨겨진 열과 행을 모두 표시해야 합니다.

(4) [정렬] 대화상자의 구성요소

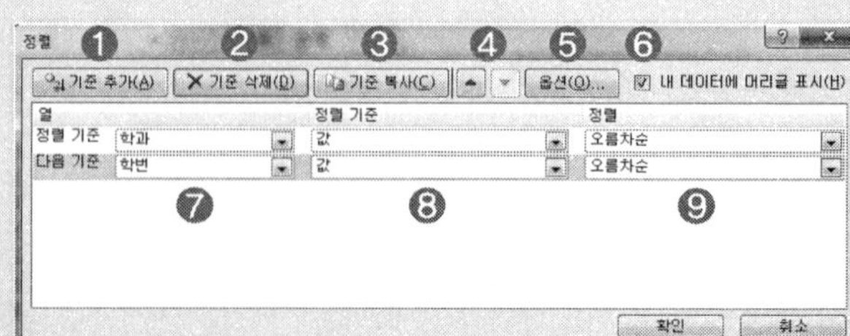

❶ [기준 추가] : 정렬 기준을 추가하여 여러 개의 정렬 기준을 사용할 수 있습니다.

❷ [기준 삭제] : 정렬 기준을 하나씩 삭제할 수 있습니다.

❸ [기준 복사] : 현재 선택된 정렬 기준과 동일한 정렬 기준을 한 개 추가할 수 있습니다.

❹ [화살표] : 화살표를 클릭해서 정렬 기준이 적용되는 순서를 조

정할 수 있습니다.

❺ [옵션] : 영문 대/소문자의 구분을 지정하거나, 위쪽에서 아래쪽(열 기준)/왼쪽에서 오른쪽(행 기준) 등의 방향의 옵션을 지정합니다.

❻ [내 데이터에 머리글 표시] : 첫 번째 행을 필드 이름으로 사용할 것인지, 아니면 첫 번째 데이터가 있는 레코드로 사용할 것인지를 정합니다.

❼ [열] : 정렬 기준의 항목을 표시합니다. 첫 행이 필드 이름으로 구성된 데이터베이스일 때 목록 단추를 누르면 필드 이름 목록이 표시되고, 첫 행부터 데이터 레코드로 구성된 데이터베이스일 때 목록단추를 누르면 워크시트의 열 머리글(A, B, C, D, ...)이 표시됩니다.

❽ [정렬 기준] : 정렬 기준의 유형을 선택합니다. 값, 셀 색, 글꼴 색, 셀 아이콘 등이 있습니다.

❾ [정렬] : 정렬 방법을 선택합니다. 오름차순, 내림차순, 사용자 지정 목록 등이 있습니다.

3. 자동 필터

필터(Filter)는 조건에 맞는 데이터가 있는 행만 표시하고 그 밖의 행들은 숨기는 기능입니다. 데이터 필터를 적용해서 원하는 데이터를 쉽고 빠르게 찾을 수 있습니다.

자동 필터는 기본적인 필터 조건을 각 필드마다 적용해서 데이터를 필터링합니다. 자동 필터링 순서는 다음과 같습니다.

❶ 필터링 하려는 데이터 범위에서 임의의 셀을 클릭합니다.

❷ [홈] 탭 → [편집] 그룹 → [정렬 및 필터] → [필터]를 클릭합니다.

위의 과정을 [데이터] 탭 → [정렬 및 필터] 그룹 → [필터]를 클릭해도 가능합니다.

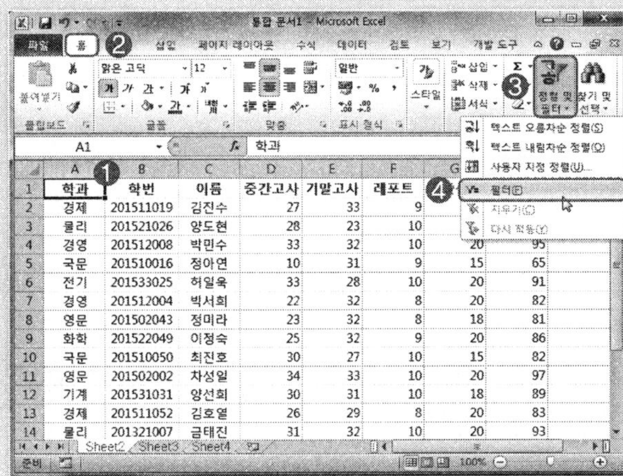

❸ 자동 필터가 실행되면서 첫 번째 행의 각 셀(필드 이름)에 화살표 모양의 필터링 단추가 표시됩니다. 필터링 단추를 클릭하여 필터 조건을 설정할 수 있습니다.

필터링 단추는 하나 이상 여러 개의 항목을 선택하여 필터 조건이 누적 적용될 수 있습니다.

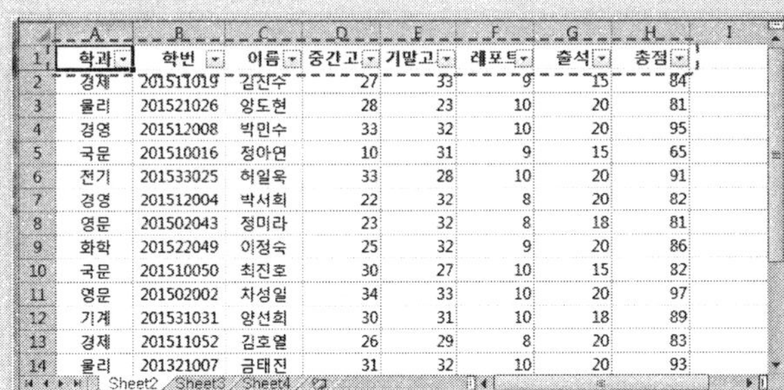

(1) 자동 필터 조건 설정

❶ 오름차순 정렬, 내림차순 정렬, 색 기준 정렬 : 한 개의 필드를 기준으로 주어진 순서로 정렬합니다.

❷ ...에서 필터 해제 : 이미 필터를 적용했을 때 활성화되며 적용된 필터 조건을 해제합니다.

❸ 색 기준 필터 : 셀 색, 글꼴 색, 셀 아이콘 기준으로 필터 조건을 설정할 수 있습니다. 단, 색 기준 필터는 한 개의 필드에 여러 가지 색 기준을 적용할 수 없습니다.

❹ 목록에서 선택

- 테스트, 숫자 데이터 형식 : 해당 필드에 있는 값이 요약되어 목록으로 표시됩니다. 선택하거나 선택을 취소하여 필터를 적용할 수 있습니다.
- 날짜/시간 데이터 형식 : 해당 필드에 있는 값이 연, 월, 일로 계층적으로 정리되어 목록으로 표시됩니다. 마찬가지로 선택하거나 선택을 취소하여 필터를 적용할 수 있습니다.

❺ 텍스트 필터 메뉴 : 그림 〈텍스트 필터 메뉴〉에서와 같은 항목들이 있으며 메뉴를 선택하면 [사용자 지정 필터] 대화상자에서 설정할 수 있습니다.

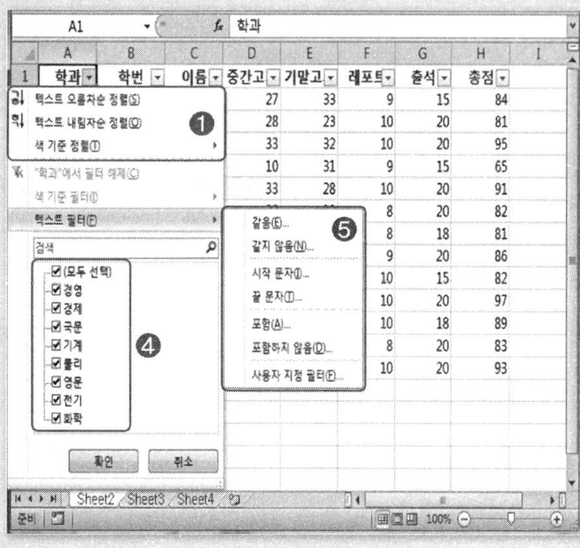

〈텍스트 필터 메뉴〉

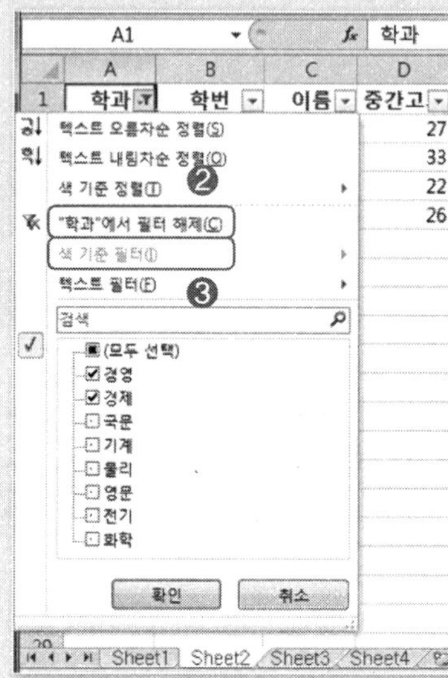

〈필터 해제 메뉴〉

❻ 숫자 필터 메뉴 : 그림 〈숫자 필터 메뉴〉에서와 같은 항목들이 있으며 [상위 10], [평균 초과], [평균 미만] 메뉴를 제외하고 나머지는 [사용자 지정 필터] 대화상자에서 설정할 수 있습니다.

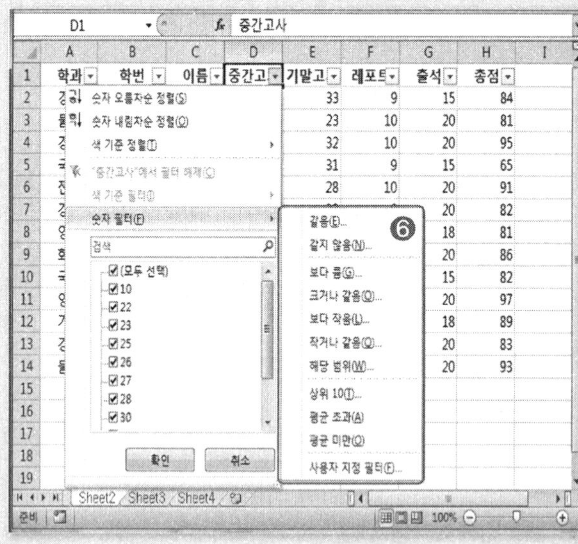

〈숫자 필터 메뉴〉

❼ 날짜 필터 메뉴 : 그림 〈날짜 필터 메뉴〉에서와 같은 항목들이 있으며 메뉴를 선택하면 [사용자 지정 필터] 대화상자에서 설정할 수 있습니다.

❽ 사용자 지정 필터 : 필터 메뉴에서 [사용자 지정 필터]를 선택하면 대화상자가 표시됩니다. 찾을 조건은 '그리고(AND)'나 '또는(OR)'으로 연결되는 두 가지 필터 조건을 설정할 수 있습니다.

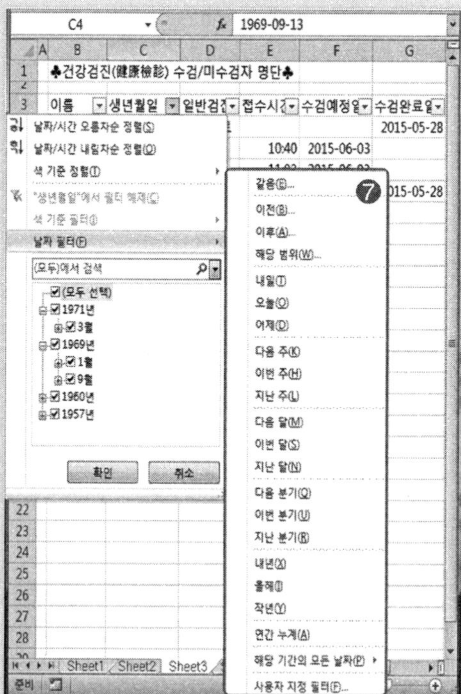

〈날짜 필터 메뉴〉

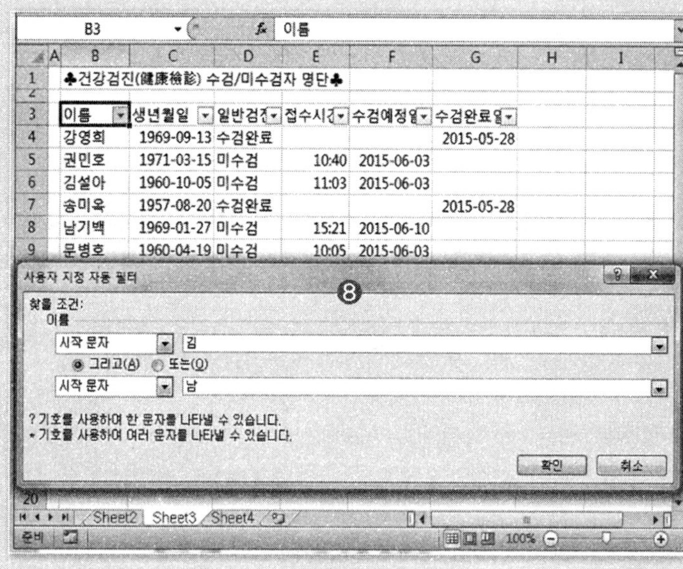

〈사용자 지정 자동 필터〉

참고 사용자 지정 자동 필터의 조건 지정 유형

데이터 형식	조건의 종류
텍스트, 숫자, 날짜	시작 문자, 제외할 시작 문자, 끝 문자, 제외할 끝 문자, 포함, 포함하지 않음
텍스트, 숫자	=, <>, <, <=, >, >=
날짜	=, <>, 이후, 이후 또는 같음, 이전, 이전 또는 같음

(2) 자동 필터 해제

필터가 누적되지 않도록 하려면 필터를 해제해야 합니다. 특정 필드의 필터만을 해제하려면 해당 필드 이름의 필터링 단추를 클릭한 후 [...에서 필터 해제]를 클릭합니다.

만약 여러 필드에 적용된 필터 모두를 해제하려면 [홈] 탭 → [편집] 그룹 → [정렬 및 필터] → [지우기]를 클릭합니다. 또는 [데이터] 탭 → [정렬 및 필터] 그룹 → [지우기]를 클릭해도 가능합니다.

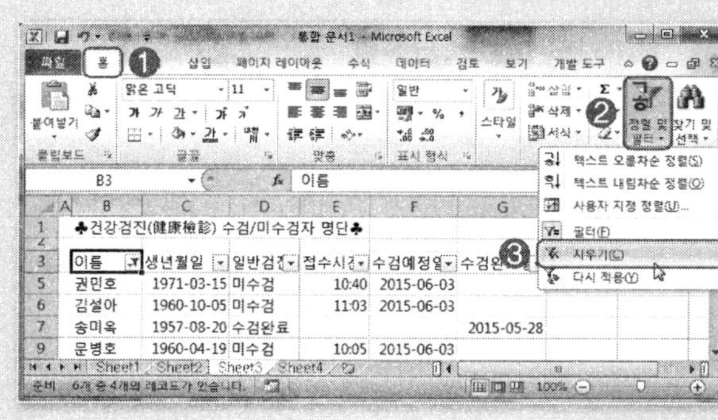

(3) 자동 필터 끝내기

자동 필터 작업을 중지하려면 [홈] 탭 → [편집] 그룹 → [정렬 및 필터] → [필터]를 클릭하거나, 또는 [데이터] 탭 → [정렬 및 필터] 그룹 → [필터]를 클릭하여 선택을 해제합니다.

그러면 첫 번째 행의 필드 이름에 표시되었던 필터링 단추들이 사라지고 자동 필터 실행이 중지됩니다.

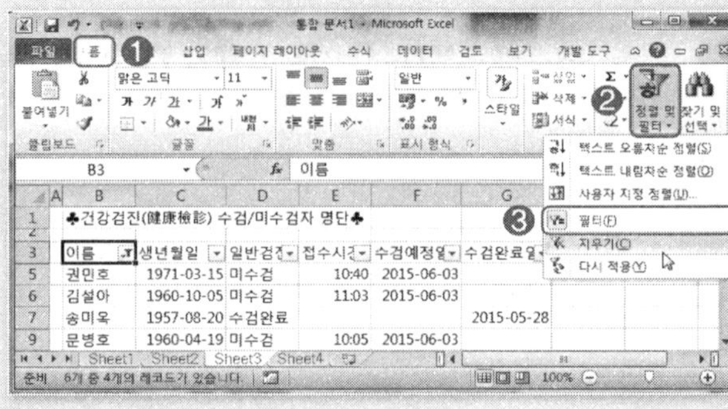

4. 고급 필터

자동 필터는 개별 필드마다 필터 조건을 설정해야 하지만, 고급 필터는 필터에 사용되는 조건을 셀에 입력하여 설정하므로 여러 필드를 한꺼번에 사용하기도 하고 복잡한 필터 조건을 한 번에 지정할 수 있습니다. 고급 필터링의 실행 과정은 다음과 같습니다.

❶ 필터를 사용할 데이터 영역의 바깥에 고급 필터 조건으로 사용할 값을 입력합니다. 첫 행에는 필드 이름을 적고, 둘째 행부터 필터 조건을 입력합니다.

❷ 필터링 하려는 데이터 범위에서 임의의 셀을 클릭합니다.

❸ [데이터] 탭 → [정렬 및 필터] 그룹 → [고급]을 클릭합니다.

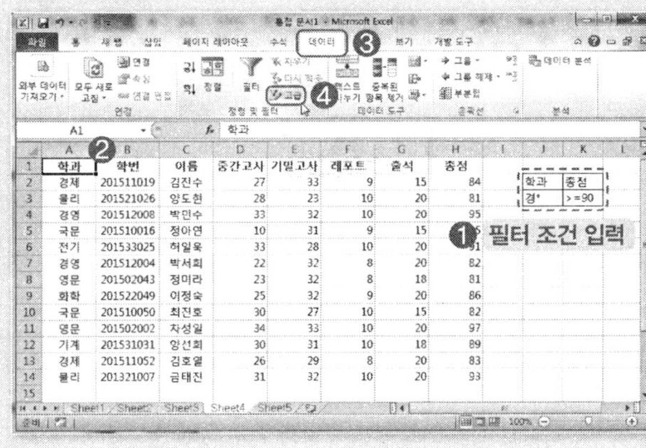

❹ [고급 필터] 대화상자에서 다음 조건을 설정합니다.

- 현재 위치에 필터 : 필터 결과를 현재 데이터 범위 영역에 표시합니다.
- 다른 장소에 복사 : 필터 결과를 [복사 위치]의 셀 범위에 자동 표시합니다.
- 목록 범위 : 필터를 적용할 데이터 범위를 선택합니다.
- 조건 범위 : 필터에 적용할 조건이 입력되어 있는 범위를 선택합니다.
- 복사 위치 : [다른 장소에 복사]를 선택한 경우 필터 결과를 표시할 별도의 위치를 선택합니다.
- 동일한 레코드는 하나만 : 선택하면 필터 결과에서 동일한 값을 가진 레코드는 한 개만 표시합니다.

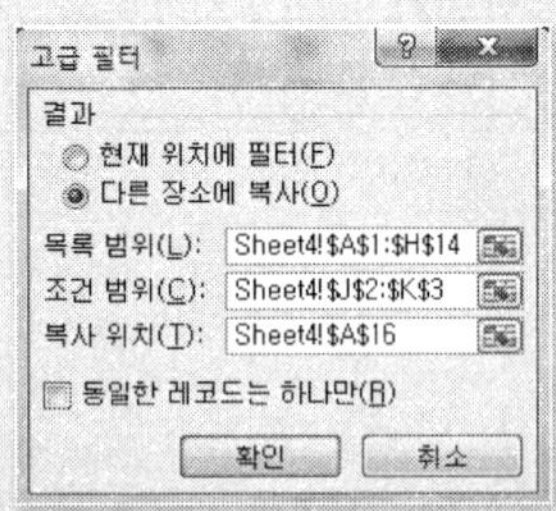

❺ [고급 필터] 대화상자에 모든 조건이 설정된 후 [확인] 단추를 클릭하면 입력된 조건에 따라 필터링 된 레코드만 표시됩니다. 다음 그림은 별도의 위치에 필터링 결과를 표시한 예 입니다.

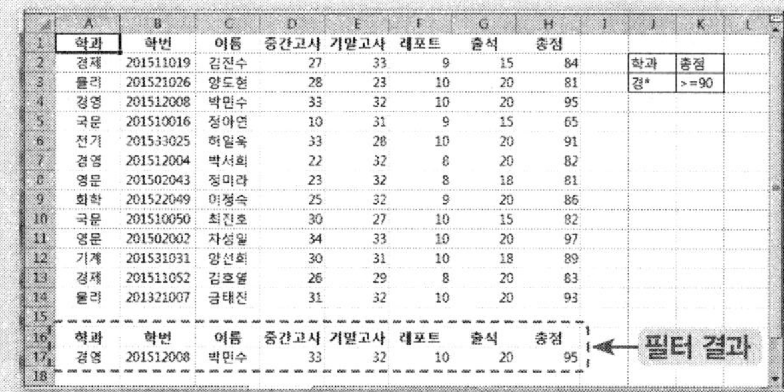

	A	B	C	D	E	F	G	H
1	학과	학번	이름	중간고사	기말고사	레포트	출석	총점
2	경제	201511019	김진수	27	33	9	15	84
3	물리	201521026	양도현	28	23	10	20	81
4	경영	201512008	박민수	33	32	10	20	95
5	국문	201510016	정아연	10	31	9	15	65
6	전기	201533025	허일욱	33	28	10	20	91
7	경영	201512004	박서희	22	32	8	20	82
8	영문	201502043	정미라	23	32	8	18	81
9	화학	201522049	이정숙	25	32	9	20	86
10	국문	201510050	최진호	30	27	10	15	82
11	영문	201502002	차성일	34	33	10	20	97
12	기계	201531031	양선희	30	31	10	18	89
13	경제	201511052	김호열	26	29	8	20	83
14	물리	201321007	금태진	31	32	10	20	93
15								
16	학과	학번	이름	중간고사	기말고사	레포트	출석	총점
17	경영	201512008	박민수	33	32	10	20	95

	J	K
2	학과	총점
3	경*	>=90

(1) 고급 필터 조건 작성

❶ 조건이 같을 경우 등호(=)를 생략하고 조건 값만 입력합니다.

❷ 그 밖의 조건에는 비교 연산자와 함께 조건 값을 입력합니다.

❸ AND(그리고) 조건으로 연결되는 경우 같은 행의 다른 열에 조건을 입력합니다.

- 학과가 '영문'이고 총점이 90점 이상인 자료
- 제품공정일이 2015-07-01부터 2015-12-31까지 자료

	A	B
1	학과	총점
2	영문	〉=90

	A	B
1	제품공정일	제품공정일
2	〉=2015-07-01	〈=2015-12-31

❹ OR(또는) 조건으로 연결되는 경우 같은 열의 다음 행에 조건을 입력합니다.

- 중간고사 성적이 70점 미만이거나 또는 기말고사 성적이 70점 미만인 자료
- 품목이 '셔츠' 이거나 또는 '팬츠'인 자료

	A	B
1	중간고사	기말고사
2	〈70	
3		〈70

	A
1	품목
2	셔츠
3	팬츠

❺ 와일드 카드를 이용할 수 있습니다.

- 물음표(?) : 임의의 한 문자를 나타냅니다. 예를 들면 '김?수'는 '김영수'나 '김정수' 등 첫 번째 문자는 '김'이고 세 번째 문자는 '수'인 데이터를 의미합니다.
- 별표(*) : 임의의 여러 문자를 나타냅니다. 예를 들면 '경*'는 '경영'이나 '경제'나 '경상계열' 등 '경'으로 시작하는 모든 데이터를 의미합니다.

(2) 고급 필터 해제

[데이터] 탭 → [정렬 및 필터] 그룹 → [지우개]를 클릭하면 필터가 해제되고 원래의 모든 데이터가 표시됩니다.

5. 부분합

부분합은 데이터를 특정 항목별로 그룹화한 후 그룹별로 합계, 평균, 최대값, 최소값 등을 요약 표시하는 기능입니다. 부분합을 계산하기 전에 부분합을 구하려는 기준 필드를 정렬해야 합니다.

(1) 부분합 실행 과정

❶ 부분합을 계산할 기준 필드를 오름차순/내림차순 등으로 정렬합니다.

❷ 부분합을 계산할 데이터 범위의 임의의 셀을 선택합니다.

❸ [데이터] 탭 → [윤곽선] 그룹 → [부분합]을 클릭합니다.

❹ [부분합] 대화상자가 표시되면 그룹화할 항목, 사용할 함수, 부분합 계산 항목 등을 지정하고 [확인] 단추를 클릭합니다.

(2) 부분합 대화상자

부분합 기능의 집계 방법은 [부분합] 대화상자에서 지정하는 [사용자 함수]에 의해 결정됩니다. 즉, 합계, 개수, 평균, 최대값, 최소값, 곱, 숫자 개수, 표본 표준 편차, 표준 편차, 표본 분산, 분산 등을 계산할 수 있습니다.

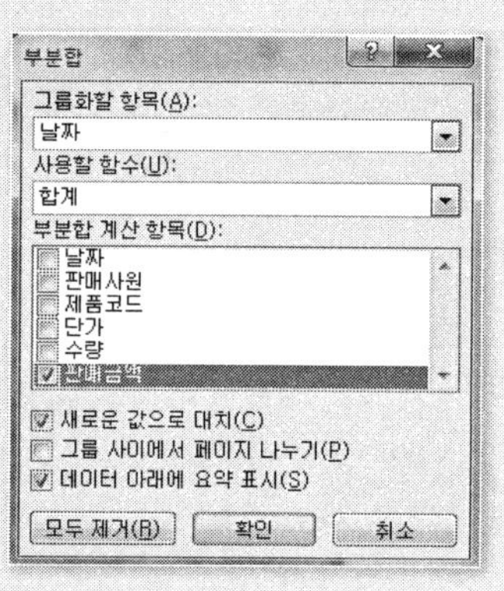

❶ 그룹화할 항목 : 부분합을 구할 기준 필드를 지정합니다. 기준 필드는 미리 정렬이 되어 있어야 합니다.

❷ 사용할 함수 : 목록 단추를 눌러 부분합을 계산할 때 사용할 함수를 선택합니다.

❸ 부분합 계산 항목 : 부분합을 계산할 필드를 선택합니다.

❹ 새로운 값으로 대치 : 기존값을 새로운 부분합 값으로 대치할지, 기존 값을 보존하고 새로운 부분합을 추가로 표시할지 선택합니다. 여러 열을 기준으로 부분합을 실행할 때는 부분합을 두 번 연속해서 설정해야 합니다. 이때 [새로운 값으로 대치] 항목의 체크표시를 해제해야 합니다.

❺ 그룹 사이에서 페이지 나누기 : 그룹과 그룹 사이에 페이지를 나누어 인쇄할지, 하나의 용지에 연속적으로 인쇄할지를 결정합니다.

❻ 데이터 아래에 요약 표시 : 요약 결과를 표시할지를 결정합니다.

❼ 모두 제거 : 부분합을 해제할 때 클릭합니다.

(3) 부분합 윤곽 기호

부분합을 실행하면 화면 왼쪽에 윤곽 기호가 나타납니다. 윤곽기호는 아이콘([+], [-])을 클릭해 요약의 내용을 표시하거나 숨길 수 있습니다.

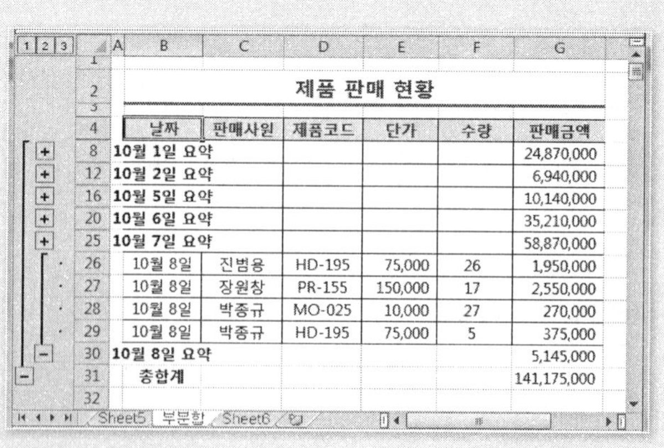

- [1] : 전체 결과만 표시
- [2] : 부분합의 결과 표시
- [3] : 부분합의 결과, 데이터를 표시
- [+] : 하위 그룹 데이터와 부분합의 결과 표시
- [-] : 하위 그룹 데이터를 숨기고 부분합의 결과만 표시

(4) 부분합 제거

데이터 안쪽에 있는 셀을 선택하고 [데이터] 탭 → [윤곽선] 그룹 → [부분합]을 클릭하고 [부분합] 대화상자를 표시합니다. [부분합] 대화상자에서 왼쪽 하단에 [모두 제거] 단추를 클릭합니다. 그러면 부분합의 계산 결과가 제거된 후 원래의 데이터로 표시됩니다.

6. 피벗 테이블

피벗 테이블을 사용하면 대량의 데이터를 요약하여 표시할 수 있습니다. 단순히 부분합을 구하는 것보다 훨씬 다양한 조건을 사용하여 데이터를 요약합니다.

세로축의 각 행에 표시되었던 데이터를 가로축의 각 열에 요약해서 표시되도록 축을 이동시키는 것을 피벗(Pivot)이라 합니다.

(1) 피벗 테이블 작성

❶ 피벗 테이블로 요약할 데이터가 있는 범위의 임의의 셀을 선택합니다. 셀 범위에 열 머리글이 있어야 합니다.

❷ [삽입] 탭 → [표] 그룹 → [피벗 테이블] –[피벗 테이블]을 클릭합니다.

❸ [피벗 테이블 만들기] 대화상자가 표시되면 오른쪽 그림과 같이 분석할 데이터를 선택하고 피벗 테이블 보고서를 표시할 위치 등을 선택한 후 [확인] 단추를 클릭합니다.

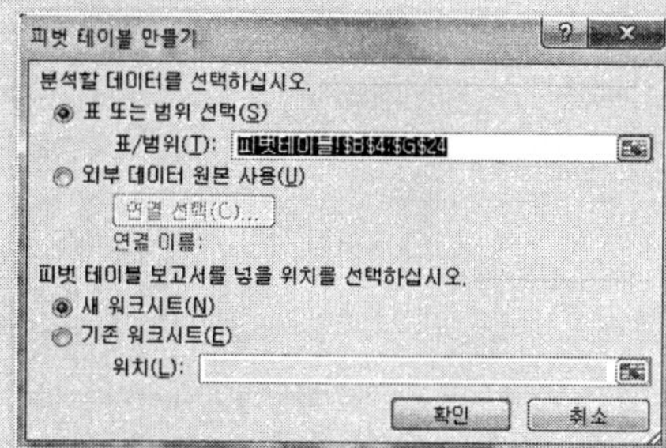

❹ 그러면 피벗 테이블이 표시될 워크시트의 왼쪽에 피벗 테이블 영역이 표시되고, 오른쪽에는 [피벗 테이블 필드 목록] 창이 표시되며, 리본 메뉴에는 [피벗 테이블 도구] 상황탭이 추가됩니다.

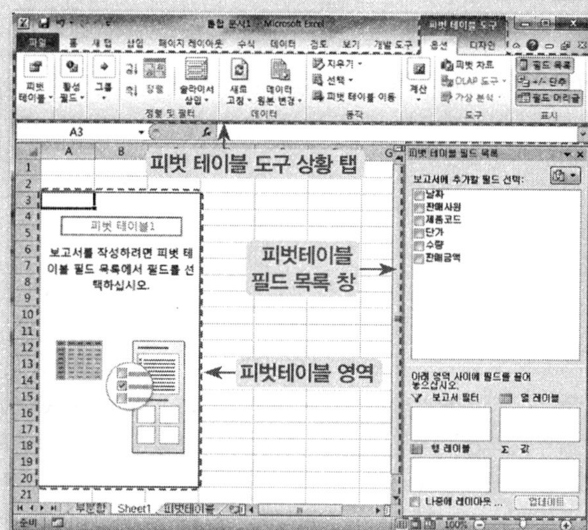

❺ [피벗 테이블 도구]가 리본 메뉴에 추가되면 [옵션] 탭과 [디자인] 탭을 사용할 수 있고 시트 창 오른쪽에는 [피벗 테이블 필드 목록] 창이 표시되는데 이곳에서 피벗 테이블 구성을 위한 설정을 합니다.

(2) 피벗 테이블 구성 요소

피벗 기능을 이용해서 만들어진 새로운 표를 피벗 테이블 이라 합니다. 피벗 테이블은 다음과 같은 요소들로 구성됩니다.

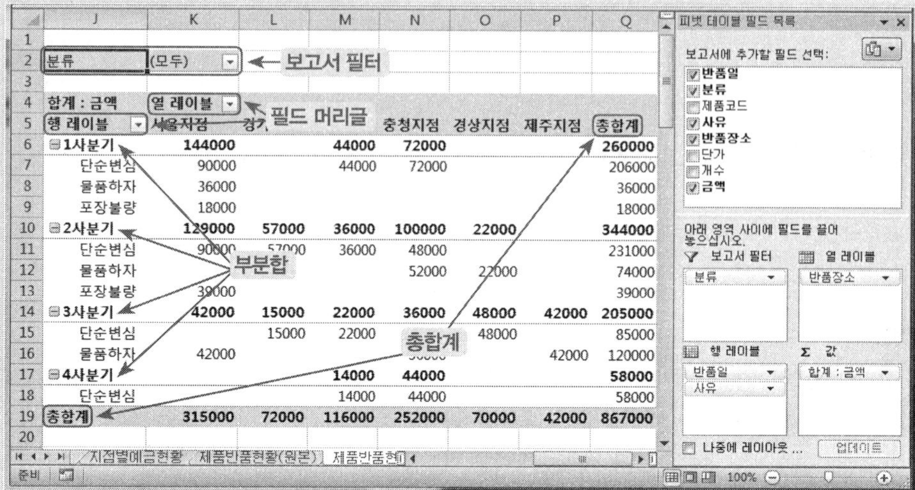

❶ 보고서 필터 : 전체 보고서 필터로 사용할 선택된 필드가 위치합니다.

❷ 필드 머리글(행, 열) : 옆의 목록 단추를 클릭하여 나타나는 메뉴에서 정렬 또는 필터 등을 할 수 있습니다.

❸ 부분합 : 하위 수준을 추가하여 해당 수준의 합계를 표시합니다.

❹ 총합계 : 행 전체의 합계, 열 전체의 합계를 표시합니다.

(3) [피벗 테이블 도구/옵션] 탭의 구성

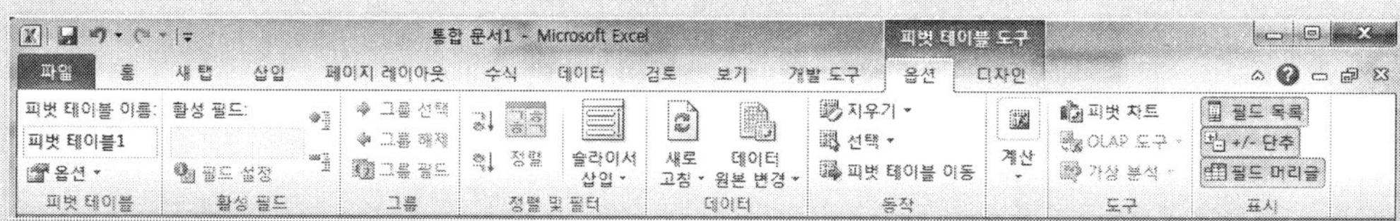

❶ ❷ ❸ ❹ ❺ ❻ ❼ ❽ ❾

❶ [피벗 테이블] 그룹 : 피벗 테이블의 이름을 지정하고 [피벗 테이블 옵션] 대화상자를 표시합니다. [피벗 테이블 옵션] 대화상자에는 [레이아웃 및 서식], [요약 및 필터], [표시], [인쇄], [데이터], [대체 텍스트] 등의 탭으로 구분되어 각각에 해당하는 세부적인 항목에 대한 설정을 할 수 있습니다.

❷ [활성 필드] 그룹 : 선택된 필드의 이름이 표시되며 필드 설정에서 값 필드 요약에 사용할 계산 유형 및 표시 형식을 지정합니다.

❸ [그룹] 그룹 : 행/열 레이블이 선택되었을 때 그룹하거나 해제할 수 있습니다.

❹ [정렬 및 필터] 그룹 : 정렬, 필터를 하거나 필터 대신 슬라이서를 삽입하여 적용할 수 있습니다.

❺ [데이터] 그룹 : 원본 데이터의 범위를 다시 설정하거나 원본 데이터가 수정되었을 때 피벗 테이블에 적용되도록 새로 고침을 합니다.

❻ [동작] 그룹 : 피벗 테이블을 지우거나 레이블이나 값을 선택하고 피벗 테이블을 이동할 수 있습니다.

❼ [계산] 그룹 : 계산 필드를 삽입하여 다른 열과 행의 관련된 값의 비율을 표시합니다.

❽ [도구] 그룹 : 피벗 차트를 삽입할 수 있고 외부 데이터로 작성된 피벗 테이블은 OLAP 도구, 가상 분석 도구를 사용할 수 있습니다.

❾ [표시] 그룹 : 필드 목록 창, +/- 단추, 피벗 테이블의 필드 머리글을 화면에 표시하거나 해제합니다.

(4) [피벗 테이블 도구/디자인] 탭의 구성

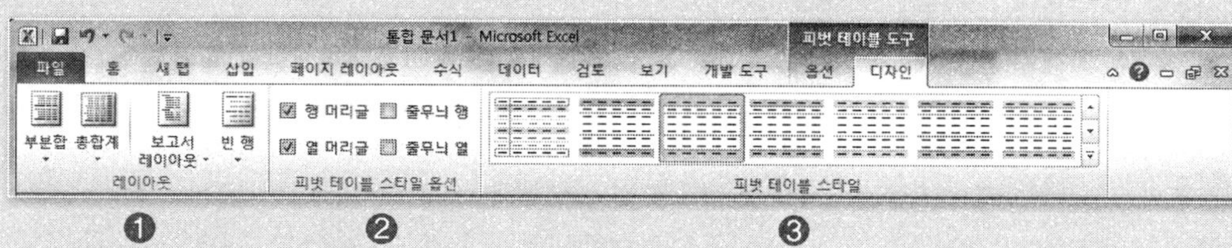

❶ [레이아웃] 그룹 : 피벗 테이블의 형태로 부분합, 총합계, 보고서 레이아웃, 빈 줄의 삽입 등의 구성 요소를 표시하거나 해제합니다.
❷ [피벗 테이블 스타일 옵션] 그룹 : 행/열 머리글, 줄무늬 행/열 등을 표시하거나 해제합니다.
❸ [피벗 테이블 스타일] 그룹 : 피벗 테이블의 서식 스타일을 선택합니다.

(5) [피벗 테이블 필드 목록] 창의 구성

❶ 보고서에 추가할 필드 선택 : 필드 목록에 체크 표시하여 피벗 테이블에 사용할 필드를 추가합니다. 선택한 필드는 아래 부분에 보고서 필터, 열 레이블, 행 레이블, Σ값 영역 등으로 드래그 인하여 끌어다 놓습니다.

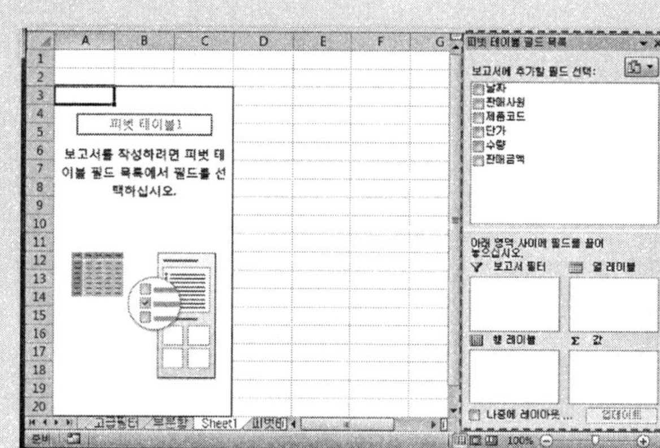

❷ 보기 형식 : 피벗 테이블 필드 목록의 보기 형식을 설정하는 것으로 오른쪽 그림과 같이 목록 단추를 누르고 원하는 표시형식을 선택합니다.

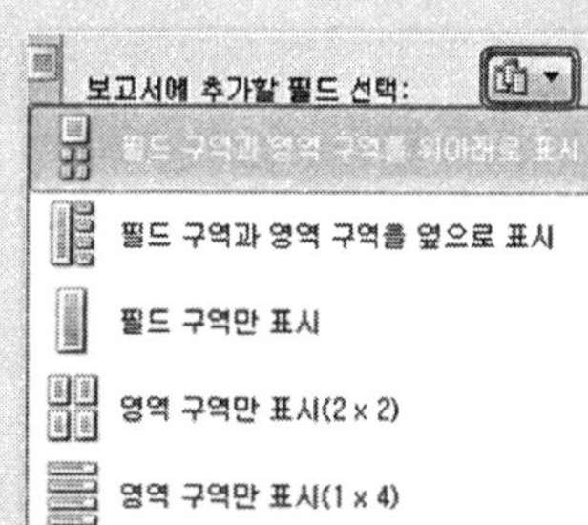

❸ 보고서 필터 : 전체 보고서를 필터링하는데 사용할 필드를 둡니다.
❹ 열 레이블 : 열로 사용할 필드를 둡니다.
❺ 행 레이블 : 행으로 사용할 필드를 둡니다. 숫자 데이터가 아닌 모든 필드는 일단 행 레이블로 추가되므로 열 레이블로 변경하고자 할 때는 열 레이블로 드래그 인하여 변경합니다.
❻ Σ값 : 값을 표시할 필드를 둡니다. 기본적으로 숫자 데이터를 가진 필드는 값으로 추가 됩니다.
❼ 나중에 레이아웃... : 필드가 선택되는 즉시 레이아웃을 변경하지 않고 [업데이트]를 클릭할 때까지 기다립니다.
❽ 업데이트 : 필드 설정에 따라 피벗 테이블 보고서를 갱신합니다.

❾ 필드 설정 : 추가된 필터 이름 옆의 목록 단추를 눌러 [필드 설정] 메뉴를 선택하면 필드 설정을 자세히 조정할 수 있습니다.

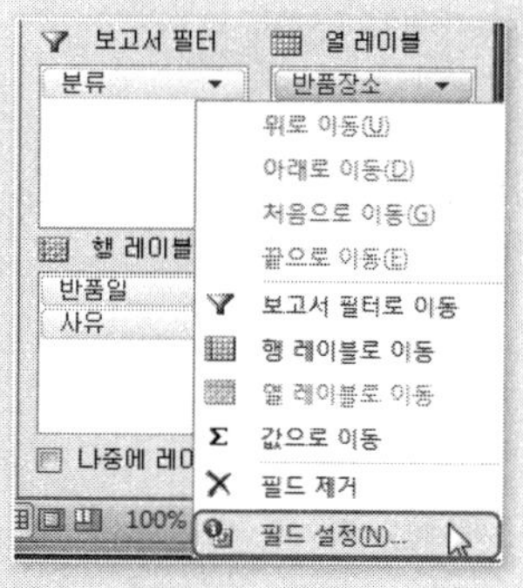

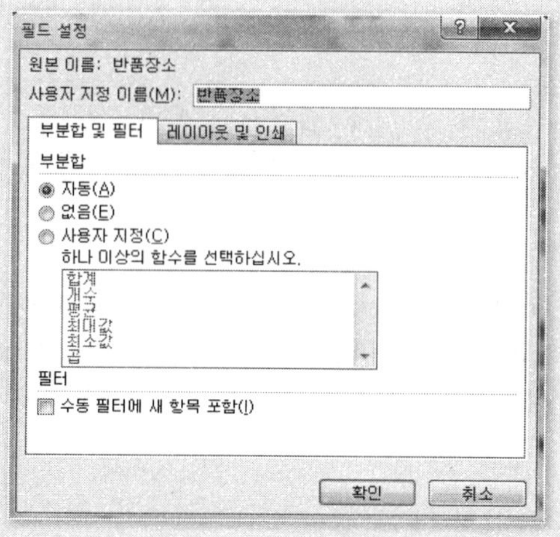

❿ 값 필드 설정 : 계산 필드 옆의 목록 단추를 눌러 [값 필드 설정] 메뉴를 선택하면 사용할 계산 유형을 선택할 수 있습니다.

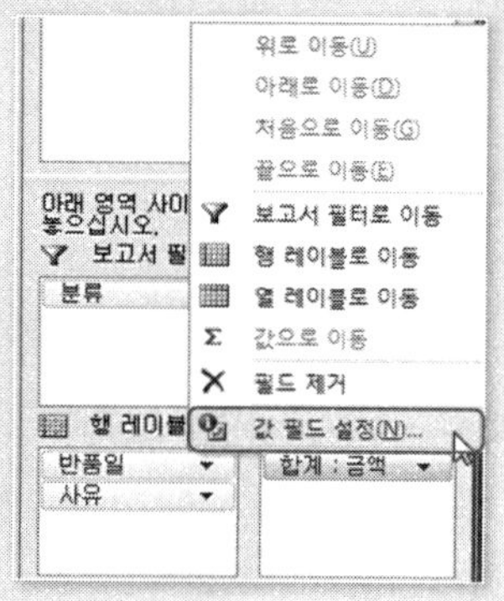

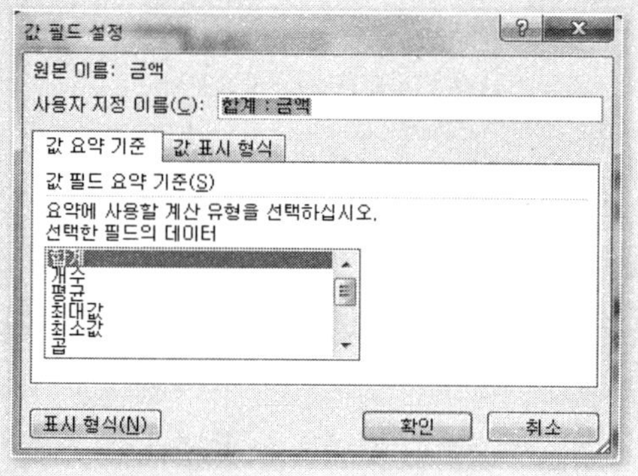

실습

I n t r o d u c t i o n   t o   E x c e l

7-1 정렬 대화상자에서 다중 기준을 적용한 데이터 정렬하기

준비 파일 '7장_2016-1학기 성적표'를 열고 오른쪽 그림과 같이 문서를 정렬하시오. 단, '총점'을 기준으로 내림차순으로(1차 정렬), '총점'이 같으면 '학과'를 오름차순으로(2차 정렬), '학과'가 같으면 '학번'을 오름차순으로(3차 정렬) 정렬하시오.

2016년 1학기 성적표

학과	학번	이름	중간고사	기말고사	레포트	출석	총점
물리	201321060	장성규	34	34	10	20	98
경영	201512010	정창수	33	32	10	20	95
전기	201533018	이상미	33	28	10	20	91
영문	201502011	성도경	30	30	10	20	90
영문	201502041	정규호	29	31	10	20	90
기계	201531027	박휘순	30	31	10	18	89
화학	201522022	정숙희	25	32	9	20	86
경제	201511038	김남기	27	33	9	15	84
경영	201512012	서희욱	22	32	8	20	82
물리	201521026	박기현	28	23	10	20	81
경제	201511025	김기남	22	20	8	20	70
국문	201510031	진영재	20	25	10	15	70
영문	201502053	나정미	23	20	8	18	69
국문	201510043	허우경	10	31	9	15	65

01. 정렬하려는 데이터 범위에서 임의의 셀을 클릭하고 [데이터] 탭 → [정렬 및 필터] 그룹 → [정렬]을 클릭합니다.

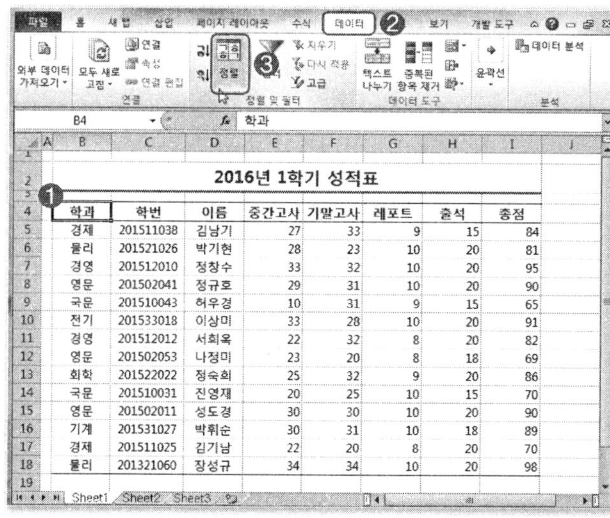

2016년 1학기 성적표

학과	학번	이름	중간고사	기말고사	레포트	출석	총점
경제	201511038	김남기	27	33	9	15	84
물리	201521026	박기현	28	23	10	20	81
경영	201512010	정창수	33	32	10	20	95
영문	201502041	정규호	29	31	10	20	90
국문	201510043	허우경	10	31	9	15	65
전기	201533018	이상미	33	28	10	20	91
경영	201512012	서희욱	22	32	8	20	82
영문	201502053	나정미	23	20	8	18	69
화학	201522022	정숙희	25	32	9	20	86
국문	201510031	진영재	20	25	10	15	70
영문	201502011	성도경	30	30	10	20	90
기계	201531027	박휘순	30	31	10	18	89
경제	201511025	김기남	22	20	8	20	70
물리	201321060	장성규	34	34	10	20	98

02. [정렬] 대화상자에서 1차 정렬을 위해 [정렬 기준]을 (열: 총점, 정렬 기준: 값, 정렬: 내림차순)으로 지정합니다. 2차 정렬 기준 항목을 추가하기 위해 [기준 추가] 단추를 클릭하여 다음 기준을 추가합니다.

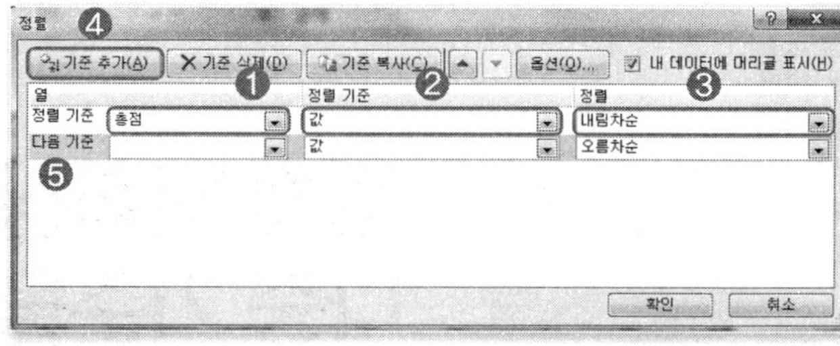

03. 2차 정렬을 위해 [다음 기준]을 (열: 학과, 정렬 기준: 값, 정렬: 오름차순)으로 지정합니다. 3차 정렬 기준 항목을 추가하기 위해 [기준 추가] 단추를 클릭하여 다시 한번 다음 기준을 추가합니다.

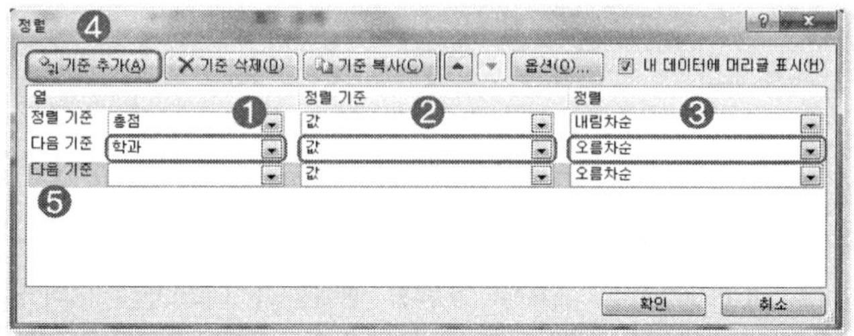

04. 3차 정렬을 위해 방금 전의 [다음 기준]을 (열: 학번, 정렬 기준: 값, 정렬: 오름차순)으로 지정한 후 [확인]을 클릭합니다.

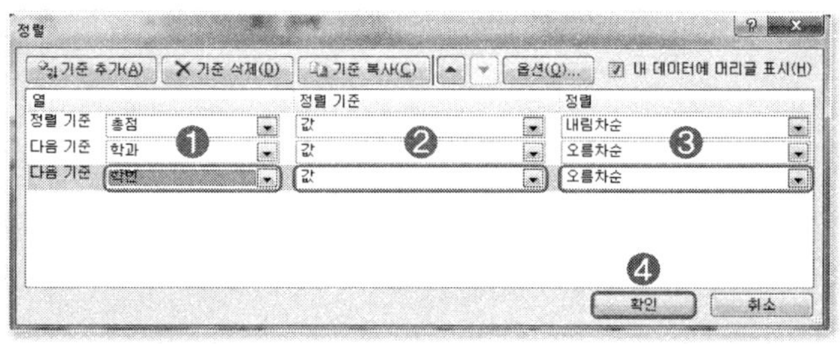

05. 정렬의 결과는 오른쪽 문서와 같습니다. 총점이 같고, 학과가 같은 행 번호 8번과 9번 레코드는 학번이 먼저인 레코드가 우선순위로 정렬된 것을 확인할 수 있습니다.

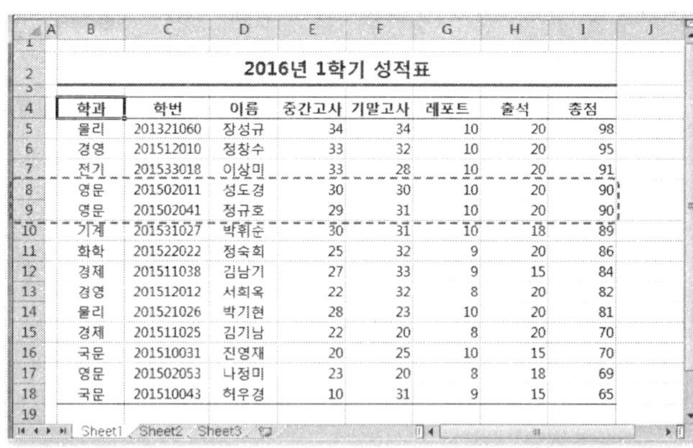

2016년 1학기 성적표

학과	학번	이름	중간고사	기말고사	레포트	출석	총점
물리	201321060	장성규	34	34	10	20	98
경영	201512010	정창수	33	32	10	20	95
전기	201533018	이상미	33	28	10	20	91
영문	201502011	성도경	30	30	10	20	90
영문	201502041	정규호	29	31	10	20	90
기계	201531027	박휘순	30	31	10	18	89
화학	201522022	정숙희	25	32	9	20	86
경제	201511038	김남기	27	33	9	15	84
경영	201512012	서희옥	22	32	8	20	82
물리	201521026	박기현	28	23	10	20	81
경제	201511025	김기남	22	20	8	20	70
국문	201510031	진영재	20	25	10	15	70
영문	201502053	나정미	23	20	8	18	69
국문	201510043	허우경	10	31	9	15	65

06. 완성된 문서를 [저장] 단추를 눌러 저장하고, [파일] 탭 → [끝내기]를 클릭하거나 또는 화면 오른쪽 상단에 [닫기] 단추를 클릭하여 작업을 종료합니다.

실습 7-2 자동 필터 기능을 이용한 사용자 지정 레코드 선별하기

준비 파일 '7장_2016-1학기 성적표2'를 열고 자동필터를 이용하여 오른쪽 그림과 같이 레코드를 선별하시오.

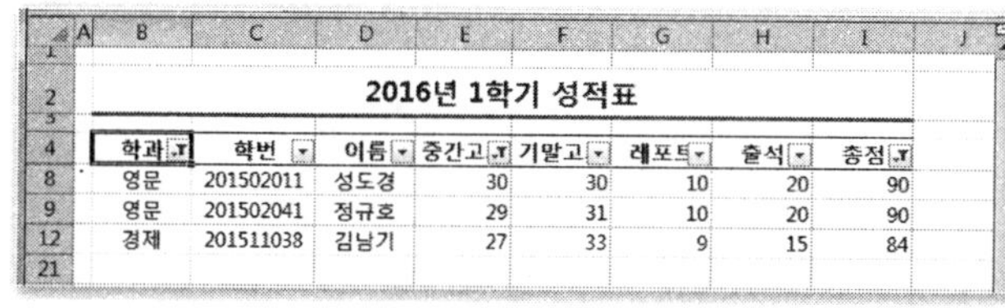

단, 학과가 '국문', '영문', '경영', '경제'이고, 중간고사가 25점 이상, 총점이 80점 이상 ~ 90점 이하인 데이터만 표시 하시오.

01. 자동 필터하려는 데이터 범위에서 임의의 셀을 클릭하고 [데이터] 탭 → [정렬 및 필터] 그룹 → [필터]를 클릭합니다.

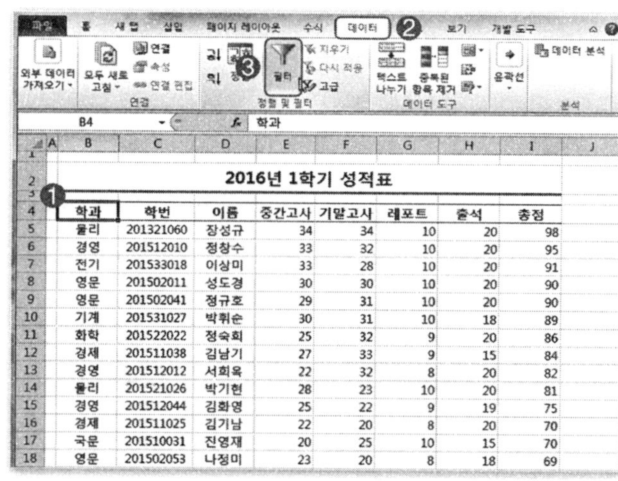

02. 학과 필드의 필터 단추 목록을 표시합니다. (모두 선택)을 클릭하여 체크 표시를 해제한 후 '경영', '경제', '국문', '영문'을 선택하고 [확인]을 클릭합니다.

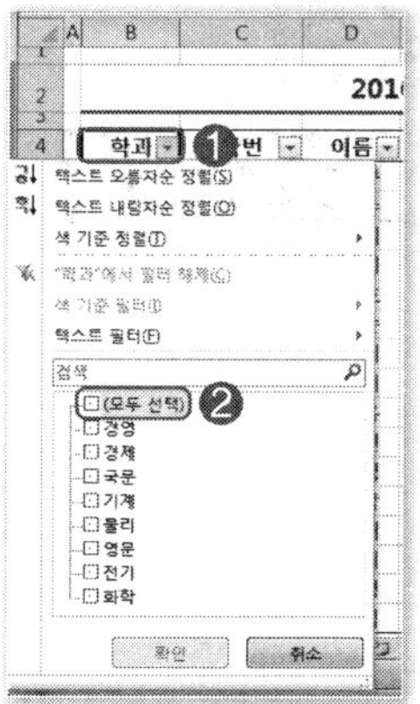

03. 중간고사 필드의 필터 단추를 클릭하고 [숫자 필터] → [크거나 같음]을 클릭합니다.

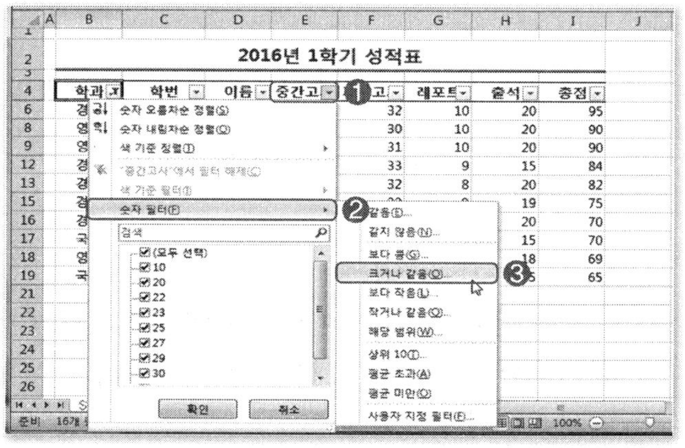

04. [사용자 지정 자동 필터] 대화상자가 표시되면 [찾을 조건]에서 '중간고사'의 '>='를 확인하고 오른쪽 입력상자에 '25'을 입력한 후 [확인]을 클릭합니다.

05. 같은 방법으로 총점 필드의 필터 단추를 클릭하고 [숫자 필터] → [해당 범위]를 클릭합니다.

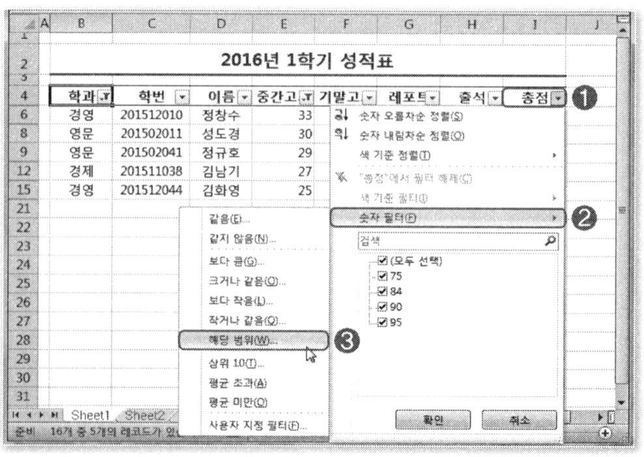

06. [사용자 지정 자동 필터] 대화상자가 표시되면 [찾을 조건]에서 '총점'의 '>='에 '80'을 입력하고, '그리고' 단추를 선택하며 '<='에는 '90'을 입력한 후 [확인]을 클릭합니다.

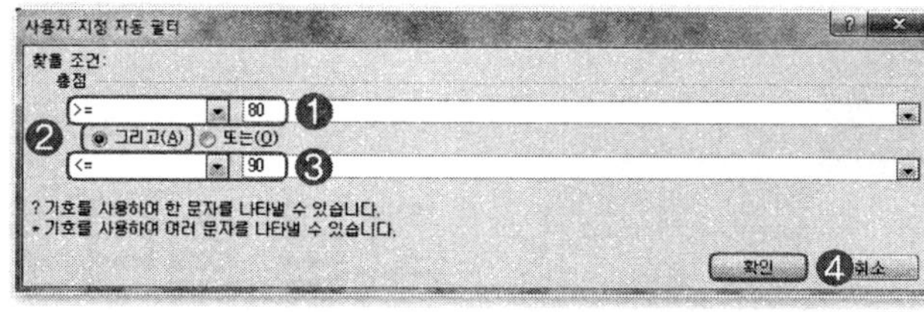

07. 그러면 오른쪽 그림과 같이 선별된 학과에서 중간고사가 25점 이상이고, 총점이 80에서부터 90점 사이의 데이터 레코드들이 표시됩니다.

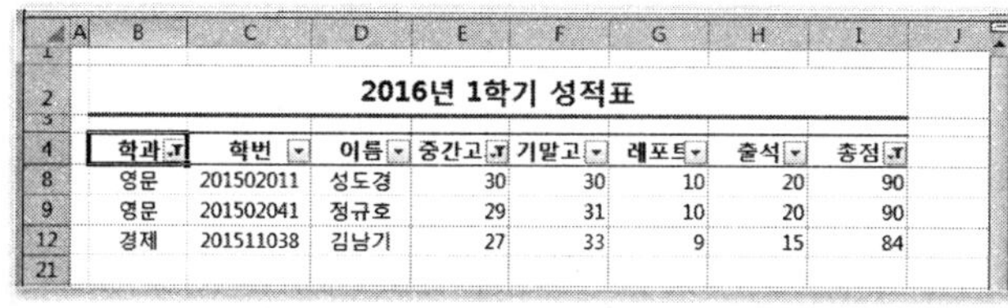

2016년 1학기 성적표

	학과	학번	이름	중간고사	기말고사	레포트	출석	총점
8	영문	201502011	성도경	30	30	10	20	90
9	영문	201502041	정규호	29	31	10	20	90
12	경제	201511038	김남기	27	33	9	15	84

08. 자동 필터를 해제하기 위해 필터링 된 데이터 범위의 임의의 셀이 선택된 상태에서 [데이터] 탭 → [정렬 및 필터] 그룹 → [필터]를 클릭합니다.

2016년 1학기 성적표

	학과	학번	이름	중간고사	기말고사	레포트	출석	총점
8	영문	201502011	성도경	30	30	10	20	90
9	영문	201502041	정규호	29	31	10	20	90
12	경제	201511038	김남기	27	33	9	15	84

09. 그러면 필터 단추들은 사라지고 필터링 전의 데이터 레코드 형태로 환원됩니다.

2016년 1학기 성적표

	학과	학번	이름	중간고사	기말고사	레포트	출석	총점
5	물리	201321060	장성규	34	34	10	20	98
6	경영	201512010	정창수	33	32	10	20	95
7	전기	201533018	이상미	33	28	10	20	91
8	영문	201502011	성도경	30	30	10	20	90
9	영문	201502041	정규호	29	31	10	20	90
10	기계	201531027	박휘순	30	31	10	18	89
11	화학	201522022	정숙희	25	32	9	20	86
12	경제	201511038	김남기	27	33	9	15	84
13	경영	201512012	서희옥	22	32	8	20	82
14	물리	201521026	박기현	28	23	10	20	81
15	경영	201512044	김화영	25	22	9	19	75
16	경제	201511025	김기남	22	20	8	20	70
17	국문	201510031	진영재	20	25	10	15	70
18	영문	201502053	나정미	23	20	8	18	69
19	국문	201510043	허우경	10	31	9	15	65
20	기계	201531032	정경식	22	18	8	14	62

실습 7-3

고급 필터 기능을 이용한 레코드 선별하기

준비 파일 '7장_2016-1학기 성적표3'을 열고 오른쪽 그림과 같이 주어진 데이터 중에서 고급필터를 이용하여 [B22] 위치부터 선별된 레코드를 표시하시오.

단, 학과가 '문'자로 끝나고, 총점이 70점 이하인 레코드를 선별하시오.

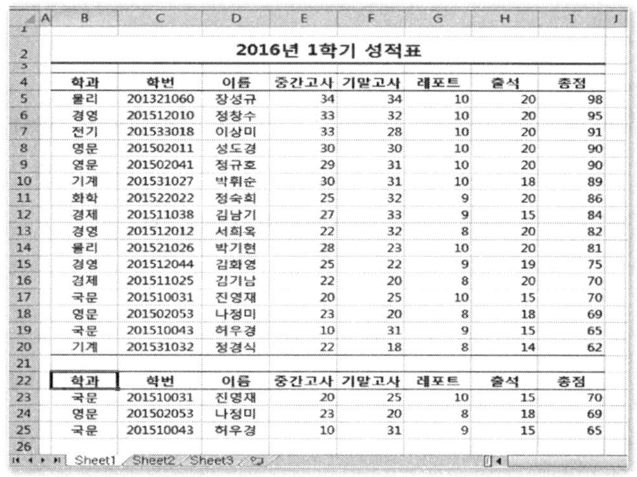

2016년 1학기 성적표

학과	학번	이름	중간고사	기말고사	레포트	출석	총점
물리	201321060	장성규	34	34	10	20	98
경영	201512010	정창수	33	32	10	20	95
전기	201533018	이상미	33	28	10	20	91
영문	201502011	성도경	30	30	10	20	90
영문	201502041	정규호	29	31	10	20	90
기계	201531027	박휘순	30	31	10	18	89
화학	201522022	정숙희	25	32	9	20	86
경제	201511038	김남기	27	33	9	15	84
경영	201512012	서희옥	22	32	8	20	82
물리	201521026	박기현	28	23	10	20	81
경영	201512044	김화영	25	22	9	19	75
경제	201511025	김기남	22	20	8	20	70
국문	201510031	진영재	20	25	10	15	70
영문	201502053	나정미	23	20	8	18	69
국문	201510043	허우경	10	31	9	15	65
기계	201531032	정경식	22	18	8	14	62

학과	학번	이름	중간고사	기말고사	레포트	출석	총점
국문	201510031	진영재	20	25	10	15	70
영문	201502053	나정미	23	20	8	18	69
국문	201510043	허우경	10	31	9	15	65

01. 우선 필터링을 위한 기준 필드이름을 별도의 위치에 표시하기 위해 [K4]셀에 '학과'를 입력하고, [L4]셀에 '총점'을 입력합니다.

기준 필드이름 표기는 [B4]셀과 [I4]셀을 복사하여 [K4]셀과 [L4]셀에 붙여넣기를 해도 가능합니다.

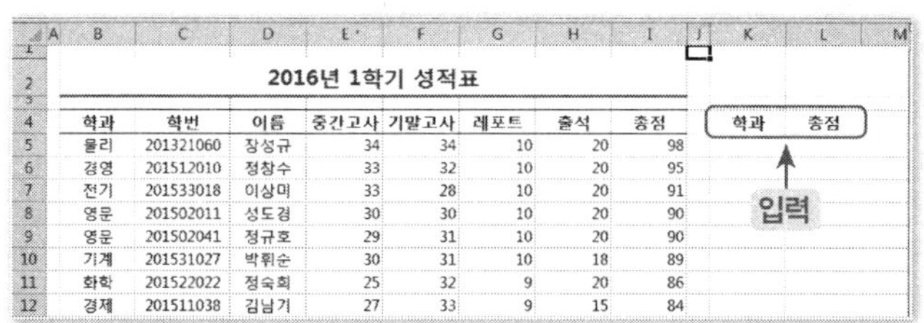

02. 필드이름이 입력되면 [K5] 셀에 '*문'을, [L5]셀에 '<=70'를 입력합니다.

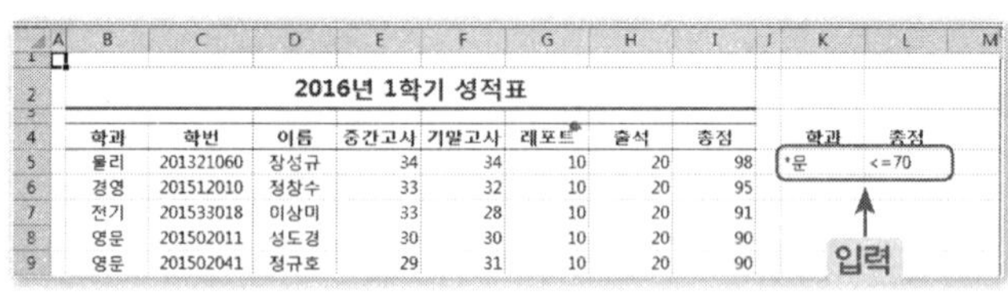

03. 고급필터를 사용하기 위해 고급필터링 대상 데이터 범위에서 임의의 셀 [B4]를 선택한 후 [데이터] 탭 → [정렬 및 필터] 그룹 → [고급]을 클릭합니다.

04. [고급 필터] 대화상자가 나타나면 [다른 장소에 복사]를 선택하고 [목록 범위]($B$4:$I$20)와 [조건 범위]($K$4:$L$5), [복사 위치]($B$22)를 입력한 다음 [확인] 단추를 클릭합니다.

목록 범위는 필드이름인 머리글까지 포함한 범위를 지정합니다. 목록 범위는 데이터가 있는 셀 범위이고, 조건 범위는 조건이 있는 셀 범위입니다.

05. 그러면 오른쪽 그림과 같이 별도의 셀 [B22] 위치부터 학과가 '문'자로 끝나면서 총점이 70점 이하인 데이터만 표시됩니다.

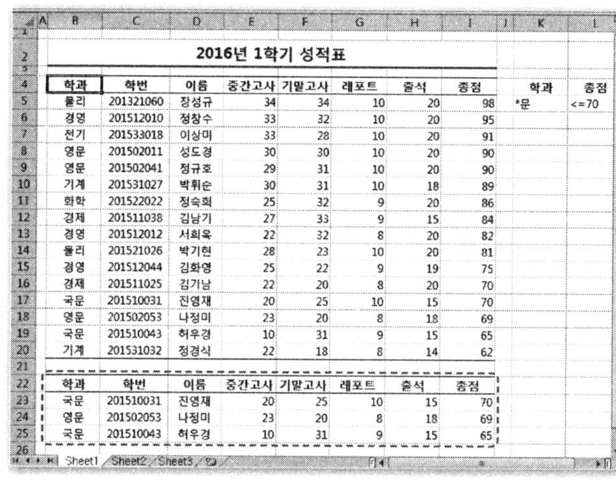

06. 완성된 문서를 [저장] 단추를 눌러 저장하고, [파일] 탭 → [끝내기]를 클릭하거나 또는 화면 오른쪽 상단에 [닫기] 단추를 클릭하여 작업을 종료합니다.

7-4 부분합을 이용한 판매사원의 판매실적 계산하기

준비 파일 '7장_제품 판매 현황'을 열고 부분합 기능을 이용하여 오른쪽 그림과 같이 판매사원별 제품 판매금액 합계와 평균을 계산하고 시트에서 맨 하위 그룹은 숨기고 부분합 계산 결과만 표시하시오.

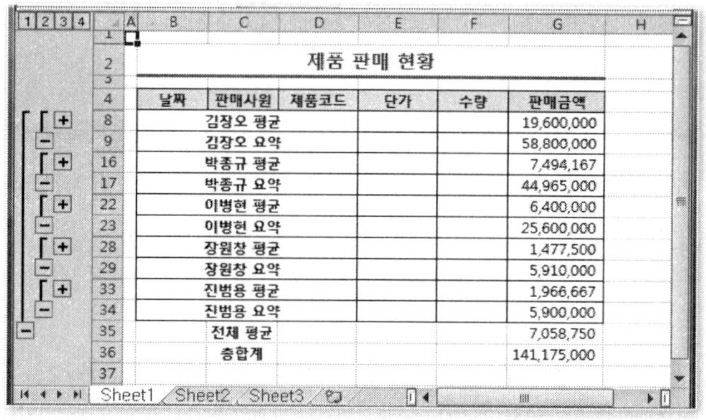

01. 먼저 데이터를 그룹화할 항목인 '판매사원'을 기준으로 정렬해야 하기 때문에 이를 위해 [C4]셀을 선택한 후 [데이터] 탭 → [정렬 및 필터] 그룹 → [텍스트 오름차순 정렬]을 클릭합니다.

02. 판매사원을 기준으로 오름차순 정렬된 상태에서 판매사원별로 판매금액의 합계를 구하기 위해 [C4]셀이 선택된 상태에서 [데이터] 탭 → [윤곽선] 그룹 → [부분합]을 클릭합니다.

03. [부분합] 대화상자가 나타나면 [그룹화할 항목](판매사원)과 [사용할 함수](합계)를 목록 단추를 클릭하여 선택하고, [부분합 계산 항목](판매금액)을 선택합니다.

[새로운 값으로 대치]와 [데이터 아래에 요약 표시]에 체크 표시된 상태로 [확인]을 클릭합니다.

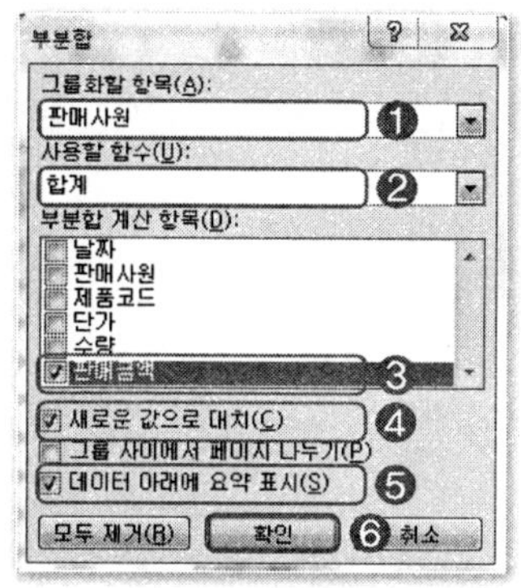

04. 판매사원별로 판매금액의 합계가 구해지면 다시 판매사원별 평균을 구하기 위해 데이터 범위의 임의의 셀 [C4]를 선택한 상태에서 [데이터] 탭 → [윤곽선] 그룹 → [부분합]을 클릭합니다.

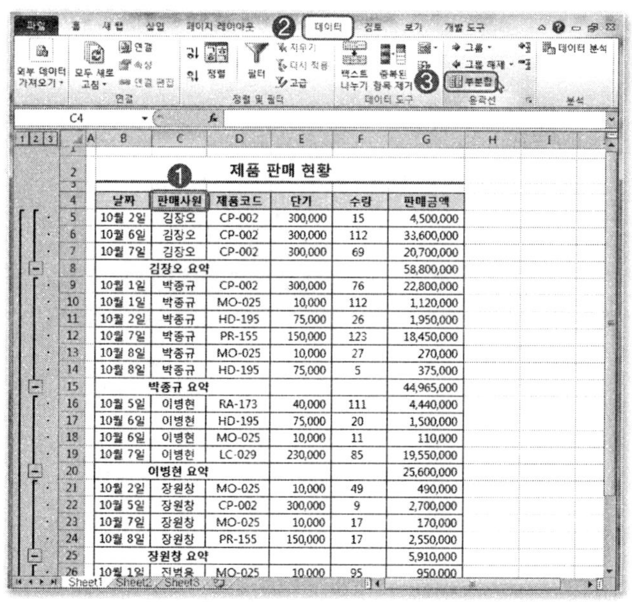

05. [부분합] 대화상자가 나타나면 [그룹화할 항목](판매사원)과 [사용할 함수](평균)를 목록 단추를 클릭하여 선택하고, [부분합 계산 항목](판매금액)을 선택합니다.

[새로운 값으로 대치]에 체크 표시를 해제시키고 [확인] 단추를 클릭합니다.

만약 [새로운 값으로 대치]를 선택하면 기존에 구한 부분합을 제거한 후 새로 구한 부분합이 표시될 수 있으므로 주의해야 합니다.

06. 그러면 오른쪽 그림과 같이 판매사원별 판매금액 합계가 표시된 상태에서 판매사원별 평균이 추가로 계산되어 표시됩니다.

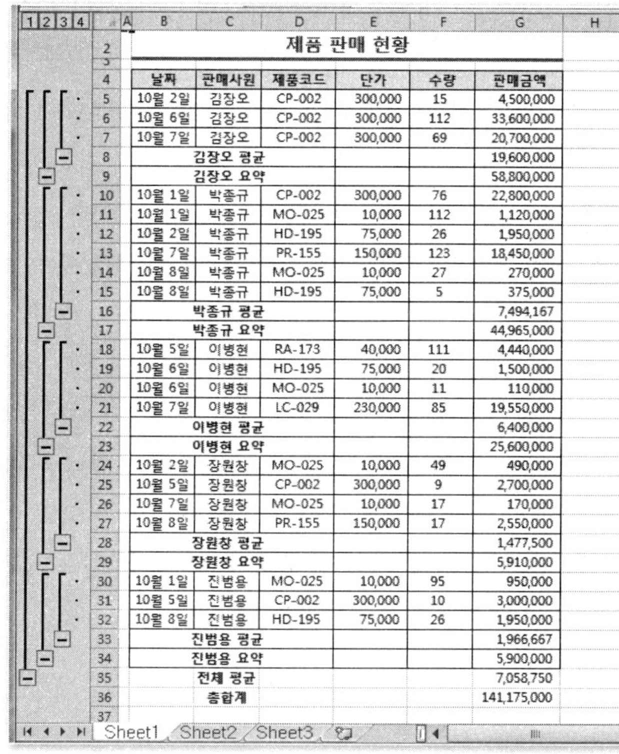

제품 판매 현황

날짜	판매사원	제품코드	단가	수량	판매금액
10월 2일	김장오	CP-002	300,000	15	4,500,000
10월 6일	김장오	CP-002	300,000	112	33,600,000
10월 7일	김장오	CP-002	300,000	69	20,700,000
	김장오 평균				19,600,000
	김장오 요약				58,800,000
10월 1일	박종규	CP-002	300,000	76	22,800,000
10월 1일	박종규	MO-025	10,000	112	1,120,000
10월 2일	박종규	HD-195	75,000	26	1,950,000
10월 7일	박종규	PR-155	150,000	123	18,450,000
10월 8일	박종규	MO-025	10,000	27	270,000
10월 8일	박종규	HD-195	75,000	5	375,000
	박종규 평균				7,494,167
	박종규 요약				44,965,000
10월 5일	이병현	RA-173	40,000	111	4,440,000
10월 6일	이병현	HD-195	75,000	20	1,500,000
10월 6일	이병현	MO-025	10,000	11	110,000
10월 7일	이병현	LC-029	230,000	85	19,550,000
	이병현 평균				6,400,000
	이병현 요약				25,600,000
10월 2일	장원창	MO-025	10,000	49	490,000
10월 5일	장원창	CP-002	300,000	9	2,700,000
10월 7일	장원창	MO-025	10,000	17	170,000
10월 8일	장원창	PR-155	150,000	17	2,550,000
	장원창 평균				1,477,500
	장원창 요약				5,910,000
10월 1일	진범용	MO-025	10,000	95	950,000
10월 5일	진범용	CP-002	300,000	10	3,000,000
10월 8일	진범용	HD-195	75,000	26	1,950,000
	진범용 평균				1,966,667
	진범용 요약				5,900,000
	전체 평균				7,058,750
	총합계				141,175,000

07. 판매사원의 평균과 요약, 전체 평균, 총 합계만 표시하기 위해 시트의 윤곽 기호에서 3을 클릭합니다.

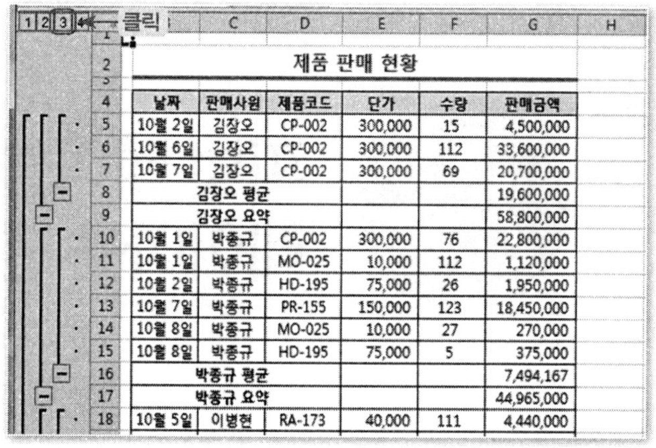

08. 그러면 오른쪽 그림과 같이 부분합 계산 결과만 표시됩니다.

완성된 문서를 [저장] 단추를 눌러 저장하고, [파일] 탭 → [끝내기]를 클릭하거나 또는 화면 오른쪽 상단에 [닫기] 단추를 클릭하여 작업을 종료합니다.

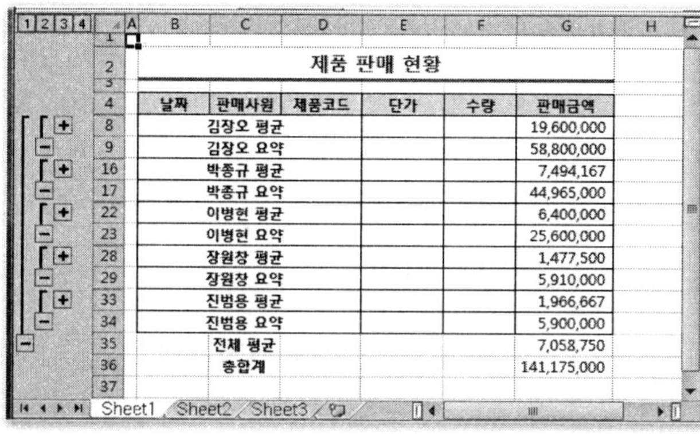

실습 Introduction to Excel

7-5 피벗 테이블 작성 및 레이아웃 편집하기

준비 파일 '7장_제품 판매 현황2.xlsx'을 열고 오른쪽 그림과 같이 행 레이블에 제품코드, 열 레이블에 판매사원이 표시 되도록 피벗 테이블을 작성하시오.

단, 셀 안에 표시되는 계산 결과는 판매금액의 최대값을 표시하고 빈칸은 별표로 표시합니다. 그리고 피벗 테이블 스타일 보통 9를 적용합니다.

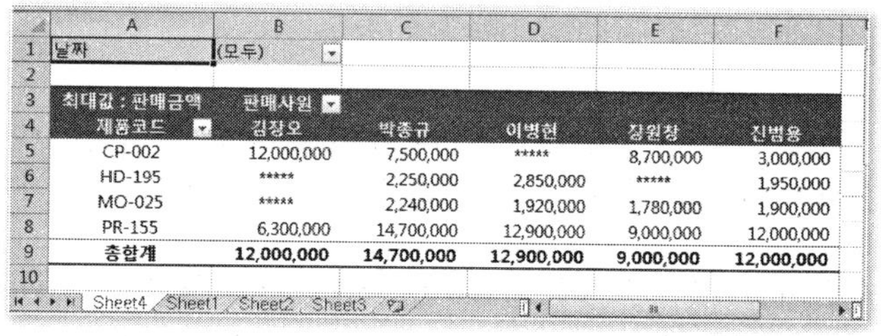

01. 피벗 테이블을 작성하기 위해 워크 시트의 데이터 범위 내의 임의의 셀[B4]을 선택한 후 [삽입] 탭 → [표] 그룹 → [피벗 테이블] → [피벗 테이블]을 선택합니다.

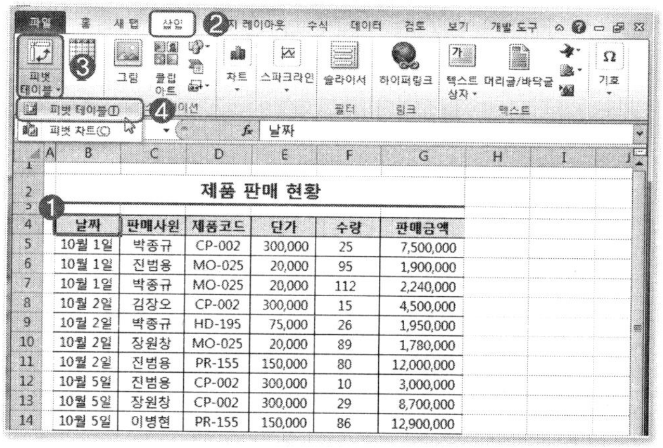

02. [피벗 테이블 만들기] 대화상자가 나타나면 [표 또는 범위 선택]을 선택하고, 테이블 작성을 위한 대상 데이터의 범위인 [표/범위]를 지정하고, 피벗 테이블이 표시될 위치로 [새 워크시트]를 선택한 후 [확인]을 클릭합니다. 그러면 피벗 테이블 영역과 [피벗 테이블 필드 목록] 작업창이 표시되는 새로운 시트가 현재 워크시트의 앞에 삽입됩니다.

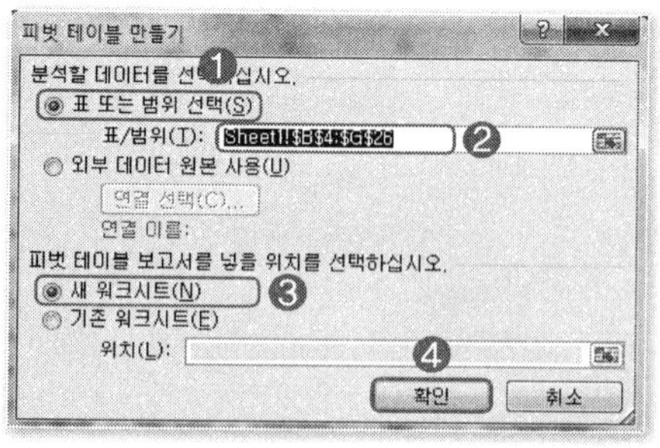

03. 필드 레이아웃을 지정하기 위해 [피벗 테이블 필드 목록] 창에서 [날짜]를 선택하여 [보고서 필터]로 드래그 합니다.

[판매사원]을 [열 레이블]로, [제품코드]를 [행 레이블]로, [판매금액]을 [Σ값]으로 드래그 합니다.

그러면 피벗 테이블 영역에 구성된 내용이 표시됩니다.

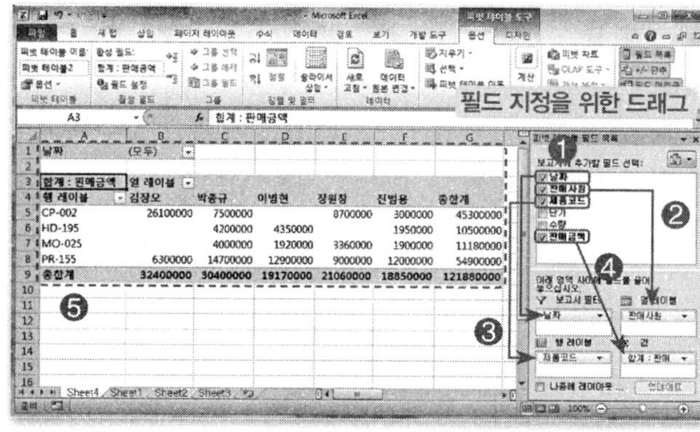

04. 피벗 테이블 영역에 나타난 필터 단추를 클릭하면 원하는 데이터만 표시할 수 있습니다.

행 레이블 필터 단추를 클릭하여 [모두 선택]을 선택 해제하고 [CP-002]와 [PR-155]만 선택한 후 [확인]을 클릭합니다.

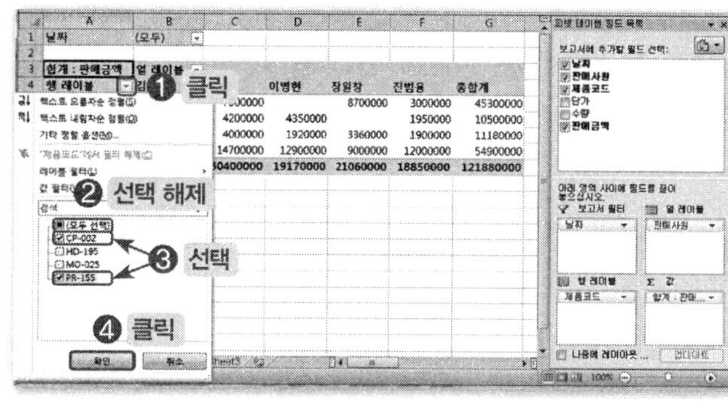

05. 결과는 오른쪽 그림과 같습니다.

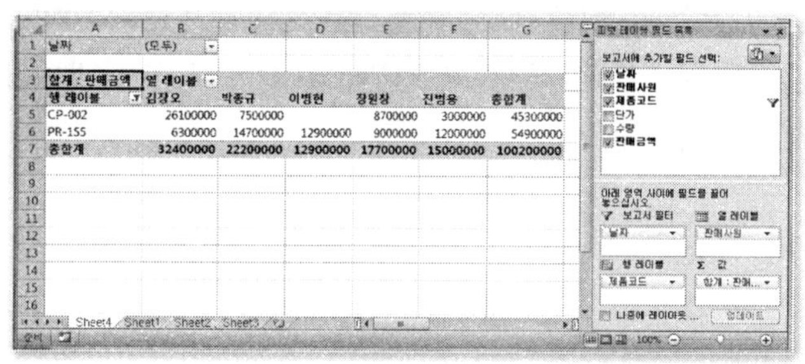

06. 다시 모든 항목이 표시되도록 하려면 행 레이블 필터 단추를 클릭하여 [모두 선택]을 선택한 후 [확인]을 클릭합니다.

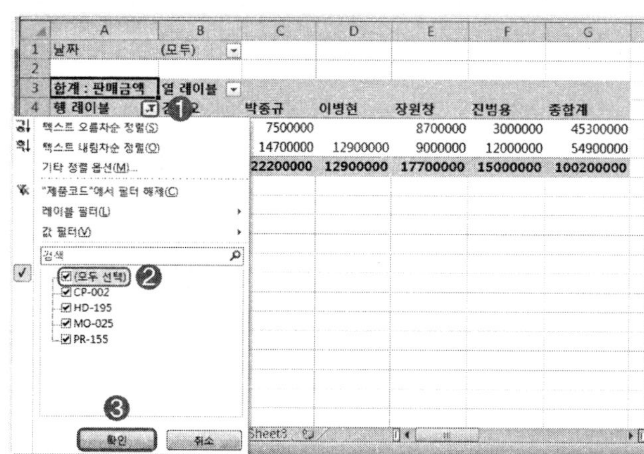

07. 요약에 사용할 계산 유형을 최대값으로 변경하기 위해 [피벗 테이블 필드 목록] 작업창의 값 영역에서 [합계 : 판매금액] 필드를 클릭한 후 [값 필드 설정]을 클릭합니다.

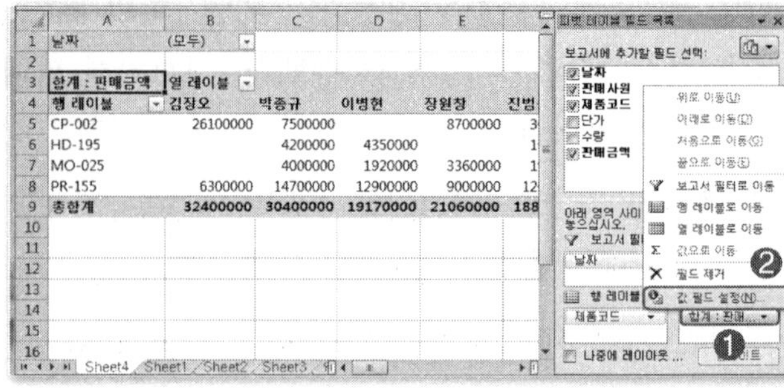

08. [값 필드 설정] 대화상자가 표시되면 [값 요약 기준] 탭에서 요약에 사용할 계산 유형(최대값)을 선택한 후 [확인]을 클릭합니다.

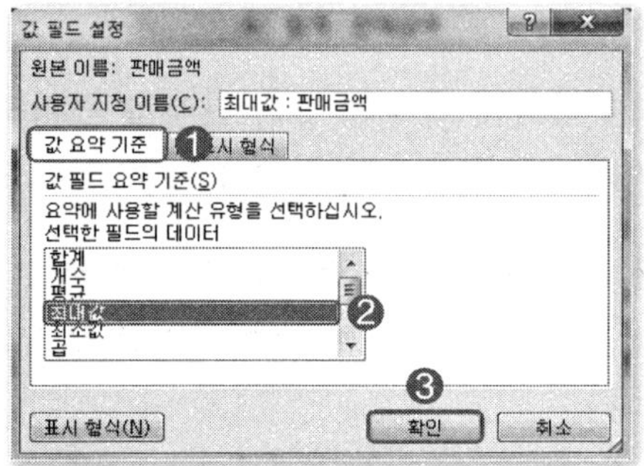

09. 피벗 테이블의 행 레이블과 열 레이블을 필드 이름으로 변경하기 위해 [A4]셀을 선택하고 '제품코드'를 입력하고, 같은 방법으로 [B3]셀을 선택하고 '판매사원'을 입력합니다.

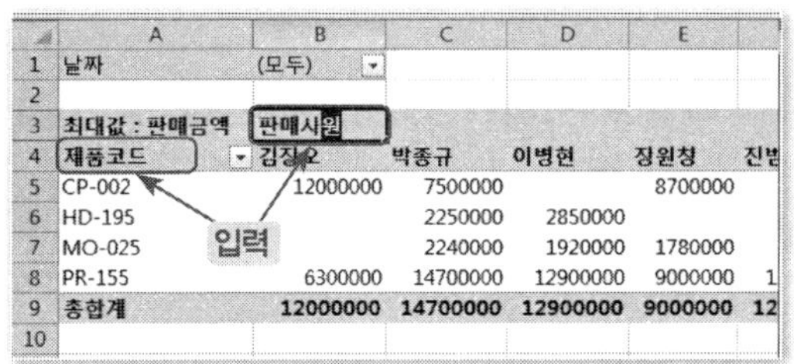

10. [피벗 테이블 필드 목록] 작업창을 숨기기 위해 [피벗 테이블 도구/옵션] 탭 → [표시] 그룹 → [필드 목록]을 클릭하여 선택 해제 합니다.

또는 [피벗 테이블 필드 목록] 창의 오른쪽 끝에 닫기(✖) 단추를 클릭해도 작업창이 숨겨집니다.

11. 피벗 테이블의 스타일을 적용하기 위해 [A3]셀을 선택한 후 [피벗 테이블 도구/디자인] 탭 → [피벗 테이블 스타일] 그룹에서 '자세히' 단추를 클릭합니다.

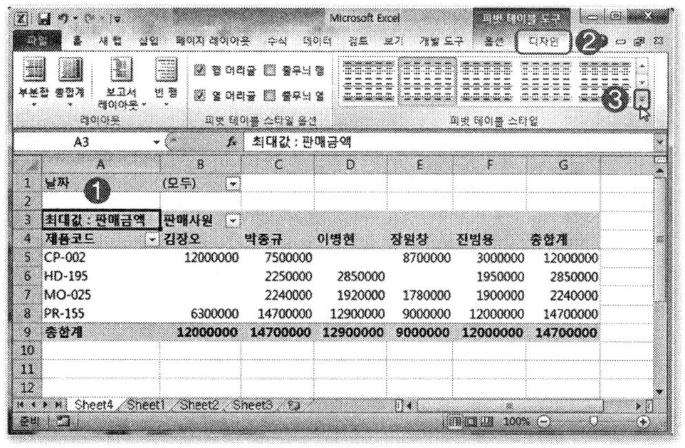

12. 피벗 테이블 스타일 목록이 나타나면 [피벗 스타일 보통 9]를 클릭합니다.

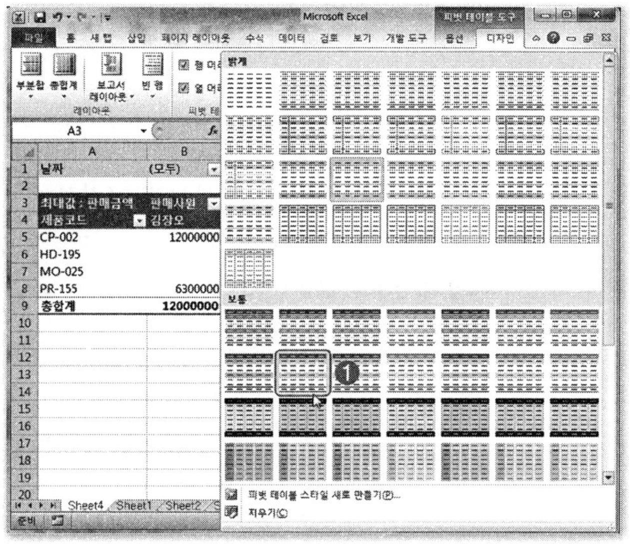

13. 피벗 테이블 옵션을 지정하기 위해 피벗 테이블의 임의의 셀이 선택된 상태에서 [피벗 테이블 도구/옵션] 탭 → [피벗 테이블] 그룹 → [옵션] → [옵션]을 클릭합니다.

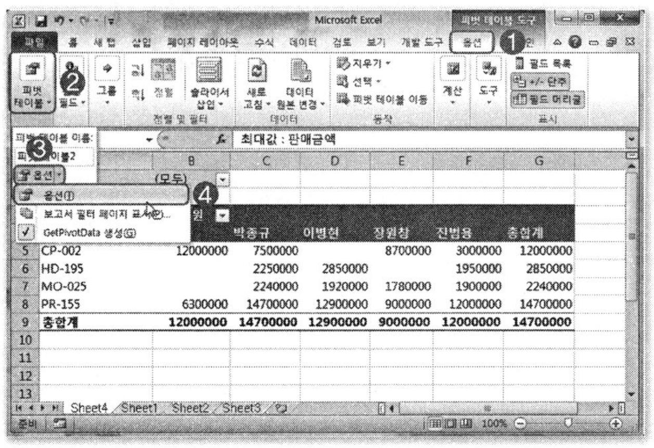

14. [피벗 테이블 옵션] 대화상자가 나타나면 [레이아웃 및 서식] 탭에서 [레이블이 있는 셀 병합 및 가운데 맞춤]을 선택한 후 [빈 셀 표시]에 체크표시를 한 상태에서 '*****'를 입력한 후 [요약 및 필터] 탭을 클릭합니다.

[피벗 테이블 옵션] 대화상자의 [요약 및 필터] 탭이 나타나면 [총 합계 표시]를 선택 해제한 후 [확인]을 클릭합니다.

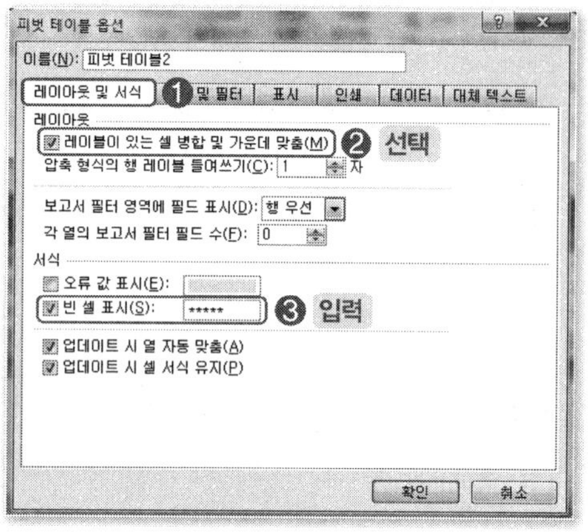

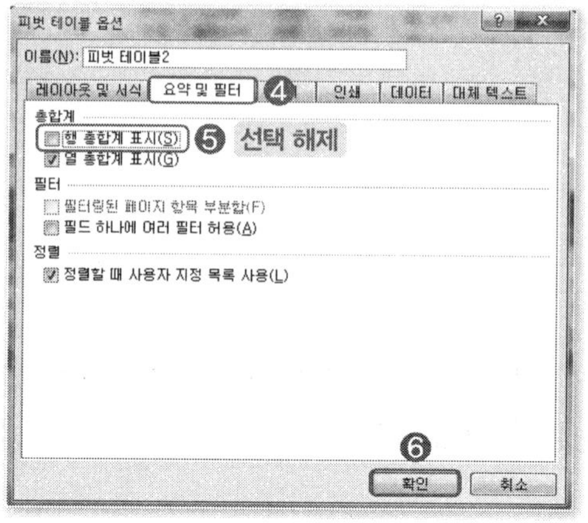

15. 피벗 테이블에 텍스트 맞춤 서식을 지정하기 위해 [A5:F9] 셀 범위를 선택한 후 [홈] 탭 → [맞춤] 그룹 → [가운데 맞춤]을 클릭합니다.

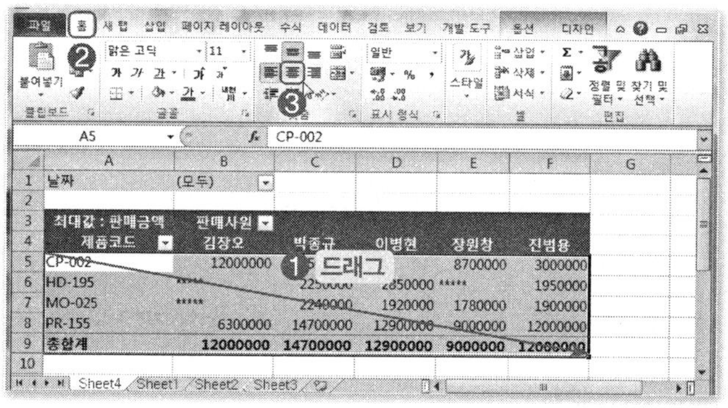

16. 숫자의 세 자리마다 쉼표 스타일(,)을 삽입하기 위해 [B5:F9] 셀 범위를 선택한 후 [홈] 탭 → [표시 형식] 그룹 → [쉼표 스타일]을 클릭합니다.

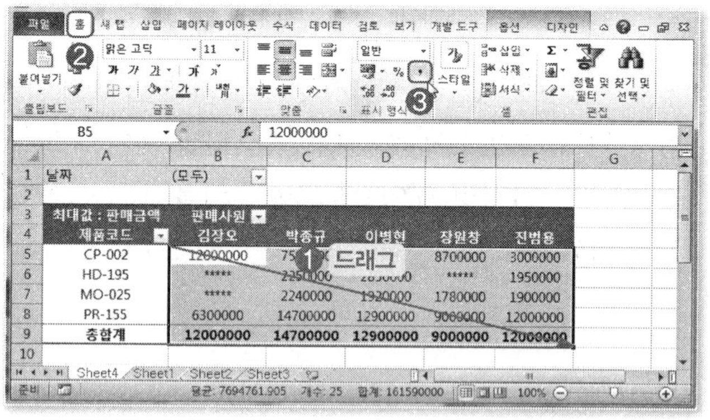

17. 완성된 문서를 [저장] 단추를 눌러 저장하고, [파일] 탭 → [끝내기]를 클릭하거나 또는 화면 오른쪽 상단에 [닫기] 단추를 클릭하여 작업을 종료합니다.

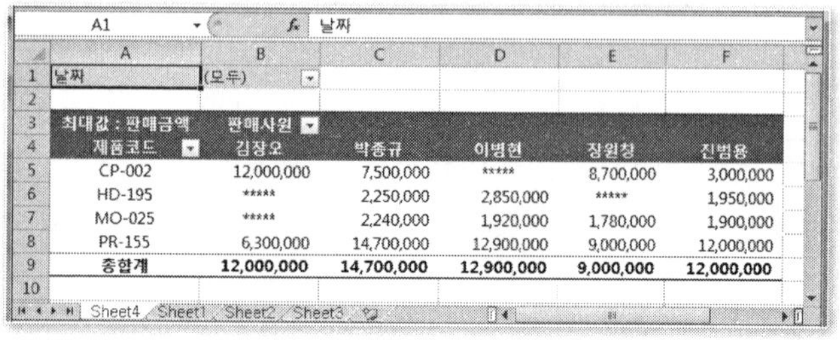

실력 점검 문제

[문제 7-1] 준비파일('실력점검_7-1-준비.xlsx')을 열기한 후 아래 조건에 따라 부분합을 이용한 평점별 요약 문서를 작성하시오.

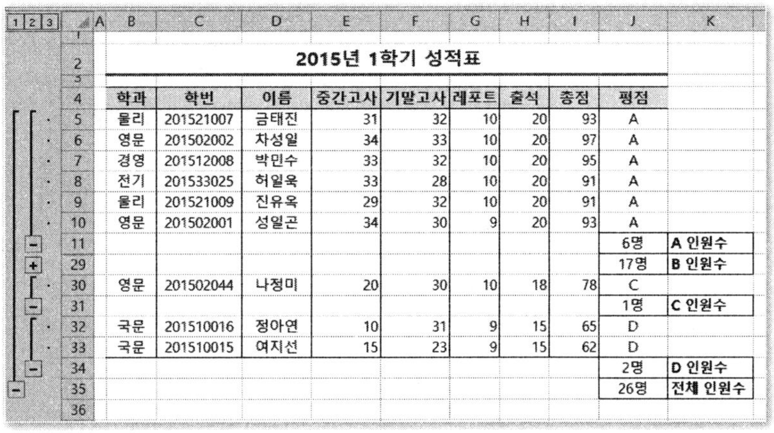

2015년 1학기 성적표

학과	학번	이름	중간고사	기말고사	레포트	출석	총점	평점	
물리	201521007	금태진	31	32	10	20	93	A	
영문	201502002	차성일	34	33	10	20	97	A	
경영	201512008	박민수	33	32	10	20	95	A	
전기	201533025	허일욱	33	28	10	20	91	A	
물리	201521009	진유옥	29	32	10	20	91	A	
영문	201502001	성일곤	34	30	9	20	93	A	
								6명	A 인원수
								17명	B 인원수
영문	201502044	나정미	20	30	10	18	78	C	
								1명	C 인원수
국문	201510016	정아연	10	31	9	15	65	D	
국문	201510015	여지선	15	23	9	15	62	D	
								2명	D 인원수
								26명	전체 인원수

[작성 조건]

- **미리 정렬할 항목 : 평점(오름차순)**
- **부분합 대화상자 설정 : 그룹화할 항목(평점), 사용 함수(개수), 부분합 계산 항목(평점), 새로운 값으로 대치 선택**
- **요약 표시 머리글 수정('A 개수' → 'A 인원수') 및 셀 위치 이동 : '개수'를 '인원수'로 변경하고, 요약 표시 머리글이 K열에 표시되도록 셀 위치 이동**
- **각 개수 결과 값 끝에 "명" 단위 표시('6' → '6명') : (개수 값이 표시된 셀을 선택한 후 수식 입력줄 끝에 '&"명"'을 입력, 예를 들면 'SUBTOTAL(R,J5:J10) → SUBTOTAL(R,J5:J10)&"명")**
- **요약 표시 셀 영역 테두리 : 모든 테두리 지정 : 예를 들면** | 1명 | C 인원수 |

[문제 7-2] 준비파일('실력점검_7-1-준비.xlsx')을 열기한 후 아래 조건에 따라 피벗 테이블을 별도의 시트에 작성하시오.

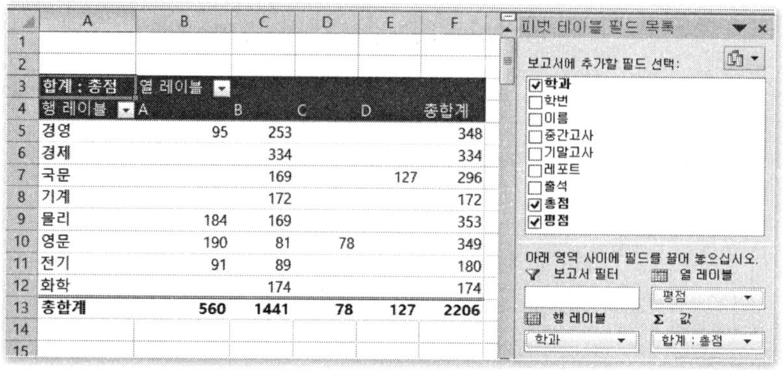

합계 : 총점	열 레이블				
행 레이블	A	B	C	D	총합계
경영	95	253			348
경제		334			334
국문		169		127	296
기계		172			172
물리	184	169			353
영문	190	81	78		349
전기	91	89			180
화학		174			174
총합계	560	1441	78	127	2206

[작성 조건]

- 피벗 테이블 보고서 작성 위치 : 새 워크시트
- 보고서 테이블에 필드 지정 : 행 레이블(학과), 열 레이블(평점), Σ값(합계:총점)
- 피벗 테이블 도구/디자인/피벗 스타일 그룹 : 피벗스타일 보통 5 선택

[문제 7-3] 준비파일('실력점검_7-1-준비.xlsx')을 열기한 후 아래 조건에 따라 피벗 테이블을 별도의 시트에 작성하시오.

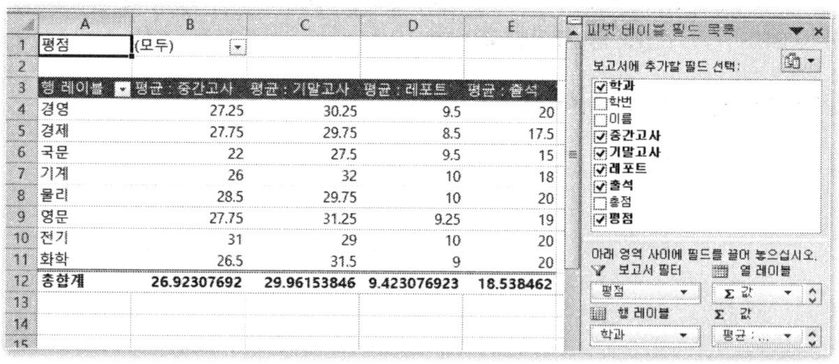

평점	(모두)			
행 레이블	평균 : 중간고사	평균 : 기말고사	평균 : 레포트	평균 : 출석
경영	27.25	30.25	9.5	20
경제	27.75	29.75	8.5	17.5
국문	22	27.5	9.5	15
기계	26	32	10	18
물리	28.5	29.75	10	20
영문	27.75	31.25	9.25	19
전기	31	29	10	20
화학	26.5	31.5	9	20
총합계	26.92307692	29.96153846	9.423076923	18.538462

[작성 조건]

- 피벗 테이블 보고서 작성 위치 : 새 워크시트
- 보고서 테이블에 필드 지정 : 보고서 필터(평점), 행 레이블(학과), Σ값(평균:중간고사, 평균:기말고사, 평균:레포트, 평균:출석)
- 피벗 테이블 도구/디자인/피벗 스타일 그룹 : 피벗스타일 보통 2 선택

Memo

CHAPTER 08

그래픽 효과를 추가한 문서 작성

엑셀의 주요 사용 목적이 수치를 다루는 데 있지만, 작성된 데이터를 그래픽 효과를 더하여 시각적으로 더욱 부각되고 때로는 입체적인 효과를 줄 수도 있는 기능들이 있습니다. 스파크라인과 조건부 서식을 이용하면 데이터 셀 안에 숫자와 그래프가 함께 표시될 수 있고, 그림, 클립아트, 도형, SmartArt, WordArt 등을 삽입하여 더욱 화려한 문서로 바꿀 수 있습니다.

학습 목표

- 그림, 클립아트, 도형, SmartArt, 텍스트 상자, WordArt 등 그래픽 개체를 삽입할 수 있습니다.
- 다양한 그래픽 개체에 디자인과 레이아웃을 설정하고 스타일을 변경할 수 있습니다.
- 스파크라인을 지정하여 데이터 셀에 적합한 그래프를 숫자와 병행 표시할 수 있습니다.
- 조건부 서식을 지정하여 데이터 셀에 규칙 그래프, 데이터 막대, 색조, 아이콘 등을 병행 표시할 수 있습니다.

실습구성

준비학습
실습 8-1　WordArt, 클립아트, 텍스트상자를 활용한 안내문 작성하기
실습 8-2　SmartArt를 활용한 문서 작성하기
실습 8-3　스파크라인을 활용한 성적 추이 분석
실습 8-4　조건부 서식을 활용한 그래프 표시 성적표 작성
실력 점검 문제

준비학습

셀에 입력된 기본 데이터 자료만으로 작성된 엑셀 문서에 그림, 클립아트, 도형, SmartArt, WordArt 등을 삽입하여 시각적인 문서로 꾸밀 수 있습니다. 특히 [삽입] 탭의 [일러스트레이션] 그룹의 기능을 이용하면 도형과 색에 다양한 입체적인 효과를 더할 수 있습니다.

1. 그래픽 개체의 삽입 방법

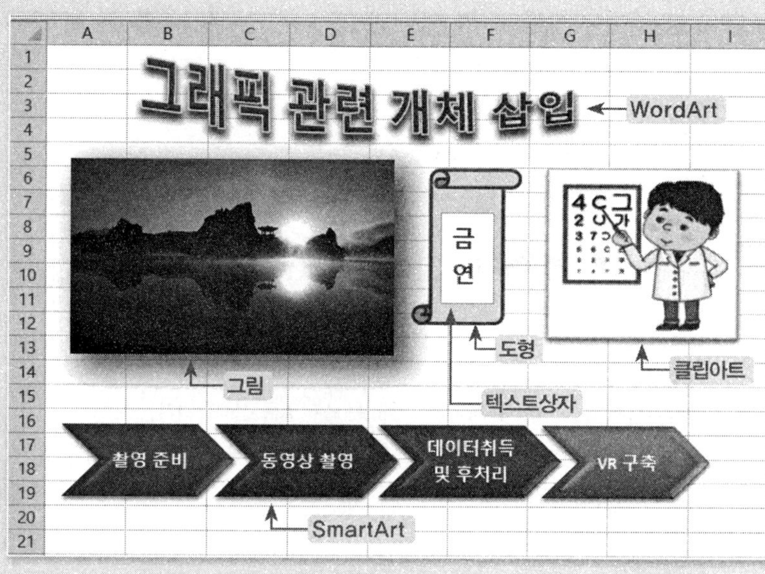

(1) 그림 삽입

- [삽입] 탭 → [일러스트레이션] 그룹 → [그림]을 클릭하여 [그림 삽입] 대화상자에서 별도로 준비된 그림 파일을 가져옵니다.

(2) 클립아트 삽입

- 클립아트란 컴퓨터에서 작성되는 문서나 도표 등에서 간단한 표식과 정보를 표현하기 위해 사용되는 작고 비교적 단순한 형태의 문양과 그림들의 꾸러미를 말합니다.
- [삽입] 탭 → [일러스트레이션] 그룹 → [클립아트]를 클릭하여 [클립아트] 창이 나타나면 원하는 클립아트를 검색하여 잠시 후 클립아트 저장 꾸러미에서 선택하면 됩니다.

(3) 도형 삽입

- [삽입] 탭 → [일러스트레이션] 그룹 → [도형] 목록을 클릭하여 원하는 도형을 선택한 후 워크시트 위에 마우스로 드래그 합니다.
- 엑셀에서 제공되는 도형의 종류에는 선, 사각형, 기본 도형, 블록 화살표, 수식 도형, 순서도, 별 및 현수막, 순서도 등이 있습니다.

(4) SmartArt 삽입

- SmartArt는 다양한 형태의 레이아웃이 준비되어 있어서 원하는 옵션을 선택하여 빠르고 쉽게 만들 수 있고, 데이터의 시각적 표현으로 메시지나 내용을 효과적으로 전달할 수 있습니다.

- 엑셀에서 제공되는 SmartArt의 유형에는 목록형, 프로세스형, 주기형, 계층 구조형, 관계형, 행렬형, 피라미드형 등이 있습니다.
- [삽입] 탭 → [일러스트레이션] 그룹 → [SmartArt]을 클릭하여 [SmartArt 그래픽 선택] 대화상자에서 원하는 스타일을 선택합니다.
- 선택된 SmartArt 그래픽에 텍스트나 이미지 등을 입력할 수 있으며, [SmartArt 도구/디자인], [SmartArt 도구/서식] 상황 탭에서 색, 스타일, 서식 등을 변경해서 완성해갑니다.

(5) 스크린 캡처 삽입

- 캡처하려는 창을 미리 스크린에 띄워 놓습니다.
- [삽입] 탭 → [일러스트레이션] 그룹 → [스크린 샷] 목록을 클릭합니다.
- 스크린 샷 목록에서 [사용할 수 있는 창]을 선택하면 컴퓨터 바탕화면에 띄워진 캡처화면 전체를 삽입합니다. 그리고 [화면 캡처]를 클릭하면 잠시 후 화면 전체가 흐릿하게 변화되고 그 상태에서 캡처하려는 부분에 마우스를 드래그하여 일부분을 캡처하여 삽입합니다.

(6) 텍스트 상자 삽입

- [삽입] 탭 → [텍스트] 그룹 → [가로/세로 텍스트 상자]를 클릭한 후 워크시트에 글씨를 입력하려는 범위만큼 텍스트 상자 크기를 드래그합니다.
- 그 다음 텍스트 상자 내부에 글씨를 입력하고 [홈] 탭의 글꼴 서식을 지정하여 완성합니다.

(7) WordArt 삽입

- [삽입] 탭 → [텍스트] 그룹 → [WordArt]를 클릭한 후 목록에서 원하는 스타일을 선택합니다.
- 워크시트에 WordArt 입력 틀이 표시되면 틀 안에 글씨를 입력한 후 [홈] 탭의 글꼴 크기를 지정하여 조정합니다.
- [그리기 도구/서식] 탭 → [WordArt 스타일] 그룹에서 텍스트 채우기, 텍스트 윤곽선, 텍스트 효과를 지정하여 선택된 스타일을 변경할 수 있습니다.

2. 그래픽 개체 관련 리본 메뉴

(1) [그리기 도구/서식] 탭의 구성

워크시트에 도형을 그리거나 텍스트 상자를 입력하면 다음과 같은 [그리기 도구] 상황 탭이 표시됩니다.

❶ [도형 삽입] 그룹 : 기본으로 제공되는 도형이나 선 등을 선택하여 삽입합니다. 도형 모양 변경, 점 편집, 연결선 바꾸기 등을 지정합니다. 그리고 가로 또는 세로 텍스트 상자를 그립니다.

❷ [도형 스타일] 그룹 : 도형이나 선 등에 빠른 스타일을 지정합니다. 도형에 단색, 그라데이션, 그림 또는 질감 등을 채웁니다. 도형 윤곽선의 색, 두께 및 선 스타일을 변경합니다. 도형에 그림자, 네온, 반사, 입체 효과 또는 3차원 회전 효과를 지정합니다.

❸ [WordArt 스타일] 그룹 : 텍스트에 빠른 WordArt 스타일을 지정합니다. 텍스트에 단색, 그라데이션, 그림 또는 질감을 채웁니다. 텍스트의 윤곽선 색, 두께 및 선 스타일을 변경합니다. 텍스트에 그림자, 네온, 반사, 입체 효과, 3차원 회전 효과를 지정합니다.

❹ [정렬] 그룹 : 선택한 개체를 맨 앞으로, 앞으로 가져오거나 맨 뒤로, 뒤로 등으로 보내어 개체가 겹치는 순서를 조정합니다. 개체의 순서

와 표시방법을 변경하기 위해 선택 창을 표시합니다. 선택한 개체를 왼쪽, 가운데, 오른쪽, 위쪽, 중간, 아래쪽 등에 일괄적으로 맞추기도 하고 가로/세로 간격을 동일하게 지정하기도 합니다. 여러 개의 개체를 하나의 그룹으로 지정하거나 해제합니다. 선택한 개체를 회전하거나 대칭시킵니다.

❺ [크기] 그룹 : 도형이나 그림의 높이, 너비 등을 지정합니다.

(2) [그림 도구/서식] 탭의 구성

워크시트에 그림이나 사진 파일을 삽입하면 다음과 같은 [그림 도구] 상황 탭이 표시됩니다.

❶ [조정] 그룹 : 그림 중에서 원하지 않는 부분을 자동으로 제거합니다. 그림의 밝기, 대비 및 선명도를 조정합니다. 품질을 향상시키거나 문서 내용에 맞추기 위해 그림 색을 변경합니다. 그림에 꾸밈효과를 추가하여 스케치한 효과를 줍니다. 그 밖에 그림 압축, 그림 바꾸기, 그림 원래대로 기능이 있습니다.

❷ [그림 스타일] 그룹 : 그림의 전체 표시 스타일을 선택합니다. 윤곽선의 색, 두께 및 선 스타일을 변경합니다. 그림자, 네온, 반사, 입체 효과 또는 3차원 회전 효과를 지정합니다. 그림을 쉽게 배열하고 캡션을 만들고 크기를 조정하기 위해 선택한 그림을 SmartArt 그래픽으로 변환합니다.

❸ [정렬] 그룹 : 선택한 개체를 앞으로 가져오거나 또는 뒤로 보내기하여 겹치는 개체의 순서를 조정합니다. 개체의 순서와 표시 방법을 변경하기 위해 선택 창을 표시합니다. 선택한 개체를 왼쪽, 가운데, 오른쪽, 위쪽, 중간, 아래쪽 등에 일괄적으로 맞추기도 하고 가로/세로 간격을 동일하게 지정하기도 합니다. 여러 개의 개체를 하나의 그룹으로 지정하거나 해제합니다. 선택한 개체를 회전하거나 대칭시킵니다.

❹ [크기] 그룹 : 그림을 잘라내어 불필요한 부분을 제거합니다. 선택한 개체의 높이와 너비를 지정합니다.

(3) [SmartArt/디자인] 탭의 구성

워크시트에 SmartArt 그래픽을 삽입하면 다음과 같은 [SmartArt 도구] 상황 탭이 표시됩니다.

❶ [그래픽 만들기] 그룹 : SmartArt 그래픽에 도형을 추가하거나, 글머리 기호를 추가하거나 텍스트 창을 표시거나 숨깁니다. 선택한 글머리 기호 또는 도형의 수준을 올리거나 내립니다. SmartArt 그래픽의 레이아웃의 좌/우를 서로 전환합니다. 선택영역을 위로 올리거나 아래로 내립니다.

❷ [레이아웃] 그룹 : SmartArt 그래픽을 다른 레이아웃으로 변경합니다.

❸ [SmartArt 스타일] 그룹 : SmartArt 그래픽에 적용한 색을 변경하거나 SmartArt 스타일을 변경합니다.

❹ [원래대로] 그룹 : SmartArt 그래픽에 변경한 서식을 모두 취소하거나 SmartArt 그래픽을 나머지 도형과는 별도로 이동, 크기 조정, 삭제가 가능한 도형으로 변환합니다.

3. 스파크라인

스파크라인은 별도의 차트를 만들지 않아도 한 셀 안에서 데이터의 흐름과 패턴을 한 눈에 파악할 수 있습니다. 특히 데이터의 추세를 시각화하기 때문에 간단하고 빠른 추세 분석에 도움이 됩니다.

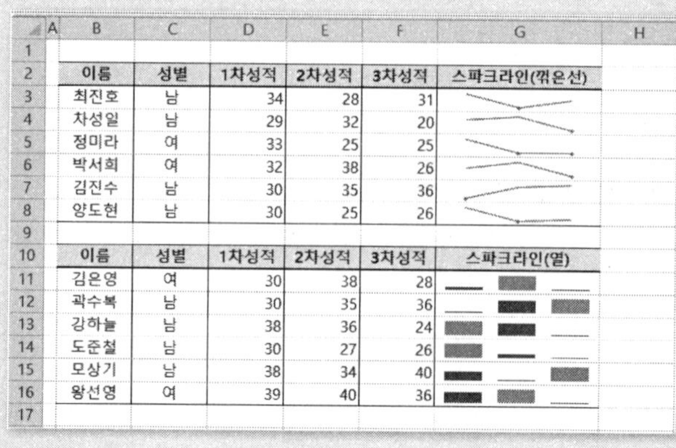

이름	성별	1차성적	2차성적	3차성적	스파크라인(꺾은선)
최진호	남	34	28	31	
차성일	남	29	32	20	
정미라	여	33	25	25	
박서희	여	32	38	26	
김진수	남	30	35	36	
양도현	남	30	25	26	

이름	성별	1차성적	2차성적	3차성적	스파크라인(열)
김은영	여	30	38	28	
곽수복	남	30	35	36	
강하늘	남	38	36	24	
도준철	남	30	27	26	
모상기	남	38	34	40	
왕선영	여	39	40	36	

(1) 스파크라인 설정 방법

- 스파크라인을 표시하려는 셀을 클릭하고 [삽입] 탭 → [스파크라인] 그룹에서 원하는 스파크라인 종류를 선택합니다. 종류에는 꺾은선, 열, 승패가 있습니다.
- [스파크라인 만들기] 대화상자가 나타나면 [데이터 범위]와 [위치 범위]를 입력합니다.
- 위치 범위에 하나의 스파크라인이 표시되면 표시된 셀부터 스파크라인 그룹의 마지막 셀까지 채우기 핸들을 드래그합니다. 그러면 그룹의 모든 데이터가 스파크라인으로 표시됩니다.

(2) [스파크라인 만들기] 대화상자

- 데이터 범위 : 스파크라인으로 표시될 데이터의 범위를 입력합니다.
- 위치 범위 : 스파크라인이 표시될 위치를 지정합니다.(절대참조로 표시됩니다.)

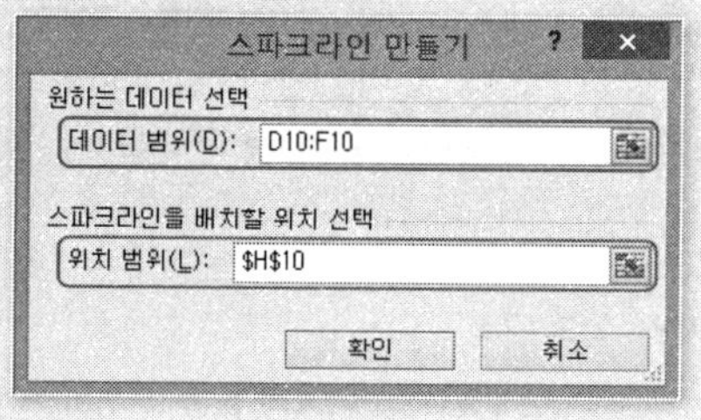

(3) [스파크라인 도구/디자인] 탭의 구성

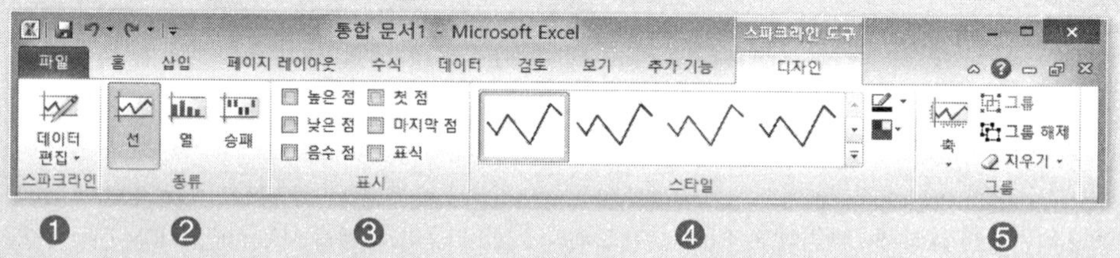

❶ [스파크라인] 그룹 : 스파크라인이 적용된 그룹의 위치 및 데이터 편집을 다시 설정합니다. 그룹 위치 및 데이터 편집, 단일 스파크라인의 데이터 편집, 숨겨진 셀/빈 셀, 행/열 전환 등의 메뉴가 있습니다.

❷ [종류] 그룹 : 선택한 그룹을 선 스파크라인, 열 스파크라인, 승패 스파크라인으로 변환합니다.

❸ [표시] 그룹 : 스파크라인에서 강조하고자 하는 데이터를 선택하여 표시합니다. 높은 점, 낮은 점, 음수 점, 첫 점, 마지막 점, 표식 등에서 선택합니다.

❹ [스타일] 그룹 : 선택한 스파크라인 그룹의 표시 스타일을 선택합니다. 스파크라인의 색을 지정합니다. 스파크라인 그룹에 있는 음수 점, 표식 및 기타 모든 점의 색을 변경합니다.

❺ [그룹] 그룹 : 스파크라인 그룹에서 각 스파크라인의 축의 배율 및 표시 유형을 변경합니다. 스파크라인을 그룹화하여 서식 및 배율 옵션을 공유할 수도 있고, 그룹화된 스파크라인을 개별화 시킬 수도 있습니다. 선택한 스파크라인을 제거할 수 있습니다.

4. 조건부 서식

조건에 따라 데이터의 서식을 바꾸어 표시하면 데이터를 이해하는데 시각적으로 도움이 됩니다. 즉, 조건에 맞는 셀만 다른 색, 색조, 데이터 막대, 아이콘을 사용하여 강조 표시할 수 있어서 특정 데이터를 구분하기에 편리합니다.

(1) 조건부 서식 지정 방법

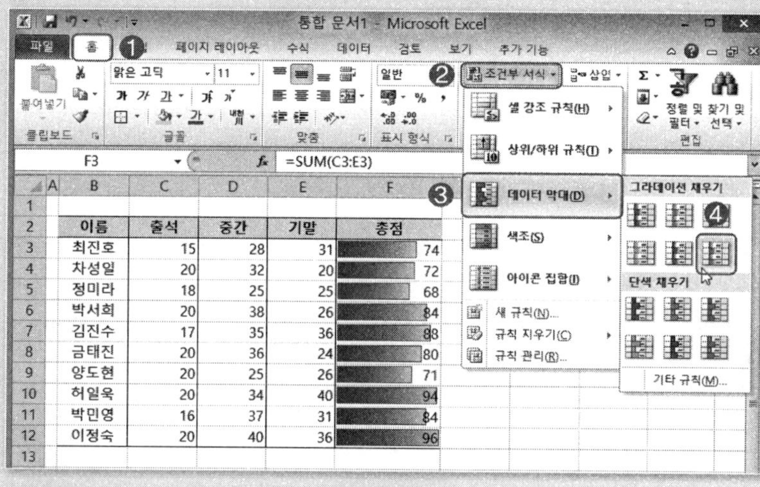

❶ 조건부 서식을 적용할 셀 범위를 선택합니다.

❷ [홈] 탭 → [스타일] 그룹 → [조건부 서식]을 클릭합니다.

❸ 조건부 서식의 규칙 유형 중 하나를 선택합니다.

❹ 선택된 규칙에서 셀 범위에 적용할 서식을 선택합니다.

(2) 조건부 서식의 규칙 유형

❶ 셀 강조 규칙 : 셀에 입력된 데이터가 특정 값과 크거나, 작거나, 같거나, 범위 사이에 있거나, 특정 텍스트를 포함하거나, 중복 값이 있을 경우 셀에 표시를 합니다.

❷ 상위/하위 규칙 : 상위 10개 항목, 상위 10%, 하위 10개 항목, 하위 10%, 평균 초과, 평균 미만인 데이터 셀에 표시합니다.

❸ 데이터 막대 : 입력된 데이터의 크기에 따라 막대의 길이로 셀을 채워줍니다. 그라데이션이나 단색으로 채울 수 있습니다.

❹ 색조 : 셀 값을 다른 셀 값과 비교하여 2색이나 3색의 그라데이션으로 표시할 수 있습니다.

- 2색조는 최소값과 최대값에 다른 색이 사용되고 그 중간의 값들은 두 색이 섞인 정도를 다르게 표시합니다.
- 3색조는 최소값, 중간값, 최대값에 다른 색이 사용되고 각각의 중간의 값들은 두 색이 섞인 정도를 다르게 표시합니다.

❺ 아이콘 집합 : 셀 값에 조건 범위를 정하고 해당 조건에 따라 3~5개의 범위를 나타내는 아이콘을 셀에 표시합니다.

❶ 셀 강조 규칙

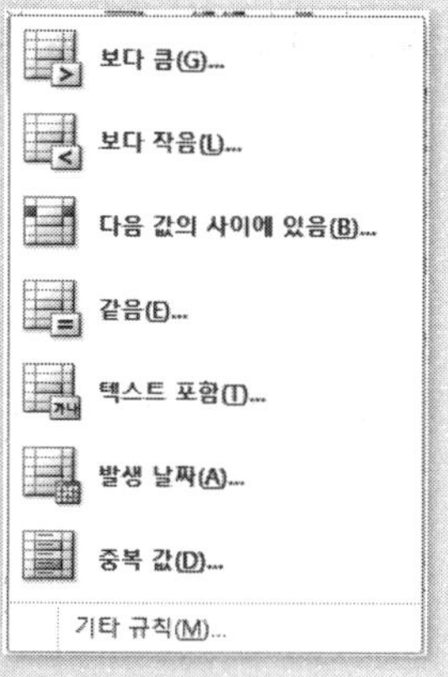

❷ 상위/하위 규칙

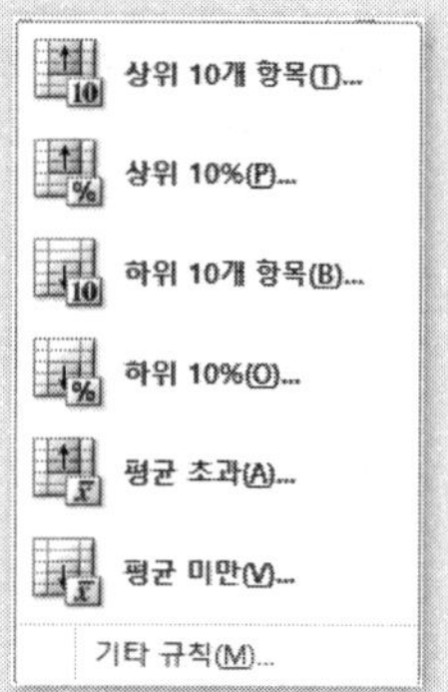

❸ 데이터 막대

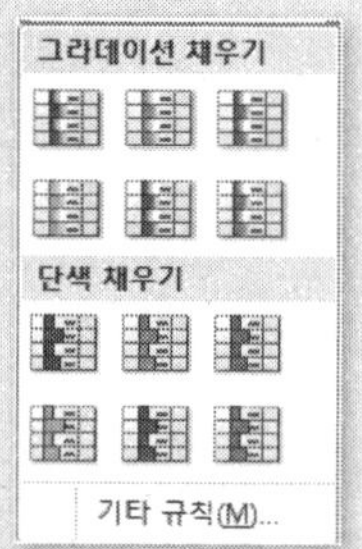

❹ 색조

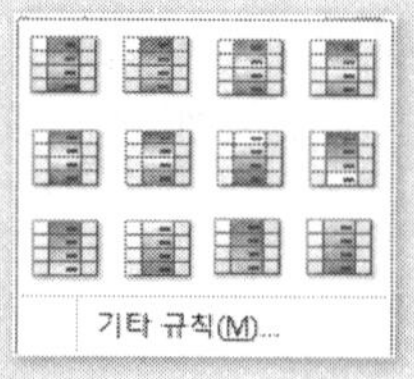

❺ 아이콘집합

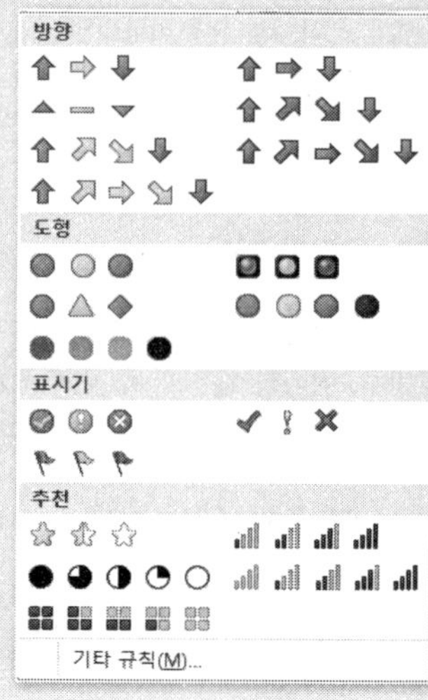

(3) 조건부 서식 지우기

- 지정된 셀 범위의 서식 지우기 : 조건부 서식이 지정된 셀 범위를 선택한 후 [홈] 탭 → [스타일] 그룹 → [조건부 서식] → [규칙 지우기] → [선택한 셀의 규칙 지우기]를 클릭합니다.
- 시트 전체 모든 조건부 서식 지우기 : 셀 범위나 표를 선택한 후 [홈] 탭 → [스타일] 그룹 → [조건부 서식] → [규칙 지우기] → [시트 전체에서 규칙 지우기]를 클릭합니다.

(4) 새 규칙 만들기

- 새 규칙을 적용할 셀 범위를 선택합니다.
- [홈] 탭 → [스타일] 그룹 → [조건부 서식] → [새 규칙]을 선택합니다.
- [새 서식 규칙] 대화상자에서 규칙유형을 선택합니다.
- 원하는 규칙을 설정하고 [확인]을 클릭합니다.

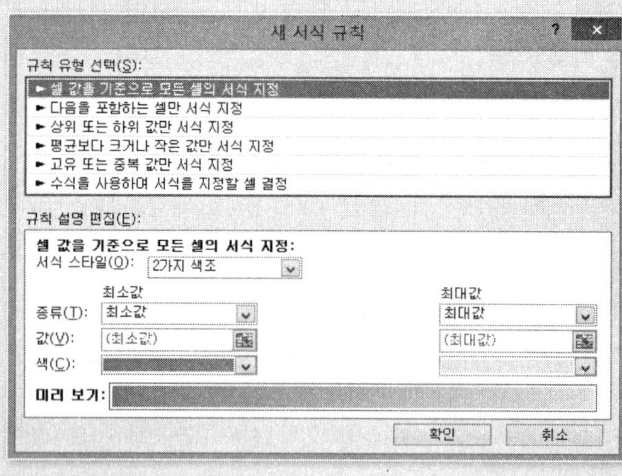

(5) 규칙 관리 편집

조건부 서식이 지정된 셀은 임의로 지정된 조건으로 편집하여 수정하고 확인할 수 있습니다.

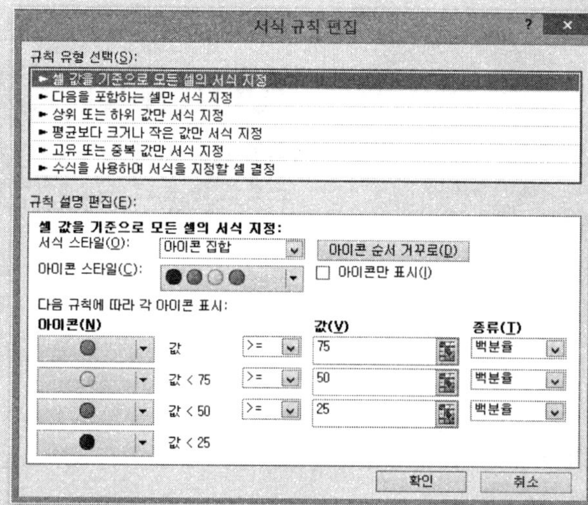

- 규칙 관리를 편집하려면 셀 범위를 선택한 후 [홈] 탭 → [스타일] 그룹 → [조건부 서식] → [규칙 관리]를 클릭합니다.
- [조건부 서식 규칙 관리자] 대화상자에서 [규칙 편집]을 클릭합니다.
- [서식 규칙 편집] 대화상자에서 규칙 유형을 선택한 후 [규칙 설명 편집]에 값을 입력한 다음 [확인]을 클릭합니다.

(6) [조건부 서식 규칙 관리자] 대화상자의 구성

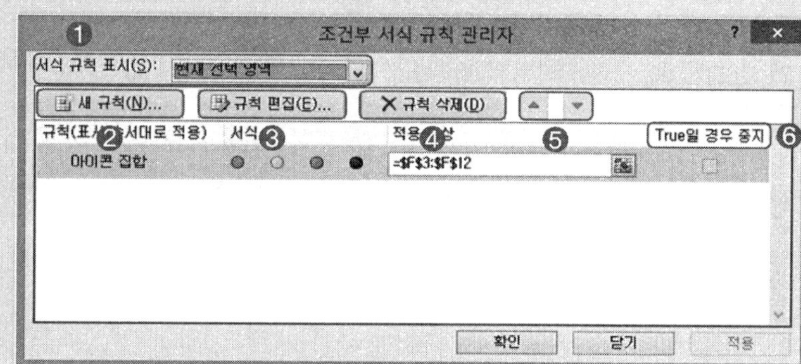

❶ 서식 규칙 표시 : 현재 선택 영역, 현재 워크시트, 현재 표, 또는 다른 워크시트 중에서 선택합니다. 해당 영역에 있는 조건부 서식 규칙만 표시합니다.

❷ 새 규칙 : 새 규칙을 작성해 추가합니다.

❸ 규칙 편집 : 기존 규칙을 편집합니다.

❹ 규칙 삭제 : 기존 규칙을 삭제합니다.

❺ 우선순위 화살표 : 화살표를 클릭하여 규칙 사이에 우선순위를 지정합니다. 셀 범위에 하나 이상의 조건부 서식이 적용되는 경우 어느 규칙을 우선적으로 적용할지를 지정합니다.

❻ True일 경우 중지 : 여러 개의 규칙이 같은 셀 범위에 적용될 경우, [True일 경우 중지] 확인란이 선택된 규칙보다 우선순위가 낮은 규칙은 적용되지 않습니다.

실습

8-1 WordArt, 클립아트, 텍스트상자를 활용한 안내문 작성하기

준비 파일 '8장_독감 예방접종 안내문.xlsx'을 열고 그래픽 효과가 추가된 문서를 오른쪽 그림과 같이 완성하시오.

단, 안내문 제목은 워드아트로 작성하고, 2개의 클립아트를 삽입하여 효과를 주며, 문서 아래쪽의 추가접종 안내문은 텍스트상자를 삽입하고 효과를 지정하시오. 서식 지정은 다음과 같습니다.

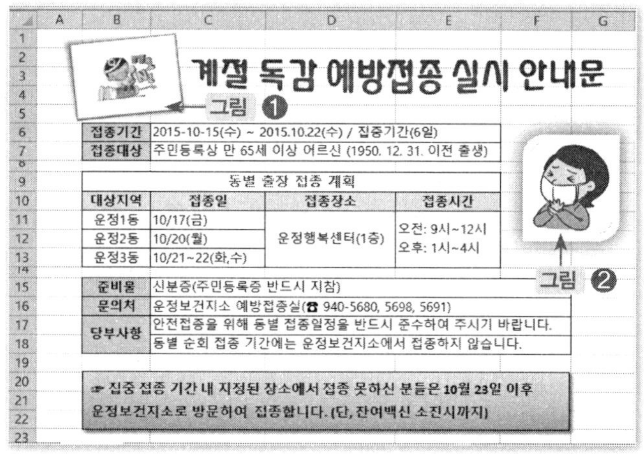

[조건]

- 제목 : '계절 독감 예방접종 실시 안내문'
  - 글꼴(HY동녘M), 글꼴 크기(24)
  - 워드아트 스타일 : (그라데이션 채우기-주황, 강조 6, 안쪽 그림자)
  - 텍스트 효과 : [변환] → [휘기] → [아래쪽]
- 클립아트 그림스타일 : 그림① (회전, 흰색), 그림② (둥근 대각선 모서리, 흰색)
  - 이미지 크기 : 그림① 높이(1.8cm), 너비(2.7cm), 그림② 높이(2.8cm), 너비(2.5cm)
- 추가 접종 안내문 : '☞ 집중 접종 기간 내 지정된 장소에서 접종 못하신 분들은 10월 23일 이후 운정보건지소로 방문하여 접종합니다. (단, 잔여백신 소진시까지)'
  - 가로 텍스트 상자 [B20]에 삽입 : 높이(1.8cm), 너비(14.8cm)
  - 글꼴 크기(12), 글꼴(굵게)
  - 도형스타일 : (미세효과-빨강, 강조 2)
  - 도형 효과 : [그림자] → [바깥쪽] → [오프셋 대각선 오른쪽 아래]

01. WordArt를 삽입하기 위해 [삽입] 탭 → [텍스트] 그룹 → [WordArt]를 클릭한 후 목록에서 [그라데이션 채우기-주황, 강조 6, 안쪽 그림자]를 선택합니다.

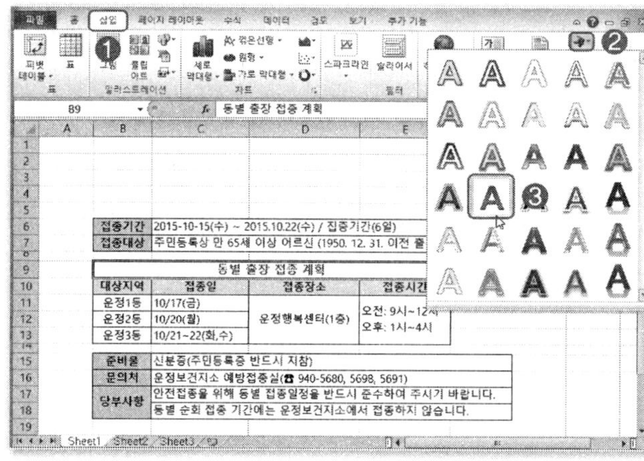

02. WordArt가 삽입되면 WordArt 텍스트 '계절 독감 예방접종 실시 안내문'을 입력합니다. 입력된 WordArt를 선택한 후 글꼴 서식을 지정하기 위해 [홈] 탭 → [글꼴] 그룹에서 글꼴(HY동녘M)과 글꼴 크기(24)를 선택합니다.

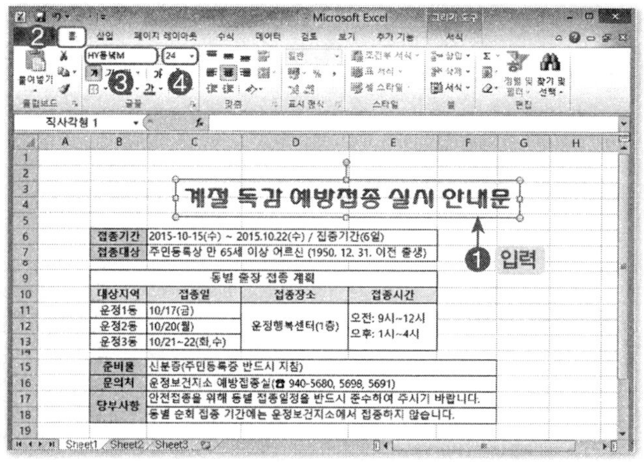

03. WordArt에 텍스트 효과를 지정하기 위해 [그리기 도구/서식] 탭 → [WordArt 스타일] 그룹 → [텍스트 효과]를 클릭합니다. 효과 목록에서 [변환] → [휘기] → [아래쪽 팽창]을 선택합니다.

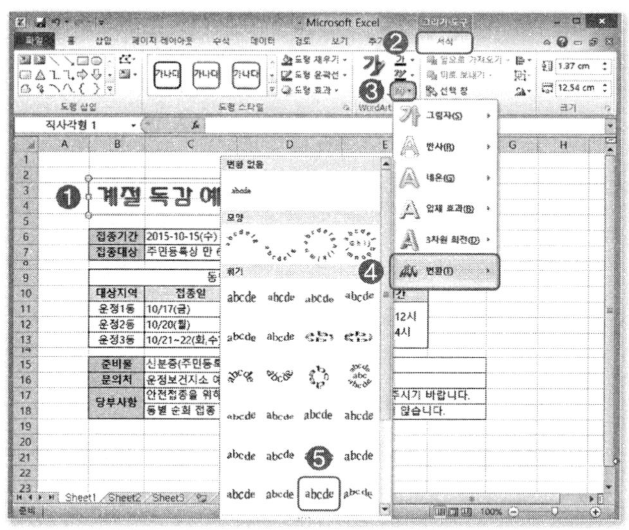

04. 클립아트를 삽입하기 위해 [B2]셀을 선택한 후 [삽입] 탭 → [일러스트레이션] 그룹 → [클립아트]를 클릭합니다. [클립아트] 작업 창이 나타나면 검색 대상(예방접종)을 입력한 후 [Bing 콘텐츠 포함]을 선택한 상태에서 [이동] 단추를 클릭합니다.

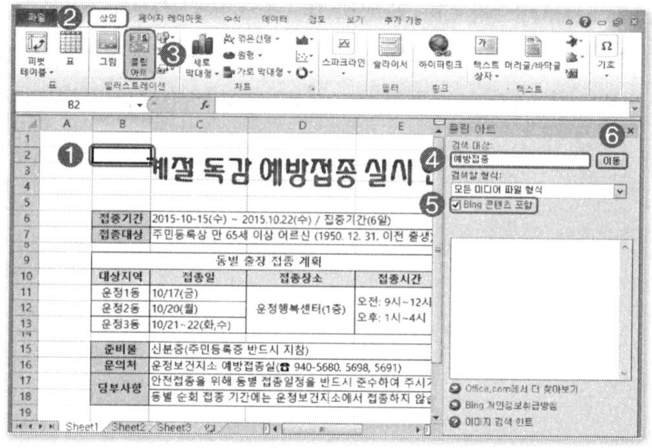

05. 잠시 후에 클립아트가 검색되어 나타나면 삽입할 클립아트를 선택합니다.

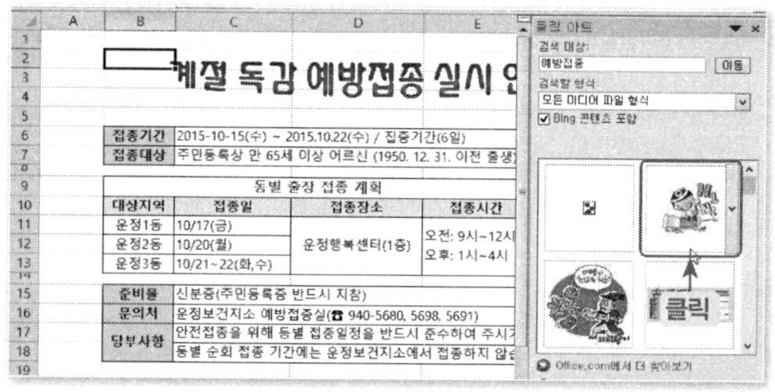

06. 클립아트가 삽입되면 클립아트의 크기를 조정하기 위해 클립아트가 선택된 상태에서 [그림 도구/서식] 탭 → [크기] 그룹에서 추가옵션 단추( )를 클릭합니다.

07. [그림 서식] 대화상자가 나타나면 [크기] → [배율]에서 [가로 세로 비율 고정]을 선택 해제한 후 높이(1.8cm)와 너비(2.7cm)를 입력한 다음 [닫기] 단추를 클릭합니다.

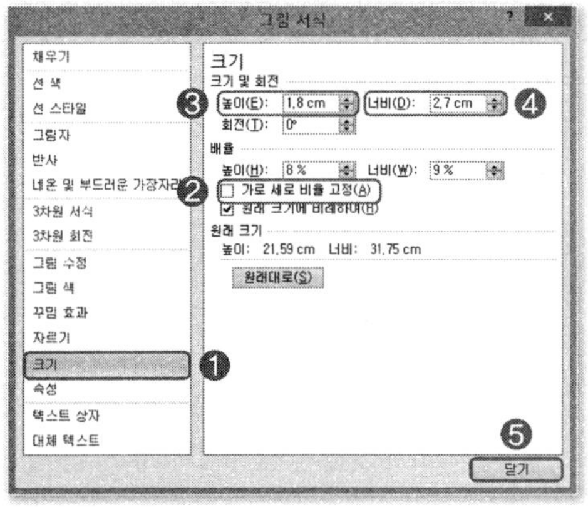

08. 클립아트에 그림 스타일을 지정하기 위해 [그림 도구/서식] 탭 → [그림 스타일] 그룹에서 '자세히' 단추(▾)를 클릭한 후 스타일 목록에서 (회전, 흰색)을 선택합니다.

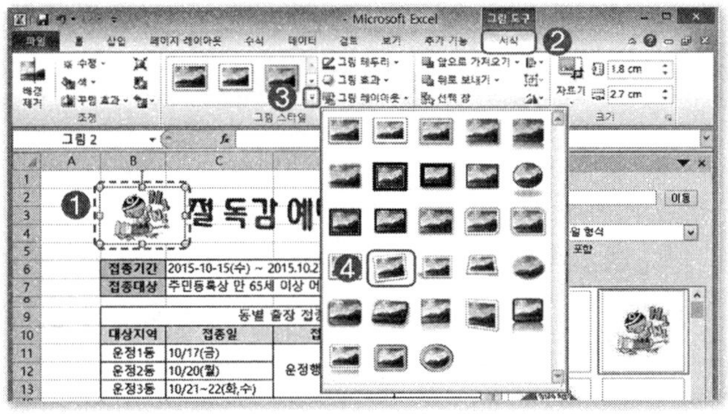

09. 같은 방법으로 두 번째의 클립아트도 예방접종을 검색하여 삽입하고 오른쪽 그림과 같이 표시합니다. 서식 지정은 다음과 같습니다.

- 크기 : 높이(1.8cm), 너비(2.7cm)
- 그림 스타일 : (둥근 대각선 모서리, 흰색)

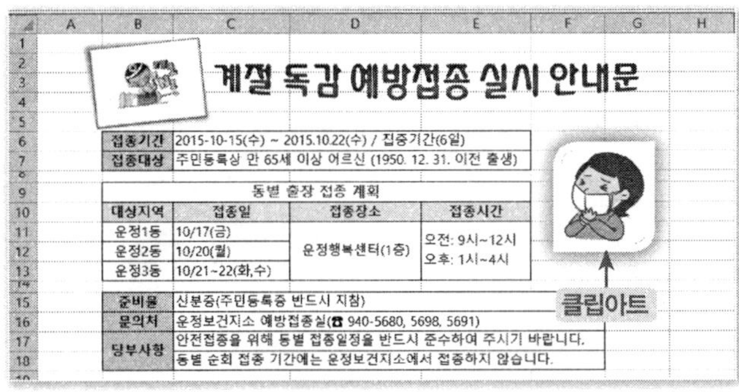

10. 추가접종 안내문이 표시된 텍스트상자를 삽입하기 위해 [삽입] 탭 → [텍스트] 그룹 → [텍스트 상자] → [가로 텍스트 상자]를 클릭합니다.

[B20]셀부터 드래그해서 텍스트 상자를 그리고 사각형 내부를 클릭한 후 텍스트를 입력합니다.

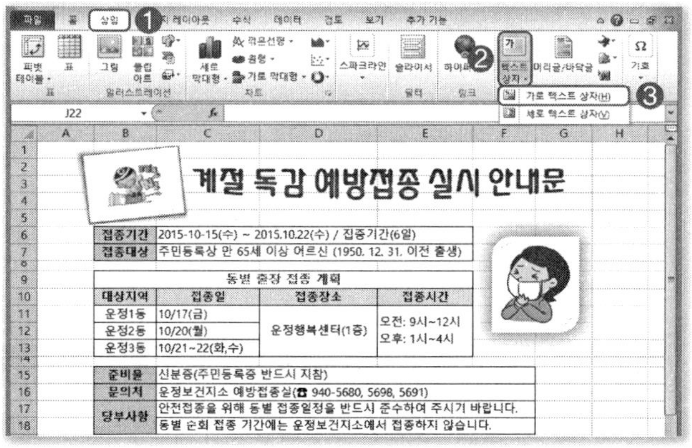

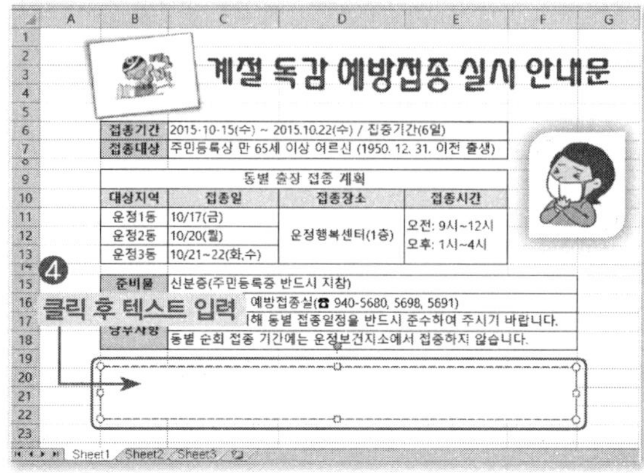

11. 텍스트 상자 안에 맨 처음 표시되는 '손가락 모양'(☞)의 특수 기호를 삽입하기 위해 [삽입] 탭 → [기호] 그룹 → [기호]를 클릭한 후 [기호] 대화상자가 나타나면(글꼴: 바탕, 하위 집합: 기타기호) 손가락 모양을 선택하고 [삽입] → [닫기] 단추를 클릭합니다.

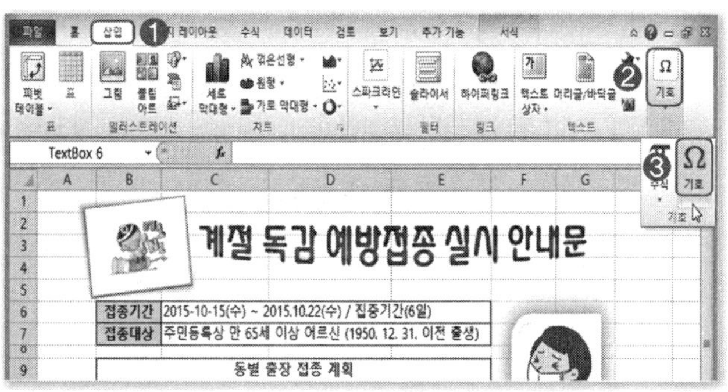

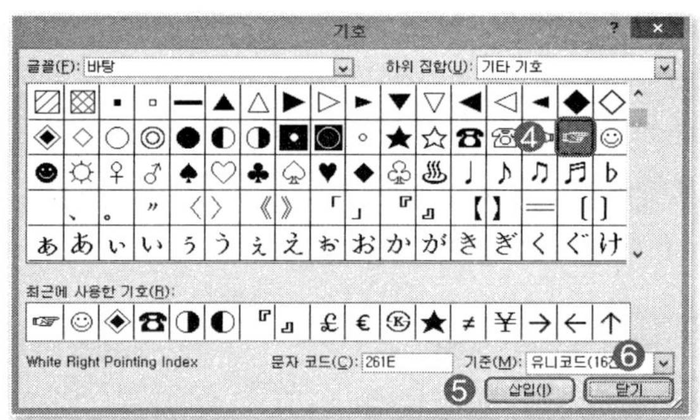

12. 계속해서 텍스트 상자에 추가접종 안내문을 위한 텍스트를 입력하고 완성합니다.

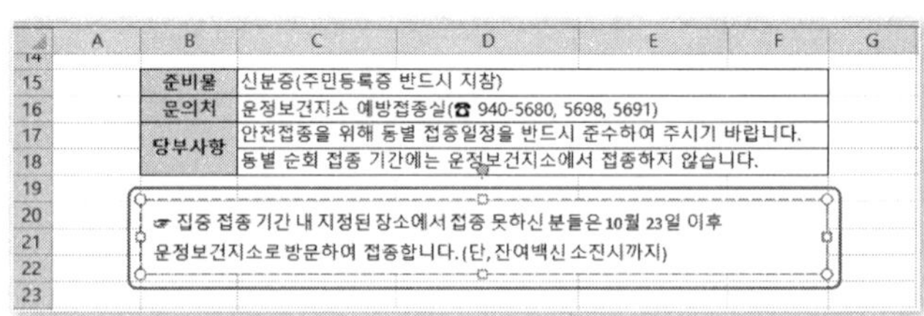

13. 텍스트 상자의 크기를 조정하기 위해 텍스트 상자를 선택한 후 [그리기 도구/서식] 탭 → [크기] 그룹에서 높이(1.8cm)와 너비(14.8cm)를 입력합니다.

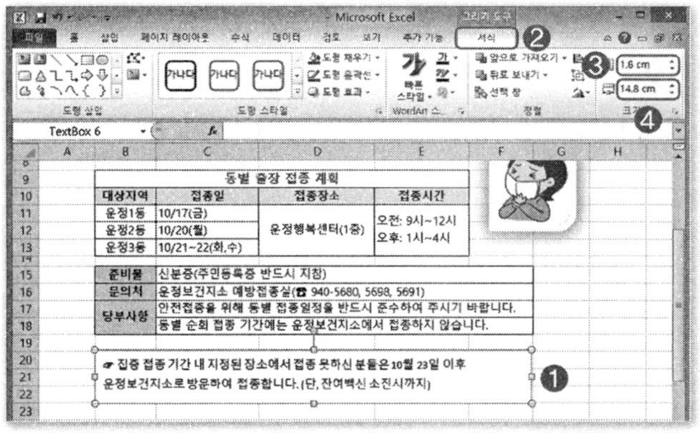

14. 텍스트 상자에 도형 스타일을 지정하기 위해 텍스트 상자를 선택한 후 [그리기 도구/서식] 탭 → [도형 스타일] 그룹에서 '자세히' 단추(▾)를 클릭한 후 목록에서 (미세효과–검정, 어둡게1)를 선택합니다.

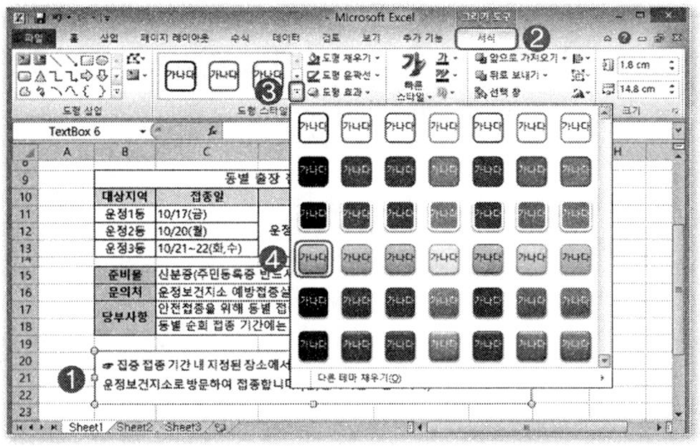

15. 텍스트 상자에 도형 효과를 주기 위해 텍스트 상자를 선택한 후 [그리기 도구/서식] 탭 → [도형 스타일] 그룹 → [도형 효과]를 클릭한 후 목록에서 [그림자] → [바깥쪽] → [오프셋 대각선 오른쪽 아래]를 선택합니다.

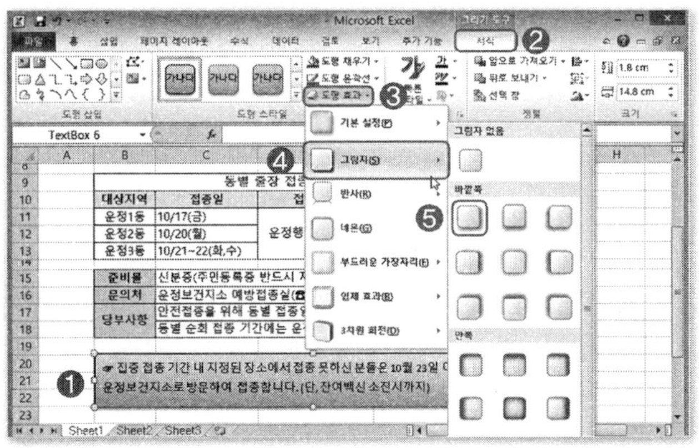

16. 텍스트 상자의 글꼴 서식 지정을 위해 텍스트 상자를 선택하고 [홈] 탭 → [글꼴] 그룹에서 글꼴 크기(12)와 굵기(굵게)를 지정합니다.

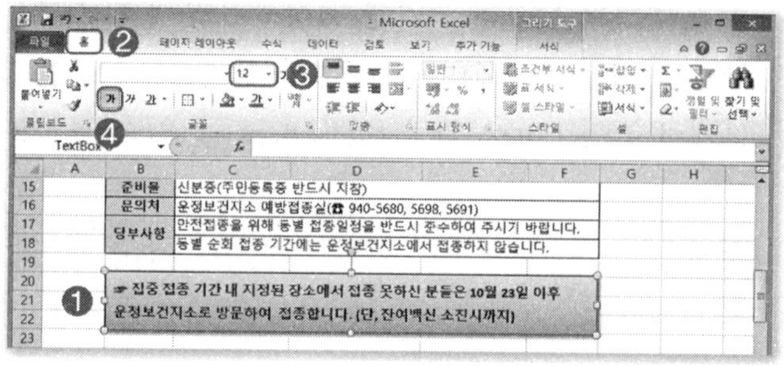

17. 오른쪽 그림과 같이 완성된 문서를 [저장] 단추를 눌러 저장하고, [파일] 탭 → [끝내기]를 클릭하거나 또는 화면 오른쪽 상단에 [닫기] 단추를 클릭하여 작업을 종료합니다.

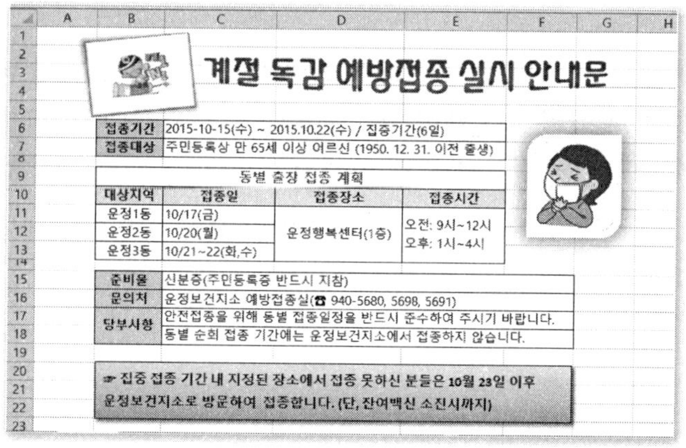

실습

I n t r o d u c t i o n t o E x c e l

8-2 SmartArt를 활용한 문서 작성하기

오른쪽 그림(위)과 같은 준비 파일 '8장_지식재산권의 종류.xlsx'을 열기 한 후 SmartArt와 WordArt를 활용하여 오른쪽(아래) 문서를 작성하시오.

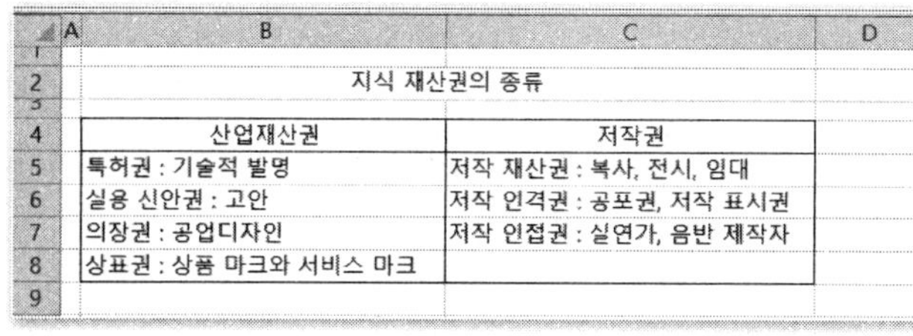

[조건]

- 제목 : WordArt 삽입
  - 글꼴(크기) : MD개성체(36)
  - WordArt 스타일 : (채우기-흰색, 그라데이션 윤곽선, 강조1)
  - 도형 스타일 : (미세효과-바다색, 강조5)
  - 도형 효과 : [그림자] → [바깥쪽] → (오프셋 대각선 오른쪽 아래)
- 내용 : SmartArt 삽입
  - SmartArt 그래픽 유형 : [목록형] → (세로 상자 목록형)
  - 색 변경 : 색상형 범위-강조색 4 또는 5
  - SmartArt 스타일 : 3차원(경사)
  - 머리글 서식 : 크기(16), 굵기(굵게)
  - 목록글 서식 : 크기(12), 굵기(굵게), 글꼴 색(표준색 → 진한 파랑)

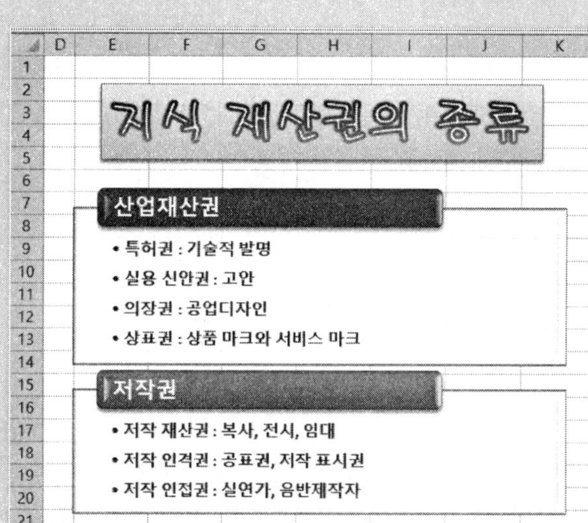

01. 워크시트에 SmartArt를 삽입하기 위해 [삽입] 탭 → [일러스트레이션] 그룹 → [SmartArt 그래픽 삽입]을 클릭합니다.

[SmartArt 그래픽 선택] 대화상자가 나타나면 [목록형] → [세로 상자 목록형]을 선택한 후 [확인] 단추를 클릭합니다.

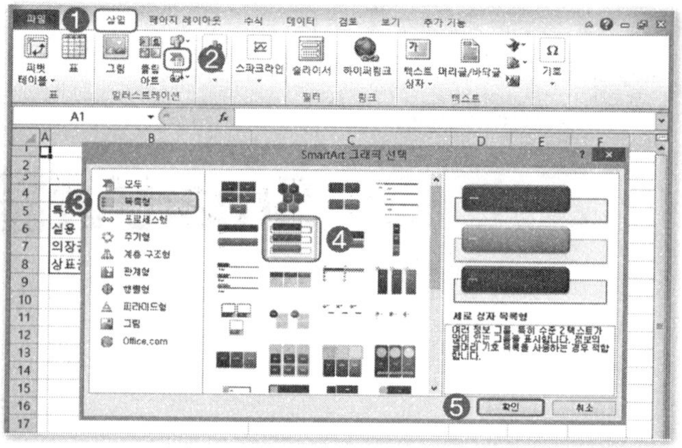

02. 그러면 워크시트에 세로 상자 목록형이 나타나는데, 왼쪽에 보이기/숨기기가 가능한 텍스트 입력창과 오른쪽 에 그래픽 모양 틀이 보이며 그 안에 텍스트를 입력할 수도 있습니다.

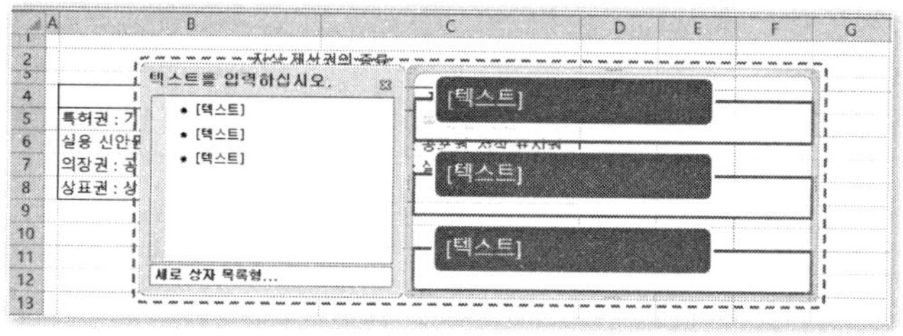

03. 오른쪽 그림과 같이 왼쪽의 텍스트 입력창에 모든 내용을 일렬로 입력합니다. 그러면 입력된 내용이 오른쪽 그래픽 창에 삽입되어 표시됩니다.

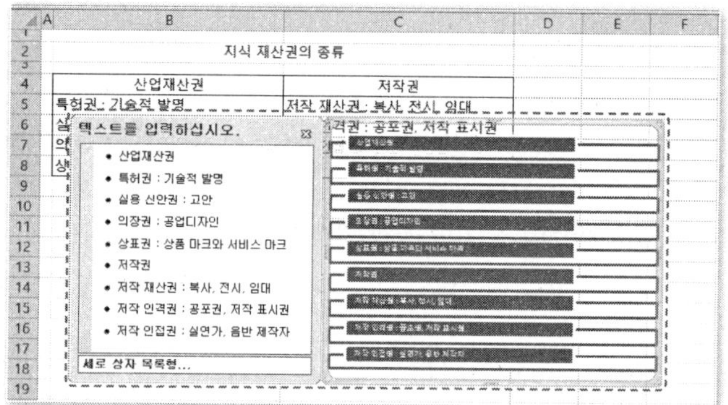

04. 내용 중에서 머리글과 목록의 구분에 따른 목록 부분을 한 수준 내리기 위해 오른쪽 그래픽 창에서 머리글을 제외한 목록 도형을 Ctrl 키를 이용하여 모두 선택한 후 [SmartArt 도구/디자인] 탭 → [그래픽 만들기] 그룹 → [수준 내리기]를 클릭합니다.

목록들의 한 수준이 내려져 머리글과 목록이 확실하게 구분이 되어 표시되면 텍스트 입력상자의 닫기(☒) 단추를 클릭하여 텍스트 입력상자를 숨깁니다.

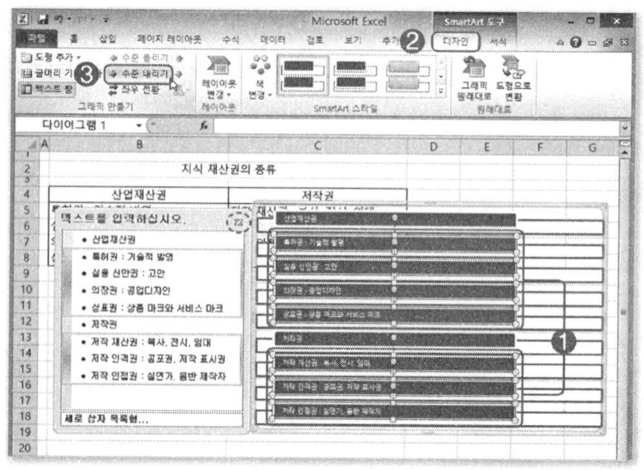

05. SmartArt 그래픽의 크기를 지정하기 위해 SmartArt 그래픽을 선택한 상태에서 [SmartArt 도구/서식] 탭 → [크기] 그룹에서 높이(8.6cm)와 너비(12.6cm)를 지정합니다.

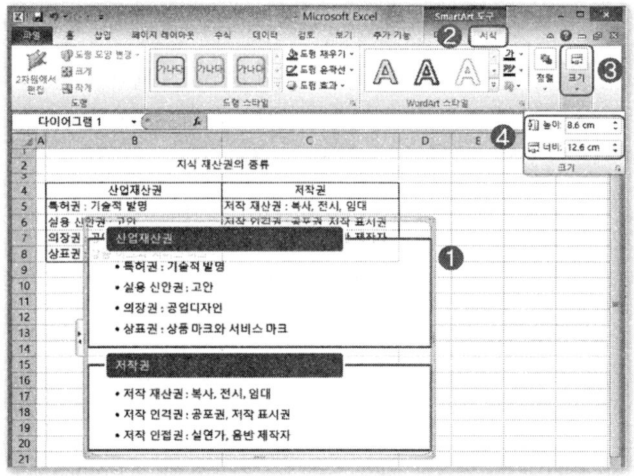

06. SmartArt 그래픽에 적용한 색을 변경하기 위해 [SmartArt 도구/디자인] 탭 → [SmartArt 스타일] 그룹 → [색 변경]을 클릭하고 목록에서 [색상형] → [색상형 범위-강조색 4 또는 5]를 선택합니다.

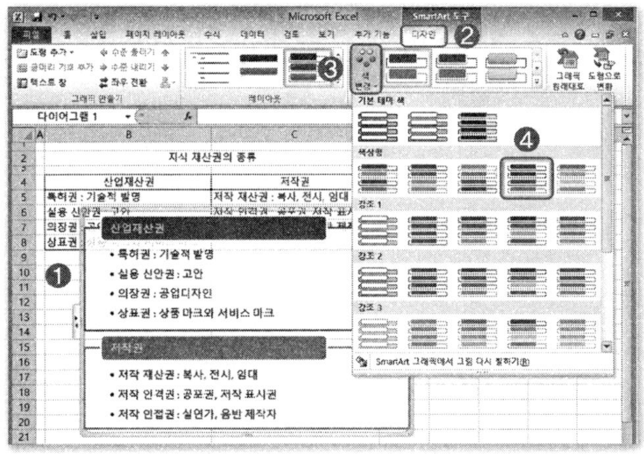

07. SmartArt 스타일을 지정하기 위해 [SmartArt 도구/디자인] 탭 → [SmartArt 스타일] 그룹에서 '자세히' 단추를 클릭하고 목록에서 [3차원] → [경사]를 선택합니다.

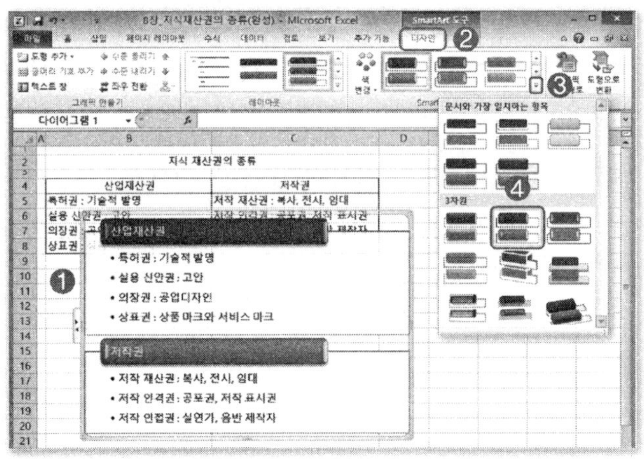

08. 머리글에 글꼴 서식을 지정하기 위해 머리글이 입력된 도형을 Ctrl 키를 이용하여 선택하고 [홈] 탭 → [글꼴] 그룹에서 글꼴 크기(16)와 글꼴 굵기(굵게)를 지정합니다.

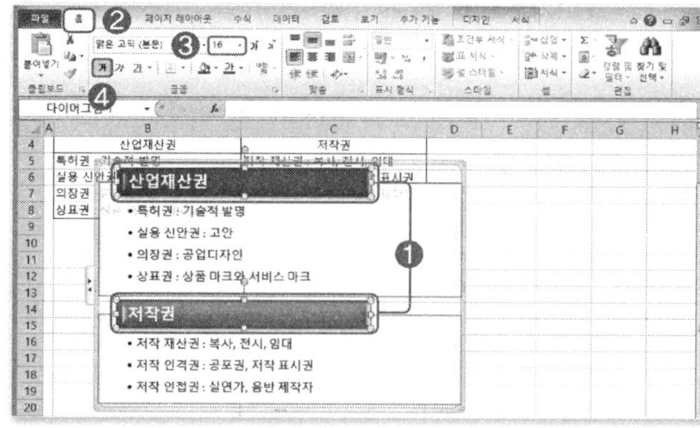

09. 목록들의 글꼴 서식을 지정하기 위해 목록이 입력된 도형을 모두 선택하고 [홈] 탭 → [글꼴] 그룹에서 글꼴 크기(12), 글꼴 굵기(굵게), 글꼴 색(표준색 → 진한 파랑)을 지정합니다.

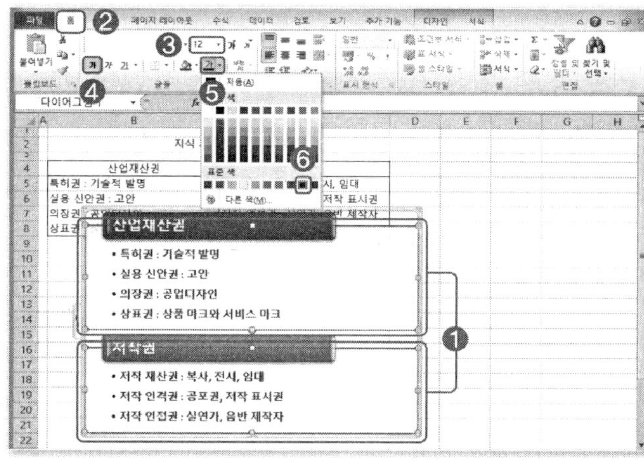

10. 이번에는 WordArt를 삽입하기 위해 [삽입] 탭 → [텍스트] 그룹 → [WordArt]를 클릭합니다. WordArt 스타일 목록에서 (채우기-흰색, 그라데이션 윤곽선-강조1)을 선택합니다.

그러면 워크시트에 '필요한 내용을 적으십시오' 텍스트 입력 틀이 나타나는데, 이것을 지우고 '지식 재산권의 종류'를 입력합니다.

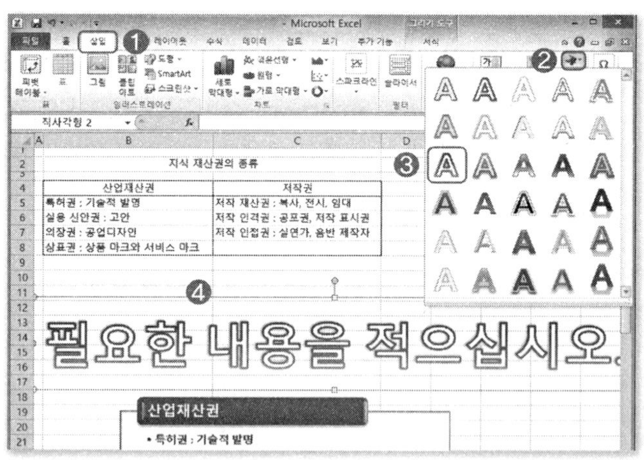

11. WordArt(지식 재산권의 종류)에 글꼴 서식을 지정하기 위해 WordArt가 선택한 상태에서 [홈] 탭 → [글꼴] 그룹에서 글꼴(MD 개성체), 글꼴 크기(36)을 지정합니다.

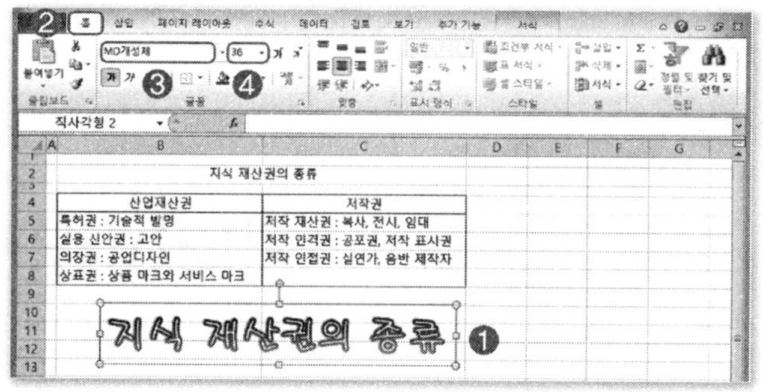

12. WordArt(지식 재산권의 종류)에 도형 스타일을 지정하기 위해 [그리기 도구/서식] 탭 → [도형 스타일] 그룹의 '자세히' 단추를 클릭한 후 도형 스타일 목록에서 (미세효과–바다색, 강조5)를 선택합니다.

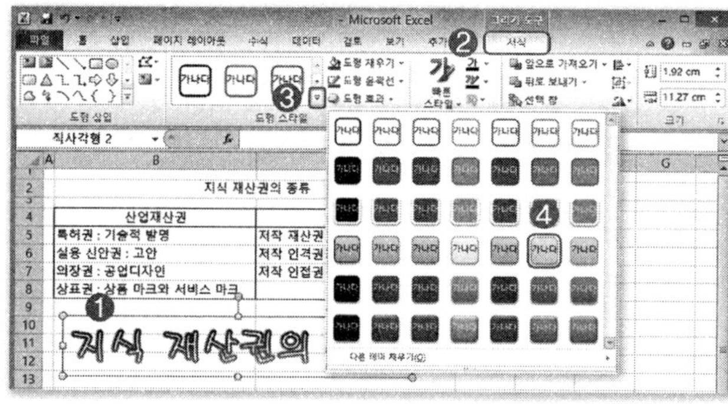

13. WordArt(지식 재산권의 종류)에 도형 효과를 주기 위해 [그리기 도구/서식] 탭 → [도형 스타일] 그룹 → [도형 효과]를 클릭한 후 목록에서 [그림자] → [바깥쪽] → [오프셋 대각선 오른쪽 아래]를 선택합니다.

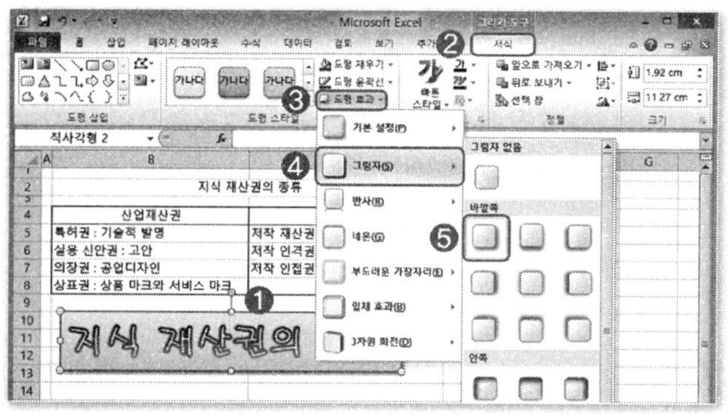

14. SmartArt 그래픽과 WordArt 효과가 완성되면 같은 시트의 다른 위치나 또는 다른 시트에 이동하여 적당하게 배치시킵니다.

오른쪽 그림과 같이 완성된 문서를 [저장] 단추를 눌러 저장하고, [파일] 탭 → [끝내기]를 클릭하거나 또는 화면 오른쪽 상단에 [닫기] 단추를 클릭하여 작업을 종료합니다.

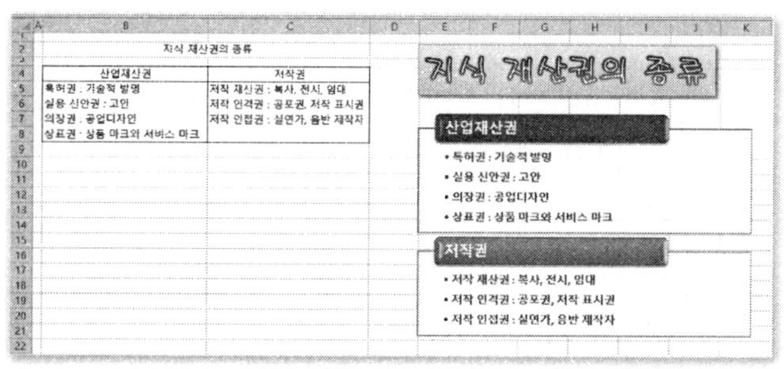

8-3 스파크라인을 활용한 성적 추이 분석

준비 파일 '8장_모의고사 성적 추이분석.xlsx'을 열고 꺾은선 스파크라인과 열 스파크라인을 삽입하여 오른쪽 그림과 같이 문서를 완성하시오.

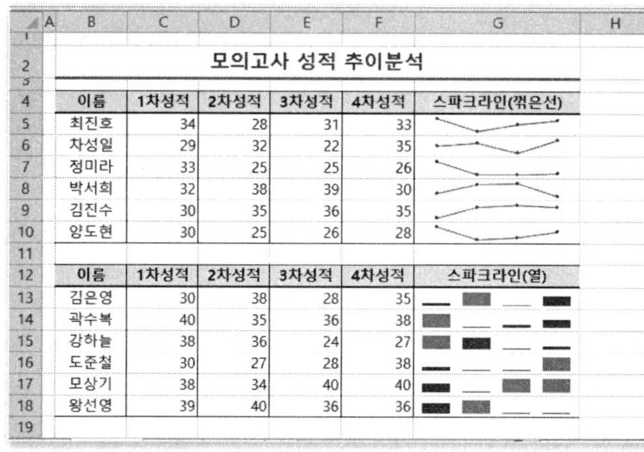

01. 스파크라인 [꺾은선형]을 삽입하기 위해 [G5]셀을 클릭하고 [삽입] 탭 → [스파크라인] 그룹 → [꺾은선형]을 클릭합니다.

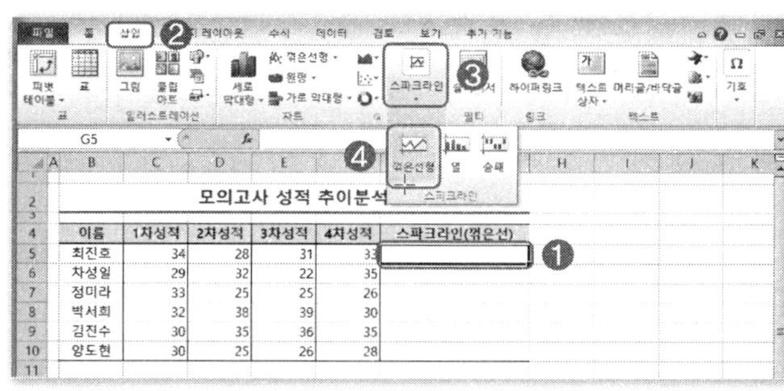

02. [스파크라인 만들기] 대화상자의 [데이터 범위]에 커서를 두고 [C5:F5]셀 범위를 드래그하여 지정합니다. [위치 범위]에는 '$G$5'셀로 자동 지정되어 있는데 스파크라인 시작할 때 [G5]셀을 클릭하고 시작하였기 때문입니다. 데이터 범위와 위치 범위 값이 입력이 되면 [확인]을 클릭합니다.

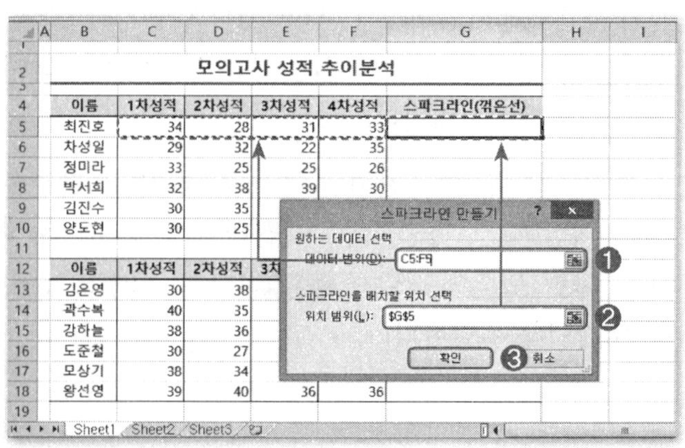

03. [G5]셀에 스파크라인이 그려지면 채우기 핸들을 [G10]셀까지 드래그하여 모든 스파크라인을 표시합니다.

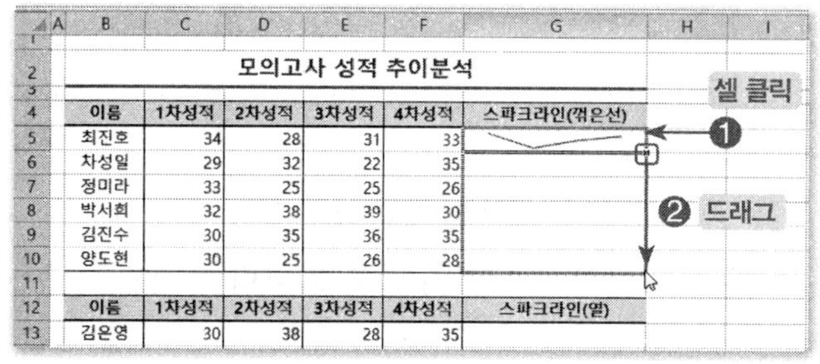

04. 지정한 범주에 스파크라인이 채워지면 [스파크라인 도구/디자인] 탭 → [표시] 그룹 → [표식]을 선택하여 각 데이터 값마다 표식이 보이도록 합니다.

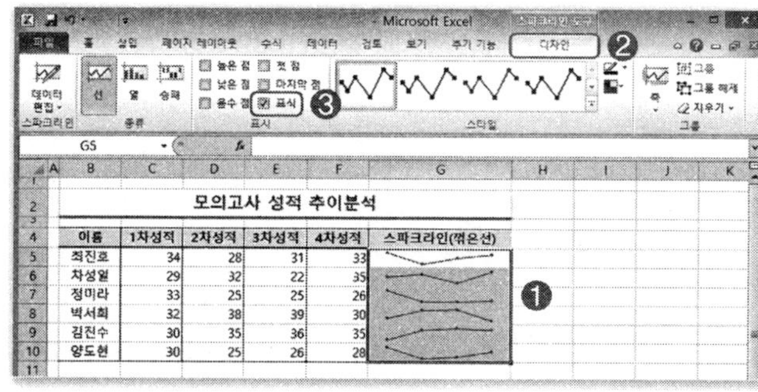

05. 스파크라인 색을 변경하기 위해 [G5]셀을 선택한 후 [스파크라인 도구/디자인] 탭 → [스타일] 그룹 → [스파크라인 색] → [표준색-빨강]을 선택합니다.

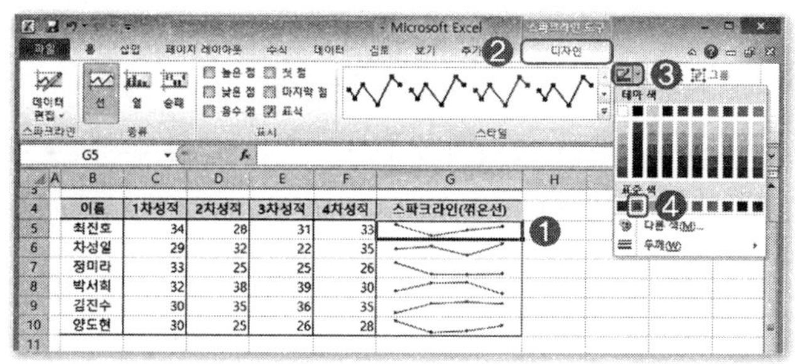

06. 이번에는 [열]타입의 스파크라인을 삽입하기 위해 [G13]셀을 클릭하고 [삽입] 탭 → [스파크라인] 그룹 → [열]을 클릭합니다.

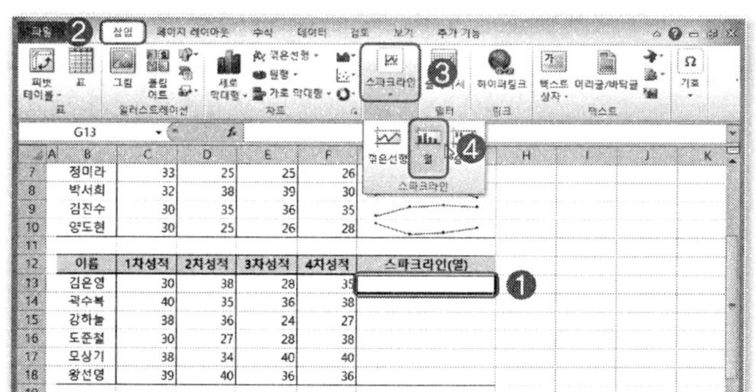

07. [스파크라인 만들기] 대화상자의 [데이터 범위]에 스파크라인으로 표시될 데이터의 범위 [C13:F13] 셀을 입력합니다. [위치 범위]에는 처음 시작할 때 셀을 클릭하였기 때문에 '$G$13'셀로 자동 지정되어 있음을 확인한 후 [확인] 단추를 클릭합니다.

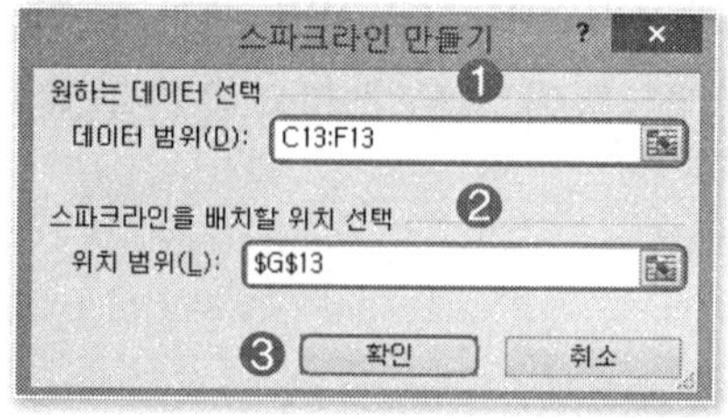

08. [G13]셀에 스파크라인이 그려지면 채우기 핸들을 [G10]셀까지 드래그하여 모든 스파크라인을 표시합니다.

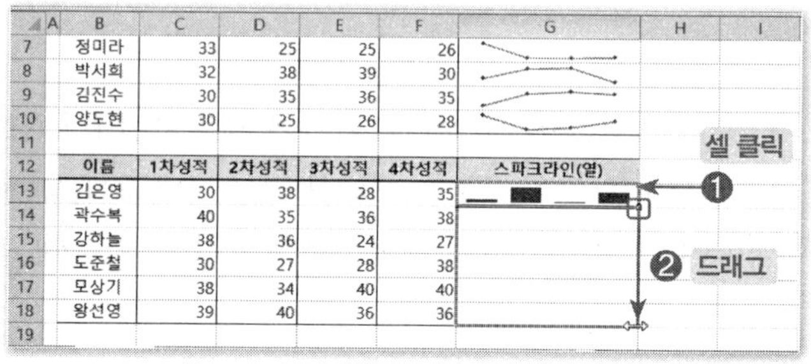

09. 스파크라인이 채워지면 [스파크라인 도구/디자인] 탭 → [표시] 그룹 → [높은 점]을 선택하여 비교 값 중 높은 값을 다른 색으로 구분합니다.

높은 점의 색을 다시 변경하기 위해 [G13]셀을 선택한 후 [스파크라인 도구/디자인] 탭 → [스타일] 그룹 → [표식 색]을 클릭하고 [높은 점] → [표준색 → 녹색]을 선택합니다.

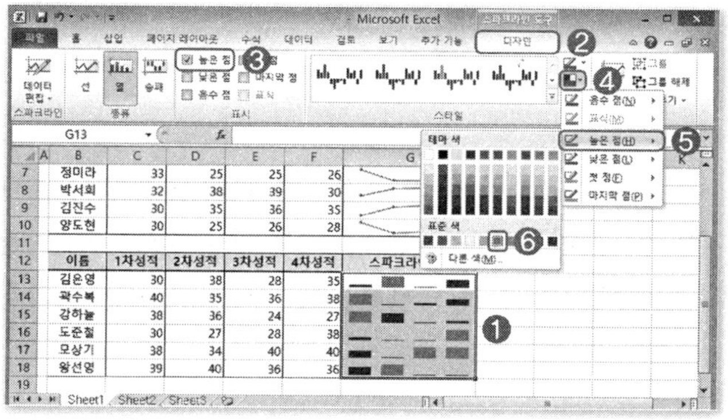

10. 완성된 문서를 [저장] 단추를 눌러 저장하고, [파일] 탭 → [끝내기]를 클릭하거나 또는 화면 오른쪽 상단에 [닫기] 단추를 클릭하여 작업을 종료합니다.

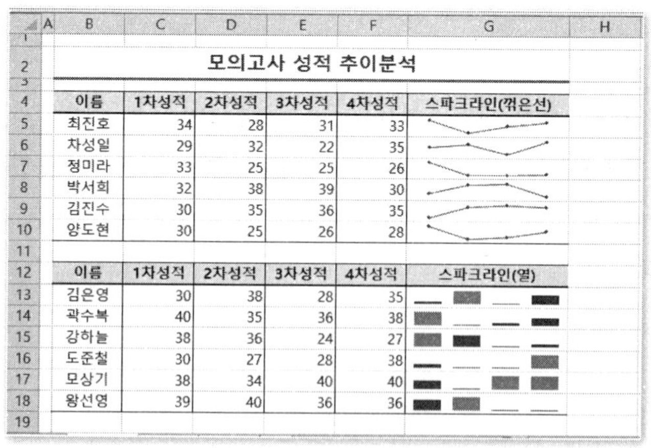

참고

표시된 스파크라인을 모두 지우려면 스파크라인 그룹을 선택한 후 [스파크라인 도구/디자인] 탭 → [그룹] 그룹 → [지우기] → [선택한 스파크라인 그룹 지우기]를 클릭합니다.

실습

I n t r o d u c t i o n   t o   E x c e l

8-4 조건부 서식을 활용한 그래프 표시 성적표 작성

준비 파일 '8장_2015-2학기 컴활 성적표.xlsx'을 열고 중간, 기말, 총점에 조건부 서식을 지정하여 오른쪽 그림과 같이 각각의 셀에 그래프가 표시된 문서를 완성하시오.

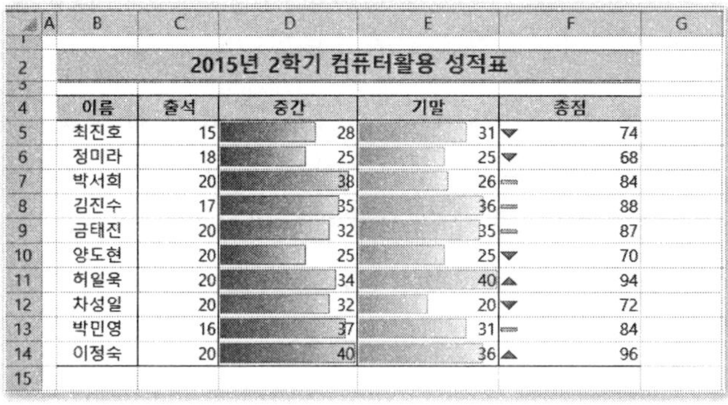

01. 중간 성적 셀에 데이터 막대를 사용하기 위해 [D5:D14]셀 범위를 선택한 후 [홈] 탭 → [스타일] 그룹 → [조건부 서식]을 클릭한 다음 목록에서 [데이터 막대] → [그라데이션 채우기] → [파랑 데이터 막대]를 클릭합니다.

데이터 막대는 데이터 값의 크기에 비례하여 셀을 채워서 막대로 표시합니다.

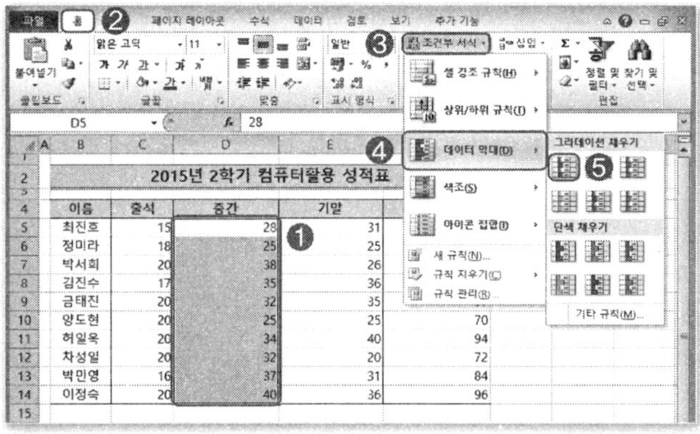

02. 기말 성적 셀에 데이터 막대를 사용하기 위해 [E5:E14]셀 범위를 선택한 후 [홈] 탭 → [스타일] 그룹 → [조건부 서식]을 클릭한 다음 목록에서 [데이터 막대] → [그라데이션 채우기] → [주황 데이터 막대]를 클릭합니다.

참고 조건부 서식의 조건 변경

조건부 서식에서 데이터 막대, 색조, 아이콘 집합에는 기본적인 조건이 미리 지정되어 있습니다. 조건부 서식을 지정된 조건에서 선택하여 사용할 수 있지만, 때로는 임의대로 지정된 조건을 편집하여 원하는 사항을 손쉽게 변경할 수 있습니다.

다음은 총점에 정해진 조건부 서식을 지정하고 그것의 조건을 변경하기 위하여 편집하는 과정이 이어집니다.

03. 총점 셀에 아이콘 집합을 사용하기 위해 [F5:F14]셀 범위를 선택한 후 [홈] 탭 → [스타일] 그룹 → [조건부 서식]을 클릭한 다음 [아이콘 집합] → [방향] → [삼각형 3개]를 클릭합니다.

삼각형 3개 아이콘은 데이터 값이 상위 범위에 해당하면 녹색 삼각형, 중간 범위에 해당하면 노랑 아이콘, 하위 범위에 해당하면 빨강 역삼각형으로 표시됩니다.

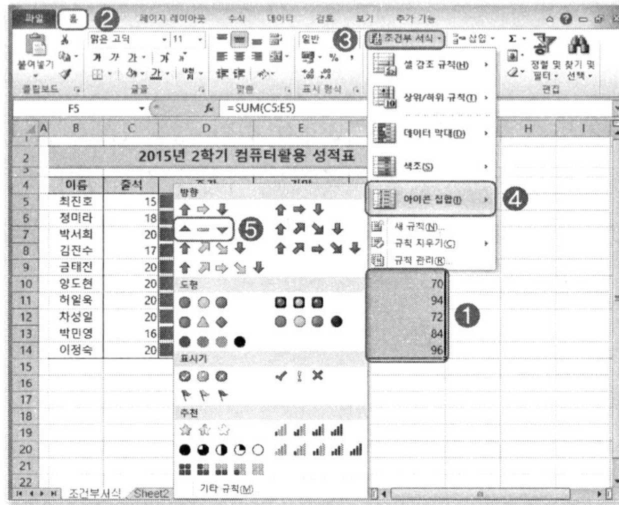

04. 오른쪽 그림에서 총점의 아이콘 모양은 1차적 조건부 서식을 지정한 결과입니다.

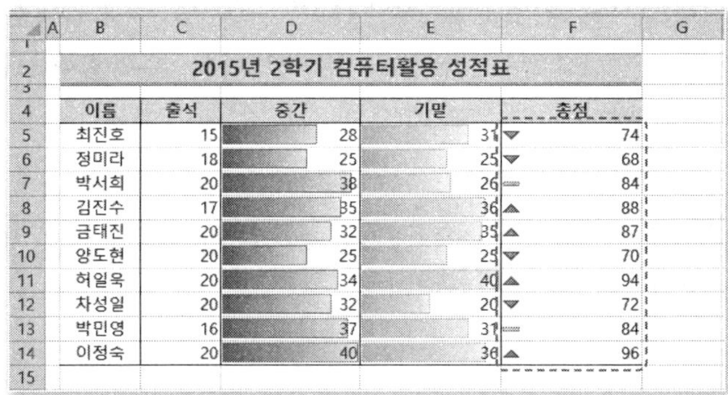

2015년 2학기 컴퓨터활용 성적표

이름	출석	중간	기말	총점
최진호	15	28	31	74
정미라	18	25	25	68
박서희	20	38	26	84
김진수	17	35	36	88
금태진	20	32	35	87
양도현	20	25	25	70
허일욱	20	34	40	94
차성일	20	32	20	72
박민영	16	37	31	84
이정숙	20	40	36	96

05. 총점의 조건부 서식을 편집하기 위해 [F5:F14] 셀 범위를 선택한 후 [홈] 탭 → [스타일] 그룹 → [조건부 서식] → [규칙관리]를 클릭합니다.

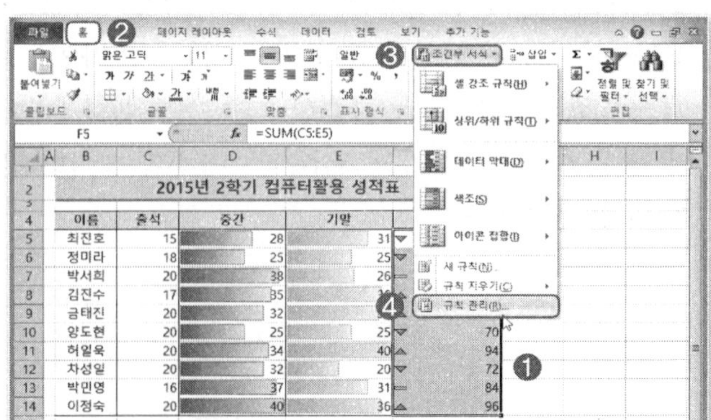

06. [조건부 서식 규칙 관리자] 대화상자가 나타나면 [규칙 편집] 단추를 클릭합니다.

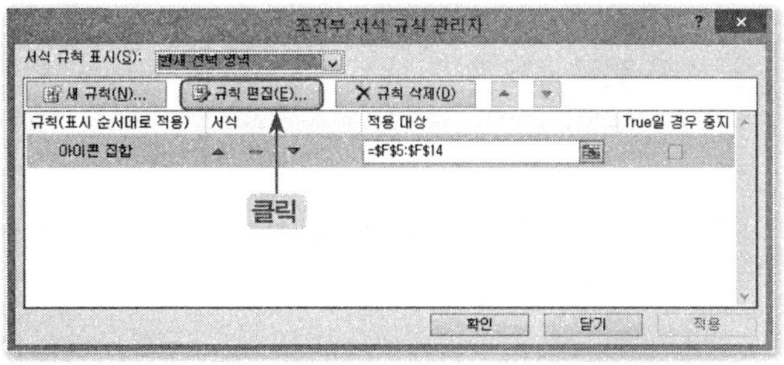

07. [서식 규칙 편집] 대화상자가 나타나면 오른쪽 그림과 같이 종류를 선택한 후 변경할 값을 각각 '90'과 '80'으로 수정 입력한 다음 [확인] 단추를 클릭합니다.

조건부 서식의 수정된 내용은 상위 범위(90 이상), 중간 범위(80이상 ~ 90미만), 하위 범위(80 미만)입니다.

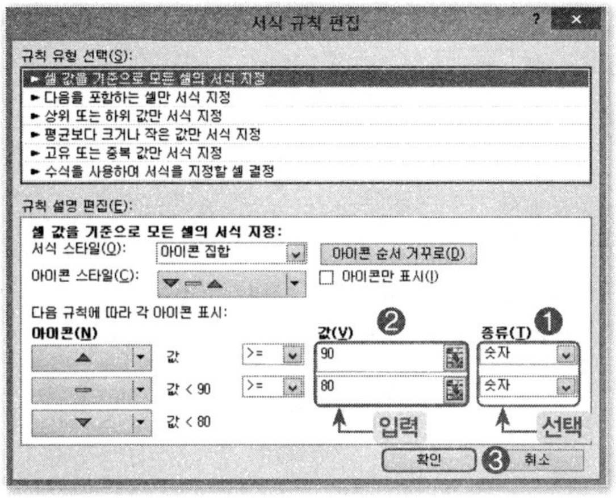

08. [조건부 서식 규칙 관리자] 대화상자가 다시 나타나면 [확인] 단추를 눌러 [조건부 서식 규칙 관리자] 대화상자를 닫습니다.

09. 총점의 조건부 서식이 수정 변경된 2차 결과는 오른쪽 그림과 같습니다.

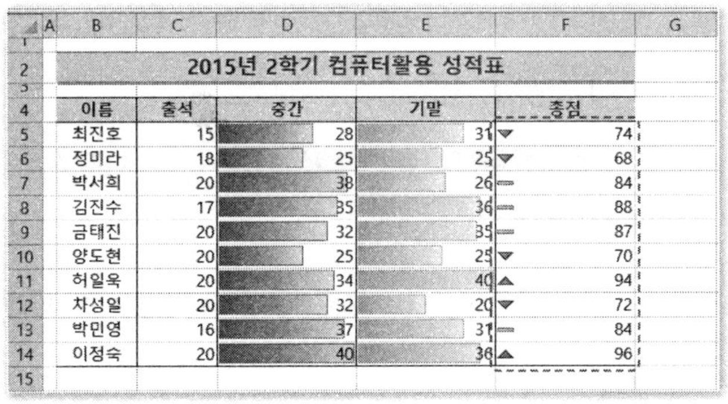

실력 점검 문제

[문제 8-1] 준비파일('실력점검_8-1-준비.xlsx')을 열기한 후 아래 조건에 따라 SmartArt 그래픽을 이용한 조직도를 작성하시오.

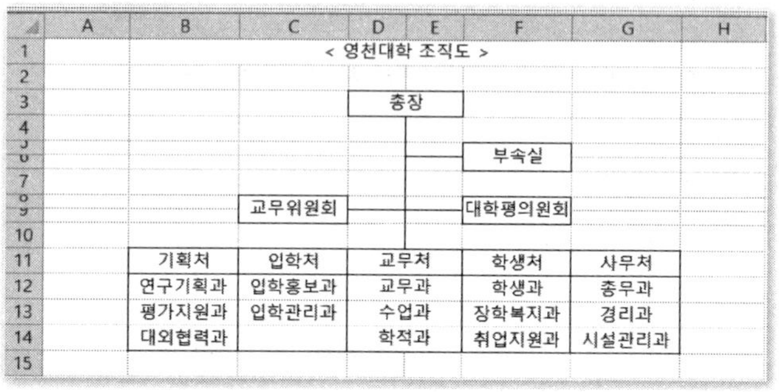

〈준비 파일〉

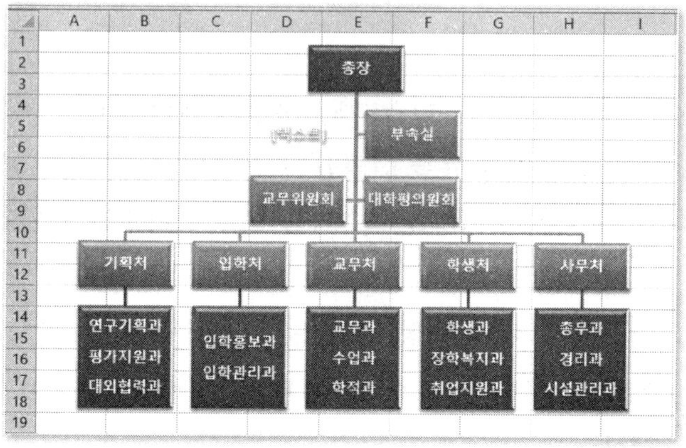

〈완성 문서〉

[작성 조건]

1. SmartArt 그래픽 유형 : 계층구조형(조직도형)
2. [SmartArt 도구/디자인] 탭 → [그래픽 만들기]를 이용한 도형 삽입 :

❶ 행 작성 : [총장] 입력

❷ 행 작성 :

- **첫 번째 도형에 텍스트 입력하지 않고 선택 → (뒤에 도형 추가) → [부속실] 입력 → [부속실] 도형 선택 → (뒤에 도형 추가)**

❸ 행 작성 :

- **[교무위원회] 입력 → [교무위원회] 도형 선택 → (뒤에 도형 추가) → [대학평의원회] 입력**

❹ 행 작성 :

- **첫 번째 도형에 [기획처] 입력**
- **두 번째 도형에 [입학처] 입력**
- **세 번째 도형에 [교무처] 입력 → [교무처] 도형 선택 → (뒤에 도형 추가)**
- **네 번째 도형에 [학생처] 입력 → [학생처] 도형 선택 → (뒤에 도형 추가)**
- **다섯 번째 도형에 [사무처] 입력**

⑤ 행 작성 :

- **5행의 첫 번째 도형 삽입 : [기획처] 도형 선택 → (아래에 도형 추가) → [기획처] 도형과 추가된 도형을 함께 선택 → (조직도 레이아웃 → 표준) 지정**
- **5행 첫 번째 도형에 텍스트 입력 : (연구기획과, 평가지원과, 대외협력과)**
- **같은 방법으로 5행의 두 번째 도형부터 ~ 다섯 번째 도형까지 작성**
- **5행 두 번째 도형 텍스트 : (입학홍보과, 입학관리과)**
- **5행 세 번째 도형 텍스트 : (교무과, 수업과, 학적과)**
- **5행 네 번째 도형 텍스트 : (학생과, 장학복지과, 취업지원과)**
- **5행 다섯 번째 도형 텍스트 : (총무과, 경리과, 시설관리과)**
- **5행의 5개의 도형의 높이를 같게 조정**

3. [SmartArt 도구/디자인] 탭 → [SmartArt 스타일] 지정

- **색 변경 : (색상형 범위 → 강조색 5 또는 6)**
- **SmartArt 스타일 : 3차원(광택처리)**

4. 2행의 첫 번째 빈칸 도형 숨기기 :

- **첫 번째 빈칸 도형을 선택 → [SmartArt 도구/서식] → [도형 스타일] → [도형 채우기] → [채우기 없음]**
- **첫 번째 빈칸 도형과 연결된 가지 선 클릭 → [SmartArt 도구/서식] → [도형 스타일] → [도형 윤곽선] → [윤곽선 없음]**

5. 모든 텍스트 글꼴 굵기 : 굵게

6. SmartArt 그래픽 크기 : [SmartArt 도구/서식] → [크기] 그룹에서 높이(10cm), 너비(16cm) 지정

[문제 8-2] 준비파일('실력점검_8-2-준비.xlsx')을 열기한 후 아래 조건에 따라 스파크라인이 표시된 문서를 작성하시오.

2015년 유가증권시장 투자주체별 매매동향

(단위:백만원)

일자	기관	외국인	개인	스파크라인(승패)
9월	1,951,529	- 1,744,878	- 138,355	
8월	3,004,202	- 4,109,243	358,908	
7월	- 903,302	- 1,791,192	2,875,542	
6월	- 389,517	- 1,049,689	1,454,509	
5월	- 1,943,085	1,725,334	949,972	
4월	- 3,580,128	4,649,319	- 749,398	
3월	- 2,844,833	2,911,058	152,775	
2월	527,575	1,325,712	- 1,780,042	
1월	- 669,087	3,197,787	223,459	
전체	- 4,846,646	877,438	3,347,370	

〈준비 파일〉

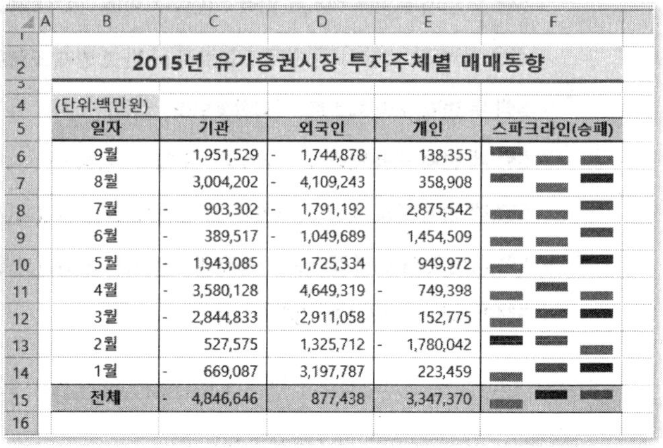

2015년 유가증권시장 투자주체별 매매동향

(단위:백만원)

일자	기관	외국인	개인	스파크라인(승패)
9월	1,951,529	- 1,744,878	- 138,355	
8월	3,004,202	- 4,109,243	358,908	
7월	- 903,302	- 1,791,192	2,875,542	
6월	- 389,517	- 1,049,689	1,454,509	
5월	- 1,943,085	1,725,334	949,972	
4월	- 3,580,128	4,649,319	- 749,398	
3월	- 2,844,833	2,911,058	152,775	
2월	527,575	1,325,712	- 1,780,042	
1월	- 669,087	3,197,787	223,459	
전체	- 4,846,646	877,438	3,347,370	

〈완성 문서〉

[작성 조건]

- **스파크라인 종류 : 승패 (월별 기관, 외국인, 개인의 증/감 상태 표시)**
- **스파크라인 위치 범위 : [F6:F15]**
- **스파크라인 표시 옵션 : 음수점(표준색 → 녹색), 높은점(표준색 → 빨강)**

Memo

CHAPTER 09

기타 기능과 문서 인쇄하기

데이터 유효성 검사는 입력할 수 있는 데이터를 지정하여 데이터를 잘못 입력하면 입력할 수 없도록 제한하는 기능입니다. 하이퍼링크는 개체를 클릭했을 때 주로 웹사이트를 연결하는 기능이지만 엑셀에서는 다른 문서로 연결하는 기능입니다. 테마 지정은 색상 구성, 글꼴 서식 등을 하나의 테마로 묶어서 문서의 전반적인 디자인을 변경할 수 있는 기능입니다.

학습 목표

- 데이터 유효성 검사를 위한 유효성 조건, 설명 메시지, 오류 메시지를 지정하고 입력 오류 데이터를 확인할 수 있습니다.
- 하이퍼링크 기능을 삽입하고 관련 문서로 연결하거나 하이퍼링크 기능을 제거할 수 있습니다.
- 테마를 지정하고 색, 글꼴, 효과 등의 서식을 변경할 수 있습니다.
- 인쇄의 목적에 따라 인쇄에 필요한 문서 범위 지정, 용지 방향, 여백, 머리글/바닥글, 인쇄 매수 등을 설정하고 인쇄할 수 있습니다.

실습구성

준비학습

실습 9-1 데이터 유효성 검사를 이용하여 데이터 입력하기

실습 9-2 테마 지정하고 문서 인쇄하기

실력 점검 문제

준비학습

1. 데이터 유효성 검사

(1) 데이터 유효성 검사 사용

데이터 유효성 검사 기능을 사용하면 특정한 셀이나 셀 범위에 정해진 규칙에 맞는 데이터만 입력되도록 설정할 수 있습니다. 데이터 유효성 검사를 사용하려면 다음과 같이 진행합니다.

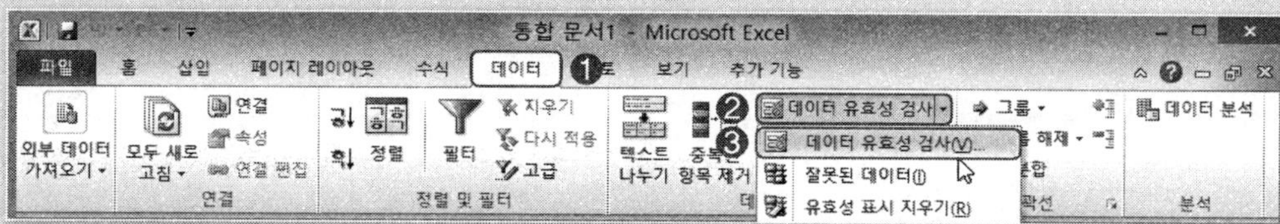

❶ 데이터 유효성 검사를 적용할 셀이나 셀 범위를 선택합니다.

❷ [데이터] 탭 → [데이터 도구] 그룹 → [데이터 유효성 검사] 목록 단추 → [데이터 유효성 검사]를 클릭합니다.

❸ [데이터 유효성] 대화상자가 나타나면 유효성 조건, 설명 메시지, 오류 메시지 등을 설정하고 [확인]을 클릭합니다.

다음 그림은 데이터 유효성 조건을 제한할 수 있는 대상 목록과 제한 방법에 사용되는 해당 범위, 제외 범위, 비교연산자 등의 목록을 표시하고 있습니다.

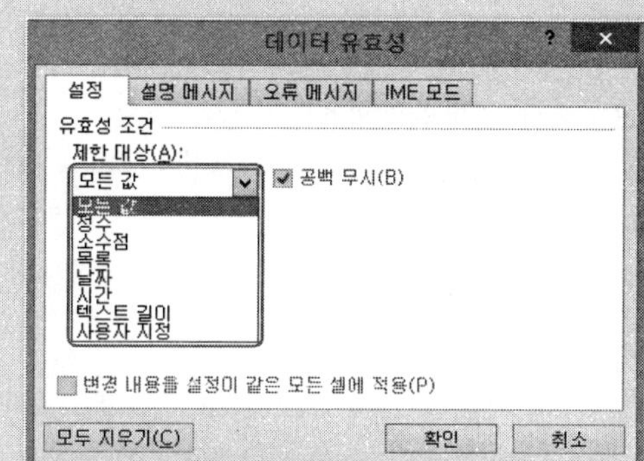

〈유효성 조건: 제한 대상〉

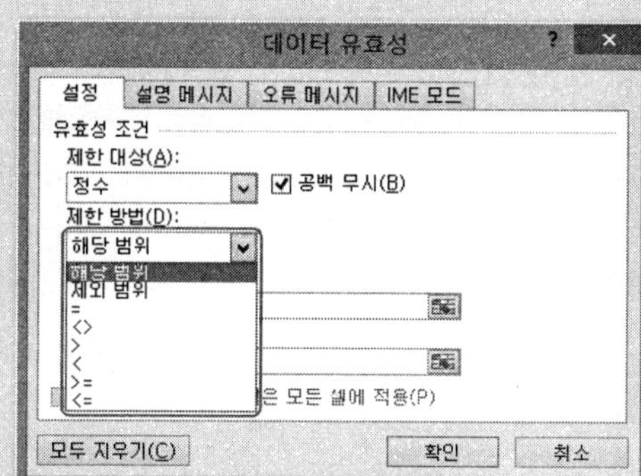

〈유효성 조건: 제한 방법〉

(2) [데이터 유효성] 대화상자의 구성

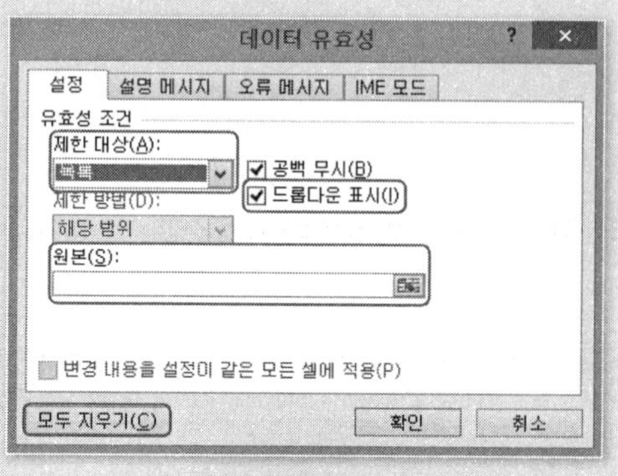

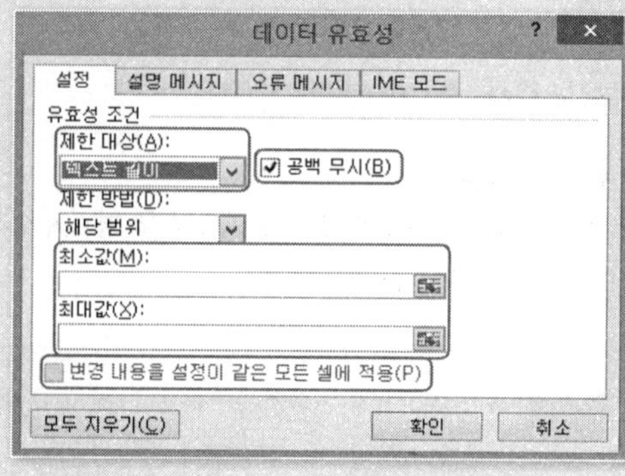

❶ [설정] 탭

- 제한 대상 목록 :
  - 정수 : 입력 값을 정수로 제한하고 제한 방법이나 최소값, 최대값을 설정합니다.
  - 소수점 : 입력 값을 실수로 제한하고 제한 방법이나 최소값, 최대값을 설정합니다.
  - 목록 : 입력 값을 목록을 만들어 제한하고, 그 목록에서 선택합니다.
  - 날짜/시간 : 입력 값을 날짜/시간으로 제한하고 제한 방법이나 시작 값, 끝 값을 설정합니다.
  - 텍스트 길이 : 입력 텍스트의 길이를 특정 값 또는 최소값, 최대값으로 설정합니다.
  - 사용자 지정 : 입력 값을 수식 결과 값으로 제한합니다.
- 공백 무시 : 빈값을 입력하는 것을 허용하여 공백은 무시됩니다.
- 변경 내용을 설정이 같은 모든 셀에 적용 : 같은 데이터 유효성 규칙이 적용된 모든 셀에 변경 내용을 적용합니다.
- 드롭다운 표시 : 제한 대상이 [목록]인 경우 목록 단추를 눌러 드롭다운을 표시하도록 설정합니다.
  - 원본 : 제한 대상이 [목록]인 경우 쉼표로 구분해서 목록 값을 직접 입력하든지 (예를 들어 기획처, 총무부, 관리부, 영업부) 또는 목록 값이 입력되어 있는 셀 범위를 지정합니다.
- 모두 지우기 : 유효성 검사 설정을 삭제하려면 [모두 지우기]를 선택한 후 [확인]을 클릭합니다.

❷ [설명 메시지] 탭

- 데이터 유효성 검사 규칙이 설정된 셀에 사용자를 위한 설명을 표시할 수 있습니다.
- 셀을 선택하면 설명 메시지 표시 : 설명 메시지 표시 여부를 지정합니다.
- 제목 : 메시지 상자의 제목을 입력합니다.
- 설명 메시지 : 메시지 상자의 내용을 입력합니다.

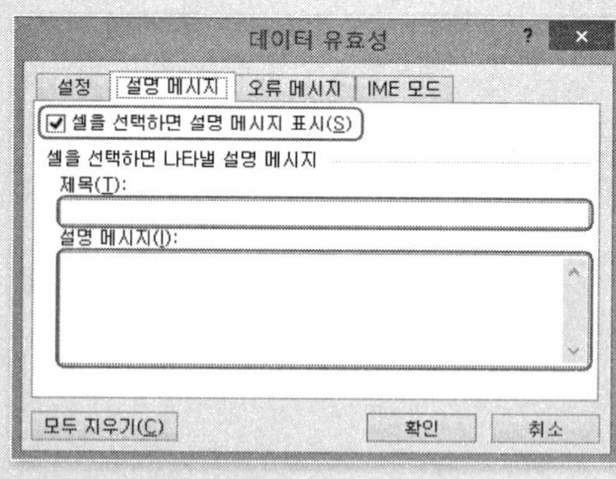

❸ [오류 메시지] 탭

- 데이터 유효성 검사 규칙이 설정된 셀에 잘못된 값을 입력하면 오류 메시지를 표시할 수 있습니다.
- 유효하지 않은 데이터를 입력하면 오류 메시지 표시 : 오류 메시지 표시 여부를 지정합니다.
- 스타일
  - 중지 : 규칙에 맞지 않는 데이터가 입력되면 중지 메시지가 표시되고 입력할 수 없게 되며, [다시 시도]와 [취소]를 선택할 수 있습니다.
  - 경고 : 규칙에 맞지 않는 데이터가 입력되면 경고 메시지가 표시되지만 [예]를 클릭하여 입력할 수 있습니다. [예], [아니오], [취소]를 선택할 수 있습니다.
  - 정보 : 규칙에 맞지 않는 데이터가 입력되면 정보 메시지가 표시되지만 [확인]을 클릭하여 입력할 수 있습니다. [확인]과 [취소]를 선택할 수 있습니다.
- 제목 : 메시지 상자의 제목을 입력합니다.
- 오류 메시지 : 메시지 상자의 내용을 입력합니다.

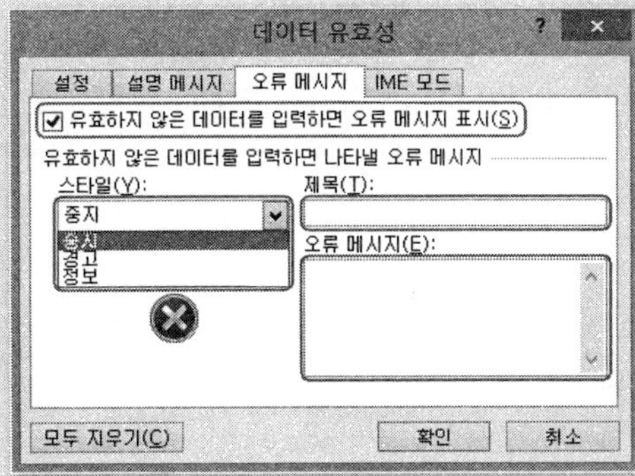

❹ [IME 모드] 탭

- 해당 셀에서 항상 한글 혹은 영문만 입력해야 되는 경우, 한영 입력 모드(IME 모드)가 자동으로 변경되도록 지정할 수 있습니다. 다음 중 하나의 옵션을 선택합니다.
  - 현재 상태 유지 : 현재 한영 입력 상태를 그대로 유지합니다.
  - 영문 : 영문 입력 상태로 전환합니다.
  - 한글 : 한글 입력 상태로 전환합니다.
  - 영문 전자/한글 전자 : 사용할 필요가 없습니다.

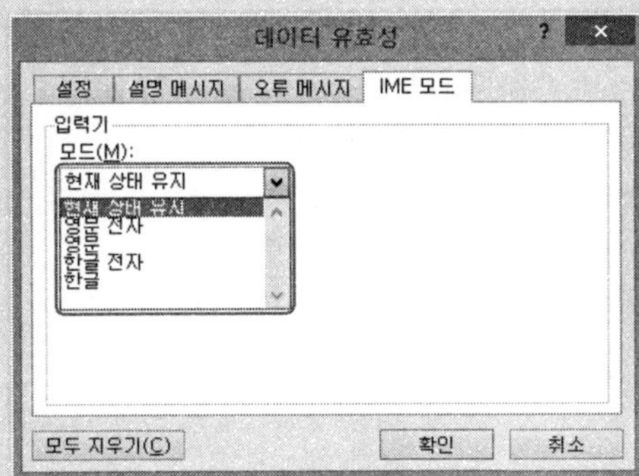

(3) 데이터 유효성 검사 규칙을 위반한 셀 확인하기

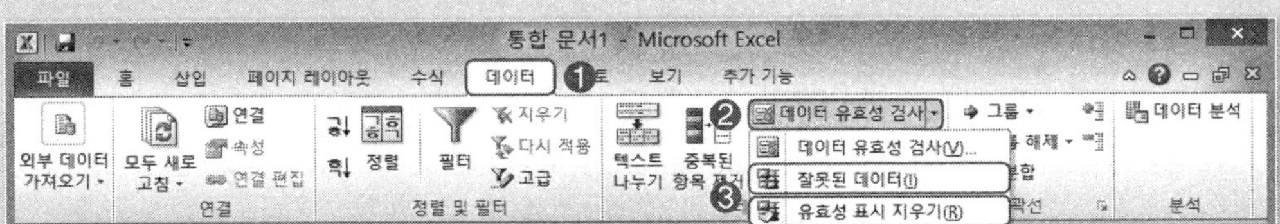

❶ [데이터] 탭 → [데이터 도구] 그룹 → [데이터 유효성 검사] → [잘못된 데이터]를 클릭합니다.

❷ 검사 규칙을 위반하는 워크시트의 모든 셀이 강조 표시되어 확인이 됩니다.

❸ 강조 표시를 보이지 않게 하려면 해당 셀의 값을 검사 규칙에 맞게 수정하든지 아니면 [데이터] 탭 → [데이터 도구] 그룹 → [데이터 유효성 검사] → [유효성 표시 지우기]를 클릭합니다.

2. 하이퍼링크

웹 브라우저에서 특정한 링크를 클릭하면 새 웹 페이지로 이동하는 것처럼 워크시트에서 작성한 텍스트 내용이나 개체를 클릭하였을 때 인터넷 사이트나 워크시트 등으로 이동하는 것을 말합니다.

(1) 하이퍼링크의 삽입

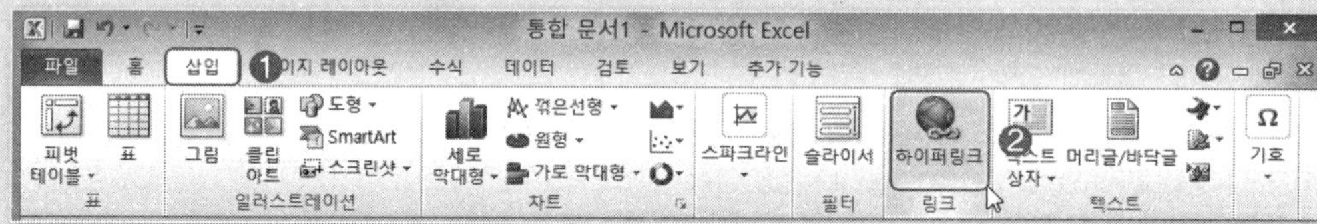

❶ 하이퍼링크를 삽입할 셀을 선택하고 [삽입] 탭 → [링크] 그룹 → [하이퍼링크]를 클릭합니다.

❷ [하이퍼링크] 대화상자가 나타나면 [연결 대상]에서 원하는 하이퍼링크 대상을 클릭하여 연결될 주소나 문서 등을 입력합니다.

❸ [하이퍼링크] 대화상자의 [확인]을 클릭하면 해당 셀에 하이퍼링크가 삽입됩니다.

(2) [하이퍼링크 삽입] 대화상자의 구성

❶ 표시할 텍스트 : 하이퍼링크가 삽입된 셀에 표시할 텍스트를 입력합니다. 특별히 입력하지 않으면 연결 대상의 주소가 그대로 표시됩니다.

❷ 화면 설명 : 하이퍼링크가 삽입된 셀에 마우스 포인터를 놓으면 표시되는 설명을 입력합니다.

❸ 연결 대상: 기존 파일/웹 페이지

- 파일이나 웹 사이트 주소로 연결합니다.
- 연결을 원하는 문서 파일이나 그림 파일을 찾아서 선택할 수 있습니다.
- 연결을 원하는 웹 사이트 주소를 [주소]에 직접 써 넣을 수 있습니다.

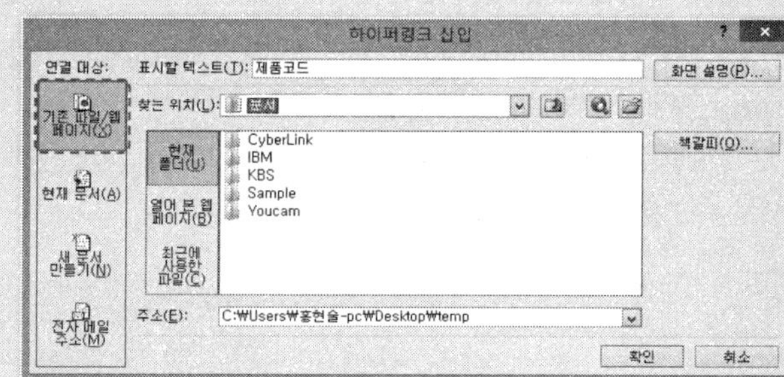

❹ 연결 대상: 현재 문서

- 현재 통합 문서에서 특정한 셀 범위나 정의된 이름으로 이동합니다.
- 셀 범위의 경우 먼저 해당 워크시트를 찾아서 선택한 후 [참조할 셀 입력]에 셀 범위를 입력합니다.
- 정의된 이름은 해당 정의된 이름을 마우스로 클릭하여 선택합니다.

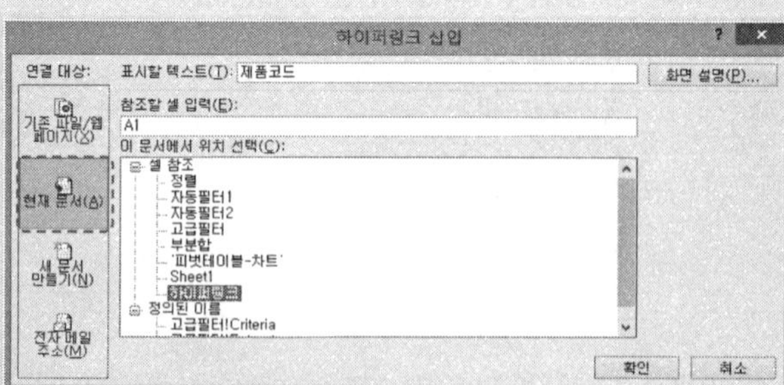

❺ 연결 대상: 새 문서 만들기

- 새 통합 문서를 만들고 그 문서로 연결합니다.
- [새 문서 이름]에 문서 이름을 입력합니다.

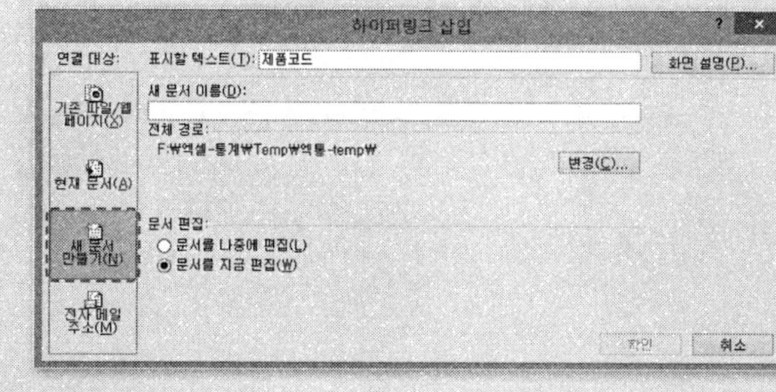

❻ 연결 대상: 전자 메일 주소

- 윈도우에 설치된 이메일 프로그램을 실행해서 해당 전자 메일 주소로 이메일을 보냅니다.
- [전자 메일 주소]에 전자 메일 주소를 입력합니다,

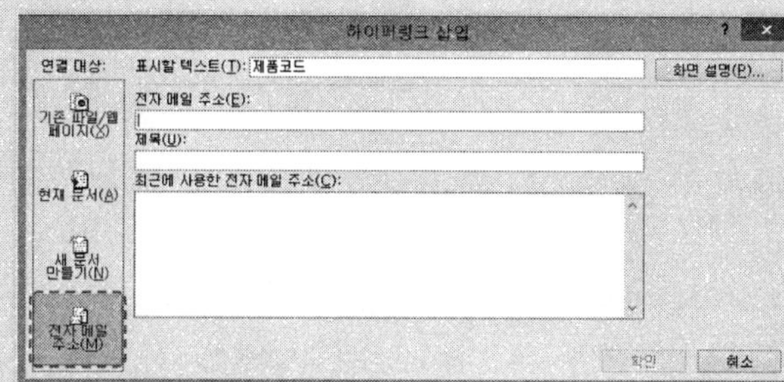

(3) 하이퍼링크 사용과 편집

❶ 하이퍼링크 사용 : 하이퍼링크가 삽입된 셀을 클릭하면 해당 하이퍼링크의 연결 대상으로 이동합니다.

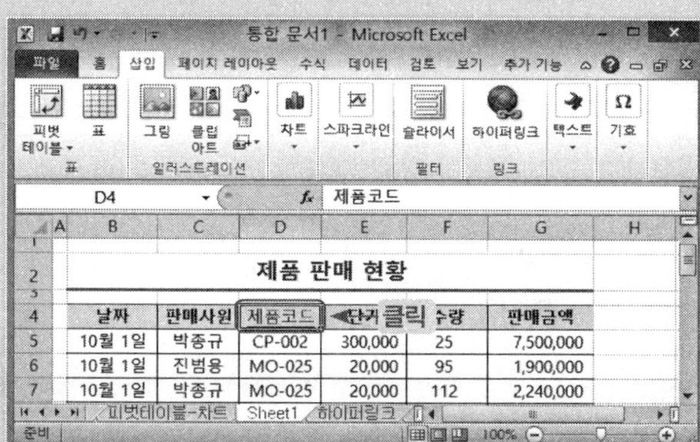

〈하이퍼링크 셀 클릭〉

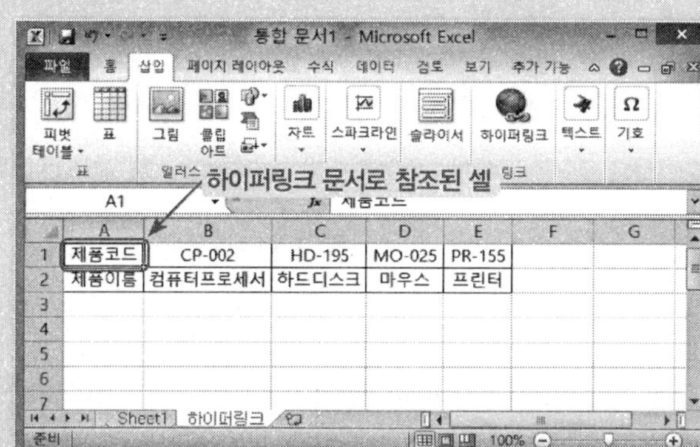

〈하이퍼링크 연결 문서로 이동〉

❷ 하이퍼링크 편집 : 하이퍼링크가 삽입된 셀에서 마우스 오른쪽 버튼을 클릭한 후 [바로 가기] 메뉴에서 [하이퍼링크 편집]을 클릭합니다.

❸ 하이퍼링크 제거 : 하이퍼링크가 삽입된 셀에서 마우스 오른쪽 버튼을 클릭한 후 [바로 가기] 메뉴에서 [하이퍼링크 제거]를 클릭합니다. 하이퍼링크가 제거되면 클릭해도 연결이 되지는 않지만 [표시할 텍스트]로 입력한 값은 그대로 남아 있습니다.

3. 테마

엑셀에서 테마를 사용하면 문서 전체에 미리 정의된 서식을 일관성 있게 적용할 수 있고, 적용된 서식 모두를 쉽게 변경할 수 있습니다. 테마 서식은 [페이지 레이아웃] 탭의 [테마]그룹에서 지정합니다.

(1) 테마 서식의 구성

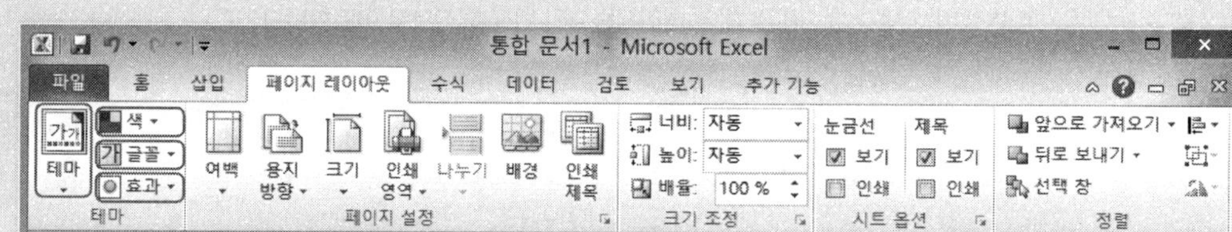

❶ 테마 : 선택하여 전체 문서의 색, 글꼴 및 효과를 포함하는 전반적인 디자인을 변경합니다.

❷ 테마 색 : 배경색, 강조색, 하이퍼링크 색 등으로 구성되며, 선택하여 테마 색을 변경합니다.

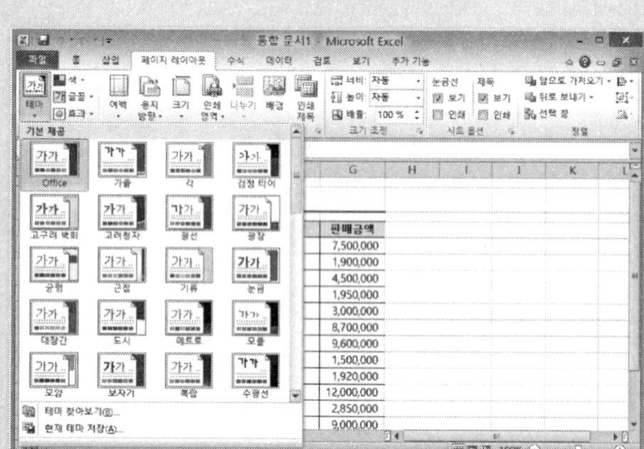
〈테마 목록〉

〈테마 색 목록〉

❸ 테마 글꼴 : 제목 글꼴과 본문 글꼴로 구성되며, 선택하여 테마 글꼴을 변경합니다.

❹ 테마 효과 : 선 및 채우기 효과가 설정되며, 선택하여 테마 효과를 변경합니다.

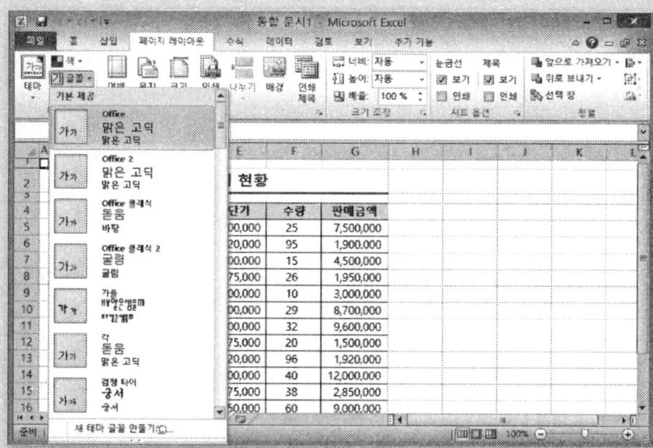

〈테마 글꼴 목록〉

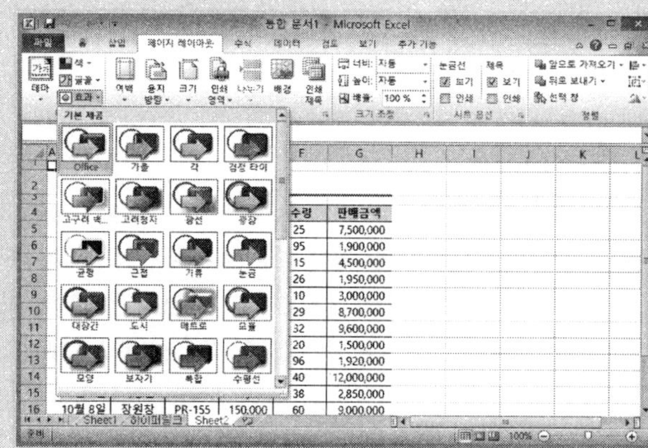

〈테마 효과 목록〉

(2) 테마 서식의 사용

❶ [페이지 레이아웃] 탭 → [테마] 그룹 → [테마]를 클릭합니다.

❷ 테마 서식이 적용된 모든 내용이 새 테마의 설정에 맞게 변경됩니다.

❸ 기본 서식으로 돌아가려면 'Office' 테마를 선택합니다.

❹ 테마 전체가 아니라 서식 중 한 가지만을 적용하려면, [페이지 레이아웃] 탭 → [테마] 그룹에서 [색], [글꼴], [효과] 등을 클릭해서 원하는 테마 서식만을 적용할 수 있습니다.

(3) 새 테마의 추가

테마 효과는 사용자가 추가할 수 없지만 테마 색과 테마 글꼴, 테마는 사용자가 추가할 수 있습니다.

❶ 테마 색 추가

- [페이지 레이아웃] 탭 → [테마] 그룹 → [색] → [새 테마 색 만들기]를 클릭합니다.
- [새 테마 색 만들기] 대화상자가 표시되면 [테마 색]을 원하는 색으로 클릭하여 선택합니다.
- [이름]을 입력하고 [저장]을 클릭합니다.

❷ 테마 글꼴 추가

- [페이지 레이아웃] 탭 → [테마] 그룹 → [글꼴] → [새 테마 글꼴 만들기]를 클릭합니다.
- [새 테마 글꼴 만들기] 대화상자에서 원하는 글꼴을 선택합니다.
- [이름]을 입력하고 [저장]을 클릭합니다.

❸ 테마 추가

- 원하는 테마 색이나 테마 글꼴이나 테마 효과를 선택합니다.
- [페이지 레이아웃] 탭 → [테마] 그룹 → [테마] → [현재 테마 저장]을 클릭합니다.
- 테마 이름을 [파일 이름]으로 정한 후 [저장]을 클릭합니다,

4. 문서 인쇄

엑셀의 시트는 페이지 단위로 구분된 것이 아니기 때문에 문서가 조각으로 나뉘어 인쇄될 수 있습니다. 따라서 문서를 인쇄하기 전에 [페이지 레이아웃] 탭 → [페이지 설정] 그룹이나 또는 [파일] 탭의 인쇄 백스테이지 보기에서 인쇄되는 모양을 확인한 후 필요에 맞게 페이지를 설정해야 합니다.

(1) 인쇄 실행하기

❶ 인쇄되는 모양을 확인하기 위해 [파일] 탭 → [인쇄]를 클릭합니다.

❷ 인쇄 백스테이지 보기 화면에서 페이지를 설정하기 위해 [페이지 설정]을 클릭합니다.

❸ [페이지 설정] 대화상자가 나타나면 페이지 용지 방향, 여백, 머리글/바닥글 등을 설정하고 [확인]을 클릭합니다.

❹ 다시 인쇄 백스테이지 보기 화면에서 인쇄할 영역이나 인쇄 매수 등을 설정한 후 [인쇄] 단추를 클릭합니다

(2) 인쇄 백스테이지의 구성

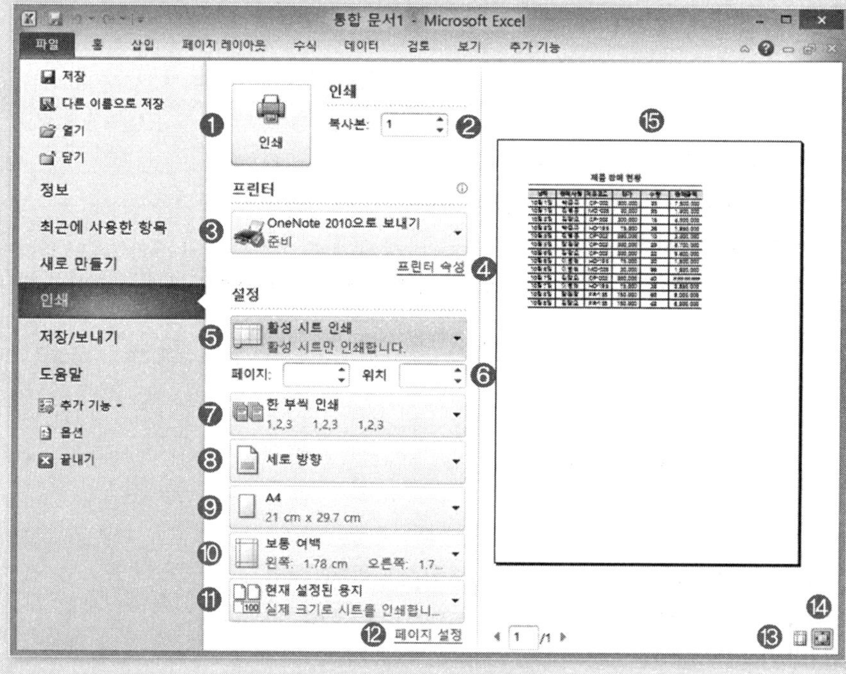

❶ 인쇄 : 문서를 인쇄합니다.

❷ 복사본 : 인쇄 매수를 지정합니다.

❸ 프린터 : 프린터를 선택합니다.

❹ 프린터 속성 : 프린터 속성을 지정할 수 있는 [프린터 속성] 대화상자가 나타납니다. [프린터 속성] 대화상자는 선택한 프린터에 따라 다르게 나타납니다.

❺ 인쇄 대상 : 인쇄 대상으로 활성 시트 인쇄, 전체 통합 문서 인쇄, 선택 영역 인쇄 중에서 하나를 선택합니다. [활성 시트 인쇄]를 선택하면 선택한 시트만 인쇄하고, [전체 통합 문서 인쇄]를 선택하면 모든 시트가 인쇄하며, [선택 영역 인쇄]를 선택하면 선택한 셀 범위만 인쇄합니다.

❻ 페이지, 위치 : 일부 페이지만 인쇄하는 경우, 페이지에는 시작 페이지 번호, 위치에는 끝 페이지 번호를 입력합니다.

❼ 인쇄 순서 : 여러 페이지로 이루어진 문서를 여러 부 인쇄하는 경우, 한부씩 인쇄할지 여부를 선택합니다. 예를 들어 3페이지로 이루어진

문서를 2부 인쇄하는 경우, '한 부씩 인쇄'를 선택하면 1, 2, 3, 1, 2, 3 페이지 순으로 인쇄되고, '한 부씩 인쇄 안함'을 선택하면 1, 1, 2, 2, 3, 3 페이지 순으로 인쇄됩니다.

❽ 용지 방향 : 용지 방향을 가로와 세로 중에서 선택합니다.

❾ 용지 크기 : 용지 크기로 A3, A4, B4, B5 등에서 하나를 선택합니다.

❿ 용지 여백 : 용지에서 인쇄 영역 밖의 빈 공간을 말하는 용지 여백으로 기본, 넓게, 좁게 등에서 하나를 선택합니다.

⓫ 인쇄 배율 : 한 페이지에 시트 맞추기, 한 페이지에 모든 열 맞추기, 한 페이지에 모든 행 맞추기 등에서 하나를 선택합니다.

⓬ 페이지 설정 : 페이지 설정을 할 수 있는 [페이지 설정] 대화상자가 나타나고 페이지, 여백, 머리글/바닥글, 시트 등의 내용을 구체적으로 설정할 수 있습니다.

⓭ 여백 표시 : [여백 표시]를 클릭하면 용지 여백을 표시하고, 다시 클릭하면 용지 여백을 표시하지 않습니다.

⓮ 페이지 확대/축소 : [페이지 확대/축소]를 클릭하면 인쇄 내용을 확대해 보여주고, 다시 클릭하면 인쇄 내용을 축소해 보여줍니다.

⓯ 미리 보기 창 : 인쇄할 문서를 미리보기 할 수 있습니다.

(3) [페이지 설정] 대화상자의 구성

❶ 페이지 탭

- 용지 방향 : 세로, 가로를 선택합니다.
- 배율 : 확대/축소 배율을 지정하거나 자동 맞춤을 선택하여 용지 너비와 높이를 설정합니다.
- 용지 크기 : A3, A4, B4, B5 등에서 하나를 선택합니다.
- 인쇄 품질 : 600dpi, 1200dpi 등에서 하나를 선택합니다.
- 시작 페이지 번호 : 처음 인쇄되는 페이지 번호를 지정합니다.

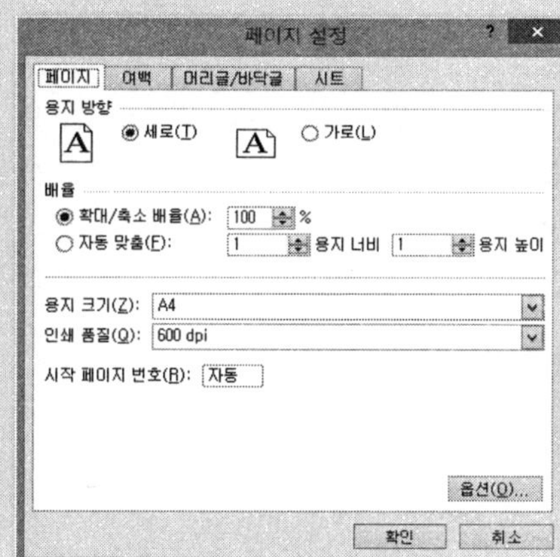

❷ 여백 탭

- 사방 여백 : 위쪽/아래쪽/왼쪽/오른쪽 여백의 값을 지정합니다.
- 머리글/바닥글 여백 : 위쪽/아래쪽 여백에서 인쇄 영역과 머리글/바닥글의 간격의 값을 지정합니다.
- 페이지 가운데 맞춤 : 인쇄 영역이 페이지 가운데(가로, 세로)에 위치하도록 지정합니다.

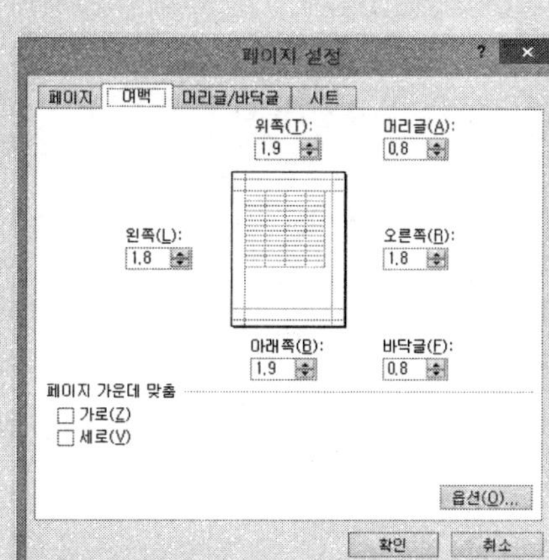

❸ 머리글/바닥글 탭

- 머리글/바닥글 편집 : 머리글/바닥글을 입력하고 편집합니다.
- 머리글/바닥글 표시를 짝수와 홀수 페이지를 다르게 지정할 수 있습니다.
- 첫 페이지의 머리글/바닥글 표시를 다른 페이지와 다르게 지정할 수 있습니다.
- 머리글/바닥글 표시를 문서에 맞게 배율 조정할 수 있습니다.
- 머리글/바닥글 표시를 페이지 여백에 맞출수 있습니다.

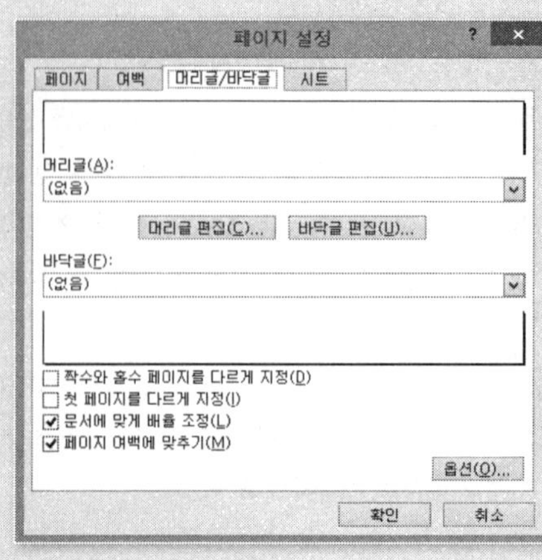

❹ 시트 탭

- 인쇄 영역 : 인쇄 영역의 일부분을 지정할 수 있습니다.
- 인쇄 제목 : 인쇄 제목을 반복적으로 행이나 열에 표시합니다.
- 인쇄 : 눈금선, 메모, 셀 오류 표시, 행/열 머리글 등을 선택하여 인쇄할 수 있습니다.
- 페이지 순서 : 페이지 순서를 행 우선, 또는 열 우선에서 선택합니다.

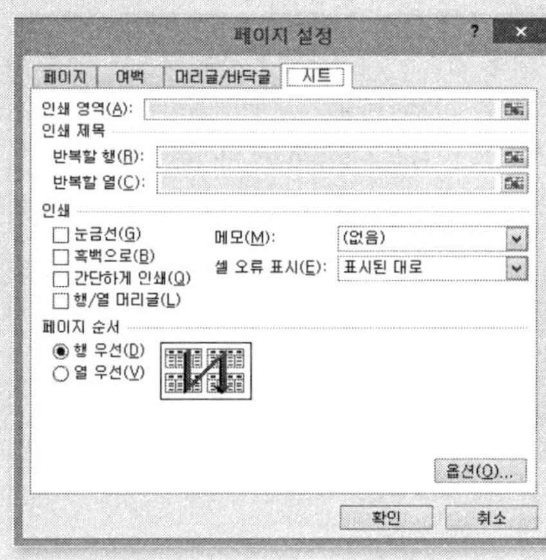

(4) 머리글/바닥글 편집 및 삽입 요소

❶ 텍스트 서식 : 글꼴 서식을 지정합니다.

❷ 페이지 번호 삽입 : 페이지 번호를 삽입합니다.

❸ 전체 페이지 수 삽입 : 전체 페이지 수를 삽입합니다.

❹ 날짜 삽입 : 현재 시스템 날짜를 삽입합니다.

❺ 시간 삽입 : 현재 시스템 시간을 삽입합니다.

❻ 파일 경로 삽입 : 문서의 경로와 파일 이름을 삽입합니다.

❼ 파일 이름 삽입 : 문서의 파일 이름을 삽입합니다.

❽ 시트 이름 삽입 : 시트 이름을 삽입합니다.

❾ 그림 삽입 : 그림을 삽입합니다.

❿ 그림 서식 : 그림 서식을 지정합니다.

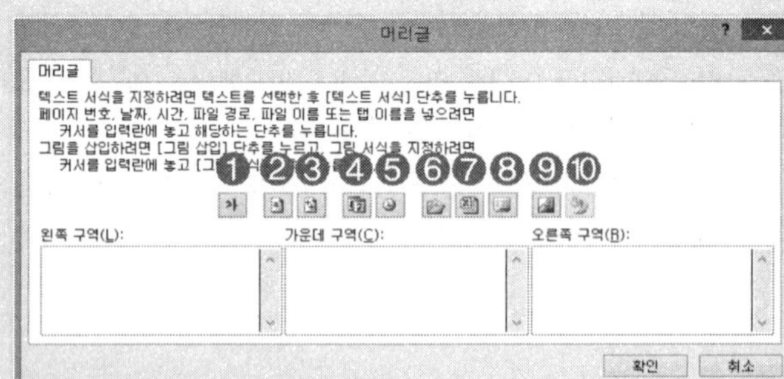

실습 9-1

데이터 유효성 검사를 이용하여 데이터 입력하기

준비 파일 '9장_2015-2학기 성적표.xlsx'를 열고 데이터 유효성 검사 기능을 이용하여 다음의 왼쪽 준비 파일을 오른쪽 완성 파일로 입력하시오. 단, 유효성 조건으로 성별은 [목록](남, 여) 단추를 사용하고, 출석은 [정수](15<=숫자<=20)로 제한하고, 중간/기말고사는 [정수] (0<=숫자<=40)로 제한을 두는 유효성 기준을 설정하고 입력하시오.

2015년 2학기 성적표

학과	이름	성별	출석 (20점)	중간고사 (40점)	기말고사 (40점)	총점 (100점)
물리	정아연					
물리	최진호					
물리	차성일					
물리	정미라					
물리	박서희					
물리	김진수					
물리	금태진					
물리	양도현					
물리	허일욱					
물리	박민영					
물리	이정숙					
물리	양선희					

2015년 2학기 성적표

학과	이름	성별	출석 (20점)	중간고사 (40점)	기말고사 (40점)	총점 (100점)
물리	정아연	여	19	26	33	78
물리	최진호	남	15	28	31	74
물리	차성일	남	20	32	20	72
물리	정미라	여	18	25	25	68
물리	박서희	여	20	38	26	84
물리	김진수	남	17	35	36	88
물리	금태진	남	20	36	24	80
물리	양도현	남	20	25	26	71
물리	허일욱	남	20	34	40	94
물리	박민영	여	16	37	31	84
물리	이정숙	여	20	40	36	96
물리	양선희	여	19	33	35	87

01. 성별을 입력하기 위해 처리 조건에 따라 데이터 유효성 검사를 설정해야 합니다. [D5:D16]셀의 범위를 선택하고 [데이터] 탭 → [데이터 도구] 그룹 → [데이터 유효성 검사] 목록 단추 → [데이터 유효성 검사]를 클릭합니다.

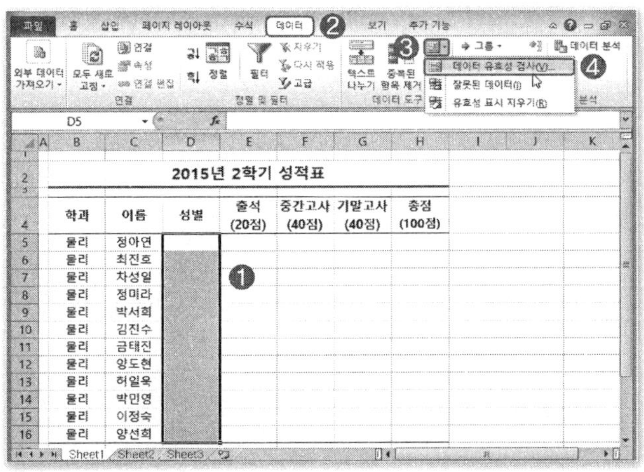

02. 성별에 남자, 여자만을 목록으로 선택하여 입력하기 위해 [데이터 유효성] 대화상자의 [설정] 탭에서 다음과 같이 선택 및 입력하고 [확인]을 클릭합니다.

- [제한 대상] : '목록' 선택
- [드롭다운 표시] : 확인란에 체크 표시
- [원본] : '남자, 여자'를 쉼표로 구분하여 입력

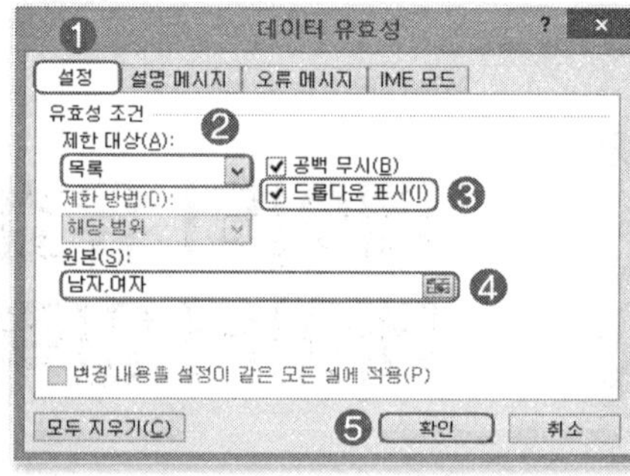

03. [D5] 셀부터 [D16] 셀까지 [셀] 클릭 → [목록] 단추 클릭 → [남자/여자] 선택하여 성별을 입력합니다.

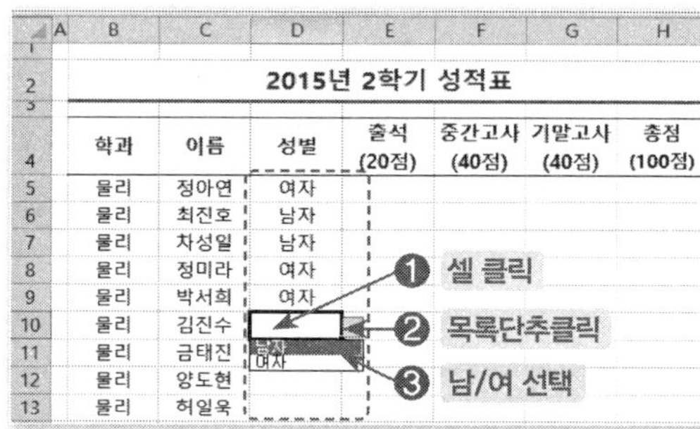

04. 출석 점수의 입력을 위한 데이터 유효성 조건을 설정하기 위해 [E5:E16]셀의 범위를 선택하고 [데이터] 탭 → [데이터 도구] 그룹 → [데이터 유효성 검사] 목록 단추 → [데이터 유효성 검사]를 클릭합니다.

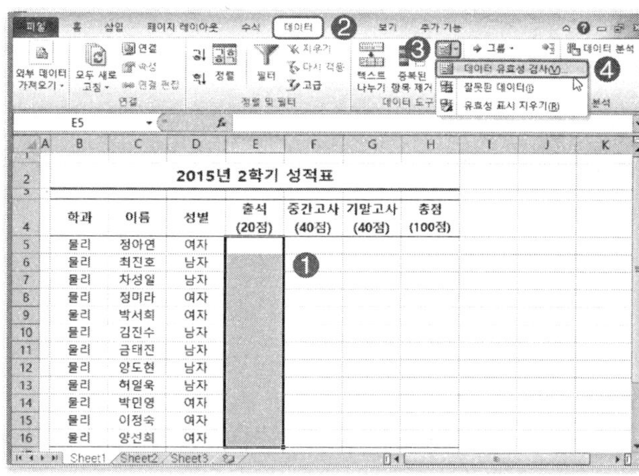

05. [데이터 유효성] 대화상자의 [설정] 탭에서 다음과 같이 선택 및 입력합니다.

- [제한 대상] : '정수' 선택
- [제한 방법] : '해당 범위' 선택
- [최소값] : 15 입력
- [최대값] : 20 입력

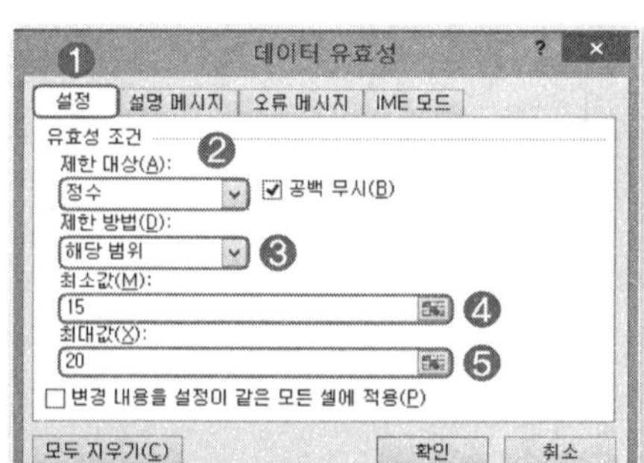

06. 계속하여 [데이터 유효성] 대화상자의 [오류 메시지] 탭에서 다음과 같이 선택 및 입력하고 [확인]을 클릭합니다.

- [스타일] : '중지'(✖) 선택
- [제목] : '출석 입력 오류' 입력
- [오류 메시지] : '15점 이상 20점 이하 정수만 입력 가능' 입력

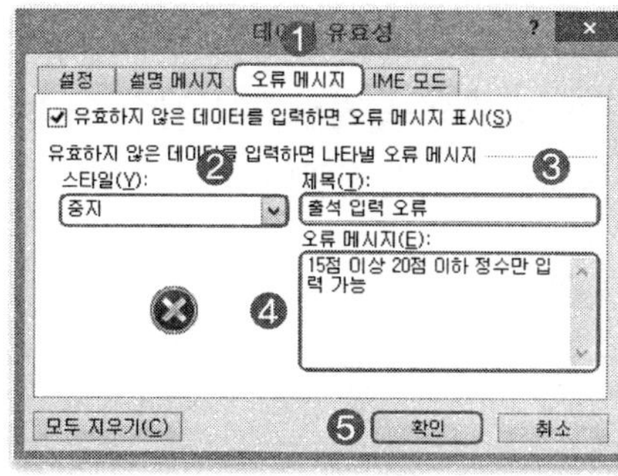

07. 중간고사 점수의 입력을 위한 데이터 유효성 조건을 설정하기 위해 [F5:F16]셀의 범위를 선택하고 [데이터] 탭 → [데이터 도구] 그룹 → [데이터 유효성 검사] 목록 단추 → [데이터 유효성 검사]를 클릭합니다.

08. [데이터 유효성] 대화상자의 [설정] 탭에서 다음과 같이 선택 및 입력합니다.

- [제한 대상] : '정수' 선택
- [제한 방법] : '<=' 선택
- [최대값] : 40 입력

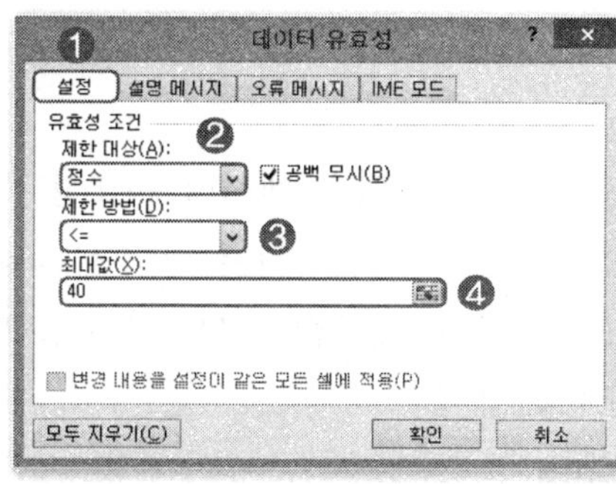

09. [데이터 유효성] 대화상자의 [오류 메시지] 탭에서 다음과 같이 선택 및 입력한 후 [확인]을 클릭합니다.

- [스타일] : '정보'(ℹ) 선택
- [제목] : '중간고사 점수 입력 오류' 입력
- [오류 메시지] : '0점 이상 40점 이하 정수만 입력 가능' 입력

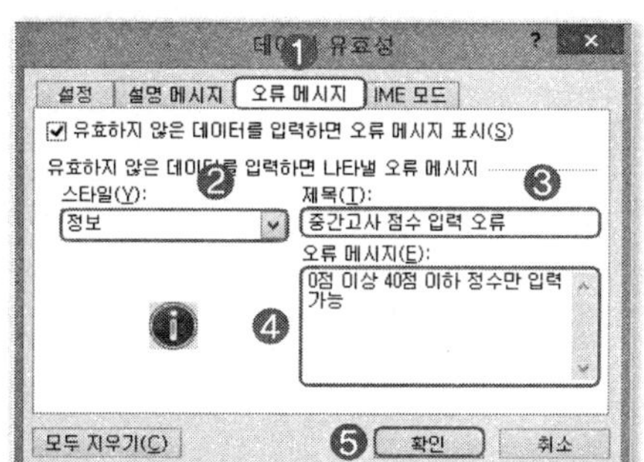

10. 중간고사 점수 입력의 데이터 유효성 조건을 설정하는 방법과 같은 방법으로 기말고사 점수 입력의 유효성 조건도 다음과 같이 설정합니다.

- 데이터 범위 : [G5:G16]
- [제한 대상] : '정수' 선택
- [제한 방법] : '<=' 선택
- [최대값] : 40 입력
- [스타일] : '정보'(ⓘ)선택
- [제목] : '기말고사 점수 입력 오류' 입력
- [오류 메시지] : '0점 이상 40점 이하 정수만 입력 가능' 입력

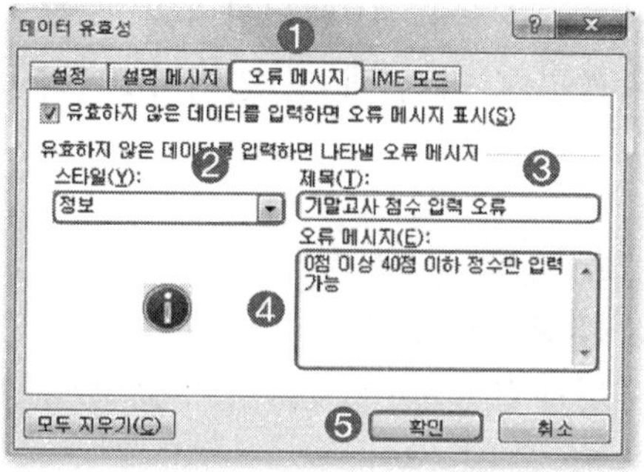

11. 출석 점수를 입력하다가 데이터 유효성 검사가 제대로 작동되는지 확인해 보기 위해 [E7]셀에 잘못된 데이터 '21'을 입력하면 [출석 입력 오류] 대화상자가 나타납니다.

[출석 입력 오류] 대화상자에서 [다시 시도]를 눌러 올바른 값을 입력합니다. 계속해서 [E16]셀까지 출석 점수를 입력합니다.

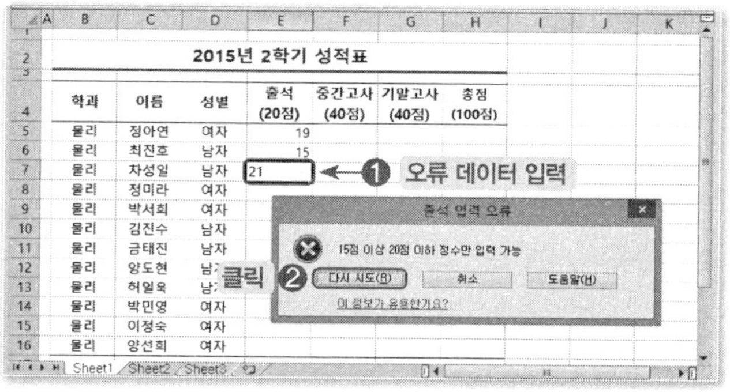

12. 중간고사 점수를 입력하다가 데이터 유효성 검사가 제대로 작동되는지 확인해 보기 위해 [F8]셀에 잘못된 데이터 '125'를 입력하면 [중간고사 점수 입력 오류] 대화상자가 나타납니다.

[중간고사 점수 입력 오류] 대화상자에서 [확인]을 눌러 [F8]의 잘못된 숫자를 삭제하고 올바른 값을 입력합니다. 계속해서 [F16]셀까지 중간고사 점수를 입력합니다.

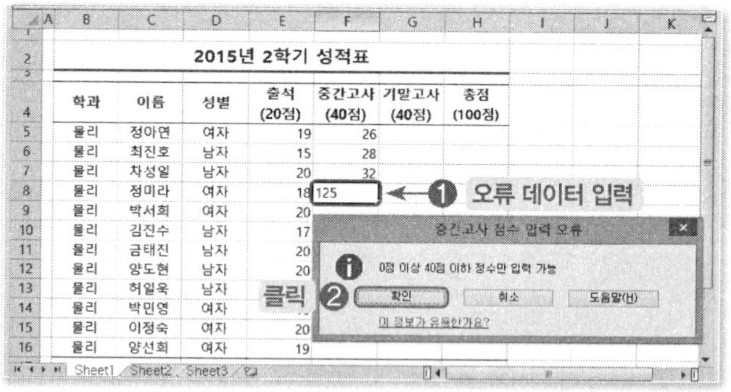

13. 중간고사 점수를 입력하는 방법과 마찬가지 방법으로 기말고사 점수도 [G5:G16] 셀 범위에 입력합니다.

14. 총점을 계산하기 위해 [H5]셀을 선택하고 [홈] 탭 → [편집] 그룹 → [합계] 목록단추 → [합계]를 클릭한 후 [H5] 셀의 수식을 확인하고 Enter 키를 누릅니다.

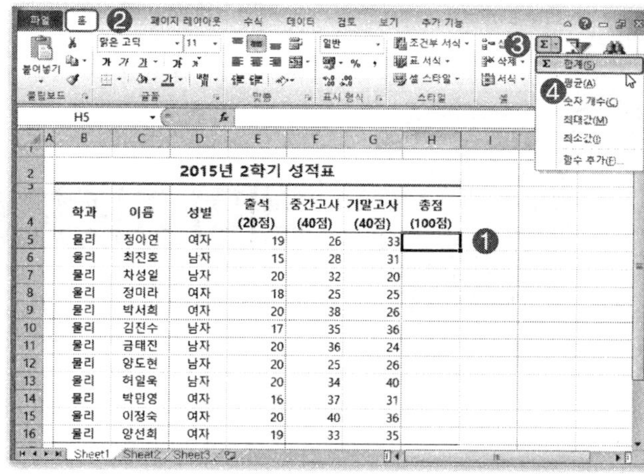

15. 채우기 핸들을 이용한 자동합계 계산을 위해 [H5]셀을 클릭하고 [H16]셀까지 드래그하여 총점을 계산합니다.

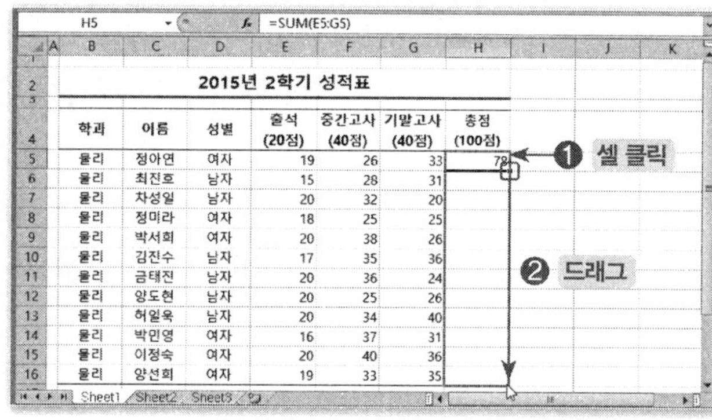

16. 완성된 문서를 [저장] 단추를 눌러 저장하고, [파일] 탭 → [끝내기]를 클릭하거나 또는 화면 오른쪽 상단에 [닫기] 단추를 클릭하여 작업을 종료합니다.

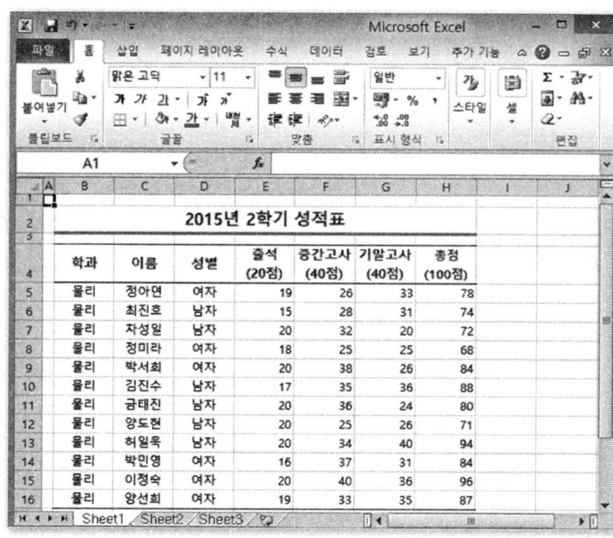

실습

Introduction to Excel

9-2 테마 지정하고 문서 인쇄하기

준비 파일 '9장_건강검진 미수검자 명단.xlsx'을 열고 오른쪽(위) 그림과 같이 테마를 지정하고 오른쪽(아래) 그림과 같이 인쇄 미리보기가 표시되도록 하시오.

단, 테마(태양), 테마 색(보자기), 테마 글꼴(HY엽서L)을 순서대로 지정하고, 인쇄는 머리글(총무처 총무팀)을 오른쪽 구역에 지정하고 바닥글(페이지 번호/전체 페이지 수)은 가운데 구역에 지정하시오.

♣건강검진(健康檢診) 수검/미수검자 명단♣

이름	생년월일	일반검진	접수시간	수검예정일	수검완료일
강영희	1969-09-13	수검완료			2015-05-28
권민호	1971-03-15	미수검	10:40	2015-06-03	
김성아	1960-10-05	미수검	11:03	2015-06-03	
송미옥	1957-08-20	수검완료			2015-05-28
남기택	1969-01-27	미수검	15:21	2015-06-10	
문병호	1960-04-19	미수검	10:05	2015-06-03	

〈테마 지정 문서〉

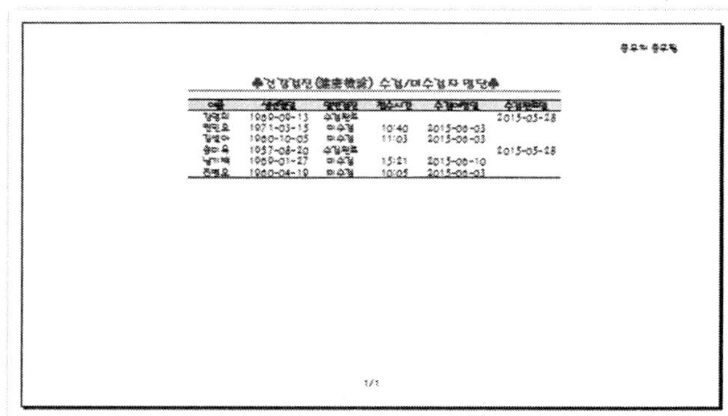

〈인쇄 미리보기〉

01. 테마를 지정하기 위해 [페이지 레이아웃] 탭 → [테마] 그룹 → [테마]를 클릭한 후 테마 목록에서 [태양]을 선택합니다.

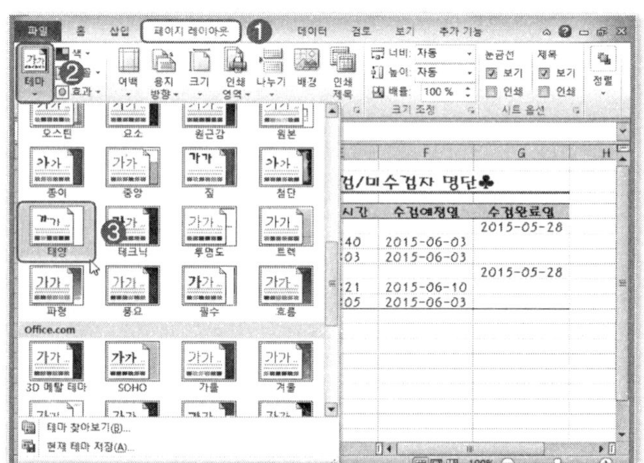

02. 테마 색을 지정하기 위해 [페이지 레이아웃] 탭 → [테마] 그룹 → [색]을 클릭한 후 색 목록에서 [보자기]를 선택합니다.

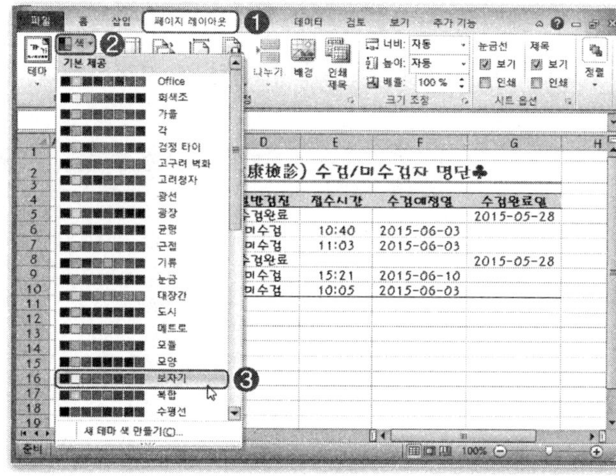

03. 테마 글꼴을 지정하기 위해 [페이지 레이아웃] 탭 → [테마] 그룹 → [글꼴]을 클릭한 후 글꼴 목록에서 [HY엽서L]을 선택합니다.

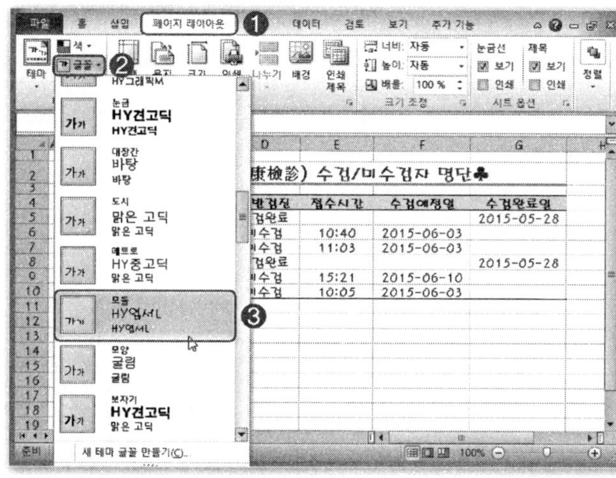

04. 인쇄되는 모양을 확인하기 위해 [파일] 탭 → [인쇄]를 클릭합니다. 인쇄 백스테이지 보기로 전환되면 페이지를 설정하기 위해 [페이지 설정]을 클릭합니다.

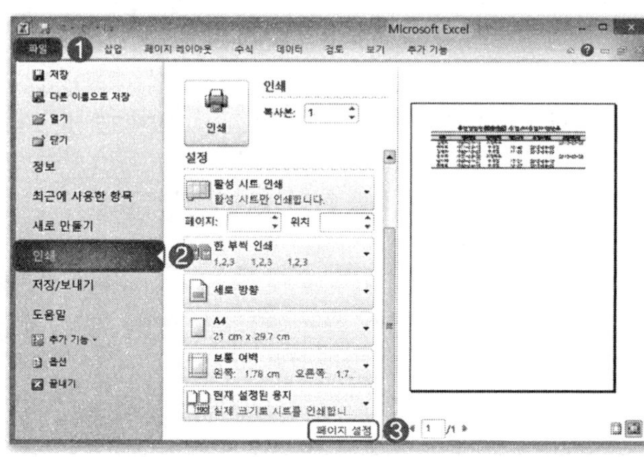

05. [페이지 설정] 대화상자가 나타나면 [페이지] 탭의 [용지 방향]을 '가로'로 지정하고, [여백] 탭을 클릭한 후 [페이지 가운데 맞춤]에서 '가로'로 지정합니다.

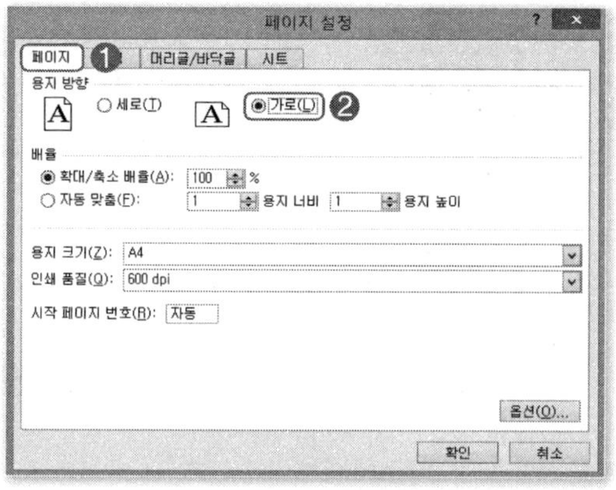

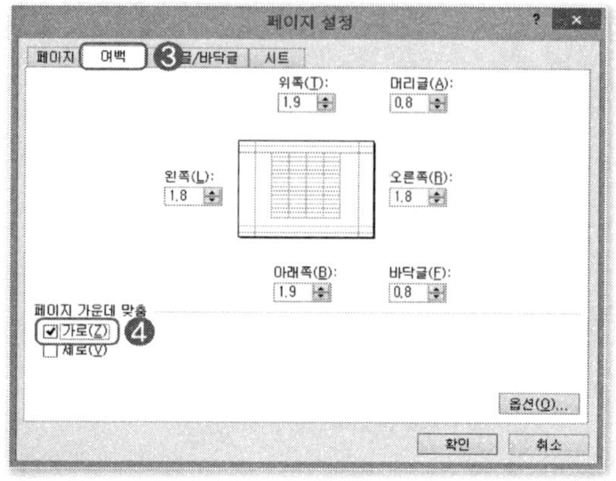

06. [페이지 설정] 대화상자의 [머리글/바닥글] 탭의 [머리글 편집]을 클릭합니다. [머리글] 편집상자가 나타나면 [오른쪽 구역]에 '총무처 총무팀'을 입력한 후 [머리글] 편집상자의 [확인]을 클릭합니다.

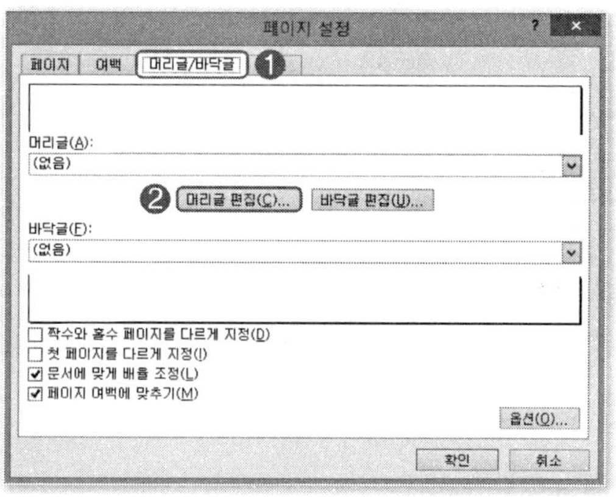

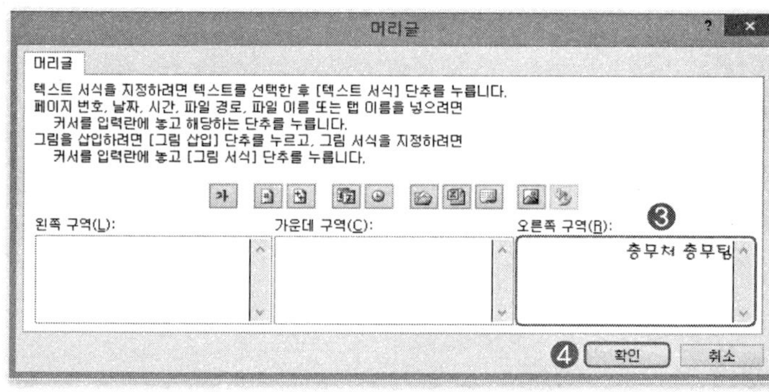

07. 다시 [페이지 설정] 대화상자의 [머리글/바닥글] 탭에서 [바닥글 편집]을 클릭합니다.

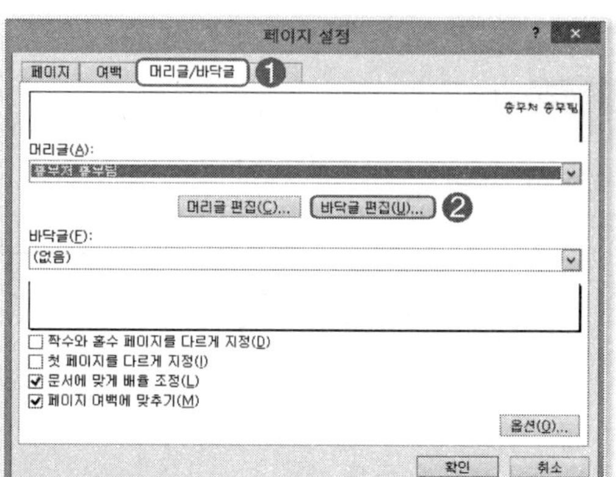

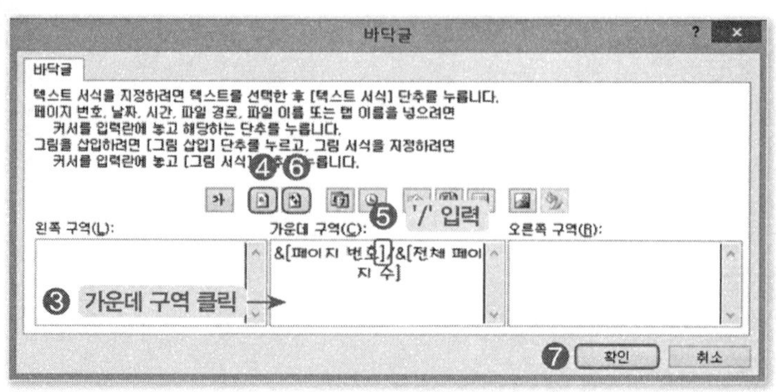

[바닥글] 편집상자가 나타나면 [가운데 구역]의 편집 영역을 클릭하고 머리글/바닥글 요소의 [페이지 번호] 단추를 클릭합니다.

가운데 구역에 (&[페이지 번호])가 입력되면 '/'를 붙여서 입력하고 머리글/바닥글 요소의 [전체 페이지 수] 단추를 클릭합니다. 그러면 (&[전체 페이지 수])가 가운데 구역에 표시됩니다.

모든 바닥글 서식을 지정하였으면 [바닥글] 편집상자의 [확인]을 클릭합니다.

08. 그러면 다음과 같이 [머리글/바닥글] 탭의 미리 보기 창에서 머리글과 바닥글의 편집된 결과를 확인할 수 있습니다.

페이지 레이아웃 서식이 모두 지정이 되었으면 [페이지 설정] 대화상자의 [확인] 단추를 클릭합니다. 그러면 인쇄 백스테이지 보기로 전환됩니다.

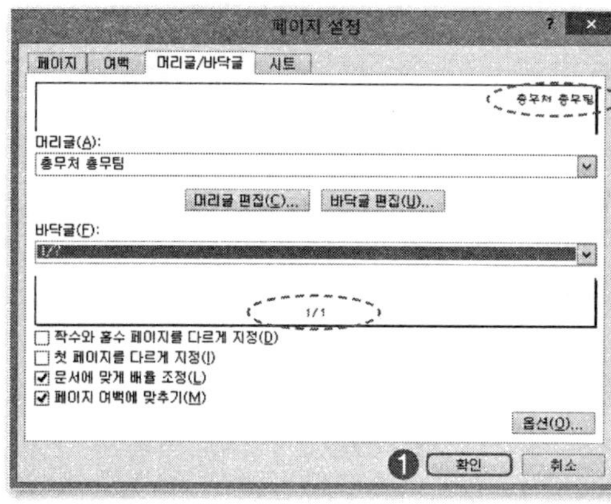

09. 인쇄 백스테이지 보기로 다시 전환되면 인쇄하기 위해 인쇄 대상(활성 시트 인쇄)를 선택한 후 [인쇄] 단추를 클릭하면 엑셀 문서가 인쇄됩니다.

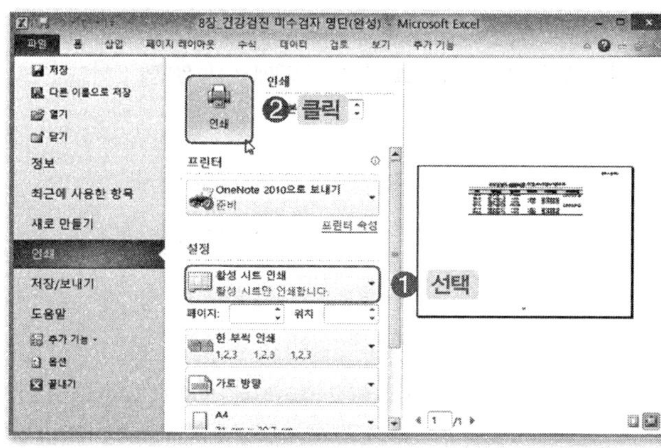

실력 점검 문제

[문제 9-1] 준비파일('실력점검_9-1-준비.xlsx')을 열기한 후 아래 조건에 따라 데이터 유효성 검사가 적용된 데이터를 입력하시오.

	A	B	C	D	E	F	G
1							
2		직급별 특별수당 지급 내력					
3							
4		순번	월일	사원이름	직급	특별수당	
5		1	12월 21일	현진영			
6		2	12월 21일	김석훈			
7		3	12월 21일	박애경			
8		4	12월 21일	권기갑			
9		5	12월 21일	김미령			
10		6	12월 21일	최종수			
11		7	12월 21일	이흥만			
12		8	12월 21일	박애리			
13							

〈준비 파일〉

	A	B	C	D	E	F	G
1							
2		직급별 특별수당 지급 내력					
3							
4		순번	월일	사원이름	직급	특별수당	
5		1	12월 21일	현진영	과장	₩1,000,000	
6		2	12월 21일	김석훈	대리	₩800,000	
7		3	12월 21일	박애경	평사원	₩500,000	
8		4	12월 21일	권기갑	대리	₩800,000	
9		5	12월 21일	김미령	평사원	₩500,000	
10		6	12월 21일	최종수	과장	₩1,000,000	
11		7	12월 21일	이흥만	평사원	₩500,000	
12		8	12월 21일	박애리	대리	₩800,000	
13							

〈완성 문서〉

[작성 조건]

- **직급 입력의 [데이터 유효성] 대화상자에서 [설정] 탭 :**
  - **제한 대상 : 목록**
  - **원본 : '과장, 대리, 평사원'**
- **직급 입력의 [데이터 유효성] 대화상자에서 [설명 메시지] 탭 :**
  - **제목 : '사원의 직급 입력'**
  - **설명 메시지 : '목록에서 직급을 선택합니다.'**
- **직급 입력의 [데이터 유효성] 대화상자에서 [오류 메시지] 탭 :**
  - **스타일 : 중지**
  - **제목 : '직급 입력 오류'**
  - **오류 메시지 : '직급의 범위를 벗어났습니다.'**
- **특별수당 입력의 [데이터 유효성] 대화상자에서 [설정] 탭 :**
  - **제한 대상 : 목록**
  - **원본 : '1000000, 800000, 500000'**
- **특별수당 입력의 [데이터 유효성] 대화상자에서 [설명 메시지] 탭 :**
  - **제목 : '특별수당 금액 입력'**
  - **설명 메시지 : '목록에서 선택합니다. (과장:100만원, 대리:80만원, 평사원:50만원)'**

- 특별수당 입력의 [데이터 유효성] 대화상자에서 [오류 메시지] 탭 :
  - 스타일 : 중지
  - 제목 : '특별수당 데이터 입력 오류'
  - 오류 메시지 : '특별수당 금액이 잘못 입력되었습니다.'
- 특별수당[F5:F12]의 통화표시 : [홈] 탭 → [표시 형식] 그룹 → [통화]

[문제 9-2] 준비파일('실력점검_9-2-준비.xlsx')을 열기하고 아래 조건에 따라 1차 문서를 작성한 후 테마(도시) 지정과 인쇄를 위한 페이지 설정을 하시오.

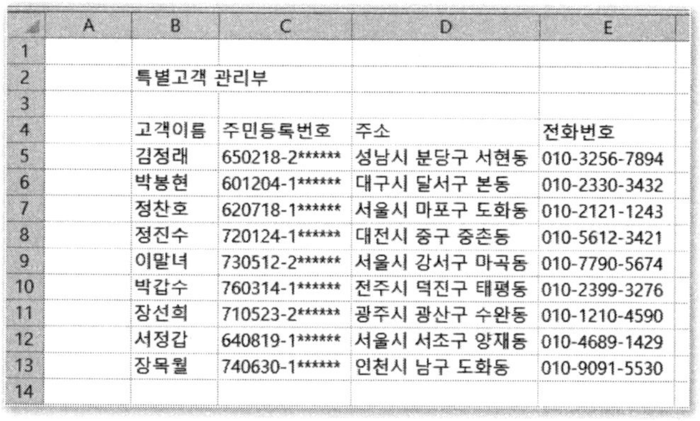

특별고객 관리부

고객이름	주민등록번호	주소	전화번호
김정래	650218-2******	성남시 분당구 서현동	010-3256-7894
박봉현	601204-1******	대구시 달서구 본동	010-2330-3432
정찬호	620718-1******	서울시 마포구 도화동	010-2121-1243
정진수	720124-1******	대전시 중구 중촌동	010-5612-3421
이말녀	730512-2******	서울시 강서구 마곡동	010-7790-5674
박갑수	760314-1******	전주시 덕진구 태평동	010-2399-3276
장선희	710523-2******	광주시 광산구 수완동	010-1210-4590
서정갑	640819-1******	서울시 서초구 양재동	010-4689-1429
장목월	740630-1******	인천시 남구 도화동	010-9091-5530

〈준비 파일〉

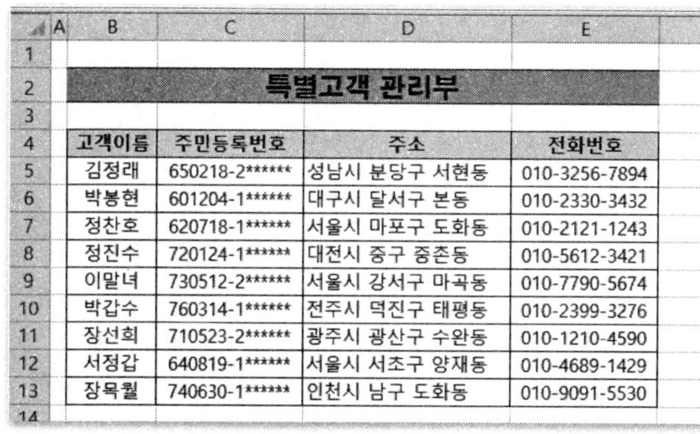

특별고객 관리부

고객이름	주민등록번호	주소	전화번호
김정래	650218-2******	성남시 분당구 서현동	010-3256-7894
박봉현	601204-1******	대구시 달서구 본동	010-2330-3432
정찬호	620718-1******	서울시 마포구 도화동	010-2121-1243
정진수	720124-1******	대전시 중구 중촌동	010-5612-3421
이말녀	730512-2******	서울시 강서구 마곡동	010-7790-5674
박갑수	760314-1******	전주시 덕진구 태평동	010-2399-3276
장선희	710523-2******	광주시 광산구 수완동	010-1210-4590
서정갑	640819-1******	서울시 서초구 양재동	010-4689-1429
장목월	740630-1******	인천시 남구 도화동	010-9091-5530

〈1차 완성 문서〉

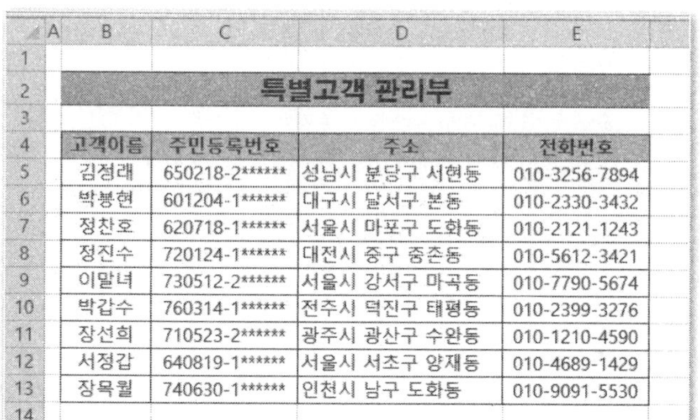

특별고객 관리부

고객이름	주민등록번호	주소	전화번호
김정래	650218-2******	성남시 분당구 서현동	010-3256-7894
박봉현	601204-1******	대구시 달서구 본동	010-2330-3432
정찬호	620718-1******	서울시 마포구 도화동	010-2121-1243
정진수	720124-1******	대전시 중구 중촌동	010-5612-3421
이말녀	730512-2******	서울시 강서구 마곡동	010-7790-5674
박갑수	760314-1******	전주시 덕진구 태평동	010-2399-3276
장선희	710523-2******	광주시 광산구 수완동	010-1210-4590
서정갑	640819-1******	서울시 서초구 양재동	010-4689-1429
장목월	740630-1******	인천시 남구 도화동	010-9091-5530

〈테마 지정 문서〉

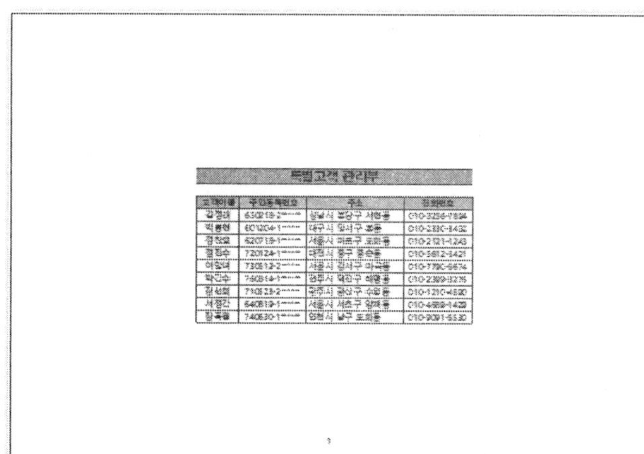

〈페이지 설정 화면〉

[작성 조건]

- 열 너비 : A열(1), C열(14), D열(20), E열(14)
- [B2:E2]셀 범위 : 글꼴(HY견고딕), 글꼴 크기(16), 병합하고 가운데 맞춤, 채우기 색(테마색 → 진한 파랑, 텍스트 2, 60% 더 밝게), 테두리(위쪽/아래쪽 테두리)
- [B4:E4]셀 범위 : 글꼴(굵게), 가운데 맞춤, 채우기 색(테마색 → 황록색, 강조 3, 60% 더 밝게)
- [B5:C13]셀/[E5:E13]셀 범위 : 가운데 맞춤
- [B4:E13]셀 범위 : 테두리(모든 테두리)
- 테마 지정 : 도시
- 페이지 설정 :
  - 용지 방향 : 가로
  - 페이지 가운데 맞춤 : [가로] 선택, [세로] 선택
  - 바닥글 : 페이지 번호

INDEX

PART 1 PowerPoint

SmartArt 그래픽 도형에 그림 삽입하기 130
SmartArt 그래픽 선택 대화상자 130
SmartArt 도구/디자인 탭의 구성 129
SmartArt 삽입 127
WordArt를 적용한 텍스트 꾸미기 97
WordArt 스타일 목록 97

ㄱ
그리기 도구/서식 탭의 구성 52
그림에 애니메이션 효과 지정하기 202
그림 자르기 235
글꼴 그룹의 구성 21
글쇠를 이용한 목록 수준 조정 24
기본 화면 구성 17

ㄷ
다른 이름으로 문서 저장하기 18
단락 그룹의 구성 22
단락 및 줄 바꾸기 24
단축 글쇠를 이용한 개체 복사 방법 24
도형 그리기 51
도형 그리기에서 글쇠 이용 51
도형 서식 대화상자 53
도형의 개체 틀 51
도형의 모양 바꾸기 52
도형의 복사 52
도형의 삭제 52
도형의 선택 52
도형의 이동 52
디자인 테마 적용하기 98

ㄹ
레이아웃 바꾸기 20

ㅁ
문서 열기 19
문서 저장하기 18

ㅂ

배경 서식 대화상자 53
백스테이지 화면 19
비디오 삽입하기 271
비디오 서식 지정하기 273
비디오 셰이프 지정하기 272
비디오 스타일 지정하기 272
비디오 책갈피 삭제하기 274
비디오 책갈피 지정하기 274
비디오 트리밍 설정하기 275
비디오 효과 지정하기 272

ㅅ

사진 앨범 대화상자 233
사진 앨범 만들기 233
새로운 문서 만들기 19
새 슬라이드 삽입하기 20
슬라이드 레이아웃 299
슬라이드 마스터 299
슬라이드 마스터 탭의 구성 300
슬라이드 마스터 편집 299
슬라이드 마스터 편집 화면 전환하기 299
슬라이드 복사 21
슬라이드 삭제 21
슬라이드 쇼 보기 172
슬라이드 쇼 종료하기 172
슬라이드 쇼 탭의 구성 172
슬라이드에 화면 전환 효과 지정 171
슬라이드 이동 21

ㅇ

애니메이션의 순서 조절 203
애니메이션 추가하기 202
애니메이션 탭의 구성 201
애니메이션 효과 조정하기 202
오디오 개체 아이콘 276
오디오 볼륨 조절하기 275
오디오 삽입하기 275
오디오 시작 타이밍 조절하기 276
유인물 형태로 인쇄하기 175
인쇄 설정 화면의 구성 174

ㅈ

전환 탭의 구성 171
점 추가 54
점 편집 54

ㅊ

차트 도구/디자인 탭의 구성 126
차트 도구/레이아웃 탭의 구성 126
차트 삽입 124
차트 삽입 대화상 125
차트의 구성 요소 125
차트의 범주 125
창 조절 단추 18

ㅋ

클립아트 검색 98

ㅌ

테마 글꼴 바꾸기 99
테마색 지정하기 98
테마 효과 지정하기 99
텍스트 상자 23
텍스트에 애니메이션 효과 지정하기 202

텍스트 효과 적용하기 97
텍스트를 SmartArt로 변경하기 128
특수 문자 입력하기 22

ㅍ

파워포인트 실행하기 17
파워포인트 종료하기 19
포스터 틀 지정하기 273
표 도구/디자인 탭의 구성 123
표 도구/레이아웃 탭의 구성 124
표 삽입 123

ㅎ

하이퍼링크 삽입 대화상자 173
하이퍼링크 삽입하기 173
하이퍼링크 제거하기 173
화면 캡처하기 234

PART 2 Excel

A

ABS 함수 396
AND(그리고) 조건 445
AND 함수 393
AVERAGEA 함수 397
AVERAGEIFS 함수 397, 398
AVERAGEIF 함수 397
AVERAGE 함수 397

C

CHOOSE 함수 395
COUNTA 함수 399
COUNTBLANK 함수 399
COUNTIFS 함수 400
COUNTIF 함수 400
COUNT 함수 399

D

DATE 함수 394
DAY 함수 394

E

Excel 옵션 343

F

F4키를 이용한 셀 주소 입력 379

H

HLOOKUP 함수 395
HOUR 함수 394

I

IFERROR 함수 393
IF 함수 393
IME 모드 탭 503
INDEX 함수 396
INT 함수 396

L

LARGE 함수 398
LEFT 함수 393
LEN 함수 394

LOWER 함수 394

M
MAX 함수 398
MEDIAN 함수 398
MID 함수 393
MINUTE 함수 394
MIN 함수 398
MOD 함수 396
MONTH 함수 394

N
NOT 함수 393
NOW 함수 394

O
OR(또는) 조건 445
OR 함수 393

P
PROPER 함수 394

R
RANK.AVG 함수 399
RANK.EQ 함수 398
REPLACE 함수 394
REPT 함수 394
RIGHT 함수 393
ROUNDDOWN 함수 396
ROUNDUP 함수 396
ROUND 함수 396

S
SECOND 함수 394
SMALL 함수 398
SmartArt/디자인 탭 473
SmartArt 삽입 471
STDEV.P 함수 399
STDEV.S 함수 399
SUMIF 함수 396
SUM 함수 396

T
TIME 함수 394
TODAY 함수 394
TRIM 함수 394
TRUNC 함수 396

U
UPPER 함수 394

V
VAR.P 함수 399
VAR.S 함수 399
VLOOKUP 함수 395

W
WEEKDAY 함수 395
WordArt 삽입 472

Y
YEAR 함수 394

ㄱ

가로 축 417
고급 필터 444
고급 필터 조건 작성 445
고급 필터 해제 445
규칙 관리 편집 477
그리기 도구/서식 탭 472
그림 도구/서식 탭 473
그림 삽입 471
그림 영역 417
기호 입력 340

ㄴ

날짜/시간 입력 339, 502
날짜/시간 함수 359
논리 함수 393

ㄷ

다른 이름으로 문서 저장하기 325
단일 기준에 의한 정렬 438
데이터 계열 417
데이터 레이블 417
데이터베이스 구성 437
데이터베이스 작성 규칙 437
데이터 수정하기 326
데이터 유효성 검사 501
데이터 유효성 대화상자 502
도움말 단추 323
도형 삽입 471
두 개 이상의 기준에 의한 정렬 439

ㄹ

레코드 437
리본 메뉴 324, 472
리본 메뉴 최소화 323
리본 메뉴 확장 323

ㅁ

머리글/바닥글 탭 510
머리글/바닥글 편집 및 삽입 요소 510
문서 열기 325
문서 인쇄 508
문서 창 조절 단추 323

ㅂ

범례 417
보조 축 417
부분합 446
부분합 대화상자 446
부분합 실행 과정 446
부분합 윤곽 기호 446
부분합 제거 447
비교 연산자 375
빠른 실행 도구 모음 323

ㅅ

사용자 지정 목록에 의한 정렬 439
사용자 지정 목록의 데이터 입력 343
사용자 지정 표시 형식 358
사용자 지정 표시 형식의 날짜 서식 기호 359
사용자 지정 표시 형식의 숫자 서식 기호 358
사용자 지정 표시 형식의 시간 서식 기호 359
산술 연산자 375
상태 표시줄 324
3차원 참조 379
새 규칙 만들기 476

새로운 문서 만들기 325
새 테마의 추가 507
서식 지우기 360
설명 메시지 탭 502
세로 축 417
셀 서식 작업 360
셀 선택하기 326
셀 스타일 적용 360
셀 참조 393
셀 포인터 이동하기 325
수식 복사 377
수식의 구성 375
수식의 오류값 377
수식 이동 377
수식 입력줄 324
수식 자동 완성 392
수식 표시 378
수학/삼각 함수 396
숨겨진 열이나 행의 정렬 440
숫자 개수 389
숫자 조건 392
숫자/텍스트 입력 339
스크린 캡처 삽입 472
스파크라인 474
스파크라인 그룹 지우기 492
스파크라인 도구/디자인 탭 474
스파크라인 설정 방법 474
시트 선택하기 327
시트의 삽입/삭제 327
시트 이동/복사 327
시트 이름 바꾸기 327
시트 탭 324
시트 탭에 색 채우기 327

ㅇ

엑셀 문서 저장하기 325
엑셀 실행하기 325
엑셀 종료하기 325
엑셀 창 조절 단추 323
엑셀 화면 323
여러 개의 셀에 서식 복사 360
연산자 375
연산자 우선순위 376
연속 데이터 입력 343
열 너비 변경 326
열 머리글 324
오류 메시지 탭 503
와일드카드 392
외부 참조 379
워크시트 324
이름 상자 324
인쇄 백스테이지 508
인쇄 실행하기 508
인수 390

ㅈ

자동 완성 데이터 입력 341
자동 채우기 결과 342
자동 채우기에서 셀 서식 적용 360
자동 채우기 옵션 360
자동 필터 441
자동 필터 끝내기 444
자동 필터 조건 설정 441
자동 필터 해제 443
자동합계 389
자동합계 계산하기 389
자동합계 목록 389

정렦 438
정렬 대화상자 451
제목 표시줄 323
조건부 서식 475
조건부 서식 규칙 관리자 대화상자 477
조건부 서식의 규칙 유형 475
조건부 서식의 조건 변경 494
조건부 서식 지우기 476
조건부 서식 지정 방법 475

ㅊ

차트 데이터의 범위 수정 421
차트 도구/디자인 탭 418
차트 도구/레이아웃 탭 419
차트 도구/서식 탭 420
차트 삽입과 삭제 417
차트 영역 417
차트의 구성 요소 417
차트 제목 417
차트 종류 420
참조 375
참조 연산자 376
참조의 유형 378
참조의 차이 378
참조의 표시 378
창 조절 메뉴 323
찾기/참조 함수 395
채우기 핸들을 이용한 수식 복사 377
최대값 389
최소값 389
추세가 반영된 연속 데이터 입력 343

ㅋ

클립아트 삽입 471

ㅌ

테마 506
테마 서식의 구성 506
테마 서식의 사용 507
텍스트 상자 삽입 472
텍스트 연결 연산자 376
텍스트 함수 393
통계 함수 397
특수 문자 입력 340

ㅍ

파일 탭 323
페이지 설정 대화상자 509
페이지 탭 509
표 도구/디자인 탭 362
표 서식 작업 361
표 서식 지정과 표 삽입 361
표시 형식 그룹 357
표에서 정렬과 필터링 363
표에 행/열 삽입 363
표의 정상범위 변환 363
피벗 테이블 447
피벗 테이블 구성 448
피벗 테이블 도구/디자인 탭 449
피벗 테이블 도구/옵션 탭 448
피벗 테이블 작성 447
피벗 테이블 필드 목록 창 449
필드 437
필드 이름 437

ㅎ

하이퍼링크 504
하이퍼링크 사용과 편집 505
하이퍼링크 삽입 대화상자 504
하이퍼링크의 삽입 504
한 개의 셀에 서식 복사 360
한자 입력 340
함수 390
함수 라이브러리 391
함수 마법사 390
함수 삽입 기호 324
함수의 구성 390
함수 이름 390
행 높이 변경 326
행 머리글 324
행/열 선택하기 326
행/열 셀의 삽입 및 삭제 326
행/열의 숨기기 327
행/열의 숨기기 취소 327
혼합형 차트 작성하기 422
홈 탭 – 글꼴 그룹 355
홈 탭 – 표시 형식 그룹 357
홈 탭 – 맞춤 그룹 356
홈 탭의 데이터 서식 지정 355
확대/축소 324
확대/축소 슬라이더 324

저 자 : **홍 현 술**

• 경영학사, 경영학석사, 컴퓨터공학석사, 컴퓨터공학박사
• 전라북도 지역정보화 추진 실무위원 역임
• 오스트레일리아 퀸즈랜드대학 객원교수
• 현재 원광보건대학교 컴퓨터활용, 보건통계학 담당교수

손에 잡히는 컴퓨터 활용
– 파워포인트 & 엑셀 –
정가 29,000원

발 행 2024년 3월 10일 초판 2쇄
저 자 홍현술
발행인 정우용
발행처 도서출판 **동 화 기 술**
경기도 파주시 광인사길 201(문발동, 파주출판도시)
Tel (031)955-4211~6 donghwapub@nate.com
Fax (031)955-4217 www.donghwapub.co.kr
(등록) 1977년 12월 19일/9-16호

Printed in Korea

ISBN 978-89-425-9214-2